U0692751

中華書局校刊

聚珍仿宋版

十三經注疏

八

儀禮注疏

中華書局

儀禮注疏

四部備要

經部

上海中華書局據阮刻本校刊

桐鄉　陸費逵總勘
杭縣　高時顯
　　　吳汝霖輯校
杭縣　丁輔之監造

欽定四庫全書總目儀禮注疏十七卷

漢鄭元注唐賈公彦疏儀禮出殘闕之餘漢代所傳凡有三本一曰戴德本以冠禮第一昏禮第二相見第三士喪第四既夕第五士虞第六特牲第七少牢第八有司徹第九鄉飲酒第十鄉射第十一燕禮第十二大射第十三聘禮第十四公食第十五覲禮第十六喪服第十七一曰戴聖本亦以冠禮第一昏禮第二相見第三其下則鄉飲第四鄉射第五燕禮第六大射第七士虞第八喪服第九特牲第十少牢第十一有司徹第十二士喪第十三既夕第十四聘禮第十五公食第十六覲禮第十七一曰劉向别錄本卽鄭氏所注賈公彦疏謂别錄尊卑吉凶次第倫序故鄭用之二戴尊卑吉凶雜亂故鄭不從之也其經文亦有二本高堂生所傳者謂之今文魯恭王壞孔子宅得亡儀禮五十六篇其字皆以篆書之謂之古文元注參用二本其從今文而不從古文者則今文大書古文附注士冠禮闑西閾外句注古文闑爲槷閾爲蹷是也從古文而不從今文者則古

文大書今文附注士冠禮醴辭孝友時格句注今文格爲嘏是也其書自元以前絕無注本元後有王肅注十七卷見於隋志然賈公彥序稱周禮注者則有多門儀禮所注後鄭而已則唐初肅書已佚也爲之義疏者有沈重見於北史又有無名氏二家見於隋志然皆不傳故賈公彥僅據齊黃慶隋李孟悊二家之疏定爲今本其書自明以來刻本舛譌殊甚顧炎武日知錄曰萬曆北監本十三經中儀禮脫誤尤多士昏禮脫壻授綏姆辭曰未教不足與爲禮也一節十四字賴有長安石經據以補此一節而其注疏遂亡鄉射禮脫士鹿中翿旌以獲七字士虞禮脫哭止告事畢賓出七字特牲饋食禮脫舉觶者祭卒觶拜長者答拜十一字少牢饋食禮脫以授尸坐取簞與七字此則秦火之所未亡而亡於監刻矣云云蓋由儀禮文古義奧傳習者少注釋者亦代不數人寫刻有譌猝不能校故紕漏至於如是也今參考諸本一一釐正著於錄焉

儀禮注疏校勘記序

儀禮最爲難讀昔顧炎武以唐石刻九經校明監本惟儀禮譌脫尤甚經文且然況注疏乎賈疏文筆冗蔓詞意鬱轖不若孔氏五經正義之條暢傳寫者不得其意脫文誤句往往有之宋世注疏各爲一書疏自咸平校勘之後更無別本誤謬相沿迄今已無從一一釐正朱子作通解於疏之文義未安者多爲刪潤在朱子自成一家之書未爲不可而明之刻注疏者一切惟通解之從遂盡失賈氏之舊臣於儀禮注疏舊有校本奉
旨充石經校勘官曾校經文上石今合諸本屬德清貢生徐養原詳列異同臣復定其是非大約經注則以唐石經及宋嚴州單注本爲主疏則以宋單行本爲主參以釋文識誤諸書於以正明刻之譌雖未克盡得鄭賈面目亦庶還唐宋之舊觀鄭注疊古今文最爲詳覈語助多寡靡不悉紀今校是經寧詳毋略用鄭氏家法也臣阮元恭記

引據各本目錄

唐石經明王堯惠補缺案此刻自五季以來名儒俱不窺之不特張淳李如圭諸人生於南宋固不及見即敖繼公當元一統之時亦未嘗過而問焉至 國朝顧炎武張爾岐始取以校監本多所是正

宋嚴州單注本宋本之最佳者張淳所據即此本也元和顧廣圻用鍾本校其異者書於簡端今據以採入

翻刻宋單注本明徐姓翻刻於嘉靖時祖嚴本而稍異記中凡與嚴州本及鍾人傑本合者則稱徐本

明鍾人傑單注本全同徐本其偶異者是失於讎校耳

明永懷堂單注本全與閩刻注疏本同

宋單疏本此北宋時咸平景德間所校勘開雕者也注疏合刻起于南北宋之間惟儀禮又在後朱子自述通解云前賢嘗苦儀禮難讀以經不分章記不隨經而注疏各爲一書故讀者不能遽曉今訂此本盡去諸弊是朱子時注疏各爲一書也馬廷鸞曰余從敗簏中得景德中官本儀禮疏四帙正經注語皆標起止而疏文列其下家有監本儀禮經注因取而附益之是馬氏時注疏猶各爲一書也此本與馬氏所見正同又按宋人各經皆以經注分附於疏其分卷依疏之卷數如禮記注疏七十卷是也惟儀禮以疏分附經注其分卷依經注之卷數如舊唐書經籍志新唐書藝文志並云儀禮疏五十卷而注疏本則分爲十七卷賈公彥五十卷之本今之學者每恨不可得見近年吳中黃丕烈家有其書每葉三十行每行二十七字末葉列宋時諸臣官銜今訂從賈疏分五十卷校正義以此本爲據

李元陽注疏本刻于閩中故稱閩本每半葉九行每行二十一字監本毛本俱仿此

國子監注疏本明神宗時北京國子監刊

汲古閣注疏本

國朝重修國子監注疏本

經典釋文內儀禮一卷

儀禮識誤聚珍板本宋乾道八年曾逮命張淳校刊儀禮因爲識誤三卷今刊本未見惟識誤存焉其書專宗釋文意在復古然所辨或祗係偏旁形體則六朝時俗書最多既不足據且無關語句之異同也至其精審之處自不可沒以嚴本爲據參以監本及汴京巾箱本杭細字本又有湖北漕司本監本初刊于廣順復校于顯德而宋因之

儀禮集釋聚珍板本李如圭著全載鄭注微遜嚴本書中引石本與唐石經異疑是成都石經

儀禮經傳通解全載鄭注節錄賈疏明刻注疏多與此同近世校儀禮者奉此爲準則然於其佳處不能盡依而移易刪潤之處則多據之是取其糟粕而遺其精華也又引溫本及成都石經至喪祭二禮門人黃榦續成

抄本儀禮要義魏了翁著專錄賈疏多與單疏本合有刪節而絕無改竄遠勝通解間錄經注雖不盡與嚴本合終勝今本亦引溫本異同

儀禮圖通志堂本與通解略同注內疊今古文俱刪去

儀禮集說通志堂本敖繼公著所載鄭注多移易點竄不足盡憑

浦鏜十三經正字內儀禮二卷據重修監本校其誤字

儀禮詳校盧文弨著多採諸家之說記中所稱金曰追正譌卽本諸此

九經誤字顧炎武著以唐石經正明監本又金石文字記載石經誤字

儀禮誤字張爾岐著

石經考文提要

附記單疏本缺葉

士冠禮自五十六葉前第三行左上諸侯起至五十七葉後第四行左下不爲止

士昏禮自三十六葉後第一行右下若舅起至三十九葉後第二行右下尙書止

士相見禮自十葉前第八行左上此釋起至十二葉前第五行右上見至止

鄉飲酒禮自四十五葉後第五行左上俎者起至四十七葉後第九行右上祭于止

聘禮自四十八葉後第五行右上文賓起至五十葉後第一行左下言也止又自五十四葉後第二行右下立門起至五十六葉前第五行右上至行止又自八十葉前第四行左上賓拜起至八十一葉後第五行左下亨大止

特牲饋食禮自卄八葉後第四行左上其薦起至三十葉後第三行左上拜主止又自五十二葉後第五行左上爲加起至五十七葉前第

五行左上證祭止

少牢饋食禮自十八葉前第一行右下者郊起至後第九行左下知也止又自二十七葉前第二行右下魚皆起至二十九葉前第二行左下鄉左止

凡記中通用及俗譌字放九經字樣例彙錄左方

鎛或作鏄誤作鎛　筭溷作算　于通作於唐石經于字一千四百四十三於字一百四十二莫詳其義例諸刻注疏尤參差不一各依舊本可也

已與以通　矇誤作朦　鍾誤作鐘　注註非　絜作潔俗　唯或作惟或作維　大即太字　孰與熟通　壺誤作壼　莅或作涖莅

眡與視同凡作眡少一筆者別一字也經典所無　蒸或作蒸通作烝　亨與亯通　齊與齋通　彊或作強　扑誤作朴　解與懈通

殽或作肴　館舘非　宅或作他或作佗　鈃或作鉶　路輅俗　適與嫡通　摯與贄通　灋周禮法字　荅答非　昬昏禮或亦作婚

取與娶通　竟與境通　趨或作趍俗　校或作校几足之校或亦誤从手　道與導通　鄉與嚮通又與向通　說與脫通

辟與避通　申與伸通　傍溷作旁　共與恭通又與供通　麤或作粗麄　要與腰通　馮與憑通　頳或作赬　荐或作薦

筴或作策　御與禦通　玩或作翫　苞或作包　軾或作式　從與縱通　炤或作照　饗或作享　夾或作俠　翦或作剪鬋

匝即帀字　擊誤作擊　并或作併　胳或作骼　闇或作暗　麴或作麯　腴誤作腴　圜或作圓　謚諡非　儗或作擬

鼈鱉非　驩或作懽　毋誤作母　敕誤作勑　埽掃俗　著着非　牖牗非　登段玉裁曰古祇作登凡作登者宋元俗字　脩溷作

修膊誤作膞弦紘非齎齋非饔或作甕壁或誤作甓梁誤作梁箱廂非已溷作巳坫誤作坫藉溷作籍然燃非髻誤作髺禪誤作禪攢溷作攅橐溷作橐橐菹誤作蒩匕溷作七干溷作于日曰古人書此二字無甚分別說詳疏序隋曰頑儒句下謂爲二字刻本亦多互誤廿卅上二十也下三十也唯唐石經如此

儀禮疏卷第一

儀禮卷第一

唐朝散大夫行大學博士弘文館學士臣賈公彥等撰

儀禮疏序○竊聞道本沖虛非言無以表其疏言有微妙非釋無能悟其理是知聖人言曲事資注釋而成至於周禮儀禮發源是一理有終始分爲二部並是周公攝政大平之書周禮爲末儀禮爲本本則難明末便易曉是以周禮注者則有多門儀禮所注後鄭而已其爲章疏則有二家信都黃慶者齊之盛德李孟悊者隋日碩儒慶則舉大略小經注疎漏猶登山遠望而近不知悊則舉小略大經注稍周似入室近觀而遠不察二家之疏互有脩短時之所尚李則爲先案士冠三加有緇布冠皮弁爵弁既冠又著玄冠見於君有此四種之冠故記人下陳緇布冠委貌周弁以釋經之四種經之與記都無天子冠法而李云委貌與弁皆天子始冠之冠李之謬也喪服一篇凶禮之要是以南北二家章疏甚多時之所以皆資黃氏案鄭注喪服引禮記檀弓云經之言實也明孝子有忠實之心故爲制此服焉則經之所作表心明矣而黃氏妄云衰以表心經以表首以黃氏公違鄭注黃之謬也黃李之訓略言其一餘足見矣今以先儒失路後宜易塗故悉鄙情聊裁此疏未敢專欲以諸家爲本擇善而從兼增己義仍取四門助教李玄植詳論可否僉謀已定庶可施以函丈之儒青衿之後幸以去瑕取玖得無譏焉

士冠禮第一

疏 士冠禮第一○鄭目錄云童子任職居士位年二十而冠主人玄冠朝服則是於諸侯天子之士朝服皮弁素積古者四民世事士之子恆爲士冠禮於五禮屬嘉禮大小戴及別錄此皆第一○釋曰鄭云童子任職居士位年二十而冠爲士身加冠知者鄭見下昬禮及士相見皆據士身自昬自相見又大戴禮公冠篇及下諸侯有冠禮夏之末造亦據諸侯身自加冠故鄭據士身自加冠爲目也鄭云四人世事士之子恆爲士者是齊語

文彼云桓公謂管仲曰成。人之。事若何管子對曰四。人勿雜處也公曰處士農工商若何管子對曰昔聖王之處士就閑燕也處工就官府也處商就市井也處農就田野也少而習焉其心安焉是四。人世事士之子恆爲士也引之者證此士身年二十。加冠法若士之子則四十彊而仕何得有二十爲士自加冠也二十而冠者鄭據曲禮文二十曰弱冠故云年二十而冠其大夫始仕者二十已冠訖五十乃爵命爲大夫故大夫無冠禮又案喪服小功章云大夫爲昆弟之長殤鄭云大夫爲昆弟之長殤小功謂爲士者若不仕者也以此知爲大夫無殤服也小記云。大夫冠而不爲殤大夫身已加冠降兄殤在小功是身有德行得爲大夫冠不以二十始冠也若諸侯則十二而冠故左傳襄九年晉侯與諸侯伐鄭還公送晉侯以公宴于河上問公年季武子對曰會于沙隨之歲寡君以生注云沙隨在成十六年晉侯曰十二年矣是謂一終一星終也國君十五而生子冠而生子禮也君可以冠矣是諸侯十二而冠也若天子亦與諸侯同十二而冠故尚書金縢云王與大夫盡弁時成王年十五云王與大夫盡弁則知天子亦十二而冠矣又大戴禮云文王十三生伯邑考左傳云冠而生子禮也是殷之諸侯亦十二而冠若夏之天子諸侯與殷天子亦十二而冠可知若天子之子則亦二十而冠故禮記祭法云王下祭殤五又禮記檀弓云君之適長殤車三乘是年十九已下乃爲殤故二十乃冠矣若天子諸侯冠自有天子諸侯冠禮故大戴禮有公冠篇天子自然有冠禮但儀禮之內亡耳士既三加爲大夫早冠者亦依士禮三加若天子諸侯禮則多矣故大戴禮公冠篇云公冠四加者緇布皮弁爵弁後加玄冕天子亦四加後當加袞冕矣案下文云天子之元子猶士天。下無生而貴者則天子之子雖早冠亦用士禮而冠案家語冠頌云王大子之冠擬冠則天子元子亦擬諸侯四加若然諸侯之子不得四加與士同三加可知鄭又云冠於五禮屬嘉禮者鄭據周禮大宗伯所掌五禮吉凶賓軍嘉而言宗伯云以嘉禮親萬民下云以昏冠之禮親成男女是冠禮屬嘉禮者也鄭又云大小戴及別錄此皆第一者大戴聖與劉向爲別錄十七篇次第皆冠禮爲第一昏禮爲第二士相見爲第三自茲以下篇次則異故鄭云大小戴別錄。即皆第一也其劉向別錄即此十七篇之次是也皆尊卑吉凶次第倫敘故鄭用之至於大戴即以士喪爲第四既夕爲第五士虞爲第六特牲爲第七少牢爲第八有司徹爲第九鄉飲酒第十鄉射第十一燕禮第十二大射第十三聘禮第十四公食第十五覲禮第十六喪服第十七小戴於鄉飲鄉射燕禮大射四篇亦依此別錄次第而以士虞爲第八喪服爲第九特牲爲第十少牢爲第十一有司徹爲第十二。喪爲第十三既夕爲第十四聘禮爲第十五公食爲第十六覲禮爲第十七皆尊卑吉凶雜亂故鄭玄皆不從之矣

儀。禮。

【疏】儀禮〇釋曰儀禮者一部之大名士冠者當篇之小號退大名在下者取配注之意故也然周禮言周不言儀儀禮言儀不言周既同是周公攝政六年所制題號不同者周禮取別夏殷故言周儀禮不言周者欲見兼有異代之法故此篇有醮用酒燕禮云諸公士喪禮云商祝夏祝是兼夏殷故不言周又周禮是統心儀禮是履踐外內相因首尾是一故周禮已言周儀禮不須言周周可知矣且儀禮亦名曲禮故禮器云經禮三百曲禮三千鄭注云曲猶事也事禮謂今禮也其中事儀三千言儀者見行事有威儀言曲者見行事有屈曲故有二名也

鄭氏注

【疏】鄭氏注〇釋曰後漢書云鄭玄字康成青州北海郡高密縣人鄭崇之後也言注者注義於經下若水之。注物亦名爲著故鄭敘云凡著三禮七十二篇云著者取著明經義者也孔子之徒言傳者取傳述之意爲。意不同故題目有異也但周禮六官六十敘官之法事急者爲先不問官之大小儀禮見其行事之法賤者爲先故以士冠爲先無大夫冠禮諸侯冠次之天子冠又次之其次昏禮亦士爲先大夫次之諸侯次之天子爲後諸侯鄉飲酒爲先天子鄉飲酒次之鄉射燕禮已下皆然又以冠昏士相見爲先後者以二十而冠三十而娶四十彊而仕即有摯見鄉大夫見己君及見來朝諸侯之等又爲鄉大夫州長行鄉飲酒鄉射之事已下先吉後凶。盡則行祭祀吉禮次敘之法其義可知略陳儀禮元本至於禮之大義備於禮記

疏

士冠禮。筮于庿門。筮者以蓍問日吉凶於易也冠必筮日於庿門者重以成人之禮成子孫也庿謂禰庿不於堂者嫌蓍之靈由庿神

疏士冠至庿門○釋曰自此至宗人告事畢一節論將行冠禮先筮取日之事案下文云布席于門中闑西閾外者。闑爲門限即是門外故特牲禮筮日主人即位於門外西面此不言門外者閾外之文可參故省文也○注筮者至廟。神○釋曰鄭知筮以蓍者曲禮云龜曰卜蓍曰筮故知筮以蓍也○云問日吉凶於易也者下云若不吉則筮遠日如初儀又案周禮大卜掌三易一曰連山二曰歸藏三曰周易筮得卦以易辭占吉凶故云問日吉凶於易也不筮月者夏小正云二月綏多士女冠子取妻時也既有常月故不筮也云冠必筮日於廟門者重以成人之禮成子孫也者案冠義云筮日筮賓所以敬冠事敬冠事所以重禮是筮日爲重禮之事也冠義又云古者重冠重冠故行之於廟行之於廟。者所以尊重事尊重事而不敢擅重事不敢擅重事所以自卑而尊先祖也是成人之禮成子孫也此經唯論父子兄弟不言祖孫鄭兼言孫者家事統於尊若祖在則爲冠主故兼孫也云廟謂禰廟者案昏禮行事皆直云廟記云凡行事受諸禰廟此經亦直云廟故知亦於禰廟也然儀禮之内單言廟者皆是禰廟若非禰廟則以廟名別之故聘禮云賓朝服問卿卿受于祖廟又受聘在始祖廟廟。即云不腆先君之祧是不言於廟舉祖祧以別之也士於廟若天子諸侯冠在始祖之廟是以襄九年季武子云以先君之祧處之祧則與聘禮先君之祧謂遷主所藏始祖同也若然服。虔注以祧爲曾祖者以其公還及衛冠於衛成公之廟服注成公衛曾祖故以祧爲曾祖廟時不冠於衛之始祖以非己廟故也無大夫冠禮若幼而冠者與士同在禰廟也云不於堂者嫌蓍龜之靈由廟神者此據經冠在廟堂此蓍筮在門外不同處故以廟決堂以蓍自有靈知吉凶不假廟神故云嫌蓍龜之靈由廟神也案天府職云季冬陳玉以貞來歲之美惡注云問歲之美惡謂問於龜凡卜筮者實問於鬼神龜筮能出其卦兆之占耳若然卜筮實問七八九六之鬼神故以六玉禮耳而龜筮直能出其卦兆之占似無靈者各有所對若以蓍龜對生數成數之鬼神則蓍龜直能出。卦兆

不得有神若以卦對生成之鬼神則蓍龜亦自有神是以易繫辭云蓍之德圓而神又云定天下之吉凶成天下之亹亹者莫善於蓍龜又郭璞云上有陰叢蓍下有千齡蔡凡蟲之智莫善於龜凡草之靈莫善於蓍蓍龜自有靈也。若蓍自有神不假廟神也不於寢門筮者一取成人之禮成子孫二兼取鬼神之謀故易繫辭云人謀鬼謀鄭注云鬼謀謂謀卜筮於廟門是也

主人玄冠朝服緇帶素韠即位于門東西面

主人將冠者之父兄也玄冠委貌也朝服者十五升布衣而素裳也衣不言色者衣與冠同也筮必朝服者尊蓍龜之道緇帶黑繒帶士帶博二寸再繚四寸屈垂三尺素韠白韋韠長三尺上廣一尺下廣二尺其頸五寸肩革帶博。二寸天子與其臣玄冕以視朔皮弁以日視朝諸侯與其臣皮弁以視朔朝服以日視朝凡染黑五入爲緅七入爲緇玄則六入與

【疏】主人至西面○釋曰此主人將欲謀日之時先服即位於禰廟門外東西面立以待筮事也○注主人至入與○釋曰經直云主人當是父兄加冠之禮知兼有兄者論語云出則事公卿入則事父兄父兄者一家之統父不在則兄爲主可知故兼其兄也又案下文若孤子則父兄戒宿冠之日主人紒而迎賓則無親父親兄故彼注云父兄諸父諸兄則知此主人迎賓是親父親兄也云玄冠委貌者此云玄冠下記云委貌彼云委貌見其安正容體此云玄冠見其色實一物也云朝服者十五升布衣者雜記云朝服十五升布也云素裳者雖經不言裳裳與韠同色。云素韠。者故知裳亦積白素絹爲之也云衣不言色者衣與冠同也者禮之通例衣與冠同色故郊特牲云黃衣黃冠是也裳與韠同色故下爵弁服纁裳韎韐韎韐即纁之類是也經直云朝服不言色與冠同可知也若然鄭不言裳與韠同色者舉衣與冠同裳與韠同亦可知故不言也其衣冠色異經即別言之是以下。云爵弁服純衣是也云筮必朝服者尊蓍龜之道者此決正冠時主人服玄端爵韠不服此服。朝服是尊蓍龜之道也若然下文云有司如主人服又宿賓賓如主人服又宿贊冠者及夕爲期皆朝服云尊蓍龜者案鄉飲酒主人朝服則此有司賓主朝服自是尋常相見所服非特相尊敬之禮此筮而朝服決正冠時與

士之祭禮入廟常服玄端今此筮亦在廟不服玄端故云尊著龜之道此筮唯有著草言龜者按周禮小事徒筮而已若大事先筮而後卜龜筮是相將之物同著朝服故兼言龜是以雜記卜筮皆朝服也案特牲禮筮日與祭同服玄端少牢筮日與祭同服朝服不特尊著龜者彼爲祭事龜不可尊於先祖故同服此爲冠事冠事龜可尊於子孫故服異也云緇帶黑繒帶者案玉藻云君素帶終裨大夫素帶裨垂士練帶率下裨注云大夫裨其紐及末士裨其末而已又云雜帶君朱綠大夫玄華士緇裨鄭云君裨帶上以朱下以綠終之大夫裨垂外以玄內以華士裨垂之下外內皆以緇是謂緇帶鄭彼云是謂者指此文也若然天子諸侯帶繞腰及垂者皆裨之大夫則不裨其繞腰者直裨垂之三尺屈而垂者士則裨其末繞三尺所垂者不裨在者若然大帶所用物大夫已上用素士練繒爲帶體所裨者用緇則此言緇據裨者而言也云士帶博二寸再繚四寸屈垂三尺者此亦玉藻文大夫已上大帶博四寸此士卑降於大夫已上博二寸再繚共爲四寸屈垂三尺則大夫已上亦屈垂三尺同矣云素韠白韋韠者案玉藻云韠君朱大夫素士爵韋彼以韠爲總目而云君朱大夫素士爵韋是韠色不同下云韋者是君大夫同用韋也但彼是玄端服之韠此士用素韋爲之故鄭云白韋韠也又云韠長三尺至博二寸亦皆玉藻文鄭彼注云頸五寸亦謂廣也頸中央肩兩角皆上接革帶肩與革帶廣同此韠即韍也祭服謂之韍朝服謂之韠也云天子與其臣玄冕以視朔皮弁以日視朝者此約玉藻而知案彼云天子玄端聽朔於南門之外皮弁以日視朝又云諸侯皮弁以聽朔於大廟朝服以日視朝於內朝彼注云端當爲冕謂天子以玄冕聽朔於南門之外明堂之中彼皆不言臣此鄭兼言臣者欲見在朝君臣同服引之者證此玄冕朝服而筮者是諸侯之士則諸侯與其臣與子加冠同服皮弁以筮日天子與其臣與子加冠同服玄冕以筮日矣知天子服玄冕諸侯服皮弁以筮日者鄭既取君臣同服明筮時還君臣同服若云天子用玄冕諸侯用皮弁其臣不得上同于君君下就臣同朝服也云凡染黑五入爲緅七入爲緇玄則六入與者案爾雅一染謂之縓再染謂之赬三染謂之纁此三者皆是染赤

法周禮鍾氏染鳥羽云三入為纁五入為緅七入為緇此是染黑法故云凡染黑也但爾雅及周禮無四入與六入之文禮有色朱玄之色故注此玄則六入下經注云朱則四入無正文故皆云與以疑之但論語有紺緅連文紺又在緅上則以纁入赤為朱若以纁入黑則為紺故淮南子云以涅染緅則黑于涅又以紺入黑汁則為緅故紺緅連言也若然玄為六入緇為七入深淺不同而鄭以衣與冠同以緇與玄同色者大同小異皆是黑色故云同也

有司如主人服即位于西方東面北上

有司羣吏有事者謂主人之吏所自辟除府史以下今時卒吏及假吏是也

【疏】有司至北上○釋曰此論主人有司從主人有事故立位于廟門外西方東面以待事也○注有司至是也○釋曰士雖無臣皆有屬吏胥徒及僕隸故云有司羣吏有事者也云謂主人之吏所自辟除府史以下者案周禮三百六十官之下皆有府史胥徒不得君命主人自辟除去役賦補置之是也又案周禮皆云府史此云羣吏吏史亦一也故舉漢法為證又周禮鄭注云官長所自辟除此云主人者以此經云主人故依經而直云主人主亦為長者也又此注以有司為羣吏案特牲以有司為士屬吏不同者言羣吏則為府史胥徒也言屬吏則謂君命之士是以下文宿贊冠者注云謂賓若他官之屬中士若下士也又主人贊者亦云其屬中士若下士是言屬者尊之義特牲之有司士之屬吏亦親類也特牲有司之上有子姓此文無者彼祭祀事重故子姓皆來此冠事稍輕故容有不至故不言

筮與席所卦者具饌于西塾

筮所以問吉凶謂蓍也所卦者所以畫地記爻易曰六畫而成卦饌陳也具俱也西塾門外西堂也

【疏】筮與至西塾○釋曰下云布席于門中闑西閾外彼據筮此云西塾據陳處○注筮所至堂也○釋曰筮所以問吉凶謂蓍也者案曲禮云龜為卜策為筮故知問吉凶謂蓍案易筮法用四十九蓍分之為二以象兩卦一以象三揲之以四以象四時歸奇于扐以象閏十有八變而成卦是也云所卦者所以畫地記爻者筮法依七八九六之爻而記之但古用木畫地今則用錢以三少為重錢重錢則九也三多為交錢交錢則六也兩多一少為單錢

單錢則七也兩少一多為拆錢拆錢則八也案少牢云卦者在左坐卦以木故知古者畫卦以木也云易曰六畫而成卦者說卦文彼云昔者聖人之作易也將以順性命之理是以立天之道曰陰與陽立地之道曰柔與剛立人之道曰仁與義兼三才而兩之故易六。畫成卦注云三才天地人之道六畫畫六爻引之者證畫地識爻之法云西塾門外西堂也者案爾雅云門側之堂謂之塾郎士虞禮云羞燔俎在內西塾上南順是也筮在門外故知此經西塾門外西堂也

布席于門中闑西閾外西面 闑門橛閾閫也古文闑為槷閾為蹙

【疏】布席至西面○釋曰此所布之席。擬卜筮之事言在門。中者以大分言之云闑西閾外者指陳席處也○注闑門至為蹙○釋曰云闑門橛者闑一名橛也云閾閫也者曲禮云外言不入于閫閫門限與閾為一也云古文闑為槷閾為蹙者遭于暴秦燔滅典籍漢興求錄遺文之後有古書今文漢書云魯人高堂生為漢博士傳儀禮十七篇是今文也至武帝之末魯恭王壞孔子宅得。古儀禮五十六篇其字皆以篆書是為古文也古文十七篇與高堂生所傳者同而字多不同其餘三十九篇絕無師說秘在於館鄭注禮之時以今古二字並之若從今文不從古文郎今文在經闑閾之等。是。也於注內疊出古文槷蹙之屬是也若從古文不從今文則古文在經注內疊出今文郎下文孝友時格鄭注云今文格為嘏又喪服注今文。無。冠布纓之等是也此注不從古文槷蹙者以槷蹙非門限之義故從今不從古也儀禮之內或從今或從古皆逐義彊者從之若二字俱合義者則互換見之郎下文云壹揖壹讓升注云古文壹皆作一公食大夫三牲之肺不離贊者。辯取之一以授賓注云古文一為壹是大小注皆疊今古文二者俱合義故兩從之又鄭疊古今之文者皆釋經義盡乃言之若疊。今。古之文。說須別釋餘義者則在後。乃言之郎下文孝友時格注云今文格為嘏又云凡醮不祝之類是也若然下記云章甫殷道鄭云章明也殷質言以表明丈夫也甫或為父今文為斧事相。違故因疊出今文也

筮人執筴抽上韇兼執之進受命於主人。筮人有司主三易者韇藏。筴之器今時藏弓矢者謂之韇丸也

兼幷也進前也自西方而前受命者當知所筮也【疏】筮人至主人○釋曰此經所陳據筮時之事案少牢云史左執筮右抽上韇兼與筮執之東面受命于主人得主人命訖史曰諾西面于門西抽下韇左執筮右兼執韇以擊筮乃立筮此云筴彼云筮一也但筮法不殊此亦應不異少牢具陳此不言者文不具當與彼同案三正記大夫蓍五尺故立筮士之蓍三尺當坐筮與彼異也○注筮人至筮也○釋曰案周禮春官筮人掌三易一曰連山二曰歸藏三曰周易注云問蓍曰筮其占易是筮人主三易者也云韇藏筴之器者韇有二其一從下向上承之其一從上向下韜之也云今時藏弓矢者謂之韇丸也者此舉漢法為況亦欲見韜弓矢者以皮為之故詩云象弭魚服是以魚皮為矢服則此韇亦用皮也知自西方而前者上云即位于西方故知前向東方受命也云受命者當知所筮也者謂執之不知以請筮何事宰遂命之也凡卜筮之法案洪範云七稽疑擇建立卜筮人三人占從二人之言又案尚書金縢云乃卜三龜一習吉則天子諸侯卜筮三龜並用于玉瓦原三人各占一兆也筮時連山歸藏周易亦三易並用夏殷以不變為占周易以變者為占亦三人各占一易筮皆三占從二三者三吉為大吉一凶為小吉三凶為大凶一吉為小凶案士喪禮筮宅卒筮執卦以示命筮者命筮者受視反之東面旅占注云旅衆也反與其屬共占之謂掌連山歸藏周易者又卜葬日云占者三人在其南注云占者三人掌玉兆瓦兆原兆者也少牢大夫禮亦云三人占鄭既云反與其屬占之則鄭意大夫卜筮同用一龜一易三人共占之矣其用一龜一易則三代顯用不專一代故春秋緯演孔圖云孔子脩春秋九月而成卜之得陽豫之卦宋均注云陽豫夏殷之卦名故今周易無文是孔子用異代之筮則大夫卜筮皆不常據一代者也

宰自右少退贊命宰有司主政教者自由也贊佐也命告也佐主人告所以筮也少儀曰贊幣自左詔辭自右【疏】宰自至贊命○注宰有至自右○釋曰知宰是有司主政教者士雖無臣以屬吏為宰若諸侯使司徒兼冢宰以出政教之類故云主政教者引少儀者取證贊命在右之義以其地道尊右故贊命皆在右是以士喪禮亦云命筮者在主

人之右注云命尊者宜由右出特牲云宰自主人之左贊命不由右者爲神求吉變故也士喪在右不在左者以其始死未忍異于生故在右也少牢宰不贊命大夫尊屈士卑嫌故使人贊命也

不筮人許諾右還即席坐西面卦者在左即就也東面受命右還北行就席卦者自司主畫地識爻者

疏筮人至在左○釋曰此言筮人於主人受命訖行筮事也但即席坐西面者主人爲筮人而言作坐文宜在西面下今退西面于下者欲西面之文下就畫卦者亦西向故也○注即就至爻者○釋曰鄭知東面受命者以其上文有司在西方東面主人在門東西面今從門西東面主人之宰命之故東面受命可知也知右還北行就席者以其主人在門外之東南席在門中故知右還北行乃得西面就席坐也云卦者有司主畫地識爻者上云所卦者謂於此云卦者據人以杖畫地記識爻之七八九六者也

卒筮書卦執以示主人卒已也書卦者筮人以方寫所得之卦

疏卒筮至主人○釋曰此言所筮六爻俱了卦體得成更以方版畫體示主人之事也○注卒已至之卦○釋曰云書卦者筮人者下文云筮人還東面旅占明此書卦是筮人也不使他人書卦者筮人尊卦亦是尊蓍龜之道也案特牲云卒筮寫卦筮者執以示主人注云卦者主畫地識爻爻備乃以方版寫之則彼寫卦亦是卦者故鄭云卦者畫爻者彼爲祭禮吉事尚提提故卦者寫卦筮人執卦以示主人士喪禮注云卦者寫卦示主人經無寫卦之文是卦者自畫示主人以其喪禮遽于事故卦者自畫自示主人也此冠禮筮者自寫自示主人冠禮異于祭禮喪禮故也

主人受眡反之反還也

疏主人受眡反之○釋曰此筮訖寫所得卦示主人主人受得省視雖未辨吉凶主人尊先受視以知卦體而已主人既知卦體反還與筮人使人知其占吉凶也

筮人還東面旅占卒進告吉旅衆也還與其屬共占之古文旅作臚也

疏筮人至告吉○釋曰此言筮人既於主人受得卦體還于門西東面旅共占之是吉卦乃進向門東東面告主人云吉也

若不吉則筮遠日如初儀遠日旬之外

疏

若不至初儀○釋曰曲禮吉事先近日此冠禮是吉事故先筮近日不吉乃更筮遠日是上旬不吉乃更筮中旬又不吉乃更筮下旬云如初儀者自筮于廟門已下至告吉是也○注遠日旬之外○釋曰曲禮云旬之內曰近某日旬之外曰遠某日彼據吉禮而言旬之內曰近某日據士禮旬內筮故云近某日是以特牲旬內筮日是也旬之外曰遠某日者據大夫以上禮旬外筮故言遠某日是以少牢筮旬有一日是也案少牢云若不吉則及遠日又筮日如初鄭注云及至也遠日後丁若後己言至遠日又筮日如初明不弁筮則前月卜來月之上旬上旬不吉至上旬又筮中旬中旬不吉至中旬又筮下旬下旬不吉則止不祭祀也若然特牲不言及則可上旬之內筮不吉則預筮中旬中旬不吉又預筮下旬又不吉則止若此冠禮亦先近日士冠禮亦于上旬之內預筮三旬不吉則更筮後月之上旬以其祭祀用孟月不容入他月若冠子則年已二十不可止然須冠故容入後月也若然大夫已上筮旬外士筮旬內此士禮而注云遠日旬之外者此遠日旬之外自是當月上旬之內筮不吉更筮中旬云遠日非謂曲禮文大夫以上前月預筮來月上旬爲遠某日者彼自有遠日與此別也

徹筮席徹去也斂也

疏則徹筮席○注徹去也斂也○釋曰據席則徹去之筮則斂藏之故兩訓之也

宗人告事畢宗人有司主禮者

疏宗人告事畢○注宗人至禮者○釋曰士雖無臣亦有宗人掌禮比于宗伯故云○有司主禮者

主人戒賓賓禮辭許戒警也告也賓主人之僚友古者有吉事則樂與賢者歡成之有凶事則欲與賢者哀戚之今將冠子故就告僚友使來禮辭一辭而許再辭而許曰固辭三辭曰終辭不許也

疏主人至辭許○釋曰自此以下至賓拜送一節論主人筮日訖三日之前廣戒僚友使來觀禮之事也云主人戒賓者謂主人親至賓大門外之西東面賓出大門外之東西面戒之云賓禮辭許者即下云戒賓曰某有子某將加布于其首願吾子之教之也賓對曰某不敏恐不能共事以病吾子敢辭主人曰某猶願吾子之終教之也賓對曰吾子重有命某敢不從是一度辭後乃許之是賓禮辭許者也○注戒警至許也○釋曰同官爲僚同

志爲友此賓與主人同是官與爲同志故以僚友解之此謂上中下士嘗執摯相見者也若未嘗相見則不必戒故鄭以僚友言之是也云古者有吉事則樂與賢者歡成之者則此經戒賓使來者是也云有凶事則一欲與賢者哀戚之者則士喪禮始死命赴者使告君及同僚之等是也云禮辭一辭而許者卽此文是也云再辭而許曰固辭者則士相見云某也願見無由達某子以命命某見主人對曰某子命某見吾子有辱請吾子之就家也某將走見賓對曰某不足以辱命請終賜見主人對曰某不敢爲儀固請吾子之就家也某將走見賓對曰某不敢爲儀固以請主人對曰某也固辭不得命將走見是其再辭而許名爲固辭之義也云三辭曰終辭不許也者又士相見云士見于大夫終辭其摯是三辭不許爲終辭之義也若一辭不許後辭上許則爲禮辭許若再辭不許後三辭上許則爲再辭而許之曰固辭若不許至于三辭又不許則爲三辭曰終辭不許也又三辭而許則曰三辭若三辭不許乃曰終辭是以公食大夫戒賓上介出請入告三辭又司儀云諸公相爲賓主君郊勞交擯三辭車逆拜辱三揖三辭注云先辭辭其以禮來于外後辭辭升堂皆是三辭而許稱三辭若然此戒賓賓禮辭許不固辭案鄉飲酒主人請賓賓禮辭許注云不固辭者素所有志是賓習道藝本望賓舉是素所有志故不固辭此亦素有志者與主人歡成冠禮故不固辭諸經云禮辭許者是素有志之類也

主人再拜賓荅拜主人退賓拜送

退去也歸也

疏案鄉飲酒主人戒賓賓拜辱主人荅拜乃請賓賓禮辭許主人再拜賓荅拜主人退賓拜辱鄉射亦然皆與此文不同此經文不具當依彼文爲正但此不言拜辱者亦是不爲賓己故也

前期三日筮賓如求日之儀

前期三日空二日也筮賓筮其可使冠子者賢者恆吉冠義曰古者冠禮筮日筮賓所以敬冠事敬冠事所以重禮重禮所以爲國本

疏前期至之儀〇釋曰此文下盡宿贊冠者亦如之論筮賓若贊冠者之節云前期三日者加日爲期期前三日也筮賓者謂於僚友衆士之中筮取吉者爲加冠之賓也云如求日之儀者亦于廟門外下至告事畢唯命筮別其餘威儀並同故云如求日

之儀也命筮雖無文宰贊蓋云主人某爲適子某加冠筮某爲賓庶幾從之若庶子則改適。爲。一庶字。異餘亦同此經不云命筮弁上筮日亦不云命筮者皆文不具也○注前期至國本○釋曰云前期三日空二日也者謂正加冠日是期日冠日之前空二日外爲前期三日故云空二日也二日之中雖有宿賓宿贊冠者及夕爲期但非加冠之事故云空也云筮賓筮其可使冠子者即下文三加皆賓親加冠于首者是也云賢者恆吉者解經先筮戒後筮之意凡取人之法先筮後戒今以此賓是賢者必知吉故先戒賓賓已許方始筮之以其賢恆自吉故先戒後筮之也若賢恆吉必筮之者取其審愼重冠禮之事故鄭引冠。義爲證也云重禮所以爲國本者詩云人而無禮胡不遄死禮運云治國不以禮猶無耜而耕也故云重禮所以爲國本也然冠既筮賓特牲少牢不筮賓者彼以祭祀之事主人自爲獻主羣臣助祭而已天子諸侯之祭祭前已射于射宮擇取可預祭者故不筮之也

乃宿賓賓如主人服出門左西面再拜主人東面荅拜

宿進也宿者必先戒戒不必宿其不宿者爲衆賓或悉來或否主人朝服

疏乃宿至荅拜○釋曰此經。爲宿賓擯者傳主人辭入內告賓賓如主人服出門與主人相見之儀也○注宿進至朝服○釋曰鄭訓宿爲進者謂進之使知冠日當來故下文宿曰某將加布于某之首吾子將莅之敢宿賓對曰某不敢不夙興是宿之使進之義也云宿者必先戒者謂若賓及贊冠同在上戒賓之內已戒之矣今又宿是宿者必先戒也云戒不必宿者即上文戒賓之中除正賓及贊冠者但是僚友欲觀禮者皆戒之使知而已後更不宿是戒不必宿者也云不宿者爲衆賓或悉來或否者此決賓與贊冠者戒而又宿不得不來衆賓主來觀禮非要須來容有不來者故直戒不宿也云主人朝服者見上文筮日時朝服至此無改服之文則知皆朝服凡有戒無宿者非止於此案鄉飲酒鄉射主人戒賓及公食大夫各以其爵皆是當日之戒理無宿也又大射宰戒百官有事于射者射人戒諸公卿大夫射司士戒士射與贊者前射三日宰夫戒宰及司馬皆有戒而無宿是也射人宿視滌此言宿者謂將射之前於宿預視滌濯非戒宿之意

也若然特牲禮云前期。二日宿尸前無戒而直有宿者特牲文不具其實亦有戒也又禮記祭統云先期旬有一日宮宰宿夫人夫人亦散齊七日致齊三日注云。宿。讀爲肅肅猶戒也戒輕。肅重也者彼以夫人尊故不得言戒而變言宿讀爲肅者肅亦戒之意彼以宿當戒處非謂祭前三日之宿也大宰云祀五帝則掌百官之誓戒者謂戒百官使之散齊至祭前三日當致齊也凡宿賓之法案特牲云前期三日筮尸乃宿尸厥明夕陳鼎則前期二日宿之也少牢筮吉下云宿鄭注云大夫尊儀益多筮日既戒諸官以齊戒矣至前祭一日又戒以進之使知祭日當來又云前宿一日。宿。戒尸注云先宿尸者重所用爲尸者又爲將筮吉則乃遂宿尸是前祭二日筮尸訖宿尸至前祭一日又宿尸天子諸侯祭前三日宿之使致齊也

乃宿賓賓許主人再拜賓荅拜主人退賓拜送乃宿賓者親相見致其辭

疏乃宿至拜送○釋曰上據擯者傳辭賓出與主人相見○此經據主人自致辭故再舉宿賓之文也

宿贊冠者一人亦如之贊冠者佐賓爲冠事者謂賓若他官之屬中士若下士也宿之以筮賓之明日

疏宿贊至如之○注贊冠至明日○釋曰案下文冠子之時贊者坐櫛設纚卒紘之類是贊冠者佐賓爲冠事者以其佐賓爲輕故不筮也云謂賓若他官之屬者此所取本由主人之意或取賓之屬或取他官之屬故鄭兩言之案周禮三百六十官每官之下皆有屬官假令上士爲官首其下有中士下士爲之屬若中士爲官首其下即有下士爲之屬也云中士若下士也者此據主人是上士而言之贊冠者皆降一等假令主人是上士賓亦是上士則取中士爲之贊假令主人是下士賓亦是下士則亦取下士爲之贊禮窮則同故也云宿之以筮賓之明日者以下有厥明夕爲期是冠前一日宿賓宿贊在厥明之上則去冠前二日矣筮賓是前期三日則知宿賓贊冠者是筮賓之明日可知不在宿賓下而在宿贊冠之下言之者欲取爲厥明相近故也

厥明夕爲期于廟門之外主人立于門東兄弟在其南少退西面北上有司皆如宿服立于西

方東面北上厥其也宿服朝服 疏厥明至北上○釋曰自此至賓之家論冠前一日之夕為明日加冠之期告賓之事也云厥明夕為期者謂宿賓與贊冠明日向暮為加冠之期必於廟門者以冠在廟知亦在廟為期也主人之類在門東賓之類在門西者各依賓主之位夾處東西也○注厥其至朝服○釋曰知宿服朝服者以其宿服如筮日之服筮日朝服轉相如故知是朝服也

擯者請期宰告曰質明行事擯者有司佐禮者在主人曰擯在客曰介質正也宰告曰旦日正明行冠事 疏擯者至行事○釋曰上經布位已訖故此經見為期之事○言請期者謂請主人加冠之期言告曰者即是宰贊命告之也○注擯者至冠事○釋曰上云有司此言擯者故知擯者是有司佐主人行冠禮者也云在主人曰擯在客曰介者案聘禮及大行人皆以在主人曰擯在客稱介亦曰相司儀云每門止一相是也云旦日正明行冠事者案特牲請期曰羹飪鄭注云肉謂之羹飪熟也謂明日質明時而曰肉熟重豫勞賓此無羹飪故云質明少牢云旦日明行事故此注取彼而言旦日正明行冠事也

告兄弟及有司擯者告也 疏告兄弟及有司○注擯者告也○釋曰上文陳兄弟及有司位次此告訖下乃云告事畢則兄弟及有司亦廟門之外矣必告之者禮取審慎之義故也必知擯者告者上擯者請期此即云告明還是擯者告可知

告事畢宗人告也 疏告事畢○注宗人告也○釋曰知宗人告者亦約上文筮日時宗人告事得知也

擯者告期于賓之家 疏擯者至之家○釋曰有司是家之屬吏者則告期皆得在位賓是同僚之等為期時不在故就家告之於夕為期當暮即得告之者以其共仕於君其家必在城郭之內相近故得告也

夙興設洗直于東榮南北以堂深水在洗東夙早也興起也洗承盥洗者棄水器也士用鐵榮屋翼也周制自卿大夫以下其室為夏屋水器尊卑皆用金罍及大小異 疏夙興至洗東○釋曰自此至賓升則東面論將冠子豫陳設冠與服器物之事也○注夙早至小異○釋曰云洗承盥洗者棄水器也者謂盥手洗爵之時恐水穢地以

洗承盥洗水而棄之故云棄水器也云士用鐵者案漢禮器制度洗之所用士用鐵大夫用銅諸侯用白銀天子用黃金也云榮屋翼也者郎。今之。博風云榮者與屋爲榮飾言翼者與屋爲翅翼也云周制自卿大夫以下其室爲夏屋者言周制者夏殷卿大夫以下屋無文故此經是周法郎以周制而言也案此經是士禮而云榮鄉飲酒鄉射喪大記大夫士禮皆云榮又案匠人云夏后氏世室堂脩二七廣四脩一五室此謂宗廟路寢同制則路寢亦然雖不云兩下爲之彼下文云殷人重屋四阿鄭云四阿四注屋重屋謂路寢殷之路寢四阿則夏之路寢不四阿矣當兩下爲之是以檀弓孔子云見若覆夏屋者矣鄭注云夏屋今之門廡漢。時門廡也兩下爲之故舉漢法以況夏屋兩下爲之或名兩下屋爲夏屋夏后氏之屋亦爲夏屋鄭云卿大夫以下其室爲夏屋兩下而周之天子諸侯皆四注故喪大記云升自屋東榮鄭以爲卿大夫士其天子諸侯當言東霤也周天子路寢制似明堂五室十二堂上圓下方明四注也諸侯亦然故燕禮云洗當東霤鄭云人君爲殿屋也云水器尊卑皆用金罍及大小異者此亦案。漢禮器制度尊卑皆用金罍及其大小異此篇與昏禮鄉飲酒鄉射特牲皆直言水不言罍大射雖云罍水不云枓少牢云司宮設罍水於洗東有枓鄭注云設水用罍沃盥用枓禮在此也欲見罍枓俱有餘文無者不具之意也儀禮之內設洗與設尊或先或後不同者若先設洗則兼餘事此士冠賓與贊共洗昏禮有夫婦與御媵之等少牢特牲兼舉鼎不洗專爲酒以是皆先設洗鄉飲酒鄉射先設尊者以其專爲酒燕禮大射自相對大射辨尊卑故先設尊燕禮不辨尊卑故先設洗又儀禮之內或有尊無洗或尊洗皆有。文不言設之者是不具也

儀禮疏卷第一

儀禮注疏卷一校勘記　阮元撰盧宣旬摘錄

儀禮疏卷第一今本作儀禮注疏卷第一在序文之後石經徐本作儀禮卷第一次士冠禮第一次儀禮次鄭氏注案鄭氏原本惟有士冠禮第一儀禮鄭氏注十字而已首五字蓋石經所加夫大題既在小題之下何得重書于上且儀禮以篇爲卷既識篇數又識卷數不已贅乎○按禮經在漢祇稱爲禮藝文志云禮古經五十六卷是也亦曰禮記熹平石經有儀禮載洪适隸釋而戴延之謂之禮記是也無稱儀禮者鄭氏引此經直舉篇名亦不稱儀禮疑儀禮二字鄭學之徒加之猶鄭氏箋三字爲雷次宗所加也荀崧請置儀禮博士蓋自過江以後儀禮之名始顯

唐朝散大夫行太學博士宏文館學士臣賈公彥等撰陳本同毛本無等字案賈氏此疏與李元植同撰故曰賈公彥等毛本去等字而移此行於序題之下皆非也○按賈氏三禮疏皆私撰故不言奉勑其書或經進御故稱臣惟唐字恐非原文所有當是咸平校勘時增入

儀禮疏序毛本疏上有注字案此序爲疏而作非爲注而作加注字非也據五經注疏序今本皆題曰某經正義序則此題亦當依單疏本爲正

隋日碩儒日毛本作曰案顧炎武金石文字記曰唐人日曰二字同一書法惟曰字左角稍缺石經日字皆作曰釋文遇二字可疑者即加音切宋以後始以方者爲曰長者爲日而古意失矣

互有修短修要義作長

庶可施以施以要義作以施毛本以作矣

幸以去瑕取玖去毛本誤作元

士冠禮第一

鄭目錄云自此至此皆第一毛及陳閩監本俱列疏前與注一例餘篇放此按此乃疏引目錄之文三禮皆然玉海所謂正義每篇案鄭目錄是也諸本俱誤毛本除冠昏燕大射聘士喪特牲少牢八篇之外皆標注字尤誤

童子任職居士位年二十而冠按喪服小功章疏引鄭目錄云士之子任士職居士位二十而冠蓋隱括鄭意非原文也釋文與此同

則是於諸侯要義同毛本是下有仕字敖作則是諸侯之仕

此皆第一通解作皆此爲第一

鄭云四人世事要義同毛本人作民

成人之事若何陳本同毛本人作民下四人勿雜處四人世事同事陳本作士非也

證此士身年二十加冠法加上陳閩俱有而字

大夫冠而不爲殤大閩本毛本作丈○今按下記疏又引此句諸本亦或作丈或作大究以丈爲是蓋言丈夫冠而不爲殤今大夫降兄殤在小功則大夫有未冠之兄而大夫之身尚未二十可知昏禮記疏引喪服小記仍作丈可證

天下無生而貴者 下陳閩監本俱誤作子

即皆第一也 毛本即作此

喪爲第十三 要義喪上有士字

儀禮 單疏本儀禮上下及下鄭氏注上下並空一字後凡標起止處皆同

鄭氏注

若水之注物 注誤作註要義作著盧文弨云鄭氏注舊作註通部皆然疏義云言注者注義於經下若水之注物舊本亦並作註於文義全不可通一本悉改作注是也○按字體雅俗悉詳序目中今不悉辨此句註字似礙理故錄盧說正之

爲意不同 要義同毛本意作義

盡則行祭祀吉禮 陳本要義同毛本盡上有凶字

士冠禮筮于庿門 禮下今本俱有一圈案分段用圈非古也石經徐本皆無之施于此處尤非所宜蓋士冠禮三字乃發首之句猶言文王之爲世子也子贛見師乙而問焉與尚書篇題不同葛本別爲一行亦謬○按儀禮庿廟錯出張淳論之詳矣經注既然疏文更甚今當畫一從庿庿乃古文鄭不疊今文者鄭疊今古有三例辭有詳略則疊之賓對曰某敢不夙興今文無對是也義有乖互則疊之禮于阼今文禮作醴是也字有通借則疊之闑西閾外古文闑爲槷閾爲蹙是也若庿廟則同字故不疊然儀禮字例亦多參差如士冠特牲俱有主人受眡之語士冠作眡特牲作視士冠嘉薦亶時劉作旹

陸作時皆後人任意爲之非鄭氏之舊

闑爲門限盧文弨改闑爲閾

筮者至廟神神監本誤作門

行之于廟者陳閩俱無者字

即云不腆先君之祧要義同毛本即作既

服氏注以祧爲曾祖者要義同陳本氏誤作是毛本氏作虔

則蓍龜直能出卦兆卦陳閩俱作其非是

若蓍自有神若字毛本作是知

主人元冠朝服

肩革帶博二寸嚴本集釋通解楊氏同毛本二作三○按作二與玉藻合

云素韠者通解作既云素韠要義無此下十六字別有素裳積白素絹爲之八字在其衣冠色異上

是以下云爵弁服純衣是也要義同毛本云作文

此服朝服毛本朝上有乃服二字

肩與革帶廣同　毛本革誤作韋

天子用元冕諸侯用皮弁　閩本兩用字俱作同陳本上句作同下句作用

無四入與六入之文　陳本四入下衍五入二字閩本四入六入之文六字排寫甚稀可容八字

禮有色朱元之色　有下單疏陳本俱有色字似誤閩本朱元之三字甚稀亦可容四字

以涅染緅　案緅字似當作紺後爵弁服節疏引作紺

有司如主人服即位于西方　于徐本作於按士昏禮至於某之室大射儀士御於大夫鄭注皆云今文於爲于則於于二字宜有辨但俗本滙寫已久不可勝校石經作于者多作於者少大抵經文則依石經注依徐本疏依單疏本可也

今時卒吏及假吏皆是也　沈彤云案漢書倪寬傳補廷尉文學卒史儒林傳置五經百石卒史黃霸傳補馮翊卒史皆作史○按通解引疏曰卒史假吏又舉漢法爲證也沈說據此然疏無此語通解載注仍作卒吏徐本集釋俱無皆字

此論主人有司　主人有司陳閩俱作有司主人

府史以下者　者上要義有今時卒吏及假吏是也九字與徐本注合

則爲府史胥徒也　爲要義作謂按謂爲二字唐人多通用然究嫌蒙溷今悉校出

中士若下士也　要義同毛本作若中士下士○按作中士若下士與後注合

特牲之有司要義同毛本之作云

亦親類也浦鏜疑親爲此字之誤

筮與席所卦者

據陳處毛本處下有言字

龜爲卜策爲筮要義同毛本策作蓍陳作筴

卦一以象三要義同毛本卦作掛○按掛俗卦字

故易六畫成卦毛本畫下有而字

布席于門中

擬卜筮之事陳本要義同毛本擬作疑按燕禮膳宰具官饌疏云擬燕可證

言在門中者門中陳本要義俱作中門非也

得古儀禮五十六篇要義同毛本古作亡

闑閾之等是也要義同毛本無是也二字

今文無冠布纓之等要義同毛本無冠作冠無○按無冠與喪服傳注合

贊者辯取之 辯諸本俱作辨

若疊今古之文說 要義同毛本今古作古今說一本改作詑

則在後乃言之 要義同毛本乃作皆

事相違 要義同毛本違作爲

筮人執筴

藏筴之器 筴通解作筮按通解偶誤耳敖氏改經筴爲筮字乃肊說也毛本器下有也字徐本集釋俱無與疏合

筮皆三占從二 要義同毛本筮上有卜字

則三代顆用 要義同毛本顆作類○按顆卽科字

故春秋緯演孔圖云 圖陳閩監本俱誤作畣

是孔子用異代之筮 要義同毛本異作二

宰自右少退

宰自至贊命 今本俱脫毛本亦無此五字

士雖無臣 無陳閩俱誤作爲

故贊命皆在右要義楊氏同毛本無皆字

是以士喪禮要義同毛本士下有之字

筮人許諾

於主人受命訖毛本同陳閩於俱作以

主人爲筮人而言主人盧以人爲衍字

作坐文陳本同毛本作作則

上云所卦者謂毛本謂下有木字○按此木字卽少牢饋食云卦者在左坐卦以木之木也

卒筮

此言所筮六爻俱了毛本爻誤作卦

吉事尙提提要義同毛本事尙作尙事

若不吉

旬之外曰遠某日者據大夫以上禮要義同毛本日下無者字

後丁若後已丁若後已陳本誤作不若近日

主人戒賓

某猶願吾子之終教之也毛本願作愿○按愿別一字

後辭上許陳本要義同毛本上作而下三辭上許同

素所有志所有毛本作有所○按鄉飲酒禮作所有

主人再拜

案鄉飲酒毛本酒下有禮字

前期三日

加日爲期毛本日上有冠字

則改適爲一庶字異餘亦同毛本作則改適字爲庶字其餘亦同

故鄭引冠義爲證也毛本義作禮

乃宿賓

此經爲宿賓陳閩同毛本爲作謂

前期二日宿尸二陳本要義俱作三毛本作二○按作三是

宿讀爲肅 要義同毛本宿讀二字倒○按祭統注作宿讀

戒輕肅重也者 要義同毛本肅作宿

宿戒尸 要義同毛本作戒宿非也

厥明夕

以冠在廟 要義同毛本冠下有者字

擯者請期

上經布位已訖 訖要義作畢按前後文皆作訖字

夙興設洗

及大小異 小下聶氏有皆字朱子曰及字恐誤○按疏云及其大小異蓋謂論其質則尊卑皆用金罍及論其形制之大小則仍有異耳

即今之博風 今監本誤作令博陳本通解要義俱作博一本改作摶○按衛氏禮記集說鄉飲酒義引此正作摶

漢時門廡也 時要義作之

此亦案漢禮器制度 要義無漢字

文不言設之者 陳本要義同毛本文誤作又

儀禮注疏卷一校勘記

珍做宋版坤

儀禮疏卷第二

唐朝散大夫行大學博士弘文館學士臣賈公彥等撰

陳服于房中西墉下東領北上墉牆【疏】「陳服至北上」○釋曰自此至東面論陳設衣服器物之等以待冠者喪大記與士喪禮服或西領或南領此東領者此嘉禮異於凶禮故。士。之冠。特先用卑服北上便也

爵弁服纁裳純衣緇帶韎韐此。與君祭之服雜記曰士弁而祭於公爵弁者冕之次其色赤而微黑如爵頭然或謂之緅其布三十升纁裳淺絳裳凡染絳一入謂之縓再入謂之赬三入謂之纁朱則四入與純衣絲衣也餘衣皆用布唯冕與爵弁服用絲耳先裳後衣者欲令下近緇明衣與帶同色韎韐緼韍也士緼韍而幽衡合韋為之士染以茅蒐因以名焉今齊人名蒨為韎。韐之制似韠冠弁。者不與衣陳而言於上以冠名服耳今文纁皆作熏【疏】「爵弁至韎韐」○釋曰此所陳從北而南故先陳爵弁服○注「此與至作熏」○釋曰士禮玄。冠自祭以爵弁服助君祭故云與君祭之服也云爵弁者冕之次者凡冕以木為體長尺六寸廣八寸績麻三十升布上以玄下以纁前後有旒其爵弁制大同唯無旒又為爵色為異又名冕者俛也低前一寸二分故得冕稱其爵弁則前後平故不得冕名以其尊卑次於冕故云爵弁冕之次也云其色赤而微黑如爵頭然或謂之緅者七入為緇若以纁入黑則為紺以紺入黑則為緅是三入赤再入黑故云其色赤而微黑也云如爵頭然者以目驗爵頭赤多黑少故以爵頭為喻也以紺再入黑汁與爵同故取鍾氏緅色解之故鄭注鍾氏云今禮俗文作爵言如爵頭色也玄此言赤者對文為赤若將緅比纁則又黑多矣故淮南子云以涅染紺則黑於涅況更一入黑為緅乎故巾車云雀飾鄭注云雀黑多赤少之色是也云其布三十升者取冠倍之義是以喪服衰三升冠六升朝服十五升故冕三十升也云纁裳淺絳裳者絳則一染至三染同云淺絳詩云我朱孔陽毛傳云朱深纁也故從一染至

三染皆謂之淺絳也云朱則四入與者爾雅及鍾氏皆無四入之文經有朱色故鄭約之若以纁入黑則爲紺若以纁入赤則爲朱無正文故云與以疑之也然上注以解玄緇故引鍾氏染黑法此注解纁故引爾雅染赤法也云純衣絲衣也上者案鄭解純字或爲絲或爲色兩解不同者皆望經爲注若色理明者以絲解之若絲理明者以色解之此經玄衣與纁裳相對上玄下纁色理自明絲理不明則以絲解之昏禮女次純衣注云絲衣以下文有女從者畢袗玄色理自明則亦絲理不明故亦以絲理解之周禮媒氏云純帛無過五兩注云純實緇字也古緇以才爲聲納幣用緇婦人陰也以經云純帛絲理自明故爲色解之祭統云蠶於北郊以共純服絲理自明故鄭亦以色解之也論語云麻冕禮也今也純儉以純對麻絲理自明故鄭亦以色解之是。況有不同之事但古緇紂二字並。行若據布爲色者則爲緇字若據帛爲色者則爲紂字但緇布之緇多在本字不誤紂帛之紂則多誤爲純也云餘衣皆用布者此據朝服皮弁服玄端服及深衣長衣之等皆以布爲之是以雜記云朝服十五升布玄端。亦服之類則皮弁亦是天子朝服深衣或名麻衣故知用布也云唯冕與爵弁服用絲耳者祭統云王后蠶於北郊以供純服爵弁服是冕服之次故知亦用絲也云先裳後衣者欲令下近緇明衣與帶同色者衣在上宜與冠相近應先言衣今退衣在裳下者若衣與冠同色者先言衣後言裳今爵弁與衣異故退衣於下使與帶同色也云韎韐緼韍也者此經云韎。韐二者一物故鄭合爲一物解之也云士緼韍而幽衡者玉藻文言幽衡者同繫於革帶故連引之也云合韋爲之者鄭即因解。名緼韍之。字言韐者韋旁著合謂合韋爲之故名韐也云士染以茅蒐因以名焉者案爾雅云茹藘茅蒐孫氏注一名蒨可以染絳若然則一草有此三名矣但周公時名蒨草爲韎草以此韎染，韋合之爲韐因名韍爲韎韐也云韍之制似韠者案上注已釋韠制其韍之制亦如之但有飾無飾爲異耳祭服謂之韍其他服謂之韠易困卦九二困於酒食朱韍方來利用享祀是祭服之韍也又案明堂位云有虞氏服韍夏后氏山殷火周龍章鄭云後王彌飾天子備焉諸侯火而下卿大夫山士韎韋而已是士無飾則不得單名韍一名韎韐一名緼韍而已是韍。有與。緼異以制同飾異故鄭云韍之制似韠也但染韋爲韍之體天子與其臣及諸侯與其臣有異詩云朱芾斯黃鄭云天子純朱諸侯黃朱詩又云赤芾在股是諸侯用黃朱玉藻再命三命皆云赤韍是諸侯之臣亦用赤韍易困卦九二云困於酒食朱韍方來利用享祀鄭注云韍二據初辰在未未爲土此二爲大夫有地之象未上值天廚酒食象困於酒食者采地薄不足己用也二與。日爲。體。離爲鎮。霍爻四爲諸侯有明德受命當王者離爲火火色赤四爻辰在午時離氣赤又朱是也文王將王天子制用朱韍故易乾鑿度云孔子曰天子三公諸侯同色困卦困于酒食朱韍方來又云朱韍天子三公大夫不朱韍諸侯亦同色者其染之法同以淺絳爲名是天子與其臣純朱諸侯與其臣黃朱爲異也云冠弁不與衣陳而言於上以冠名服耳者案此文上下陳服別於房緇布冠。及皮。弁在堂下是冠弁不與服同陳今以弁在服上弁言之者以冠弁表明其服耳不謂同陳之也云今文纁皆作熏者纁是色當從。絲旁爲之故疊今文不從熏從經文古纁也

皮弁服素積緇帶素韠

此與君視朔之服也皮弁者以白鹿皮爲冠象上古也積猶辟也以素爲裳辟蹙其要中皮弁之衣用布亦十五升其色象焉

疏 皮弁至素韠○釋曰此皮弁服卑於爵弁故陳之次在爵弁之南上爵弁服下玄端服皆言衣此獨不言衣者以其上爵弁服與爵弁異故言衣下玄端服但冠時用緇布冠不用玄冠既不言冠故言衣也今此皮弁之服用白布衣與冠同色故不言衣也○注此與至象焉○釋曰案玉藻云諸侯皮弁聽朔於大廟又案鄉黨說孔子之服云素衣麑裘鄭云視朔之服視朔之時君臣同服也云皮弁者以白鹿皮爲冠象上古也者謂三皇時冒覆頭。句頷繞項至黃帝則有冕。故世本云黃帝作旒冕禮運云先王未有宮室又云食草木之實鳥獸之肉未有麻絲衣其羽皮鄭云此上古之時則此象上古謂三皇時以五帝爲大古以三皇爲上古也若然黃帝雖有絲麻布帛皮弁至三王不變是以下記云三王共皮弁鄭注云質不變鄭注郊特牲云所不易於先代故孝經緯云百王同之不改易也案禮圖仍以白鹿皮爲冠故云以白鹿皮爲冠象上古也云積猶辟也以

素爲裳辟蹙其要中者經典云素者有三義若以衣裳言素者謂白繒也即此文之等是也畫繢言素者謂白色即論語云繢事後素之等是也器物無飾亦曰素則檀弓云奠以素器之等是也是以鄭云以素爲裳辟蹙其要中也知皮弁之衣亦用十五升布者雜記云朝服十五升此皮弁亦天子之朝服故亦十五升布也然喪服注云祭服朝服辟積無數則祭服皮弁皆辟積無數餘不云者舉皮弁可知不並言也唯喪服裳幅三袧有數耳云其色象焉者謂象皮弁之色用白布也以此言之論語注云素用繒者彼上服裼衣用素也

玄端玄裳黃裳雜裳可也緇帶爵韠

此莫夕於朝之服玄端即朝服之衣易其裳耳上士玄裳中士黃裳下士雜裳雜裳者前玄後黃易曰夫玄黃者天地之雜色天玄而地黃士皆爵韋爲韠其爵同不以玄冠名服者是爲緇布冠陳之玉藻曰韠君朱大夫素士爵韋

疏 玄端至爵韠○釋曰此玄端服服之下故後陳於皮弁之南陳三等裳者凡諸侯之下皆有二十七士公侯伯之士一命子男之士不命不同一命不命皆分爲三等故服分爲三等之裳以當之上下經三等之服同用緇帶者以其士唯有一幅褌之帶故三服共用之大帶所以束衣革帶所以佩韠及佩玉之等不言革者舉韠有革帶可知故略不言耳三裳之下云可也者欲見三等之士各有所當當者即服之故言可以許之也○注此莫至爵韋○釋曰云此莫夕於朝之服者當是莫夕於君之朝服也案玉藻云君朝服以日視朝于內朝夕深衣祭牢肉是君朝服朝服夕服深衣矣下又云朝玄端夕深衣朝時不服與君不同故鄭注云謂大夫士也則彼朝玄端夕深衣是大夫士家私朝也若然大夫士既服玄端深衣以聽私朝矣此服注云莫夕於朝之服是士向莫之時夕君之服必以莫爲夕者朝禮備夕禮簡故以夕言之也若卿大夫莫夕於君當亦朝服矣案春秋左氏傳成十二年晉郤至謂子反曰百官承事朝而不夕此云莫夕者無事則無夕法若夕有事須見君則夕故昭十二年子革云夕哀十四年子我亦云夕者皆是有事見君非常朝夕之事也云玄端即朝服之衣易其裳耳者上云玄冠朝服緇帶素韠此玄端亦緇帶彼云朝服即此玄端也但朝服亦得名端

故論語云端章甫鄭云端諸侯視朝之服耳皆以十五升布爲緇色正幅爲之同名也云易其裳耳者彼朝服素韠韠同裳色則裳亦素此既易其裳以三等之裳同爵韠則亦易之矣不言者朝服言素韠不言裳故須言易彼言素韠此云爵韠於文自明故不須言易也云上士玄裳中士黄裳下士雜裳者此無正文直以諸侯之士皆有三等之裳故還以三等之士記之但玄是天色黄是地色天尊而地卑故上士服玄中士服黄下士當雜裳雜裳者還用此玄黄但前陽後陰故知前玄後黄也云易曰者是文言文引之者證此裳等是天地二色爲之云士皆爵韋爲韠其爵同者三裳同云爵韠故知三等之士同用爵韋爲韠也其爵韋者所引玉藻文是也云不以玄冠名服者是爲緇布冠陳之者今不以玄冠表此服者此爲冠時緇布冠陳之冠既不用玄冠故不言也云玉藻者案彼注云此玄端服之韠也云韠者與下君大夫士爲總目韋者又總三者用韋爲之言君朱大夫素士爵者韠之韋色也云君朱者見五等諸侯則天子亦朱矣韠同裳色則天子諸侯朱裳士言爵則此經爵韠亦一也以其裳有三等爵亦雜色故同爵韠若然大夫素裳則與朝服不異者禮窮則同也緇布

冠缺項青組纓屬于缺緇纚廣終幅長六尺皮弁笄爵弁笄緇組紘纁邊同篋

缺讀如有頍者弁之頍緇布冠無笄者著頍圍髮際結項中隅爲四綴以固冠也項中有緇亦由固頍爲之耳今未冠笄者著卷幘頍象之所生也滕薛名蔮爲頍屬猶著纚今之幘梁也終充也纚一幅長六尺足以韜髮而結之矣笄今之簪有笄者屈組爲紘垂爲飾無笄者纓而結其絛纁邊組側赤也同篋謂此上凡六物隋方曰篋【疏】緇布至同篋○注缺讀至曰篋○釋曰云缺讀如有頍者弁之頍者讀從頍弁詩義取在首頍者弁貌之意也云緇布冠無笄者案經皮弁爵弁言笄緇布冠不言笄故云無笄也云著頍圍髮際者無正文約漢時卷幘亦圍髮際故知也云結項者此亦無正文以經云頍明于項上結之也云隅爲四綴以固冠也者此亦無正文以義言之既武以下別有頍項明于首四隅爲綴上綴于武然後頍項得安穩也云項中有緇亦由固頍爲之耳者此

亦無正文以義言之頍之兩頭皆為緇別以繩穿緇中結之然後頍得牢固故云亦由固頍為之也云今之未冠笄者著卷幘頍象之所生者此舉漢法以況義耳漢時男女未冠笄者首著卷幘。之狀雖不。智知既言頍圍髮際故以。冠之明漢時卷幘亦以布帛之等圍繞髮際為之矣云頍象之所生者漢時卷幘是頍之遺象所生至漢時故云頍象之所生也云滕薛名䔧為頍者此亦舉漢時事以況之漢時滕薛二國云䔧䔧卷幘之類亦遺象故為況也云纚今之幘梁者亦舉漢法為況耳幘梁之狀鄭目驗而知至今久遠亦未審也云纚一幅長六尺足以韜髮而結之矣者。人之長者不過六尺纚六尺故云足以韜髮既云韜髮乃云結之則韜訖乃為紒矣云有笄者即經云皮弁及爵弁皆云笄者是有笄也云屈組為紘者經緇組紘纁邊是為有笄者而設言屈組謂以一條組於左笄上繫定遶頤下又相向上仰屬于笄屈繫之有餘因垂為飾也云無笄者纓而結其條者無笄即經緇布冠是也則以二條組兩相屬于頍故經云組纓屬于頍也既屬訖則所垂條于頤下結之故云纓而結其條也云纁邊組側赤也者纁是三人之赤色又云邊則于邊側赤也若然以緇為中以纁為邊側而織之也云同篋謂此上凡六物者緇布至屬于頍共為一物纚長六尺二物皮弁笄三物爵弁笄四物其緇組紘纁邊皮弁爵弁各有一則為二物通前四為六物云隋方曰篋者爾雅無文此對管方而不隋也隋謂。狹而長也案周禮弁師云掌五冕而云玉笄朱紘則天子以玉為笄以朱為紘又案祭義云天子冕而朱紘諸侯冕而青紘諸侯之笄亦當用玉矣又案弁師韋弁與皮弁同科皮弁有笄則二者亦有笄矣又為笄者屬纓不見有緌則六冕無緌矣然士緇布冠無緌故下記云孔子曰其緌也吾未之聞也若諸侯亦以緇布冠為始冠之冠則有緌故玉藻云緇布冠繢緌諸侯之冠也鄭注云尊者飾其大夫紘案禮器云管仲鏤簋朱紘鄭注云大夫士當緇。組纁邊是也其笄亦當用象耳

櫛實于簞簞笥也

【疏】櫛實于簞○注簞笥也○釋曰鄭注曲禮圓曰簞方曰笥。笥與簞方圓有異而云簞笥共為一物者鄭舉其類注論語亦然

蒲筵二在南筵席也

【疏】蒲筵二在南○注筵席也○釋

曰筵二者一爲冠子即下云筵于東序少北是也一爲醴子即下云筵于戶西南面是也云在南者最在南頭對下文側尊一甒醴在服北也。鄭。注云筵席也者鄭注周禮司几筵云敷陳曰筵藉之曰席然其散言之筵席通矣前敷在地者。皆言藉取相承之義是以諸席在地者多言筵也

側尊一甒醴在服北有篚實勺觶角柶脯醢南上

側猶特也無偶曰側置酒曰尊側者無玄酒服北者纁裳北也篚竹器如笭者勺尊。升所以𣪠酒也爵三升曰觶柶狀如匕以角爲之者欲滑也南上者篚次尊籩豆次篚古文甒作廡

疏側尊至南上○注側猶至作廡○釋曰云側猶特也無偶曰側置酒曰尊側者無玄酒者凡禮之通例稱側有二一者無偶特一爲側則此文側是也又昏禮云側尊甒醴于房中亦是無玄酒曰側至於昏禮合升側載聘禮云側襲士虞禮云側尊此皆是無偶爲側之類也一者聘禮云側受几者側是旁側之義也云服北者纁裳北也者此上先陳爵弁服之時纁裳最在北向南陳之此云服北明在纁裳北可知也云篚竹器如笭者其字皆竹下爲之故以竹器言之如笭者亦舉漢法爲況也云勺尊。升所以𣪠酒也者案少牢云罍水有料與此勺爲一物故云尊升對彼是罍料所以𣪠水則此爲尊。料𣪠酒者也云爵三升曰觶者案韓詩外傳云一升曰爵二升曰觚三升曰觶四升曰角五升曰散相對爵觶有異散文則通皆曰爵故鄭以爵名觶也云柶狀如匕以角爲之者欲滑也者對士喪禮用木柶者喪禮反吉也云南上者篚次尊籩豆次篚知然者以經云尊在服北南上則是從南北向陳之以尊爲貴次云篚後云籩豆故知次第然也云古文甒作廡者此甒爲酒器廡是夏屋兩下故不從古文也

爵弁皮弁緇布冠各一匴。執以待于西坫南南面東上賓升則東面

爵弁者制如冕黑色但無繅耳周禮王之皮弁會五采玉璂象邸玉笄諸侯及孤卿大夫之冕皮弁各以其等爲之則士之皮弁又無玉象邸飾緇布冠今小吏冠其遺象也匴竹器名今之冠箱也執之者有司也坫在堂角古文匴。作。篡坫。作。襜

疏爵弁至東面○釋曰此一節論使有司三人各執其一豫在階

以待冠事賓未入南面以向賓在堂亦以向賓言升則東面據終言之也○注爵弁至作襜○釋曰云爵弁者制如冕而黑色但無繅耳者已於上解訖今復言之者上文直舉冠以表服其冠賓不陳故略言其冠至此專爲冠言之是以注弁引皮弁以下之事案弁師言冕有五采繅玉皮弁有五采玉璂象邸玉笄下云諸侯及孤卿大夫之冕韋弁皮弁弁經各以其等爲之鄭注云各以其等繅斿玉璂如其命數也但上文已言上公之法故此諸侯唯據侯伯子男是以鄭云冕則侯伯繅七就用玉九十八子男繅五就用玉五十繅玉皆三采孤繅四就用玉三十二三命之卿繅三就用玉十八再命之大夫繅再就用玉八藻玉皆朱綠韋弁皮弁則侯伯璂飾七子男璂飾五玉亦三采孤則璂飾四三命之卿璂飾三再命之大夫璂飾二玉亦二采弁經之弁其辟積如冕繅之就然庶人弔者素委貌一命之大夫冕而無斿士變冕爲爵弁其韋弁皮弁之會無結飾弁經之弁不辟積彼經文具言之今此注略引以證士皮弁無玉以象爲飾之意不取於韋弁弁經及依命數之事故不具引之云緇布冠今小吏冠其遺象也者但緇布冠士爲初加之冠冠訖則弊之不用庶人則常著之故詩云臺笠緇撮是庶人以布冠常服者以漢之小吏亦常服之故舉爲況云匴竹器名今之冠箱也者此亦舉漢法爲況云執之者有司也者則上云有司如主人服有司不主一事故知此亦有司也云坫在堂角者但坫有二文一者謂若明堂位云崇坫亢圭及論語云兩君之好有反坫之等在廟中有之以亢反爵之屬此篇之内言坫者皆據堂上角爲名故云堂角云古文匴爲篹坫作襜者皆從經今文故疊古文也

主人玄端爵韠立于阼階下直東序西面玄端士入廟之服也阼猶酢也東階所以荅酢賓客也堂東西牆謂之序

疏主人至西面○釋曰上文已陳衣冠器物自此以下至外門外論賓主兄弟等著服及位處也云玄端爵韠者主人之服與上所陳子加冠玄端服亦一也云立於阼階下者時欲與賓行禮之事也云直東序者直當也謂當堂上東序牆也○注玄端至之序○釋曰案特牲士禮祭服用玄端此亦士之加冠在廟故與祭同服故云士入廟之服也云東西牆謂之

序者爾雅釋宮文

兄弟畢袗。玄。立于洗東西面北上兄弟主人親戚也畢猶盡也袗同也玄者玄衣玄裳也緇帶韠位在洗東退於主人不爵韠者降於主人也古文袗爲均也疏○兄弟至北上○釋曰此論兄弟來觀禮之服也○注兄弟至均也○釋曰云兄弟主人親戚也者既云兄弟故是親戚云袗同也玄者玄衣玄裳也緇帶韠者以其同玄故知上下皆玄云緇帶韠者緇亦玄之類因士有緇帶故韠亦言緇實亦玄也云位在洗東退於主人者主人當序南西面洗當榮兄弟又在洗東故云退於主人也云不爵韠者降於主人也者爵弁同色主人尊故也兄弟用緇韠不用爵韠兄弟卑故云降於主人也

擯者玄端負東塾東塾門內東堂負之北面疏擯者至東塾○釋曰擯者不言如主人服別言玄端則與主人不同可知主人與兄弟不同故特言玄端與下贊者玄端從之同言玄則此擯者是主人之屬中士若下士也故直舉玄端不言裳也○注東塾至北面○釋曰知是擯者是主人擯相事在門內故知在門內東堂負之北面向主人也

將冠者采衣紒在房中南面采衣未冠者所服玉藻曰童子之。節也緇布衣錦緣錦紳幷紐錦束髮皆朱錦也紒結髮古文紒爲結疏將冠至南面○。注采衣至爲結○釋曰將冠者卽童子二十之人也以其冠事未至故言將冠者也云緇布衣錦緣者以其童子不帛襦袴不衣裘裳故云緇布衣以錦爲緇布衣之緣也云錦紳者以錦爲大帶也云幷紐者亦以錦爲紐紳之垂也云錦束髮者以錦爲總云皆朱錦也者童子之錦朱錦也云紒結髮者則詩云總角丱兮是也以童子尚華飾故衣此也皆

賓如主人服贊者玄端從之立于外門之外外門大門外疏賓如至之外○。注外。門。大。門外○釋曰云賓如主人服者以其賓與主人尊卑同故得如之贊者皆降主人一等其衣冠雖同其裳則異故不得如主人服故別玄端也若然此冠兄弟及賓贊皆得玄端特牲主人與尸祝佐食玄端自餘皆朝服者彼助祭在廟緣孝子之心欲得尊嘉賓以事其祖禰故朝服與主異也

擯者告告者出請入告疏○擯者告○注告告

者出請入告○釋曰出請入告者告主人也主人迎出門左西面再拜賓荅拜左東也出以東爲左入以東爲右疏
主人至荅拜○注左東至爲右○釋曰出以東爲左入以東爲右據主人在西出則以西爲右入以西爲左也主人揖贊者與賓揖先
入贊者賤揖之而已又與賓揖先入道之贊者隨賓疏主人至先入○注贊者至隨賓○釋曰云贊者賤揖之而已者正謂贊者降于主人與賓一等
爲賤也云又與賓揖者對前爲賓拜訖今又揖者爲主人將先入故又與賓揖乃入也云贊者隨賓者後不見更與贊者爲禮故知隨賓入也每曲揖
周左宗廟入外門將東曲揖直廟將北曲又揖疏每曲揖○注周左至又揖○釋曰周左宗廟者祭義與小宗伯俱有此文對殷右。宗。廟也言此皆欲見入
大門東向入廟云入外門將東曲揖者主人在南賓在北俱。東。向是一曲故一揖也至廟南主人在東北面賓在西北面是曲爲二揖故云直廟將北曲又揖一
也通下將入廟又揖三也至于廟門揖入三揖至于階三讓入門將右曲揖將北曲揖當碑揖疏至于至三讓○注入三
門至碑揖○釋曰經直云入門揖鄭知此爲三揖者以上云每曲揖據入門東行時此入廟門三揖是據主人將右欲背客宜揖將北曲與客相見又揖云當
碑揖者碑是庭中之大節又宜揖是知三揖據此而言也案昏禮注入三揖者至內霤將曲揖。既曲北面揖當碑揖及聘禮鄉飲酒入三揖注雖不同皆據此
三節爲三揖義不異也主人升立于序端西面賓西序東面主人賓俱升立相鄉疏主人至東面○注主人至相鄉
○釋曰此文主人與賓立相鄉位定將行冠禮者也主人升堂不拜至者冠子。爲賓客故異於鄉飲酒之等也贊者盥于。洗。西。升立于
房中西面南上盥於洗西由賓階升也立于房中近其事也南上尊於主人之贊者古文盥皆作浣疏贊者至南上○注盥於至作浣○釋
曰此賓者之贊冠者不在堂升即位于房中與主人贊者並立者以其與主人贊者俱是執勞役之事故先入房並立。待事故鄭云近事也云盥於洗西由賓

階升也者贊者盥於洗西無正文案鄉飲酒主人在洗北南面賓在洗南北面如此相鄉又主人從內賓從外來之便贊者亦從之又卑不可與賓並。明在洗西東面及向賓階便知在洗西也云由賓階升者以與主人贊者在房並立一恐。由阼階故明之同於賓客也云南上尊於主人之贊者以其賓主贊者俱降一等兩贊尊卑同而云尊者直以主人尊敬賓之贊故云尊於主人之贊又知與主人贊並立者以贊冠一人而已而云南上明與主人為序也

主人之贊者筵于東序少北西面主人之贊者其屬中士若下士筵布席也東序主人位也適子冠於阼少北辟主人

疏主人至西面○注主人至主人○釋曰云主人之贊者其屬中士若下士者以主人上士為正故云其屬中士若主人是中士贊是其屬下士為之賓與贊冠者同云筵布席也者謂布冠者席也云東序主人位也者引冠義云適子冠於阼為證是也

將冠者出房南面南面立于房外之西待賓命

疏將冠至南面○注南面至賓命○釋曰知在房外之西不在東者以房外之東南當阼階是知房外者皆在房外之西故昏禮女出于母左母在房外之西故得出時在母左也云待賓命者以其下文有賓揖將冠則賓有命也

贊者奠纚笄櫛于筵南端贊者賓之贊冠者也奠停也古文櫛為節

疏贊者至南端○注贊者至為節○釋曰前纚項已下六物同一篋陳於房今將用之故贊冠者取置于將冠之席南端擬用若然六者俱用不言纓紘等四物大略其實皆有可知不言櫛盛于簞今亦并簞將來置於席南端也服不將來置於席南者皆加冠訖。宜房中隱處加服訖乃見容體也知贊者是其賓之贊冠者也者以其贊冠者主為冠事而來故知取笄纚是賓之贊冠者若非賓之贊者則云主人以別之故上云主人之贊者是也

賓揖將冠者將冠者即筵坐贊者坐櫛設纚即就設施

疏賓揖至設纚○釋曰此二者勞役之事故贊者為之也

賓降主人降賓辭主人對主人降為賓將盥不敢安位也辭對之辭未聞

疏賓降至人對○釋曰云辭對之辭未聞者上筮賓宿賓之時雖不言其辭

下皆陳其辭此賓主之辭下。皆不言故云未聞也賓盥卒壹。揖壹。讓升主人升復初位揖讓皆壹者降於初古文壹皆作一【疏】賓盥至初位○釋曰云主人升復初位者謂初升序端也○注古文壹皆作一○釋曰一壹得通用雖疊古文不破之也賓筵前坐正纚興降西階一等執冠者升一等東面授賓正纚者將加冠宜親之興起也降下也下一等升一等則中等相授冠緇布冠也【疏】賓筵至授賓○注正纚至冠也○釋曰云正纚者將加冠宜親之者以其贊者前已設纚訖今賓復出正之者雖舊設已正以親加冠故纚亦宜親之也云下一等升一等則中等相授者案匠人天子之堂九尺賈馬以為傍九等為階則諸侯堂宜七尺則七等階大夫堂宜五尺則五等階士宜三尺則三等階故鄭以中等解之也知冠是緇布冠者以下文有皮弁爵弁故知此是緇布冠也賓右手執項左手執前進容乃祝坐如初乃冠興復位贊者卒進容者行翔而前鶬焉至則立祝坐如初坐筵前興起也復位西序東面卒謂設缺項結纓也【疏】賓右至者卒○注進容至纓也○釋曰知進容者行翔而前鶬焉者曲禮云堂下不趨室中不翔則堂下固得翔矣又云大夫濟濟士蹌蹌注云皆行容止之貌此進容是士故知進容謂行翔而前。鶬焉云至則立祝者以經祝下乃云坐如初故祝時立可知云坐如初坐筵前者上正纚時筵前坐是初坐也云卒謂設缺項結纓也者下文皮弁贊者卒紘此謂緇布冠無笄紘直頍項青組纓屬於頍故卒者終頍項與結纓也若然經云右手執項謂冠後為項非頍項其下皮弁爵弁無頍項皆云執項故知非頍項也冠者興賓揖之適房服玄端爵韠出房南面復出房南面者一加禮成觀衆以容。體【疏】冠者至南面○注復出至容體○釋曰言復者對前出房故云復前出為待賓命此出為觀衆以容體也案。郊特牲論加冠之事云加有成也故此鄭云一加禮成也云觀衆以容體者以其既去緇布衣錦緣童子服著此玄端成人之服使衆觀知故云觀衆以容體也賓揖之卽筵坐櫛設笄賓盥正纚如初降二等受皮弁右執項左執前進祝加之如初復位贊者卒紘如初爲不見者言也卒紘謂繫屬之疏賓揖至卒紘○注如初至屬之○釋曰此當第二加皮弁之節云卽筵坐櫛者坐訖當脫緇布冠乃更櫛也云設笄者凡諸設笄有二種一是紒內安髮之笄一是皮弁爵弁及六冕固冠之笄今此櫛訖未加冠卽言設笄者宜是紒內安髮之笄也若安髮之笄則緇布冠亦宜有之前櫛訖不言設笄者以其固冠之笄緇布冠無笄而皮弁爵弁有笄上文已陳訖今若緇布冠亦言設笄卽與皮弁爵弁相亂故緇布冠不言設笄其實亦有也若然緇布冠不言設笄而言設纚皮弁冠言設笄不言設纚互見爲義明皆有也其於固冠之笄則於賓加弁之時自設之可知云如初爲不見者言也者上加緇布冠時有賓降主人降賓辭主人對賓盥卒一揖一讓升主人升復初位賓筵前坐之等相次此皆不見故設經省文如之而已故云爲不見者言也云卒紘謂繫屬之者卽上注云有笄者屈組以爲紘伸屬之左相繫定右相䌰繫擬解時易爲繫屬之也

興賓揖之適房服素積素韠容出房南面容者再加彌成其儀益繁疏興賓至南面○釋曰興謂冠者加皮弁訖起待賓揖之也云適房服素積素韠者上陳服皮弁云緇帶素韠此不言緇帶者上唯有一帶不言可知故不言也○注容者至益繁○釋曰此對上加緇布冠時直言出房南面不言容此則言容以再加彌成其儀益繁故言容其實彼出亦是容故鄭注云觀衆以容體也

賓降三等受爵弁加之服纁裳韎韐其他如加皮弁之儀降三等下至地他謂卒紘容出疏賓降至之儀○注降三等下至容出○釋曰云降三等下至地者據士而言云他謂卒紘容出者以其自餘皆緇布冠見訖皮弁如之而已至卒紘容出唯皮弁有之故知他謂此二者也

徹皮弁冠櫛筵入于房徹者贊冠者主人之贊者爲之疏徹皮至于房○注徹者至爲之○釋曰冠卽緇布冠也不言緇布冠者可知故也皮弁具言者以有

爵弁之嫌然不言爵弁者著之以受醴至見母兄弟姑姊訖乃易服故也云徹者贊冠者主人之贊者爲之者以其贊冠者奠櫛主人之贊者設筵故知還遣之也

筵于戶西南面筵主人之贊者戶西室戶西【疏】筵于戶西南面○注筵主至戶西○釋曰知主人之贊者設筵者以上文筵于東序已遣主人之贊故知此亦主人之贊者也云戶西室戶西者以下記醮于客位在戶西醮醴同處故知戶西也

贊者洗于房中側酌醴

加柶覆之面葉洗盥而洗爵者昏禮曰房中之洗在北堂直室東隅篚在洗東北面盥側酌者言無爲之薦者面前也葉柶大端贊酌者賓尊不入房古文葉爲擖【疏】贊者至面葉○注洗盥至爲擖○釋曰云洗盥而洗爵者凡洗爵者必先盥盥有不洗爵者此經直云洗明盥手乃洗爵故鄭云盥而洗爵引昏禮房中之洗至北面盥者證房中有洗之事若然前設洗于庭者不爲醴以房中有洗醴尊也云側酌者言無爲之薦者謂無人爲之薦脯醢還是此贊者故下直言薦脯醢不言別有他人明還是贊者也昏禮贊醴婦是贊者自酌自薦經雖不言側酌側自明也云葉柶大端者謂扱醴之而柄細故以爲柶大端此與昏禮賓皆云面葉者此以賓尊不入戶贊者面葉授賓賓得面枋授冠者冠者得之面葉以扱醴而祭昏禮賓亦主人尊不入房贊者面葉以授主人主人面枋以授賓賓得面葉以扱祭至於聘禮禮賓宰夫實鱓以醴加柶于鱓面枋授公者凡醴皆設柶聘禮宰夫不訝授公側受醴則還面枋以授賓故面枋也

賓揖冠者就筵筵西南面賓受醴于戶東加柶面枋筵前北面戶東室戶東今文枋爲柄【疏】賓揖至北面○注戶東至爲柄○釋曰知室戶東者以其冠者筵至室戶西賓自至房戶取醴酌醴者出向西以授也

冠者筵西拜受鱓賓東面荅拜筵西拜南面拜也賓還荅拜於西序之位東面者明成人與爲禮異於荅主人【疏】冠者至荅拜○注筵西至主人○釋曰云筵西拜南面拜也者上云冠者筵西南面知以鱓拜還南面也知賓東面在西序者以上文與主人相對本位於西序也云東面者明成人與爲禮異於

荅主人者案鄉飲酒鄉射賓於西階北面荅主人拜今此。於西序東面拜故云異於荅主人又昏禮禮賓聘禮禮賓皆云拜送此云荅拜不云拜送者彼醴是主人之物故云拜送此醴非賓物故云荅拜也

薦脯醢贊冠者也

疏 薦脯醢○注贊冠者也○釋曰上文云贊側酌醴是贊冠者明此薦亦是贊冠者也

冠者即筵坐左執觶右祭脯醢以柶祭醴三。興筵末坐啐醴建。柶興降筵坐奠觶拜執觶興賓荅拜建柶。扱柶於醴中其拜皆如初古文啐爲呼

疏 冠者至荅拜○釋曰云祭醴三興者三祭者一如昏禮始扱一祭又扱再祭也云筵末坐啐醴建柶興降筵此啐醴不拜既爵者以其不卒爵故不拜也

冠者奠觶于薦東降筵北面坐取脯降自西階適東壁北面見于母薦東薦左凡奠爵將舉者於右不舉者於左適東壁者出闈門也時母在闈門之外婦人入廟由闈門

疏 冠者至於母○注薦東至闈門○釋曰云薦東薦左者據南面爲正故云薦左也云凡奠爵將舉者於右者謂若鄉飲酒鄉射是也此文及昏禮贊醴婦是不舉者皆奠之於左也云適東壁者出闈門也者宮中之門曰闈門母既冠子無事故不在門外今子須見母故知出闈門也云婦人入廟由闈門者雜記云夫人奔喪入自闈門升自側階鄭注云宮中之門曰闈門爲相通者也是也

母拜受子拜送母又拜婦人於丈夫雖其子猶俠拜

疏 母拜至又拜○注婦人至俠拜○釋曰鄭云婦人於丈夫雖其子猶俠拜者欲見禮子之體側但是婦人於丈夫皆使俠拜故舉子以見義也

賓降直西序東面主人降復初位初位初至階讓升之位

疏 賓降至初位○釋曰此將欲與冠者造字而·迎之位也○注初位至之位○釋曰云初位初至階讓升之位者謂初迎賓至階讓升之位其賓直西序則非初讓升之位主人直東序西者欲。迎其事聞字之言故也

冠者立于西階東南面賓字之冠者對對應也其辭未聞

疏 冠者至者對○注對應至未聞○釋曰云

賓字之者卽下文有字辭又有某甫之字若孔子云尼父之字是也云其辭未聞者下有賓祝辭不見冠者應辭故云未聞也案禮記冠義云旣冠而字之成人之道也見於母母拜之據彼則字訖乃見母此文先見乃字者此文見母是正見彼見母在下者記人以下有兄弟之等皆拜之故退見母於下使與兄弟拜文相近也若然未字先見母字訖見兄弟之等者急於母緩於兄弟也

乃賓出主人送于廟門外不出外門將醴之【疏】賓出至門外○注不出至醴之○釋曰以下云請醴賓故云將醴之也

請醴賓賓禮辭許賓就次此醴當作禮禮賓者謝其自勤勞也次門外更衣處也以帷幕簟席爲之【疏】請醴至就次○注此醴至爲之○釋曰云此醴當作禮者對上文有酌醴受醴之等不破之此當爲上於下之禮不得用醴禮卽從醴字何者周禮云諸侯用鬯不云鬯賓明不得以醴禮賓卽爲醴故破從禮也云次門外更衣處也者次者舍之名以其行禮衣服或與常服不同更衣之時須入於次故云更衣處也云必帷幕簟席爲之者案聘禮記云宗人授次次以帷少退于君之次注云主國之門外諸侯及卿大夫之所使者次位皆有常處又案周禮幕人掌帷幕幄帟綬之事注云帷幕皆以布爲之四合象宮室曰幄云簟席者士卑或用簟席是以雜記諸侯大夫喪皆用布士用簟席爲之次亦當然

冠者見於兄弟兄弟再拜冠者荅拜見贊者西面拜亦如之見贊者西面拜則見兄弟東面拜贊者後賓出【疏】冠者至如之○注見贊至賓出○釋曰兄弟位在東方此贊冠者則賓之類○故贊者東面也言贊者先拜冠者荅之也知贊者後賓出者文於見兄弟下始見之明贊者後賓出也出亦當就次待禮之也

入見姑姊如見母入入寢門也廟在寢門外如見母者亦北面姑與姊亦俠拜也不見妹妹卑【疏】入見至見母○注入入至妹卑○釋曰男子居外女子居內廟在寢門外入見入寢門可知不見父與賓者蓋冠畢則已見也不言者從可知也云不見妹妹卑者以其妹卑於姑姊故不見也

乃易服服玄冠玄端爵韠奠摯見于

君遂以摯見於鄉大夫鄉先生易服不朝服者非朝事也摯雉也鄉先生鄉中老人爲卿大夫致仕者

疏乃易至先生○注易服至仕者○釋曰云易服者爵弁既助祭之服不可服見君與先生等故易服服玄端也云易服不朝服者非朝事也者此乃因加冠以成人之禮見君非正服之節故不朝服經直云玄端則兼玄冠矣今更云玄冠者以初冠時服玄端爲緇布冠服緇布冠非常著之冠而弊之易服宜服玄冠配玄端故兼云服玄冠也朝服與玄端同玄端則玄裳黃裳雜裳黑屨若朝服玄冠玄端雖同但裳以素而屨色白也以其但正幅故朝服亦得端名然六冕皆正幅故亦名端是以樂記云魏文侯端冕而聽古樂又論語云端章甫鄭云端玄端諸侯視朝之服則玄端不朝得名爲玄端也云摯雉也者士執雉是其常故知摯是雉也云鄉先生鄉中老人爲卿大夫致仕者者此卽鄉飲酒與鄉射記先生及書傳父師皆一也先生亦有士之少師鄭不言者經云鄉大夫不言士故先生亦略不言其實亦當有士也

乃醴賓以壹獻之禮壹獻者主人獻賓而已卽燕無亞獻者獻酢酬賓主人各兩爵而禮成特牲少牢饋食之禮獻尸此其類也士禮一獻卿大夫三獻。禮賓不用柶者泲其醴內則曰飲重醴清糟稻醴清糟黍醴清糟粱醴清糟凡醴事質者用糟文者用清

疏乃醴亦之禮○注壹獻至用清○釋曰此醴亦當爲禮不言可知也云壹獻者主人獻賓而已卽燕無亞獻者者案特牲少牢主人獻尸主婦亞獻爲二獻此則主人獻賓而已無亞獻知卽燕者鄉飲酒末有燕故知獻後有燕云獻酢酬賓主人各兩爵而禮成者主人獻賓賓酢主人主人將酬賓先自飲訖乃酬賓奠而不舉是賓主人各兩爵而禮成也必知一獻之禮禮備有酬酢者昏禮舅姑饗婦以一獻之禮奠酬得正禮不旅又曰婦酢舅更爵自薦是備酬酢也鄉飲酒亦備獻酢酬是其義也云特牲少牢饋食之禮獻尸此其類也者此賓主人各兩爵無亞獻彼主人主婦各一爵有亞獻雖不同得主人一獻義類同故云此其類也云士禮一獻者卽士冠及昏禮鄉飲酒禮鄉射皆是一獻也云卿大夫三獻者案左氏傳云季孫宿如晉拜莒田也晉侯享之有加籩武子退使行人

告曰小國之事大國也苟免於討不敢求旣得旣不過三獻又禮記郊特牲云三獻之介亦謂卿大夫三獻之介案大行人云上公饗禮九獻侯伯七獻子男五獻是以大夫三獻士一獻亦。是其差也云禮賓不用柶者泲其醴者此有獻酢酬飲之泲者故不用柶冠禮禮子用醴不泲故用柶也云內則曰飲者鄭注云目諸飲也云重。醴清糟者鄭云重陪也糟醇也清泲也致飲有醇者有泲者陪設之稻醴以下是也云凡。禮事質者用糟文者用清者質者謂若冠禮禮子之類是也故以房戶之閒顯處設尊也

主人酬賓束帛儷皮飲賓客而從之以財貨曰酬所以申暢厚意也束帛十端也儷皮兩鹿皮也古文儷爲離

【疏】主人至儷皮○注飲賓至爲離○釋曰主人酬賓當奠酬之節行之以財貨也此禮賓與饗禮同但爲饗禮有酬幣則多故聘禮云若不親饗致饗以酬幣注云禮幣束帛乘馬亦不是過也又案大戴禮云禮幣采飾而四馬是大夫禮多與士異也案禮器云琥璜爵鄭云天子酬諸侯諸侯相酬以此玉將幣也則又異於大夫也下凡酬幣之法尊卑獻數多少不同及其酬幣唯於奠酬之節一一行而已春秋秦后子出奔晉后子享晉侯歸取酬幣終事八反杜注云備九獻之儀始禮自齎其一故續送其八酬酒幣彼九。獻之閒皆。云幣春秋之代奢侈之法非正禮也云束帛十端也者禮之通例凡言束者無問脯與錦皆以十爲數也云儷皮兩鹿皮也者當與射禮庭實之皮同禮記郊特牲云虎豹之皮示服猛也又覲禮用馬則國君用馬或虎豹皮若臣聘則用鹿皮故鄭注聘禮云凡君於臣臣於君麋鹿皮可也言可者以無正文若然兩。說諸侯自相見亦用虎豹皮也

贊者皆與贊冠者爲介贊者。衆。賓也皆與亦飲酒爲衆賓介賓之輔以贊爲之尊之飲酒之禮賢者爲賓其次爲介

【疏】贊者至爲介○注贊者至爲介○釋曰鄭知贊者。衆。賓者以其下別言贊冠者明上云贊者是。衆。賓也云介賓之輔者以其鄉飲酒之禮賢者爲賓其次爲介又其次爲衆賓彼據將貢以爲優劣之次也此雖不貢以飲酒之禮立賓主亦以優劣立介以輔也云以贊爲之尊之者謂。賓。此贊冠者故遣爲介也云飲酒之禮賢者爲賓其次爲介者取尊爲義也

賓出主

人送于外門外再拜歸賓俎一獻之禮有薦有俎其牲未聞使人歸諸賓家也

疏賓出至賓俎○注一獻至家也○釋曰賓不言薦脯醢者案舅姑共饗婦以一獻有姑薦則此一獻亦有薦脯醢可知經有俎必有特牲但鄉飲酒鄉射取擇人而用狗此冠禮無擇人之義則不用狗但無正文故云其牲未聞也知使人歸諸賓家者以賓出主人送於門外乃始言歸賓俎明歸於賓家也

儀禮疏卷第二

珍倣宋版印

儀禮注疏卷二校勘記　阮元撰盧宣旬摘錄

陳服于房中西墉下

陳服至北上　按單疏分五十卷與唐書新舊志合今本俱依注作十七卷茲紀單疏每卷起訖以存舊式浦鏜云疏中自此至東面云云十八字已見上夙興節疏此重出○今按此兩節適在兩卷交接之處故重言之浦未見單疏本故未喻其重出之故

故士之冠特　陳本要義同毛本通解特作時要義士之作也士

爵弁服

此與君祭之服　與通典作助按若作與當讀去聲而釋文無音疑作助是也因下注此與君視朔之服相涉而誤耳

再入謂之赬　入釋文作染下二字同張氏曰爾雅有再染三染之文此鄭氏用染字之據也○按爾雅云一染謂之縓再染謂之赬三染謂之纁鄭氏既據爾雅何以一入不稱染不若依今本概作入字爲是

今齊人名蒨爲韎韐　集釋校云疏云周公時名蒨爲韎草以此韎染韋合之爲韐因名韍爲韎韐是蒨一名韎而韍名韎韐蒨不得名韎韐也韐字乃衍文○按韎者茅蒐之別名也韐者所以代韠也自後人誤讀毛傳妄改鄭箋遂併此注而亦誤矣戴侗六書故卷十八韎字下引鄭氏曰齊人謂蒨爲韎又韐字下引鄭康成曰韐韍之制似韠以韐字屬下句與疏不合其讀上句卻正與疏合錄此以見宋儒亦有覺其誤而改其讀者

冠弁者　盧文弨云者字衍

士禮元冠自祭 陳閩同毛本冠作端

是況有不同之事 毛本同要義況作注

但古緇紂二字並行 要義同毛本行作色

元端亦服之類 浦鏜云亦下當脫朝字

此經云韎韐 浦鏜云下當脫禮記云緼紱緼紱韎韐九字

鄭卽因解名緼韍之事 名陳閩要義俱作名毛本作明事諸本俱作字

是紱有與緼異 浦鏜云緼當韠字之誤○按疑當云是韍又與緼韍異

二與日爲體離爲鎮霍 上六字要義曰當云二與四爲離體霍陳閩俱誤作翟

緇布冠及皮弁在堂下 陳本要義同毛本皮上無及字皮下有爵字

當從絲旁爲之 段玉裁校本絲作糸

皮弁服

冒覆頭句頷繞項 毛本冒上有以白鹿皮四字句作鉤通解與毛本同

至黃帝則有冕 冕陳閩俱作異○按下云黃帝作旒冕則異字非也

繢事後素之等是也繢毛本作繪是毛本作事諸本俱作是

素用繒者陳閩同毛本繒作繪

元端

天地之雜也也徐本作色張氏云鄭氏正引易文不必改也爲色也字近色傳寫者誤耳○按漢時六經異文甚多張說未確通解亦從張氏

不同一命不命浦鏜云同當問字之誤盧文弨云不同二字屬上亦可

各有所當當者卽服之當字陳閩俱不重非也

朝時不服不要義作所按要義是

以聽私朝矣矣要義作衣屬下句

必以莫爲夕者莫爲疑當作爲莫

無事則無夕法陳閩要義同毛本則作亦

哀十四年要義同毛本哀作襄

卽此元端也要義同毛本端作冠

緇布冠

結項中 按疏無中字

足以韜髮而結之矣 韜釋文作叏張氏云士昏禮注之縚髮釋文亦云本又作叏不爲叏則爲縚今之爲韜未知孰據○按說文韜本劍衣也弢弓衣也二字音義相近故古多通用如六韜一作六弢是也叏本訓滑因弢而轉爲叏從省也縚則韜之俗字

謂此以上凡六物 徐本通典集釋俱無以字與疏合通解要義俱與毛本同釋文亦有以字按徐本作此上釋文則摘以上二字爲音未見以字之上必無此字張氏遽改此爲以殆因此以二字不宜並存故歟

首著卷幘之狀雖不智 陳本同之要義作其智通解要義俱作審毛本作雖不可知

故以冠之 冠要義作況

人之長者 要義同毛本人下有髮字

謂狹而長也 毛本狹誤作挾

大夫士當緇組纁邊 陳本同毛本組下有紘字○按無紘字與禮器注不合且與此處經文亦異此本非也

櫛實于簞

笥與簞方圓有異 聶氏要義同毛本與上無笥字

蒲筵二在南

鄭注云　盧文弨云鄭注二字衍舊本俱經注連釋一本始分作兩段然體例亦不盡合○按此爲經注連釋之始故特加鄭注二字以別于釋經也以後凡經注連釋者即不盡用此例

藉之曰席　藉浦鏜改从艸是也毛本誤作籍下藉取同

前數在地者皆言藉取相承之義　毛本藉上有筵字此本陳本俱無筵字閩本筵字擠入按通典釋此經云上重者皆言席取相承藉之義在地多言筵也蓋用疏說

側尊一甒醴

勺尊升　金曰追云疏謂少牢疊料所以斢水此尊料斢酒者也是注升本作斗後魏以來字多別體升斗字幾不辨故致誤如此當幷疏尊升改正

則此爲尊料斢酒者也　料要義作升誤

爵弁皮弁緇布冠各一匴　宋本釋文云匴本或作算○按通典作算與或本合今本釋文算誤作篹

古文匴作纂坫作襘　篹嚴徐集釋俱作纂毛本作篹上作字嚴徐集釋俱作作毛本作爲下作字嚴本集釋俱作作徐本毛本作爲

張氏云注曰匴作篹案釋文云爲篹素管反劉音纂纂字既誤作字必非又云注曰坫作襘案釋文云爲檐以占反廣韻云檐與簷同屋檐也坫謂之坫

故或爲襘今從襘非也襘字既誤作字必非○按毛本兩句俱是爲字與釋文合疏則上句是爲下句是作與徐本相反又釋文襘毛本亦誤作襘

但袩有二文一者　要義同毛本文下有有字袩單疏誤玷毛本作袩

云古文𠤷爲纂袩作襘者　纂陳閩監本俱同毛本要義作簒襘要義同毛本作襘

兄弟畢袗元　朱子云袗古文作均而鄭注訓同漢書字亦作袀則當從袗爲是○今按說文無袀字均之爲袀猶元之爲玆皆俗字也袗本元服以經既有元字故鄭轉訓爲同蓋字雖從今而義則從古袗均音同得相假借也或疑經文袗字當作均注當云均同也古文均爲袗恐不必然

爵弁同色　毛本爵作韠陳本要義俱作爵

將冠者采衣紒

童子之節也　作飾徐本集釋楊氏敖氏俱作節○按作節與玉藻合

將冠至南面注采衣至爲結　按疏內總標經注之式唯此僅存浦鏜謂注采衣至爲結六字當在故言將冠者也下蓋未見單疏本故也

賓如主人服

注外門大門外　六字毛本俱脫

每曲揖

對殷右宗廟也 毛本同陳閩俱無宗廟二字

俱東向是一曲 要義楊氏同毛本東向作向東

至于廟門

旣曲北面揖 陳閩同毛本旣作卽

主人升立于序端

冠子爲賓客 毛本爲上有非字

贊者盥于洗西 浦鏜云于洗西三字當衍文疏云贊者盥于洗西無正文若經有此三字便是正文何云無也當是傳寫者因注盥于洗西之文誤衍之耳

故先入房並立待事 毛本待作侍

明在洗西東面 毛本明作故

恐由阼階 通解同毛本由作作

贊者奠纚笄櫛于筵南端

宜房中隱處加服訖 宜陳本誤作冠毛本作適

賓降

下皆不言 下皆毛本作不陳陳本誤作不贊按不與下贊與皆俱因形似而誤今本作陳則近理而莫究其原矣

賓盥卒壹揖壹讓升 瞿中溶云唐石經兩壹字初刻作一後改

賓右手執項

行翔而前鶬焉者 陳閩同毛本前作後

堂下不趨 下要義毛本作上下同○按要義是也

謂行翔而前鶬焉 要義同毛本鶬作蹌

冠者與

觀衆以容體 體通典作儀

按郊特牲論加冠之事 毛本郊誤作特

賓揖之

右相繦繫 毛本繦作屈

與賓揖之

起待賓揖之也毛本待作而

贊者洗于房中

古文葉爲擖擖陳閩監葛俱誤作揭按擖當作擸說詳聘禮

以房中有洗毛本房作庭

昏禮贊醴婦諸本俱作醴婦毛本作酌醴

此與昏禮賓盧文弨云禮下脫一禮字下同

公側受醴要義同毛本作授

賓揖冠者就筵

以其冠者筵室戶西筵通解要義俱作在

冠者筵西拜受觶

知以觶拜還南面也以要義作受是也

今此於西序東面拜要義同毛本於作以

薦脯醢

上文云贊側酌醴毛本側作者

冠者卽筵坐○栖祭醴三毛本三誤作二建栖建石經徐本集釋敖氏俱作建注同通解作捷錢大昕云士昏禮婦受醴亦有以栖祭醴坐啐醴建栖之文則作建爲是

扱栖於醴中扱釋文作提云本又作插亦作扱盧文弨云釋文云云正指注言後人誤會乃改經之建栖爲捷栖失之矣張氏云鄉射之注曰搢插也插于帶右大射之注曰搢扱也士喪禮之注曰搢插也插于帶之右旁釋文皆作捷由是觀之釋文之前捷字猶在釋文之後始盡變而爲插扱爾○按集釋云建陸作捷蓋其誤自李氏始

賓降直西序東面

而迎之位也案此與下欲迎其事兩迎字疑皆當作近

請醴賓

此醴當作禮禮賓者謝其自勤勞也禮賓者以下九字毛本俱脫徐本集釋通解敖氏俱有

以帷幕簟席爲之以徐本集釋通解要義敖氏俱作以毛本作必

諸侯用巹要義同通解毛本諸上有天子禮三字

乃易服○奠摯見於君摯釋文作贄云本又作摯○按摯贄今本錯出宜俱從手後不悉校

遂以摯見于鄉大夫鄉先生毛本先誤作見近有據誤本疏文欲改經鄉大夫為鄉大夫者段玉裁云鄉大夫謂每鄉卿一人之鄉大夫及同一鄉中仕至卿大夫者鄉飲酒禮鄉射禮所謂遵者也鄉先生同一鄉中嘗仕為卿大夫而致仕者也必皆云鄉者謂同一鄉周禮重鄉飲鄉射以鄉三物賓興之意也禮記冠義釋文云鄉大夫鄉先生並音香此則經文不作卿字甚明

則元端不朝得名為元端也不監本作以

與鄉射記先生要義陳本同毛本記作禮

經云鄉大夫不言士陳本通解同要義亦鄉誤作卿

乃醴賓以壹獻之禮

賓醴不用柶者賓醴徐本集釋通解俱作禮賓按疏作醴賓

飲重醴清糟稻醴清糟黍醴清糟粱醴清糟稻醴以下十二字毛本俱脫徐本集釋通解俱有敖氏無末清糟二字陸氏云糟劉本作醩音漕

鄉飲酒末有燕閩本要義同通解毛本末作未

而禮成也通解要義同毛本禮成作成禮

亦是其差也毛本是誤作士

云重醴清糟者醴下金曰追補至字云疏括注語本有至字不知何時脫去遂使轉寫者反據疏中重醴清糟四字誤删注文○按內則原文重醴下無清糟二字故校者疑鄭注今本固有脫句而古本亦有衍字也然古書多異文未可臆爲刊削金謂疏有至字不知何據疏引內則注先解清糟兩字乃云稻醴以下是也則疏舉注語未必總括五句

云凡禮事陳本要義同按各本注禮俱作醴

主人酬賓

彼九獻之閒皆云幣獻通解要義俱作獻毛本作酬云通解毛本作有

兩說諸侯陳本要義同毛本說作國是也

贊者皆與

贊者衆賓也朱子云贊者謂主人之贊者也恐字誤作衆賓耳○按如朱子說則疏中兩衆賓亦當改爲主人之贊者

謂賓此贊冠者毛本此作之按賓字亦宜作尊

儀禮注疏卷二校勘記

儀禮疏卷第三

唐朝散大夫行大學博士弘文館學士臣賈公彥等撰

若不醴則醮用酒若不醴謂國有舊俗可行聖人用焉不改者也曲禮曰君子行禮不求變俗祭祀之禮居喪之服哭泣之位皆如其國之故謹脩其法而審行之是酌而無酬酢曰醮醴亦當爲禮

疏若不至用酒〇注若不至爲禮〇釋曰自此已上說周禮冠子之法自此已下至取籩脯以降如初說夏殷冠子之法云若不醴則醮用酒者案上文適子冠於阼三加訖一醴於客位是周法今云若不醴則醮用酒非周法故知先王法矣故鄭云若不醴謂國有舊俗可行聖人用焉不改者也云聖人者即周公制此儀禮用舊俗則夏殷之禮是也云曲禮曰已下者是下曲禮文也云君子行禮不求變俗者與下文爲目謂君子所住之國不求變彼國之俗若衛居殷墟者也云祭祀之禮者若郊特牲云殷人先求諸陽周人先求諸陰求諸陽者先合樂乃灌地降之神也求諸陰者謂先灌地乃合樂若衛居殷地用殷禮則先合樂乃灌也云居喪之服者謂若檀弓周之諸侯絕旁期降上下殷之諸侯服旁期不降上下衛居居殷墟亦不降上下也云哭泣之位者殷禮無文亦應有異也云皆如其國之故者謂上所云皆如其故國之俗而行之云是者依先王舊俗而行不改之事向來所解引曲禮據人君施化之法不改彼國舊俗證此醮用酒舊俗之法也故康誥周公戒康叔居殷墟當用殷法是以云茲殷罰有倫使用殷法故所引曲禮皆據不變彼國之俗但君子行禮不求變俗有二途若據曲禮之文云君子行禮不求變俗鄭注云求猶務也不務變其故俗重本也謂去先祖之國居他國又云祭祀之禮居喪之服哭泣之位皆如其國之故謹脩其法而審行之注其法謂其先祖之制度若夏殷者謂若杞宋之人居鄭衛鄭衛之人居杞宋若據彼注謂臣去己國居他國不變己國之俗是以定四年祝佗云殷人六族在魯啓以商政亦不變本國之俗故開商政示之皆據當身居他國不變己國

之俗與此注引不同者不求變俗義得兩合故各據一邊而言也云酌而無酬酢曰醮者鄭解無酬酢曰醮唯據此文而言所以然者以周法用醮無酬酢曰醮案曲禮云長者舉未釂鄭注云盡爵曰釂是醮不專於無酬酢者若然醴亦無酬酢不爲醮名者但醴大古之物自然質無酬酢此醮用酒酒本有酬酢故無酬酢得名醮也云醴亦當爲禮者亦上請醴賓之醴故破之也

尊于房戶之閒兩甒有禁玄酒在西加勺南枋

房戶閒者房西室戶東也禁承尊之器也名之爲禁者因爲酒戒也玄酒新水也雖今不用猶設之不忘古也

[疏]尊于至南枋○注房戶至古也○釋曰云禁承尊之器也名之爲禁者因爲酒戒也者以醴不言禁醴非飲醉之物故不設戒也此用酒酒是所飲之物恐醉因而禁之故云因爲酒戒若然玄酒非飲亦爲禁者以玄酒對正酒不可一有一無故亦同有禁也云不忘古也者上古無酒今雖有酒猶設之是不忘古也

洗有篚在西南順

洗庭洗當東榮南北以堂深篚亦以盛勺觶陳於洗西南順北爲上也

[疏]洗有至南順○注洗庭至上也○釋曰知洗庭洗者上周法用醴之時醴之尊在房今醮用酒與常飲酒同故洗亦當在庭是以下云賓降取爵于篚卒洗升酌故知洗在庭也設洗法在設尊前此洗亦當在設尊前設之故此直云洗有篚在西不言設也若然上不言設洗者以其上云醮用酒即連云尊文勢如此故不言設洗云當東榮南北以堂深者上已有文也云篚亦以盛勺觶者周法用醴在房庭洗無篚此用酒庭洗有篚故周公設經辨其異者但醴篚在房以盛勺觶此庭洗篚亦盛勺觶故云亦也云南順北爲上也者席之制有首尾者據識之先後爲首尾此篚亦云上者應亦有記識爲上下以其南順之言故北爲上也

始加醮用脯醢賓降取爵于篚辭降如初卒洗升酌

始加者言一加一醮也加冠於東序醮之於戶西同耳始醮亦薦脯醢賓降者爵在庭酒在堂將自酌也辭降如初如將冠時降盥辭主人降也凡薦出自東房

[疏]始加至升酌○注始加至東房○釋曰云始加醮用脯醢者此言與周別之事周家三加訖乃一醴於客位用

脯醢此加訖卽醮於客位用脯醢是其不同也但言始加醮用脯醢者。因言與周異之意其實未行事是以下乃始云賓降取爵于筵也云加冠於東序醮之於戶西同耳者經不見者嫌與周異故辨之其經不言冠者醮之處卽與周同故經不見也云始醮亦薦脯醢者以其經云醮用脯醢汎言若醮用酒未著其節故亦如上周家三加始薦脯醢云賓降者爵在庭酒在堂將自酌也者決周家醴在房贊者酌授賓賓不親酌此則賓親酌酒洗爵故有升降也云辭降如初如將冠時降盥辭主人降也者欲見用醴時直有將冠時賓降無賓降取爵以其酌在房故也今云如初者唯謂如將冠降盥之事也云凡薦出自東房者用醴時尊在房脯醢出自東房醮用酒酒尊在堂脯醢亦出自東房鄉飲酒鄉射特牲少牢薦者皆出東房故云凡以該之也

冠者拜受賓荅拜如初贊者筵于戶西賓升揖冠者就筵乃酌冠者南面拜受賓授爵東面荅拜如醴禮也於賓荅拜贊者則亦薦之

疏冠者至如初○注贊者至薦之○釋曰此經略言拜受荅拜不言處所面位言如初者以其雖用酒與周異自外與周同故直言如初也是以鄭取上醴子法以言之故言如初以結之也云於賓荅拜贊者則亦薦之者經直云拜受荅拜如初亦不言出薦之時節故鄭別言之亦當如周家醴子時薦也凡醴子醴婦弁昏禮禮賓面位不同者皆隨時之便故不同也

冠者升筵坐左執爵右祭脯醢祭酒興筵末坐啐酒降筵拜賓荅拜冠者奠爵于薦東立于筵西冠者立俟賓命賓揖之則就東序之筵

疏冠者至筵西○注冠者至之筵○釋曰此經雖用醴酒不同其於行事與周禮醴子同但位有異彼一加訖入房易服訖出房立待賓。容命此則醮訖立於席西待賓命爲異皆爲更加皮弁也云與筵末坐啐酒者爲醮於客位敬之故也昏禮禮賓與聘禮禮賓在西階上啐醴者昏禮注云此筵不主爲飲食起聘禮注云糟醴不。卒故也冠子用醴拜此醮子用酒亦拜者以與醴子同是成人法拜啐故雖用醮亦拜啐也

徹薦爵筵尊不徹徹薦與爵者辟後加也不徹筵尊三加可相因由便也

疏

徹薦至不徹○注徹薦至便也○釋曰云徹薦與爵者辟後加也者案下文云加皮弁如初儀○再醮攝酒其他皆如初酒則云攝明因前也除酒之外云其他如初明薦爵更設是後加。卒設於席前也故知前云徹薦爵爲辟後加也

加皮弁如初儀再醮攝酒其他皆如初

攝猶整也整酒謂撓之今文攝爲聶

疏 加皮至如初○注攝猶至爲聶○釋曰云攝猶整也整酒謂撓之者案有司徹云司宮攝酒注云更洗益整頓之不可云謂洗亦當爲撓謂更撓攪添益整頓示新也

加爵弁如初儀三醮有乾肉折俎嚌之其他如初北面取脯見于母

乾肉牲體之脯也折其體以爲俎嚌嘗之

疏 加爵至于母○注乾肉至嘗之○釋曰前二醮有脯醢更加此乾肉折俎言嚌之者嚌謂至齒嘗之案下若殺再醮不言攝此經再醮言攝三醮不言攝則再醮之後皆有攝互文以見義也云取脯見于母者亦適東壁俠拜與周同案下文若殺已下云卒醮取籩脯以降此亦取籩脯乾肉曰脯云乾肉牲體之脯也者案周禮腊人云掌乾肉凡田獸之脯腊鄭注云大物解肆乾之謂之乾肉若今梁州烏翅矣薄析曰脯捶之而施薑桂曰腶脩若然乾肉與脯脩別言若今梁州烏翅者或爲豚解而七體以乾之謂之乾肉及用之將升于俎則節折爲二十一體與燕禮同故總名乾肉折俎也

若殺則特豚載合升離肺實于鼎設扃鼏

特豚一豚也凡牲皆用左胖煑於鑊曰亨在鼎曰升在俎曰載載合升者明亨與載皆合左右胖離割也割肺者使可祭也可嚌也今文扃爲鉉古文鼏爲密

疏 若殺至扃鼏○注特豚至爲密○釋曰上醮子用乾肉不殺自此至取籩脯以降論夏殷醮子殺牲之事殺言若者是不定之辭殺與不殺俱得云若也云載合升者在鼎曰升在俎曰載載在後今先言載後言升又合字在載升之閒通事之者欲見在組在鑊俱曰合也云設扃鼏者以茅覆。鼏長則束其本短則編其中案冬官匠人廟門容大扃七个注云大扃牛鼎之扃長三尺又曰闈門容小扃參个注云小扃腳鼎之扃長二尺皆依漢禮而知今此豚鼎之扃當用小扃也云特豚一豚也者此特若郊特

牲之特皆以特爲一也云凡牲皆用左胖者案特牲少牢皆用右胖少儀云大牢則以牛左肩折九个爲歸胙用左則用右而祭之鄉飲酒鄉射主人用右體生人亦與祭同用右者皆據周而言也此云用左鄭據夏殷之法與周異也但士虞喪祭用左反吉故也云亨煮於鑊曰亨者案特牲云亨于門外東方西面北上注云亨煮也亨。豕魚腊以鑊各一爨詩云誰能亨魚溉之釜鬵是鑊爲亨也云在鼎曰升在俎曰載者案昏禮云特。豚合升又云側載特牲亦云卒載加匕于鼎少牢云司馬升羊實于一鼎皆是在鼎曰升在俎曰載之文但在鼎直有升名在俎則升載兩稱也故少牢云升羊載右胖升豕其載如羊有司徹亦云乃升注云升牲。體於俎也是在俎升載二名也云載合升者明亨與載皆合左右胖者以升升載並陳又合在二者之閒故知從鑊至俎皆合左右胖也云離割也劖肺者使可祭也可嚌也者凡肺有二種一者舉肺一者祭肺就舉肺之中復有三稱一名舉肺爲食而舉二名離肺少儀云三牲之肺離而不提心也三名嚌肺以齒嚌之此三者皆據。生人爲食而有也就祭肺之中亦復有三稱一者謂之祭肺爲祭先而有之二者謂之。忖肺忖切之使斷三者謂之切肺名雖與忖肺異切肺則忖肺也三者皆爲祭而有若然切肺離肺指其形餘皆舉其義稱也云今文局爲鉉古文鼏爲密者一部之內皆然不從今文故疊之也

始醮如初亦薦脯醢徹薦爵筵尊不徹矣疏始醮如初○注亦薦至徹矣○釋曰云始醮如初者此一醮與不殺同未有所加故云如初也

再醮兩豆葵菹蠃醢兩籩栗脯蠃醢。蜬蝓醢今文蠃爲蝸疏再醮至栗脯○注蠃醢至爲蝸○釋曰此二豆二籩增數者爲有殺牲故盛其饌也案鄭注周禮醢人云細切爲齏全物若牒爲菹作醢及臡者先膊乾其肉乃後。莝之雜以粱麴及鹽漬以美酒塗置甀中百日則成矣是作醢及菹之法也云蠃醢。蜬蝓醢者爾雅文

三醮攝酒如再醮加俎嚌之皆如初嚌肺攝酒如再醮則再醮亦攝之矣加俎嚌之嚌當爲祭字之誤也祭俎如初如祭脯醢疏三醮至嚌肺○注攝酒至脯醢○釋曰云攝酒如再醮則再醮亦攝之矣者周公作經取省文再醮

不言攝酒以三醮如之則再醮攝之可知故鄭云再醮亦攝之矣云加俎嚌之嚌當為祭字之誤也者經有二嚌不破如初嚌之嚌唯破加俎嚌之字者以祭先之法祭乃嚌之又不宜有二嚌故破加俎之嚌為祭也云一祭俎如初如祭脯醢者以三醮唯祭俎之肺不復祭脯醢也若然前不殺之時一醮徹脯醢為辭再醮之脯醢至再醮不言徹脯醢者以三醮上唯加乾肉不薦脯醢故不徹也今殷亦然一醮徹薦辭至再醮亦不徹薦直徹爵而已亦為三醮以不加籩豆加牲俎是以祝辭一醮亦云嘉薦至三醮者直云籩豆有楚楚陳列貌是三醮不加籩豆明文也

卒醮取籩脯以降如初

疏卒醮至如初○釋曰此取籩脯見毋與前不異上周法與不殺皆不云籩者上皆直薦脯醢不云籩豆此若殺云兩籩故云籩脯若然既殺有俎肉而取脯者見其得禮而已故不取俎肉如若得束帛者不須取脯是以冠禮禮賓得束帛皆不取脯也

若孤子則父兄戒宿

父兄諸父諸兄

疏若孤至戒宿○注父兄諸父諸兄○釋曰上陳士有父加冠禮訖自此至東塾北面論士之無父自有加冠之法也周公作文於此乃見之者欲見周與夏殷孤子同冠於阼階禮之於客位唯一醮三醴不同耳是以作經言其與上異者而已言父兄諸父諸兄者以其上文父兄非直戒宿而已故知此是諸父諸兄非己之親父親兄也

冠之日主人紒而迎賓拜揖讓立于序端皆如冠主禮於阼

冠主冠者親父若宗兄也古文紒為結今文禮作醴

疏冠之至於阼○注冠主至作醴○釋曰云主人紒而迎賓者即上采衣紒是也云拜揖讓立于序端者謂主人出先拜賓賓荅拜訖揖讓而入于廟門既入門又三揖至階又三讓而升堂乃立于東序端賓升立西序端一皆如上父兄為主人故作文省略總云揖讓立于序端皆如冠主也云禮於阼者別言其異者也云今文禮作醴者鄭不從今文者以其言醴則不兼於醮言禮則兼醴醮二法故也

凡拜北面于阼階上賓亦北面于西階上荅拜

疏凡拜至荅拜○釋曰此亦異於父在者云凡拜者謂初拜至及卒拜之等賓主皆北面與父在

時拜于筵西南面賓拜于序端東面爲異也

若殺則舉鼎陳于門外直東塾北面孤子得申禮盛之父在有鼎不陳於門外【疏】若殺至北面○釋曰云若殺者有則殺無則已故云若不定之辭也言舉鼎者謂於廟門外之東壁鐀所舉至廟門外之東直東塾二鼎豚魚腊鼎皆北向相重而列之也○注孤子至門外○釋曰案上文父在亦有殺法今鄭云孤子得申禮盛之者不爲殺起止爲陳鼎于外而言鄭知父在有鼎不陳於外者以上文若殺直云特豚載合升不辨外內孤子乃云舉鼎陳于門外類于上父在陳鼎不於門外也凡陳鼎在外者賓客之禮也在內者。家。私之禮也是在外者爲盛也今孤子則陳鼎在外故云孤子得申禮盛之也

若庶子則冠于房外南面遂醮焉房外謂尊東也不於阼階非代也不醮於客位成而不尊【疏】若。庶。至。醮。焉○釋曰上已言三代適子冠禮訖此經論庶子加冠法也周公作經於三代之下言之則三代庶子冠禮皆於房外同用醮矣但不知三代庶子各用幾醮耳今於周之適子三加一醴夏殷適子三加三醮是以下文祝辭。三醴一而醮三皆爲三代而爲言至於三代夏殷庶子皆不見別辭則周之庶子宜依適子用一醮夏殷庶子亦依三醮三代適子有祝辭若庶子則無故下文注云凡醮者不祝○注房外至不尊○釋曰知房外謂尊東也者上陳尊在房戶之閒案鄉飲酒賓東則東則尊東明此亦於尊東也云不於阼階非代也者案下記云適子冠於阼以著代也明庶子不於阼非代故也云不醮於客位成而不尊者下記云醮於客位加有成也是適子於客位成而尊之此則成而不尊故因冠之處遂醮焉

冠者母不在則使人受脯于西階下【疏】冠者至階下○釋曰案內則云舅沒則姑老若死當云沒不得云不在且母死則不得使人受脯今言不在者或歸寧或疾病也使人受脯爲母生在於後見之也

戒賓曰某有子某將加布於其首願吾子之教之也吾子相親之辭吾我也子男子之美稱古文某爲謀【疏】戒賓至之也○注吾子至爲謀○釋曰自此至唯其所當者周公設經直見行事恐失次

第不言其辭今行事既終總見戒賓醮及爲字之辭也云某有子某者上某主人名下某子之名加布初加緇布冠也云願吾子之教之也者卽此以加冠行禮爲教之也云吾子相親之辭吾我也者謂自己身之子故云吾子相親之辭也云子男子之美稱者古者稱師曰子又公羊傳云名不若字字不若子是子者男子之美稱也今請賓與子加冠故以美稱呼之也

賓對曰某不敏恐不能共事以病吾子敢辭病猶辱也古文病爲秉

主人曰某猶願吾子之終教之也賓對曰吾子重有命某敢不從敢不從許之辭

宿曰某將加布於某之首吾子將莅之敢宿賓對曰某敢不夙與莅臨也今文無對

始加祝曰令月吉日始加元服令吉皆善也元。首也疏注令吉至首也○釋曰元首左傳曰先軫入狄師而死之狄人歸先軫之元是元爲首又尚書云君爲元首亦是元爲首也

棄爾幼志順爾成德壽考惟。祺介爾景福爾女也既冠爲成德祺祥也介景皆大也因冠而戒且勸之女如是則有壽考之祥大女之大福也疏注爾女至福也○釋曰云既冠爲成德者案冠義既冠責以父子君臣長幼之禮皆成人之德云祺祥也者祺訓爲祥祥又訓爲善也云因冠而戒者則經棄爾幼志順爾成德是也云且勸之者卽經云壽考惟祺介爾景福是也

再加曰吉月令辰乃申爾服辰子丑也申重也疏再加至爾服○注辰子至重也○釋曰上云令月吉日此云吉月令辰互見其言是作文之體無義例也云辰子丑也者以十幹配十二辰直云辰子丑明有幹可知卽甲子乙丑之類略言之也

敬爾威儀淑愼爾德眉壽萬年永受胡福胡猶遐也遠也遠無竆古文眉作麋

三加曰以歲之正以月之令咸加爾服正猶善也咸皆也皆。加女之三服謂緇布冠皮弁爵弁也兄弟具在以成厥德。厥。其黃耇無疆受天之慶

黃黃髮也耇凍梨也皆壽徵也疆竟疏注黃黃至疆竟○釋曰爾雅云黃髮齯齒故以黃爲黃髮也云耇凍梨者爾雅云耇老壽也此云耇凍黎者以其面

似凍黎之色故也醴辭曰甘醴惟厚嘉薦令芳嘉善也善薦謂脯醢芳香也疏醴辭至令芳○注嘉善至香也○釋曰謂

脯醢爲善薦芳香者謂作之依時又造之依法故使芳香而善也拜受祭之以定爾祥承天之休壽考不忘休美

也不忘長有令名醮辭曰旨酒既清嘉薦亶時亶誠也古文亶爲癉始加元服兄弟具來孝友時

格永乃保之善父母爲孝善兄弟爲友時是也格至也永長也保安也行此乃能保之今文格爲嘏凡醮者不祝疏注善父至不祝○釋曰善

父母爲孝善兄弟爲友者爾雅文不言善事父母善事兄弟者欲見非且善事兄弟而亦爲兄弟之所善者諸行周備之意也云凡醮者不祝者案上文前後

例周與夏殷冠子法其加冠祝辭三節不辨三代之異則三代祝辭同可知也至於周醮之辭三等別陳之者以其數異辭宜不同故也若然醮辭唯據適子

而言以其將著代重之故備見祝辭也此注云凡醮者不祝者言凡謂庶子也既不加冠於阼又不禮於客位無著代之理故略而輕之也亦不設祝辭者曾

子問注云凡殤不祭之類也其天子冠禮祝辭案大戴禮公冠篇成王冠周公爲祝詞使王近於人遠於天嗇於時惠於財其辭既多不可具載其諸侯無文

蓋亦有祝辭異於士也再醮曰旨酒既湑嘉薦伊脯湑清也伊惟也疏注湑清也伊惟也○釋曰湑泲酒之稱故伐木詩云

有酒湑我注云湑莤之文鳧鷖詩云爾酒既湑注云湑酒之泲者是湑爲清也云伊惟也者助句辭非爲義也乃申爾服禮儀有序祭

此嘉爵承天之祜祜福也三醮曰旨酒令芳籩豆有楚旨美也楚陳列之貌疏注旨美至之貌○釋曰楚

茨詩亦云籩豆有楚注云楚陳列之貌是用其再醮之籩豆不增改之故云有楚也咸加爾服肴升折俎肴升折俎亦謂豚疏注肴

升至謂豚○釋曰云折俎者即謂折上若殺之豚也

承天之慶受福無疆字辭曰禮儀既備令月吉日昭告爾字昭明也

疏字辭至爾字○釋曰此字文在三代之下而言則亦遂三代字辭同此辭賓直西序東面與子爲字時言之也

爰字孔嘉髦士攸宜爰於也孔甚也髦俊也攸所也宜之于假。永受保之曰伯某甫仲。叔季唯其所當于猶爲也假大也宜之是爲大矣伯仲叔季長幼之稱甫是丈夫之美稱孔子爲尼甫周大夫有嘉甫宋大夫有孔甫是其類甫字或作父

疏宜之至所當○釋曰云伯某甫者某若云嘉也但設經不得定言人字故言甫爲且字是以禮記諸侯薨復曰皋某甫復鄭云某甫且字以臣不名君且爲某之字呼之既此某甫立爲且字言伯仲叔季者是長幼次第之稱若兄弟四人則依次稱之夏殷質則積仲周文則積叔若管叔霍叔之類是也云唯其所當者二十冠時與之作字猶孔子生三月名之曰丘至二十冠而字之曰仲尼有兄曰伯居第二則曰仲但殷質二十爲字之時兼伯仲叔季呼之周文二十爲字之時未呼伯仲至五十乃加而呼之故檀弓云五十以伯仲周道也是呼伯仲之時則兼二十字而言若孔子生於周代從周禮呼尼甫至五十去甫以尼配仲而呼之曰仲尼是也若然二十冠而字之未呼伯仲叔季今於二十加冠而言者一則是殷家冠時遂以二十字呼之二則見周家若不死至五十乃加而呼之若二十已後死雖未滿五十即得呼伯仲知義然者見慶父乃是莊公之第桓六年莊公生至閔公二年慶父死時莊公未滿五十慶父乃是莊公之第時未五十慶父死號曰共仲是其死後雖未五十得呼仲叔季故二十冠時則以伯仲叔季當擬之故云唯其所當也○注于猶至作父○釋曰知甫是丈夫之美稱者以其人之賢愚皆以爲字故隱元年公及邾儀父盟于蔑穀梁傳云儀字也父猶傅也男子之美稱也是也云孔子爲尼甫者哀十六年孔丘卒哀公誄之曰哀哉尼甫因字號謚曰尼甫也云周大夫有嘉甫者桓公十五年天王使嘉甫來求車是也云宋大夫有孔甫是其類者案左氏傳桓二年孔父嘉爲司馬

是也鄭引此者證有冠而爲此字之意故云是其類也。又甫字或作父者字亦通或尼甫嘉甫孔甫等見爲父字者也

屨夏用葛玄端黑屨青約繶純純博寸屨者順裳色玄端黑屨以玄裳爲正也約之言拘也以爲行戒狀如刀衣鼻在屨頭繶縫中紃也純緣也三者皆青博廣也疏屨夏至博寸○注屨者至廣也○釋曰自此至繶屨論三服之屨不於上與服同陳者一則屨用皮。葛冬夏不同二則屨在下不宜與服同列故退在於此此言夏用葛下云冬皮則春宜從夏秋宜從冬故舉冬夏寒暑極時而言詩魏。地以葛屨履霜刺褊也云屨者順裳色者禮之通例衣與冠同屨與裳同故云順裳色也云玄端黑屨以玄裳爲正也者以其玄端有玄裳黃裳雜裳經唯云玄端黑屨與玄裳同色。不取黃裳雜裳。故。云。以。玄。裳。爲。正也云約之言拘也以爲行戒者以拘者自拘持之。言故云以爲行戒也云狀如刀衣鼻在屨頭者此以漢法言之今之屨頭見有下鼻似刀衣鼻故以爲況也云繶縫中紃也者謂牙底相接之縫中有條紃也云純緣也者謂繞口緣邊也云皆青者以經三者同云青也云博廣也者謂純所施廣一寸也

素積白屨以魁柎之緇約繶純純博寸。魁蜃蛤柎注。者疏素積至博寸○注魁蜃蛤柎注者○釋曰以魁蛤灰柎之者取其白耳云魁蜃蛤者魁即蜃蛤一物是以周禮地官掌蜃掌共白盛之蜃鄭司農云謂蜃炭引此士冠白屨以魁柎之玄謂今東萊用蛤謂之义灰云是也云柎注者以蛤灰塗注於上使色白也

爵弁纁屨黑約繶純純博寸爵弁屨以黑爲飾爵弁尊其屨飾以繢次疏爵弁至博寸○注爵弁至繢次○釋曰案此三服見屨不同何者玄端以衣見屨以玄端有黃裳之等裳不得舉裳見屨故舉玄端見屨也皮弁以素積見屨屨裳同色是其正也爵弁既不舉裳又不舉衣而以爵弁見屨者上陳服已言纁裳裳色自顯以與六冕同玄衣纁裳與冕服之嫌故不以衣。裳而以首服見屨也云爵弁屨以黑爲飾爵弁尊其屨飾以繢次者案冬官畫繢之事云青與白相次赤與黑相次玄與黃相次鄭云此言畫繢六色所象及布采之第次繢以爲衣又云青與赤謂之文赤

與白謂之章白與黑謂之黼黑與青謂之黻鄭云此言刺繡采所用繡以爲裳此是對方爲繢次比方爲繡次案鄭注屨人云複下曰舄禪下曰屨又注云凡舄之飾如繢之次凡屨之飾如繡之次也者鄭上黑屨以青爲絇繶純白屨以黑爲絇繶純則白與黑黑與青爲繡次之。事也今次爵弁纁屨纁絇繶南方之色赤不以西方白爲絇繶純而以北方黑爲絇繶純者取對方繢次爲飾舉舄者尊爵弁是祭服故飾與舄同也

冬皮屨可也

疏冬皮屨可也○釋曰冬時寒許用皮故云可也

不屨繐屨

繐屨喪屨也縷不灰治曰繐

疏不屨繐屨○注繐屨至曰繐○釋曰案喪服記云繐衰四升有半繐衰既是喪服明繐屨亦是喪屨故鄭云喪屨也云縷不灰治曰繐者斬衰冠六升傳云鍛而勿灰則四升半不灰治可知言此者欲見大功未可以冠子恐人以冠子故於屨未因禁之也

記冠義

疏記冠義○釋曰凡言記者皆是記經不備兼記經外遠古之言鄭注燕禮云後世衰微幽厲尤甚禮樂之書稍稍廢棄蓋自爾之後有記乎又案喪服記子夏爲之作傳不應自造還自解之記當在子夏之前孔子。之時未知定誰所錄云冠義者記。士冠中之義。者記時不同故有二記此則在子夏前其周禮考工記六國時所錄故遭秦燔滅典籍有韋氏雕氏闕其記則在秦漢之際儒者。加之故王制有正聽之棘木之下異時所記其言亦殊也

故始冠緇布之冠也大古冠布齊則緇之其緌也孔子曰吾未之聞也冠而敝之可也

大古唐虞以上緌纓飾未之聞大古質。蓋。亦無飾重古始冠冠其齊冠白布冠今之喪冠是也

疏始冠至可也○注大古至是也○釋曰此經直言加緇布冠不言有緌無緌又不言加冠之後此緇布冠更著以不故言不緌不更著之事也云大古冠布者謂著白布冠也云齊則緇之者將祭而齊則爲緇者以鬼神尚幽暗也云其緌也孔子曰吾未之聞也者孔子時有緌者故非時人緌之諸侯則得著緌故玉藻云緇布冠繢緌諸侯之冠也鄭云尊者飾也元缺一字士冠不得緌也云冠而敝之可也者據士以上冠時用之冠訖則。敝。經之不復著也若庶人猶著之故詩云彼都人

士臺笠緇撮是用緇布冠籠其髮是庶人常服之矣云大古唐虞以上者此記與郊特牲皆陳三代之冠云牟追章甫委貌之等鄭注郊特牲云三代改制齊冠不復用也以白布冠質以爲喪冠也三代既有此明大古是唐虞已上可知云未之聞大古質蓋亦無飾者此經據孔子時非其著緌未知大古有緌以不故鄭云大古質無飾也云重古始冠冠其齊冠者以經云始冠緇布之冠即云大古冠布則齊冠一也故鄭云冠其齊冠也云白布冠者今之喪冠是也者以其大古時吉凶同服白布冠未有喪冠三代有牟追之等則以白布冠爲喪冠若然喪服起自夏禹以下也

適子冠於阼以著代也

醮於客位加有成也醮夏殷之禮每加於阼階醮之於客位所以尊敬之成其爲人也

三加彌尊諭其志也彌猶益也冠服後加益尊諭其志者欲其德之進也

【疏】適子至成也○注醮夏至人也○釋曰此記人說夏殷法可兼于周以其醮於阼及三加皆同唯醮醴有異故知擧二以見一也

冠而字之敬其名也名者質所受於父母冠成人益文故敬之也今文無之

【疏】冠而至名也○注名者至無之○釋曰案內則云子生三月父名之不言母今云受於父母者夫婦一體受父卽是受於母故兼言也云冠成人益文者對名是受於父母爲質字者受於賓爲文故君父之前稱名至於他人稱字也是敬定名也

委貌周道也章甫殷道也毋追夏后氏之道也委猶安也言所以安正容貌章明也殷質言以表明丈夫也甫或爲父今文爲斧毋發聲也追猶堆也夏后氏質以其形名之三冠皆所服以行道也其制之異同未之聞

【疏】委貌至道也○釋曰此記人歷陳此三代冠者上緇布冠也諸元缺起此侯已下始加之冠此委貌之等記人以經有緇布冠皮弁爵弁玄冠故還記緇布冠以下四種之冠以解經之四者此委貌卽解經易服服玄冠是也○注委猶至之聞○釋曰云今文爲斧者義無取故疊之不從也云毋發聲也者若在上謂之發聲在下謂之助句義無取則是發聲也云三冠皆所常服以行道者以釋經三代皆言道是諸侯朝服之冠在朝以行道德者也云其制之

異同未之聞者委貌玄冠於禮圖有
制但章甫毋追相與異同未聞也
周弁殷冔夏收
弁名出於槃槃大也言所
以自光大也冔名出於幠
幠覆也言所以自覆飾也收言所
以收斂髮也。其制之。異。亦未聞
疏
注弁名至未聞○釋曰又歷陳此三者欲
見三代加冠皆有弁云周弁者弁是古冠
之大號非直含六冕亦兼爵弁於其中見士之三加之冠。者爵弁者故云弁弁
者冠名也云弁名出於槃槃大也者無正文鄭以意解之論語云服周之冕以
五色繅服有文飾則知有德故云言所以自光大也云冔名出於幠幠覆也言
所以自覆飾也收言所以收斂髮也者皆以意解之也云制之異亦未聞者案
漢禮器制度弁冕周禮弁師相。參。周之冕以木爲體廣八寸長尺六寸績麻三
十升布爲之上以玄下以纁前後有旒尊卑各有差等天子玉笄朱紘其制可
聞云未聞者但夏殷之禮亡
其制與周。異。亦加上未聞也
三王共皮弁素積
質不
變
疏
注質不變○釋曰此亦
三代自天子下至士皆
是再加當在周弁三加之上退之在下者欲見此是三代之冠百王同之無別
代之稱也故郊特牲云三王共皮弁注云所不易於先代故孝經亦云百王同
之不改易也若然百王同之言三王共者以損益之極極於三王又上三冠無
亦據三代故云三王共皮弁其實先代後代皆不易是以鄭云質不變也
大夫冠禮而有其昏禮古者五十而后爵何大夫冠禮之有
據時有未冠而命
爲大夫者周之初
禮年未五十而有賢才者試以大夫之事猶服士服行士禮二十
而冠急成人也五十乃爵重官人也大夫或時改。取有昏禮是也
疏
無大至之
有○釋曰
此經所陳欲見無大夫冠禮之事有大夫冠禮記者非之○注據時至是也○
釋曰鄭云據時有未冠而命爲大夫者言周末作記之時有二十已前未加冠
而命爲大夫者記非之也云周之初禮年未五十而有賢才者試以大夫之事
猶服士服行士禮者鄭解古者五十而後爵何大夫冠禮之有是古者未有周
大夫有冠禮故非之此鄭云未五十則二十已士或有未二十有賢才亦得試
爲大夫者故喪服殤小功章云大夫爲昆弟之長殤鄭云大夫爲昆弟之。長殤

小功謂士若不仕以此知爲大夫無殤服言爲大夫無殤服謂兄殤在小功則兄十九已下死大夫則十九已下既爲兄殤服已爲大夫則早冠矣。大夫冠而不爲元缺止此殤故也雖早冠亦行士禮而冠是大夫無冠禮也云二十而冠急成人也五十乃爵重官人也者解試爲大夫二十則其爵命要待五十意也云大夫或時改娶有昏禮者釋經而有其昏禮以其三十而取五十乃命爲大夫則昏時猶爲士何得有大夫昏禮乎五十已後容改娶故有大夫昏禮也若然案下文古者生無爵鄭云古。謂殷此經以古爲周初者下云古者生無爵對周時士生有爵故知古者生無爵據殷也今此云古者以周末時大夫冠對周初時無若以古者爲殷時則周家有大夫冠禮何得言周末始有乎明古者據初而言也

公侯之有冠禮也夏之末造也

造作也自夏初以上諸侯雖父死子繼年未滿五十者亦服士服行士禮五十乃命也至其衰末上下相亂簒。殺所由生故作公侯冠禮以正君臣也坊記曰君不與同姓同車與異姓同車不同服示民不嫌也以此坊民民猶得同姓以殺其君。也

【疏】公侯至造也○注造作至君者○釋曰記人言此者欲見夏初已上雖諸侯之貴未有諸侯冠禮猶依士禮故記之於士冠篇末也云自夏初以上者以經云公侯之有冠禮夏之末造明夏初未有言以上者夏以前唐虞之等亦未有諸侯冠禮也未滿五十者亦服士服行士禮五十乃命也者既云服士服行士禮亦如上文五十而後爵何公侯冠禮之有以其與大夫同未五十。服行士禮也云至其衰末上下相亂至以正君臣也者解經夏之末造公侯冠禮也引坊記者欲見夏末以後制諸侯冠禮以防諸侯相簒弒之事也云同車者謂參乘爲車右及御者也云不同服者案玉藻云君之右虎裘厥左狼裘又云僕右恆朝服君則各以時事服是不同服此謂非在軍時若在軍時君臣同服韋弁服也

天子之元子猶士也天下無生而貴者也

元子世子也無生而貴皆由下升

【疏】天子至者也○注元子至下升○釋曰此記者見天子。元子冠時亦依士冠禮故於此兼記之也天子之元子雖四加與十二而冠其行事猶依士禮故云猶士也元子尚不得生

而貴則天下之人亦無生而貴者也云無生而貴皆由下升者天子元子冠時行士禮後繼世爲天子是由下升自餘天下之人從微至著皆由下升也

繼世以立諸侯象賢也象法也爲子孫能法先祖之賢故使之繼世也

疏繼世至賢也○釋曰記此者欲見上言天子之子冠行士禮此諸侯之子冠亦行士禮以其士之子恒爲士有繼世之義諸侯之子亦繼世象父祖之賢雖繼世象賢亦無生而貴者行士冠禮故記之於此也云能法先祖之賢者凡諸侯出封皆由有德若周禮典命云三公八命其卿六命大夫四命及其出封皆加一等出爲五等諸侯卽爲始封之君是其賢也於後子孫繼立者皆不毀始祖之廟是象先祖之賢也

以官爵人德之殺也殺猶衰也德大者爵以大官德小者爵以小官

疏以官至殺也○注殺猶至小官○釋曰記人記此者欲見仕者從士至大夫而冠無大夫冠禮者也云以官爵人者以用也謂用官爵命於人也云德之殺也者殺衰也以德大小爲衰殺故鄭云德大者爵以大官德小者爵以小官官者管領爲名爵者位次高下之稱也

死而諡今也古者生無爵死無諡今謂周衰記之時也古謂殷殷士生不爲爵死不爲諡周制以士爲爵死猶不。爲諡耳下大夫也今記之時士死則諡之非也諡之由魯莊公始也

疏死而至無諡○注今謂至始也○釋曰記人記此者欲見自上所陳冠禮以士爲本者由無生而貴皆從士賤者而升也云人死而諡今也者據士生時雖有爵所不合有諡若死而諡之正謂今周衰之時也云古者生無爵死無諡者古謂殷以前夏之時士生無爵死無諡是士賤今古皆不合有諡也鄭云今謂周衰記之時也者以記者自云今也明還據周衰記之時案禮運云孔子曰我觀周道幽厲傷之是周衰也自此已後始有作記故云周衰記之時也云古謂殷者周時士有爵故知古謂殷云殷士生不爲爵死不爲諡者對周士生有爵死猶不諡也云周制以士爲爵死猶不諡耳下大夫也者案周禮掌客職云羣介行人宰史以其爵等爲之牢禮之陳數鄭注云以命數則參差難等略於臣用爵而已羣介行人皆士故知周士有爵雖有爵死猶不諡卿大夫已上則有諡也

云今記之時士死則謚之非也者解經死而謚今也云謚之由魯莊公始也者案禮記檀弓云魯莊公及宋人戰于乘丘縣賁父御卜國爲右馬驚敗績公墜佐車授綏公曰末之卜也縣賁父曰他日不敗績而今敗績是無勇也遂死之圉人浴馬有流矢在白肉公曰非其罪也遂誄之士之有誄自魯莊公始也若然作記前莊公誄士至記時亦行之故此禮云死而謚今也故鄭云今謂周衰之時也案郊特牲云死而謚之今也古者生無爵死無謚鄭注云古謂殷以前也大夫以上乃謂之爵死有謚也以此而言則殷大夫以上死有謚而檀弓云幼名冠字五十伯仲死謚周道也者殷已前皆因生號爲謚若堯舜禹湯之屬是也因生號以謚故不得謚名周禮死則別爲謚故云死謚周道也

儀禮卷第一 經一千八百九十一 注三千六百二十一

儀禮疏卷第三 元缺第十葉今補

珍倣宋版印

儀禮注疏卷三校勘記

阮元撰盧宣旬摘錄

若不醴

不改者也　盧文弨云者李作舊與疏同○按疏中舊字本亦作者又冠義疏引此注云若不醴謂國有舊俗可行聖人用焉不改是也是也二字係疏語疏引鄭注至不改止明無舊字

洗有篚

故此直云洗有篚在西　毛本云作言要義作云陳本誤作文按文云相似故多誤

云南順北爲上也者　毛本南上有西字

以其南順之言故北爲上也　諸本同毛本言故作故言

始加醮用脯醢

云始加醮用脯醢者　要義同毛本醮作薦

因言與周異之意　要義同毛本因言作言商

冠者升筵坐

出房立待賓容命　毛本容作客

糟醴不卒毛本卒作啐案周學健云不卒謂不卒爵也經云啐醴則非不啐明矣

徹薦爵

是後加卒設於席前也通解同毛本卒作啐閩本作嚌

加爵弁

前二醮有脯醢毛本二誤作三

若今梁州烏翅矣烏單疏作爲與周禮注合毛本作鳥

若殺則特豚

以茅羃鼎通解要義同毛本作鼏

生人亦與祭同用右者要義同毛本生作主

亨豕魚腊以鑊毛本豕作豚諸本俱作豕

特豚合升要義同毛本豚誤作豕

升牲體於俎也陳本要義同毛本體誤作醴

皆據生人爲食而有也陳本要義同毛本生作主

二者謂之刌肺刌諸本俱作忖下並同盧文弨云忖古與刌通玉藻瓜祭上環鄭注云上環頭忖也

再醮

螔蝓醢螔釋文徐本集釋通解敖氏俱作螔此字从虫虒聲

乃後莝之莝陳閩俱作挫毛本作剉

三醮

今殷亦然陳本要義同毛本殷作殺

直徹爵而已要義同陳本直誤作其按其直相似故誤毛本直作唯

卒醮

此若殺云兩邊邊陳閩俱作籩

若殺

家私之禮也通解要義楊氏同毛本作私家

若庶子

若庶至醮焉此五字毛本俱脫按此節疏係經注分釋則疏首宜有此五字毛本偶脫耳後凡類此者可以例推

是以下文祝辭三要義同毛本辭下無三字

始加祝曰

元首也毛本同通典首作長

棄爾幼志〇壽考惟祺惟集釋作維

三加曰

皆加女之三服毛本加誤作如

兄弟具在

厥其此注毛本俱脫徐本集釋通解並有集釋其下有也字

黃耇無疆

凍棃也棃監本作黎

黃髮覷齒毛本覷作兒

云耇凍黎者通解同下並同陳閩黎作棃下句作黎

拜受祭之

休美也不忘長有令名注首三字毛本俱脫徐本集釋通解敖氏並有

醮辭曰〇嘉薦亶時陸氏云時劉本作古旹字

始加元服

善兄弟爲友者諸本同毛本弟作長

欲見非且善事兄弟毛本且作但

諸行周備之意也毛本諸誤作謂

既不加冠於阼加要義作出毛本作加

案大戴禮公冠篇要義同毛本戴下無禮字

遠於天要義同毛本天作年

宜之于假通典假作嘏仲上有伯字

若云嘉也要義同毛本作若云尼甫嘉也通解與毛本同

既此某甫立爲且字既要義作即毛本作既

夏殷質則積仲周文則積叔通解要義同毛本積作稱

至閔公二年　毛本同陳閩俱無至字

注于猶至作父　毛本于猶作伯仲

父猶傅也　閩監同毛本傅作傳

云孔子爲尼甫者　要義同毛本尼上有仲字

云周大夫有嘉甫者　嘉要義作家下同按家與春秋合

案左氏傳桓二年　要義同毛本案誤作宋

又甫字或作父者　又要義作云

屨夏用葛

一則屨用皮葛　要義同毛本葛上有用字

詩魏地以葛屨履霜刺褊也　要義同毛本地作風

不取黃裳雜裳故云以元裳爲正也　要義作而却不取黃裳雜裳是也

自拘持之言　陳本同毛本言作意

素積白屨

魁蟨蛤柎注者 柎宋本釋文从手者徐本作者敖氏作之集釋毛本作也

爵弁纁屨

故不以衣裳 毛本同陳閩裳俱作服

爲繡次之事也 毛本同陳閩事俱作序

記冠義

當在子夏之前孔子之時 要義同毛本時上無之字

記士冠中之義者 要義同毛本作記子冠中之義也者案此節疑當有注云冠義者記士冠中之義故疏疊其文而釋之今本佚脫耳疏云記時不同故有二記此釋注中記字也否則此賈自疏冠義二字非另有鄭注也

儒者加之 毛本同要義加作記

始冠緇布之冠也

太古質蓋亦無飾 徐本集釋通解要義敖氏俱有蓋亦二字與疏合毛本無

冠訖則敝經之 要義敝下有去字無經字按要義是

云未之聞 毛本云下有緌纓飾三字

未知太古有緌以不陳閩同毛本不作是盧文弨云以不猶與否疏中往往見之

適子冠于阼

醮夏殷之禮每加於阼階醮之於客位所以尊敬之成其爲人也徐本集釋俱有此注在加有成也下楊氏有客位于上四句今本並脫

三加彌尊諭其志也

彌猶益也冠服後加益尊諭其志者欲其德之進也徐本集釋俱有此注楊氏有諭其志者二句今本並脫

冠而字之

故敬之也今文無之下五字今本俱脫徐本集釋俱有

是敬定名也毛本作是字敬名也要義作是敬其名也

委貌○毋追毋唐石經閩監宋本釋文俱與此同毛本釋文徐陳俱作母注及疏放此按古人書毋母不甚有別故釋文遇毋字必有音曲禮音義曰毋字與父母字不同俗本多亂讀者皆朱點母字以作無音非也可見二字蒙溷已久凡可以意會者今不盡校也

周弁殷冔夏收

齋所服而祭也徐本集釋俱無此六字通解有盧文弨云郊特牲疏全引此兩節注文而無或謂委貌爲元冠及齋所服而祭也兩句尤可證

其制之異亦未聞異葛本誤作畢異下敖氏有同亦二字與要義所載疏合徐本集釋俱有亦字毛本無盧文弨云郊特牲孔疏引此注亦有亦字當補正

見士之三加之冠者爵弁者浦鏜云上者字疑有字誤

相參周之周要義作周陳本誤作尚毛本作考按參字當絕句周之二字屬下冕字爲句謂以漢禮器制度與周禮弁師相參因得周冕之制也陳本周作尚形相近而誤今改作考則失之遠矣

其制與周異毛本同要義異上有同字

無大夫冠禮

大夫或時改取徐本集釋通解敖氏娶俱作取按取娶今本錯出不悉校

大夫爲昆弟之長殤小功陳閩俱無長字

大夫冠而不爲殤故也陳本要義同毛本大作丈

鄭云古謂殷陳閩同毛本謂作爲

公侯之有冠禮也

篡殺所由生　殺釋文作殺云本又作弑亦作試徐陳通解亦俱作殺下同

以殺其君也　徐本集釋同按疏標目也作者

服行士禮也　陳本同毛本服下有士服二字

天子之元子

見天子元子冠時　毛本元誤作天

死而謚

死猶不爲謚耳　浦鏜云疏無爲字

儀禮卷第一　唐石經徐本卷後標題俱如是後放此

儀禮注疏卷三校勘記

儀禮卷第二

唐朝散大夫行大學博士弘文館學士臣賈公彥等撰

士昏禮第二 疏 士昏禮第二〇鄭目錄云士娶妻之禮以昏爲期因而名焉必
以昏者。陽往而陰來日入三商爲昏昏禮於五禮屬嘉禮大小
戴及別錄此皆第二〇釋曰鄭知是士娶妻之禮者以記云記士昏禮故知是
士娶妻鄭云日入三商者商謂商量是漏刻之名故三光靈曜亦日入三刻爲
昏不盡爲明案馬氏云日未出日沒後皆云二刻半前
後共五刻今云三商者據整數而言其實二刻半也

儀禮 鄭氏注

昏禮下達納采用鴈 達通也將欲與彼合昏姻必先使媒氏下通其言女氏許
之乃後使人納其采擇之禮用鴈爲摯者取其順陰陽往
來詩云取妻如之何匪媒不得昏必 疏 昏禮至用鴈〇釋曰從此下至主人許
由媒交接設紹介皆所以養廉恥 賓人授如初禮陳納采問名之禮云下
達者謂未行納采已前男父先遣媒氏。女氏。之家通辭往來女氏許之乃遣使
者行納采之禮也言下達者男爲上女爲下取陽倡陰和之義故云下達謂以
言辭下通於女氏也是以下記昏辭云吾子有惠貺室某也注云稱有惠明下
達謂此下達也云納采用鴈者昏禮有六五禮用鴈納采問名納吉請期親迎
是也唯納徵不用鴈以其自有幣帛可執故也且三禮不云納言納者恐女氏
不受若春秋內納之義若然納采言納者以其始相采擇恐女家不許故言納
問名不言納者女氏已許故不言納也納吉言納者男家卜吉往與女氏復恐
女家翻悔不受故更言納也納徵言納者納幣帛則昏禮成復恐女家不受故
更云納也請期親迎不言納者納幣則昏禮已成女家不得移改故皆不言納
也其昏禮有六尊卑皆同故左氏莊公二十二年經書冬公如齊納幣穀梁傳
曰納幣大夫之事也禮有納采有問名有納徵有告期四者備而後娶禮也公
之親納幣非禮也故譏之彼無納吉者以莊公在母喪內親行納幣非禮之事

故。關其納吉以非之也○注達通至廉恥○釋曰鄭云必先使媒氏下通其言女氏許之乃後使人納其采擇之禮者欲見納采之前有此下達之言也案周禮地官有媒氏職是天子之官則諸侯之國亦有媒氏傳通男女使成婚姻故云媒氏也云用鴈爲摯者取其順陰陽往來者案周禮大宗伯云以禽作六摯卿執羔大夫執鴈士執雉此昏禮無問尊卑皆用鴈故鄭注其意云取順陰陽往來也順陰陽往來者鴈木落南翔冰泮北徂夫爲陽婦爲陰今用鴈者亦取婦人從夫之義是以昏禮用鴈引詩者證須媒下達之義也云昏必由媒交接設紹介者詩云匪媒不得是由媒也其行五禮自納采已下皆使使往是交接設紹介也云皆所以養廉恥者解所以須媒及設紹介者皆所以養成男女使有廉恥也使媒通之媵御沃盥交之等皆是行事之漸養廉恥之義也

主人筵于戸西西上右几主人女父也筵爲神布席也戸西者尊處將以先祖之遺體許人故受其禮於禰廟也席西上右設几神不統於人席有首尾疏主人至右几○釋曰此女將受男納采之禮故先設神坐乃受之○注主人至首尾○釋曰云筵爲神布席也者下文禮賓云徹几改筵是爲人設席故以此爲神席也云戸西者以戸西是賓客之位故爲尊處也必以西爲客位者以地道尊右故也。知受禮於禰廟者以記云凡行事受諸禰廟也云席西上右設几神不統於人者案鄉射燕禮之等設席皆東上是統於人今以神尊不統於人取地道尊右之義故席西上几在右也云席有首尾者以公食記蒲筵萑席皆卷自末是席有首尾也

使者玄端至使者夫家之屬若羣吏使往來者玄端士莫夕之服又服以事於廟有司緇裳疏使者玄端至○注使者至緇裳○釋曰云使者夫家之屬者案士冠贊者於中士下。差次爲之此云夫家之屬亦當然假令主人是上士屬是中士主人是中士屬是下士主人是下士屬亦當是下士禮窮即同也云玄端士莫夕之服又服以事其廟者此亦如士冠禮玄端士莫夕於朝之服也但士以玄端祭廟今使者服玄端至亦於主人廟中行事故云又服以事其廟也云有司緇裳者案士唯有三等之裳玄裳黃裳雜裳此云緇裳者即玄裳者矣以其緇玄大同小

異也然士有三等賓今直言玄賓者據主人是上士而言案士冠云有司如主人服則三等士之有司亦如主人服也擯者出請事入告擯者有司佐禮者請猶問也禮不必事雖知猶問之重慎也疏擯者至入告○注擯者至慎也○釋曰云擯者有司佐禮者案士冠禮有司並是主人之屬及羣吏佐主人行禮之人故知此擯者亦是主人有司佐禮者也在主人曰擯云請猶問也禮不必事雖知猶問之重慎也者案論語云無必故云不必事也以其前已有下達之事今使者來在門外是知有昏事也而猶問之重慎也主人如賓服迎于門外再拜賓不荅拜揖入門外大門外不荅拜者奉使不敢當其盛禮疏主人至揖入○釋曰案士冠禮主人迎°賓於大門外云主人西面賓東面此及鄉飲酒鄉射皆不言面位者文不具耳當亦如士冠也○注門外至盛禮○釋曰知門外是大門外者以其大夫唯有兩門寢門大門而°已廟在寢門外之東此下有至于廟門明此門外是大門外可知也云°不荅拜者奉使不敢當其盛禮者此士卑無君臣之禮故賓雖屬吏直言不荅拜不言辟若諸侯於使臣則言辟是以°射禮賓迎入門公拜賓辟不荅拜公食大夫主爲賓已故賓荅拜稽首亦辟乃拜之以其君尊故也至于廟門揖入三揖至于階三讓入三揖者至內霤將曲揖既曲北面揖當碑揖疏至于至三讓○注入三至碑揖○釋曰凡入門三揖者以其入門賓主將欲相背故須揖賓主各至堂塗北面相見故亦須揖至碑碑在堂下三分庭之一在北曲庭中之節故亦須揖但士冠注云入門將右曲揖將北曲揖當碑揖此注至內霤將曲揖既曲北面揖當碑揖文不同者鄭舉二文相兼乃足也三者禮之大節尊卑同故鄉飲酒鄉射聘禮公食大夫皆有此三揖之法但注有詳略耳主人以賓升西面賓升西階當阿東面致命主人阼階上北面再拜阿棟也入堂深示親親今文阿爲庪疏主人至再拜○釋曰賓則使者也禮之通例賓主敵者賓主俱升若士冠與此文是也若鄉飲酒鄉射皆主尊賓卑故初至之時主人升一等賓乃升至

卒洗之後亦俱升唯聘禮公升二等賓始升者彼注云亦欲君行一臣行二也覿禮王使人勞侯氏使者不讓先升者奉王命尊故也主人阼階上北面再拜者主人不言當阿則如鄉飲酒主人當楣再拜○注阿棟至爲庪○釋曰案鄉飲酒聘禮皆云賓當楣無云當阿者獨此云。賓當阿故云示親親也凡士之廟五架爲之棟北一楣下有室戸中脊爲棟棟南一架爲前楣楣前接簷爲庪庪鄉射記云序則物。當棟堂則物當楣。故云是制五架之屋也鄉大夫射於庠庠則有室故物當前楣士射於序序則無室故物當棟此士之廟雖有室其棟在室外故賓得深入當之也

授于楹閒南面授於楹閒明爲合好其節同也南面並受也【疏】授于楹閒南面○注授於至授也○釋曰楹閒謂兩楹之閒賓以授鴈授主人於楹閒者明和合親好○令其賓主遠近節同也凡賓賓主敵者授於楹閒不敵者不於楹閒是以聘禮賓覿大夫云受幣于楹閒南面鄉注云受幣楹閒敵也聘禮又云公側襲受玉于中堂與東楹之閒鄭注云東楹之閒亦以君行一臣行二至禮賓及賓私覿皆云當東楹是尊卑不敵故不於楹閒也今使者不敵而於楹閒故云明爲合好也云南面並授也者以經云南面不辨賓主故知俱南面並授也

賓降出主人降授老鴈老羣吏之尊者【疏】賓降至老鴈○釋曰授鴈訖賓降自西階出門主人降自阼階授老鴈於階立待後事也○注老羣吏之尊者○釋曰大夫家臣稱老是以喪服公士大夫以貴臣爲室老春秋左氏傳云執臧氏老論語云趙魏老禮記大夫室老行事皆是老爲家臣之貴者士雖無君臣之名云老亦是羣吏中尊者也

擯者出請不必賓之事有無【疏】擯者出請○注不必至有無○釋曰此主人不知賓有事使擯出請者亦是不必賓之事有無也

賓執鴈請問名主人許賓入授如初禮問名者將歸卜其吉凶古文禮爲醴【疏】賓執至初禮○釋曰此之一使兼行納采問名二事相因又使還須卜故因即問名乃還卜之故共一使也云主人許者擯請入告乃報賓賓得主人許乃入門升堂授鴈與納采禮同故云如初禮也○注問名至爲醴○釋曰言問名者問女之姓氏不問三月之

名故下記問名辭云某既受命將加諸卜敢請女爲誰氏鄭云誰氏者謙也不必其主人之女是問姓氏也然以姓氏爲名者名有二種一者是名字之名三月之名是也一者是名號之名故孔安國注尚書以舜爲名鄭君目錄以曾子爲姓名亦據子爲名皆是名號爲名者也今以姓氏爲名亦名號之類也鄭云將歸卜其吉凶者亦據下記文也

擯者出請賓告事畢入告出請醴賓 此醴亦當爲禮禮賓者欲厚之 【疏】擯者至醴賓○注此醴至厚之○釋曰此下至送于門再拜主人禮賓之事云此醴亦當爲禮者亦士冠禮賓爲醴字彼已破從禮故云亦此以醴酒禮賓不從醴者以大行人云上公再祼而酢侯伯一祼而酢子男一祼不酢及以酒禮之用齊禮之皆不依酒醴爲名皆取相禮故知此醴亦爲禮敬之禮不取用醴爲醴之義也秋官司儀云諸公相爲賓及將幣賓亦如之注云上於下曰禮敵者曰儐聘禮卿亦云無擯注云無擯辟君是大夫已上尊得有禮擯兩名士以下卑唯稱禮也

賓禮辭許 禮辭一辭 【疏】賓禮辭許○注禮辭一辭○釋曰禮賓一辭許者主人一禮賓之常法鄉已行納采問名賓主之情已通矣故略行一禮辭已

而主人徹几改筵東上側尊甒醴于房中 徹几改筵者。鄉爲神今爲人側尊亦言無玄酒側尊於房中亦有篚有籩豆如冠禮之設 【疏】主人至房中○釋曰徹几改筵者於戶西禮神坐徹去其几於後授賓改設其筵設側尊甒醴在東房之中以禮賓也○注徹几至之設○釋曰經云東上者統於主人注云鄉爲神今爲人者爲神則西上爲人則東上不同故辨之云側尊亦言無玄酒者醴。糟。側無玄酒配之以其醴象大古質故士冠與此昏禮之等皆無玄酒也鄭知此亦有篚有籩豆如冠禮者此下云贊者酌醴加角柶明有篚盛之。又云贊者薦脯醢則有籩豆可知但冠禮尊在服北南上則此尊與篚等亦南上故云如冠禮之設也

主人迎賓于廟門外揖讓如初升主人北面再拜賓西階上北面荅拜主人拂几授校。拜送賓以几辟北面設于坐左之西階

上荅拜拂拭也拭几者尊賓新之也校几足辟逡○逡古文校爲技

疏主人至荅拜○釋曰云主人迎賓于廟門外揖讓如初升者如納采時三揖三讓也云主人北面再拜者拜賓至此堂飲之是以公食大夫燕禮鄉飲酒鄉射大射皆云拜至並是拜賓至此堂也但燕禮大射公食大夫皆云至再拜先言至者欲見賓至乃拜之是有尊卑不敵之義餘皆言拜至至在拜下者體敵之義也若然此爲禮賓有拜至者前雖有納采問名之事以昏禮有相親之義故雖後亦拜至也聘禮享禮及禮賓不拜至者聘禮不取相親之義故不拜至是以彼鄭注云以賓不於此始至也云主人拂几者此拂几雖不言外拂內拂又不言三案有司徹主人西面左手執几縮之以右袂推拂几三二手橫執几進授尸于筵前注云衣袖謂之袂推拂去塵示新云拂者外拂之也則此亦外拂之三也凡行敵禮者拂几皆若此卑於尊者則內拂之故聘禮云宰內拂几三奉兩端以進鄭云內拂几不欲塵坋尊者是也若然冠禮禮賓無几者冠禮比昏爲輕故無几鄉飲酒鄉射及燕賓賓輕故無几聘賓及公食大夫賓重故有几也云授校者凡授几之法卑者以兩手執几兩端尊者則以兩手於几間執之授皆然是以聘禮宰夫奉兩端以進有司徹云尸進二手受于手間注云受從手間謙也雖不言兩手兩手授之可知又案聘禮云公東南鄉外拂几三卒振袂中攝之進西鄉賓進訝受几于筵前以此言之公尊中執几以一手則賓以兩手於几兩端執之也而此亦賓主不敵授校者昏禮異於餘禮云拜送者此當再拜送君於聘賓則一拜故聘禮云公一拜送鄭注云公尊也是也此几以安體非己所得故聘賓受訖然後荅拜下經受醴之時先拜乃受者彼是入口之物己所當得故先拜乃受之云賓以几辟者以賓卑故以几辟聘禮賓卑亦云以几辟有司徹不云拜以几辟者尊尸故也覲禮不云以几辟者尊王使也凡設几之法受時或受其足或受于手間皆橫受之及其設之皆旋几縱執乃設之於坐南北面陳之位爲神則右之爲人則左之爲異不坐設之者几輕故也○注拂拭至爲校○釋曰鄭知校几足者既夕記云綴足用燕几校在南御者坐持之故知校是几足也

贊者酌醴加角柶面葉出

于房贊佐也佐主人酌事也贊者亦洗酌加角柶覆之如冠禮矣出房南面待主人。迎。受古文葉作擖疏贊者至于房○注贊佐至作擖○釋曰云贊者亦洗爵加角柶覆之如冠禮矣者案冠禮云贊者洗於房中側酌醴加柶覆之此與冠禮同故知如冠禮矣主人受醴面枋筵前西北面賓拜受醴復位主人阼階上拜送主人西北面疑立待賓卽筵也賓復位於西階上北面明相尊敬此筵不主爲飲食起疏主人至拜送○注主人至食起○釋曰經唯云主人西北面知疑立者鄉飲酒云主人阼階東疑立明此亦然也凡主人將授酒醴於筵前待賓卽筵前乃授之此鄭云卽筵謂就筵前與下賓卽筵別也是以冠禮禮子及下禮婦皆於筵西受。禮然禮賓進筵前受醴是不躐席之事也云賓復位于西階上北面明相尊敬此筵不主爲飲食起者但此筵爲行禮故拜及啐皆於西階也贊者薦脯醢薦進賓卽筵坐左執觶祭脯醢以柶祭醴三西階上北面坐啐醴建柶興坐奠觶遂拜主人荅拜卽就也左執觶則祭以右手也凡祭於脯醢之豆閒必所爲祭者謙敬示有所先也啐嘗也嘗之者成主人意建猶扱也興起也奠停也疏。贊。者至荅拜○釋曰此經云坐奠觶遂拜言遂者因事曰遂因建柶興坐奠觶不復興遂因坐而拜冠禮禮子并醮子及此下禮婦不言坐奠觶遂者皆文不具聘禮賓不言拜者理中有拜可知也○注卽就至停也○釋曰鄭云祭以右手出于鄉射也云凡祭於脯醢之豆閒者謂祭脯醢俎豆皆於豆閒此及冠禮鄉飲酒鄉射燕禮大射皆有脯醢則在籩豆之閒此注不言籩直言豆者省文公食大夫及有司徹豆多者則言祭於上豆之閒也示必所爲祭者謙敬示有所先也者案曲禮云主人延客祭注云祭祭先也君子有事不忘本也此云謙敬示有所先先卽本謂先世造此食者也云啐嘗也嘗之者成主人意者主人設饌望賓爲美之今客嘗之告旨是成主人意也賓卽筵奠于薦左降筵北面坐取脯主人辭薦左籩豆之東降下也自取脯者尊主人之賜將歸執以反命辭者辭其親徹【疏】賓即至人辭○釋曰此奠於薦左不言面位下贄禮婦奠于薦東注云奠于薦東升席奠之此云奠于薦。東。升。席。奠
之明皆升席南面奠也必南面奠者取席之正又祭酒亦皆南面並因祭酒之面奠之則冠禮禮子亦南面奠之聘禮禮賓賓北面奠者以公親執束帛待賜
已不敢稽留故由便疾北面奠之也鄉飲酒鄉射酬酒不祭不舉不得因祭而奠于薦東也燕禮大射重君物君祭酬酒故亦南面奠云降下也自取脯者尊
主人之賜將歸執以反命者案下記云賓右取脯左奉之乃歸執以反命是也

賓降授人脯出主人送于門外再拜人謂
使者從者授於階下西面然後出去【疏】賓降至再拜○注人謂至出去○釋曰鄭知人謂使者從者者以其此脯使者將歸故授從者也又知授於階下西
面然後出去者以其賓位在西授脯文在出上故知西階下西面授之然後出去也

納吉用鴈如納采禮歸卜於廟得吉兆復使使者往
告。昏。姻之事於是定【疏】納吉至采禮○釋曰案上文納采在前問名在後今此不云如問名而云如納采者問名賓不出大門故此納吉如其納采也○注
歸卜至是定○釋曰鄭知義然者案下記云納吉曰吾子有貺命某加諸卜占吉使某也敢告凡卜。並皆於禰廟故然也未卜時恐有不吉婚姻不定。故納吉
乃定也

納徵玄纁束帛儷皮如納吉禮徵成也使使者納幣以成昏禮用玄纁者象陰陽備也束帛十端也周禮曰凡嫁子
取妻入幣純帛無過五兩儷兩也執束帛以致命兩皮爲庭實皮鹿皮今文纁皆作熏【疏】納徵至吉禮○釋曰此納徵無鴈者以有束帛爲贄故也是以
孝經鉤命決云五禮用鴈是也案春秋左氏莊公二十二年冬公如齊納幣不言納徵者孔子制春秋變周之文從殷之質故指幣。體而言周文故以義言之
徵成也納此則昏禮成故云徵也○注徵成至作熏○釋曰云用玄纁者象陰陽備也束帛十端也者周禮凡嫁子娶妻入幣緇帛無過五兩鄭彼注云納幣
帛。緇婦人陰也凡於娶禮必用其類五兩十端也必言兩者欲得其配合之名十象五行十日相成也士大夫乃以玄纁束帛天子加以穀圭諸侯加以大璋

雜記云納幣一束束五兩兩五尋然則每端二丈若彼據庶人空用緇色無纁故鄭云用緇婦人陰此玄纁俱有故云象陰陽備也案玉人穀圭天子以聘女大璋諸侯以聘女故鄭據而言焉玄纁束帛者合言之陽奇陰耦三玄二纁也其大夫無冠禮而有昏禮若試爲大夫及幼爲大夫者依士禮若五十而爵改娶者大夫昏禮玄纁及鹿皮則同於士餘有異者無文以言也

請期用鴈主人辭賓許告期如納徵禮

主人辭者陽倡陰和期日宜由夫家來也夫家必先卜之得吉日乃使使者往辭即告之

疏請期至徵禮〇釋曰請期如納徵禮納吉禮如納采禮〇案上納采之禮下至主人拜送於門外其中揖讓升降及禮賓迎送之事此皆如之〇注主人至告之〇釋曰婿之父使使納徵訖乃下卜婚月得吉日又使使往女家告日是期由男家來今以男家執謙故遣使者請女家若云期由女氏故云請期女氏知陽倡陰和當由男家出故主人辭之使者既見主人辭遂告主人期日也是以下記云使者曰某使某受命吾子不許某敢不告期曰某日注云某吉日之甲乙是告期之辭故鄭云辭即告也

期初昏陳三鼎于寢門外東方北面北上其實特豚合升去蹄舉肺脊二祭肺二魚十有四腊一肫髀不升皆飪設扃鼏

期取妻之日鼎三者升豚魚腊也寢婿之室也北面鄉內也特猶一也合升合左右胖升於鼎也去蹄蹄甲不用也舉肺脊者食時所先舉也肺者氣之主也周人尚焉脊者體之正也食時則祭之飯必舉之貴之也每皆二者夫婦各一耳凡魚之正十五而鼎減一爲十四者欲其敵偶也腊兔腊也肫或作純純全也凡腊用全髀不升者近竅賤也飪孰也扃所以扛鼎鼏覆之古文純爲鈞髀爲脾今文扃作鉉鼏皆作密

疏期初至扃鼏〇釋曰此文下盡合卺一節論夫家欲迎婦之時豫陳同牢之饌也云陳三鼎於寢門外東方北面北上者謂在夫寢門外也言東方北面是禮之正但數鼎故云北面北上則此及少牢皆是也特牲陳鼎於門外北面北上當門而不在東方者辟大夫故也今此亦東方不辟大夫者重昏禮攝盛也鼎不言

北上直言北面士冠所云是也凡鼎陳於外者北面爲正阼階下西面爲正士喪禮小斂陳一鼎於門外西面者喪禮。少。變在東方者未忍異於。生於大斂。大奠及朔月奠既夕陳鼎皆如大斂奠門外皆西面者亦是喪禮既夕變也士虞陳三鼎于門外之右北面北上入設于西階前東面北上不在東者既葬鬼事之反吉故也公食陳鼎七當門南面西上者以賓是外人向外統之○注期取至作密○釋曰云期娶妻之日者此陳同牢之饌下云親迎之禮其中無厥明之文明是娶婦之日也云鼎三者升豚魚腊也者即經文自顯也云寢壻之室也者命士以上之父子異宮自然別有寢若不命之士父子同宮雖大院同居其中亦隔別各有門戶故經總云寢門外也云合升合左右胖升於鼎也者以夫婦各一故左右胖俱升若祭則升右也云去蹄蹄甲不用也者以其踐地穢惡也云舉肺脊者食時所先舉者案下文贊者告具揖婦即對筵皆坐祭祭薦黍稷肺即此祭肺也下又云贊爾黍。稷授肺脊皆食以湆醬皆祭舉食舉也即此舉肺脊也祭時二肺俱有生人唯有舉肺皆祭今此得有祭肺者禮記郊特牲論娶婦玄冕齊戒鬼神陰陽也故與祭祀同二肺也據下文先用祭肺後用舉肺此經先言舉肺後言祭肺者以舉肺脊長大故先言是以特牲少牢入鼎時舉肺脊在前云肺者氣之主也周人尚焉者案禮記明堂位云有虞氏祭首夏后氏祭心殷祭肝周祭肺鄭注云氣主盛也但所尚不同故云周人尚焉云脊者體之正也食時則祭之者對祭肺未食時祭也云飯必舉之貴之也者但一身之上體總有二十一節前有肩臂臑後有肫胳脊在中央有三脊正脡橫脊而取中央正脊故云體之正凡云先以對後案特牲舉肺脊後食幹骼注云肺氣之主也脊正體之貴者先食啗之所以導食通氣此不言先食啗之從彼可知也云每皆二者夫婦各一耳者釋經多之義云凡魚之正十五而鼎減一爲十四者據特牲記云魚十有五注云魚水物以頭枚數陰中之物。重數於。月十有五日而盈少牢饋食禮亦云十有五而俎尊卑同則是尊卑同用十五而同鼎也云欲其敵偶也者夫婦各有七也此夫婦鬼神陰陽故同祭禮十五而去一若乎生人則與此異故公食大夫一命者七魚再命者九魚三命者十有一魚天子諸侯無文或諸侯十三魚天子十五魚也云腊兔腊也者少牢用麋腊士兔腊可知故曲禮云兔曰明視也云肫或作純純全也凡腊用全者此或少牢文案少牢腊一純注云純猶全也凡牲體則用一胖不得云全其腊則左右體脅相配共爲一體故得全名也特牲少牢亦用全士喪大斂與士虞皆用左胖不全者喪禮略云今文冪皆作密者鄭以省文故兼下綌冪總疊之故云皆也

設洗于阼階東南洗所以承盥洗之器棄水者

饌于房中醯醬二豆菹醢四豆兼巾之黍稷四敦皆蓋醯醬者以醯和醬生人尚褻味兼巾之者六豆共巾也巾爲禦塵蓋爲尚溫周禮曰食齊視春時

疏饌于至皆蓋○注醯醬至春時○釋曰鄭知以醯和醬者得醯者無醬得醬者無醯若和之則夫妻皆有是以知以醯和醬也云生人尚褻味者此文與公食皆以醯和醬少牢特牲不言之故云然也引周禮釋敦皆有蓋者飯宜溫比春時故也

大。羹湆在爨大羹湆煮肉汁也大古之羹無鹽菜爨火上周禮曰羹齊視夏時今文湆皆作汁

疏大羹湆在爨○注大羹至作汁○釋曰湆與汁一也知大古之羹無鹽菜者左傳桓二年臧哀伯云大羹不致禮記郊特牲云大羹不和謂不致五味故知不和鹽菜唐虞以上曰大古有此羹三王以來更有鉶羹則致以五味雖有鉶羹猶存大羹不忘古也引周禮者證大羹須熱故在爨臨食乃取也

尊于室中北墉下有禁玄酒在西綌冪。加勺皆南枋墉牆也禁所以庪甒者玄酒不忘古也綌。麤葛今文枋作柄

疏尊于至南枋○注墉牆至作柄○釋曰云禁所以庪甒者士冠云甒此亦士禮雖不言甒然此尊亦甒也庪承於甒云禁者因爲酒戒故以禁言之也云玄酒不忘古也者古謂黃帝已前以禮運云汙尊而抔飲謂神農時雖有黍稷未有酒醴則神農以上以水爲玄酒也禮運又云後聖有作以爲醴酪據黃帝以後雖有酒醴猶是不忘古也

尊于房戶之東無玄酒篚在南實四爵合巹無玄酒者略之也夫婦酌於內尊其餘酌於外尊合巹破匏也四爵兩巹凡六爲夫婦各三酳

一升曰爵【疏】尊于至合巹○注無玄至曰爵○釋曰云無玄酒者略之者此對上文夫婦之尊有玄酒此尊非爲夫婦故略之也云夫婦酌於內尊其餘酌於外尊者據上文玄酒知之云一升曰爵者韓詩外傳云一升曰爵二升曰觚三升曰觶四升曰角五升曰散是也

主人爵弁纁裳緇袘從者畢玄端乘墨車從車二乘執燭前馬主人壻也壻爲婦主爵弁而纁裳玄冕之次大夫以上親迎冕服冕服迎者鬼神之鬼神之者所以重之親之纁裳者衣緇衣不言衣與帶而言袘者空其文明其與袘俱用緇袘謂緣袘之言施以緇緣裳象陽氣下施從者有司也乘貳車從行者也畢猶皆也墨車漆車士而乘墨車攝盛也執燭前馬使徒役持炬火居前炤道【疏】主人至前馬○釋曰此至俟于門外論婿親迎之節○注主人至炤道○釋曰云主人壻也者以其親迎向女家女父稱主人男稱婿已下皆然今此未至女家仍據男家而言故云主人是婿爲婦主故下親迎至男家婿還稱主人也云爵弁而纁裳者下爵弁亦冕之類故亦纁裳也云玄冕之次者鄭注周禮弁師云一合之大夫冕而無旒士變冕爲爵弁故云冕之次也云大夫以上親迎冕服者士家自祭服玄端助祭用爵弁今爵弁用助祭之服親迎一爲攝盛則卿大夫朝服以自祭助祭用玄冕親迎亦當玄冕攝盛也若上公有孤之國孤絺冕卿大夫同玄冕侯伯子男無孤之國卿絺冕大夫玄冕也孤卿大夫士爲臣卑復攝盛取助祭之服以親迎則天子諸侯爲尊則衮矣不須攝盛宜用家祭之服則五等諸侯玄冕以家祭則親迎不過玄冕天子親迎當服衮冕矣是以禮記郊特牲云玄冕齋戒以鬼神陰陽也將以爲社稷主以社稷言之據諸侯而說故知諸侯玄冕也其於孤卿絺冕以助祭至於親迎亦用玄冕臣乃不得過君故也云冕服迎者其鬼神之鬼神之者所以重之親之者郊特牲文云纁裳者纁裳緇衣緇衣不言衣與帶而言袘者空其文明其與袘俱用緇者鄭言纁裳者衣緇衣言緇衣即玄衣大同故也上士冠陳爵弁服云緇衣緇帶此文有緇袘無衣帶二字故云空其文以袘著緇者欲見袘與衣帶色同故云俱用緇也云袘謂緣者謂純緣於裳故字從衣云袘之言施者義取

施及於物故作。施也云以緇緣裳象陽氣下施者男陽女陰男女相交接示行事有漸故云象陽氣下施故以衣帶上體同色之物下緣於裳也云從者有司
也乘貳車從行者也者以士雖無臣其僕隸皆曰有司使乘貳車從壻大夫已下有貳車士無。貳車此有。者亦是。攝也云墨車漆車者案巾車注云棧車不革
鞔而漆之則士之棧車漆之但無革爲異耳案考工記云棧車欲其弇鄭云無革鞔又云飾車欲其侈鄭云革鞔則大夫已上皆。以革鞔則得飾車之名飾者
革上。又有漆飾士卑無飾雖有漆不得名墨車故唯以棧車爲名若然自卿已上更有異飾則又名玉金象夏篆夏縵之等也云士乘墨車攝盛也者案周禮
巾車云一曰玉路以祭祀又云金路同姓以封象路異姓以封革路以封四衛木路以封蕃國孤乘夏篆卿乘夏縵大夫乘墨車士乘棧車庶人乘役車士乘
大夫墨車爲攝盛則大夫當乘卿之夏縵卿當乘孤之夏篆已上有木路質而無飾不可使孤乘之禮窮則同也孤還乘夏篆又於臣之外特置亦是尊尊則
尊矣不欲攝盛若然庶人當乘士之棧車則諸侯天子尊。則尊矣亦不。假攝盛依巾車自乘本車矣玉。路。祭祀不。可以親迎當乘金路矣以。攝言之士之子冠
與父同則昬亦同但尊適子皆與父同庶子宜降一等也

婦車亦如之有裧

亦如之者車同等士妻之車夫家共之大夫以上嫁女則自以車送之裧車幃裳周禮謂之容車有容則固有蓋

疏 婦車至有裧○注亦如至有蓋○釋曰婦車亦墨車但有裧爲異耳曰士妻之車夫家共之者即此
是也云大夫以上嫁女則自以車送之者案宣公五年冬左傳云齊高固及子叔姬來反馬也休以爲禮無反馬而左氏以爲得禮禮婦人謂嫁曰歸明無大
故不反於家經書高固及子叔姬來故譏乘行四至也士昬皆異據士禮無反馬蓋失之矣士昬禮曰主人爵弁纁裳緇袘從者畢玄端乘墨車從車二乘執
燭前馬婦車亦如之有裧此婦乘夫家之車鵲巢詩曰之子于歸百兩御之又曰之子于歸百兩將之國君之禮夫人始嫁自乘其車也何彼襛矣篇曰曷不
肅雍王姬之車言齊侯嫁女以其母王姬始嫁之車遠送之則天子諸侯女嫁留其車可知今高固大夫反馬大夫亦留其車禮雖散亡以詩論之大夫以上

至天子有反馬之禮留車妻之道反馬壻之義高固秋月逆叔姬冬來反馬則婦人三月祭行故行反馬禮也以此鄭箴膏育言之則知大夫已上嫁女自以其車送之若然詩注以爲王姬嫁時自乘其車箴膏肓以爲齊侯嫁女乘其母王姬始嫁時車送之不同者彼取三家詩故與毛詩異也凡婦車之法自士以上至孤卿皆與夫同有裧爲異至於王后及三夫人幷諸侯夫人皆乘翟車案周禮巾車王后之五路重翟厭翟安車皆有容蓋又云翟車輂車鄭注云詩國風碩人曰翟。蔽以朝謂諸侯夫人始來乘翟蔽之車以朝見於君。成之也此翟蔽蓋厭翟也然則王后始來乘重翟。受又詩序云王姬下嫁於諸侯車服不繫其夫下王后一等以此差之王后始來乘重翟則上公夫人用厭翟侯伯子男夫人用翟車若然巾車安車次厭翟在翟車之上者以其安車在宮中所乘有容蓋與重翟厭翟有。屈退之在下其實安車無翟飾不用爲嫁時所乘也三夫人與三公夫人當用翟車九嬪與孤妻同用夏篆世婦與卿大夫妻同用夏縵女御與士妻同用墨車也其諸侯夫人姪娣及二媵幷姪娣依次下夫人。以下一等爲差也云裧車裳幃周禮謂之容者案巾車職重翟厭翟安車皆有容蓋鄭司農云容謂幨車山東謂之裳幃或謂之。潼容後鄭從之衛詩云漸車帷裳是山東名幃裳也云車有容則固有蓋者巾車云有容蓋容蓋相配之物此既有裧之容明有蓋可知故云固有蓋矣

至于門外婦家大門之外

疏至于門外○注婦家大門之外○釋曰知是大門外者以下有揖入乃至廟廟。乃大門內故知此大門外也

主人筵于戶西西上右几主人女父也筵爲神布席

疏主人至右几○注主人至布席○釋曰以先祖之遺體許人將告神故女父先於廟設神席乃迎壻也

儀禮疏卷第四

儀禮注疏卷四校勘記

阮元撰盧宣旬摘録

士昏禮第二

陽往而陰來　按釋文引鄭目録陽上有取其二字

昏禮

男父先遣媒氏女氏之家　女字上一本增一至字按女氏之家疑當作之女氏家

故關其納吉以非之也　要義毛本關作闕

主人筵于戶西

下文禮賓　毛本禮誤作體

知受禮于禰廟者　知下要義有將以先祖之遺體許人故十字

使者玄端至

於中士下差次爲之　毛本差上有士字

主人如賓服

主人迎賓於大門外　毛本無賓字

寢門大門而已已此本舊作矣誤今從要義毛本

云不荅拜者不上要義有賓字是也

是以射禮賓迎入門諸本同毛本射作躬亦非此是聘禮之誤

主人以賓升

獨此云賓當阿要義同毛本無賓字

序則物當棟毛本當誤作堂

故云是制五架之屋也故要義作鄭

擯者出請

彼已破從禮要義同毛本從作爲

不從醴者要義同毛本不作字從醴別作從豊下文爲醴之義作爲豊之義皆是也

主人徹几改筵

鄉爲神陸氏云鄉本又作鄉○按鄉正字鄉今之向字

醴糟例無玄酒配之要義同毛本糟例作禮側

又云贊者薦脯醢　要義同毛本又作及

主人迎賓于廟門外○主人拂几授校　校改作挍疏同盧文弨云緣避明諱改

辟逡巡　釋文徐本集釋敖氏巡俱作廵通解楊氏作遁張氏云鄭氏於儀禮用逡遁字凡十有一開寶釋文獨於此作巡諸釋文本皆作遁

古文挍爲技　徐本集釋技俱作技通解作枝

凡行敵禮者　要義同毛本敵禮作禮敵

宰內拂几三　要義同毛本宰下有夫字○按無夫字與聘禮不合

冠禮賓無几者　單疏要義俱重禮字是也

尊王使也　要義同閩本作尊主故也陳本作尊主使也毛本作尊王故也

凡設几之法　要義同毛本設誤作授

贊者酌醴

待主人迎受　毛本同迎受釋文作梧授按今本釋文梧从木聘禮公食大夫既夕皆然張氏引釋文从手各本注疏聘禮公食大夫从木既夕从手未知孰是說文無捂字有牾字訓逆也既夕疏云捂卽還也還迎二義相近疑捂卽牾之俗體而捂則又其假借通用者也盧文弨云陸捂授授字爲今案公食注及既夕經既有梧受之言張氏引既夕乃作捂授又引玉篇云捂受也捂授謂受其所授也鄭於既夕注云謂對相授不委地則經文

似當作授張說不爲無據而此處釋文授字亦未必譌也

主人受醴面枋

皆於筵西受禮 浦鏜云醴誤作禮

賓卽筵坐

贊者至荅拜 按贊者二字經文在上節此當作賓卽

賓卽筵奠于薦左

此云奠于薦東升席奠之 浦鏜云薦左誤薦東升席奠之四字當爲衍文

納吉

婚姻之事於是定 婚徐本作昏按昏嫁宜作昏婚姻宜作婚古或俱用昏字凡今本經注作婚者石經徐本俱作昏舉此爲例後不贅

凡卜並皆於禰廟 要義同毛本並作筮

故納吉乃定也 故要義作知

納徵

故指幣體而言 要義同毛本體作禮是也

納幣帛緇 要義同毛本帛作用要義又云緇元本作純

請期

及禮賓迎送之事 賓陳本要義俱作賔毛本作實迎送毛本作送迎

乃下卜婚月 要義同毛本卜上無下字月作日

期初昏

飪熟也 熟通解徐本俱作孰按孰熟諸本錯出後不悉校

扃所以扛鼎 扛徐本作杠釋文集釋通解俱作扛

今文扃作鉉鼏皆作密 依注例鼏上當有古文二字按儀禮扃鼏屢見恐經注俱有誤說文鼎部鼏字注云以木橫貫鼎耳舉之則鼏即扃也不得為兩字又金部鉉字注云易謂之鉉禮謂之鼏是鉉字唯易有之禮經安得有鉉今本儀禮覆尊則為冪覆鼎則為鼏釋文則多作鼏或強為分別曰冪字从巾覆尊以巾則稱冪覆鼎以茅故不得稱冪然則扃字从戶何以得施于鼎且賈氏云鄭兼下綌冪總疊之故云皆可見覆鼎覆尊皆作冪矣又士喪禮及既夕冪用疏布古文皆作密是古文無分尊鼎尤為明證也案扃鼏二字古文當為扃密今文當為鼏幎鄭于上字從古下字從今當注云今文扃為鼏古文幎為密鼏之從冂乃諧聲非會意也古蓋音冥冥扃聲相近故通作扃又音瞑瞑鉉聲相近故別作鉉

喪禮少變在東方者 要義同少變毛本作小斂陳作少寢

未忍異於生 要義同毛本生下有時字

於大斂大奠及朔月奠 要義同毛本斂下無大字

贊爾黍稷 浦鏜云稷衍字

重數於月十有五日而盈 要義重作重月下有之字毛本重作取特牲記作取無之字

饌于房中

則夫妻皆有 陳閩監本要義同毛本妻作婦

大羹湆在爨 大陸氏云亦作泰

尊于室中北墉下○綌冪加勺 張氏云釋文冪作鼏後撤尊冪鄉飲酒鄉射尊綌冪同按毛本釋文仍作冪作冪是也然賈氏於前節疏云鄭兼下綌冪總疊之則兩處之文同矣鼏則皆鼏冪則皆冪明無尊鼎之別

綌麤葛 徐本集釋通解楊敖同毛本麤作粗

主人爵弁纁裳

乘貳車從行者也 嚴本通解楊敖同毛本貳作二

士而乘墨車 按疏無而字

使徒役持炬火徐本楊敖同集釋通解毛本俱作從

亦當元冕攝盛也毛本玄誤作亦

故作施也施監本作袘是也

士無貳車要義同毛本貳作二

此有者亦是攝也要義同陳閩者俱作二毛本攝下有盛字

皆以革鞔要義同毛本以作有

革上又有添飾要義同毛本又作文

則諸侯天子尊則尊矣下則字要義作其

亦不假攝盛聶氏要義同毛本假作欲

玉路祭祀不可以親迎陳監要義路俱作路毛本路作欲閩本亦誤作欲聶氏路下有非字可下有乘字當以玉路非祭祀

不可乘爲一句以親迎三字屬下當乘金路矣爲一句

以攝言之攝下聶氏有盛字

婦車亦如之

何彼襛矣篇曰 要義同毛本襛作穠

翟蔽以朝 要義同毛本蔽作茀

以朝見于君成之也 成要義作盛

然則王后始來乘重翟受 受毛本作車要義作矣按當從要義

與重翟厭翟有屈 屈陳本要義同誤作屈毛本作差是也

依次下夫人以下一等爲差也 陳閩俱無以下二字

或謂之潼容 陳本要義同毛本潼作童

至于門外

廟乃大門內 乃陳閩俱誤作乃毛本作在是也

儀禮注疏卷四校勘記

儀禮疏卷第五

唐朝散大夫行大學博士弘文館學士臣賈公彦等撰

女次純衣纁袡立于房中南面次首飾也今時髲也周禮追師掌爲副編次純衣絲衣女從者畢袗玄則此亦玄矣袡亦緣也袡之言任也以纁緣其衣象陰氣上任也凡婦人不常施袡之衣盛昏禮爲此服喪大記曰復衣不以袡明非常

疏女次至南面○注次首至非常○釋曰不言裳者以婦人之服不殊裳是以內司服皆不殊裳彼注云婦人尚專一德無所兼連衣裳不異其色是也注云次首飾也今時髲也周禮追師掌爲副編次者案彼注云副之言覆所以覆首爲之飾其遺象若今步繇矣編編列髮爲之其遺象若今假紒矣次次第髮長短爲之所謂髲髢言所謂謂如少牢主婦髲鬄也又云外內命婦衣鞠衣襢衣者服編衣褖衣者服次其副唯於三翟祭祀服之士服爵弁助祭之服以迎則士之妻亦服褖衣助祭之服也若然案內司服王后之六服褘衣揄翟闕翟鞠衣展衣褖衣素沙素沙與上六服爲裏五等諸侯上公夫人與王后同侯伯夫人自揄翟而下子男夫人自闕而下案玉藻有鞠衣襢衣褖衣注云諸侯之臣皆分爲三等其妻以次受此服公之臣孤爲上卿大夫次之士次之侯伯子男之臣卿爲上大夫次之士次之其三夫人已下內命婦則三夫人自闕翟而下九嬪自鞠衣而下世婦自襢衣而下女御自褖衣而下嫁時以服之諸侯夫人無助天子祭亦各得申上服與祭服同也云純衣絲衣者此經純亦是絲理不明故見絲體也云女從者畢袗玄則此衣亦玄矣者此鄭欲見既以純爲絲恐色不明故云女從袗玄則此絲衣亦同玄色矣云袡亦緣也者上纁裳緇袘袘爲緣故云袡亦緣也云袡之言任也以纁緣其衣象陰氣上任也者婦人陰象陰氣上交於陽亦取交接之義也云凡婦人不常施袡之衣盛昏禮爲此服者此純衣即褖衣是士妻助祭之服尋常不用纁爲袡今用之故云盛昏禮爲此服云喪大記曰復衣不以袡明非常者

以其始死招魂復魄用生時之衣生時無褖知亦不用褖明爲非常所服爲盛昏禮故服之引之者證褖爲非常服也然鄭言凡婦人服不常施褖者鄭欲見王后已下初嫁皆有褖之意也

姆纚笄宵衣在其右

姆婦人年五十無子出而不復嫁能以婦道教人者若今時乳母矣纚。縚。髮笄今時簪也纚亦廣充幅長六尺宵讀爲詩素衣朱綃之綃魯詩以綃爲綺屬也姆亦玄衣以綃爲領因以爲名且相別耳姆在女右當詔以婦禮

疏姆纚至其右○釋曰此經欲見女既在房須有傳命者之義也○注姆婦至婦禮○釋曰云姆婦人年五十無子出而不復嫁能以婦道教人者婦人年五十陰道絕無子乃出之案家語云婦人有七出不順父母出淫。辟出無子出。不。事。舅。姑出惡疾出多。舌出盜竊出又莊二十七年何休注公羊云無子棄絕世也淫佚棄亂類也不事舅姑棄悖德也口舌棄離親也盜竊棄反義也嫉妒棄亂家也惡疾棄不可奉宗廟也又家語有三不去曾經三年喪不去休云不忘恩也賤取貴不去休云不背德也有所受無所歸不去休云不窮窮也休又云喪。婦長女不娶無教戒也世有惡疾不取棄於。天也世有刑人不娶棄於人也亂家。不。娶類不正也逆家女不娶廢人倫也是五不娶又案易同人六二鄭注云天子諸侯后夫人無子不出則猶有六出其天子之后雖失禮鄭云嫁於天子雖失禮無出道遠之而已若其無子不廢遠之后尊如故其犯六出則廢之然就七出之中餘六出是無德行不堪教人故。無子。出能以婦道教人。者以爲姆。既教女因從女向夫家也云若今時乳母者漢時乳母與古時乳母別案喪服乳母者據大夫子有三母子師慈母保母其慈母闕乃令有乳者養子謂之爲乳母死爲之服緦麻師教之乳母直養之而已漢時乳母則選德行有乳者爲之并使教子故引之以證姆也云纚縚髮者此纚亦如士冠纚以縚爲之廣充幅長六尺以縚髮而紒之姆。所異於女者女有纚兼有次此姆則有纚而無次也云笄今時簪者。舉漢爲況義也云宵讀爲詩素衣朱綃之綃者則引詩以爲證也云姆亦玄衣以綃爲領因以爲名者此衣雖言綃衣亦與純衣同是褖衣用綃爲領故因得名綃衣也必知以綃爲領者詩云素衣朱綃又云素衣朱襮爾雅釋器云

黼領謂之襮。襮既為領，明朱綃亦領可知。案上文云女褖衣，下文云女從者畢袗玄，皆是褖衣，則此綃衣亦褖衣矣。女與女從禪黼領，此姆以玄綃為領也。若然，特牲云綃衣者，謂以綃繒為衣，知此綃為領者，以下女從者云被纇黼，據領明此亦據領也。云姆在女右當詔以婦禮者，案禮記少儀云贊幣自左，詔辭自右，地道尊右之義，故姆在女右也。

女從者畢袗玄，纚笄，被纇黼，在其後。女從者，謂姪娣也。詩云：「諸娣從之，祁祁如雲。」袗，同也。同玄者，上下皆玄。纇，禪也。詩云：「素衣朱襮。」爾雅云：「黼領謂之襮。」周禮曰：「白與黑謂之黼。」天子諸侯后夫人狄衣，卿大夫之妻刺黼以為領，如今偃領矣。士妻始嫁，施禪黼於領上，假盛飾耳。言被，明非常服。

【疏】「女從至其後」。○釋曰：此是從女之人，在女後為尊卑威儀之事也。○注「女從至常服」。○釋曰：知女從是姪娣者，案下文云「雖無娣媵先」，鄭云「古者嫁女必姪娣從，謂之媵」，即此女從，故云女從者謂姪娣也。云詩者，韓奕篇，引之證。姪之義也。云袗同也，同玄者上下皆玄者，此袗讀從左氏「均服振振」一也，故云同玄上下皆玄也。同者，即婦人之服不殊裳也。云纇讀禪也者，此讀如詩云「褧衣」之「褧」，故為禪也。引詩、爾雅、周禮者，證黼得為領之義也。黼謂刺之在領，為黼文，名為襮，故云黼領謂之襮。云天子諸侯后夫人狄衣者，案周禮內司服云掌王后之六服，褘衣、揄狄、闕狄，又注云侯伯之夫人揄狄，子男之夫人亦闕狄，唯二王後褘衣，故云后夫人狄衣也。云卿大夫之妻刺黼以為領者，以士妻言被，明非常，故知大夫之妻刺之常也。不於后夫人下言領，於卿大夫妻下乃云刺黼為領，則后夫人亦同刺黼為領也。但黼乃白黑色為之，若於衣上則畫之，若於領上則刺之，以為其男子冕服衣畫而裳繡，繡皆刺之，其婦人領雖在衣，亦刺之矣。然此士妻言被禪黼，謂於衣領上別刺黼文，謂之被，則大夫以。下刺之，不別被之矣。案禮記郊特牲云「綃黼丹朱中衣，大夫之僭禮也」，彼天子諸侯中衣有黼。領，服則無之，此今婦人事華飾，故於上服有之，中衣則無也。云如今偃領矣者，舉漢法，鄭君目驗而知，至今已遠，偃領之制亦無可知也。云士妻始嫁施禪黼於領上，假盛飾耳，言被明非常服者，對大夫已上妻則常服有之，非。假也。

主人玄端迎于

門外西面再拜賓東面荅拜賓壻**疏**主人至荅拜○釋曰此言男至女氏之大門外女父出迎之事也主人揖入

賓執鴈從至于廟門揖入三揖至于階三讓主人升西面賓升北面奠鴈再拜稽首降出婦從降自西階主人不降送賓升奠鴈拜主人不荅明主爲授女耳主人不降送禮不參**疏**主人至降送○釋曰此言女父迎賓壻入廟門升堂父迎出大門之事也云賓升北面奠鴈再拜稽首者此時當在房外當楣北面知在房戶者見隱二年紀履緰來逆女公羊傳曰譏始不親迎也何休云夏后氏逆於庭殷人逆於堂周人逆於戶後代漸文迎於房者親親之義也○注賓升至不參○釋曰云賓升奠鴈拜主人不荅明主爲授女耳者案納采阼階上拜至問名納吉納徵請期轉相如皆拜獨於此主人不荅明主爲授女耳云主人不降送禮不參者禮賓主宜各一人今婦既送主人不送者以其禮不參也

壻御婦車授綏姆辭不受壻御者親而下之綏所以引升車者僕人之禮必授人綏**疏**壻御至人綏○釋曰云僕人之禮必授人綏者曲禮文今壻御車卽僕人禮僕人合授綏姆辭不受謙也

婦乘以几姆加景乃驅御者代乘以几者尚安舒也景之制蓋如明衣加之以爲行道禦塵令衣鮮明也景亦明也驅行也行車輪三周御者乃代壻今文景作慄**疏**婦乘至者代○注乘以至作慄○釋曰云乘以几者謂登車時也几所以安體謂若尸乘以几之類以重其初昏與尸同也云景之制蓋如明衣者以案既夕禮明衣裳用布袂屬幅長下膝鄭注云長下膝又有裳於蔽下體深也此景之制無正文故云蓋如明衣直云制如明衣此嫁時尚飾不用布案詩云衣錦褧衣裳錦褧裳鄭云褧禪也蓋以禪縠爲之中衣裳用錦而上加禪縠焉爲其文之大著也庶人之妻嫁服也士妻紂衣纁袡彼以庶人用禪縠連引士妻紂衣則此士妻衣上亦用禪縠頎人是國君夫人亦衣錦褧衣則尊卑同用禪縠庶人卑得與國君夫人同用錦爲衣大著此士妻不用錦不爲文大著故

云行道禦風塵也

壻乘其車先俟于門外壻車在大門外乘之先者道之也男率女女從男夫婦剛柔之義自此始也俟待也門外壻家大門外

疏壻乘至門外○注壻車至門外○釋曰云壻車在大門外者謂在婦家大門外知者以其壻於此始言乘其車故知也云男率女女從男夫婦剛柔之義自此始也者並郊特牲文云門外壻家大門外者命士已上父子異宮故解為壻家大門外若不命之士父子同宮則大門父之大門外也

婦至主人揖婦以入及寢門揖入升自西階媵。布席于奧夫入于室即席婦尊西南面媵御沃盥交升自西階道婦入也媵送也謂女從者也御當為訝訝迎也謂壻從者也媵沃壻盥於南洗御沃婦盥於北洗夫婦始接情有廉恥媵御交道其志

疏婦至至盥交○釋曰此明夫導於婦入門升階及對席媵御沃盥之儀云主人揖婦以入者此則詩云好人提提宛。然左辟是也云夫入于室即席者謂壻也婦在尊西未設席壻既為主東面須設饌訖乃設對席揖即對席為前後至之便故也○注升自至其志○釋曰云升自西階道婦入也者以尋常賓客主人在東賓在西今主人與妻俱升西階故云道婦入也云媵送也謂女從者也即姪娣也云御當為訝訝迎也謂壻從者也者以其與婦人為盥非男子之事謂夫家之賤者也知媵沃壻盥於南洗御沃婦盥於北洗者以其有南北二洗又云媵御沃盥交明知夫婦與媵御南北交相沃盥也

贊者徹尊冪。舉者盥出除冪。舉鼎入陳于阼階南西面北上匕俎從設執匕者執俎者從鼎而入設之匕所以別出牲體也俎所以載也

疏贊者至從設○注執匕至載也○釋曰案特牲少牢公食與有司徹及此昏禮等執匕俎舉鼎各別人者此吉禮尚威儀故也士喪禮舉鼎右人以右手執匕左人以左手執俎舉鼎人兼執匕俎者喪禮略也云從設者以從男之事故從吉祭法也公食執匕俎之人入加匕於鼎陳俎於鼎南其匕與載皆舉鼎者為之特牲注云右人也尊者於事指使可也則右人於鼎北南面匕肉出之左人於鼎西俎

南北面承取肉載於俎士虞右人載者喪祭少變故在西方長者在左也今昬禮鬼神陰陽當與特牲禮同亦右人匕左人載遂執俎而立以侍設也云匕所
以別出牲體也者凡牲有體別。謂肩臂。臑肫胳脊脅之等於鼎以次別匕出之載者依其體別以次載之於俎故云別出牲體也北面載執而
俟執俎而立俟豆先設疏北面載執而俟〇注執俎至先設〇釋曰知俟豆先設者下文葅醢後乃云俎入設于豆東故知也匕。者逆退復
位于門東北面西上執匕者事畢逆退由便至此乃著其位略賤也疏匕者至西上〇注執匕至賤也〇釋曰云至此乃著其位略賤
也者案士冠未行事陳主人位訖卽言兄弟及擯者之位於此初陳鼎門外時不見執匕者位至此乃著其位故言略賤也贊者設醬于席
前葅醢在其北俎入設于豆東魚次腊特于俎北豆東葅醢之東疏注豆東葅醢之東〇釋曰醬與葅醢
俱在豆知不在醬東者下文醬東有黍稷故知在葅醢東也贊設黍于醬東稷在其東設湆于醬南饌要方也疏
贊設至醬南〇注饌要方也〇釋曰豆東兩俎醬東黍稷是其要方也設對醬于東對醬婦醬也設之當特俎疏設對醬于東〇注對醬至
特俎〇釋曰婿東面設醬在南爲右婦西面則醬在北爲右皆以右手取之爲便故知設之當特俎東也葅醢在其南北上設黍于
腊北其西稷設湆于醬北御布對席贊啓會卻于敦南對敦于北啓發也今文啓作開古文
卻爲綌疏葅醢至于北〇釋曰葅醢在其南北上者謂葅在醬南其南有葅有醢若婿醢在葅北從南向北陳爲南上此從北向南陳亦醢在葅南爲北
上也云湆卽上文大羹湆在爨者羹宜熱。醢食乃將入是以公食大夫云大羹湆不和實于鐙由門入公設之于醬西是也又。生人食公食大夫是也特牲士
虞等爲神設皆爲敬尸尸亦不食也鄉飲酒鄉射燕禮大射不設者湆非飲食之具故無也少牢無湆者文不備有司徹有湆者賓尸禮褻故有之與少牢禮

巽也云設湆于醬北者案上設壻湆於醬南在醬黍之南特俎出於饌北此設婦湆於醬北在特俎東饌內則不得要方上注云要方者據大判而言耳云啓會卻于敦南對敦于北者取壻東面以南為右婦西面以北為右各取便也卻仰也謂仰於地也

贊告具揖婦即對筵皆坐皆祭祭薦黍稷肺贊者西面告饌具也壻揖婦使即席薦菹醢疏贊者至稷肺○注贊者至菹醢○釋曰知贊者西面告饌具者以其所告者宜告主人主人東面知西面告也云薦菹醢者以其儀禮之內單言薦者皆據籩豆而言也

贊爾黍授肺脊皆食以湆醬皆祭舉食舉也爾移也移置席上便其食也皆食食黍也以用也用者謂啜湆咶醬古文黍作稷疏贊爾至舉也○釋曰云祭舉食舉也者舉謂舉肺以其舉以祭以食故名肺為舉則上文云祭者祭肺也○注爾移至作稷○釋曰云爾移也者爾訓為近謂移之使近人故云移置席上便其食也案玉藻云食坐盡前謂臨席前畔則不得移黍於席上此云移置席上者鬼神陰陽故此昬禮從特牲祭祀法云皆食食黍也者案特牲少牢祭舉食舉乃飯此先食黍乃祭舉相反者彼九飯禮成故先食舉以為導食氣此三飯禮略故不須導也此先爾黍稷後授肺特牲亦然以其士禮同也少牢佐食先以舉肺脊授尸乃爾黍者大夫禮與士異故也然士虞亦先授舉肺脊後乃爾黍者喪禮與吉反故也云用者謂啜湆咶醬者以其大羹汁不用箸醬又不須以箸故用口啜湆用指咶醬也

三飯卒食卒已也同牢示親不主為食起三飯而成禮也疏三飯卒食○注同牢至禮也○釋曰云同牢示親不主為食起者少牢十一飯特牲九飯而禮成此獨三飯故云同牢示親不主為食起三飯而成禮也

贊洗爵酌酳主人主人拜受贊戶內北面荅拜酳婦亦如之皆祭酳漱也酳之言演也安也漱所以絜口且演安其所食酳酌內尊疏贊洗至皆祭○釋曰自此至尊否論夫婦食訖酳及徹饌於房節云主人拜受者壻拜當東面酳婦亦如之者婦拜當南面是以少牢云贊皆荅拜鄭注云在東面席者東面

拜在西面席者皆南面拜故知婦拜南面若贊荅婦拜亦於戶內北面也云皆祭者祭先也○注酳漱至內尊○釋曰云酳漱也酳之言演也安也漱所以絜口且演安其所食者案特牲云主人洗角升酌酳尸注云酳猶衍也是獻尸也謂之酳者尸既卒食又欲頤衍養樂之又少牢云主人酌酒乃酳尸注云酳猶羨也既食之而又飲之所以樂之三注不同者文有詳略相兼乃具士虞亦是酳尸注直云酳安食也不言養樂及羨者喪故略之此三酳俱不言獻皆云酳直取其絜故注云漱所以絜口演安其所食亦頤養樂之義知酳酌內尊者以下文云贊酌于戶外尊故知此夫婦酌內尊也

贊以肝從皆振祭嚌。肝皆實于菹豆 肝肝炙也飲酒宜有肴以安之 疏 贊以至菹豆○釋曰案特牲少牢獻尸以肝從尸嚌之加于菹豆與此同禮之正也主人與祝亦以肝從加於俎不加於豆者下尸故不敢同之也士虞獻尸尸以肝加於俎者喪祭故鄭云加於俎從其牲體也以喪不志於味但此云實不云加異於祭故也

卒爵皆拜贊荅拜受爵再酳如初無從三酳用巹亦如之 亦無從也 疏 卒爵至如之○注亦無從也○釋曰卒爵皆拜贊荅拜者獻主處也云再酳如初者如自贊洗爵已下至荅拜受爵也云亦無從也者三酳用巹亦如之亦自贊洗爵至受爵鄭直云亦無從用巹文承再酳之下明知事事如再酳以其初酳有從再酳如初無從三酳用巹亦無從故鄭以亦無從言之其實皆同再酳也

贊洗爵酌于戶外尊入戶西北面奠爵拜皆荅拜坐祭卒爵拜皆荅拜興 贊酌者自酢也 疏 贊洗至拜興○釋曰言皆者皆夫婦也三酳乃酌外尊自酢者皆是略賤者也既。隔合巹乃用爵不嫌相襲爵明更洗餘爵也

主人出婦復位 復尊西南面之位 疏 主人出婦復位○注復尊西南面之位○釋曰直云主人出不云處所案下文云主人說服于房矣則此時亦向東房矣云復尊西南面之位者婦人不宜出復入故因舊位而立也

乃。徹。于房中如設于室尊否 徹室中之饌設于房中爲媵御餕之

徹尊不設有外尊也疏乃徹至尊否○釋曰經云乃徹于房中如設于室雖據豆俎而言理兼於尊矣故云徹尊不設有外尊明徹中兼尊也云尊否者唯尊不設于房中而言也知爲媵御餕之者下文云媵餕主人之餘已下是也

主人說服于房媵受婦說服于室御受。姆授巾巾所以自絜清今文說皆作稅疏主人至授巾○釋曰自此至呼則聞論夫婦寢息及媵御餕之事也云主人說服于房媵受婦說服于室御受者與沃盥文同亦是交接有漸之義也疊今文爲稅不從者稅是追服之言非脫去之義故不從也

御衽于奧媵衽良席在東皆有枕北止。衽臥席也婦人稱夫曰良孟子曰將見良人之所之止足也古文止作趾疏御衽至北止○注衽臥至作趾○釋曰衽于奧主于婦席使御布婦席使媵布夫席此亦示交接有漸之義也云衽臥席也者案曲禮云請席何鄉請衽何趾鄭云坐問鄉臥問趾因於陰陽彼衽稱趾明衽臥席也若然前布同牢席夫在西婦在東今乃夫在東婦在西易處者前者示有陰陽交會有漸故男西女東今取陽往就陰故男女各於其方也云孟子者案孟子離婁篇云齊人有一妻一妾而處室者其良人出則必厭酒肉而後反其妻問所與飲食者則盡富貴者其妻告其妾曰良人出則厭酒肉而後反問所與飲食者則盡富貴者也而未嘗有顯者來吾將瞯良人之所之注云瞯視也彼瞯爲視亦得爲見故鄭此注爲見也引之者證婦人稱夫爲良人之義也云古文止作趾者雖疊古文趾爲足亦一義也

主人入親說婦之纓入者從房還入室也婦人十五許嫁笄而禮之因著纓明有繫也蓋以五采爲之其制未聞疏主人至之纓○注入者至未聞○釋曰知從房還入室者夫前出說服於房今言入明從房入室也云婦人十五許嫁笄而禮之因著纓者案曲禮云女子許嫁纓又云女子許嫁笄而字鄭據此諸侯文而言但言十五許嫁則以十五爲限則自十五已上皆可許嫁也云明有繫也者纓是繫物爲之明有繫也云蓋以五采爲之者以周禮巾車職五路皆有繁纓就數鄭注纓皆用五采罽爲之此纓雖用絲爲之當用五采但無文故云蓋以疑之

也云其制未聞者此纓與男子冠纓異彼纓垂之兩傍結其條此女子纓不同於彼故云其制未聞但纓有二時不同內則云男女未冠笄者總角衿纓皆佩容臭鄭注云容臭香物也以纓佩之爲迫尊者給小使也此是幼時纓也內則又云婦事舅姑子事父母衿纓綦屨注云衿猶結也婦人有纓示繫屬也是婦人女子有二時之纓內則示有繫屬之纓即許嫁之纓與此說纓一也若然笄亦有二等案問喪親始死笄纚據男子去冠仍有笄元缺一字與婦人之笄並有安髮之笄也爵弁皮弁及六冕之笄皆是固冠冕之笄是其二也

燭出昏禮畢將臥息

媵餕主人之餘御餕婦餘贊酌外尊酳之外尊房戶外之東尊

疏 媵餕至酳之○釋曰亦陰陽交接之義云酌外尊者賤不敢與主人同酌內尊也

媵侍。于戶外呼則聞爲尊者有所徵求今文。侍作。待

疏 媵待至則聞○釋曰不使御待于戶外供承夫婦者以女爲主故使媵待于戶外也

夙興婦沐浴纚笄宵衣以俟見夙早也昏明日之晨興起也俟待也待見於舅姑寢門之外古者命士以上年十五父子異宮

疏 夙興至俟見○釋曰自此至授人論婦見舅姑之事云纚笄宵衣者此則特牲主婦宵衣也不著純衣纁袡者彼嫁時之盛服今已成昏之後不可使服故退從此服也○注夙早至異宮○釋曰言昏明日之晨者以昨日昏時成禮此經言夙興故知是昏之晨旦也云興起也俟待也待見於舅姑寢門之外者因訓即解之也云古者命士以上年十五父子異宮者案內則云由命士以上父子異宮不云年限今鄭知十五爲限者以其十五成童是以鄭注喪服亦云子幼謂年十五以下則不隨母嫁故幼十五以後乃異宮也鄭言此限者欲見不命之士父子同宮雖俟見不得言舅姑寢門外也

質明贊見婦于舅姑席于阼舅即席席于房外南面姑即席質平也房外房戶外之西古文舅皆作咎

疏 質明至即席○注質平至作咎○釋曰此經論設舅姑席位所在鄭知房外是房戶外之西者以其舅在阼阼當房戶之東若姑在房戶之東即當舅之北南面向之不便又見下記云父醴女而

俟迎者母南面於戶外女出於母左以母在房戶西故得女出於母左是以知此房外亦房戶外之西也婦執笲棗栗自門入升自西階進拜奠于席笲竹器而衣者其形蓋如今之筥𥫍蘆矣進拜者進東面乃拜奠之者舅尊不敢授也疏婦執至于席○釋曰此經論婦從舅寢門外入見舅之事也必見舅用棗栗見姑以腶脩者案春秋莊二十四年經書秋八月丁丑夫人姜氏入戊寅大夫宗婦覿用幣公羊傳云宗婦者何大夫之妻也覿者何見也用者何用者不宜用也見用幣非禮也然則曷用棗栗云乎腶脩云乎注云腶脩者脯也禮婦人見舅以棗栗爲贄見姑以腶脩爲贄見夫人至尊兼而用之云乎辭也棗栗取其早自謹敬腶脩取其斷斷自脩正是用棗栗腶脩之義也案雜記云婦見舅姑兄弟姑姊妹皆立于堂下西面北上是見已注云婦來爲供養也其見主於尊者兄弟以下在位是爲已見不復特見又云見諸父各就其寢注云旁尊也亦爲見時不來今此不言者文略也○注笲竹至授也○釋曰知笲竹器者以字從竹故知竹器知有衣者下記云笲緇被纁裏加于橋注云被表也笲有衣者婦見舅姑以飾爲敬是有衣也云如今之筥𥫍蘆矣者此舉漢法以況義但漢法去今久遠其狀無以可知也云進拜者進東面乃拜者謂從西階進至舅前而拜云奠之者舅尊不敢授也者案下姑奠于席不授而云舅尊不敢授者但舅直撫之而已至姑則親舉之親舉者若親授之然故於舅得云尊不敢授也舅坐撫之興荅拜婦還又拜還又拜者還於先拜處拜婦人與丈夫爲禮則俠拜疏舅坐至又拜○注還又至俠拜○釋曰云先拜處者謂前東面拜處也云婦人與丈夫爲禮則俠拜者謂若士冠冠者見母母拜受子拜送母又拜母於子尚俠拜則不徒此婦於舅而已故廣言婦人與丈夫爲禮則俠拜降階受笲腶脩升進北面拜奠于席姑坐舉以興拜授人人有司姑執笲以起荅婦拜授有司徹之舅則宰徹之疏降階至授人○釋曰此經論婦見姑之事○注人有至徹之○釋曰云人有司者凡行事者皆主人有司也知舅則使宰徹者此見下記云舅

荅拜宰徹是也贊醴婦醴當爲禮贊禮婦者以其婦道新成親厚之疏贊醴婦○注醴當至厚之○釋曰自此至於門外論舅姑堂上禮婦之事云醴當爲禮者士冠內則昬義諸文醴皆破從禮者案司儀注上於下曰禮敵者曰儐又案大行人云王禮再祼而酢之等用鬱鬯不言王鬯再祼而酢而言禮則此諸文雖用醴禮賓不得即言主人醴賓故皆從上於下曰禮解之席于戶牖閒室戶西牖東南面位疏注席于戶牖閒○室戶至面位○釋曰知義然者以其賓客位於此是以禮子禮婦禮賓客皆於此尊之故也側尊甒醴于房中婦疑立于席西疑正立自定之貌疏側尊至席西○注疑正立自定之貌○釋曰云婦疑立于席西者以其禮未至而無事故疑然自定而立以待事也若。行之閒而立則云立不得云疑立也贊者酌醴加柶面枋出房席前北面婦東面拜受贊西階上北面拜送婦又拜薦脯醢婦東面拜贊北面荅之變于丈夫始冠成人之禮疏贊者至脯醢○釋曰云面枋出房者以其贊授故面枋冠禮贊酌醴將授賓則面葉賓受醴將授子乃面枋也此婦又拜弁下經婦又拜者皆俠拜也○注婦東至之禮○釋曰云婦東面拜贊北面荅之變於丈夫始冠成人之禮者案冠禮禮子與此禮婦俱在賓位彼禮子南面受醴此則東面不同故決之彼南面者以向賓拜此東面者以舅姑在東亦面拜之也婦升席左執觶右祭脯醢以柶祭醴三降席東面坐啐醴建柶興拜贊荅拜婦又拜奠于薦東北面坐取脯降出授人于門外奠于薦東升席奠之取脯降出授人親徹且榮得禮人謂婦氏人疏婦升至門外○注奠于至氏人○釋曰鄭知奠者升席奠之者見上冠禮禮子禮賓皆云即筵奠于薦東降筵北面坐取脯明此奠時升席南面奠乃降北面取脯降出授人云親徹且榮得禮者言且兼二事何者下饗婦之俎不親。徹又自出門授人是且榮得禮下饗不親徹俎者於禮時禮訖故於後略之知人是婦氏人者以其在門外婦往授之明是婦氏之人也舅姑入于室婦盥饋饋者婦道既成成以孝養特豚合升側載無魚腊無稷並南上其他如取女禮側載者右胖載之舅俎左胖載之姑俎異尊卑並南上者舅姑共席于奧其饌各以南爲上其他。謂醬湆菹醢女謂婦也如取婦禮同牢時今文並當作併

【疏】舅姑至女禮○釋曰自此至之錯論婦饋舅姑成孝養之事云其他如取女禮者則自側載以下南上以上與取女異異者彼則有魚腊稷此則無魚腊與稷彼男東面女西面別席其醬醢菹夫則南上婦則北上今此舅姑共席東面俎及豆等皆南上是其異也○注側載至作併○釋曰豚載皆合升若成牲載一胖是。常得云側此乃載胖故云側但周人尚右故知右胖載之舅俎左胖載之姑俎是以鄭云異尊卑也云並南上者舅姑共席于奧其饌各以南爲上者決同牢男女東西相對各上其右也云其他謂醬湆菹醢者以同牢時夫婦各有此四者今以饋舅姑亦各有此四物故云如同牢時也雖不言酒既有饋明有酒在其他中酒在內者亦在北牖下外尊亦當在房戶外之東鄭不云者略耳

婦贊成祭卒食一酳無從贊成祭者授處之今文無成也

【疏】婦贊至無從○注贊成祭者授處之○釋曰贊成祭者謂授之又處置令知在於豆閒也

席于北墉下墉牆也室中北牆下

【疏】席于北墉下○釋曰此席將爲婦餕之位處也

婦徹設席前如初西上婦餕舅辭易醬婦餕者即席將餕也辭易醬者嫌淬汙

【疏】婦徹至易醬○釋曰婦徹設于席前如初西上者此直餕餘舅辭易醬者舅尊故也不餕舅餘者以舅尊嫌相褻言西上者亦以右爲上也○注婦餕至淬汙○釋曰言將者事未至以其此始言婦餕之意至下文婦餕姑之饌乃始餕耳云辭易醬者。婦嫌淬汙者以其醬乃以指咂之淬汙也

婦餕姑之饌御贊祭豆黍肺舉肺脊乃食卒姑酳之婦拜受姑拜送坐祭卒爵姑受奠之奠之奠于篚

【疏】婦餕至奠之○注奠之奠于篚○釋曰云御贊祭豆

黍肺舉肺脊者御贊婦祭之也鄭知奠之於篚者此云如取女禮取女有篚明此亦奠之于篚可知也

婦徹于房中媵御餕姑酳之雖無娣媵先於是與始飯之錯古者嫁女必姪娣從謂之媵姪兄之子娣女弟也娣尊姪卑若或無娣猶先媵容之也始飯謂舅姑錯者媵餕舅餘御餕姑餘也古文始爲姑

疏婦徹至之錯○注古者至爲姑○釋曰云古者嫁女必姪娣從謂之媵者媵有二種若諸侯有二媵外別有姪娣是以莊公十九年經書秋公子結媵陳人之婦于鄄公羊傳曰媵者何諸侯娶一國則二國往媵之以姪娣從姪者何兄之子也娣者何弟也諸侯夫人自有姪娣幷二媵各有姪娣則九女是媵與姪娣別也若大夫士無二媵即以姪娣爲媵鄭云古者嫁女必姪娣從謂之媵是據大夫士言也云姪兄之子娣女弟也娣尊姪卑者解經云雖無娣媵先之義以其若有娣乃先媵即姪也云猶先媵容之也者對御是夫之從者爲後若然姪與娣俱名媵今言雖無娣媵先似娣不名媵者但姪娣俱是媵今去娣外唯有姪姪言媵先以對御爲先非對娣也稱媵以其姪娣俱是媵也云始飯謂舅姑者舅姑始飯如今媵餕舅餘御餕姑餘是交錯之義若媵御沃盥交也舅姑爲飯始不爲餕始俗本云與始餕之錯者誤也

舅姑共饗婦以一獻之禮

舅洗于南洗姑洗于北洗奠酬以酒食勞人曰饗南洗在庭北洗在北堂設兩洗者獻酬酢以絜清爲敬奠酬者明正禮成不復舉凡酬酒皆奠於薦左不舉其燕則更使人舉爵

疏舅姑至奠酬○注以酒至舉爵○釋曰自此至歸俎于婦氏人論饗婦之事此饗與上盥饋同日爲之知者見昏義曰舅姑入室婦以特豚饋明婦順也厥明舅姑共饗婦鄭彼注云昏禮不言厥明此言之者容大夫以上禮多或異日故知此士同日可也此與上事相因亦於舅姑寢堂之上與禮婦同在客位也云共饗婦以一獻之禮者案下記云饗婦姑薦焉注云舅姑共饗婦舅獻姑薦脯醢但薦脯醢無盥洗之事今設此洗爲婦人不下堂也云姑洗於北洗洗者洗爵則是舅獻姑酬共成一獻仍無妨姑薦脯醢也云凡酬酒皆奠於薦左不舉者此經直云奠酬不

言處所故云凡通鄉飲酒鄉射燕禮之等云燕則更使人舉爵者案燕禮獻酬訖別有人舉旅行酬是也饗亦用醴酒知者以下記云庶婦使人醮之注云使
人醮之不饗也酒不酬酢曰醮亦有脯醢適婦酌之以醴尊之庶婦酌之以酒卑之是也若然知記非醴婦者以記云庶婦使人醮之明適婦親之案上醴婦
雖適使贊者親明記醮庶婦使人當饗節也

舅姑先降自西階婦降自阼階授之室使爲主明代己

疏舅姑自阼階○注授之至代己○釋曰案曲禮云子事父母升降不由阼階是主人尊者之處今舅姑降自西階婦降自阼階是授婦以室之事也云授之室昏義文也

歸婦俎于婦氏人言俎則饗禮有牲矣婦氏人丈夫送婦者使有司歸以婦俎當以反命於女之父母明。其。得禮

疏歸婦俎于婦氏人○注言俎至得禮○釋曰案雜記云大饗卷三牲之俎歸于賓館是賓所當得也饗時設几而不倚爵盈而不飲肴乾而不食故歸俎此饗婦婦亦不食故。歸也經雖不言牲既言俎俎所以盛肉故知有牲此婦氏人即上婦所授脯者也故上注引此婦氏人證所授人爲一也

舅饗送者以一獻之禮酬以束錦送者女家有司也爵至酬賓又從之以束錦所以相厚古文錦皆。爲帛

疏舅饗至束錦○注送者至作帛○釋曰此一獻與饗婦一獻同禮則異彼兼有姑此依常饗賓客法知送者是女家有司者故左氏傳云齊侯送姜氏非禮也凡公女嫁于敵國姊妹則上卿送之以禮於先君公子則下卿送之於大國雖公子亦上卿送之於天子則諸卿皆行公不自送於小國則上大夫送之以此而言則尊無送卑之法則大夫亦遣臣送之士無臣故知有司送之也云古文錦皆爲帛者此及下文錦皆爲帛不從古文者禮有玉錦非獨此文則禮有贈錦之事故不從古文也

姑饗婦人送者酬以束錦婦人送者隸子弟之妻妾凡饗速之

疏姑饗至束錦○注婦人至速之○釋曰左氏傳云士有隸子弟士卑無臣自以其子弟爲僕隸并己之子弟之妻妾但尊無送卑故知婦人送者是隸子弟之妻妾也云凡饗速之者案聘禮饗食速賓則知此舅姑饗送者亦速之也凡速者皆就館。召之

是以下云若異邦則贈丈夫送者以束錦鄭云就賓館則賓自有館若然婦人送者亦當有館男子則主人親速其婦送者不親速以其婦人迎客不出門當别遣人速之

若異邦則贈丈夫送者以束錦

贈送也就賓館

疏若異至束錦○注贈送也就賓館○釋曰案莊二十七年冬莒慶來迎叔姬公羊傳曰大夫越竟逆女非禮也鄭注喪服亦云古者大夫不外娶今言異邦得外娶者以大夫尊外娶則外交故不許士卑不嫌容有外娶法故有異邦送客也鄭知就館者贈賄之等皆就館故知此亦就館也

儀禮疏卷第五

儀禮注疏卷五校勘記

阮元撰盧宣旬摘錄

女次純衣纁袡

則此亦玄矣　徐本集釋同毛本通解此下有衣字與疏合

子男夫人自闕而下　毛本闕下有翟字

故見絲體也　見陳閩俱作是

姆纚笄

纚縚髮　陸氏云縚本又作弢聶氏髮下有纚也二字

須有傳命者之義也　毛本義作事陳本誤作美

淫辟出無子出不事舅姑出惡疾出多舌出盜竊出　毛本作淫出妬出無子出惡疾出多言出竊盜出非也

喪婦長女不娶　毛本婦作父

棄于天也　陳閩同毛本天作夭非也

亂家不娶　毛本不上有女字

故無子出能以婦道教人者以爲姆聶氏無上有取字出上有而字出下有故不復嫁三字者下有留字

既教女既下聶氏有使字

姆所異于女者聶氏要義同毛本所下有以字

舉漢爲況義也舉陳閩俱作法非也

女從者

詩云諸娣從之徐本集釋同毛本通解無云字

引之證姪之義也毛本姪上有娣字

則大夫以下刺之浦鏜云上誤下

中衣有黼領服則無之陳本要義同毛本領下有上字閩本上服二字擠入

則常服有之非假也要義同毛本假作被

主人揖入

父迎出大門之事也浦鏜云父迎當婦從之誤

今婦既送陳本要義同毛本送作從是也

婦乘以几姆加景 景通典作幜非也古無幜字

行車輪三周 集釋無車字

今文景作憬也 浦鏜云憬釋文同疑幜字之誤○按从心者是从巾者後人改說非

直云制如明衣 浦鏜云直上當脫不字○按此句當連下此嫁時尚飾不用布讀之明衣必用布景則但制如明衣耳不用布也浦說非

婦至○媵布席于奧 張氏云案釋文云媵席中無布字

宛然左辟 毛本然誤作若

謂女從者也 要義同毛本也下有者字按者當有

贊者徹尊冪○出除鼏 鼏通解敖氏俱作冪浦鏜云衞氏湜云鼏當作冪今作鼏字後人更易也○按此冪乃鼏冪也

謂肩臂臑肫胳脊脅之等 要義同毛本謂作爲臑作臕

匕者逆退 匕釋文作朼引劉云匕器名朼者朼載也張氏云陸氏詳論之所以辨時本之誤也其後士喪禮乃朼載又云匕者士虞禮朼者特牲饋食乃朼有司朼羊朼豕魚字皆从木至少牢饋食長朼古文作匕鄭氏亦改爲朼

葅醢在其南

醯食乃將入　醯要義作臨

又生人食公食大夫是也　毛本生誤作主

贊爾黍授肺脊

故此昏禮從特牲祭祀法　要義同毛本無法字

彼九飯禮成　浦鏜云盛誤成

謂啜湆肺呞醬者　毛本謂下有用口二字湆下有用指二字無肺字○按肺衍字

贊洗爵

漱所以潔口　潔徐本集釋俱作絜按凡潔字嚴徐鍾本並作絜是正字他本錯出後不悉校

籑皆荅拜　按籑後經皆作䉵䉵字五經文字不載至九經字樣始有之實則說文之籑也从食算聲論語先生饌鄭作餕蓋饌即籑之或字籑又與餕通故鄭氏讀饌為餕也然則儀禮䉵字皆當作籑明矣幸有此句未誤猶得據以考正

贊以肝從○嚌肝　張氏云案釋文云齊才計反齊嚌古通用此從口者後人加之爾○按毛本釋文仍作嚌

贊洗爵酌于戶外尊　戴震云據前尊于室中北墉下是為內尊尊于房戶之東是為外尊注止偁內尊外尊此處疏云乃酌外尊亦無戶字

既隔合巹乃用爵　毛本既下無隔字

乃徹于房中　乃徹釋文作迺撤

主人說服于房○婦說服于室御授　授唐石經徐本集釋通解楊敖俱作受

御衽于奧

將見良人之所之　見徐本集釋敖氏俱作見與疏合釋文作覸云今本亦作見臧琳云賈本作將見故後人校釋文云今本亦作見乃注疏本反作覸此又近人依釋文改也祭義見以蕭光見閒以俠甒見及見閒皆爲覸字之誤儀禮注當從釋文作覸賈疏作見非也

吾將瞯良人之所之　瞯毛本作覸下同

主人入

鄭據此諸侯文而言　陳本要義俱誤作諸侯毛本諸侯作許嫁是也

媵侍于戶外　標經起止云媵待至則聞疏中兩待字亦俱作待按此則注當云今文待作侍

婦執笲棗栗

其形蓋如今之筥簾籚矣　徐本釋文集釋敖氏嚴鍾通解同毛本簾作筊按說文凵盧飯器凵或从竹去聲

今以遠　毛本以作巳按以已古多通用

其狀無以可知也　要義同毛本無以可作已無可陳閩俱作無已可

降階受笄腶脩　腶唐石經作服釋文作段段玉裁云本又作腶瞿中溶云石本原作段朱梁重刻譌作腶陸本作段正與石本原刻同

若行之閑而立　毛本行下有禮字

婦升席

不親徹　毛本徹下有此親徹二字

特豚合升

其他謂醬湆菹醢　毛本謂誤作爲

是常得云側　常下浦鏜云疑脫法不二字

婦徹設席前如初

嫌淬汙　陸氏云淬本或作染

婦嫌淬汙者　案注無婦字此誤衍也

婦徹于房中

容之也　要義徐本楊氏同毛本容作客疏內容之也者容亦作客

娣者何弟也要義同毛本何下有女字

舅姑先降自西階

注授之至代己陳閩同毛本授作受

是主人尊者之處要義同毛本是上有阼階二字之上有升降二字

歸婦俎于婦氏人

明其得禮通解作明得其禮要義作明所得禮按疏云三牲是賓所當得則作所字爲是鄉射注云還設薦俎就乏明己所得禮也亦是此意

故歸也要義同毛本歸下有之字

舅饗送者以一獻之禮

古文錦皆爲帛徐本集釋敖氏同通解毛本爲作作按疏中標目是作字疊注是爲字必有一誤

姑饗婦人送者

皆就館召之陳本要義同毛本召作速

儀禮注疏卷五校勘記

儀禮疏卷第六

唐朝散大夫行大學博士弘文館學士臣賈公彥等撰

若舅姑既沒則婦入三月乃奠菜沒終也奠菜者以篚祭菜也蓋用菫疏若舅至奠菜○釋曰自此至饗禮論舅姑沒三月廟見之事必三月者三月一時天氣變婦道可以成之故也此言舅姑既沒者若舅沒姑存則當時見姑三月亦廟見舅若舅存姑沒婦人無廟可見或更有繼姑自然如常禮也案曾子問云三月而廟見稱來婦也擇日而祭於禰成婦之義也鄭云謂舅姑沒者也必祭成婦義者婦有供養之禮猶舅姑存時盥饋特豚於室此言奠菜即彼祭於禰一也奠菜亦得稱祭者若學記云皮弁祭菜之類也○注沒終至用菫○釋曰此注云奠菜者以篚案下云婦執笲菜篚即笲一也鄭知菜蓋用菫者舅姑存時用棗栗服脩義取早起肅栗治自脩則此亦取謹敬因內則有菫荁枌榆供養是以疑用菫故云蓋也腶

席于廟奧東面右几席于北方南面廟考妣之廟北方墉下疏注廟考至墉下○釋曰案周禮司几筵云每敦一几鄭注云周禮雖合葬及時同在殯皆異几體實不同祭於廟同几精氣合又祭統云設同几同几卽同席此卽祭於廟中而別席者此既廟見若生時見舅姑舅姑別席異面是以今亦異席別面象生不與常祭同也鄭知廟考妣廟者曾子問云擇日而見於禰又象生時見舅姑故知考妣廟也祝盥婦盥于門外婦執笲菜祝帥婦以入祝告稱婦之姓曰某氏來婦敢奠嘉菜于皇舅某子帥道也入入室也某氏者齊女則曰姜氏魯女則曰姬氏來婦言來爲婦嘉美也皇君也疏釋曰洗在門外祝與婦就而盥之者此亦異於常祭象生見舅姑在外沐浴乃入舅姑之寢故洗在門外也云祝帥婦以入者象特牲陰厭祝先主人入室也云某子者言若張子李子也婦拜扱地坐奠

菜于几東席上還又拜如初扱地手至地也婦人扱地猶男子稽首

疏注扱地至稽首○釋曰云扱地手至地者以手。之至地謂之扱地則首不至手又與男子空首不同云婦人扱地猶男子稽首者婦人肅拜爲正今云扱地則婦人之重拜也猶男子之稽首亦拜中之重故以相況也案周禮大祝辨九拜一曰稽首二曰頓首三曰空首四曰振動五曰吉拜六曰凶拜七曰奇拜八曰褒拜九曰肅拜鄭云稽首拜頭至地也頓首拜頭叩地也空首拜頭至手所謂拜手也吉拜拜而後稽顙謂齊衰不杖以下者言吉者此殷之凶拜周以其與頓首相近故謂之吉拜云凶拜稽顙而後拜謂三年服者振動謂戰栗變動之拜鄭大夫云奇拜謂一拜也褒讀爲報報拜再拜是也鄭玄謂一拜荅臣下拜再拜拜神與尸鄭司農云肅拜但俯下手今時撎是也但九拜之中四者是正拜卽稽首頓首空首肅拜是也稽首拜中之重是臣拜君之拜也頓首平敵相與之拜故左氏傳齊侯拜魯侯爲稽首魯君荅以頓首齊於魯責稽首荅曰天子在無所稽首是臣於君以稽首故燕禮臣與君皆云稽首也空首者君荅臣下拜也肅拜者婦人以肅拜爲正若以男子於軍中亦肅拜故左氏傳晉郤至云敢肅使者是也餘五者皆依於正拜振拜鄭云書曰王動色變者是武王觀兵白魚入王舟王動色變武王於時拜天神爲此拜當稽首也奇拜既爲一拜是君荅臣下之拜當以附空首也褒拜爲尸及神亦當附稽首也其吉拜先吉拜爲頓首後稽顙則吉拜當附頓首也凶拜爲先稽顙後吉拜之此周之三年之喪拜後爲吉拜當附稽首也左氏傳穆嬴抱太子適趙氏頓首於宣子者私求法故不爲肅拜喪小記云婦人爲夫與長子稽顙者爲重喪故亦不肅拜也

婦降堂取笲菜入祝曰某氏來婦敢告于皇姑某氏奠菜于席如初禮降堂階上也室事交乎戶今降堂者敬也於姑言敢告舅尊於姑

疏婦降至初禮○釋曰此爲來婦奠於姑設於北坐之前以見姑也○注降堂至於姑○釋曰不直云降而云降堂者則在階上故云降堂階上也云室事交乎戶今降堂者敬也者室事交乎戶禮器文彼子路與季氏之祭云室事交

乎戶堂事交乎階今此既是室之事當交於戶今乃交於階故言敬也云於姑言敢告舅尊於姑者上文於舅言敢奠嘉菜不言告是舅尊於姑故言告是姑卑也

婦出祝闔牖戶凡廟無事則閉之

疏注凡廟無事則閉之○釋曰先言牖後言戶者先闔牖後閉戶故爲文然也以其祭訖則闔牖戶明是無事則閉之以其鬼神尙幽闇故也

老醴婦于房中南面如舅姑醴婦之禮因於廟見禮之

疏釋曰舅姑生時見訖舅姑使贊醴婦於寢之戶牖之閒今舅姑沒者使老醴婦於廟之房中其禮則同使老及處所則別也○注因於廟見禮之○釋曰象舅姑生時因見禮之故此亦因廟見禮之也

壻饗婦送者丈夫婦人如舅姑饗禮

疏釋曰舅姑存舅姑自饗送者如上文今舅姑沒故壻兼饗丈夫婦人如舅姑饗禮并有贈錦之等

記士昏禮凡行事必用昏昕受諸禰廟辭無不腆無辱用昕使者用昏壻也腆善也賓不稱幣不善主人不謝來辱

疏記士昏至無辱○釋曰凡言記者皆經不備者也○注用昕至來辱○釋曰云用昕使者謂男氏使向女家納采問名納吉納徵請期五者皆用昕昕即明之始君子舉事尙早故用朝旦也云用昏壻也者謂親迎時也知辭無不腆者郊特牲云告之以直信信事人也信婦德也注云此二者所以教婦正直信也是賓納徵之時不得謙虛爲辭也云主人不謝來辱者此亦是不爲謙虛教女正直之義也

摯不用死皮帛必可制摯鴈也皮帛儷皮束帛也

疏釋曰云摯不用死者凡摯亦有用死者是以尙書元缺起卷首止此云三帛二牲一死摯卽士摯雉今此亦是士禮恐用死鴈故云不用死也云皮帛必可制者可制爲衣物此亦是教婦以誠信之義也

腊必用鮮魚用鮒必殽全殽全者不餒敗不剝傷

疏腊必至殽全○注殽全至剝傷○釋曰腊用鮮者義取夫婦日新之義云魚用鮒者義取夫婦相依附者也云殽必全者義取夫婦全節無虧之理此並據同牢時也

女子許嫁笄而醴之稱字許嫁已受納徵禮也笄女之禮猶冠

男也使主婦女賓執其禮疏女子至稱字○釋曰女子許嫁謂年十五已上至十九已下案曲禮女子許嫁纓有笄兼有纓示有繫屬此不言纓文不具也云醴之稱字者猶男于冠醴之稱字同是以禮記喪服小記云丈夫冠而不為殤婦人笄而不為殤是其義同也○注許嫁至其禮○釋曰知許嫁已受納徵禮也者以納采問名納吉三禮雖使者往來未成交親故曲禮云非受幣不交不親鄭據納徵唯未行請期親迎也二者要待女二十為之云笄女之禮猶冠男也使主婦女賓執其禮者案雜記云女雖未許嫁年二十而笄禮之婦人執其禮鄭注云言婦人執其禮明非許嫁之笄彼以非許嫁笄輕故無主婦女賓使婦人而已明許嫁笄當使主婦對女賓執其禮其儀如冠男也又許嫁者用醴禮之不許嫁者當用酒醮之敬其早得禮也

祖廟未毀教于公宮三月若祖廟已毀則教子宗室

祖庿女高祖為君者之庿也以有緦麻之親就尊者之宮教以婦德婦言婦容婦功宗室大宗之家疏祖庿至宗室○注祖庿至之家○釋曰此謂諸侯同族之女將嫁之前教成之法經直云祖庿鄭知女高祖為君者之廟也以有緦麻之親者以其諸侯立五廟大祖之廟不毀親廟四以次毀之經云未毀與已毀是據高祖之廟而言故云祖廟女高祖為君者之廟也共承高祖是四世緦麻之親若三世共曾祖曾祖小功之親若共祖大功之親若共禰廟是齊衰之親則皆教於公宮今直言緦麻者舉最疏而言親者自然教於公宮可知也云教以婦德婦言婦容婦功者昏義文鄭彼注云婦德貞順也婦言辭令也婦容婉娩也婦功絲麻也云宗室大宗之家者案喪服小記繼別為宗謂別子之世適長子族人來宗事之者謂之宗者收族者也高祖之廟既毀與君絕服者則皆於大宗之家教之又小宗有四或繼祖或繼禰或繼曾祖或繼高祖此等至五代皆遷不就之教者小宗卑故也

問名主人受鴈還西面對賓受命乃降

受鴈于兩楹閒南面還于阼階上對賓以女名疏問名至乃降○注受鴈至女名○釋曰此亦記經不具者案經直云問名如納采之禮納采禮中無主人西面對辜故記之也知受鴈於兩楹閒南面者

納采時賓當阿東面致命主人阼階上北面再拜又云授于楹閒南面問名如納采之禮故亦楹閒南面授鴈於彼唯不云西面故記之也云還于阼階上對賓以女名者此卽西面對與拜時北面異處也祭醴始扱壹祭又扱再祭賓右取脯左奉之乃歸執以反命反命謂使者問名納吉納徵請期還報於壻父疏祭醴至反命○釋曰云祭醴者謂贊醴婦之時禮成於三其爲三祭之時始祭醴云初故始扱壹祭後祭醴又扱爲再祭也云賓右取脯左奉之乃歸者經直云降筵北面坐取脯不言用左右手故記之也云右取脯左奉之者謂先用右手取得脯乃用左手兼奉之以降授從者於西階下乃歸執以反命○注反命至壻父○釋曰知反命是此問名納吉納徵請期者以下云凡使者歸反命曰某既得將事矣敢以禮告言凡非一則知四者皆有反命也以納與問名同使親迎又無使者故據此四者而言也采納徵執皮攝之內文兼執足左首隨入西上參分庭一在南攝猶辟也兼執足者左手執前兩足右手執後兩足左首象生曲禮曰執禽者左首隨入爲門中阸狹西上中庭位併疏納徵至在南○釋曰案經直云納徵玄纁束帛儷皮如納吉禮則授幣得如授鴈之禮至於庭實之皮無可相如故記之○注攝猶至位併○釋曰執皮者相隨而入至庭北面皆以西爲左一手執兩足毛在內故云內文云左首象生者案聘禮執皮者皆左首此亦執皮而左首故云象生與執禽者同故引曲禮執禽者左首爲證必象生者取婦人生息之義云隨入爲門中阸狹者皮皆横執之案匠人云廟門容大扃七个注云大扃牛鼎之扃長三尺每扃爲一个七个二丈一尺彼天子廟門此士之廟門降殺甚小故云門中阸狹故隨入得並也云西上中庭位併者俱北面西上也賓致命釋外足見文主人受幣士受皮者自東出于後自左受遂坐攝皮逆退適東壁賓致命主人受幣庭實所用爲節士謂若中士下士不命者以主人爲官長自由也疏賓致至東壁○釋曰此亦爲經不見主人之士受皮之事

故記之也云釋外足者據人北面以足向上執之足遠身爲外○受之則文見故釋外足見文也云士受皮者取皮自東方出于後者謂自東方出於執皮者之後至於左北面受之故云自左受也云逆退者二人相隨自東而西今以後者先向東行故云逆退也○注賓致至由也○釋曰云賓致命主人受幣庭實所用爲節者以其上經納徵授幣如納吉之禮其目已具今言之者爲執皮者釋外足見文及士受皮時節不見故云賓堂上致命時庭中執皮者釋外足見文主人堂上受幣時主人之士於堂下受取皮是其庭實所用爲節也云士謂若中士下士不命者但諸侯之士國皆二十七人依周禮典命侯伯之士一命子男之士不命命與不命國皆分爲三等上九中九下九案周禮三百六十官皆有官長其下皆有屬官但天子之士上士三命中士再命下士一命與諸侯之士異若諸侯上中下士同命今言士謂若中士下士不命者據上士爲官長者若主人是中士則士是下士若主人是下士則士是不命之士府史之等此不命與子男之士不命者別彼雖不得君爵策之命仍得人君口命爲士此則不得君命是官長自辟除者也案既夕宰舉幣是士之府史則庭實胥徒爲之云自由也者謂由執皮者之左受之也

父醴女而俟迎者母南面于房外

女既次純衣父醴之于房中南面蓋母薦焉重昏禮也女奠爵于薦東立于位而俟壻壻至父出使擯者請事母出南面房外示親授壻且當戒女也

疏父醴至房外○注女既至女也○釋曰此亦前經不具故記之云女既次純衣父醴之于房中南面者見於上文云蓋母薦焉者舅姑共饗婦姑薦脯醢故知父母醴女亦母薦脯醢重昏禮故母薦也云女奠爵于薦東立于位而俟壻者案士冠禮子與醮子及此篇禮賓禮婦皆奠爵于薦東明此亦奠薦東也云壻至父出使擯者請事者見于上文云母出南面房外示親授壻且當戒女也者並參下文而言也

女出于母左父西面戒之必有正焉若衣若笄母戒諸西階上不降

必有正焉者以託戒使不忘

疏女出至不降○釋曰此記亦經不具以母出房戶之西南面女出房西行故云出于母左父在

阼階上西面故因而戒之云母戒諸西階上者母初立房西女出房母行至西階上乃戒之也○注必有至不忘○釋曰云託戒使不忘者謂託衣笄恆在身而不忘持戒亦然故戒使不忘也下文父母及庶母重行戒者並與此文相續成也此士禮父母不降送案桓公三年經書九月齊侯送姜氏于讙穀梁傳曰禮送女父不下堂母不出祭門祭門則廟門言不出廟門則似得下堂者彼諸侯禮與此異以其大夫諸侯天子各尊昏禮故不同也

婦乘以几

從者二人坐持几相對持几者重慎之

疏婦乘以几○注持几者重慎之○釋曰上經雖云婦乘以几不見從者二人持之故記之也此几謂將上車時而登若王后則履石大夫諸侯亦應有物履之但無文以言今人猶用臺是石几之類也

婦入寢門贊者徹尊冪。

酌玄酒三屬于尊棄餘水于堂下階閒加勺屬注也玄酒涚水貴新昏禮又貴新故事至乃取之三注于尊中

疏婦入至加勺○釋曰經中唯置酒尊不見徹冪以下事故記之○注屬注至尊中○釋曰經云酌玄酒三注於尊謂於外器中酌取此涚水三度注於玄酒尊中禮成於三故三注之也云玄酒涚水貴新者案郊特牲云明水涚齊貴新也又云凡涚新之也是禮有貴新也今昏禮事至乃取之故云貴新也若然禮有玄酒涚水明水三者各逐事物生名玄酒據色而言涚水據新取爲號其實一也以上古無酒用水爲酒後代雖有酒用之配尊不忘本故也明水者案周禮秋官司烜氏云以陰鑒取明水於月郊特牲云其謂之明水也由主人之絜著此水也注云著猶成也言主人齊絜此水乃成可得也配尊之酒。三。酒加玄酒鬱鬯與五齊皆用明水配之郊特牲云五齊加明水三酒加玄酒不言鬱鬯者記人文略也相對玄酒與明水別通而言之明水亦名玄酒故禮運云玄酒在室彼配鬱鬯五齊是明水名爲玄酒也以其俱是水故通言水也若天子諸侯祭祀得鬱鬯與五齊三酒並用卿大夫士祭直用三酒與玄酒無五齊與鬱鬯又明水若生人相禮不忘本亦得用以其用醴醴則五齊之中醴齊之類也

笄緇被纁裏加于橋舅荅拜宰徹笄

被表也笄有。衣者婦見舅姑以飾爲敬橋所以庪笄其制未聞今文橋爲鎬疏笄縚至徹笄○釋曰上經雖云笄不言表裏加飾之事故記之也婦
席薦饌于房醴婦饗婦之席薦也疏婦席薦饌于房○注醴婦至薦也○釋曰此亦於經不見故記之但醴婦時唯席與薦無俎其饗婦。非直
有席薦并有俎俎則不饌于房從鼎升于俎入設于席前今據醴婦時同有席與薦饌于房中者而言也饗婦姑薦焉舅姑共饗婦舅獻爵姑薦
脯醢疏饗婦姑薦焉○釋曰經直言舅姑共饗婦以一獻之禮時同。自。明不言姑薦故記之也婦洗在北堂直室東隅篚在
東北面盥洗在北堂所謂北洗北堂房中半以北洗南北直室東隅東西直房戶與隅閒疏婦洗至面盥○釋曰經唯言北洗不言洗處及篚故
記之也○注洗在至隅閒○釋曰房與室相連爲之房無北壁故得北堂之名故云洗在北堂也云所謂北洗者。所。謂。經。中北洗也云北堂。房半以北者以其
南堂是戶外半以南得堂名則堂是戶外之稱則知此房半以北得堂名也知房無北戶者見上文云尊于房戶之東房有南戶矣燕禮大射皆云羞膳者升
自北階立于房中不言入房是無北壁而無戶是以得設洗直室東隅也云洗南北直室東隅者是南北節也云東西直房戶與隅閒者是東西節也婦
酢舅更爵自薦更爵男女不相因也疏婦酢舅更爵自薦○釋曰謂舅姑饗婦。獻。時。舅姑薦今婦酢舅婦自薦之嫌別人薦故記之也不
敢辭洗舅降則辟于房不敢拜洗不敢與尊者爲禮疏不敢至拜洗○釋曰此事當在婦酢舅之上退之在下者欲見
酬酒洗時亦不辭故也此對士冠鄉飲酒之等主與賓爲禮皆辭洗此則不敢也此事於經不見故記之也凡婦人相饗無降姑饗婦人
送者于房無降者以北洗篚在上疏凡婦人相饗無降○注姑饗至在上○釋曰本設北洗爲婦人有事不下堂今以北洗及篚在上故不降經不言故
記之也言凡者欲見舅姑共饗婦及姑饗婦人送者皆然故言凡也婦入三月然後祭行入夫之室三月之後於祭乃行謂助祭也疏

婦入至祭行○注入夫至祭也○釋曰此據舅在無姑或舅沒姑老者若舅在無姑三月不須廟見則助祭案內則云舅沒則姑老者謂姑六十亦傳家事任長婦長婦入三月廟見祭菜之後亦得助夫祭故鄭云謂助祭也此亦謂適婦其庶婦無此事亦以經不見故記之也

庶婦則使人醮之婦不饋庶婦庶子之婦也使人醮之不饗也酒不酬酢曰醮亦有脯醢適婦酌之以醴尊之庶婦酌之以酒卑之其儀則同不饋者共養統於適也

疏庶婦至不饋○注庶婦至適也○釋曰不饗者以適婦不醮而有饗今使人醮之以醮替饗故使人醮之不饗也云酒不酬酢曰醮者亦如庶子醮然知亦有脯醢者以其饗婦及醮子皆有脯醢故知亦有脯醢也云其儀則同者適婦用醴於客位東面拜受醴贊者北面拜送今庶婦雖於房外之西亦東面拜受醮者亦北面拜送故云其儀則同也云不饋者共養統於適也者謂不盥饋特豚以其共養統于適婦也

昏辭曰吾子有惠貺室某也昏辭擯者請事告之辭吾子謂女父也稱有惠明下達貺賜也室猶妻也子謂公冶長可妻也某壻名

疏昏辭至某也○注昏辭至壻名○釋曰鄭知昏辭是擯者請事告之辭者以其言吾子有惠貺室某也是使告主人之辭明知是擯者出門請事使者告之辭也知吾子謂女父者請事告擯者稱前已有惠貺其妻於壻某申明是女父乃得以女許人故知吾子女父也云明下達者此擯者稱有惠貺室即壻家舊已有辭下達女家見許今得言貺室也故引上文下達以釋此也引子謂公冶長可妻也者證以女許人稱貺室室猶妻也

某有先人之禮使某也請納采某壻父名也某也使名也

疏某有至納采○注某壻至名也○釋曰此亦是使者門外通連上語告擯者之辭也以其使者稱向主人擯者故知上某是壻父下某是使者名也

對曰某之子惷愚又弗能教吾子命之某不敢辭對曰者擯出納賓之辭某女父名也吾子謂使者今文弁爲不無能字

疏對曰至敢辭○注對曰至能字○釋曰鄭知對曰者擯出納賓之辭者以其上文賓告擯者辭下經致命主人明此是中閒擯者出

領賓告者辭下經致語入告主人擯者又領主人此語以告使者知也致命曰敢納采問名曰某既受命將加諸
卜敢請女爲誰氏某使者名也誰氏者謙也不必其主人之女疏致命曰敢納采○釋曰此使者升堂致命於主人辭○若然亦當有主
人對辭如納徵致命主人對辭不言之者文不具也問名賓在門外請問名主人許無辭者納采問名同使前已相親於納采許昏訖故於問名略不言主人
所傳辭也是以於此亢見賓升堂致命主人之辭也自此已下有納吉納徵請期之等皆有門外賓與擯者傳辭及升堂致命主人對或理有不須而言或理
須辭而文不具以情商度義可皆知也○注某使至之女○釋曰知某使者名也者以使者對主人稱某既受命明是使者之名也云誰氏者謙也者以其下
達乃納采則知女之姓矣今乃更問主人女爲誰氏者恐非主人之女假外人之女收養之是謙不敢必其主人之女也其本云問名而云誰氏者婦人不以
名行明本不問女之三月名此名即姓號之名若尚書孔注云虞氏舜名舜爲謚號猶爲名解之明氏姓亦得爲名若然本問名上氏姓故云誰氏也對
曰吾子有命且以備數而擇之某不敢辭卒曰某氏不記之者明爲主人之女疏對曰至敢辭○釋曰云吾子有
命者正謂行納采問名使者將命來是已有命來擇卽是且以備數而擇之也○注卒曰至之女○釋曰云卒曰某氏者主人終卒對客之辭當云某氏對使
也云不記之者明爲主人之女者若是他女當稱女氏以荅今不言之者明是主人之女容舊知之故不對是以云明爲主人之女也
事故至於某之室某有先人之禮請醴從者言從者謙不敢斥也今文於爲于對曰某既得將
事矣敢辭將行先人之禮敢固以請主人辭固如故某辭不得命敢不從也賓辭也不得命者不得。許
己之命納吉曰吾子有貺命某加諸卜占曰吉使某也敢告貺賜也賜命謂許以女名也某壻父名

疏注貺賜至父名○釋曰知某是壻父名者以其云命某加諸卜是壻父卜故知某是壻父名對曰某之子不教唯恐弗堪子有吉我與在某不敢辭與猶兼也古文與爲豫疏對曰至敢辭○注與猶兼也○釋曰云我與在以其夫婦一體夫既得吉婦吉可知故云我兼在占吉中也納徵曰吾子有嘉命貺室某也某有先人之禮儷皮束帛使某也請納徵致命曰某敢納徵對曰吾子順先典貺某重禮某不敢辭敢不承命典常也法也疏納徵至承命○釋曰吾子有命以下至請納徵是門外向擯者辭也云致命曰某敢納徵者是所升堂致命辭也云對曰者是堂上主人對辭也請期曰吾子有賜命某既申受命矣惟是三族之不虞使某也請吉日三族謂父昆弟己昆弟子昆弟虞度也不億度謂卒有死喪此三族者己及子皆爲服期期服則踰年欲及今之吉也雜記曰大功之末可以冠子嫁子疏請期至吉日○釋曰云某既申受命矣者申重也謂前納采已後每度重受主人之命也云惟是三族之不虞使某也請吉日者今將成昏須及吉時但吉凶不相干若值凶不得行吉禮故云惟是三族死生不可億度之事若值死時則不得娶及今吉時使某請吉日以成昏禮也○注三族至嫁子○釋曰鄭知三族是父己子三者之昆弟者若大功之喪服內不廢成禮若期親內則廢故舉合廢者而言以其父昆弟則伯叔及伯叔母己昆弟則己之親兄弟子昆弟則己之適子庶子者皆己之齊衰期服之內親故三族據三者之昆弟也引雜記者見大功小功小功之末既葬則可以嫁子娶妻經曰三族不據之矣今據父之昆弟期於子小功不得與子娶妻若於子期於父小功亦不得娶妻知今皆據壻之父而言若然己父昆弟於子爲小功而言此三族者己與子皆爲服期者亦據大判而言耳對曰某既前受命矣唯命是聽前受命者申前事也曰某命某聽命于吾子曰某壻父

名也對曰某固唯命是聽使者曰某使某受命吾子不許某敢不告期曰某日某吉日之甲乙疏注某吉日之甲乙〇釋曰云曰某日者是使者。付主人吉日之辭云某吉日之甲乙者謂以十日配十二辰若云甲子乙丑丙寅丁卯之類故鄭略舉甲乙而言之也對曰某敢不敬須須待凡使者歸反命曰某既得將事矣敢以禮告。告禮所執脯疏注告禮所執脯〇釋曰知禮是所執脯者上文禮賓賓皆北面取脯降授從者今此云歸以反命故知禮是所執脯也主人曰聞命矣父醮子。子壻疏父醮子〇釋曰女父禮女用醴又在廟父醮子用酒又在寢不同者父禮女。者以先祖遺體許人以適他族婦人外成故重之而用醴復在廟告先祖也男子直取婦入室無不反之故輕之而用酒在寢知醮子亦不在廟者若。在。廟以禮筵於戶西右几。布神位今不言故在寢可知也命之。曰往迎爾相承我宗事相助也宗事宗廟之事勖帥以敬先妣之嗣若則有常勖勉也若猶女也勉帥。婦。道以敬其爲先妣之嗣女之行則當有常深戒之詩云大姒嗣徽音疏勖帥至有常〇注勖勉至徽音〇釋曰云以敬其爲先妣之嗣者謂婦人入室使之代姑祭也詩云大姒嗣徽音者大雅文王詩大姒者文王妃嗣繼徽美也娶大姒明以繼先妣美音也引之者證敬其爲先妣之嗣也子曰諾唯恐弗堪不敢忘命賓至擯者請對曰吾子命某以茲初昏使某將請承命賓壻也命某某壻父名茲此也將行也使某行昏禮來迎疏賓至至承命〇注賓壻至來迎〇釋曰云命某某壻父名者以其經有二某命某者是壻自稱之以對擯者也經云使某者是壻名故不言也對曰某固敬具以須父送女命之曰戒之敬之夙夜毋。違命。夙早也早起夜臥命舅姑之教命古文毋爲無疏父送至違命〇釋曰上送女之時父母俱戒訖今此記人又云此戒者當同是送女時幷有此戒續成前。語庶母所戒亦然以前後語時不同故記人兩處記之但父戒之使無違舅命母戒之使無違姑命故父云命母云戒也然若此注有云命舅姑之教命有姑字者傳寫誤也云古文毋為無不從者以許氏說文毋為禁辭故從經今文毋為正也

母施衿結帨曰勉之敬之夙夜無違宮事帨佩巾

疏宮事〇釋曰。則。姑。命。婦。之。事若內宰職云后教六宮婦人稱宮故也

庶母及門內施鞶申之以父母之命命之曰敬恭聽宗爾父母之言夙夜無愆視諸衿鞶庶母父之妾也鞶鞶囊也男鞶革女鞶絲所以盛帨巾之屬為謹敬申重也宗尊也愆過也諸之也示之以衿鞶者皆託戒使識之也不示之以衣笄者尊者之戒不嫌忘之視乃正字今文作示俗誤行之

疏庶母至衿鞶〇注庶母至行之〇釋曰云男鞶革女鞶絲者內則文男女用物不同故幷引男子鞶革於經無所當也云所以盛帨巾之屬為謹敬者案內則云箴管線纊施鞶袠鄭云鞶袠言施明為箴管線纊有之是鞶以盛帨巾之屬此物所以供事舅姑故云謹敬也云不示之以衣笄者尊者之戒不嫌忘之者前文父戒以衣笄此經母施衿結帨庶母直示之以衿鞶不示以衣笄故鄭決之也云視乃正字今文作示俗誤行之者案曲禮云童子常視毋誑注云視今之示字彼注破視從示此注以視為正字以示為俗誤不同者但古文字少故眼日視瞻與以物示人皆作視字故此注云視乃正字今文作示是俗人以今示解古視故云誤也彼注云視今之示字者以今曉古故舉今文示而言兩注相兼乃具也

壻授綏姆辭曰。未。教。不。足。與。為。禮。也。姆。教人。者

宗子無父母命之親皆沒己躬命之宗子者適長子也命之命使者母命之在春秋紀裂繻來逆女是也躬猶親也親命之則宋公使公孫壽來納幣是也言宗子無父是。有父者禮七十老而傳八十齊喪之事不及若是者子代其父為宗子其取也父命之

疏宗子至命之〇注宗子至命之〇釋曰云宗子者適。長子也者案喪服小記云繼。別為宗繼禰者為小宗大宗小

宗皆是適妻所生長子也云命之命使者者謂納采已下至請期五者皆命使者也云母命之在春秋紀裂繻來逆女是也者案隱二年經書秋九月紀裂繻來逆女公羊傳曰裂繻者何紀大夫也何以不稱使昏禮不稱主人何休云爲養廉遠恥也又云然則曷稱稱諸父兄師友宋公使公孫壽來納幣則其稱主人何辭窮也辭窮者何無母也休注云禮有母母當命諸父兄師友稱。諸父兄師友以行宋公無母莫使命之辭窮故自命之自命之則不得不稱使又云然則紀有母乎曰有有則何以不稱母母不通也休注云禮婦人無外事但得命諸父兄師友稱諸父兄師友以行耳母命不得達故不得稱母通使文所以遠別也服注亦云不稱主人母命不通故稱使婦人無外事若然直命使子之父兄師友使命使者不自親命使者此注云命之命使者似母親命者鄭略言之其實使子父兄師友命使者也云躬猶親也親命之則宋公使公孫壽來納幣是也者成八年文義取公羊傳如向說舉納幣其餘使親命之也云言宗子無父至不及者案曲禮七十曰老而傳注云傳家事在子孫是謂宗子之父又王制云八十齊衰之事弗及也注云八十不齊則不祭也子代之祭是謂宗子不孤二者皆是宗子有父雖主家事其昏事則父命使者也

支子則稱其宗支子庶昆弟也稱其宗子命使者

疏支子則稱其宗○釋曰云稱其宗者謂命使者當稱宗子以命之以大小宗皆然也

弟。稱其兄弟宗子之母弟

疏弟則稱其兄○注弟宗子之母弟○釋曰知此弟是宗子同母弟者以以上支子謂庶昆弟稱其宗子命使者故知此弟宗子同母弟也

若不親迎則婦入三月然後壻見曰某以得爲外昏姻請覿女氏稱昏壻氏稱姻覿見

疏若不至請覿○釋曰上已言親迎自此已下至篇末論壻不親迎過三月及壻往見婦父母事也必亦待三月者亦如三月婦廟見一時天氣變○婦道成故見外舅姑自此至敢不從並是壻在婦家大門外與擯者請對之辭○注女氏至覿見○釋曰女氏稱昏壻氏稱姻者爾雅釋親文所以別男女則男曰昏女曰姻義取壻昏時往娶女則因之而來及其親則女氏稱昏男氏稱姻義取送女者

昏時往男家因得見之故也 主人對曰某以得爲外昏姻之數某之子未得濯溉於祭祀是以未敢見今吾子辱請吾子之就宮某將走見主人女父也以白造緇曰辱疏○主人至走見○釋曰云某之子未得濯溉於祭祀者前祭之夕濯溉祭器以其自此以前未廟見未得祭祀故未敢相見也云請吾子之就宮者使壻還就家是欲往就見也○注主人至曰辱○釋曰云以白造緇曰辱者謂以絜白之物造置於緇色器中是汙白色猶今賓至己門亦是屈辱故云以白造緇曰辱也 對曰某以非他故不足以辱命請終賜見非他故彌親之辭命謂將走見之言今文無終賜疏對曰至賜見○注非他至終賜○釋曰此壻對擯者辭云非他故彌親之辭者上擯云得爲外昏姻是相親之辭今又云非他故是爲壻而來見彌相親之辭也 對曰某以得爲昏姻之故不敢固辭敢不從不言外亦彌親之辭古文曰外昏姻 主人出門左西面壻入門東面奠摯再拜出出門出內門入門入大門出內門不出大門者異於賓客也壻見於寢奠摯者壻有子道不敢授也摯雉也疏主人至拜出○注出門至雉也○釋曰云出內門入大門者以大夫士迎賓皆於大門外故此決之也云壻見於寢者聘禮凡見賓客及上親迎皆於廟者聘禮敬賓客故在廟親迎在廟者以先祖之遺體許人故在廟此壻見外舅姑非賓非親迎故知在適寢也云奠摯者壻有子道不敢授也者凡執摯相見皆親授受此獨奠之象父子之道質故不親授奠之而已云摯雉也者以其士執雉是其常也 擯者以摯出請受欲使以賓客禮相見疏擯者以摯出請受○注欲使至相見○釋曰案聘禮賓執摯入門右從臣禮辭之乃出由門左西進北面從賓客禮此亦然故知所請受者請退從賓客相見受之 壻禮辭許受摯入主人再拜受壻再拜送出出己見女父疏壻禮至送出○注出己見女父○釋曰云受摯入者亦如聘禮受摯

乃更西入也云出己見女父者以其相見訖擬出更與主婦相見也見主婦主婦闔扉立于其內主婦主人之婦也見主婦者兄弟之道宜相親也闔扉者婦人無外事扉左扉【疏】見主至其內○注主婦至左扉○釋曰云見主婦者兄弟之道宜相親也者爾雅母與妻之黨為兄弟故知主婦於壻者兄弟之道也故云宜相親也云闔扉者婦人無外事者婦人送迎不出門見弟不踰閾是無外事也云扉左扉者士喪禮卜葬云闔東扉主婦立于其內既言東扉即是左扉故知是左扉也壻立于門外東面主婦一拜壻荅再拜主婦又拜壻出必先一拜者婦人於丈夫必俠拜主人請醴及揖讓入醴以一獻之禮主婦薦奠酬無幣及與也無幣異於賓客【疏】主人至無幣○注及與至賓客○釋曰訓及為與者以主人與壻揖讓而入寢門升堂醴壻故訓及為與也云無幣異於賓客者上冠禮醴賓酬之以幣昏禮饗賓酬以束錦燕禮大射酬賓客皆有幣此無幣故云異於賓客也壻出主人送再拜

儀禮卷第二 經二千五百七十三 注三千六百三十

儀禮疏卷第六 元缺第一葉 第二葉今補

儀禮注疏卷六校勘記

阮元撰盧宣旬摘錄

若舅姑既沒

此言舅姑既沒者　要義同毛本既誤作俱

因內則有堇荁枌榆供養是也　荁陳閩俱誤作萱枌毛本作芬浦鏜云枌誤芬

婦拜扱地

以手之至地　毛本同陳閩俱無之字

摯不用死

三帛二牲　要義同毛本牲作生是也

腊必用鮮○必殺全　按疏作殺必全

不餒敗　徐本集釋同釋文毛本俱作餧

女子許嫁

非受幣不交不親　毛本受誤作納

祖廟未毀

曾祖小功之親　要義同毛本曾祖作是誤

謂別子之世適長子　毛本同下子字陳閩俱作者非也

則皆於大宗之家教之　要義同毛本於作以

問名

此卽西面對　毛本面誤作南

祭醴始扱壹祭　唐石經徐本集釋通解楊敖同毛本壹作一

始祭醴云初故始扱壹祭後祭醴又扱爲再祭也　毛本作始祭醴之初故云始扱一祭及又扱則分爲兩故云又扱再祭是爲三也陳閩俱無始祭醴之初故云七字案通解改此疏云禮成于三故祭醴之時始扱壹祭及又扱則分爲兩祭是爲三也今本略依通解

云右取脯左奉之者　八字陳閩俱脫毛本有

納徵

執皮者　要義同毛本者下有二人兩字

執皮者皆左首　浦鏜云右誤左是也

天子廟門 單疏要義俱無天子二字是也

七个二丈一尺彼天子廟門此士廟門 要義同毛本作共二丈一尺此士廟門○按毛本非也作共字與匠人注不合

故隨入得並也云西上中庭位併者俱北面西上也 毛本作故二人相隨乃可以入不得並行也至中庭則稍寬故得俱北面西上也

賓致命○士受皮者自東出于後 朱子云疏引此文皮者下有取皮二字今本無之未詳孰是 適東壁 壁徐本作壁誤

受之則文見 陳本同毛本受作釋是也

自左受者 單疏本無自左受三字通解有○按無者是

主人堂上受幣時 陳閩同毛本受作授

與子男之士不命者別 毛本男誤作卑

婦乘以几

是石几之類也 段玉裁云當作几石此誤倒也

婦入寢門贊者徹尊冪 冪要義作鼏

配尊之酒三酒 要義無三酒二字

笄

笄有衣者 衣聶氏作表

婦席薦饌于房

非直有席薦 非閩本作亦

饗婦姑薦焉

時同自明 自明毛本作明日

婦洗在北堂

所謂經中北洗也 要義同毛本作經中所謂

北堂房半以北者 房下要義有中字

婦酢舅

謂舅姑饗婦時獻時舅 毛本獻時舅作時舅獻

昏辭曰

子謂公冶長可妻也陳閩監葛通解俱脫此八字

對曰某之子惷愚

今文弗爲不徐本集釋通解同毛本今作古

某辭不得命

不得許己之命徐陳集釋通解楊敖同毛本許作辭

對曰某固唯命是聽

是使者付主人吉日之辭毛本付作傅

凡使者歸

告禮所執脯通典無告字玩疏意似亦無告字

父醮子

子壻也徐本集釋俱無也字毛本通解有

父禮女者要義同毛本者作子

若在廟以禮筵于戸西毛本同陳閩俱脫在廟二字

右几布神位要義同毛本布作在

命之曰毛本之下有辭字唐石經徐本集釋要義敖氏俱無辭字通解楊氏有石經考文提要云記乃通記昏辭每節俱無辭字

勖帥以敬先妣之嗣

勉帥婦道張氏云釋文上帥道之注云下帥道同謂此句也此句當云勉帥道婦○按張氏之說是也帥之訓道上文已具故此不復言但疊帥道兩字以見義通典云勉導以敬其爲先妣之嗣正合注意蓋敬其爲先妣之嗣卽是婦道若云勉帥婦道則不可通矣

父送女○夙夜毋違命毋陳閩監本俱誤作母凡他篇毋字此本亦有誤作母者可以義求之不盡校

舅姑之教命案疏以姑字爲衍文

續成前語毛本語作文陳本誤作女

母施衿結帨曰

則姑命婦之事毛本作宮事謂姑命婦之事通解與今本同○按則猶卽也疏中每有此語前疏云毋戒之使無違姑命此節經云夙夜無違宮事是宮事卽姑命婦之事此賈氏自釋前語也宮事二字已標于上故不再出直釋曰則姑命婦之事毛本旣刪標目又不達則字之義率依通解改之謬矣

壻授綏姆辭曰未教不足與爲禮也十四字在宗子無父上唐石經徐本集釋通解楊敖俱有通典有曰未教以下九字

姆教人者四字徐本集釋通解楊氏俱有毛本經注並脫

宗子無父

是有父者毛本有下有有字徐本集釋俱脫一有字

云宗子者適長子也者要義同毛本無長字

繼別宗要義別下有爲字毛本同

稱諸父兄師友以行毛本無諸字○按公羊隱二年傳注有諸字

傳家事在子孫浦鏜云任誤在

弟稱其兄唐石經徐本集釋敖氏同通解楊氏毛本弟下有則字

主人對曰○未得濯溉於祭祀溉敖氏作摡張氏云釋文云摡古代反少牢饋食摡鼎匕俎摡甑甗匕與敦摡豆籩勺爵觚觶字皆作摡○按今本釋文作溉

造置于緇色器中器要義作之

對曰某以非他故他通解作它注同按士虞他用剛日注云今文他爲它則他它宜有辯但諸本錯出故不悉校

對曰某以得爲婚姻之故以得唐石經徐本張氏通解楊氏敖氏俱作得以集釋校云上言某以得爲外婚姻之數以者自以也對稱某以非他故此乃云某得以爲昏姻之故以者指壻以之也敖疑上言之數下言之故必有一誤因云得以宜作以得不知以字在下正與故字語氣相貫又與上故字相應今注疏本從敖氏說改經耳

敢不從張氏云五代廣順中監本同至顯德中吉觀國所校監本乃云敢從無不字或曰歲久版脫之也

亦彌親之辭古文曰外昏姻下六字徐本集釋通解敖氏俱有今本俱脫

主人出門左

不敢授也毛本授誤作受

凡見賓客及上親迎皆于廟者要義同毛本上作士廟下無者字

以先祖之遺體許人要義無之字

擯者以摯出

賓執摯入門右陳本脫執字閩本脫入字

從臣禮毛本從下有君字陳本從下空一字

由門左西進北面毛本進作向

見主婦

見弟不踰閾要義無見字毛本見下有兄字

儀禮注疏卷六校勘記

儀禮卷第三

唐朝散大夫行大學博士弘文館學士臣賈公彥等撰

士相見禮第三疏士相見禮第三○鄭目錄云士以職位相親始承摯相見禮雜記會葬禮曰相見也反哭而退朋友虞祔而退士相見於五禮屬賓禮大小戴及別錄皆第三○釋曰鄭云士以職位相親始承摯相見者釋經亦有大夫及庶人見君之禮亦士見大夫之法獨以士相見為名者以其兩士職位不殊同類昵近故以士相見為首云雜記相見也反哭而退朋友虞祔而退者以送葬之禮恩厚者退遲恩薄者退疾引之者證有執摯相見之義也云士相見於五禮屬賓禮者案周禮大宗伯五禮賓禮之別有八春朝夏宗秋覲冬遇時會殷同此六者是五等諸侯見天子兼有自相朝覲之禮彼又云時聘曰問殷覜曰視二者是諸侯使臣出聘天子及自相聘之禮並執玉帛而行無執禽摯之法此屬直新升為士大夫之等同國執禽摯相見及見君之禮雖非出聘亦是賓主相見之法故屬賓禮也且士卑唯得作介從君與卿大夫出向他國無身自聘問之事案周禮行夫是士官其有美惡無禮特行無介始得出向他邦亦非聘問之法也然昏冠及喪祭尊卑各自有禮及執摯相見唯有此士相見其篇內含卿大夫相見以其新升為士或士自相見或士往見卿大夫或卿大夫下見士或見己國君或士大夫見他國君來朝者新出仕從微至著以士為先後更有功乃升為大夫已上故以士為總號也又天子之孤卿大夫士與諸侯之孤卿大夫士執摯既同相見之禮亦無別也

儀禮　鄭氏注

士相見之禮摯冬用雉夏用腒左頭奉之曰某也願見無由達某子以命命某見摯所執以至者君子見於所尊敬必執摯以將其厚意也士摯用雉者取其耿介交有時別有倫也雉必用死者為其不可生服也夏用腒備腐臭也左

頭頭陽也無由達言久無因緣以自達也某子今所因緣之姓名也以命者稱述主人之意今文頭爲脰**疏**士相見至某見○釋曰自此至送于門外再拜
論士與士相見之事也云某也願見無由達者謂新升爲士欲見舊爲士者謂久無紹介中閒之人達彼此之意雖願見無由得與主人通達相見也云某子
以命命某見者某子是紹介中閒之人姓名以主人之命命某是賓之名命某來見主人也案少儀始見君子者辭曰某固願聞名於將命者謂以卑見尊法
彼又云敵者曰某固願見於將命者此兩士相見亦是敵者不言願見於將命者者此既言願見無由達見敵者始欲相見案下文及還摯者皆云於將命者
明此亦有願見於將命者不言者文不具也○注摯所至爲脰○釋曰云摯所執以至者摯得訓爲至升爲士者元缺一字彼人相見欲相尊敬必執禽鳥始
得至故云摯所執以至者也云士摯用雉者對大夫已上所執羔鴈不同也云取其耿介交有時別有倫也者倫類也交接有時至於別後則雄雌不雜謂春
交秋別也士之義亦然義取耿介不犯於上也云雉必用死者爲其不可生服也者經直云冬用雉知用死雉者尚書云三帛二牲一死摯則雉義取耿介爲
君致死也云夏用腒備腐臭也者案周禮庖人云春行羔豚夏行腒鱐鄭云腒乾雉鱐乾魚腒鱐暵熱而乾乾則不腐臭故此取不腐臭也冬時雖死形體不
異故存本名稱曰雉夏爲乾腒形體異故變本名稱曰腒也云左頭頭陽也者曲禮云執禽者左首雉與羔鴈同是合生執之物以不可生服故殺之雖死猶
尚左以從陽也云某子今所因緣之姓名也者謂紹介之姓名云以命者稱述主人之意者言紹介之人稱述主人之辭意傳來賓也云今文頭爲脰者鄭不
從今文者以其脰項也項不得爲頭故不從也但此云某子以命命某見謂舊未相見今始來見主人故須某子傳通孺悲欲見孔子不由紹介故孔子辭以
疾且經云某子鄭云某子今所因緣之姓名案鄉飲酒云某子受酬注云某者衆賓姓又鄉射云某酬某子注云某子者氏也與此注某子爲姓名不同者彼
旅酬下爲上尊敬在上以公羊傳名不若字字不若子故下者稱姓以配子彼對面語故不言名此非對面之言於彼遙稱紹介之意若不言名直稱姓是何

人故鄭以姓名解之也若然特牲云皇祖某子注爲伯子仲子者以孫不宜云父祖姓故以伯子仲子言之望經爲義故注有殊若然注宜有名無者誤也

主人對曰某子命某見吾子有辱請吾子之就家也某將走見有又也某子命某往見今吾子又自辱來序其意也走猶往也今文無走【疏】主人至走見○釋曰云某子命某見者某子則是紹介姓名以某子是中閑之人故賓主共稱之也此上下皆言請不言辭辭而不受須相見故言請而已○注有又至無走○釋曰鄭轉有爲又者以言某子以命命某往就彼見吾子又自辱來於義爲便故從又不從有也云走猶往也者以言走直取急往相見之意非走驟之義故釋從往也云今文無走字者無走於文義不足故不從今文從古文也

賓對曰某不足以辱命請終賜見命謂請吾子之就家主人對曰某不敢爲儀固請吾子之就家也某將走見不敢爲儀言不敢外貌爲威儀忠誠欲往也固如故也今文不爲非古文云固以請。也【疏】注不敢至以請○釋曰固如故也者固爲堅固。堅。固則如故以再請如前故云固如故也云今文不爲非者云非敢於義不便故不從今文非也云古文云固以請者固請於文從便若有以字於文賸緩故不從古文固以請也

賓對。曰某不敢爲儀固以請言如固請終賜見也今文不爲非主人對曰某也固辭不得命將走見聞吾子稱摯敢辭摯不得命者不得見許之命也走猶出也稱舉也辭其摯爲其大崇也古文曰某將走見【疏】注不得至走見○釋曰云走猶出也者亦如上之走往彼據向賓家故走爲往此據出門故云。走出也云辭其摯爲其大崇也者凡賓主相見唯此新升爲士有摯又初不相識故有摯爲重對重相見則無摯爲輕是以始相見辭之爲大崇故也云古文曰某將走見者上再番皆云某將走見今此三者亦云某將走見與前同此疊古文不從者以上第一番請賓主皆無不敢爲儀第二番賓及主人皆云不敢爲儀文句既異若不云某於文不便故須云某

也此三番於上已云某也固辭不得命於下不須云某於文便古文更云某將走見文疊故不從也

賓對曰某不以摯不敢見見於所尊敬而無摯嫌大簡【疏】注見於至大簡○釋曰此士相見唯是平敵相。伉案曲禮云主人敬客則先拜客客敬主人則先拜主人並不問爵之大小唯以相尊敬爲先後故雖兩士亦得云相尊敬不敢空手須以摯相見若無摯相見是則大簡略也

主人對曰某不足以習禮敢固辭言不足習禮者不敢當其崇禮來見己【疏】注言不至見己○釋曰案上經賓云某不以摯不敢見是賓以崇禮來見主人今主人不敢當其崇禮來見己故變文言不足以習禮故鄭云言不足習禮者不敢當其崇禮來見己也

賓對曰某也不依於摯不敢見固以請言依於摯謙自卑也。今。文。無。也【疏】注言依至。卑也○釋曰凡相見之禮以卑見尊必依摯禮記檀弓云魯人有周豐也者哀公執摯請見之者是下賢非正法今士相見云不依於摯不敢見謙自卑也

主人對曰某也固辭不得命敢不敬從出迎于門外

再拜賓荅再拜主人揖入門右賓奉摯入門左主人再拜受賓再拜送摯出右就右也左就左也受摯於庭既拜受送則出矣不受摯於堂下人君也今文無【疏】注右就至。文。無○釋曰凡門出則以西爲右以東爲左入。門則以東爲右以西爲左依賓西主東之位也知受摯於庭者以其入門左右不言揖讓而升之事故知在庭也云既。拜送則出矣者欲見賓拜送摯訖而言出則去還家無意得待主人留己也云不受摯於堂下人君也者聘禮賓升堂致命授玉又下云君在堂升見無方階亦是升堂見君法故云不升堂下人君也

主人請見賓反見退主人送于門外再拜請見者爲賓崇禮來相接以矜莊歡心未交也賓反見則燕矣下云凡燕見於君至凡侍坐於君子博記反見之燕義臣初見於君再拜奠摯而出【疏】主人請見至再拜○注請見至而出○釋曰鄭解主人留賓之意云請見者爲賓崇禮來

相接則執摯來是也云以矜莊歡心未交也者正謂入門拜受拜送時賓主俱矜莊相敬歡心未交也云賓反見則燕矣者上士冠禮賓士昏納采之等禮記皆有禮賓饗賓之事明此行禮主人留必不虛宜有歡燕故云則燕矣以摯相見非聘問之禮燕既在寢明前相見亦在寢之庭矣若諸文有留賓者多是禮賓之事知此不行禮賓而云燕者彼諸文皆是爲餘事相見以其事重故爲禮賓此直當身相見其事輕故直有燕矣是以諸文禮賓此燕賓故直云請見也云凡燕見於君至反見之燕義者凡燕見或反見或本來侍坐非反見下注云此謂特見圖事非立賓主之燕是也侍坐於君子之下乃有侍坐問夜膳葷賜食爵之等不引證燕見者彼直是侍坐法非燕見之禮故也云臣初見於君再拜奠摯而出者鄭欲見自燕見于君下至凡侍坐於君子皆反見燕法其中仍有臣見于君法臣始事見于君法禮畢奠摯而出君亦當遣人留之燕也若然下有他邦之人則還摯雖不見反燕臣尚燕他邦有燕可知但文不具也

主人復見之以其摯曰鄉者吾子辱使某見請還摯於將命者復見之者禮尚往來也以其摯謂鄉時所執來者也鄉曩也將猶傳也傳命者謂擯相者【疏】主人至命者○釋曰自此至賓退送再拜論主人還于賓之事○注復見至相者○釋曰云復見之者禮尚往來也者鄭解主人還摯之意云禮尚往來曲禮文五等諸侯身自出朝及遣臣出聘以其圭璋重不可遙復朝聘訖卽還之璧琮財輕故不還彼朝聘用玉自爲一禮有不還之義其在國之臣自執摯相見雖禽摯皆還之臣見於君則不還義與朝聘異不可相決也云將猶傳也傳命者謂擯相者者謂出接賓曰擯入詔禮曰相相一也故聘禮與冠義皆云每一門止一相是謂擯介爲相也

主人對曰某也既得見矣敢辭讓其來荅己也【疏】主人至敢辭○釋曰上言主人此亦言主人者上言主人者據前爲主人而言此云主人者謂前賓今在己家而說也

賓對曰某也非敢求見請還摯于將命者言不敢求見嫌褻主人不敢當也今文無也【疏】注言不至當也○釋曰云嫌褻主人不敢當也

者。鄉者主人見己今即來見主人賓主頻見是褻也今云非敢求見嫌褻主人不敢更相見也故不敢當相見之法直云還摯而已主人對曰某

也既得見矣敢固辭固如故也賓對曰某不敢以聞固以請於將命者言不敢以聞又益不敢當

疏注言不敢至敢當○釋曰上云非敢求見己是不敢當此云不敢以聞耳聞疏於目見故云又益不敢當也主人對曰某也固辭

不得命敢不從許受之也異日則出迎同日則否疏注異日至則否○釋曰下云賓奉摯入不言主人出迎又不言厥明是與前相見同

日知異日出迎者鄉飲酒禮云明日乃息司正主人出迎之司正猶迎之況同僚乎是知異日出迎也。若然聘禮公迎于大門內至禮賓又出迎者彼初是公

迎彼初之命不爲迎賓身故至醴賓身雖同日亦出迎之故鄭注云公出迎者己之禮更端是也昏禮賓爲男家使初時出迎至醴賓身雖同日亦出迎也有

司徹前爲尸後爲賓所爲異故云雖同日亦出迎此二者亦是更端之義也案鄉飲酒及公食大夫皆於戒賓之時未行賓主之禮是以賓至乃迎之故雖同

日亦迎賓非更端之義也賓奉摯入主人再拜受賓再拜送摯出主人送于門外再拜士見

於大夫終辭其摯於其入也一拜其辱也賓退送再拜終辭其摯以將不親荅也凡不荅而受其摯唯

君於臣耳大夫於士不出迎入一拜正禮也送再拜尊賓。疏士見於大夫至再拜○。注終辭至尊賓○釋曰云以將不親荅也者事未至謂之將如上士相

見賓來見士後將親荅就士家則辭而受其摯此則以將不親荅終不受也若然經直云終辭其摯不言一辭再辭亦有可知但略而不言也又少儀云始見

君子曰願聞名此不言願聞亦文不具也云凡不荅而受其摯唯君於臣耳者見下文他邦之人則使擯者還其摯見己君不言還摯。又。文有三辭初辭中辭

終辭初辭之時則云使某中辭云命某以辭在中者傳言而已故云命某然使某者是尊君卑臣之義其心重若云命某者尊君卑臣稍淺漸輕之義故鄭云

或言命某傳言耳必知有此義者案僖九年左傳曰天子有事於文武使孔賜伯舅胙以伯舅耋老加勞賜一級無下拜是尊君稱使傳言云命有輕重之義也

若嘗爲臣者則禮辭其摯曰某也辭不得命不敢固辭禮辭一辭其摯而許也將不荅而聽其以摯入有臣道也賓入奠摯再拜主人荅壹拜奠摯尊卑異不親授也古文壹爲一賓出使擯者還其摯于門外曰某也使某還摯還其摯者辟正君也賓對曰某也既得見矣敢辭辭君還其摯也今文無擯者對曰某也命某某非敢爲儀也敢以請還摯者請使受之賓對曰某也夫子之賤私不足以踐禮敢固辭家臣稱私踐行也言某臣也不足以行賓客禮賓客所不荅者不受摯擯者對曰某也使某不敢爲儀也固以請言使某尊君也或言命某傳言耳。賓對曰某固辭不得命敢不從再拜受受其摯而去之

疏注受其摯而去之〇釋曰云受其摯而去者以其嘗爲臣爲輕既不受其摯又相見無饗燕之禮故鄭云而去以絕之也

下大夫相見以鴈飾之以布維之以索如執雉鴈取知時飛翔有行列也飾之以布謂裁縫衣其身也。維謂繫聯其足

疏下大夫至執雉〇釋曰言下大夫者國皆有三卿五大夫言上大夫據三卿則此下是五大夫也二十七士與五大夫轉相副貳則三卿宜有六大夫而五者何休云司馬事省闕一大夫〇注鴈取至其足〇釋曰云鴈取知時者以其木落南翔冰泮北徂隨陽南北義取大夫能從君政教而施之云飛翔有行列也者義取大夫能依其位次尊卑有敘也上士執雉左頭奉之此云如執雉明執鴈者亦左頭奉之也案曲禮云飾羔鴈者以繢彼天子卿大夫非直以布上又畫之此諸侯卿大夫執摯雖與天子之臣同飾羔鴈者直用布爲飾無繢彼不言士則天子之士與諸侯之士同亦無飾士賤故無別也

上大夫相

見以羔飾之以布四維之結于面左頭如麛執之

上大夫卿也羔取其從帥羣而不黨也面前也繫聯四足交出背上於胸前結之也如麛執之者。秋獻麛有成禮如之或曰麛孤之摯也其禮蓋謂左執前足右執後足今文頭爲脰

疏上大夫至執之○注上大至爲脰○釋曰云上大夫卿也者卽三卿也云羔取其從帥者凡羔羊羣皆有引帥若卿之。從君之命者也云羣而不黨也者羊羔羣而不黨義取三卿亦皆正直雖羣。居不阿黨也云繫聯四足交出背上於胸前結之者謂先以繩雙繫前兩足復以繩繫後兩足乃以雙繩於左右從腹下向背上交過於胸前結之也云如麛執之者秋獻麛有成禮如之者案周禮獸人云冬獻狼夏獻麋春秋獻獸物鹿豕羣獸及狐狸可也麛是鹿子與鹿同時獻之又庖人云秋行犢麛則獻當在秋時故云秋獻麛也又案禮器曲禮三千鄭云曲猶事也事禮謂今禮也其中事儀三千則禮末亡之時三千條內有此獻麛之法是有成禮可依故此經得如之也云或曰麛孤之摯也者案大宗伯及大行人與聘禮皆云孤執皮帛謂天子之孤與諸侯之孤執皮帛今此執麛者謂新升爲孤見己君法至餘事則皆皮帛也云其禮蓋謂左執前足右執後足者案經云左頭則與雉鴈同是以曲禮云執禽者左首此鄭又云執之蓋謂左執前足右執後足者元缺起此此釋經麛執之據四足而言之凡以摯相見之法唯有新升爲臣及聘朝及他國君來主國之臣見皆執摯相見常朝及餘會聚皆執笏無執摯之禮又執摯者或平敵或以卑見尊皆用摯尊無執摯見卑之法檀弓云哀公執摯見己臣周豐者彼謂下賢非正法也

如士相見之禮

大夫雖摯異其儀猶如士

疏如士相見之禮○釋曰此下大夫及卿其摯雖有羔鴈之異其相見之儀則皆如士也○注大夫至如士○釋曰云儀猶如士者或兩大夫。或。兩。卿相見皆如上文某也願見無由達己下至主人拜送于門外也

始見于君執摯至下容彌蹙

下謂君所也蹙猶促也促恭慤貌也其爲恭士大夫一也

疏注下謂至一也○釋曰直云見于君不辨臣之貴賤則臣之貴賤皆同故鄭云其爲恭士大夫一也不言所而言下者凡

臣視袷已下故不言所言下也庶人見於君不爲容進退走容謂趨翔疏注容謂趨翔○釋曰此不言民而言庶人則是庶人在官謂若王制云庶人在官者其祿以是爲差即府史胥徒是也按鄭注曲禮云行而張足曰趨行而張拱曰翔皆是庶人貌也此庶人見君不趨翔謂是常法論語是孔子行事而云趨進翼如者彼謂孔子與君圖事於堂圖事訖降堂向時揖處至君前橫過向門特加肅敬與庶人同也士大夫則奠摯再拜稽首君荅壹拜言君荅士大夫一拜則於庶人不荅之庶人之摯鶩古文壹作一疏注言君至作一○釋曰臣拜君云再拜稽首則君荅一拜者當作空首則九拜中奇拜是也云言君荅士大夫一拜則於庶人不荅之者案曲禮君於士不荅拜謂己士此得與大夫同荅一拜者士賤君不荅拜此以新升爲士故荅拜聘禮問勞云荅士拜者亦以新使反故拜之也云庶人之摯鶩者案大宗伯云以禽作六摯庶人執鶩注云鶩取其不飛遷象庶人安土重遷是也若他邦之人則使擯者還其摯曰寡君使某還摯賓對曰君不有其外臣臣不敢辭再拜稽首受疏釋曰賓不辭即受摯以君所不臣禮無受他臣摯法賓如此法故不敢亢禮於他君故不辭即受之也凡臣無境外之交今得以摯執見他邦君者謂他國之君來朝此國之臣因見之謂若掌客卿皆見以羔之類是也春秋卿大夫與他國之君相見者皆因聘會乃見之非特行也凡燕見于君必辯君之南面若不得則正方不疑君辯猶正也君南面則臣見正北面君或時不然當正東面若正西面不得疑君所處邪鄉之此謂特見圖事非立賓主之燕也疑度之疏釋曰案上文注以此爲博記反見之燕義則此與燕義燕禮立賓主之燕別以其此經君之面位正南臣北面向之若不得南面或君東西面則臣亦正方向之不可預度君之面位邪立向之皆與燕禮君在阼階西面爲正異故知此經是特見皆圖事并與賓反見之燕義也知有圖事者論語鄉黨云孔子與君圖事于庭圖事于堂燕禮亦

云君與卿同事之時有此面位無常之法也

君在堂升見無方階辯君所在升見升堂見於君也君近東則升東階君近西則升西階

疏注升見至元缺止此西階○釋曰此文據君所在隨便升階無常之事亦謂反燕及圖事之法若立賓主君升自阼階賓及主人升自西階燕禮所云是也

凡言非對也妥而後傳言凡言謂己爲君言事也妥安坐也傳言猶出言也若君問可對則對不待安坐也古文妥爲綏

疏凡言至傳言○注凡言至爲綏○釋曰此據臣與君言之法也云凡言謂己爲君言事也者謂臣有圖爲君言也禮記少儀云量而後入不入而後量是臣有事將入見君須量己所言亦當量君安坐乃可得入而後傳出己言向君道之云妥安坐也者爾雅釋詁文

與君言言使臣與大人言言事君與老者言言使弟子與幼者言言孝弟於父兄與衆言言忠。信。慈祥與居官者言言忠信博陳燕見言語之儀也言使臣者使臣。之禮也大人卿大夫也言事君者臣事君以忠也祥善也居官謂士以下

疏與君至忠信○釋曰上文據與君言此文則總說尊卑言語之別云與君言言使臣與大人言言事君者但君臣相對有事即言不必與君言恆言使臣與臣言恆言事君今唯言使臣事君者下供上命禮法當然故君以使臣爲主臣以事君爲正無妨更言餘事已下皆隨事爲主可也云與老者言言使弟子者謂七十致仕之人依書傳大夫致仕爲父師士致仕爲少師教鄉閭子弟雷次宗云學生事師雖無服有父兄之恩故稱弟子也云與幼者言言孝弟於父兄者幼既與老者相對此幼即弟子之類孝弟事父兄之名是人行之本故云言孝弟于父兄與衆言言忠信慈祥者此文承老幼之下亦非朝廷之臣但是鄉閭長幼共聚之處使之行忠信慈善之事也云與居官者言言忠信者此與在朝之士言以忠信爲主也○注博陳至以下○釋曰云博陳燕見言語之儀也者據已上博陳與君燕見舉動言語知此博陳也云言使臣者使臣。之禮也者。并事君以。忠並是論語孔子對定公之文云大人卿大夫也者此

云言事君明非天子諸侯又非士是卿大夫可知又案下文云凡與大人言始視面中視抱卒視面並是臣視君之法則大人據君也又禮運云大人世及以爲禮鄭解爲諸侯者以彼上文云天下爲家以據天子明下云大人是諸侯可知易革卦云君子豹變據諸侯則大人虎變是天子可知又案論語云狎大人注爲天子諸侯爲政教者彼據小人不在朝廷故以大人爲天子諸侯政教解之鄭皆望文爲義故解大人不同云居官謂士以下者以上大夫云事君已據居官卿大夫其居官之內唯有二十七士幷府史胥徒故云士以下也

凡與大人言始視面中視抱卒視面毋改衆皆若是始視面謂觀其顏色可傳言未也中視抱容其思之且爲敬也卒視面察其納己言否也毋改謂傳言見荅應之閒當正容體以待之毋自變動爲嫌解惰不虛心也衆謂諸卿大夫同在此者皆若是其視之儀無異也古文毋作無今文衆爲終

疏凡與至若是○注始視至爲終○釋曰云中視抱容其思之且爲敬者案曲禮天子視不上於袷交領也不下於帶上於袷則敖下於帶則憂視大夫得視面此視君得視面者彼據尋常視君法此據與君言時故不同也云且爲敬者此言抱卽面相袷不視袷是敬君之常禮故云且爲敬也云爲嫌解惰不虛心也者禮記云虛中以治之鄭注云虛中言不兼念餘事是虛心之意也云衆謂諸卿大夫同在此者言於君視之高下如此其卿大夫視君之儀與言者無異也云古文毋作無不從者說文云毋蓋亦禁辭故不從有無之無也云今文衆爲終不從者以上已有卒卒爲終故從古爲衆也

若父則遊目毋上於面毋下於帶子於父主孝不主敬所視廣也因觀安否何如也今文父爲甫古文毋作無

疏若父至於帶○注子於至作無○釋曰案曲禮大夫之臣視大夫得視面不得遊目士之臣視士得旁遊目今子視父應與視君同不上於袷與士大夫同者以子於父主孝不主敬所視寬者因視安否何如也

若不言立則視足坐則視膝不言則伺其行起而已

疏若不至視膝○注不言視而已○釋曰已上皆據臣子與君父言語之時此據不言之時

鄭言伺其行起者行解經立行由立始故以行解立是以論語云立不中門鄭云立行不當棖闑之中央是亦以行解立一也又以起解坐以其起由坐始故也

凡侍坐於君子君子欠伸問日之早晏以食具告改居則請退可也君子謂卿大夫及國。中賢者也志倦則欠體倦則伸問。日晏近於久也具猶。辯也改居謂自變動也古文伸作信早作蚤

【疏】凡侍至可也○注君子至作蚤○釋曰此陳侍坐於君子之法鄭云君。子卿大夫者禮之通例大夫得稱君子亦得稱貴人而士賤不得也知及國中賢者者鄉射禮云徵唯所欲以告於鄉先生君子可也鄭云鄉先生鄉大夫致仕者君子有大德行不仕者則曲禮云博。文強識而讓敦善行而不怠謂之君子是也云志倦則欠體倦則伸鄭注曲禮亦然云古文伸作信早作蚤者此二字古通用故大宗伯云侯執。身圭爲信字詩云一之日其蚤獻羔祭韭爲蚤字既通用疊古文者據字體非直從今爲正亦得通用之義也

夜侍坐問夜膳葷請退可也問夜問其時數也膳。葷謂食之葷辛物葱薤之屬食。之以止臥古文葷作薰

【疏】夜侍至可也○注問夜至作薰○釋曰云問夜問其時數也者謂若鍾鼓漏刻之數也云古文葷作薰者玉藻云膳於君有葷桃茢作此葷鄭注論語作焄義亦通若作薰則春秋一薰一蕕薰香草也非葷辛之字故疊古文不從也

若君賜之食則君祭先飯徧嘗膳飲而俟君命之食然後食君祭先飯。食。其祭食臣先飯示爲君嘗食也。此謂君。與之禮食膳謂進庶羞既嘗庶羞則飲俟君之徧嘗也今云。呫嘗膳

【疏】若君至後食○注君祭至嘗膳○釋曰此經及下經論臣侍君坐得賜食之法鄭云先飯示爲君嘗食也者凡君將食必有膳宰進食則膳宰嘗君前之食備火齊不得下文是也今此文謂膳宰不在則侍食者自嘗自己前食既不嘗君前食則不正嘗食故云示爲君嘗食也云此謂君與之禮食者謂君與臣小小禮食法仍非正禮食正禮食則公食大夫是也彼君前無食此君臣俱有食故知小小禮食此即玉藻云若賜之食而君客之則命之祭然後祭彼云客之則此注

禮食亦不得祭故一也但此文不云客之命之祭然後祭文不具也若臣。嘗食不得云禮食亦不得祭故鄭注玉藻云侍食則正不祭是也若有將食者則俟君之食然後食將食猶進食謂膳宰也膳宰進食則臣不嘗食周禮膳。夫品嘗食王乃食【疏】若有至後食○注將食至乃食○釋曰云膳宰進食則臣不嘗食者臣爲君嘗食本爲膳宰不在今膳宰既在明臣不嘗食也是以玉藻云若有嘗羞者則俟君之食然後食飯飲而俟注云不祭侍食不敢備禮也不嘗羞膳宰存也是也云膳夫者天子膳夫則諸侯之膳宰引之者證經將食之人是膳宰因將膳與君品嘗食凡君食臣有侍食之時唯子不侍食是以文王世子云命膳宰曰。末有原應曰諾然後退是大子不侍食若卿大夫已下則有侍食法故內則云父沒母存冢子御食羣子婦佐餕是也

若君賜之爵則下席再拜稽首受爵升席祭卒爵而俟君卒爵然後授虛爵受爵者於尊所至於授爵坐授人耳必俟君卒爵者若欲其釂然也今文曰若賜之爵無君也【疏】若君至虛爵○注受爵至君也○釋曰云受爵者於尊所者曲禮亦是賜爵法而云酒進則起拜受於尊所是也云至於授爵坐授人耳者見曲禮與玉藻幷此文並無立授之文故知坐授也云必俟君卒爵者若欲其釂然也者此經文與玉藻文同皆燕而君客之賜爵法故臣先飲以酒是甘味欲美君之味故先飲必待君卒爵而後授虛爵者臣意若欲君盡爵然也案曲禮云侍飲於長者酒進則起拜受於尊所長者辭少者反席而飲長者舉未釂少者不敢飲彼是大燕飲禮故鄭注引燕禮曰公卒爵而後飲案燕禮當無筭爵後得君賜爵待君卒爵乃飲是也

退坐取屨隱辟而后屨君爲之興則曰君無爲興臣不敢辭君若降送之則不敢顧辭遂出謂君若食之飲之而退也隱辟俛而逡。巡興起也辭君興而不敢辭其降於己大崇不敢當也【疏】退坐至遂出○注謂君至當也○釋曰云謂君若食之飲之而退也者以上云若君賜之食若君賜之爵下而云退者明爲此二者而退也云

隱辟俛而逡巡者案曲禮云鄉長者而屨此亦當然云不敢辭其降者謂君降送時明有不降法故曲禮云就屨跪而舉之屏於側注云謂獨退也云若者不定之辭也

大夫則辭退下比及門三辭

下。亦降也疏大夫至三辭○釋曰云大夫則辭退下者對上不敢辭是士士卑不敢辭降大夫之內兼。三卿。五大夫臣中尊者。故得辭降也

若先生異爵者請見之則辭辭不得命則曰某無以見辭不得命將走見先見之

先生致仕者也異爵謂卿大夫也辭辭其自降而來走猶出也先見之者出先拜也曲禮曰主人敬賓則先拜賓疏若先至見之○注先生至拜賓○釋曰此先生卽鄉飲酒云就先生而謀賓介亦一也故彼注與此注皆云致仕者也云異爵謂卿大夫也者此士相見本文是士故以卿大夫爲異爵也訓走爲出者亦謂士見異爵取急意而言走其實非走直出也引曲禮者欲見。言敬客先拜也彼云客此云賓者對文賓客異散文賓客通故變文云賓也

非以君命使則不稱寡大夫士則曰寡君之老

謂擯贊者辭也不稱寡。者不言寡君之某言姓名而已大夫卿士其使則皆曰寡君之某檀弓曰士而未有祿者君有饋焉曰獻使焉曰寡君之老疏非以至之老○注謂擯至之老○釋曰云非以君命使則不稱寡者此則玉藻云大夫私事使私人擯則稱名以其非聘問之禮則爲私事使私人擯也聘禮云若有言則以束帛如享禮引春秋晉侯使韓穿來言汶陽之田歸於齊玉藻注亦引之是也鄭云謂擯贊者辭也者以玉藻自諸侯之於天子以下至大夫皆云擯者曰故知不自稱是擯贊之辭也云其使則皆曰寡君之某者釋經大夫士則曰寡君之老爲公事使者也此則玉藻云公士擯則曰寡大夫。君之老大夫有所往必與公士爲賓亦一也彼注云謂聘也大聘使上大夫小聘使下大夫則曰寡君之某故鄭總云某也若然經直云大夫鄭兼云士者經本文是士則云非以君命使可以兼士也但士無特聘問或作介往他國亦有稱謂而云寡君之士某也云檀弓曰仕而未有祿者謂試爲大夫士直有試功之祿未有正祿云君有饋焉

曰獻者謂有饋物于君亦與正祿者同稱獻云使焉云寡君之老者於他國君邊自稱寡君之某此文亦兼士大夫引之者證公事使稱寡君之某也

凡執幣者不趨容彌蹙以為儀不趨主慎也以進而益恭為威儀耳今文無容

疏凡執至為儀○釋曰案小行人合六幣玉馬皮圭璧帛皆稱幣下文別云執玉則此幣謂皮馬享幣及禽摯皆是○注不趨至無容○釋曰凡趨有二種有疾趨行而張足曰趨是也有徐趨則下文舒武舉前曳踵是也今此經云不趨者不為疾趨故云主慎也既不云疾趨又不為下文徐趨但徐疾之閒為之故以進而益恭為威儀也

執玉者則唯舒武舉前曳踵唯舒者重玉器尤慎也武迹也舉前曳踵備蹝跲也今文無者古文曳作抴

疏執玉至曳踵○釋曰此篇直見在國以禽摯相見之禮無執玉朝聘鄰國之事而云執玉者因執摯相見故兼見朝聘執玉之禮也案玉藻記徐趨之節云圈豚行又與此不同者文有詳略俱是徐趨也○注唯舒至作抴○釋曰云唯舒者重玉器尤慎也者案玉藻云執龜玉不趨不趨者不為疾趨又曲禮云凡執主器執輕如不克故為重玉器尤慎也云備蹝跲也者蹝跲則顛倒恐損玉故徐趨也

凡自稱於君士大夫則曰下臣宅者在邦則曰市井之臣在野則曰草茅之臣庶人則曰刺草之臣他國之人則曰外臣宅者謂致仕者也致仕者去官而居宅或在國中或在野周禮載師之職以宅田任近郊之地刺猶剗除也今宅為託古文茅作苗

疏凡自至外臣○釋曰云凡自稱於君士大夫則曰下臣者此與君言之時案玉藻云上大夫曰下臣與此同也○注宅者至作苗○釋曰此亦自稱於君以其致仕不在故指宅而言故曰宅者謂致仕者也云或在國中或在野者案爾雅郊外曰野則自郊至畿五百里內皆名野又案鄉大夫職國中七尺野自六尺此亦云在國在野相對其言國外則云野則云宅在野者城外畿內皆是也云載師之職者彼鄭注云宅田致仕者之家所受田也引之證彼言宅田據地此言宅據所居一也云刺猶剗除也者案詩有其

鏄斯趙注云。趙刺也故以刺爲剗除。草木者也

儀禮卷第三 經七百五十三 注一千六百八十九

儀禮疏卷第七 元缺第六葉今補

儀禮注疏卷七校勘記

阮元撰盧宣旬摘錄

士相見禮第三

亦士見大夫之法　要義同毛本亦下有有字

云雜記　毛本記下有會葬禮曰四字

案周禮行夫　閩本同毛本夫作人誤

士相見之禮

升爲士者　毛本升上有新字

二牲一死摯　毛本牲作生摯作雉○按生摯是也

則雉義取耿介　則雉通解作鄭云士執雉也

主人對曰某不敢爲儀

古文云固以請　徐本通解同集釋無也字張氏云疏無也字

堅固則如故　閩本無堅固二字

賓對曰　對唐石經補刻誤作用

主人對曰某也固辭不得命

故云走猶出也毛本走下有猶字此本無○按上文當有猶字今從毛本

賓對曰某不以贄

唯是平敵相伉要義同毛本伉作抗

賓對曰某也不依於贄

謙自卑也今文無也毛本脫下四字徐本集釋通解俱有

注言依至卑也案注宋有今文無也四字則卑字疑當作無

主人對曰某也固辭不得命

注右就至文無毛本文無作無也

入門則以東爲右毛本入下無門字

云既拜送則出矣者浦鏜云拜下脫受字○按注文受字疑衍文

主人復見之以其贄

論主人還于賓之事浦鏜云還下脫摯字

賓對曰某也非敢求見

不敢當也今文無也　毛本脫下四字徐本集釋通解俱有

鄉者　鄉毛本作曰鄉

主人對曰某也固辭不得命

若然聘禮公迎于大門內　毛本若下無然字

士見于大夫

送再拜尊賓　賓楊氏作賢

士見於大夫至再拜　注終辭至尊賓　浦鏜云又文有三辭至輕重之義也當在下擯者對曰某也使某不敢為儀也固以請節注下疏此錯簡也又文疑案禮之誤○按此下凡七節無疏故於此總釋之非錯簡也

若甞為臣者　甞唐石經徐本楊敖俱作嘗集釋通解毛本俱作常

下大夫相見

維謂繫聯其足　張氏云釋文云以索悉各反注同今注無以索字經曰飾之以布維之以索注舉飾之以布全句釋之至下句不應獨曰維此必今本脫去之以索三字今增入○按釋文專為索字作音其言注同自指索字非兼指以索兩字注中索字今已脫去不可復考張謂維下當增

之以索三字亦臆說耳

上大夫相見

羔取其從帥從徐本作後集釋通解楊氏俱作從張氏曰注曰羔取其後帥案監本後作從疏引注文亦作從至其下釋乃云凡羔羊皆有引帥若卿之後君之命者也此釋亦誤以從爲後後字近從傳寫誤也

秋獻鼊秋閩監葛本俱誤作法

凡羔羊羣張氏引疏無羣字

若卿之從君之命者也從張引作後說見上

雖羣居不阿黨也毛本居誤作而

如士相見之禮

或兩卿相見閩本無或兩卿三字

與君言言使臣○與衆言言忠信慈祥敖氏曰大戴記注引此無忠信字後人因下文有言忠信三字而誤衍之

弁事君以忠毛本弁作臣此本忠作服案臣當從作弁服當從毛本作忠又注及疏使臣之禮之字疑俱當作以

凡侍坐於君子

及國中賢者也　中下集釋有之字

問日晏　日下敖氏有蚤字

具猶辯也　辯釋文作辨張氏曰注曰具猶辨也案釋文云辨皮莧反特牲饋食注亦曰具猶辨也從釋文○按張氏所見注作辨與今本異說文有辨無辨則當以辨爲正作辨非也作辯尤誤

君子卿大夫者　案各本注子下俱有謂字

博文強識而讓　毛本文作聞○按文字非也

俟執身圭　閩本要義同毛本身作伸

夜侍坐

膳葷謂食之　敖氏無葷字

食之以止臥　之下集釋有可字

若君賜之食

食其祭食　食其敖氏作謂君盧文弨云宋本作於其

此謂君與之禮食　此楊氏作食與下集釋有臣字

今云呫嘗膳臧琳曰釋文呫嘗音貼穀梁未嘗有呫血之盟呫嘗也案呫既訓嘗則呫卽嘗之駮文呫下不得更着嘗字蓋古文徧嘗膳今文徧呫膳注當作今文云呫膳文脫嘗衍也說文口部無呫食部有䬯云相謁食麥也廣雅二釋詁䬯嘗同訓爲食則䬯爲呫之本字無疑

若臣嘗食臣嘗要義作尋常

若有將食者

周禮膳夫徐本集釋楊敖同毛本通解夫下有授祭二字

末有原毛本末誤作未

退坐取屨

俛而逡巡巡釋文楊氏俱作遁

大夫則辭退下

下亦降也亦通解作猶

兼三卿五大夫三五要義互易似誤

故得辭降也閩本要義同毛本故作大

若先生異爵者

欲見言敬客先拜也　毛本言作主

非以君命使

不稱寡者　徐本集釋同毛本者作君

則曰寡大夫君之老　毛本君上有寡字○按玉藻有寡字

凡執幣者不趨

凡執至爲儀　毛本執下有幣字

執玉者

唯舒者　舒下敖氏有武字朱子釋經文云注疏以舒字絕句盧文弨云上節疏明以舒武連讀宋本唯舒下本有武字後脫去耳○按盧所謂宋本卽敖氏本敖引注多臆改不足憑也然注疏實不以舒字絕句盧說良是

古文曳作抴　徐本釋文集釋通解同毛本抴作枻

以禽摯相見之禮　以閩本作爲

故兼見朝聘執玉之禮也　見毛本作言

凡自稱于君○在野則曰草茅之臣　草唐石經徐閩釋文集釋通解要義敖氏俱作草毛本作艸

謂致仕者也致仕者 毛本脫下四字徐本集釋俱有通解無

刺猶剗除也 此句徐本集釋通解俱在任近郊之地下與此本標目合

今宅爲託 毛本作今文宅或爲託徐本無文或二字集釋有文字無或字通解無文字有或字

上大夫曰下臣 毛本上作下○按作上與玉藻合

注宅者至作苗 閩監同毛本作苗作剗除按閩監注雖已誤而疏文未改猶得據以改正毛本併疏文改之遂不復知注有錯簡矣且鄭就今本注文言之亦當作宅者至除也乃爲合例否則似注文亦無也字

則云宅 連下在野者作一句與要義同毛本則上有國內二字

案詩有其鎛斯趙 鎛監本誤作鍊

趙刺也 閩本要義同毛本趙作鎛監本誤作鍊

故以刺爲剗除草木者也 閩監同毛本草作艸

儀禮疏卷第八

儀禮卷第四

唐朝散大夫行大學博士弘文館學士臣賈公彥等撰

鄉飲酒禮第四

【疏】鄉飲酒禮第四○鄭目錄云諸侯之鄉大夫三年大比。獻賢者能者於其君以禮賓之與之飲酒於五禮屬嘉禮大戴此乃第十小戴及別錄此皆第四○釋曰鄭知此鄉飲酒是諸侯之鄉大夫獻賢能法者案春官小胥掌樂縣之法而云凡縣鐘磬半爲堵全爲肆注云鍾磬者編縣二八十六枚而在一虡謂之堵鍾一堵磬一堵謂之肆半之者謂諸侯之卿大夫士也諸侯之卿大夫半天子之卿大夫西縣鍾東縣磬士亦半天子之士縣磬而已今此下唯縣磬而無鍾故以爲諸侯。鄉大夫也若然謂諸侯。鄉大夫是大夫爲之亦應鍾磬俱有而直有磬者鄭彼注。云賓鄉人之賢者從士禮也故縣磬而已若然天子鄉大夫賓賢能從士禮亦鍾磬俱有不得獨有磬也知諸侯之鄉大夫非士者案鄉射記云士則鹿中大夫則兕中又經有堂則物當楣序則物當棟則非直州射兼有諸侯鄉大夫以五物詢衆庶行射之禮則知諸侯鄉大夫是大夫爲之可知也凡鄉飲酒之禮其名有四案此賓賢能謂之鄉飲酒一也又案鄉飲酒義云六十者坐五十者立侍是黨正飲酒亦謂之鄉飲酒二也鄉射州長春秋習射於州序先行鄉飲酒亦謂之鄉飲酒三也案鄉飲酒義又有。卿。大夫士飲國中賢者用鄉飲酒四也其王制云習射尚功習鄉尚齒還是。鄉。飲。酒。黨飲酒法

儀禮　鄭氏注

鄉飲酒之禮主人就先生而謀賓介主人謂諸侯之鄉大夫也先生鄉中致仕者賓介處士賢。者周禮大司徒之職以鄉三物教萬民而賓興之一曰六德知仁聖義忠和二曰六行孝友睦。姻任恤三曰六藝禮樂射御書數鄉大夫以正月之吉受。法于司徒退而頒之于其鄉吏使各以教其所治以考其德行察其道藝及三年大比而興賢者能者鄉老及鄉大夫帥其吏與其衆寡以禮禮賓之厥明獻賢能之書於王是禮乃三年正

月而一行也諸侯之鄉大夫貢士於其君蓋如此云古者年七十而致仕老於鄉里大夫名曰父師士名曰少師而教學焉恆知鄉人之賢者是以大夫就而謀之賢者爲賓其次爲介又其次爲衆賓而與之飲酒是亦將獻之以禮禮賓之也今郡國十月行此飲酒禮以黨正每歲邦索鬼神而祭祀則以禮屬民而飲酒于序以正治謂之說然此篇無正齒位之事焉凡鄉黨飲酒必於民聚之時欲見其化知尚賢尊長也孟子曰天下有達尊三爵也德也齒也

疏

鄉飲至賓介○釋曰自此至介亦如之論鄉大夫與先生謀賓介弁戒告之儀主人就先生而謀賓介者謂鄉大夫尊敬之先就庠學者若先生謀此二人道藝優者爲賓稍劣者爲介○注主人至齒也○釋曰云賓介處士賢者案玉藻云大夫素帶士練帶居士錦帶弟子縞帶鄭玄以居士在士之下弟子之上解爲道藝處士非朝廷之士此處士亦名君子即鄉射禮云徵唯所欲以告於先生君子可也鄭亦云君子有大德行不仕者以其未仕有德自處故名處士君子也云賢者義取鄉大夫之興賢能者而言也云周禮至書數並大司徒職文故彼鄭注云物猶事也興猶舉也民三事教成鄉大夫舉其賢者能者以飲酒之禮賓客之既則獻其書於王矣知明於事仁愛人以及物聖通而先識義能斷時宜忠言以中心和不剛不柔善於父母爲孝善於兄弟爲友睦親於九族姻親於外親任信於友道恤振憂貧者禮五禮之義樂六樂之歌舞射五射之法御五御之節書六書之品數九數之計引此天子司徒者欲兼諸侯司徒亦使鄉大夫教民以三物教成亦使鄉大夫行鄉飲酒之禮尊之爲賓客興舉之也云鄉大夫已下至於王並周禮地官鄉大夫職文云正月之吉謂周之正月朔日也云受法于司徒者謂六鄉大夫皆於大司徒處受三物教民賓舉之法也云退而頒之于其鄉吏使各以教其所治者吏即州長黨正族師閭胥之等是也云以考其德行察其道藝者德行即六德六行道藝正謂民中有道藝者考察知其優者擬舉之也云及三年大比而興賢者能者大比謂三年大案比戶口之時而興舉之賢者即德行者也能者即道藝者也云鄉老謂三公二鄉公一人云及鄉大夫帥其吏者即帥其鄉吏州長已下云與其衆寡者即鄉中之人

也云以禮禮賓之者以鄉飲酒之禮禮而賓舉之也云厥明獻賢能之書於王者今日行鄉飲酒之禮至其明日獻此賢能之書于王王再拜而受之登于天府也云是禮乃三年正月而一行也者欲見彼是天子鄉大夫法諸侯鄉大夫無文以此約之故云諸侯之鄉大夫貢士於其君蓋亦如此云但無正文故云蓋以疑之也云古者年七十至學焉案略說云大夫七十而致仕老於鄉里名曰父師士曰少師以教鄉人子弟於門塾之基而教之學焉是也云賢者爲賓其次爲介又其次爲衆賓而與之飲酒是亦將獻之以禮禮賓之也者謂據此經諸侯鄉大夫貢士之法亦如天子之鄉大夫貢法故云亦也若據鄉貢一人其介與衆賓不貢之矣但立介與衆賓輔賓行鄉飲酒之禮待後年還以貢之耳案射義云古者天子之制諸侯歲獻貢士注引舊說大國三人次國二人小國一人大國三鄉次國二鄉小國一鄉所貢之士與鄉同則鄉送一人至君所其國有遂數亦同其鄉弁有公邑采地皆有賢能貢之而貢士與鄉數同不言遂與公邑采地所貢者蓋當鄉送一人至君所君又總校德之大小取以貢之縱取鄉外仍準鄉數爲定鄉大夫雖行飲酒禮賓之于君其簡說仍更行飲酒禮賓之於王是易觀盥而不薦鄭注云諸侯貢士於天子鄉大夫貢士於其君必以禮賓之唯主人盥而獻賓賓盥而酢主人設薦俎則弟子也是鄉大夫及諸侯貢士皆行飲酒禮禮賓也云今郡國至之說然者鄭欲解此鄉飲酒貢士法彼漢時所行飲酒禮者是正齒位與此不同之意漢時已罷諸侯之國而爲郡郡有大守而封王子母弟者仍爲國故云郡國也云十月行此飲酒禮者謂行此鄉飲酒禮也云以黨正每歲邦索鬼神而祭祀者則禮記郊特牲云蜡者索也歲十二月合聚萬物而索饗之周謂之十二月即夏之十月農功畢而蜡祭也云則以禮屬民而飲酒于序以正齒位者屬聚也謂當蜡祭之月黨正聚民於序學中以三時務農將闕於禮此時農隙故行正齒位之禮則禮記鄉飲酒義云六十者坐五十者立侍六十者三豆七十者四豆八十者五豆九十者六豆年長者在上是正齒位之法也云之說然者漢時十月飲酒禮取此黨正之文而然與此篇鄉飲酒禮異也云此篇無正齒位焉者以其此篇以德行爲

本而貢之無黨正正齒位法也云凡鄉黨飲酒必於民聚之時者此鄉飲酒必於三年大比民聚之時黨正鄉飲酒亦於大蜡民聚之時也云皆欲其見化知尚賢尊長也者尚賢據此篇鄉飲酒尊長據黨正鄉飲酒也但黨正飲酒以鄉大夫臨觀行禮或鄉大夫居此黨內則亦名鄉飲酒也云孟子者孟子公孫丑篇齊王召孟子不肯朝後不得已而朝之宿於大夫景。丑之家景。子譏之曰禮云父召無諾君召不俟駕而行固將朝矣聞君命而遂不果宜與夫禮若不相似然對曰天下有達尊三爵。也德。也齒。也朝廷莫如爵鄉黨莫如齒輔世長民莫如德惡。有。得其一以慢其二哉是也引之者證鄉大夫飲酒是尚德也黨正飲酒。尊。長尚齒也爵則於此無所當連引之耳

主人戒賓賓拜辱主人荅拜乃請賓賓禮辭許主人再拜賓荅拜戒警也告也拜辱出拜其自屈辱至己門也請告以其所爲來之事不固辭者素所有志疏主人至荅拜○注戒警至有志○釋曰云拜辱出拜其自屈辱至己門也者知賓出門者見冠禮主人宿賓賓出門左鄉射戒賓亦出門故知此亦出門也云所爲來之事者謂行鄉飲酒之禮也云不固辭者素所有志者不如士相見固辭此禮辭即許者以其主人與先生謀時賓已知欲貢己又賓以學習德業擬爲賓主情意相許是以不固辭爲素有志也案冠禮主人先拜賓荅拜此賓先拜主人荅拜者彼冠禮主人戒同寮。同。寮尊又使之加冠於子尊重之故主人先拜此則鄉大夫尊矣賓是鄉人卑矣又將貢己宜尊敬主人故賓先拜辱也是以下注云去又拜辱者以送謝之也

主人退賓拜辱退猶去也去又拜辱者以送謝之介亦如之如戒賓也疏介亦如之○注如戒賓也○釋曰言如戒賓者亦如上主人戒賓已下賓拜辱已上之事謀賓介及戒亦言賓介。意不言衆賓衆賓德劣但謀介時雖不言衆賓亦當謀之故上注兼言其次爲衆賓至於戒速之曰必當遣人戒速使知但略而不言故下云賓及衆賓皆從之是也鄉飲酒義云主人親速賓及介而衆賓自從之亦據不得主人戒速而爲自從也

乃席賓主人介席敷席也夙興往戒歸而敷賓席牖前南面主人席阼

階上西面介席西階上東面疏乃席賓主人介○注席敷至東面○釋曰知夙興往戒歸而敷席不別日者下記云鄉朝服而謀○賓介皆使能而不宿戒是同日也鄭知賓介與主人席位如此者案鄉飲酒義云主人者尊賓故坐賓於西北而坐介於西南以輔賓賓者接人以義者也故坐於西北主人者接人以仁以德厚者也故坐於東南而坐僎於東北以輔主人也又云賓必南面介必東鄉介賓主也鄉射云乃席賓南面席主人于阼階上西面以此故知賓主及介其位然也

衆賓之席皆不屬焉

席衆賓於賓席之西不屬者不相續也皆獨坐明其德各特疏衆賓至屬焉○注席衆至各特○釋曰鄭知衆賓席在賓席之西者見鄉射云席賓南面東上衆賓之席繼而西此衆賓之席亦當然但此不屬爲異耳云皆獨坐明其德各特者鄉射注云言繼者甫欲習衆庶未有所殊別此乃特賓於君故衆賓之席皆不屬焉明三物已久其德各特故不屬續其席雖不屬猶統賓爲位同南面也

尊兩壺于房戶閒斯禁有玄酒在西設篚于禁南東肆加二勺于兩壺。

斯禁禁切地無足者玄酒在西上也肆陳也疏尊兩至兩壺○注斯禁至陳也○釋曰凡設尊之法但醴尊見其質皆在房內故士冠禮禮子婚禮禮婦醴皆在房隱處若然聘禮禮賓尊於東廂不在房者見尊欲與卑者爲禮相變之法設酒之尊皆於顯處見其文是以此及醮子與鄉射特牲少牢有司徹皆在房戶之閒是也燕禮大射尊在東楹之西者君尊專大惠也云設篚于禁南東肆者言東肆以頭首爲記從西向東爲肆則大頭在西也云斯禁禁切地無足者斯澌也澌盡之名故知切地無足昏禮冠禮皆云禁者士禮以禁戒爲名鄉大夫士並有禁名故鄭以大夫士雙言也是以玉藻云大夫側尊用棜士側尊用禁注云棜斯禁也大夫士禮之異也禮器云大夫士棜禁注云棜斯禁也謂之棜者無足有似於棜或因名云耳大夫用斯禁士用棜禁然則禁是定名言棜者是其義稱故禮器大夫士總名爲棜禁案特牲禮云實獸於棜注云棜之制如今大木轝矣則棜是轝非承尊之物以禁與斯禁無足似轝故世人名爲棜若然周公制禮少牢

名為楸則以周公為世人或有本無世人字者是以少牢不名斯禁謂之為楸取不為酒戒特牲云壺禁在東序記云壺楸禁饌于東序注云禁言楸者祭尚厭飫得與大夫同器不為神戒也其賓不用云楸禁不敢與大夫同名斯禁作記解注故云士用楸禁明與少牢楸同也若然士之楸禁大夫之斯禁名雖異其形同是以禮器同名楸禁也其餘士冠昏禮禮賓用醴不飲故無禁不為酒戒若天子諸侯承尊之物謂之豐上有舟是尊與卑異號也

設洗于阼階東南南北以堂深東西當東榮水在洗東篚在洗西南肆榮屋翼

疏設洗至南肆○注榮屋翼○釋曰云南北以堂深者堂深謂從堂廉北至房室之壁堂下洗北去堂遠近深淺取於堂上深淺假令堂深二丈洗亦去堂二丈以此為度云榮屋翼者榮在屋棟兩頭與屋為翼若鳥之有翼故斯干詩美宣王之室云如鳥斯革如翬斯飛與屋為榮故云榮也

羹定肉謂之羹定猶孰也

疏羹定○注肉謂至孰也○釋曰云肉謂之羹者爾雅文言肉正謂其狗孰云定者孰即定止然故以定言之言此者以與速賓時節為限不敢煩勞賓故限之也

主人速賓賓拜辱主人荅拜還賓拜辱速召也還猶退

疏主人至拜辱○釋曰自此至皆從之論主人往賓門召之使來之事案鄉射云主人朝服乃速賓賓朝服出迎再拜彼云乃速賓此不云主人乃者彼戒速別服故云乃以閑之此戒速雖與彼同但此戒速同服故不云乃云主荅拜還賓拜辱案聘禮云賓入境至近郊使下大夫至賓館下大夫遂以賓入賓送不拜又公食大夫禮使大夫戒賓大夫還賓不拜送遂從之鄉注云不拜送者為從之不終事皆不拜送此獨拜送者亦是鄉大夫尊賓卑又擬貢故特拜辱而送之異於餘者

介亦如之。如速賓也

賓及眾賓皆從之從猶隨也言及眾賓介亦在其中矣

疏賓及至從之○注從猶至中矣○釋曰鄭云言及眾賓介亦在其中矣者上文戒及速皆言賓與介不言眾賓及從主人來即言賓及眾賓眾賓不戒不速尚從主人則介在從主人可知也

主人一相迎于門外再拜賓

賓荅拜，拜介，介荅拜。相，主人之吏，擯贊傳命者。

【疏】主人至荅拜○注相主至命者○釋曰：自此至荅再拜，論主人迎賓入升堂幷拜至之事。云主人一相迎于門外者，謂主人於羣吏中立一相，使傳賓主之命。主人乃自出迎賓於大門外，必非一相迎賓者，案鄉飲酒義云主人拜迎賓于庠門之外，明主人自迎。若然，主人輒言一相者，欲見使一相傳命乃迎，故云相主人之吏擯贊傳命者也。若然，士相見注異日則拜迎，同日不拜迎者，彼以摯相見法，此自以賓舉賢能，故與彼異也。

揖衆賓。差益卑也。拜介，揖衆賓，皆西南面。

【疏】揖衆賓○注差益至南面○釋曰：云差益卑者，以上文主人迎賓而拜介，是介差卑於賓，今於衆賓不拜，直揖之而已，故云差益卑也。知拜介揖衆賓皆西南面者，以其賓介衆賓立位在門外，位以北爲上，主人與賓正東西相當，則介與衆賓差在南東面，明知主人正西面拜賓，則側身向西南拜介揖衆賓矣。

主人揖先入。揖，揖賓也。先入門而西面。

【疏】主人揖先入○注揖揖至西面○釋曰：此鄉大夫行鄉飲酒在庠學，唯有一門，卽向階，門內既有三揖，故主人導賓揖而先入門，至內霤西向待賓也。

賓厭介，入門左；介厭衆賓，入；衆賓皆入門左，北上。皆入門西東面，賓之屬相厭，變於主人也。推手曰揖，引手曰厭。今文皆作揖，又曰衆賓皆入左，無門。

【疏】賓厭至北上○注皆入至無門○釋曰：主人入後，賓乃厭介，介厭衆賓，相隨入門，皆東面北上。定位賓既北上，主人西面相向，揖訖，乃相背各向堂塗，介與衆賓亦隨賓至西階下也。云賓之屬相厭變於主人也者，以賓與介衆賓等自用引手而入，故不揖，是變於主人也。云推手。揖，引手曰厭者，厭字或作撎字者，古字義。亦。通也。云推。手揖者，案周禮司儀云士揖庶姓，時揖異姓，天揖同姓，鄭以推手小下之爲士。揖，平推手爲時揖，推手小舉之爲天揖，皆以推手爲揖。又案僖二年公羊傳荀息進曰：虞郭見與獻公揖而進之。何休云以手通指曰揖，與此別者，推手解其厭狀，通指道其揖意也。鄭則解揖體，何氏釋其揖意，相兼乃足也。云引手曰厭者，以手向身引之。云今文皆作揖者，鄭不從也。云又曰衆賓皆入門左無門，亦不從也。

主人與賓

三揖至于階三讓主人升賓升主人阼階上當楣北面再拜賓西階上當楣北
面荅拜三揖者將進揖當。陳揖當碑揖楣前梁也復拜拜賓至此堂尊之疏主人至荅拜○注三揖至尊之○釋曰云三讓主人升者主人先升
賓後升故鄉射云主人升一等賓升是也云三揖者將進揖當陳揖當碑揖者爾雅陳堂塗也云楣前梁也者對後梁爲室戶上云復拜賓至此堂尊之者案
公食禮云公升二等賓升公當楣北鄉至再拜燕禮大射皆云主人升自西階賓右至再拜鄉飲酒義亦云拜至拜洗皆不云至者略之是知此升堂拜亦是
拜至可知凡拜至者皆是尊之也主人坐取爵于篚降洗將獻賓也疏主人至降洗○注將獻賓也○釋曰自此至主人阼階上
荅拜論主人盥洗獻賓之節也云主人坐取爵于篚者篚在堂上尊南故取之乃降也賓降。從主人也主人坐奠爵于階前辭
重以己事煩賓也事同曰讓事異曰辭疏注重以至曰辭○釋曰主人獻賓乃是主人事故云重以己事煩賓也云事同曰讓事異曰辭者事同謂若上
文主人與賓俱升階而云三讓是也事異若此文主人有事賓無事是事異則曰辭此對文爲義若散文則通是以周禮司儀云主君郊勞交擯三辭車逆拜
辱三揖三辭拜受注云三辭重者先辭辭其以禮來於外後辭辭升堂事同而云辭是其通也賓對對荅也賓主之辭未聞疏注賓主之辭未聞○
釋曰其辭未聞者謂若冠禮醮辭之等雖行事辭不見於後以次見辭此則無見辭之事故云未聞也主人坐取爵興適洗南面
坐奠爵于篚下盥洗已盥乃洗爵致絜敬也今文無奠疏主人至盥洗○注已盥至無奠○釋曰案鄉飲酒義云主人盥洗揚觶所
以致絜也拜至拜洗拜受拜送所以致敬也此經先言盥後言洗則盥手乃洗爵者所以致絜鄭取鄉飲酒義爲言也若然盥手洗爵止是致絜拜受之等乃
是致敬并言敬者鄭注兼拜至拜受而言耳賓進東北面辭洗必進東行示情疏。賓進東北面辭洗○釋曰案下經云賓復位當西序

東面注云言復位者明始降時位在此者案鄉射賓進東北面辭洗彼注云必進者方辭洗宜違其位也言東北面則位南於洗矣是其賓初降立至于序南東鄉至於主人洗爵乃東行故此得北面辭洗也云示情者賓進前就主人示謙下主人之情也

主人坐奠爵于篚興對賓復位當西序東面言復位者明始降時位在此

疏 主人至東面〇注言復至在此〇釋曰上經奠爵于階前者主人未洗見賓降即奠爵故在階前奠爵此即至洗將洗爵見賓辭故奠爵於篚與對故不同也云言復位者明始降時位在此者上始降時直云賓降不言處所於此見之是舉下以明上之義也

主人坐取爵沃洗者西北面沃洗者主人之羣吏

疏 主人至北面〇注沃洗至羣吏〇釋曰知主人羣吏者下記云主人之贊者西面北上不與注云贊佐也謂主人之屬佐助主人之禮事徹鼏沃盥設薦俎是也

卒洗主人壹揖壹讓升俱升古文一作壹

疏 卒洗至讓升〇注俱升〇釋曰知俱升者鄉射云主人卒洗一揖一讓以賓升明俱升可知若然上文主人先升賓乃升者以初至之時賓客之道進宜難故主人升導之至此以辭讓訖故略威儀而俱升也

賓拜洗主人坐奠爵遂拜降盥復盥爲手坋汙

疏 賓至降盥〇注復盥爲手坋汙〇釋曰言奠爵遂拜者因事曰遂是以燕禮云賓受酬坐祭酒遂奠于薦東注云遂者因坐而奠不北面是其類也凡賓主行事相報皆言荅此不言荅省文也

賓降主人辭賓對復位當西序卒盥揖讓升賓西階上疑立疑讀爲疑然從於趙盾之疑疑正立自定之貌

疏 賓降至疑立〇注疑讀至之貌〇釋曰言揖讓升不言一揖一讓從上可知云疑讀爲疑然從於趙盾之疑疑正立自定之貌者案宣公六年公羊傳云晉靈公欲殺趙盾於是伏甲于宮中召趙盾而食之趙盾之車右祁彌明者國之力士也仡然從乎趙盾而入放乎堂下而立何休云仡然壯勇貌鄭氏以仡然從乎趙盾而入放乎堂下而立不取何休注義以鄉射注云疑止也有矜莊之色自定其義不殊字義與何少異

也

主人坐取爵實之賓之席前西北面獻賓獻進也進酒於賓疏主人至獻賓○注獻進至於賓○釋曰云西北面者賓在西階北面將就席受故西北面向其席故也

賓西階上拜主人少退少退少辟賓進受爵以復位

主人阼階上拜送爵賓少退復位復西階上位疏賓進至少退○釋曰云賓進者以賓西階上疑立今見主人西北面獻於己席前故賓進將於席前受之故也案鄉射云賓進受爵於席前復位此不言席前文不具也

薦脯醢薦進也進之者主人有司疏○薦脯醢○注薦進至有司○釋曰知非主人自薦者案昏禮禮賓贊者薦脯醢周禮膳宰薦脯醢皆非主人故知此亦非主人是有司也

賓升席自西方。升由下也升必中席疏賓升席自西方○注升由至中席○釋曰案曲禮云席南鄉北鄉以西方爲上今升席自西方云升由下者以賓統於主人以東方爲上故以西方爲升由下也

乃設折俎牲體枝解節折。在俎疏乃設折俎○注牲體至。在俎○釋曰凡解牲體之法有全蒸其豚解爲二十一體體解即此折俎是也是以下有賓俎脊脅肩介俎脊脅肫胳是體解也

主人阼階東疑立賓坐左執爵祭脯醢坐坐於席祭脯醢者以右手疏主人至脯醢○注坐坐至右手○釋曰知賓坐坐於席上者上文賓升席下文降席故知此坐在席可知云祭脯醢者以右手者此經左執爵明祭用右手是以鄉射亦云右祭脯醢

奠爵于薦西興右手取肺卻左手執本坐弗。繚右絕末以祭尚左手嚌之興加于俎興起也肺離之本端厚大者繚猶紾也大夫以上威儀多紾絕之尚左手者明垂紾之乃絕其末嚌嘗也疏奠爵至于俎○注興起至嘗也○釋曰奠爵於薦右者爲取肺奠之將舉故奠於右禮記少儀云取俎進俎不坐是以取時奠爵興至加于俎又興也云肺離之本端厚大者此是舉肺封者。於。下。記。文本謂根本肺之大端故云厚大云繚猶紾也者弗繚。郤。弗。紾一也云大夫以上威儀多者此鄉飲酒

大夫禮故云繚祭鄉射士禮云絕祭但云繚必兼絕言絕不得兼繚是以此經云繚兼言絕也言大夫以上則天子諸侯亦繚絕兼有但禮篇亡無以可知也案周禮大祝云辨九祭七曰絕祭八曰繚祭注云本同禮多者繚之禮略者絕則祭之亦據此與鄉射而言也大夫已上爲繚祭燕禮大射雖諸侯禮以賓皆大夫爲之臣在君前故不爲繚祭皆爲絕祭也云嚌嘗也者嚌至齒則嘗之也

坐挩手遂祭酒挩拭也古文挩作說

疏坐挩手遂祭酒○注挩拭至作說○釋曰案內則事佩之中有帨則賓客自有帨巾以拭手也坐挩手因事曰遂因坐祭酒故云遂也案鄉射坐挩手執爵遂祭此不言執爵省文也

與席末坐啐酒啐亦嘗也

疏與席末坐啐酒○注啐亦嘗也○釋曰言席末謂於席之尾故云末鄉飲酒義云祭薦祭酒敬禮也嚌肺嘗禮也啐酒成禮也於席末言是席之正非專爲飲食也此所以貴禮而賤財也注云祭薦祭酒嚌肺於席中唯啐酒於席末是也啐酒於席末者酒是財賤財之義也云啐亦嘗者亦前肺云嚌是至齒爲嘗此酒云啐謂入口爲嘗雖至齒入口不同皆是嘗也又肺於前用之不得言成禮酒後乃用故云成禮異於肺也

降席坐奠爵拜告旨執爵興主人阼階上荅拜降席席西也旨美也

疏降席至荅拜○注降席至美也○釋曰賓拜告旨主人拜崇酒其節同義即異矣賓言旨甘主人之位啐則賓拜之主人云崇者崇充也謝賓以酒惡相充實飲訖乃崇酒先後亦同也

西階上北面坐卒爵興坐奠爵遂拜執爵興主人阼階上荅拜卒盡也於此盡酒者明此席非專爲飲食起

疏賓西至荅拜○注卒盡至食起○釋曰言遂拜者亦因奠爵不起因拜也云於此盡酒者明此席非專爲飲食起者但此席爲賓賢能起故謂在席盡爵於此西階上卒之也云不專爲飲食者啐酒於席末兼爲飲食之事故以不專言之也

儀禮疏卷第八

儀禮注疏卷八校勘記　　阮元撰盧宣旬摘錄

鄉飲酒禮第四

獻賢者能者於其君　按獻上釋文有將字

故以爲諸侯鄉大夫也　閩本要義同毛本鄉作卿非也

謂諸侯鄉大夫　閩本鄉仍作卿

鄭彼注云　云當從要義作方

又有鄉大夫士飲國中賢者　通解要義楊氏卿俱作鄉非通解鄉下衍士字

還是鄉飲酒黨飲酒法　要義同毛本作還是州長黨正飲酒法

鄉飲酒之禮

賓介處士賢者　者下通典有也字按通典引諸經傳注往往增入也字就此篇論之如明其德各特也拜賓至此堂尊之也進酒於賓也復西階上位也坐於席也以右手也酬之言周也賓謙不敢居堂上也不嚌啐下賓也就賓南授之也下賓也長其老者也賤者禮簡也謂歌與衆聲俱作也示絜敬也以察衆也又以序相酬也此類甚多豈古本俱有也字而今本盡刪之歟凡類書徵引羣籍有刪無增此或原本如是今不能一一細校聊誌其概於此

孝友睦姻任恤徐本同毛本姻作婣

受法於司徒徐葛通解同毛本法作灋按法灋今本錯出

先就庠學者若先生盧文弨改若作告云賓介皆庠中之學士

云賓介處士賢者按者字當重

數九數之計九閩本誤作品毛本計下有也字

教成亦使鄉大夫毛本亦作之

二鄉公一人毛本鄉作卿

而教之學焉毛本同要義學作孝

賓之于君其餼訖通解要義同毛本君其作其君

是易觀盥而不薦盧文弨云是字疑衍或當作案○按是下當有以字疏每省之

唯主人觀而獻賓盧文弨改觀爲盥

宿於大夫景丑之家要義同毛本丑下有氏字○按此節疏引孟子多以意增改非有誤字也

景子譏之曰子要義作丑

君召 要義同毛本君下有命字

爵也德也齒也 要義同毛本三也字俱作一

惡有得其一 要義毛本有得作得有

尊長尙齒也 要義同毛本尊長作是字

主人戒賓

主人戒同寮同寮尊 同寮閩本不重

介亦如之

意不言衆賓 要義同毛本意作竟○按意字屬上句亦言賓介意者謂拜辱禮辭也

尊兩壺于房戶閒○加二勺于兩壺 壺徐本監本俱誤作壼後凡誤尊言壼皆壺字之誤不悉校

如今大木輿矣 輿特牲注作轝

設洗于阼階東南

北至房室之壁 通解楊氏同毛本室作屋

假令堂深二丈 閩本通解楊氏同毛本二作三監本此句作三下句作二

介亦如之

如速賓也速賓徐本集釋俱作賓速

主人揖先入

揖賓也揖下要義有衆字

賓厭介

皆東面北上定位定閩本作賓

云推手揖引手曰厭者毛本揖上有曰字要義此句有曰字下推手曰揖句無曰字○按注當有曰字

古字義亦通也亦通要義作通用

主人與賓三揖

當陳揖張氏曰監巾箱杭本陳皆作楣自嚴本以後始正作陳疏引爾雅陳堂塗也從嚴本○按通典作塗塗即堂塗也雖不如陳字之古其義則同

賓進東北面辭洗

案下經云浦鏜云自此至位在此者二十六字係上文賓降二字下朱子自按今誤入疏內當正之○按賈氏朱子各引下經以釋本節

此二十六字此本已有非從通解誤入

主人坐奠爵于篚

此卽至洗　浦鏜云既誤卽

主人坐取爵

徹鼏沃盥　通解要義同毛本鼏作鼎○按作鼏與下記合

卒洗

古文一作壹　壹一徐本毛本互易集釋通解要義俱與毛本同張氏曰按經云壹揖壹讓升壹字當在上從經○按張氏云從經云非有別本可據也通解似卽依張氏而毛本又依通解耳

賓降

讀爲疑然從於趙盾之疑　兩疑字徐本集釋通解俱作疑毛本俱作佁閩葛俱上作佁下作疑臧琳曰公羊注佁然勇壯貌鄭所據公羊作疑然乃立定之貌不取勇壯義蓋嚴顏之異注疏本改同何本誤也

疑正立自定之貌　徐葛閩本集釋通考楊氏同與疏合張氏云注曰疑正立自定之貌獨毛本正作然監本正作止鄉射注曰疑止也諸本皆同○按士昏禮注曰疑正立自定之貌公食大夫注曰疑正立也傳寫者誤以二正爲止並從士昏及公食大夫禮

云疑讀爲疑然從於趙盾之疑要義同毛本下兩疑字俱作仡

賓西階上拜

少辟少釋文作小辟毛本作避釋文徐葛閩本通解敖氏俱作辟張氏曰鄉射經曰主人少退注曰少退猶少辟也經又曰賓少退注曰少退少逡遁也按釋文少辟少逡遁皆作小蓋鄭氏以小釋少改作小從釋文○按避張本亦作辟至監本始作避而毛本因之陸氏云辟婢亦反一音避然則辟字原有兩音其音婢亦反者即辟易之辟也今竟改作避又仍依通解音曰辟音避瞀亂之甚

賓升席自西方

升由下也由下通典作猶上

乃設折俎

節折在俎徐葛閩本集釋通解要義楊氏同毛本在作右

注牲體至在俎毛本在誤作右

奠爵于薦西○弗繚惠棟云依疏說則弗字衍○按疏云弗繚即弗紾一也用弗字非衍文大祝注引此經亦有弗字但此注及疏俱未明弗字之義

此是舉肺刲者於下記文本謂根本於下記文四字毛本脫通解亦無

卽弗紾三字閩本脫

入曰繚祭注云通解毛本云下有繚祭以手從肺本循之至于末乃絕以祭絕祭不循其本直絕以祭二十六字此本無

坐挩手

古文挩作說按釋文云坐挩始銳反拭也注挩同今注中無帨字疑說字本作帨故賈疏以內則之帨釋之浦鏜改說爲帨似有理後凡言古文挩作說放此

有挩挩通解要義俱作帨下挩巾同○段玉裁云據此知經文挩手字本作帨後人改巾從才耳

降席

主人拜崇酒毛本人作入盧文弨改入爲人

崇充也充閩本要義俱作充下同毛本充作克監本此句作克下句作充○按充是也

賓西階上北面坐

非專爲飲食起食徐本集釋通解楊氏俱作食與疏合毛本食作酒

故謂在席盡爵毛本謂下有不字通解無謂字

云不專爲飲食者毛本食下有起字

儀禮注疏卷八校勘記

儀禮疏卷第九

唐朝散大夫行大學博士弘文館學士臣賈公彥等撰

賓降洗將酢主人【疏】賓降洗○注將酢主人○釋曰自此已下至西階上荅拜論賓酢主人之事云將酢主人者案爾雅云酢報也前得主人之獻今將酌以報之故降洗而致絜敬故云將酢主人也主人降亦從賓也降降立阼階東西面【疏】主人降○注降。立至西面○釋曰知面位如此者案下云主人復阼階東西面故知此當於阼階東西面也賓坐奠爵興辭西階前也【疏】賓坐奠爵興辭○注西階前也○釋曰鄭知西階前者鄉射云賓西階前東面坐奠爵興辭降此亦然故也主人對。賓坐取爵適洗南北面主人阼。階東南面辭洗賓坐奠爵于篚興對主人復阼階東西面賓東北面盥坐取爵卒洗揖讓如初升主人拜洗賓荅拜興降盥如主人禮賓實爵主人之席前東南面酢主人主人阼階上拜賓少退主人進受爵復位賓西階上拜送爵薦脯醢主人升席自北方設折俎祭如賓禮祭者祭薦俎及酒亦嚌啐【疏】主人至賓禮○注祭者至嚌啐○釋曰此賓坐取爵適洗南盥坐取爵卒洗以此言之則賓未盥主人辭洗案鄉射禮盥訖將洗主人乃辭洗先後不同者彼與鄉人習禮輕故盥訖乃辭洗此鄉人將賓。舉之故未盥先辭洗重之故也若然鄉射禮內兼有鄉大夫卽尊與州長同於盥後辭洗者以其盥後辭洗是禮之常。故也但鄉射賓坐取爵適洗坐奠爵于篚下主人辭洗之時賓方奠爵于篚下此不奠爵篚下便言奠爵于篚者鄉射云賓坐取爵洗之時未得主人之命故得奠於篚下得主人之命乃奠于篚此則賓取爵適洗未奠之時主人卽辭故尊于篚也云揖讓如初升者謂前主人卒洗一揖一讓升也云降盥如主人禮者謂如主人降盥禮則此賓降主人亦降賓辭降主人對一與主人降辭已下同也云祭如賓禮者如上賓祭時坐左執爵右祭脯醢奠爵于薦西興右手取肺卻左手執本坐弗繚右絕末以祭尙左手嚌之興加于俎坐挩手遂祭酒興席末坐啐酒故云祭如賓禮云祭者祭薦俎及酒者薦謂脯醢俎卽離肺也云亦嚌啐者直云祭如賓禮嫌祭不嚌啐故鄭明之云亦嚌肺啐酒是以下文云不告旨明亦啐也

不告旨酒己物也

自席前適阼階上北面坐卒爵興坐奠爵遂拜執爵興賓西階上荅拜自席前者啐酒席末因從北方降由便也【疏】○自席至荅拜○注自席至便也○釋曰案曲禮云席東鄉西鄉以南方爲上南鄉北鄉以西方爲上凡升席必由下降由上今主人當降自南方以啐酒於席末遂因從席北頭降又從北向南北面拜是由便也若降由上之正亦是便故下云主人作相降席自南方不由北方亦由便也

主人坐奠爵于序端阼階上北面再拜崇酒賓西階上荅拜東西牆謂之序崇充也言酒惡相充實【疏】○主人坐奠爵于序端○注東西至充實○釋曰奠爵于序端者擬後酬賓訖取此爵以獻介也云東西牆謂之序者爾雅釋宮文但彼云東西廂廂卽牆故變言之也

主人坐取觶于篚降洗賓降主人辭降賓不辭洗立當西序東面不辭洗者以其將自飲【疏】主人至東面○釋曰自此至復位論主人酬賓之事○注不辭至自飲○釋曰酬酒先飲乃酬賓故云將自飲若然既自飲而盥洗者禮法宜絜故也若然經云賓降主人辭應奠爵不言者理在可知故爲文略也

卒洗揖讓升賓西階上疑立主人實觶酬賓阼階上北面坐奠觶遂拜執觶興賓西階上荅拜酬勸酒也酬之言周忠信爲周【疏】卒洗至荅拜○注酬勸至爲周○釋曰云賓西階上疑立者待主人自飲故也云酬之言周忠

信爲周者此解主人將酬賓先自飲以其酬賓若不自先飲。忠信恐賓不飲示忠信之道故先自飲乃飲賓爲酬也忠信爲周國語文

主。人不坐祭遂飲卒觶興坐奠觶遂拜執觶興賓西階上荅拜主人降洗賓降辭如獻禮升不拜洗不拜洗殺於獻

【疏】坐祭至拜洗○注不拜洗殺於獻○釋曰云坐祭遂飲者因坐祭卽飲飲卒觶因事曰遂故曰遂○云辭如獻禮者主人辭賓降主人爲己洗爵此與獻賓時同故云辭如獻禮禮殺升堂不拜洗與獻時異故別言之使不蒙如也禮殺於獻者獻時拜洗禮初不殺故也

賓西階上立主人實觶賓之席前北面賓西階上拜主人少退卒拜進坐奠觶于薦西賓已拜主人奠其觶

【疏】賓西至薦西○注賓已至其觶○釋曰賓已拜主人奠其觶者非久停下文賓取之奠于薦東是也

賓辭坐取觶復位主人阼階上拜送賓北面坐奠觶于薦東復位酬酒不舉君子不盡人之歡不竭人之忠以全交也

【疏】賓辭至復位○注酬酒至交也○釋曰賓辭不解所辭之事案鄉射二人舉觶于賓賓與大夫進坐奠于薦右賓與大夫辭坐受觶以興注云辭辭其坐奠觶以彼云賓與大夫辭卽云坐受觶以興若自手受之以舉觶是禮己故賓與大夫可以當亢荅之禮得云辭其親奠此。禮初賓謙卑不辭其奠故經不云坐受以興然此辭是主人復親酌己故鄉射主人酬賓云賓辭鄭注云辭主人復親酌己是也云酬酒不舉君子不盡人之歡不竭人之忠以全交也者並曲禮文案彼歡謂飲食忠謂衣服引之幷謂飲食者鄭於彼歡與忠相對解之故歡爲飲食忠爲衣服通而言之總爲飲食於義合也云全交者所有飲食與己己盡之恐人嫌貪而交絶故不盡爲全交酬酒不飲亦是全交故引爲證也此以奠於薦東爲酬酒不舉案燕禮二人媵爵于公奠于薦南彼皆舉爲旅酬而在左者鄭彼注云奠于薦南不敢必君舉也案特牲主人酬賓奠于薦北彼舉旅而在左者鄭彼云行神惠故不與此同也

主人揖降賓降立

于階西當序東面主人將與介爲禮賓謙不敢居堂上疏主人至東西○注主人至堂上○釋曰自此下至主人介右荅拜論主人獻介之事

主人以介揖讓升拜如賓禮主人坐取爵于東序端降洗介降主人辭降介辭洗如賓禮升不拜洗介禮殺也疏主人至拜洗○注介禮殺也○釋曰案上主人迎賓之時介與衆賓從入又主人與賓三揖至於階之時介與衆賓亦隨至西階下東面今此文云揖讓升如賓禮則唯於升堂時相讓無庭中三揖之事矣升堂而云拜者謂拜至亦如賓矣云介禮殺也者謂不拜洗是以鄉飲酒義云三讓以賓升拜至獻酬辭讓之節繁及介省矣是也

介西階上立不言疑者省文疏注不言疑者省文○釋曰此決上獻酬辭賓時賓於西階上疑立此亦當獻酒節而不言疑者省文也

主人實爵介之席前西南面獻介介西階上北面拜主人少退介進北面受爵復位主人介右北面拜送爵介少退主人拜于介右降尊以就卑也今文無北面疏主人至少退○注主人至北面○釋曰云主人介之席前西南面獻介者以介席東面故邪向之若獻賓時於賓席前北面向之也主人拜于介右降尊以就卑也者以主人獻賓時主人自在阼階今於獻介主人來在西階介右是介卑故降主人之尊就西階介之東北面拜也至旅酬皆同階者禮殺故也

主人立于西階東薦脯醢介升席自北方設折俎祭如賓禮不嚌肺不啐酒不告旨自南方降席北面坐卒爵興坐奠爵遂拜執爵興主人介右荅拜不嚌啐下賓疏主人至荅拜○注不嚌啐下賓○釋曰云主人立于西階東者始獻介之時近西在介右今於設薦之時主人無事稍近東案上獻賓薦設之時主人云疑立此不言者文略也云主人介右荅拜者還近西於前立處荅拜也

介降洗主人復阼階

降辭如初如賓酢之時疏介降至如初○注如賓酢之時○釋曰自此至介降立于賓南論介酢主人之事云主人復阼階降辭如初者如賓酢主人之時介辭主人從己降主人辭介爲己洗一皆如之也卒洗主人盥盥者當爲介酌疏卒洗主人盥○注盥者當爲介酌○釋曰此主人自飲而盥者尊介也是以鄉射云大夫將酢主人卒洗主人盥注云盥者雖將酌自飲尊大夫不敢褻是其類也介揖讓升授主人爵于兩楹之閒就尊南授之介不自酌下賓酒者賓主共之疏介揖至之閒○釋曰揖讓升者謂一揖一讓升也云授主人爵于兩楹之間以爵授主人也○注就尊至共之○釋曰知兩楹閒是尊南者以上云尊於房戶閒房戶閒當兩楹之北故云就尊南授之也云介不自酌下賓者以其賓親酌以酢主人此不自酌故云下賓也云酒者賓主共之者此鄭解酒賓主共之故賓自酌以酢主人介卑故不敢酌是以鄉飲酒義云尊於房戶之閒賓主共之是也介西階上立主人實爵酢于西階上介右坐奠爵遂拜執爵興介荅拜主人坐祭遂飲卒爵興坐奠爵遂拜執爵興介荅拜主人坐奠爵于西楹南介右再拜崇酒介荅拜奠爵西楹南以。當獻衆賓疏介西至荅拜○釋曰此主人既受爵介無事故於西階上立不言疑立可知也亦省文○注奠爵至衆賓○釋曰知此奠爵爲衆賓者案下文云主人揖升坐取爵于西楹下是也鄉射無介故獻衆賓時於東序端取爵獻訖奠爵于篚也主人復阼階揖降介降立于賓南疏主人至賓南○釋曰向來主人與介行禮於西階上事訖故復阼階揖讓降介降立于賓南者以將獻衆賓故介無事就賓南也主人西南面三拜衆賓衆賓皆荅壹拜三拜示徧不備禮也不升拜賤也疏主人至壹拜○注三拜至賤也○釋曰自此已下至奠于篚論獻衆賓之事云西南面者以其主人在阼階下衆賓在賓介之南故西南向拜之云三拜壹拜示偏不備禮也者衆賓各得主人一拜主人亦偏得一拜是不備禮故鄉射云三拜衆賓衆賓皆荅壹拜彼注云三拜示偏也壹拜不備禮也大夫禮皆然故少牢云主人。三拜餕者餕者皆荅拜鄭云三拜旅之示偏也又有司徹云主人降南面拜衆賓于門東三拜衆賓門東北面皆荅壹拜大夫尊故也士則荅再拜故特牲云主人三拜衆賓衆賓荅再拜鄭云衆賓再拜者士賤旅之得備禮是也云不升拜賤也者此決上主人與賓介行禮皆升堂拜至此三拜賓賤故不升拜至也

主人揖升坐取爵于西楹下降洗升實爵于西階上獻衆賓衆賓之長升拜受者三人長其老者言三人則衆賓多矣【疏】主人至三人○注長其至多矣○釋曰云主人揖升者從三人爲首一一揖之而升也云降洗升實爵者以下不更言洗則以下因此不復洗矣云西階上獻衆賓者下別言衆賓之長三人則衆賓之中兼言堂下衆賓故鄭云衆賓多矣自三人已下於下便以次歷言之矣云拜受者三人則堂下衆賓不拜受矣

主人拜送於衆賓右【疏】主人拜送○注於衆賓右○釋曰知在衆賓右拜送者約上文介右而知也

坐祭立飲不拜既爵授主人爵降復位既卒也卒爵不拜立飲立授賤者禮簡【疏】坐祭至復位○注既卒至禮簡○釋曰云卒爵不拜立飲立。授爵賤者禮簡者賓賢能以賢者爲賓其次爲介不問長幼其三賓德劣于賓介則數年之長幼故。上衆賓之長也賓介則坐祭坐飲又拜既爵此三賓則坐祭與賓介同不拜既爵立飲立授則異賤故禮簡也

衆賓獻則不拜受爵坐祭立飲次三人以下也不拜禮彌簡【疏】衆賓至立飲○注次三至彌簡○釋曰此據堂下衆賓不拜受簡於三人故云禮彌簡也

每一人獻則薦諸其席謂三人也【疏】每一至其席○注謂三人也○釋曰上已云獻此以下別言薦云每一人還發三人而言云每一人獻則薦諸其席則一一得獻卽薦之以其言席又下別言衆賓則。此三是三人故鄭云三人也

衆賓辯有脯醢亦每獻薦於其位位在下今文辯皆作偏

疏衆賓辯有脯醢○注亦每至作偏○釋曰云亦每獻薦於其位者如上三人一一薦之知位在下者以其言堂下立侍不合有席既不言席故位在下既不言其數則鄉人有學識者皆來觀禮皆入飲酒之內是以鄉射云旅酬堂上辯卒受者與以旅在下者明衆賓在堂下也主人以爵降奠于篚不復用也疏主人至于篚○釋曰以此合一獻偏不復用故以主人爵降奠於篚也揖讓升賓厭介升介厭衆賓升衆賓序升即席序次也即就也今文厭皆爲揖疏揖讓至即席○注序次至爲揖○釋曰自此至舉觶者降論偏獻衆賓訖將以旅酬之事云衆賓序升者謂三賓堂上有席者以年長爲首以次即席也云今文厭皆爲揖不從者以賓相引以手不得爲揖故也一人洗升舉觶于賓一人主人之吏發酒端曰舉疏一人至于賓○注一人至曰舉○釋曰此一人舉觶爲旅酬也云發酒端曰舉者從上至下偏飲訖又從上而起是發酒端曰舉也實觶西階上坐奠觶遂拜執觶興賓席末荅拜坐祭遂飲卒觶興坐奠觶遂拜執觶興賓荅拜降洗升實觶立于西階上賓拜賓拜拜將受觶疏賓觶至賓拜○注賓拜拜將受觶○釋曰云賓席末荅拜者謂於席西南面非謂席上近西爲末以其無席上拜法也已下賓拜皆然進坐奠觶于薦西賓辭坐受以興舉觶不授下主人也言坐受者明行事相接若親受謙也疏進坐至以興○注舉觶至謙也○釋曰云舉觶不授下主人也者決上主人獻賓皆親授而奠之今不親授是下主人鄉射注云不授賤不敢也下主人明此亦賤不敢授也云言坐受者明行事相接若親受謙也者若於人手相授受名爲受不於人取之不得言受今於地取之而言受者以主人奠之賓取之而無隔絶雖於地若手受之故云明行事相接若親受之謙也舉觶者西階上拜送賓坐奠觶于其所所薦西也疏舉觶至其所○注所薦西也○釋曰賓奠於其所者待作樂後立司正賓

乃取此觶以酬主人以其將舉故且奠之於右也舉觶者降事已疏舉觶者降○注事已○釋曰案鄉射舉觶者降後有大夫此不言者大夫
觀禮之人或來或否故不言也設席于堂廉東上爲工布席也側邊曰廉燕禮曰席工於西階上少東樂正先升北面此言樂正先升立于
西階東則工席在階東疏設席至東上○注爲工至階東○釋曰自此下至樂正告于賓乃降論主人樂賓之事大判總爲作樂其中別有四節之殊有
歌有笙有間有合次第不同也案燕禮席工于西階上即云樂正先升大射亦云席工于西階上工六人四瑟始云小樂正從之不同者燕禮主於歡心尙樂
故先云樂正先升大射主於射略於樂故辨工數乃云樂正從之也若然此主於樂。不與燕同而席工下辨工數乃云樂正升者此臣禮避。初也至於鄉射亦
應主於射略於樂而不言工數先云樂正而不與大射同者亦是避。初之事也云爲工布席也者以鄉射燕禮大射皆席工連言此不言席工文不具爾故此
爲工布席下云工入升明此席也引燕禮者欲證此席爲工又取此工席在西階東以其此經云堂廉東上不言階東故取燕禮西階上少東樂正又在工西
此下云樂正於西階東據樂正於西階東而立在工西則知工席更在階東北面可知但此言近堂廉亦在階東彼云階東亦近堂廉也工四人二
瑟瑟先相者二人皆左何瑟後首挎越內弦右手相四人大夫制也二瑟二人鼓瑟則二人歌也瑟先者
將入序在前也相扶工也衆賓之少者爲之每工一人鄉射禮曰弟子相工如初入天子相工使視瞭者凡工瞽矇也故有扶之者師冕見及階子曰階也及
席子曰席也固相師之道後首者變于君也挎持也相瑟者則爲之持瑟其相歌者徒相也越瑟下孔也內弦側擔之者疏工四至手相○注四人至之者
○釋曰云四人大夫制也者此鄉大夫飲酒而云四人大射諸侯禮而云六人故知四人者大夫制也燕禮亦諸侯禮而云四人者鄭彼注云工四人者燕禮
輕從大夫制也鄉射是諸侯之州長士爲之其中兼有鄉大夫以三物詢衆庶行射禮法故工亦四人大夫制也若然士當二人天子當八人爲差次也云二

瑟二人鼓瑟則二人歌也者既云工四人二人瑟明二人鼓瑟可知也云相扶工也衆賓之少者爲之者見鄉射云樂正適西方命弟子弟子則衆賓之少者也云每工一人者案周禮瞽三百人又此經二人瑟相者二人皆左何瑟又大射僕人正相大師以諸文言之故知每工一人若然此經工四人二人瑟相二人則工二人歌雖不言相亦二人可知以空手無事故不言也云鄉射禮曰弟子相工如初入者彼謂將射樂正命弟子相工遷樂於下降時如初入之次第亦瑟先歌後引之證弟子相工之事天子。相亦使眂瞭爲之知者見周禮眂瞭職云凡樂事相瞽是也云凡工瞽矇也者鄭司農云無目眹謂之瞽有目眹而無見謂之矇有目無眸子謂之瞍故詩大雅云矇瞍奏工是也引論語者證瞽人無目須扶之義也云師郎大師之官無目瞽之長也云後首者變於君也者案燕禮云小臣左何瑟面鼓注云燕尚樂可鼓者在前也此鄉飲酒亦尚樂而不面鼓是變於君也案大射主於射略於樂鄉射亦應主於射略於樂所以面鼓亦是變於君也云挎持也者瑟底有孔越以指深入謂之挎也云其相歌者徒相也者徒空也無可荷空以右手相以經不言。故。也云內弦側擔之者以左於外側擔之使弦向內也

樂正先升立于西階東正長也

疏樂正至階東○注正長也○釋曰案周禮有大司樂樂師天子之官此樂正者諸侯及大夫士之官當天子大司樂言先升對後升云長樂官之長也

工入升自西階北面坐相者東面坐遂。授瑟乃降降立于西方近其事

疏工入至乃降○注降立至其事○釋曰工入升不言歌瑟先後案上文已云瑟先其歌可知也鄭知降立於西方近其事者鄉射云樂正適西方命弟子贊工遷樂故知西方是近其事也

工歌鹿鳴四牡皇皇者華三者皆小雅篇也鹿鳴君與臣下及四方之賓燕講道脩政之樂歌也此采其己有旨酒以召嘉賓嘉賓既來。示我以善道又樂嘉賓有孔昭之明德可則。傚也四牡君勞使臣之來樂歌也此采其勤苦王事念將父母懷歸傷悲忠孝之至以勞賓也皇皇者華君遣使臣之樂歌也此采其更是勞苦自以爲不及欲諮謀于賢知而

以自光明也【疏】工歌至者華○注三者至光明○釋曰凡歌詩之法皆歌其類此時貢賢能擬爲卿大夫或爲君所燕食以鹿鳴詩也或爲君出聘以皇皇者華詩也或使反爲君勞來以四牡詩也故賓賢能而預歌此三篇使習之也云三者皆小雅篇也者其詩見於小雅之內也云鹿鳴君與臣下及四方之賓燕講道脩政之樂歌也者自此已下鄭皆先引詩序於上復引詩經於下以其子夏作序所以序述經意故鄭並引之也案鹿鳴序云鹿鳴燕羣臣嘉賓也然後羣臣嘉賓得盡其心之事還依序而言也云此采其己有旨酒以召嘉賓嘉賓既來示我以善道至可則傚也者案彼經云我有旨酒以燕樂嘉賓之心又云示我周行德音孔昭視民不恌是則是傚之事四牡序云勞使臣之來也經云王事靡盬我心傷悲豈不懷歸將母來諗皇皇者華序云君遣使臣也經云於彼原隰駪駪征夫每懷靡及周爰諮謀之事故鄭依而引之爲證也

卒歌主人獻工工左瑟一人拜不興受爵主人阼階上拜送爵一人工之長也凡工賤不爲之洗【疏】卒歌至送爵○注一人至之洗○釋曰云一人工之長也者謂就四人之內爲首者也云凡工賤不爲之洗者下大師爲之洗是君賜者爲之洗明自外不爲之洗也案此鄉飲酒及燕禮同是主歡心尙樂之事故有升歌笙閒合樂及其獻工獻笙後閒合不獻以知二節自前已得獻故不復重獻鄉射主於射略於樂無笙閒唯有合樂笙工並爲至終總獻之大射亦主於射略於樂但不閒歌不合樂故有升歌鹿鳴三終主人獻工乃後下管新宮不復得獻此君禮異於鄉射也若鄉射與大射同略於樂大射不略升歌而略笙閒合者二南是鄉大夫之正小雅是諸侯之正鄭注鄉射云不略合樂者不可略其正諸侯不略鹿鳴之等義亦然也

薦脯醢使人相祭使人相者相其祭酒祭薦【疏】薦脯醢使人相祭○注使人至祭薦○釋曰知使人相祭者以相者扶工之人每事使之指授故知還使相者爲之知祭酒薦祭者以其云獻薦脯醢云相祭知相其祭酒祭薦也

工飲不拜既爵授主人爵坐授之【疏】注坐授之○釋曰知坐授之者以經不云興故

知坐之也授衆工則不拜受爵祭飲辯。有脯醢不祭祭飲獻酒重無不祭也今文。辯爲徧疏衆工至不祭〇注祭飲至爲徧〇釋曰言獻酒重無不祭也者衆工諸事皆不備尙祭飲則知得獻酒無有不祭故知獻酒重無不祭也其正酬亦祭至於旅酬以下則不祭。而已故下記云凡旅不洗不洗者不祭鄭注云敬禮殺也不甚絜也此衆工亦不洗而祭是以云獻酒重無不祭也大師則爲之洗賓介降主人辭降工不辭洗大夫若君賜之樂謂之大師則爲之洗尊之也賓介降從主人也工大師也上既言獻工矣乃言大師者大師或瑟或歌也其獻之瑟則先歌則後疏大師至辭洗〇注大夫至則後〇釋曰天子諸侯有常官則有大師也大夫則無常官若君賜之樂幷樂人與之則亦謂之大師主人爲之洗若然工非大師則無洗云賓介降從主人也者案鄉射云大師則爲之洗賓降注云大夫不降尊也此既大夫禮則有大夫亦不降可知也云工大師也者既言大師則爲之洗而云工不辭洗故知工卽大師是以論語云師冕見孔子爲之相鄭云相扶工是工爲樂人之總稱也云上既言獻工矣乃言大師者大師或瑟或歌也者以其前工有瑟有歌後別言大師則大師能瑟或在瑟中若大師能歌或在歌中故云大師或瑟或歌也云其獻之瑟則先歌則後者以其序入及升堂皆瑟先歌後其獻法皆先瑟後歌是以知獻之瑟先歌後隨大師所在以次獻之也燕禮云卒歌主人洗升獻工工不興左瑟一人拜受爵注云左瑟便其右一人工之長者也燕禮諸侯禮有常官不言大師一以燕禮主爲臣子故工四人從大夫制其大師入工不別言之也大射云主人洗升實爵獻工工不興左瑟注云大師無瑟於是言左瑟者節也若大師在歌亦先得獻與燕。異也笙入堂下磬南北面立樂南陔白華華黍笙吹笙者也以笙吹此詩以爲樂也南陔白華華黍小雅篇也今亡其義未聞昔周之興也周公制禮作樂采時世之詩以爲樂歌所以通情相風切也其有此篇明矣後世衰微幽厲尤甚禮樂之書稍稍廢棄孔子曰吾自衛反魯然後樂正雅頌各得其所謂當時在者而復重雜亂

者也惡能存其亡者乎且正考父校商之名頌十二篇于周大師歸以祀其先王至孔子二百年之閒五篇而已此其信也

疏○笙入至華黍○釋曰此升歌訖。得。獻乃始入也云磬南北面者磬既南面其南當有擊磬者在磬南北面而云笙入磬南北面者在磬者之南北面也○注笙吹至信也○釋曰言小雅篇也者今序仍在魚麗之下是小雅也云今亡其義未聞者案詩魚麗之下見子夏序序此三篇案彼子夏序云南陔孝子相戒以養也白華孝子之絜白也華黍時和歲豐宜黍稷也此已上是子夏序文則云有其義而亡其辭者此是毛公續序云有其義指子夏序有其義也云而亡其辭者謂詩辭亡矣若然彼亡辭此亡義與此義異也云昔周之興也周公制禮作樂至明矣者欲明周公制此儀禮之時有此三篇之意也云後世衰微幽厲尤甚者禮運云孔子曰我觀周道幽厲傷之吾舍魯何適是幽厲尤甚者也禮樂之書稍稍廢棄者自幽厲已後稍稍更加廢棄此篇之失也又引孔子以下至其信者欲明孔子以前言亡三篇之意也案南陔注云孔子論詩雅頌各得其所時俱在耳篇第當在於此時遭戰國及秦之世而亡之其義則與衆篇之義合編故存至毛公爲詁訓傳乃分衆篇之義各置於其篇端彼詩鄭注又與此不同者鄭君注禮之時未見毛傳以爲此篇孔子前亡注詩之時既見毛傳以爲孔子後失必知戰國及秦之世者以子夏作序具序三篇之義。明其詩見在毛公之時亡其辭故知當戰國及秦之世也

主人獻之于西階上一人拜盡階不升堂受爵主人拜送爵階前坐祭立飲不拜既爵升授主人爵一人笙之長者也笙三人和一人凡四人鄉射禮曰笙一人拜于下

疏主人至人爵○注一人至於下○辭曰自此至不祭論獻笙者之事云一人拜者謂在地拜乃盡階不升堂受爵也云一人笙之長者也者笙者四人今言一人受爵明據爲首長者而言也云笙三人和一人凡四人者案鄉射記云三笙一和而成聲。注三人吹笙一人吹和凡四人爾雅曰。笙小者謂之和是也云鄉射禮曰笙一人拜于下者即此一人拜者亦在堂下可知但獻工之時拜送在西階東以工在階東

故也此主人拜送笙之時在西階上以其笙在階下故不同也衆笙則不拜受爵坐祭立飲辯有脯醢不祭亦受
爵于西階上薦之者於其位磬南今文辯爲偏疏衆笙至不祭〇注亦受至爲偏〇釋曰衆笙除一人之外。二人者不備禮故亦受爵於西階上者與一人
同也云薦之皆於其位磬南者依前笙入立于磬南之處是其。類也乃閒歌魚麗。笙由庚歌南有嘉魚笙崇丘歌
南山有臺笙由儀閒代也謂一歌則一吹六者皆小雅篇也魚麗言太平年豐物多也此采其物多酒旨所以優賓也南有嘉魚言太平君
子有酒樂與賢者共之也此采其能以禮下賢者賢者纍蔓而歸之與之。燕樂也南山有臺言太平之治以賢者爲本此采其愛友賢者爲邦家之基民之父
母既欲其身之壽考又欲其名德之長也由庚崇丘由儀今亡其義未聞疏乃閒至由儀〇釋曰此一經堂下吹笙堂上升歌閒代而作故謂之乃閒也〇
注閒代至未聞〇釋曰云謂一歌則一吹者謂堂上歌魚麗終堂下笙中吹由庚續之以下皆然此魚麗南有嘉魚南山有臺其詩見在云六者皆小雅篇也
者見編在小雅之內故知之見在者鄭君亦先引其序後引其詩案魚麗序云魚麗美萬物盛多也詩云君子有酒旨且多南有嘉魚序云太平之君子至誠
樂與賢者共之也詩云君子有酒嘉賓式燕以樂南山有臺序云樂得賢也得賢則能爲邦家立太平之基矣詩云樂只君子邦家之基又云樂只君子民之
父母遐不眉壽是也此其鄭君所言義意云由庚崇丘由儀今亡其義未聞者案詩序云由庚萬物得由其道也崇丘萬物得極其高大也由儀萬物之生各
得其宜也有其義而亡其辭此毛公續序義與南陔白華華黍同堂上歌者不亡堂下笙者即亡蓋當時方以類聚笙歌之時各自一處故存者併存亡者併
亡也乃合樂周南關雎葛覃。卷耳召南鵲巢采蘩采蘋合樂謂歌。樂。與衆聲俱作周南召南國風篇也王后
國君夫人房中之樂歌也關雎言后妃之德葛覃言后妃之職卷耳言后妃之志鵲巢言國君夫人之德采蘩言國君夫人不失職采蘋言卿大夫之妻能。循

其法度昔大王王季居于岐山之陽躬行召南之教以興王業及文王而行周南之教以受命大雅云刑于寡妻至于兄弟以御于家邦謂此也其始一國耳文王作邑于豐以故地爲卿士之采地乃分爲二國周周公所食召召公所食於時文王三分天下有其二德化被于南土是以其詩有仁賢之風者屬之召南焉有聖人之風者屬之周南焉夫婦之道生民之本王政之端此六篇者其教之原也故國君與其臣下及四方之賓燕用之合樂也鄉樂者風也小雅爲諸侯之樂大雅頌爲天子之樂鄉飲酒升歌小雅禮盛者可以進取也燕合鄉樂禮輕者可以逮下也春秋傳曰肆夏繁遏渠天子所以享元侯也文王大明緜兩君相見之樂也然則諸侯相與燕升歌大雅合小雅天子與次國小國之君燕亦如之與大國之君燕升歌頌合大雅其笙閒之篇未聞

【疏】乃合至采蘋○注合樂至未聞○釋曰此一經論堂。上元缺一字堂下衆聲俱合之事也云合樂謂歌樂衆聲俱作者謂堂上有歌瑟堂下有笙磬合奏此詩故云衆聲俱作云周南召南國風篇也者案論語注國風之首篇謂十五國風之篇首義可知也云王后國君夫人房中之樂。歌也者案燕禮記云有房中之樂注云弦歌周南召南之詩而不用鍾磬之節謂之房中者后夫人之所諷誦以事其君子是也既名房中之樂用鍾鼓奏之者諸侯卿大夫燕饗亦得用之故用鍾鼓婦人用之乃不用鍾鼓則謂之房中之樂也云關雎言后妃之德以下至脩其法度周南三篇即言后妃召南三篇則言夫人不同者此雖同是文王之化召南是文王未受命已前之事諸侯之禮故稱夫人周南是文王受命稱王之後天子之禮故稱后也云昔大王王季居于岐山之陽者案魯頌云后稷之孫實維大王居岐之陽鄭云大王自豳徙居岐陽是大王居於岐陽也兼言王季者王季大王之子繼大王後亦居岐陽至文王始居于豐故兼言王季也云躬行召南之教以興王業者大王得鸑鷟鳴于岐又實始翦商王季又纂我祖考是其以興王業也云及文王而行周南之教以受命者文王徙居豐得赤雀之命故云以受命也鄭注鄉射云昔大王王季文王始居岐山之陽彼兼言文王者欲見文王未受命以前亦得召南之化知者案羔羊詩序云召南之國化文王之政標有梅序云召南之國被文王之化此不兼言文王者據文王徙豐受命之後專行周南之教是周南十一篇唯言文王之化不言大王王季也大雅云刑于寡妻者是大雅思齊之詩也引之者證文王施化自近及遠自微至著之意云其始一國耳者謂大王自豳遷于岐山周原膴膴過百里之地言此者欲見從居于豐以後二分天下以此故國分與二公故云文王作邑于豐以故地爲卿士之采地乃分爲二國也云周周公所食召召公所食者此二公身以爲三公下兼卿士卽上采地一也云此者欲見采地得稱周召之意云於時文王三分天下有其二德化被于南土者欲見周召皆稱南之意也云是以其詩有仁賢之風者屬之召南焉者謂文王未受命以前也云有聖人之風者屬之周南焉者謂受命以後也故詩序云關雎麟趾之化王者之風故繫之周公鵲巢騶虞之德諸侯之風也先王之所以教故繫之召公必將二南繫此二公者天子。不風之文王受命稱王故繫於二公也云夫婦之道生民之本王政之端者欲見合樂之時作此六篇之意也云故國君與其臣下及四方之賓燕用之合樂也者此據燕禮而言之也云鄉樂者風也者亦據燕禮而言故燕禮記云遂合鄉樂者據此鄉飲酒鄉大夫所作也云小雅爲諸侯之樂者則升歌鹿鳴之等是也云大雅頌爲天子之樂者肆夏繁遏渠之等是也云鄉飲酒升歌小雅禮盛者可以進取也者據此鄉飲酒爲饗禮升歌鹿鳴進取諸侯之樂饗禮盛可以進取也云燕合鄉樂禮輕者可以逮下也者逮及也以燕禮輕故言可以逮下也鄭君據儀禮上下而言其實饗燕同樂知者穆叔如晉晉侯饗之歌鹿鳴之三是與燕禮同樂也若然小雅云。鄉或進取燕可以逮下者饗亦逮下也云春秋傳曰者襄公四年左氏傳文彼云穆叔如晉晉侯享之金奏肆夏之三不拜工歌文王之三又不拜歌鹿鳴之三三拜韓獻子使行人子員問之曰吾子舍其大而重拜其細敢問何禮也穆叔對曰三夏天子所以享元侯也使臣弗敢與聞文王兩君相見之樂也臣不敢及鹿鳴所以嘉寡君也敢不拜嘉引之者證肆夏繁遏渠是頌謂天子之樂歌案鍾師杜子春注引呂叔玉云肆夏時邁也繁遏執。競也渠思文也鄭君不從以爲詩篇名頌之族類也此歌之大者載在樂章樂崩亦從而亡之是以頌不能具是也云然則諸侯相與燕升歌大雅合小雅天子與次國小國之君燕亦如之與大國之君燕升歌頌合大雅者此約穆叔云肆夏繁遏渠天子所以享元侯肆夏繁遏渠則頌也元侯大國之君也凡合樂者遏取卑者一節故歌頌合大雅也若元侯自相享亦依此案詩譜云天子諸侯燕羣臣及聘問之賓皆歌鹿鳴合鄉樂鄭云諸侯相燕天子與國君燕與大國之君燕國語及襄公四年公言饗見之者亦欲饗同也向來所言皆據升歌合樂有此尊卑之差若納賓之樂天子與五等諸侯同用肆夏是以燕禮納賓用肆夏禮記郊特牲云大夫之奏肆夏由趙文子始也是大夫不得用之其諸侯以上同用之也云其笙閒之篇未聞者案鄉飲酒禮笙閒之樂前與升歌同在小雅則知元侯及國君相饗燕笙閒亦同升歌矣而云未聞。知謂如由庚由儀之等篇名未聞

工告于樂正曰正歌備樂正告于賓乃降樂正降者以正歌備無事也降立西階東北面【疏】工告至乃降○注樂正至北面○釋曰鄭知降立西階東北面者以其堂上時在西階之東北面知降堂下亦然在笙磬之西亦得監堂下之樂故知位在此也此鄉飲酒及鄉射大夫禮卑無大師故工告樂備國君禮備有大師告樂備大射不告樂備者是禮主於射略於樂故也

主人降席自南方不由北方由便【疏】主人降席自南方○注不由北方由便○釋曰自此至退立于觶南論立司正之事云不從北方由便者主人之席南上升由下降由上是其常而言不從北方由便也者解禮故所以升由下降由上者是由便也

側降賓介不從【疏】側降○注賓介不從○釋曰側者特也賓介不從故言側上來主人降賓介皆降此獨不從者以其方燕禮殺故也

作相為司正司正禮辭許諾主人拜司正答拜作使也禮樂之正既成將留賓為肓解惰立司正以監之拜拜其許【疏】作相為司正○注作使至其許○釋曰上經云一相迎于門外今將燕使為司正監察賓主之事故使相為司正也云禮樂之正既成者謂主人與賓行獻酢之禮是禮禮成也升歌笙閒合樂三終是樂成也故鄭總言禮樂之正

既成也主人升復席司正洗觶升自西階阼階上北面受命于主人主人曰請安于賓司正告于賓賓禮辭許爲賓欲去留之告賓於西階【疏】主人至辭許○注爲賓至西階○釋曰此司正升西階適阼階上案鄉射云司正升自西階由楹內適阼階上北面彼此同此不言由楹內者省文也云告賓於西階者鄉射云司正西階上故知也司正告于主人主人阼階上再拜賓西階上荅拜司正立于楹閒以相拜皆揖復席再拜拜賓許也司正既以賓許告主人遂立楹閒以相拜賓主人既拜揖就席【疏】司正至復席○注再拜至就席○釋曰凡相拜者當在賓主拜前今相見云在賓拜下者以經云司正告于主人因即拜賓賓即荅拜文理切不得先言相拜故退之在下其實相。時在賓主拜前是以鄉射云司正告于主人遂立楹閒以相拜主人阼階上再拜賓西階上荅再拜是其相拜在前也云主賓既拜揖就席者以鄉射賓主拜訖即揖就席。故。也知此亦然也司正實觶降自西階階閒北面坐奠觶退共少立階閒北面東西節也其南北當中庭共拱手也少立自正慎其位也己帥而正孰敢不正燕禮曰右還北面【疏】司正至少立○注階閒至北面○釋曰云階閒北面東西節也者階閒謂兩階之閒東西等是東西節也云其南北當中庭者案鄉射云司正實觶降自西階中庭北面坐奠觶此經雖不言中庭宜與彼同故云中庭也云己帥而正孰敢不正者此是論語孔子語季康子之言也彼言子帥指季康子爲子此言己帥指司正爲己欲見司正退也云共拱手也少立自正慎其位也者欲見令賓主亦皆正慎其位也云燕禮曰右還北面者燕禮司正降自西階又還北面取不背其君此亦降自西階亦右還北面取不背大夫也故引以爲證也坐取觶不祭遂飲卒觶興坐奠觶遂拜執觶興盥。洗北面坐奠觶于其所退立于觶南洗觶奠之示絜敬立於其南以察衆【疏】坐取至觶南○注洗觶至察衆○釋曰執觶興洗北面者案。鄉。射大射禮皆直云取觶洗南面反奠於其所不云盥此俗本有盥者誤又此文及鄉射奠空觶皆位南北面奠之燕禮大射皆南面奠之者以國君禮盛儀多故也

儀禮疏卷第九

珍倣宋版印

儀禮注疏卷九校勘記

阮元撰盧宣旬摘錄

主人降

注降立至西面　降立閩本作亦從

主人對賓坐取爵　賓下唐石經衍上字

主人阼階東　唐石經脫阼字

此鄉人將賓舉之　舉要義作與

是禮之常故也　故要義作然

卒洗

主人不忠信　通解毛本主人作是

賓辭

此禮初賓謙卑　要義同毛本禮作與

主人實爵介之席前

就西階介之東北面拜也　閩本重北字

介西階上立主人實爵

以當獻衆賓徐葛閩本集釋通解楊氏同毛本當作爵

主人西南面三拜

主人三拜衆賓者三要義作一

坐祭

云卒爵不拜立飲立授爵要義同毛本授下無爵字○按此注中授下亦當有爵字

故上衆賓之長也上閩本作此

每一人獻

則此三是三人通解毛本此下無三字

進坐

若於人手相授受毛本授作接

若手受之閩監同毛本受作授

設席于堂廉

不與燕同　要義同毛本不作正

此臣禮避初也　要義初俱作初下亦是避初之事也同毛本初作君

工四人二瑟

降時如初入之次第　閩本同毛本時作將

天子相　毛本相下衍工字

以經不言故也　也閩本作言盧文弨云故下當有言之二字○按如盧說則閩本亦未爲誤但須於言下加之也二字耳

以左於外側擔之　毛本通解左下有手字閩本手字擠入

工入○遂授瑟　遂唐石經徐閩葛本通解楊氏敖氏俱作遂毛本作送

工歌鹿鳴四牡皇皇者華

示我以善道　示楊氏作視

可則傚也　傚釋文作詨云本又作傚同張氏曰注曰可則傚也大射燕禮同此蓋引詩是則是傚也故好事者皆改爲傚按釋文云詨戶孝反本又作傚大射云詨戶教反亦作傚燕禮云傚戶教反本又作詨是必古文詨傚通用宜各從其故

卒歌

笙工並爲至終總獻之終閩本通解要義俱作終毛本作經

乃後下管新宮通解要義同毛本乃後作後乃

薦脯醢

以其云獻薦脯醢閩本無獻字

衆工則不拜受爵○辯有脯醢辯閩本作辨注同

則不祭而已浦鏜云而已二字衍

大師則爲之洗

與燕異也閩本要義同毛本異作畢

笙入堂下

得獻乃始入也得獻閩本作笙

具序三篇之義明其詩見在要義同毛本義明作後則閩本作義則

主人獻之於西階上

注三人吹笙閩本要義同毛本注作主

笙小者 閩本無笙字

衆笙則不拜受爵

二人者不備禮 二閩本作三

是其類也 浦鏜云類當位字誤

乃閒歌魚麗 釋文云麗本或作離下同

與之燕樂也 燕釋文作宴

乃合樂○葛覃 張氏曰按釋文葛蕈大南反五經文字云詩葛覃亦作蕈九經字様云葛覃經典或作蕈今不作蕈非古也後燕禮同○按今本釋文仍作覃

謂歌樂與衆聲俱作 疏無與字通典無樂字

能脩其法度 徐本同毛本脩作循○按禮記鄉飲酒義正義引正作脩

論堂上堂下 上字下此本空一字

云王后國君夫人房中之樂歌也者 歌下閩本衍知字○按即有知字亦當在也字下

故稱后也 閩本通解同毛本后下有妃字

天子不風不毛本作之

鄉或進取要義同毛本通解鄉作嚮

繁遏執競也毛本競作兢

而云未聞知閩本者俱誤作知毛本作者

主人降席自南方

云不從北方由便者按從注作由疏兩舉注語俱作從殆與由便之由相避耳凡疏舉注語不必悉依原文未可據以改注

主人之席南上通解同毛本之席作席之

作相爲司正

爲有懈惰懈釋文徐本集釋俱作解按此二字諸本錯出不悉校

司正告于主人

其實相時在賓主拜前毛本時作拜

即揖就席故也浦鏜以也爲衍文故字屬下

坐取觶○執觶與盥洗徐本集釋楊氏與下俱有盥字唐石經盥字擠入毛本通解無按張氏據疏去盥字通解用張氏之說而毛本

又依通解然士昏禮疏云凡洗爵者必先盥則盥字不去亦可

案鄉射大射禮浦鏜云鄉射當作燕禮○按鄉射之文全與此同大射之文全與燕禮同賈兼言鄉射大射而下文秖引大射者以鄉射文同故不復著也燕禮既同大射言大射自不必更言燕禮矣

儀禮注疏卷九校勘記

儀禮疏卷第十

唐朝散大夫行大學博士弘文館學士臣賈公彦等撰

賔北面坐取俎西之觶阼階上北面酬主人主人降席立于賔東初起旅酬也凡旅酬者少長以齒終於沃盥者皆弟長而無遺矣【疏】賔北至賔東○釋曰自此至司正降復位論堂上堂下偏行旅酬之事云取俎西之觶者謂前一人舉觶奠于薦右今爲旅酬而舉之前主人酬賔奠于薦東者不舉故言俎西以別之云主人降席不云自南方北方者案下記云主人介凡升席自北方降席自南方指此文也○注初起至遺矣○釋曰云凡旅酬者少長以齒以下並是鄉飲酒義文是以彼云賔酬主人主人酬介介酬衆賔少長以齒終於沃洗者焉知其能弟長而無遺矣案下記云主人之贊者西面北上不與注云贊佐也謂主人之屬佐助主人禮事徹鼏沃盥設薦俎者與及也不及謂不及獻酒言不及獻酒則旅酬亦不與旅酬所以酬正獻也記又云無筭爵然後與若然此旅酬得終於沃洗者鄭解酬之大法欲見堂上賔主人之黨無不與故鄭君連引無筭爵旅酬而言終沃洗也其實此時未及沃洗也

賔坐奠觶遂拜執觶興主人荅拜不祭立飲不拜卒觶不洗實觶東南面授主人賔立飲卒觶因更酌以鄉主人將授主人阼階上拜賔少退主人受觶賔拜送于主人之西旅酬同階禮殺【疏】注旅酬同階禮殺○釋曰決上正酬時不同階今同階故云禮殺也賔揖復席酬主人訖

主人西階上酬介介降席自南方立于主人之西如賔酬主人之禮主人揖復席其酌實觶西南面授介自此以下旅酬酌者亦如之【疏】注其酌至如之○釋曰知西南面授介者案賔酬主人時於阼階上東南面向之則知此

主人酬介于西階上西南面可知云自此已下旅酬酌者亦如之者謂亦如主人酬介其酬酌介賓觶西南面授之以其旅酬皆西階上故也司正升

相旅曰某子受酬受酬者降席旅序也於是介酬衆賓衆賓又以次序相酬某者衆賓姓也同姓則以伯仲別之又同則以且字別之【疏】注旅序至別之○釋曰上文作相爲司正注云將留賓爲有懈惰立司正以監之今以賓主及介旅酬不監之至衆賓乃監者以其主人與賓介習禮已久又各一位不嫌失禮至於衆賓既不久習禮又同在一位恐其失禮故須監之也云某者衆賓姓也者以某在子上故知是衆賓姓也若單言某則是字故鄉射云某酬某子注云某者字也云同姓則以伯仲別之者但此衆賓之內有同姓司正命之則呼伯仲別之也云又同則以且字別之者爲同姓之中有伯仲同者則以某甫且字別之也

司正退立于序端東面辟受酬者又便其贊上贊下也始升相西階西北面【疏】司正至東面○注辟受至北面○釋曰司正初時在堂上西階西北面命受酬者訖退立于西序端東面者一則○案此下文衆受酬者受自左卽是司正立處故須辟之二則東面時贊上贊下便也云始升相西階西北面者雖無正文以衆賓之席在賓西南面介酬在西階上司正升相旅當在西階西北面命賓故知位如此也

受酬者自介右由介東也尊介使不失故位【疏】受酬者自介右○注由介至故位○釋曰北面以東爲右故鄭云由介東也云尊介使不失故位者凡授受之法者授由其右受由其左卽下文衆受酬者是也此受介酬者應自介左而自介右者介位在西故云尊介使不失故位也

衆受酬者受自左後將受酬者皆由西變於介也今文無衆酬者【疏】衆受至自左○注後將至酬者○釋曰言衆受酬者謂上衆賓之內爲首者一人自介右受之自第二以下升堂下衆賓皆自左受之言變於介者卽是授受之常法也

拜興飲皆如賓酬主人之禮嫌賓以下異也

辯卒受者以觶降坐奠于篚辯辯衆賓之在下者鄉射禮曰辯遂酬在下者皆升受酬于西階上【疏】注辯至階上

○釋曰引鄉射者彼禮與此同經直言辯不云遂酬在下者皆升受酬于西階上者文不具故引以證也司正降復位觶南之位【疏】司正降復位○注觶南之位○釋曰復位者以相旅畢堂上無事故降復觶南之位使二人舉觶于賓介洗升實觶于西階上皆坐奠觶遂拜執觶興賓介席末荅拜皆坐祭遂飲卒觶興坐奠觶遂拜執觶興賓介席末荅拜二人亦主人之吏若有大夫則舉觶于賓與大夫燕禮曰媵爵者立于洗南西面北上序進盥洗【疏】使二至荅拜○注二人至盥洗○釋曰自此至無筭樂論賓主燕坐爵樂無數之事云賓介席末荅拜者賓於席西南面荅拜介於席南東面荅云二人亦主人之吏者亦上一人舉觶是主人之吏以其主人使之故知皆是主人之吏也云若有大夫則舉觶于賓與大夫者以其大夫尊於介故也引燕禮者證此二人舉觶將盥時亦於洗南西面北上以次盥手也逆降洗升實觶皆立于西階上賓介皆拜於席末拜【疏】注於席末拜○釋曰言席末拜者賓在席西南面介在席南東面以其俱是荅拜故同前席末拜也皆進薦西奠之賓辭坐取觶以興介則薦南奠之介坐受以興退皆拜送降賓介奠于其所賓言取介言受尊卑異文今文曰賓受【疏】皆進至其所○釋曰言皆進者一人之賓所奠觶于薦西一人之介所奠觶于薦南○注賓言至異文○釋曰尊者得卑者物言取是以家語云定公假馬於季氏孔子曰君於臣有取無假故賓尊言取介卑言受也司正升自西階受命于主人主人曰請坐于賓賓辭以俎至此威禮俱成酒清肴乾賓主百拜強有力者猶倦焉張而不弛弛而不張非文武之道請坐者將以賓燕也俎者肴之貴者辭之者不敢以禮殺當貴者【疏】司正至以俎○釋曰云司正升自西階受命于主人此不言阼階上受案鄉射司正升自西階阼階上受命于主人適西階上北面請坐於賓

則此亦同彼云主人曰請坐于賓者亦是使司正傳語於賓也○注至此至賓者○釋曰自此以上皆立行禮人皆勞倦故請坐於賓也云酒清肴乾者案聘義云酒清人渴而不敢飲也肉乾人飢而不敢食也彼上云聘射之禮至大禮也則是聘射皆有飲酒禮故此鄉飲酒引之云賓主百拜者樂記文彼是飲酒禮與此同故引而相證但此鄉飲酒之禮雖無百拜舉全數而言也云強有力者亦聘義文言此者欲見自此以前未得安坐飲。食也云張而不弛弛而不張非文武之道者此雜記文略而言之此以弓弩喻行禮之法張而不弛以喻旅酬已前立行禮弛而不張喻無筭爵以後坐。食一張一弛是文武之道張而不弛弛而不張非文武之道故後須坐也云組者肴之貴者謂骨體貴而肉賤故云肴之貴者云辯之者不敢以禮殺當貴者自旅以前立行禮是盛自此後無筭爵坐。以禮謂之殺故今將坐辯以組不敢以禮殺當貴者案燕禮司正奠觶于中庭請徹組而坐此禮司正監旅訖二人舉觶後將行無筭爵始請坐于賓不同者燕禮司正之前云二人致爵三舉旅得爵多故司正奠時即坐燕此禮由來未行旅酬故使二人舉觶徹組後乃坐也

主人請徹組賓許

亦司正傳請告之

司正降階前命弟子俟徹組

西階前也弟子賓之少者組者主人之吏設之使弟子俟徹者明徹組賓之義【疏】司正降階○注西階至之義○釋曰云弟子賓之少者以其稱弟子故知是賓之少者西階前命之故知賓弟子賓敬主人而使弟子徹組故云賓之義也

司正升立于席端。

待事【疏】司正至席端○釋曰司正降階前命弟子徹組訖即升立于席端弟子仍未徹組故鄭云待事也

賓降席北面主人降席阼階上北面介降席西階上北面遵者降席席東南面

皆立相須徹組也遵者謂此鄉之人仕至大夫者也今來助主人樂賓主人所榮而遵法者也因以為名或有無來不來用時事耳今文遵為僎或為全【疏】賓降。階至南面○釋曰皆立者將取組以授人遵不北面者以其尊故席東南面向主人○注皆立至為全○釋曰云皆立相須徹組也者須待也受組之人

一時徹而授之也云遵者謂此鄉之人仕至大夫者也者以鄉射云大夫若有遵者入門左注云謂此鄉之人為大夫者也謂之遵者方以禮樂化民欲其遵法之也既云大夫若有遵明士不得有遵又士立于下不得升堂故知此遵是大夫也云或有無者下文云賓若有遵言若者不定之辭故知或有或無也云來不來用時事耳者言來之與不來事在當時故云用時事耳

賓取俎還授司正司正以降賓從之主人取俎還授弟子弟子以降自西階主人降自阼階介取俎還授弟子弟子以降介從之若有諸公大夫則使人受俎如賓禮衆賓皆降取俎者皆鄉其席既授弟子皆降復初入之位疏賓取至皆降○釋曰主人取俎還授弟子弟子以降自西階案燕禮膳宰徹公俎降自阼階與此不同者彼公不降故宰夫降阼階此主人降自阼階故弟子降自西階也○注取俎至之位○釋曰云取俎者皆鄉其席者以其俎在席前鄉席取俎還轉授之故經皆言還授也云既授弟子皆降復初入之位者以其下云揖讓如初升故知此降時亦復初入之位位在東階西階相讓也

說屨揖讓如初升坐說屨者為安燕當坐也必說屨於下者屨賤不空居堂說屨主人先左賓先右今文說為稅疏說屨至升坐○釋曰自此以下至再拜論無筭爵飲酒禮終送賓之事也云如初升坐者謂賓主初入揖讓而升堂升堂雖同前則升堂立此則即席坐與前異也○注說屨至為稅○釋曰云說屨者為安燕當坐也者凡當堂上行禮之法立行禮不說屨坐則說屨屨空則不宜陳於側故降說屨然後升坐也云說屨主人先左賓先右者案曲禮云上於東階則先右足上於西階則先左足鄭注云近於相鄉敬也案玉藻著屨之法坐左納右坐右納左今說之亦北面鄉階主人先坐左賓先坐右亦取近為相鄉敬之義也

乃羞羞進也所進者狗胾醢也鄉設骨體所以致敬也今進羞所以盡愛也敬之愛之所以厚賢也疏乃羞○注羞進至賢也○釋曰知所進者狗胾醢者案下記云其牲狗禮記又云薦羞不踰牲則所羞者

狗胾也但醢是舊作之物諸經又不見以狗作醢則胾必狗也醢則當兼有餘牲也云鄉設骨體所以致敬也今進羞所以盡愛也者骨體貴人不食故云致敬胾醢賤人所食故云盡愛也

無筭爵

筭數也賓主燕飲爵行無數醉而止也鄉射禮曰使二人舉觶于賓賓與大夫又曰執觶者洗升實觶反奠於賓與大夫皆是

疏無筭爵○注筭數至皆是○釋曰引鄉射禮者證此無筭爵從首至末更從上至下唯醉乃止鄭云皆是者從首至末皆是行無筭爵之義

無筭樂

燕樂亦無數或閒或合盡歡而止也春秋襄二十九年吳公子札來聘請觀于周樂此國君之無筭

疏無筭樂○注燕樂至無筭○釋曰云燕樂亦無數者亦上無筭爵也案上升歌笙閒合樂皆三終言有數此即無也云或閒或合盡歡而止也者以其不言風雅故知或閒如上閒歌用小雅也或合用二南也言或閒或合者於後科用其一但不並用也引春秋者彼是國君禮此是大夫禮見其異也但無筭之樂還依尊卑用之案春秋季札所歌大雅與頌者但季札請觀周樂魯為之盡陳又魯周公之後歌樂得與元侯同故無筭之樂雅頌並作也

賓出奏陔

陔陔夏也陔之言戒也終日燕飲酒罷以陔為節明無失禮也周禮鍾師以鍾鼓奏九夏是奏陔夏則有鍾鼓矣鍾鼓者天子諸侯備用之大夫士鼓而已蓋建鼓於阼階之西南鼓鄉射禮曰賓興樂正命奏陔賓降及階陔作賓出衆賓皆出

疏賓出奏陔○注陔陔至皆出○釋曰云陔陔夏也者周禮鍾師有陔夏故云陔夏也云周禮鍾師以鍾鼓奏九夏者案鍾師云凡樂事以鍾鼓奏九夏王夏肆夏昭夏納夏章夏齊夏族夏祴夏驁夏杜子春云王出入奏王夏尸出入奏肆夏牲出入奏招夏四方賓來奏納夏臣有功奏章夏夫人祭奏齊夏族人侍奏族夏客醉而出奏陔夏公出入奏驁夏言以鍾鼓者庭中先擊鍾却擊鼓而奏此九夏故云是奏陔夏則有鍾鼓矣云鍾鼓者天子諸侯備用之者禮有鍾鼓大射諸侯禮亦具有鍾鼓故云天子諸侯備用之云大夫士鼓而已者案鄉射云不鼓不釋明無鍾可知此且語鍾鼓若用九夏則尊卑不同天子則九夏俱作諸侯則不用王夏得奏其肆夏以下大夫以下據此文用陔夏其餘無文云蓋建

于阼階之西南鼓者據此奏陔夏之時其鼓約大射建鼓在阼階西南鼓而知無正文故云蓋彼注云鼓不在東縣南爲君也此鄉大夫無東縣直有一鼓而已故縣在阼階之西南鄉主人也引鄉射者證賓出遠近陔作之義云賓出衆賓皆出者經賓據正賓不言衆賓與介則賓出之時衆賓與介俱出可知

主人送于門外再拜

門東西面拜也賓介不荅拜禮有終也

【疏】主人至再拜○注門東至終也○釋曰云門東西面拜也者此約主人迎賓之時門東西面拜今送賓還依此位立也云賓介不荅拜禮有終也者於迎賓介時賓介荅拜今送賓主人再拜若賓介荅拜是行禮無終畢故賓介不荅是禮有終也不言衆賓者迎送俱不拜故不言也

賓若有遵者諸公大夫則既一人舉觶乃入

不干主人正禮也遵者諸公大夫也謂之賓者同從外來耳大國有孤四命謂之公

【疏】賓若至乃入○釋曰自此已下至不加席論鄉內有諸公大夫來觀禮主人迎之與行禮事也○注不干至謂之公○釋曰言不干主人正禮者正禮謂賓主獻酢是也是以一人舉觶爲旅酬始乃入若然即是作樂前入而於此篇末乃言之者以其無常或來或不來故於後言之也云遵者諸公大夫也者孤只一人而言諸者案鄭注燕禮云諸公者謂大國之孤也孤一人言諸者容牧下三監案王制云天子使其大夫監於方伯之國國三人王制所陳是殷法言容者周公制禮時因而不改故云容也云大國有孤四命者周禮典命文謂之公者若天子有三公也

席于賓東公三重大夫再重

席此二者於賓東尊之不與鄉人齒也天子之國三命者不齒於諸侯之國爵爲大夫則不齒矣不言遵者遵者亦卿大夫

【疏】席于至再重○注席此至大夫○釋曰言三重再重者席有地可依若衣裳在身一領即爲一重再重三重猶二領三領也云席此二者於賓東者賓在戶牖之閒酒尊又在戶東席此二者又在酒尊之東但繼賓而言耳云尊之不與鄉人齒也者鄉人謂衆賓之席在賓西故云不與鄉人齒案上注云此篇無正齒位之事今此言齒者彼云無正齒位者對黨正飲酒鄉人五十已上九十已下有齒法鄉飲酒貢士以德爲次

故云無正齒位之禮此言齒者謂士已上來觀禮乃有齒法云天子之國三命者不齒者案周禮黨正職云國索鬼神而祭祀則以禮屬民而飲酒于序以正齒位壹命齒于鄉里再命齒于父族三命不齒彼是天子黨正飲酒法故知天子之國三命不齒。此是天子貢人鄉飲酒法鄭引之爲證者欲見天子鄉飲酒三命不齒同也云於諸侯之國爵爲大夫則不齒矣者以此篇及鄉射皆云若有大夫不辨命數故知爵爲大夫即不齒也皆謂鄉射鄉飲酒之禮若黨正飲酒則與此異案文王世子云其朝于公內朝則東面北上臣有貴者以齒下文云庶子治之雖有三命不踰父兄鄭注云治之治公族之禮也唯於內朝則然其餘會聚之事則與庶姓同又引黨正飲酒云一命齒於鄉里再命齒於父族三命不齒不齒者特爲位不在父兄行列中但文王世子是諸侯之法即諸侯黨正飲酒還與天子同但諸侯之國一命已上。至三命大夫士具有言一命齒於鄉里者公侯伯之士一命與堂下鄉人齒以其士立堂下故也子男之士不齒命與一命之士同齒於階下子男之大夫一命坐於上。與六十已上齒於堂再命齒於父族者謂子男之卿與公侯伯之大夫以父族爲賓則與之齒異姓爲賓則不與之齒席於尊東三命不齒者謂公侯伯之卿雖父族爲賓亦不與之齒席於尊東也云不言遵者遵者亦卿大夫者案上文賓若有遵者與諸公大夫雖文異諸公大夫則遵也故鄭云遵者諸公大夫也明此經不言遵者亦卿大夫可知

公如大夫入主人降賓介降衆賓皆降復初位主人迎揖讓升公升如賓禮辭一席使一人去之如讀若今之若主人迎之於門內也辭一席謙自同於大夫

【疏】公如至去之〇釋曰此據諸公大夫入賓介與衆賓皆避之降復西階下東面位〇注如讀至大夫〇釋曰鄭曰如讀若今之若者前無大夫入直以大夫與主人爲禮是其。當公則非。當故鄭讀如若今之若謂大夫之於公更無異禮矣云主人迎於門內者以經公如大夫主人不言出故知迎於門內也云辭一席謙自同於大夫者大夫再重公三重故辭去一席同於大夫再重

大夫則如介禮有諸公則

辭加席委于席端主人不徹無諸公則大夫辭加席主人對不去加席加席上席也大夫席再重【疏】大夫至加席○釋曰云大夫則如介禮者以其公如賓故大夫則如介禮主人迎賓賓厭介此公與大夫同入公亦厭大夫故云大夫如介禮云有諸公則辭加席委於席端主人不徹者大夫再重是其正大夫以公在故謙委加席於席端主人不徹也○注加席至再重○釋曰云加席上席也者以其再重三重席皆一種故云上席也記云蒲筵緇布純明無異也以其鄉大夫賢者公與大夫來觀禮而已故俱加重數更無異席也公食大夫禮異國之客有別席是以公食大夫云宰夫設筵加席几又記云司宮具几與蒲筵常緇布純加萑席尋又。上注云謂三命大夫也孤為賓則莞筵紛純加藻席畫純是與當國之大夫異也燕禮云司宮筵賓于戶西東上無加席也者以其燕私故也大射云司宮設賓席于戶西南面有加席與公侯同者以其大射辨尊卑故也

明日賓服。鄉服以拜賜拜賜謝恩惠鄉服昨日與鄉大夫飲酒之朝服也不言朝服未服以朝也今文曰賓服鄉服【疏】明日至拜賜○注拜賜至鄉服○釋曰鄭知鄉服是朝服者下記云朝服而謀賓介是也此賓○言鄉服其鄉射賓○言朝服不同者案鄉射記云大夫與則以公士為賓謂在朝著朝服是其常此賓是鄉人子弟未仕雖著朝服仍以鄉服言之故鄭云不言朝服未服以朝也

主人如賓服以拜辱。拜賓復自屈辱也鄉射禮曰賓朝服以拜賜于門外主人不見如賓服遂從之拜辱於門外乃退【疏】主人至拜辱○注拜賓至乃退○釋曰引鄉射者於此文不具故引以為證明彼此賓主皆不相見造門外拜謝而已

主人釋服釋朝服更服玄端也古文釋作舍【疏】主人釋服○釋曰自此已下至鄉樂唯。所欲論後日息司正徵唯所欲更行飲酒之禮○注釋朝至作舍○釋曰言釋朝服更服玄端也者以其昨日正行賓舉飲酒之禮相尊敬故朝服此乃燕私輕故玄端。勞也

乃息司正息勞也勞賜昨日贊執事者獨云司正司正庭長也【疏】注息勞至長也○釋曰鄭云勞賜昨日贊執事者者案下

記云主人之贊者西面北上不與鄭注云主人之屬佐助主人禮事徹冪沃盥設薦元缺起此俎者與及也不及謂不獻酒明此時勞可知今獨言司正司正是庭長故獨言之也無介勞禮略也司正爲賓【疏】注勞禮至爲賓○釋曰此勞時司正爲賓當立介以輔賓無介者勞禮略。故也不殺市買若因所有可也不殺則無俎【疏】注市買至無俎○釋曰市買無正文鄭以意言之云不殺則無俎者其殺則俎以盛骨體既言不殺故知無俎也薦脯醢。羞同也【疏】注羞同也○釋曰以其脯醢與正行飲酒同有此薦故云羞同也羞唯所有在有何物【疏】注在有何物○釋曰羞謂上文正行飲酒之時用狗胾今不殺故言羞唯所有也云在有何物者雜物皆是也徵唯所欲徵召也【疏】注徵召也○釋曰昨日正行飲酒不得喚親友故今禮食之餘別召知友故故言徵唯所欲也以告於先生君子可也告請也先生不以筋力爲禮於是可以來君子國中有盛德者可者召不召唯所欲【疏】注告請至所欲○釋曰案曲禮云老者不以筋力爲禮此先生老人教學者故云先生不以筋力爲禮於是可以來也云君子國中有盛德者者此君子。則曲禮博聞強識敦善行而不殆謂之君子也又玉藻云居士錦帶鄭云居士道藝處士亦一也云可者召不召唯所欲者上文云徵唯所欲上下相成解也賓介不與禮瀆則褻。古文與爲。預【疏】注禮瀆至爲預○釋曰賓介昨日正行禮今又召之則是數數則瀆瀆則不敬故云禮瀆則褻是以不與鄉樂唯欲鄉樂周南召南六篇之中唯所欲作從次也不歌鹿鳴魚麗者辟國君也【疏】注鄉樂至君也○釋曰云鄉樂周南召南者上注以二南爲鄉大夫之樂小雅爲諸侯之樂故知二南也但鄉燕同樂上正行飲酒歌小雅今燕不歌鹿鳴魚麗是避國君也記鄉朝服而謀賓介皆使能不宿戒鄉鄉人謂鄉大夫也朝服冠玄端緇帶素韠白屨今郡國行鄉飲酒之禮玄端而衣皮弁服與禮異再戒爲宿戒禮將有事先戒而。又宿戒【疏】記鄉至宿戒○釋曰上經直云主人與先生謀賓介不云服衣不云使能及不宿戒之事故記之也○注鄉。人至宿戒○釋曰鄉鄉人謂鄉大夫者以鄉大夫爲主人故知鄉大夫知朝服冠玄端緇帶素韠白屨者玄端即朝服之衣裳又與韠同色屨亦同裳色故知義然也云再戒爲宿戒禮將有事先戒而又宿戒者此即士冠先戒賓及宿是也此直戒而不宿與冠禮異

蒲筵緇布純筵席也純緣也

疏釋曰公食記云蒲筵常緇布純此不言常文不具也倍尋曰常丈六尺也

尊綌冪。賓至徹之綌葛也。冪覆尊巾

其牲狗也狗取擇人

亨于堂東北祖陽氣之所始也陽氣主養易曰天地養萬物聖人養賢以及萬民

疏注祖陽至萬民○釋曰此據鄉飲酒義而言以正月三陽生之月萬物出地盛於東南故云祖陽氣之所始也引易頤彖辭者義取養賢能而賓舉之事也

獻用爵其他用觶爵尊不褻用之

疏注爵尊不褻用之○釋曰案上獻賓獻衆賓等皆用一升之爵至酬及旅酬之等皆用三升之觶以獻爲初相敬故用爵以酬之等皆用爲相勸故用觶是以鄭云爵尊不褻用之也

薦脯五挺。橫祭于其上出自左房挺猶。膱也鄉射禮曰祭半膱膱長尺有二寸。左在東陽也陽主養房饌陳處也冠禮之饌脯醢南上曲禮曰以脯。脩置者左朐右末

疏注挺猶至右末○釋曰此橫祭于元缺止此其上者於脯爲橫於人爲縮其挺有五通祭者六故鄉射記云薦脯用籩五膱祭半膱橫于上膱長尺二寸則祭半膱者長六寸此脯不言長短者記文不具也云冠禮之饌脯醢南上者欲見此房中之饌亦南上也引曲禮者欲見此脯與曲禮脯。羞雖脃挺有異其設之皆橫於人前鄭彼注云屈中曰朐以左手案之右手擘之便

俎由東壁。自西階升亨狗既孰載之俎饌於東方

疏注俎由至階升○注亨狗至東方○釋曰亨狗於東方孰乃載之於俎饌陳於東壁既饌於東方恐由東階升故記辯之云自西階升也

賓俎脊脅肩肺主人俎脊脅臂肺介俎脊脅肫。胳肺肺皆離皆右體進腠。凡牲前脛骨三肩臂臑也後脛骨二膞。胳也尊者俎尊骨卑者俎卑骨祭統曰凡爲俎者以骨爲。主骨有貴賤凡前貴後賤離

猶揰也膝理也進理謂前。其本也今文胳作骼 疏 賓主至進膝〇注凡牲至作骼〇釋曰此序體賓用肩主人用臂介用胳其閒有臑肫〇在而介不用者蓋
爲。大夫俎故此闕焉是以鄉射記云賓俎脊脅肩肺主人俎脊脅臂肺注云賓俎用肩主人用臂尊賓也若有尊者則俎其餘體是臑肫爲大夫明矣大夫雖
尊不奪賓主正禮故用體卑於主人與賓而尊於介也或有介俎肫胳。不言者欲見用體無常若有一大夫卽介用肫若有二大夫則介用胳故肫胳兩見亦
是也云一腰骨二膊胳也者此皆如特牲少牢不取毄也云祭統者據祭祀歸俎之法此據飲酒。生人之禮引之者取一邊骨有貴賤之義以其賓用肩主人
用臂介用胳前貴於後也 以爵拜者不徒作 作起也言拜既爵者不徒起起必酢主人 疏 以爵拜者不徒作〇注作起至主人〇釋曰經
直云以爵拜者不徒作鄭知拜既爵者不徒起起必酢主人者以其拜受爵者有不酢主人法故上經衆賓之長一人受爵而不酢主人故此是拜既爵起必
酢主人者也 坐卒爵者拜既爵立卒爵者不拜既爵 降殺各從其宜不使相錯唯工不從此禮 疏 坐卒至既爵〇
注降殺至此禮〇釋曰以。其工無目。不使立卒爵唯坐卒爵不拜既爵與立卒爵者同故云唯工不從此禮也 凡奠者於左 不飲者不欲其妨
疏 凡奠者於左〇注不飲至其妨〇釋曰奠於左者謂主人酬賓之觶主人奠於薦右〇客不盡主人之歡奠之於左是不欲其妨後奠爵也 將舉於
右 便也 疏 將舉於右〇注便也〇釋曰謂若上文一人舉觶爲旅酬始二人舉觶爲無筭爵始皆奠於右是其將舉者於右以右手舉之便也 衆賓
之長一人辭洗如賓禮 於三人之中復差有尊者餘二人雖爲之洗不敢辭其下不洗 疏 衆賓至不洗〇注於三至不洗〇釋曰此
記上主人獻衆賓時主人揖升坐取爵于西楹下降洗爵衆賓長一人降亦進東向辭洗如賓禮是於三人之中復差尊者得辭洗餘二人雖爲之洗不敢辭
也云其下不洗者謂其堂下立者不爲之洗獻之而已 立者東面北上若有北面者則東上 賢者衆寡無常也或統於

堂或統於門【疏】立者至東上○注賢者至於門○釋曰此謂堂下立者鄉人賢者或多或少若少則東面北上統於堂也若多東面立不盡即門西北面東上統於門也

樂正與立者皆薦以齒謂其飲之次也尊樂正同於賓黨不言飲而言薦。以明飲也既飲皆薦於其位樂正位西階東北面【疏】樂正至以齒○注謂其至北面○釋曰云謂其飲之次也者謂樂正與立者以齒受旅是飲之次也云薦者以先飲乃薦依飲之次而薦之故明飲也必有飲薦相將者案上經云衆賓偏有脯醢鄭注云以每獻薦於其位位在下此言樂正與立者皆薦以齒明受獻乃薦於衆賓在下者同也

凡舉爵三作而不徒爵謂獻賓獻大夫獻工皆有薦【疏】凡舉至徒爵○釋曰徒空也謂獻賓獻大夫獻工不徒空以爵獻之而已皆有薦脯醢

樂作大夫不入後樂賢者【疏】樂作大夫不入○注後樂賢者○釋曰大夫之入當一人舉觶之後未樂作之前以助主人樂賢若樂作之後。後。樂。賢者故不入也

獻工與笙取爵于上篚既獻奠于下篚明其異器敬也如是則獻大夫亦然上篚三爵【疏】獻工至下篚○注明其至三爵○釋曰鄭知上篚三爵者以上經初主人獻賓時云取爵於篚○降洗獻賓受酢主人奠爵于序端酬賓訖又取爵於東序端以獻介受酢訖奠爵於西楹南降三拜衆賓一賓訖猶升取爵于西楹下獻堂上堂下衆賓訖主人以爵降奠于篚是其上篚一爵也此記又云獻工與笙取爵于上篚既獻奠于下篚是上篚二爵也又鄉射禮獻大夫云主人揖讓以大夫升拜至大夫荅拜主人以爵降洗獻大夫此篇亦有大夫故知上篚有三爵也

其笙則獻諸西階上謂主人拜送爵也於工拜于阼階上者以其坐於西階東也古文無上【疏】其笙至階上○注謂主至無上○釋曰上經主人獻笙于西階上此記人又言之。也爲拜送。送爵而言也故鄭云主人拜送爵也云於工拜于阼階上者以其坐於西階東也者以工坐於西階東主人不得西階上拜送爵故也此笙在西階獻西階工嫌亦阼階拜送故此明之也

於磬階閒縮霤北面鼓之縮從也霤以東西爲從鼓猶擊

也大夫而特縣方賓鄉人之賢者從士禮也射則磬在東古文縮爲蹙【疏】磬階至鼓之○注縮從至爲蹙○釋曰言大夫而特縣者案周禮小胥半爲堵全爲肆鄭注云鍾磬者縮縣之二八十六枚而在一虡謂之堵鍾一堵磬一堵謂之肆半之者謂諸侯之卿大夫士也諸侯之卿大夫西縣鍾東縣磬今諸侯鄉大夫合鍾磬俱有今直云磬是以鄭云大夫而特縣方賓鄉人之賢者從士禮也云射則磬在東者據鄉射而言避射位故在東與此階閒異也

主人介凡升席自北方降自南方席南上升由下降由上由便【疏】主人至南方○注席南至由便○釋曰案曲禮云席南鄉北鄉以西方爲上東鄉西鄉以南方爲上鄭注云坐在陽則上左在陰則上右是以主人與介席南方爲上故升由下降由上者便也若然席上坐在陰以東爲上者統於主人也

司正既舉觶而薦諸其位司正主人之屬也無獻因其舉觶而薦之【疏】司正至其位○注司正至薦之○釋曰案下文云主人之贊者西面北上不與無算爵然後與是其無獻也故因舉觶薦諸其位

凡旅不洗敬禮殺也【疏】凡旅不洗○注敬禮殺也○釋曰案上二人舉觶皆爲旅始不可不自絜故洗自此以後旅酬皆不洗故云凡旅不洗也

不洗者不祭不甚絜也

既旅士不入後正禮也既旅則將燕矣【疏】既旅士不入○注後正至燕矣○釋曰旅謂旅酬所酬獻皆拜受故云正禮既旅之後無算爵行燕飲之法非正禮故士不入後正禮故也

徹俎賓介遵者之俎受者以降遂出授從者以送之【疏】徹俎至從者○釋曰以上文正經賓介遵者之俎直云降自西階無出之文故記之上之必授從者以其己所當得也

主人之俎以東藏於東方【疏】主人之俎以東○注藏於東方○釋曰已上文三云主人授弟子俎弟子以降自西階不言以東故記人辨之云云藏於東方者以其主人故云藏之

樂正命奏陔賓出至于階陔作【疏】樂正至陔作○釋曰陔謂陔夏詩篇名命擊鼓者賓降自西階恐賓醉失禮故至階奏之

若有諸公則大夫於

主人之北西面其西面者北上統於公疏若有至北面○注其西至於公○釋曰若無諸公則大夫南面西上統於遵也主人之贊者西面北上不與贊佐也謂主人之屬佐助主人禮事徹鼏沃盥設薦俎者西面北上統於堂也與及也不及謂不獻酒疏主人至不與○注贊佐至獻酒○釋曰云西面北上統於堂也者以其主人之屬故也無筭爵然後與燕乃及之疏注燕乃及之○釋曰以其主人之屬非主人所敬故無筭爵乃得酒也

儀禮卷第四經二千六百三十八注三千九百三十八

儀禮疏卷第十元缺第七葉今補

儀禮注疏卷十校勘記

阮元撰盧宣旬摘錄

賓北面

謂不及獻酒　浦鏜云及字當衍文

故鄭君連引無算爵旅酬　通解要義同毛本爵下有與字

主人西階上酬介

其酬酌介實觶　介閩本作弁

司正升

則以且字別之　毛本且字作其序徐本作且字與此本合是也集釋作某字通解作且序楊氏敖氏俱作其字皆非也

衆受酬者

今文無衆酬者　毛本者作也徐氏集釋通解俱作者與此本標目合○按衆字疑當作受

弁堂下衆賓　通解要義同毛本下作上

辯卒受者　辯唐石經作辨

引鄉射者　引監本誤作升

司正升自西階

至大禮也　毛本也誤作曰

未得安坐飲食也　食要義作酒

喻無算爵以後坐食　盧文弨改食爲飲

坐以禮謂之殺　浦鏜云行誤以

司正升立于席端　席唐石經楊氏敖氏俱作序徐本集釋通解毛本俱作席石經考文提要曰鄉射禮亦云升立于序端○按疏內標目云司正至席端疏云卽升立于席端皆誤也然單疏本已如是則誤久矣非始于通解

賓降席北○遵者降席席東南面　唐石經徐本集釋通解楊氏敖氏俱重席字石經考文提要曰鄉射禮大夫降席席東南面大夫卽遵者也亦疊席字毛本不疊

賓降階至南面　階字疑衍或是席字之誤毛本無階字

言來之與不來　毛本之作者

賓取俎○則使人受俎　受唐石經集釋俱作授

說屨

屨賤不空居堂空楊本作宜

然後升坐也閩本通解要義同毛本坐作堂

無筭爵唐石經徐監同毛本筭作算案此二字諸本錯出後不悉校

使二人舉觶于賓徐監葛本集釋通解同毛本二作主楊氏作一

賓出奏陔

此且語鍾鼓要義作此且論鼓

賓若有遵者

至不加席浦鏜云不下脫去字

正禮謂賓主獻酢是也閩本無正禮二字

席于賓東

以德爲次次閩本作比

此是天子貢人鄉飲酒法此要義作彼

一命已上至三命毛本至誤作三

與六十已上齒於堂通解要義同毛本無與字

公如大夫入〇使一人去之敖氏作主人去之

是其當公則非當兩當字盧文弨俱改常

大夫則如介禮

以其鄉大夫賢者賢上閩本有貢字擠入

又上注云浦鏜云下誤上

明日賓服鄉服以拜賜通解敖氏俱無上服字朱子曰注云今文曰賓服鄉服明古經文無服今有之衍文也

主人如賓服以拜辱

拜賓復自屈辱也復集釋楊氏俱作服張氏曰注曰拜賓服自屈辱也按釋文復扶又反近湖北本作腹訛益甚〇按張氏以嚴本爲據楊氏又沿嚴本之誤徐鍾俱不誤

主人釋服

至鄉樂唯所欲浦鏜云所衍字

故元端勞也通解毛本無勞字

無介

勞禮略也毛本略下有故字閩本作勞禮殺也

薦脯醢

羞同也按敖氏注云薦同也雖非引鄭注然竊疑鄭注羞字亦薦字之誤

以告于先生君子可也

則曲禮博聞強識閩本要義同毛本則作即

賓介不與

禮瀆則褻徐本集釋通解楊氏俱作褻與疏合毛本褻作䙝

古文與爲預預徐本集釋俱作豫毛本通解作預

[匚己]鄉朝服而謀賓介

先戒而又宿戒又徐本集釋俱作又與疏合通解楊氏毛本俱作復張氏曰注曰先戒而又宿戒按釋文復字注曰而復同此又必復字也

鄉人至宿戒按人當作鄉

尊綌冪 冪宋本釋文作鼏按當以冪爲正

薦脯五挺 釋文云挺本亦作脡同

挺猶職也 按今本釋文云猶職本亦作樴宋本云猶樴本亦作職張淳識誤載樴字而缺其說蓋從釋文作從木之樴也

左在東 徐本集釋通解楊氏同毛本在上無左字

以脯脩置者 毛本徐本脩誤作修

與曲禮脯羞 盧文弨改羞爲脩

俎由東壁 壁唐石經作辟誤

賓俎脊脅肩肺○介俎脊脅肫胳肺 胳上唐石經徐本集釋楊氏俱有肫字毛本通解敖氏無朱子曰印本胳上有肫字然釋文無音疏又云有臑肫而介不用明本無此字也成都石經亦誤今據音疏刪去敖氏曰疏云或有肫胳兩言者云云則是作疏之時或本已有兩言肫胳二字者矣是蓋後人妄增之而當時無有是正之者故二本並行其後石經與印本但以或本爲據所以皆誤○按賈云肫胳兩見亦是也又前疏云下有介俎脊脅肫胳仍有肫字則賈氏所據之本雖無肫字亦不以有肫爲非

進腠 釋文作奏云本又作腠同

膞胳也 盧文弨改膞爲膊按膊卽肫字說文肫面頯也从肉屯聲膊切肉也从肉專聲皆非脛骨之義蓋假借用之專屯同音膊肫同字今注疏刊本俱誤作膊膊以專爲聲不得與肫通用周禮醢人豚拍杜子春讀爲膊

以骨爲主徐本集釋通解敖氏同毛本主作上

謂前其本也集釋無其字

蓋爲大夫俎毛本爲作以

或有介俎肫胳不言者不敖氏引作兩

此據飲酒生人之禮毛本生作主

坐卒爵者

以其工無目閩本無其字

不使立卒爵通解不上有故字

將舉於右

爲旅酬始通解要義楊氏同毛本始作使

樂正與立者

以明飲也以下集釋敖氏俱有薦字

樂作

後樂賢者毛本後上有則字監本脫則字閩本後下有於字

其笙

此記人又言之也毛本也作者此本與閩本誤作也

爲拜送送爵而言也毛本通解不重送字按重者非也

磬

言大夫而特縣者案周禮小胥半爲堵全爲肆小上周禮二字從要義補入毛本云鄭知此是諸侯之鄉大夫者案春官小胥掌樂縣之法而云凡縣鐘磬半爲堵全爲肆此乃篇首鄭目錄下疏文通解移置於此而毛本誤從之

鐘磬者縮縣之要義同毛本縣下無之字浦鏜云編誤縮按浦云是也通解亦作編縣無之字

與此階閒異也毛本此作兩

既旅士不入

所酬獻皆拜受通解要義同毛本皆下有拜送二字閩本無獻字

徹俎

以送之徐本集釋同毛本無以字通解未刻

若有諸公

統於遵也遵閩本通解俱作賓

主人之贊者

以其主人之屬故也閩本要義同毛本之作自

儀禮注疏卷十校勘記

儀禮疏卷第十一　　　　儀禮卷第五

唐朝散大夫行大學博士弘文館學士臣賈公彥等撰

鄉射禮第五【疏】鄉射禮第五○鄭目錄云州長春秋以禮會民而射於州序之禮謂之鄉者州鄉之屬鄉大夫或在焉不改其禮射禮於五禮屬嘉禮大戴十一小戴及别錄皆第五○釋曰鄭云州長春秋以禮會人而射於州序者周禮地官州長職文也鄭引之者證此鄉射是州長射法云謂之鄉者欲見州長射得名鄉射之意云州鄉之屬者周禮大司徒職云五州爲鄉是州屬鄉故云州鄉之屬云鄉大夫或在焉者一鄉管五州鄉大夫或宅居一州之內則鄭注禮記云或則鄉之所居州黨而鄉大夫來臨此射禮是爲鄉大夫在焉則名鄉射又鄉大夫三年大比與賢者能者訖而以鄉射之禮五物詢衆庶亦行此州長射禮以詢之亦是鄉大夫在焉故名爲鄉射云不改其禮者雖鄉大夫在其禮仍依州長射禮故云不改其禮案經鄉大夫射於庠云堂則由楹外又云堂則物當楣又云大夫用兕中其禮與士射於序别而云不改者大射。鄉大夫士射先行鄉飲酒禮及未旅而射爲不改其實亦有少異也鄭云射禮於五禮屬嘉禮者案周禮大宗伯云以嘉禮親萬民下有以賓射之禮親故舊朋友故知屬嘉禮也

儀禮　　鄭氏注

鄉射之禮主人戒賓賓出迎再拜主人答再拜乃請主人州長也。鄉大夫若在焉則稱鄉大夫也戒猶警也語也出迎出門也請告也告賓以射事不言拜辱此爲習民以禮樂不主爲賓己也不謀賓者時不獻賢能事輕也今郡國行此禮以季春周禮鄉老及鄉大夫三年正月獻賢能之書於王退而以鄉射之禮五物詢衆庶諸侯之鄉大夫既貢士於其君亦用此禮射而詢衆庶乎【疏】鄉射至乃請○釋曰自此至無介論州長將射先戒賓之事案大射前三日宰夫戒宰及司馬又射前一日樂人宿縣此不言日數則戒賓與射同日矣禮同鄉飲酒也以其鄉射先行

鄉飲酒鄉飲酒戒賓與飲酒同日知此鄉射戒賓與射亦同日也○注主人至庶乎○釋曰案鄉大夫是諸侯鄉大夫則此州長亦諸侯之州長以士爲之是以經云釋獲者執鹿中記云士鹿中是皆爲此州長射而言是諸侯州長可知若天子州長中大夫爲之若然記云大夫兕中者爲鄉大夫詢衆庶而言也云鄉大夫若在焉則稱鄉大夫也者謂大夫來臨禮之時州長戒賓不自稱稱鄉大夫以戒賓也云出迎出門也者謂出序之學門亦如鄉飲酒出庠門皆有一門入門卽至堂耳云不言拜辱者此爲習民以禮樂不主爲賓己也者對鄉飲酒主人戒賓賓拜辱者彼爲賓也非爲習民以禮樂故也云不謀賓者時不獻賢能事輕也者還決鄉飲酒獻賢能故須就先生而謀賓介禮重對此不獻賢能爲輕故不謀賓也云今郡國行此禮以季春者漢時雖無諸侯國而置郡爲守其王之子弟猶名國其君曰相故鄭注禮記云如今從大守相臨之禮是也引之者證時節與周異也云周禮至衆庶皆周禮鄉大夫職文引之者證此鄉射中兼有鄉大夫行射禮故有射於堂及兕中之事云五物者案彼云一曰和二曰容三曰主皮四曰和容五曰興舞鄭注云和載六德容包六行也庶民無射禮因田獵分禽則有主皮主皮者張皮射之無侯也主皮和容興舞則六藝之射與禮樂與當射之時民必觀焉因詢之也是也鄭云和載六德者和是六德之下六德大故舉下以載上也容爲孝者人有孝行則性行含容故以孝爲容孝是六行中之大故舉上以包下故云容包六行也云主皮六藝之射者但六藝中射總言諸射不專據主皮但三物教萬民射唯有主皮此詢衆庶不兼士已上故以主皮爲六藝之射以和容爲禮者禮之用和爲貴又行禮有容儀是以漢時謂禮爲容故以禮爲和容也以樂爲興舞者爲樂必興舞故興舞以表樂也若然六德與六行在身所有故可舉少以兼多六藝施於外非獨身所行不可舉一以包六但六者之中御與書數三者。於。施化民爲緩故特舉禮樂與射而言之鄭以主皮和容興舞非射及禮樂之正名故云。乎。以疑也

賓禮辭許主人再拜賓荅再拜主人退賓送再拜 退還射宮省錄射事 疏注退還至射事○釋曰射宮者鄉庠

州序是也知省錄射事者卽下文云乃張侯之等是也下言飲酒之事知不爲飲酒事者以飲酒者止爲射事故以射爲主也

無介 雖先飲酒主於射也其序賓之禮略

疏 無介○注雖先至禮略○釋曰鄭云雖先飲酒者自此已下先言飲酒獻後乃射以是禮記射義云古者諸侯之射也必先行燕禮卿大夫士之射也必先行鄉飲酒之禮是也但鄉飲酒之禮有介一人以輔賓此無介者主於射序賓之禮略故無介以輔賓也

乃席賓南面東上 不言於戶牖之閒者此射於序

疏 乃席至東上○注不言至於序○釋曰自此以下至羹定論將射預前設席位尊罍樂縣及張侯之事也云不言於戶牖之閒者此射於序者決鄉飲酒在庠以其序無室庠有室此據州長射於序以其無室無戶牖設席亦當戶牖之處耳言東上亦主人在東故席端在東不得以曲禮席南向北向西方爲上因陰陽解之也

衆賓之席繼而西 言繼者甫欲習衆庶未有所殊別

疏 ○衆賓至而西○注言繼至殊別○釋曰甫始也言始欲習衆庶未有所殊別此決鄉飲酒三賓之席不屬殊別彼有德之人故各自特不繼有所殊別

席主人於阼階上西面 阼階東階

尊於賓席之東兩壺斯禁左玄酒皆加勺篚在其南東肆 斯禁禁切地無足者也設尊者北面西曰左尚之也肆陳也

疏 尊於至東肆○注斯禁至陳也○釋曰云斯禁禁切地無足者也者案州長是士應言禁制不言者其中兼有鄉大夫禮故舉大夫斯禁與鄉飲酒同云設尊者北面西曰左尚之也者經云左玄酒據人設尊北面故以西爲左若據酒則以南面爲正地道尊右以西爲右玄酒在右故云尚之若然云左據設尊又云尚之據酒尊也

設洗于阼階東南南北以堂深東西當東榮水在洗東篚在洗西南肆 榮屋翼也

縣于洗東北西面 此縣謂磬也縣於東方辟射位也但縣磬者半天子之士無鍾

疏 注此縣至無鍾○釋曰云此縣謂磬也者對大射縣鍾磬鑮具有也云縣於東方辟射位也者此言決鄉飲酒無射事縣於階閒也云但縣磬者半

天子之士無鍾者案周禮小胥職云半爲堵全爲肆鄭云鍾磬者編縣之二八十六枚而在一虡謂之堵鍾一堵磬一堵謂之肆半之者謂諸侯之卿大夫士也諸侯之卿大夫半天子之卿大夫天子之卿大夫判縣者東西各有鍾磬爲肆諸侯之卿大夫判縣者分一肆於兩廂東縣磬西縣鍾若天子之士特縣者直東廂有鍾磬二虡爲一肆諸侯之士分取磬而已縣於東方爲特縣故云無鍾對大夫及天子士有鍾若然此既兼鄉大夫詢衆庶當爲判縣宜有鍾而總云無鍾者方以禮樂化民雖大夫亦同士特縣也若鄉飲酒方賓鄉人之賢者從士禮也其天子諸侯鍾磬鎛具卿大夫天子士已下亦無鎛知者以其諸侯卿大夫士半天子卿大夫士若有鎛添鍾磬爲三半不得故知卿大夫已下皆無鎛也

乃張侯下綱不及地武

侯謂所射布也綱持舌繩也武迹也中人之迹尺二寸侯象人綱即其足也是以取數焉

疏乃張至地武○注侯謂至數焉○釋曰此已下論預張侯之事鄭知侯用布○案下記云獸侯大夫士皆言布侯則餘賓射大射其侯皆用布此鄉射采侯二正亦用布可知云綱持舌繩也者周禮梓人云上綱與下綱出舌尋縜寸焉注云綱所以繫侯於植者也故云綱持舌繩也云武迹也中人之迹尺二寸者無正文蓋目驗當時而言似云中人定扼圍九寸也漢禮云五武成步步六尺或據此而言也云侯象人者案鄭注梓人云上下皆出舌一尋者亦人張手之節也以其張侯之法下兩舌半上舌兩頭綱皆出一尋即是上廣下狹象人張足六尺張臂八尺故云象人也云綱即其足也者謂經下綱象足云是以取數爲者以下綱象足張之六尺是取數於武也

不繫左下綱中掩東之

事未至也

疏不繫至東之○注事未至也○釋曰案下記云東方謂之右个注云侯以向堂爲面也則此左下綱以西畔而言云中掩東之者案記云鄉侯一丈倍中以爲躬躬二丈倍躬以爲左右舌舌四丈兩舌各出一丈又云下舌半上舌則左右各出五尺今將此五尺與下綱不繫者中掩左廂向東待將射乃解之故云事未至也

乏參侯道居侯黨之一西五步

容謂之乏所以爲獲者御矢也侯道五十步此乏去侯北十丈

西三丈【疏】乏參至五步○注容謂至三丈○釋曰乏參侯道者謂三分侯道云居侯黨之一者黨旁也謂在侯西北邪向之故以旁言之其居旁之一者謂侯道內三分之居一分之地十丈也云西五步者據侯之正北落西有五步即三丈也云容謂之乏者案周禮射人職云王以六耦射三侯三獲三容五正彼據王三侯有三容容者以革為之可以容身故云容也云乏者謂矢於此匱乏不去故云乏也云獲者御矢也者謂唱獲者恐矢。至身故云獲者御矢也云侯道五十步者記云鄉侯五十弓弓之下制六尺與步相應故鄭云步也云此乏去侯北十丈者五十步計之步六尺五十步則三十丈三分取一為十丈云西三丈者經云西五步五六三十故云三丈也遠近如此者一得避矢一得去堂二十丈聞唱獲聲是其節也

羹定肉謂之羹定猶。孰也謂狗孰可食

【疏】羹定○注肉謂至可食○釋曰云謂狗孰者此與鄉飲酒同亨狗於東方是也

主人朝服乃速賓賓朝服出迎再拜主人荅再拜退賓送再拜速召也射賓輕也戒時玄端今郡國行此鄉射禮皮弁服與禮為異

【疏】主人至再拜○釋曰自此至當楣北。面。荅再拜論主召賓從己之事此主人與賓俱朝服案鄉飲酒賓主俱不言服者以彼賓禮重故戒與速賓俱朝服故不言此習禮輕是故戒時玄端召時乃朝服故須言之也。必此戒時玄端者見公食大夫云賓朝服即位于大門外如聘注云於是朝服則初時玄端宜與彼同皆是戒時不言服後速時朝服故知此亦戒時玄端矣且鄉飲酒戒速俱不言服知皆朝服者下記云鄉朝服而謀賓。介是也云今郡國已下引之者欲見與周異也

賓及衆賓遂從之及門主人一相出迎于門外再拜賓荅再拜相主人家臣擯贊傳命者

【疏】賓及至再拜○注相主至命者○釋曰鄉飲酒云賓及衆賓皆從之彼兼介故云皆此無介故不言皆也云主人一相出迎于門外注與鄉飲酒同此亦主人自迎而言一相者使之傳賓言兼相禮也

揖衆賓差卑禮宜異

【疏】揖衆賓○注差卑禮宜異○釋曰此賓與衆賓同是鄉人無爵者而云差卑者唯據立為賓者尊衆

賓卽。不爲卑不論有爵。無也云禮宜異者賓則拜之衆賓則揖之是其異也

主人以賓揖先入以猶與也先入入門右西面【疏】主人至先入○注以猶至西面○釋曰云以猶與者案左氏傳云蔡人以吳子與楚人戰于柏舉彼以者能東西之曰以以謂驅使前人之稱此言嫌有驅使之稱故以爲與謂主人與賓是以爲平敵之義故須訓之云先入入門右西面者此注亦與鄉飲酒同以其賓入東面故西面。待之

賓厭衆賓衆賓皆入門左東面北上賓少進引手曰厭少進差在前也今文皆曰揖衆賓【疏】賓厭至少進○注引手至衆賓○釋曰此經亦與鄉飲酒同此云賓少進彼亦宜然不言者文不具也

主人以賓三揖皆行及階三讓主人升一等賓升三讓而主人先升者是主人先讓於賓不俱升者賓客之道進宜難也【疏】主人至賓升○注三讓至難也○釋曰言皆行者賓主既行衆賓亦行故云皆行鄉飲酒亦皆行不言者文略也知主人先讓於賓者元空一字以其主人之法先升導賓賓後升進宜難禮之。常。然故知主人先讓賓也此先升一等禮之常燕禮君升。二等者尊君故也

主人阼階上當楣北面再拜賓西階上當楣北面荅再拜主人拜賓至此堂【疏】注主人拜賓至此堂○釋曰知拜是拜至者鄉飲酒義云拜至拜洗公食亦云當楣北嚮再拜故知拜是拜至

主人坐。取爵於上篚以降將獻賓也【疏】主人至以降○注將獻賓也○釋曰自此至主人阼階上荅拜論主人獻賓之事凡取爵于篚以降者皆是上篚鄉飲酒不言上者文略也

賓降從主人也

主人阼階前西面坐奠爵興辭降重以主人事煩賓也今文無阼階

賓對對荅【疏】賓對○注對荅○釋曰鄉飲酒注云賓主之辭未聞此不注從可知

主人坐取爵興適洗南面坐奠爵于篚下盥洗盥手又洗爵。致絜敬也古文盥皆作浣

賓進東北面辭洗必進者方辭洗宜違位也言東北面則位南於洗矣

主人

坐奠爵于篚與對賓反位反從降之位也鄉飲酒曰當西序東面主人卒洗壹揖壹讓以賓升賓西階上北面拜洗主人阼階上北面奠爵遂荅拜乃降乃降將更盥也古文壹皆作一賓降主人辭降賓對主人卒盥壹揖壹讓升賓升西階上疑立疑止也有矜莊之色疏注疑止至之色○釋曰鄉飲酒注疑讀爲疑然從於趙盾之疑疑正立自定之貌此言疑止也有矜莊之色二注相兼乃具也主人坐取爵實之賓席之前西北面獻賓進酒於賓也凡進物曰獻疏注進酒至曰獻○釋曰云凡進物曰獻者欲見此賓乃是鄉民而已無尊卑上下猶言獻者此獻直是進物而言獻進之也案周禮玉府注云古者致物於人尊之則曰獻彼據尊敬前人雖卑亦曰獻若齊侯獻捷於魯之類義與此別也賓西階上北面拜主人少退少退猶少辟也疏注少退猶少辟也○釋曰鄉飲酒文與此同注云少退少辟及下文云賓少退注云少退逡巡義亦與此同賓進受爵于席前復位復位西階上位主人阼階上拜送爵賓少退薦脯醢薦進賓升席自西方賓升降由下也疏注賓升降由下也○釋曰凡席升由下降由上下文降席不由上者以主人在東敬主人不得降由上又於席西拜便使升降皆由下故云賓升降由下也乃設折俎牲體枝解節折以實俎也主人阼階東疑立賓坐左執爵右祭脯醢奠爵于薦西興取肺坐絕祭卻左手執本右手絕末以祭也肺離上爲本下爲末疏注卻左至爲末○釋曰鄭皆約鄉飲酒知之也尚左手嚌之嚌嘗也右手在下絕以授口嘗之興加于俎坐捝手執爵遂祭酒興席末坐啐酒捝拭也啐嘗也古文捝作說降席坐奠爵拜告旨降席席西也旨美也執爵興主人阼

階上荅拜賓西階上北面坐卒爵興坐奠爵遂拜執爵興卒盡主人阼階上荅拜賓以虛爵降。將洗以酢主人疏賓以虛爵降○注將洗以酢主人○釋曰自此至賓西階上荅拜論賓酢主人之事鄉飲酒不言虛爵直云降洗此直云虛爵降不言洗互見爲義相兼乃具也主人降從賓也降立阼階東西面當東序疏注從賓至東序○釋曰皆鄉飲酒文也賓西階前東面坐奠爵興辭降主人對賓坐取爵適洗北面坐奠爵于篚下與盥洗賓北面盥洗自外來疏注賓北至外來○釋曰對主人自內出南面是也上文主人坐取爵適洗南面是也主人阼階之東南面辭洗賓坐奠爵于篚興對主人反位反位從降之位也主人辭洗進疏注反位至洗進○釋曰云反位從降之位也者即上東序之西南面位云主人辭洗進者經直言反不言進鄭以言反位由前進乃反位故鄭却本之主人辭洗進也賓卒洗揖讓如初升疏賓卒至初升○釋曰言如初則亦一揖一讓也主人拜洗賓荅拜興降盥如主人之禮賓升實爵主人之席前東南面酢。主人酢報主人阼階上拜賓少退主人進受爵復位賓西階上拜送爵薦脯醢主人升席自北方乃設折俎祭如賓禮祭薦俎及酒亦。嚌啐不告旨酒己物自席前適阼階上北面坐卒爵興坐奠爵遂拜執爵興賓西階上北面荅拜自由也啐酒於席末由前降便也疏注自由至便也○釋曰鄭知義然者亦約鄉飲酒得知也主人坐奠爵于序端阼階上再拜崇酒賓西階上荅再拜序端東序頭也崇充也謝酒惡相充滿也疏主人坐奠爵于序端○釋曰奠爵于序端此擬下獻衆賓故云取爵于序端與鄉飲酒同也主人坐取觶于篚以降將酬賓疏主人至以降○注將酬賓○釋曰自此至當西序論酬賓之事賓降主人奠觶辭降賓對東面立主人坐取觶洗賓不辭洗不辭洗以其將自飲卒洗揖讓升賓西階上疑立主人實觶酬之阼階上北面坐奠觶遂拜執觶興酬勸酒賓西階上北面荅拜主人坐祭遂飲卒觶興坐奠觶遂拜執觶興賓西階上北面荅拜主人降洗賓降辭如獻禮以將酌己疏注以將酌己○釋曰鄭言此者前不辭洗主人自飲至此辭洗以將酌己故辭也升不拜洗酬禮殺也賓西階上立主人實觶賓之席前北面酬賓賓西階上拜主人坐奠觶于薦西賓辭坐取觶以興反位賓辭辭主人復親酌己疏注賓辭至酌己○釋曰此射前獻時親酌己今復親酌己主人阼階上拜送賓北面坐奠觶于薦東反位酬酒不舉疏主人阼階上拜送○注酬酒不舉○釋曰鄉飲酒注引曲禮不盡人之歡之事此不言亦從鄉注可知主人揖降賓降東面立于西階西當西序主人將與衆賓爲禮賓謙不敢獨居堂主人西南面三拜衆賓衆賓皆荅壹拜三拜示徧也壹拜不備禮也獻賓畢乃與衆賓拜敬不能並疏主人至壹拜○注三拜至能並○釋曰云三拜示徧也元空一字者衆賓無問多少止爲三拜而已是示徧也云壹拜不備禮也者衆賓人皆一拜是拜不備禮此亦荅大夫拜法以其此禮中含鄉大夫法若荅士拜則亦再拜見於特牲也云獻賓畢乃與衆賓拜者自爾來唯與賓拜未與衆賓拜今始拜之故云敬不能並主人揖升坐取爵于序端降洗升實爵西階上獻衆

賓衆賓之長升拜受者三人長其老者言三人則衆賓多矣國以多德行道藝爲榮何常數之有乎疏主人至三人○注長其至有乎○釋曰衆賓之長升拜受者三人此雖非賓賢能其衆亦三人在堂上與鄉飲酒數同其堂。上。衆賓無定數故鄭云言三人則衆賓多矣云國以多德行道藝爲榮者案周禮大司徒以鄉三物教萬民一曰六德二曰六行三曰六藝此既鄉人則德行亦據六德六行道藝則六藝也此並與鄉飲酒賓介與衆賓之類並來與在射中是以孔子射於矍相之圃觀者如堵牆彼亦據孔子爲鄉大夫習人以禮樂之射至於誓之於後僅有存焉亦無常數之事也

主人拜送送拜爵於衆賓右疏主人拜送○注拜送至賓右○釋曰知在衆賓右者約鄉飲酒獻衆賓皆於西階上賓右知之也

坐祭立飲不拜既爵授主人爵降復位既盡疏坐祭至復位○釋曰此還上三人者降復位賓南東面位

衆賓皆不拜受爵坐祭立飲自第四已下又不拜受爵禮彌略疏衆賓至立飲○注自第至彌略○釋曰此謂堂下衆賓無數者故鄭云自第四以下云又不拜受爵禮彌略者三賓雖坐祭立飲不拜既爵仍拜受此衆賓非直坐祭立飲不拜既爵又不拜受爵故云禮彌略也

每一人獻則薦諸其席諸於疏每一至其席○釋曰此還據堂上三人有席者故云○薦諸其席謂席前也

衆賓辯有脯醢薦於其位疏衆賓辯有脯醢○注薦於其位○釋曰還據堂下無席者故鄭云薦於其位。不席也

主人以虛爵降奠于篚不復用

揖讓升賓厭衆賓升衆賓皆升就席疏揖讓至就席○釋曰自此以下至舉觶者降論旅酬之事

一人洗舉觶於賓一人主人之吏疏一人洗舉觶于賓○注一人主人之吏○釋曰主人之吏亦謂府史以下非屬官也

升實觶西階上坐奠觶拜執觶興賓席末荅拜舉觶者坐祭遂飲卒觶興坐奠觶拜執觶興賓荅拜降洗升實

之西階上北面將進奠觶賓拜拜受觶舉觶者進坐奠觶于薦西不授賤不敢也【疏】注不受賤不敢也○釋曰以其是主人之吏既賤故不敢親授奠之也賓辭坐取以興若親受然【疏】注若親受然○釋曰云若親受然者賓辭卽坐取以興故云若親受然也舉觶者西階上拜送賓反奠于其所舉觶者降【疏】舉觶至舉觶者降○釋曰云反奠于其所者還於薦西以其射後賓北面舉之爲旅酬故不奠于薦東也大夫若有遵者則入門左謂此鄉之人爲大夫者也謂之遵者方以禮樂化民欲其遵法之也其士也於旅乃入鄉大夫士非鄉人禮亦然主於鄉人耳今文遵爲僎【疏】大夫至門左○注謂此至爲僎○釋曰云大夫若有遵者言若者或無不定故云若也鄭知是當鄉大夫者以其鄉射既與人行射禮而言大夫者當鄉大夫可知云其士也於旅乃入者下記云士既旅不入明未旅閑皆得入是以未旅而射其士皆在也知鄉大夫士非鄉人禮亦然者以其同是鄉大夫士禮無異故也但異鄉不助主人樂賓爲別也主人降迎大夫於門內也不出門別於賓【疏】主人降○注迎大至於賓○釋曰鄭知迎大夫於門內者以其上文大夫入門左此經直云主人降不云出故知迎大夫在門內可知賓及衆賓皆降復初位不敢居堂俟大夫入也初位門內東面【疏】賓及至初位○注不敢至東面○釋曰知初位門內東面者上文賓厭衆賓皆入門左東面北上故知也主人揖讓以大夫升拜至大夫荅拜主人以爵降大夫降主人辭降大夫辭洗如賓禮席于尊東尊東明與賓夾尊也不言東上統於尊也【疏】主人至尊東○注尊東至尊也○釋曰上云尊於賓席之東則在尊西今大夫言席於尊東明爲賓夾尊可知云不言東上統於尊也者席於尊東繼尊而言又不言東上西上是以下云大夫降席東南面降由下故知西上統於尊也升不拜洗主人實爵席前獻于大夫大夫西

階上拜進受爵反位主人大夫之右拜送大夫辭加席主人對不去加席辭之者謙不以己尊加賢者也不去者大夫再重席正也賓一席重【疏】升不至加席○注辭之至重席○釋曰云升不拜洗者以大夫尊故不拜洗也云反位者大夫反西階上位云主人大夫之右拜送者謂在大夫之東拜送爵也云辭之者謙不敢以己尊加賢者鄉射之禮鄉人爲賓下記云若大夫與則以公士爲賓亦選賢者爲之故辭加席又不以己尊加賢者也云不去者大夫再重席正也者鄉飲酒云公三重大夫再重故知大夫再重席禮之正也云賓一重席者鄉人故一重縱公士爲賓亦一重也

乃薦脯醢大夫升席設折俎祭如賓禮不嚌肺不啐酒不告旨西階上卒爵拜主人荅拜凡所不者殺於賓也大夫升席由東方【疏】乃薦至荅拜○注凡所至東方○釋曰云凡所謂經中三事以其殺於賓若然上云不拜洗亦是殺於賓之類也云大夫升席由東方者以其大夫席西上升由下故知大夫升席由東方也

大夫降洗將酢主人也大夫若衆則辯獻長乃酢【疏】大夫阼洗○注將酢至乃酢○釋曰自此至皆升就席論大夫酢主人訖賓主皆升就席之事知大夫若衆則辯獻長乃酢者此經據一大夫而言故獻大夫即酢案有司徹主人洗爵獻長賓于西階上然後衆賓長升拜受爵宰夫贊主人酌若是以辯乃升長賓主人酌于長賓西階上北面賓在左注云主人酌自酢序賓意賓卑不敢酢賓尸與凡。平飲酒禮同可以相參亦是辯獻長乃酢也

主人復阼階降辭如初卒洗主人盥盥者雖將酌自飲尊大夫不敢褻【疏】主人至人盥○注盥者至不敢褻○釋曰云盥者雖將酌自飲者以其下文大夫洗爵升授主人爵是主人酌以自酢故云雖將酌自飲云不敢褻者決有司徹主人自酌不盥是此爲尊大夫雖自酢亦不敢褻也

揖讓升大夫授主人爵于兩楹閒復位主人實爵以酢于西階上坐奠爵拜大夫荅拜坐

祭卒爵拜大夫荅拜主人坐奠爵于西楹南再拜崇酒大夫荅拜主人復阼階揖降將升賓疏揖讓至揖降○注將升賓○釋曰云主人坐奠爵於西楹南者前獻賓賓酢主人主人飲酢訖奠爵于東序端將後獻衆賓不得奠于篚中此受大夫酢不奠于篚者爲士於旅乃入擬獻士故奠爵于此也大夫降立于賓南雖尊不奪人之正禮疏大夫至賓南○注雖尊至正禮○釋曰大夫尊在堂則席之于尊東特尊之今降而在賓下者欲使賓主相對行禮若在北北則妨賓主揖讓之正禮故云不奪主人之正禮主人揖讓以賓升大夫及衆賓皆升就席席工于西階上少東樂正先升北面立于其西言少東者明樂正西側階不欲大東辟射位疏席工至其西○注言少至射位○釋曰自此至告于賓論作樂之事云席工者謂爲工設席下文乃升席也云言少東者明樂正西側階者既言席工于西階上少東則在西階東矣復云樂正立于其西則近席西其言從近故知樂正側近西階東則不欲大東辟射位大射亦同此注燕禮注亦然者燕亦容有射法鄉飲酒工位與此同注不言者不射故也工四人二瑟瑟先相者皆左何瑟面鼓執越內弦右手相入升自西階北面東上工坐相者坐授瑟乃降瑟先賤者先就事也相扶工也面前也鼓在前變於君也執越內弦右手相由便也越瑟下孔所以發越其聲也前越言執者內有弦結手入之淺也相者降立西方疏工四至乃降○釋曰云四人二瑟則是二人歌可知經不言相歌二人者以其空相亦與瑟者同故不言直言瑟之難者也○注瑟先至西方○釋曰云瑟先賤者先就事也者案大射大師少師歌衆工瑟是知瑟者賤也凡工者皆先瑟後歌是賤者先卽事故序亦在前若然得獻亦在前以隨其先後而取之故也云鼓在前變於君也者鄉射與大射相對大射君禮而後首此臣禮前首故云變於君燕禮與鄉飲酒相對是以燕禮面鼓又與鄉飲酒

後首相變云執越內弦右手相者案鄉飲酒注云內弦側擔之者據瑟體而言燕禮注云內弦弦爲主者據弦體而說此言內弦右手相由便語異義同也云前越言執者內有弦結手入之淺也者瑟體首寬尾狹內越孔雖長廣狹亦等但。弦居瑟上近首鼓處則寬近尾不鼓處弇而狹側持之法近鼓持之入則近手入則深是以通與燕禮言面鼓則云執之手入淺也大射與鄉飲酒言後首則云挎越手入深故也云相者降立西方者其相者是弟子位在西者是以下文云樂正適西方命弟子贊工遷樂于下故知此相工是弟子故降立還于西方也

笙入立于縣中西面

堂下樂相從也縣中磬東立西面

疏 笙入至西面○注堂下至西面○釋曰云堂下樂相從也者案上文云縣于洗東北西面此云立于縣中明是堂下相從皆在東方也云縣中磬東立西面者謂在磬東當磬之東鄭知不在磬西西面者若磬西西面則笙者背磬不可故知在磬東西面也

乃合樂周南關雎葛覃卷耳召南鵲巢采蘩采蘋

不歌不笙不閒志在射略於樂也不略合樂者周南召南之風鄉樂也不可略其正也昔大王王季文王始居岐山之陽躬行召。南。之。教以成王業至三分天下乃宣周南召南之化本其德之初刑于寡妻至于兄弟以御于家邦故謂之鄉樂用之房中以及朝廷饗燕鄉射飲酒此六篇其風化之原也是以合金石絲竹而歌之

疏 乃合至采蘋○釋曰言乃者以其作樂之法先歌後乃合樂今不言歌不笙不閒唯合樂故言乃以見非常故也○注不歌至歌之○釋曰據鄉飲酒燕禮作樂有四節今不歌不笙不閒唯有合樂故云志在射略於樂也云合樂者周南召南之風鄉樂也者上注已云頌及大雅天子樂小雅諸侯樂此二南鄉大夫樂但鄉飲酒鄉射是大夫士爲主人故大夫士樂爲鄉樂者也云不可略其正也者二南是大夫士之鄉樂己之正樂故云不可略其正者也云昔大王已下於鄉飲酒注已說義具於彼此注略言之耳若然者燕禮與鄉飲酒文同注又與燕禮不異者以其鄉射與鄉飲酒同是大夫士禮。鄉大夫士行射禮先行鄉飲酒禮鄉飲酒與鄉射自爲首尾故鄉飲酒注具於此略言燕禮是諸侯禮天子諸侯

射先行燕禮則燕禮與大射自爲首尾是以燕禮歌笙閒合鄭亦具注之大射又略言之也

工不與告于樂正曰正歌備不與者瞽矇禮略也【疏】工不至歌備○注不與至略也○釋曰言正歌者升歌鹿鳴是上歌諸侯樂非已正樂故以二南爲正歌也言備者凡作樂皆三終此備明亦三終也云不與者瞽矇禮略也者以工告樂正以卑告尊當與今以瞽矇無目不可責其備禮故不與者於禮略也

樂正告于賓

乃降樂正降者堂上正樂畢也降立西階東北面【疏】樂正至乃降○注樂正至北面○釋曰言告于賓者作樂主爲樂賓今歌備故告賓言歌備也言樂正降者堂上正樂畢也者以其鄉飲酒燕禮但升歌笙閒合樂皆是正歌今略去升歌笙閒三者唯有合樂於堂上故云堂上正樂畢也云正樂者對後無筭樂非正樂也下射雖歌騶虞亦是堂下非堂上故以堂上決之也云降立西階東北面者此無正文約堂上樂正位在西階東北面今降亦當在西階東北面也

主人取爵于上篚獻工大師則爲之洗尊之也君賜大夫樂又從之以其人謂之大師【疏】主人至之洗○注尊之至大師○釋曰自此至反升席論主人獻工笙之事但天子諸侯官備有大師少師瞽人作樂之長大夫士官不備不合有大師君有賜大夫士樂器之法故春秋左氏云晉侯歌鍾二肆取半以賜魏絳魏絳於是乎始有金石之樂禮也時以樂人賜之故鄭云君賜大夫樂又從之以其人謂之大師也

賓降主人辭降大夫不降尊也【疏】賓降主人辭降○注大夫不降尊也○釋曰云大夫不降尊也者此賓降大夫若降不直與賓共文今不言大夫降鄉飲酒亦云賓介不言大夫降明大夫皆不降以其尊故也

工不辭洗卒洗升實爵工不與左瑟一人拜受爵左瑟辟主人授爵也一人無大師則工之長者【疏】工不至受爵○釋曰此言工不辭洗及一人拜受爵皆上大師也不言大師言工一人者欲見有大師則大師不辭洗拜受爵若無大師則凡工不辭洗拜受爵故變言工與一人假令大師左瑟先獻若歌則後獻亦先獻工一人是以鄭云一人無大師則工

之長者以鄉飲酒獻工時云一人不與受爵注云一人笙之長。者也大師爲歌者未得獻先獻瑟工之長者也主人阼階上拜送爵薦

脯醢使人相祭人相者【疏】主人至相祭○注人相者○釋曰云人相者則弟子相之既相工明祭亦相之可知工飲不拜既

爵授主人爵衆工不拜受爵祭飲辯有脯醢不祭祭飲不與受爵坐祭坐飲【疏】工飲至不祭○注祭飲至

坐飲○釋曰云工飲不拜既爵者還是上一人拜受爵者雖不拜既爵仍拜受也下衆工又對上一人拜受爵衆工不拜受爵也鄭云祭飲不與受爵坐祭坐

飲者對上賓主坐祭立飲故云坐祭坐飲亦不拜既爵可知也不洗遂獻笙于西階上不洗者賤也衆工而不洗矣而。著笙不洗者笙

賤於衆工正君賜之猶不洗也【疏】不洗至階上○注不洗至洗也○釋曰云衆工而不洗矣而。著笙不洗者笙賤於衆工正君賜之猶不洗也鄭云此者欲

見工在上貴君賜之大師爲之洗笙賤位在下正謂君賜之笙人猶不爲之洗況衆笙乎欲取賜笙人不爲之洗之意不取衆笙不爲洗也笙一人

拜于下盡階不升堂受爵主人拜送爵階前坐祭立飲不拜既爵升授主人爵

衆笙不拜受爵坐祭立飲辯有脯醢不祭主人以爵降奠于篚【疏】笙一至于篚○釋曰此經

總獻笙人雖賤中亦有尊卑故一人升階受爵餘者不升不拜既爵則同也反升就席亦揖讓以賓升衆賓皆升【疏】反升就席○注亦揖至皆

升○釋曰云亦揖讓以賓升衆賓皆升者謂亦前大夫若有遵者則入門左主人降賓及衆賓皆降主人共大夫行禮訖主人揖讓以賓升大夫及衆賓皆升

就席相似故云亦若然上賓降。時雖不言衆賓降衆賓卑從降可知故今從賓升也主人降席自南方禮殺由便【疏】主人至南方○注禮

殺由便○釋曰自此盡末旅論立司正之事也云禮殺由便者對上文主人受作爵時禮盛故主人降席自北方啐酒於席末亦然今此立司正禮殺故降席

自南方故云禮殺由便也側降賓不從降【疏】側降○注賓不從降○釋曰側降猶特降故云賓不從降也作相爲司正司正禮

辭許諾主人再拜司正荅拜爵備樂畢將留賓以事爲有。解倦失禮立司正以監之察儀法也詩云既立之監或佐之史【疏】作相至荅拜○注爵備至之史○釋曰云爵備者謂賓及衆賓與尊者弁工笙並得獻是爵備也云樂畢者合樂訖是樂畢以無升笙與閒故不言樂成而云樂畢而已也云將留賓以事者下有射事射訖行旅無筭之事故須立司正以監之但中閒爲射。繫變司正爲司馬射訖反爲司正以監。察儀法也引詩者證監與正爲一物皆察儀法也

主人升就席司正洗觶升自西階由楹內適阼階上北面受命于主人洗觶者當酌以表其位顯其事也楹內楹北【疏】主人至主人○注洗觶至楹北○釋曰云受命于主人者謂受主人請安賓之命是以下云請安于賓鄭注云傳主人之命也西階上北面請安于賓傳主人之命賓禮辭許司正告于主人遂立于楹閒以相拜相謂贊主人及賓相拜之辭主人阼階上再拜賓西階上荅再拜皆揖就席爲已安也今文揖爲升

司正實觶降自西階中庭北面坐奠觶興退少立奠觶表其位也少立自脩正慎其位也古文曰少退立【疏】司正至少立○注奠觶至退立○釋曰此云北面坐奠觶鄉飲酒亦然者此二者皆臣禮故北面奠觶燕禮大射皆司正南面奠觶者彼是君禮欲取還不背君故南面奠觶故大射云南面坐奠觶興右還北面少立坐取觶興坐不祭卒觶奠之興再拜稽首左還南面坐取觶洗南面反奠于其所北面立注云皆所以自昭明於衆也將於觶南北面則右還於觶北南面則左還如是得從觶西往來也必從觶西往來者爲君在阼不背之也又取威儀多此及鄉飲酒在阼非君直北面奠觶又威儀觶故也進坐取觶興反坐不祭遂卒觶興坐奠觶拜

執觶興洗北面坐奠于其所今文坐取觶無進又曰坐奠之拜興少退北面立于觶南立觶南亦其故擯位

疏與少至觶南○注立觶至擯位○釋曰云立觶南亦其故擯位者案上未有擯位此云擯位者案射禮云擯者退中庭是擯者在中庭有位燕禮大射皆擯者爲司正則此鄉射及鄉飲酒云作相爲司正相即擯者也故知觶南者中庭故擯位也

未。旅旅序也未以次序相酬以將射也旅則禮終也

疏未旅○注旅序至終也○釋曰旅衆也而言序者謂衆以次序相酬必於未旅而射者旅則醉禮。終。恐不得射故於未旅而射也此大夫士禮將射先行鄉飲。酒行旅。酬而已故射前未旅而射後乃始行旅酬燕禮大射國君禮故先行燕禮雖行一獻以其。辨尊卑故行四舉旅大射主爲射故。再拜訖即射燕禮主爲燕故三舉旅乃射彼皆與此不同也

三耦俟于堂西南面東上司正既立司射選弟子之中德行道藝之高者以爲三耦使俟事於此

疏三耦至東上○注司正至於此○釋曰自此已下盡樂正北面立于其南論三番射事鄭知司正既立司射即選弟于之中爲三耦俟事於此者經云俟於堂西明此時始選故知既立司正司射乃選弟子使俟事於此也故記云三耦者使弟子司射前戒之注云弟子賓黨之少者也前戒謂先射請戒之

司射適堂西袒決遂取弓于階西兼挾乘矢升自西階階上北面告于賓曰弓矢既具有司請射司射主人之吏也於堂西袒決遂者主人無次隱蔽而已袒左免衣也決猶闓也以象骨爲之著右大擘指以鉤弦闓體也遂射韝也以韋爲之所以遂弦者也其非射時則謂之拾拾斂也所以蔽膚斂衣也方持弦矢曰挾乘矢四矢也大射曰挾乘矢於弓外見鏃於弣。右巨指鉤弦古文挾皆作接

疏司射至請射○注司射至作接○釋曰云司射取弓于階西兼挾乘矢者以其。司射之弓矢豫陳於西階故司射於堂西袒決遂訖即取弓矢於階西是以下記云司射之弓矢與。扑倚于西階之西是也云有司請射者此有司謂司馬故大射云司射自阼階前曰爲政請射注爲政謂

司馬司馬政官主射禮諸侯之州長無司馬官直言有司請射以比司馬也云司射主人之吏也者大射諸侯禮有大射正爲長射人次之司射又次之小射正次之皆是士爲之則此大夫士禮不得用士故知是主人之吏爲之可知云於堂西袒決遂者主人無次隱蔽而已者此對大射人君禮有次在東方不須適堂西也云袒左免衣也知袒左者凡事無問吉凶皆袒左是以士喪主人左袒此及大射亦皆袒左不以吉凶相反唯有受刑袒右故覲禮云乃右肉袒于廟門之東注云右肉袒者刑宜施於右是也云決猶闓也以象骨爲之者大射注亦然案繕人云掌王之用弓弩矢箙矰弋決拾鄭注云士喪禮決用正王棘若檡棘則天子用象骨與無正文故引士喪禮又言與以疑之若然諸侯及大夫生用象死用棘天子無問死生皆用象者蓋取其滑也云著右大擘指以鉤弦闓體也知者以右巨指鉤弦故知著於右大擘指也以右擘著極是以大射云朱極三注云以朱韋爲之三者食指將指無名指是也云遂射韝也以韋爲之以遂弦者也者大射注亦云遂射韝也以朱韋爲之著左臂所以遂弦也云其非射時則謂之拾拾斂也所以蔽膚斂衣也者此篇及大射將射云袒決遂大射訖則云說決拾於公雖射亦謂之拾故大射云公就物小射正奉決拾以笥射正執弓皆以從於物彼亦臨時而云拾以公射袒朱襦言拾以見斂衣故變文以見義也云所以蔽膚斂衣也者言蔽膚據士斂衣據大夫已上是以下記大夫與士射袒薰襦燕禮記云君射袒朱襦若對君大夫亦與士同亦蔽膚也云方持弦矢曰挾知者下記云凡挾矢於二指之閒橫之是言其方可知引大射挾乘矢於弓外見鏃於弣是其方也若側持弓矢則名執故下文云司射猶袒決遂左執弓右執一个兼諸弦面鏃注云側持弓矢曰執面猶尚也并矢於弦尚其鏃是也云乘矢四矢也者下云司射搢三挾一个又詩云四矢反兮是四矢曰乘凡物四皆曰乘也引大射者欲見挾爲方持弦矢

賓對曰某不能爲二三子許諾言某不能謙也二三子謂衆賓巳下

疏賓對至許諾○注言某至巳下○釋曰二三子謂衆賓以下者謂除三耦之外通射者而言故云謂衆賓以下也若然投壺禮賓固辭乃許者彼因

燕而爲之再辭乃許此爲衆習禮不專爲己故一辭卽許大射不請者彼爲擇士而射故不須云許直告射節而已此爲衆庶習禮故云爲二三子許諾亦一辭而許也

司射適阼階上東北面告于主人曰請射于賓賓許司射降自西階階前西面命弟子納射器弟子賓黨之年少者也納內也射器弓矢決拾旌中籌楅豐也賓黨東面主人之吏西面

疏司射至射器○注弟子至西面○釋曰鄭知弟子是賓黨之年少者以其賓黨西方東面今以西面命之明是賓黨是以鄭云賓黨東面主人之吏西面也言弟子故知少者知射器弓矢以下者並案下文所陳用者知之也云賓黨東面主人之吏西面者案投壺賓黨及主黨皆爲弟子皆得與投壺者彼燕法主歡心故皆與今此射與鄉人習禮鄉飲酒同上下經文黨皆不與也

乃納射器皆在堂西賓與大夫之弓倚于西序矢在弓下北括衆弓倚于堂西矢在其上上堂西廉矢亦北括

疏乃納至其上○注上堂至北括○釋曰云賓與大夫之弓倚于西序矢在弓下北括衆弓倚于堂西矢在其上者以其序在堂上故矢在弓下堂西矢在堂上隨其弓在堂下隨其所宜而已云上堂西廉者以其在堂西故矢在上者還在堂上之廉稜也云矢亦北括者其在堂上西序者北括故知堂下者於上亦北括也

主人之弓矢在東序東亦倚于東序也矢在其下北括

疏主人至序東○注亦倚至北括○釋曰上賓大夫弓矢在西序矢在北括此主人弓矢如上也

司射不釋弓矢遂以比三耦於堂西三耦之南北面命上射曰某御於子命下射曰子與某子射比選次其才相近者也古文曰某從於子

疏司射至子射○注比選至於子○釋曰言遂以者司正因上階前令弟子納射器不釋弓矢遂比三耦因曰遂故云遂以也云比選次其才相近者也者才雖名自用乃因選其力相近爲宜也

司正爲司馬兼官由便也立司正爲涖酒爾今射司正無事

疏 司正爲司馬○注兼官至無事○釋曰言兼官者以諸侯對大夫大夫兼官諸侯具官特以諸侯對天子天子具官諸侯兼官各有所對故云兼官云由便也者使司正爲司馬不煩餘官也案射義云孔子射於矍相之圃射至於司馬使子路執弓矢出延射又使公罔之裘序點揚觶而語但此篇是州長春秋習射法兼士有鄉大夫三年貢士之後以五物詢衆庶射於庠鄉大夫五物詢衆而引孔子射於矍相之事則孔子會之鄉大夫也以其天子鄉卿大夫爲之諸侯鄉大夫使下大夫爲之是其差也但鄉飲酒之禮二人舉觶爲無筭爵據此篇末旅先射射訖行旅酬酬訖賓始二人舉觶爲無筭爵末射時詢衆庶得使公罔之裘序點二人揚觶者揚觶賓在射後一酬訖始行之今孔子詢衆庶之時借取無筭爵時於旅也語故使公罔之裘序點二人揚觶以詢衆庶此篇司射恆執弓矢子路亦執弓矢則子路爲司射也射於矍相時云射至司馬此文又云司正爲司馬則使子路詢衆庶時當此節也

司馬命張侯弟子說束遂繫左下綱事至也今文說皆作稅

疏 司馬至下綱○注事至也○釋曰上張侯時不繫左下綱中掩束之今弟子說其束不致地遂繫左下綱於植事至故也

司馬又命獲者倚旌于侯中爲當負侯也獲者亦弟子也謂之獲者以事名之

疏 司馬至侯中○注爲當至名之○釋曰案下記云司馬階前命張侯遂命倚旌以記言之司馬命張侯與命倚旌其事相因故云遂明同是西階前也云爲當負侯也者下云司馬命獲者執旌以負侯是也知獲者亦弟子者堂下位主人之黨在東賓黨在西下云獲者由西方坐取旌倚于侯中言由西方是賓黨弟子可知亦上張侯者也云以事名之者以其唱獲故名獲者也

獲者由西方坐取旌倚于侯中乃退樂正適西方命弟子贊工遷樂于下當辟射也贊佐也遷徙也弟子相工如初入降自西階阼階下之東南堂前三笴西面北上坐笴矢幹也今文無南

疏 弟子至上坐○注笴矢幹也○釋曰言如初入者亦如上升堂

時相者亦在左何瑟面鼓內弦右手相如入升時也云
笴矢幹也者案矢人注矢幹長三尺是去堂九尺也

樂正北面立于其南北面

鄉堂不與工序也

【疏】樂正至其南○注北面至序也○釋曰云不與工序也者工西面北上以南北為序樂正北面則東西為列故云不與工序也

儀禮疏卷第十一

儀禮注疏卷十一校勘記

阮元撰盧宣旬摘錄

鄉射禮第五

大射鄉大夫士射　上射字要義俱作判毛本通解作射鄉陳閩要義俱作鄉毛本作卿

鄉射之禮

鄉大夫若在焉　毛本鄉誤作卿

彼爲賓也　浦鏜云賓當己字誤

故須就先生而謀賓介　陳閩要義同毛本生作王○按作生是也

漢時雖無諸侯　要義無諸字

其王之子弟　毛本王誤作上

但六藝中射　毛本通解藝下有之字

於施化民爲緩　浦鏜改於施爲皆於

故云乎以疑也　毛本乎作與也作之

賓禮辭許

乃張侯之等是也毛本是誤作事

乃席賓南面東上

樂縣及張侯之事也毛本懸作縣○按懸是俗字

云不言於戶牖之間者毛本牖作牖下同

衆賓之席

此決鄉飲酒三賓之席毛本決誤作沃

故各自特陳閩要義同毛本特作持

尊於賓席之東

則以南面爲正通解同毛本正作上

縣於洗東北

對大射縣鐘磬鎛具有也毛本鎛作鏄當作鎛按凡鎛字諸本或誤或否參差不一今不具校

此言毛本言下有射字

亦無鎛鎛陳閩俱作鐘

乃張侯

纁寸焉 通解要義俱作纁盧文弨云周禮釋文纁于貧反或九粉反劉侯犬反一音古犬反是别本有作絹字者故劉音侯犬反朱子亦云纁與絹字異音同音同或是義同之譌毛本於他卷亦作絹○按盧引釋文有脫誤今據元文正之纁乃正字載在說文自當從纁爲是集韻絹熒絹切射侯綱紐則纁之誤爲絹其來久矣

蓋目驗當時而言 陳本要義同毛本目作考

中人定扼圍九寸也 定浦鏜改作之盧改作之足非也

上下皆出舌一尋者 皆閩本誤作者要義無一字

不繫左下綱

東方謂之右个注云 通解要義同毛本注下無云字

倍躬以爲左右舌舌四丈 要義俱重舌字毛本不重○按重舌字是也

乏參侯道

恐矢至身 要義同毛本通解至下有其字

羹定

猶孰也（徐本通解俱作孰下同毛本作熟按此二字諸本錯出宜從孰後不具校）

主人朝服

自此至當楣北面荅再拜（毛本面作而荅作各陳閩監本要義而俱作面要義各作荅）

必此戒時元端者（必下要義有以字）

鄉朝服而謀賓介是也（要義同毛本介作戒○按作介與鄉飲酒記合）

揖衆賓

衆賓卽不爲卑不論有爵無也（毛本卽下無不字無下有爵字）

主人以賓揖

故西面待之（陳閩要義同毛本待作侍）

主人以賓三揖

禮之常然（要義同毛本常作當要義然作法）

燕禮君升二等者（要義同毛本二作一）

主人坐取爵於上篚（通解無坐字）

主人坐取爵

飲潔敬也　飲徐陳通解俱作致

主人坐奠爵于篚

當西序東面　徐本通解敖氏同毛本面作西

主人坐取爵實之賓席之前　敖氏曰席之當作之席

進酒於賓也　毛本通解進下無酒字

注進酒至曰獻　毛本酒作於

而言獻進之也　陳本通解要義同毛本獻進作進獻

賓西階上北面拜

猶少辟也　少釋文作小

注少退猶少辟也　陳閩監本同毛本猶少作至

賓升席自西方

注賓升降由下也　毛本降由作至陳閩監本俱作降由按以上二條毛本欲與監本字位均齊故減字以就之耳

賓以虛爵降

將洗以酢主人 酢釋文要義俱作醋說見後

主人阼階之東南面

注反位至洗進 毛本洗進作進也

主人拜洗○東南面酢主人 酢要義作醋注同魏氏曰賓以虛爵降注將洗以酢主人賓東南面醋主人注醋報經與注以酢爲醋唯此○按如魏氏說則醋字經一見注兩見也釋文云醋主才各反報也劉云與酢同音義此當爲前注作音而不言下同則此節經注釋文仍作酢歟

主人阼階上拜

亦嚌啐 徐陳通解同毛本嚌作齊

賓降

以其將自飲 毛本其誤作兵

賓西階上立○北面 北葛閩監本俱誤作不

賓西階上拜

此射前獻時親酌己 浦鏜改射爲辭

主人西南面○衆賓皆荅壹拜徐本通解要義同敖氏毛本壹作一石經補缺亦誤作一

以其此禮中含卿大夫法卿要義作鄉

則亦再拜亦下要義有無字

主人揖

其堂上衆賓無定數要義同毛本上作下陳閩衆俱作與○按毛本是

衆賓辯有脯醢

不席也毛本不下有云字

升賓觶西階上賓石經補缺葛閩俱作賓

大夫若有遵者

既與人行射禮人上浦鏜增鄉字

主人降

故知迎大夫在門内可知毛本在作於

主人揖讓

降由下通解同毛本下作上

升不拜洗

謙不以己尊加賢者也按不下疏有敢字

大夫降洗

主人酌于長賓西階上毛本酌下有酢字○按酢字當有

賓尸與凡平飲酒禮同毛本平作卑

大夫降

若在北北要義同毛本北北作其北○按毛本是也

故云不奪主人之正禮要義同毛本無主字

工四人

越瑟下孔毛本孔誤作此

云四人二瑟要義毛本云下有工字

以隨其先後而取之故也浦鏜云取疑次字誤

鄉射與大射相對通解要義同毛本射作飲

但弦居瑟上弦通解作越

乃合樂

躬行召南之教以成王業徐本同通解毛本無召南之教四字瞿中溶云燕禮注有此四字此亦宜有

鄉大夫士行射禮閩本要義同毛本鄉作鄕

則燕禮與大射陳閩俱無則燕禮三字

工不與

瞽矇禮略也矇諸本俱誤作朦疏同唯徐本不誤

言備者備陳本作葡

樂正告于賓張爾岐曰監本樂字誤細書混疏文內

唯有合樂於堂上毛本有誤作付

主人取爵于上篚

自此至反升席要義同毛本升下有就字

賓降

鄉飲酒亦云賓介毛本介作降○按毛本是

工不辭洗

辟主人授爵也辟陳閩監葛俱誤作辭

一人笙之長者也浦鏜據鄉飲酒注改笙爲工刪者字○按此涉一人拜盡階不升堂受爵注文而誤浦鏜是也

不洗

而著笙不洗者徐本同毛本通解著作衆

而著笙不洗者毛本著作衆

反升就席

上賓降時毛本時誤作詩

作相爲司正

爲有解倦失禮釋文徐陳通解同毛本解作懈

但中閒爲射縶陳閩通解俱無縶字

末旅　末徐本作末注同恐誤

禮終恐不得射　終恐誤倒

行旅酬而已　毛本行上有後字要義旅下衍酢字

以其辯尊卑　辯陳本作辨

故再拜訖即射　盧文弨改拜爲獻

司射適堂西

右巨指鉤弦　右諸本俱誤作南唯徐本與毛本同作右

以其司射之弓矢　要義同毛本司作同

司射之弓矢與扑　扑陳本作朴按此字當从手若从木則爲厚朴字矣諸本有从木者皆誤後放此

小射正亥之　通解要義同毛本正下有又字

決用正王棘若檡棘　檡諸本俱作擇似誤

著左臂　通解要義同毛本臂作擘○按大射儀注正作臂

小射正奉決拾以笥　陳閩通解要義同毛本奉作舉○按大射儀正作奉

司射適阼階上

籌楅豐也楅監本誤作福後並同

乃納射器

注上堂至北括今本俱脫此六字

隨其弓在堂下監本同毛本下作上陳閩俱無此六字

司射不釋弓矢

因曰遂浦鏜云因當脫事字

司正爲司馬

天子具官閩本無天子二字

以其天子鄉卿大夫爲之毛本鄉字在夫字下〇按毛本是

儀禮注疏卷十一校勘記

儀禮疏卷第十二

唐朝散大夫行大學博士弘文館學士臣賈公彥等撰

司射猶挾乘矢以命三耦各與其耦讓取弓矢拾猶有故之辭拾更也疏司射至矢拾〇注猶有至更也〇釋曰自此盡取扑搢之以反位論司射誘射教三耦射法之事大射有次三耦取弓矢於次注云取弓矢不拾者次中隱蔽處則此無次取弓矢拾者拾更也遞取弓矢見威儀故也云猶有故之辭者前已云司射兼挾乘矢此云猶是有故之辭云此者欲見司射恆執弓矢未改之意

三耦皆袒決遂有司左執弣右執弦而授弓有司弟子納射器者也凡納射器者皆執以俟事疏三耦至授弓〇注有司至俟事〇釋曰前有司請射解爲司馬此有司爲弟子者以有事者皆有司故鄭注解上有司請射與大射爲政請射同故解爲司馬此經以納射器使弟子不見出文則弟子執射器入者即使守之以授用者故知有司還是弟子是以鄭云凡納射器者皆執以俟事

遂授矢受於納矢而授之疏遂授矢〇注受於至授之〇釋曰此授矢者則上文有司授弓者以其弟子執弓矢故授弓訖復授矢是以鄭云受於納矢而授之

三耦皆執弓搢三而挾一个。未違俟處也搢插也。插於帶右疏三耦至一个〇注未違至帶右〇釋曰上云三耦俟于堂西又云遂以比三耦於堂西此云三耦皆執弓搢三而挾一个前後皆。因前位。去未違俟處下文乃云三耦皆進由司射之西立于其西南東面北上是移本位者也云搢插也插於帶右者以其左手執弓右手抽矢而射故知插於帶右故詩云左旋右抽是也

司射先立于所設中之西南東面三耦皆進由司射之西立于其西南東面北上而俟司射東面立于三耦之北搢三而挾一个

爲當誘射也固東面矣復言之者明卻時還【疏】司射至一箇○注爲當至時還○釋曰云固東。面矣復言之者明卻時還者司射先在中西南東面今三耦立定司射卻來向三耦之北東面明司射卻時右還西南東面也揖進當階北面揖及階揖升堂揖豫則鉤楹內堂則由楹外當左物北面揖鉤楹繞楹而東也序無室可以深也周立四代之學於國而又以有虞氏之。庠爲鄉學鄉飲酒義曰主人迎賓於庠門外是也庠之制有堂有室也今言豫者謂州學也讀如成周宣。謝災之。謝周禮作序凡屋無室曰謝宣從謝州立謝者下鄉也左物下物也今文豫爲序序乃夏后氏之學亦非也【疏】揖進至面揖○注鉤楹至非也○釋曰凡行射禮耦耦各相對揖故司射誘射發東面位揖進當西階北面揖及階揖升堂揖訖東行向兩楹閒物須過。西楹是以豫則鉤楹內北過以記云序則物當棟物近北故過由楹北也堂則由楹外過而東行以記云堂則物當楣物近南故過由楹南也云當左物者以南面爲正東爲左物北面又揖也云鉤楹繞楹而東也者北而東也云序無室可以深也者據州立序而言云周立四代之學於國者案王制云有虞氏上庠下庠夏后氏東序西序殷人左學右學周人東膠虞庠周立四代者通己爲四代但質家貴右故虞殷大學在西郊小學在國中文家貴左故夏周大學在國中王宮之東小學在西郊周所立前代小學者立虞夏殷三代大學若然則虞氏上庠則周之小學爲有虞氏之庠制在西郊也立殷之右學則瞽宗周立之亦在西郊立夏后氏之東序則周之東膠立在王宮之東以其改東序爲東膠東膠二代名故云周立四代學文王世子亦論四代學中學樂之事云而又以有虞氏之庠爲鄉學者與周立虞庠同制故引鄉飲酒義爲證鄉立庠之義也云庠之制有堂有室也者則此篇云堂則由楹外又記云堂則物當楣是也論語云由也升堂矣未入於室室堂相將有室必有堂言此者見庠則室堂俱有對榭則有堂無室也云今言豫者謂州學也者周禮地官州長職云春秋以禮會民而射于序是也云讀如成周宣榭災之榭者案宣公十六年經書成周宣榭火彼雖不據學以其無室與爾雅無室曰榭同故引以爲證也云周禮作序者據州長職文云凡屋無室曰榭宜從榭者鄭廣解榭名爾雅云闍謂之臺有木者謂之榭及成周宣謝及此州立。謝皆是無室故云凡以該之不得從豫及序故云宜從榭也云州立榭者下鄉也者以其鄉之庠有室有堂州謝則有堂無室故云下鄉也云今文豫爲序序乃夏后氏之學亦非也不從今文者以其虞庠夏序皆是有室州之序則無室故云非言亦者古文爲豫已非今文作夏后氏之序亦非若然禮記學記及州長職弁下記皆作序鄭不破之者以鄉立虞庠依虞有室州立夏序去室猶取序名是以鄭注州長云序州黨之學也故不破之也

及物揖左足履物不方足還視侯中俛正足方猶併也志在於射左足至右足還併足則是立也南面視侯之中乃俛視併正其足

【疏】及物至正足○注方猶至其足○釋曰云志在於射者解足未正先視侯中之意言左足至者解左足履物也右足還併足則是立也者解經不方足還及正足之言若然云還時兼視侯中也此不言畫物早晚案大射納射器之下即言工人士與梓人升自北階兩楹閒疏數容弓若丹若墨度尺而午此不言者卑者文略亦當在納射器後即畫之也

不去旌以其不獲

【疏】不去旌○注以其不獲○釋曰以其旌擬唱獲今以三耦誘射不唱獲故不去旌也

誘射誘猶教也將乘矢將行也行四矢象有事於四方

【疏】將乘矢○注將行至四方○釋曰云象有事於四方者詩云四矢反兮以御亂兮是四矢有事於四方

執弓不挾右執弦不挾矢盡

【疏】執弓至執弦○注不挾矢盡○釋曰案上文司射將射時云搢三而挾一个又云將乘矢故知矢盡空執弦也

南面揖揖如升射降出于其位南適堂西改取一个挾之改更也不射而挾之示有事也今文曰適序西

【疏】南面至挾之○釋曰云出于其位南適堂西者上文司射位設于所設。中之西南東面今乃適位南而北迴適堂西者取教衆耦威儀之法故也云改。取一个挾之者此不在西階而在堂西故適堂西即云改取一个也

遂適階西取扑搢之以反位

扑所以撻犯教者書云扑作教刑【疏】遂適至反位○注扑所至教刑○釋曰引書者舜典文也彼謂教學之刑此爲教射法教雖不同用扑是一故引爲證也

司馬命獲者執旌以負侯欲令射者見侯與旌深有志於中【疏】司馬至負侯○注欲令至於中○釋曰自此盡揩扑論三耦爲第一番射法云欲令射者見侯與旌深有志於中者凡射主欲中侯使獲者舉旌唱獲以是豫使見之望深有志於中也

獲者適侯執旌負侯而俟俟待也今文俟爲立【疏】獲者至而俟○釋曰俟待也而待者謂待司馬命去侯

司射還當上耦西面作上耦射還左還也作使也【疏】司射至耦射○注還左還也○釋曰知左還者經云還當上耦上耦位在司射之西南東面司射還欲西面與上耦相當故知左還迴身當之取便可知也

司射反位上耦揖進上射在左並行當階北面揖及階揖上射先升三等下射從之中等中猶閒也【疏】司射至中等○釋曰云司射反位者反中西南東面位也

上射升堂少左下射升上射揖並行並併也併東行【疏】上射至並行○注併東行○釋曰知併行併東行者以其既言升乃言併行故知併東行向物也云少左者言上射先升少左避下射升階也

皆當其物北面揖及物揖皆左足履物還視侯中合足而俟司馬適堂西不決遂袒執弓不決遂因不射不備【疏】皆當至執弓○注不決至不備○釋曰皆左足履物者謂先以左足履物東頭合足而俟司馬命去侯云因不射不備此決司射誘射行事袒即決遂執弓挾矢今司馬不射故不備直袒而已也若然大射司馬正不射而袒又復決遂者彼大射志於射故司馬正雖不射袒復決遂以其不爲射仍不挾矢也

出于司射之南升自西階鉤楹由上射之後西南面立于物閒右執簫南揚弓命去侯鉤楹以當由上射者之後也簫弓末也大射曰

左執弣揚猶舉也　疏出于至去侯○注鉤楹至舉也○釋曰鉤楹者於西楹西而北東行過由上射之後乃西南面立于物閒者欲取南揚弓向侯便故也右執簫者不可一手揚弓故引大射曰左手執弣左當卻手則右執簫者右當覆手也

獲者執旌許諾聲不絕以至于乏坐東面偃旌興而俟聲不絕不以宮商不絕而已鄉射威儀省偃猶仆也　疏獲者至而俟○注聲不至仆也○釋曰云而俟者待射者發矢當坐故下云獲者坐而獲也云鄉射威儀省者決大射云負侯皆許諾以宮趨直西及乏南又諾以商至乏聲止是其唱諾爲宮商是其威儀多此不者威儀省故也

司馬出于下射之南還其後降自西階反由司射之南適堂西釋弓襲反位立于司射之南圍下射者明爲二人命去侯　疏司馬至之南○注圍下至去侯○釋曰司馬由上射之後立於物閒命去侯訖物閒南行西向適階降是其順矣今命去侯訖乃圍下射之後繞下射之東南行而適西階去若出物閒西行則似直爲上射命去侯是以幷下射圍繞之明爲二人命去侯也

司射進與司馬交于階前相左由堂下西階之東北面視上射命曰無射獲無獵獲上射揖司射退反位射獲謂矢中人也獵矢從傍　疏司射至反位○注射獲至從傍○釋曰云交于階前相左者既云司射與司馬交于階前相左乃云由堂下西階適東北面則相左之時在西階之西司馬由北而西行司射由南而東行各以左相迎故云相左也司射既不升堂不得云司射向北司馬向南而相左也云射獲謂矢中人也者人謂獲者亦以事名云獵矢從傍者謂從乏傍也

乃射上射既發挾弓矢而后下射射拾發以將乘矢古文而后作後非也孝經說然后曰后者後也當從后　疏乃射至乘矢○注古文至從后○釋曰引孝經說取孝經緯援神契文彼說孝經云然後能保其社稷之等皆作后后者後也故不從古文後是以云當從后

獲者

坐而獲射者中則大言獲獲得也射講武田之類是以中爲獲也疏獲者坐而獲○注射者至獲也○釋曰此未釋筭故下經云獲而未釋獲鄭云但大言獲未釋其筭是也云獲得也射講武田之類是以中爲獲也者詩云舍拔則獲謂射著禽獸爲獲獲則得也戰伐得囚俘亦曰獲射著正鵠亦曰獲但舉旌以宮大言獲也偃旌以商小言獲也舉旌以宮偃旌以商宮爲君商爲臣聲和律呂相生疏注宮爲至相生○釋曰宮爲君商爲臣禮記樂記文宮數八十一數最濁故爲君配中央土商數七十二次君故爲臣配西方金云聲和律呂相生者以其以黃鍾之初九下生林鍾之初六林鍾又上生大蔟之九二初九與九二雖非以次相生大蔟亦由黃鍾所生故云聲和由律呂相生故舉旌以宮偃旌以商不取其餘律呂也獲而未釋獲但大言獲未釋其筭卒射皆執弓不挾南面揖揖如升射不挾亦右執弦如司射上射降三等下射少右從之中等並行上射於左降下疏上射至於左○釋曰此上射下射升與降皆上射爲先又上射升降皆在左與升射者相左交于階前相揖由司馬之南適堂西釋弓說決拾襲而俟于堂西南面東上三耦卒射亦如之司射去扑倚于西階之西升堂北面告于賓曰三耦卒射去扑乃升不敢佩刑器即尊者之側疏與升至卒射○注去扑至之側○釋曰云不敢佩刑器即尊者之側者此司射將升堂即賓前故去扑於階西乃升是不敢佩刑器即於尊者之側也大射司射去扑倚于階西適阼階下北面告于公曰三耦卒射不升堂亦去扑者國君尊雖堂下亦去扑也賓揖以揖然之疏賓揖○注以揖然之○釋曰大射司射告公三耦卒射不見公揖然之者公尊故也司射降搢扑反位司馬適堂西疏司馬適堂西○釋曰自此盡加于楅論三耦射訖取矢之事袒執弓由其位南進與司射交于

階前相左升自西階鉤楹自右物之後立于物閒西南面揖弓命取矢揖推之也疏
注揖推之也○釋曰推手曰揖引手曰厭故周禮司儀天揖時揖土揖鄭注皆
以推手解之是以推手爲揖但揖弓者向侯而揖之以其命取矢故也揚弓者
向乏而揚之以其命去侯故也獲者執旌許諾聲不絶以旌負侯而俟俟弟子取矢以旌指教之疏注俟弟至教之
○釋曰此卽下文弟子取矢委于楅是也司馬出于左物之南還其後降自西階遂適堂前北面立
于所設楅之南命弟子設楅楅猶幅也所以承笴矢者疏司馬至設楅○注楅猶至矢者○釋曰云楅猶幅也訓楅爲幅者義
取若布帛有邊幅整齊之意故云所以承笴齊矢卽下云委于楅北括又大射云既拾取矢梱之注云梱齊等之是其承笴也乃設楅于中庭
南當洗東肆東肆統於賓疏乃設至東肆○注東肆統於賓○釋曰此弟子設楅之時司馬教之故○大射云小臣師設楅司馬正東面以弓
爲畢鄭注云畢所以教助執事者明此亦然云東肆統於賓者然則楅有首尾
故下記云楅長如笴博三寸厚寸有半龍首鄭注云兩端爲龍首若然則有首
無尾而言西上者應有刻飾記之爲首尾也司馬由司射之南退釋弓于堂西襲反位弟子取矢北
面坐委于楅北括乃退司馬襲進當楅南北面坐左右撫矢而乘之撫拊之也就委矢左
右手撫而四四數分之也上既言襲矣復言之者嫌有事卽袒也凡事升堂乃袒疏司馬至乘之○注撫拊至乃袒○釋曰云司射之南退釋弓者司馬
往堂西釋弓還依三耦所行之處亦取威儀進止之事故曰司射之南也云委
矢于楅北括者順射時矢南行故也云撫拊之也者言撫者撫拍之義言拊者
取拊近之理故轉從拊也云就委矢左右手撫而四四數分之也者謂司馬北
面就所委矢之南北面以右手撫四矢於東以左手撫四矢於西是四四數而

分之也云上既言襲矣復言之者嫌有事即袒也者案上文命弟子設楅退時已襲今復言襲進者嫌有事則袒故重言之也云凡事升堂乃袒者堂下雖有事亦不袒若司射不問堂上堂下有事即袒司馬與司射遞行事恐同故明之也

若矢不備則司馬又袒執弓如初升命曰取矢不索索猶盡也弟子自西方應曰諾乃復求矢加于楅增故曰加。鄉獲者許諾至此弟子曰諾事同互相明疏注增故至相明○釋曰上言獲者執旌許諾故曰鄉獲者許諾至此弟子曰諾以其事同互相明也言互者獲者執旌許諾不言弟子許諾則弟子亦許諾此直言弟子自西方應曰諾不言獲者應諾則獲者亦應諾可知以其事同省文故互相明之

司射倚扑于階西升請射于賓如初賓許諾賓主人大夫若皆與射則遂告于賓適阼階上告于主人主人與賓爲耦言若者或射或否在時欲耳射者繹己之志君子務焉大夫遵者也告賓曰主人御于子告主人曰子與賓射疏司射至爲耦○注言若至賓射○釋曰自此盡比衆耦辯論次番將射比衆耦之事但射禮三而止第一番直司射與三耦誘射不釋筭第二番三耦與衆耦俱射釋筭第三番兼有作樂爲射節云言若者或射或否者以若是不定之辭故知或射或否射者繹己之志者禮記射義文繹謂陳己之志意也云大夫遵者也者上云大夫有遵者是也故與賓主同在任情之限云告賓曰主人御于子告主人曰子與賓射此約下大夫與士射之辭以賓比大夫以主人比士尊賓之義也

遂告于大夫大夫雖衆皆與士爲耦。以耦告于大夫曰某御於子大夫皆與士爲耦謙也來觀禮同爵自相與耦則嫌自尊別也大夫爲下射而云御於子尊大夫也士謂衆賓之在下者及羣士來觀禮者也禮一命已下齒於鄉里疏遂告至於子○注大夫至鄉里○釋曰云大夫爲下射而云御於子尊大夫也者上命三耦云命上射曰某御於子命下射曰子與某子射今命大夫云某御于子

與上射同者尊大夫也大夫雖爲下射其辭不與下射同也云士謂衆賓之在下者言衆賓。則與賓俱來者也下記云大夫與則公士爲賓鄭注云公士在官之士則衆賓之內亦有士矣與賓俱至則得主人之所命者也其將射而至者非主人之所命直來觀禮者也但是一命已下莫問先後而至皆齒于堂下故鄭總云士謂衆賓之在下者及羣士來觀禮者也云禮一命以下齒于鄉里者周禮黨正禮十月行正齒位之。禮云一命齒于鄉里再命齒于父族三命不齒案鄉飲酒注云此篇無正齒位之禮則鄉射先行鄉飲酒之禮亦無正齒位之法而云一命以下齒于鄉里者鄉飲酒鄉射雖無正齒位之禮士立于下是以一命者在下與鄉里齒是其常法諸侯之士無再命以上若爲公卿大夫自在尊東爲遵也言士與衆賓之在下者則堂上三賓不與大夫爲耦矣亦皆射故下文云衆賓與射者皆降是也

西階上北面作衆賓射作使司射降搢扑由司馬之南適堂西立比衆耦衆耦大夫耦及衆賓也命大夫之耦曰子與某子射其命衆耦如三耦

疏司射至衆耦○注衆耦至三耦○釋曰云衆耦大夫耦及衆賓也者言大夫之耦唯謂堂下之士言衆賓則兼堂上三賓故下云衆賓皆降云命大夫之耦曰子與某子射此即上文命下射之辭也云其命衆耦如三耦者上命三耦云命上射曰某御於子命下射曰子與某子射是也以其俱是士故命辭同

衆賓將與射者皆降由司馬之南適堂西繼三耦而立東上大夫之耦爲上若有東面者則北上言若有者大夫士來觀禮及衆賓多無數也

疏衆賓至北上○注言若至數也○釋曰言由司馬之南適堂西者上文司馬位在司射之南東面是也云多無數也者以其言若亦是不定之辭故無常數也衆賓若少以南面爲正若多不受則西邊東面北上若然大夫來在尊東爲遵而此言之者鄭總解來觀禮之意不謂大夫輒。在此位也

賓主人與大夫皆未降言未降者見其志在射

疏賓主至未降○注言未至在射○釋曰言未降後有降階之理故下云三耦卒

射賓主人大夫揖皆由其階降與耦俱升射也言志在射者以其射在於堂上故也司射乃比衆耦辯衆賓射者降比之耦乃偏疏司射至耦辯○注衆賓至乃偏○釋曰云衆賓射者降比之耦乃偏者以上文司射降比衆耦下文乃云衆賓將與射者皆降鄭恐衆賓堂上後降者不比故兼堂上後降亦比乃偏也遂命三耦拾取矢司射反位反位者俟其祖決遂來疏遂命至反位○注反位至遂來○釋曰自此盡爲上論拾取矢并衆耦皆就射位之事云反位者俟其祖決遂來者下文云三耦拾取矢進立于司馬之西南是也此司射反位不言先祖下將欲爲下番射司射當西命三耦及衆賓皆祖決遂執弓就位司射先反位鄭注云言先三耦及衆賓鄉不言先三耦未有拾取矢位無所先以此言之明言先反者對未反位之辭俱有位得言先若一有一無不得言先卽此文是以下文注決此也若俱無亦得言先故上云司射比三耦於堂西云司射先立於所設中之西南東面三耦皆進由司射之西立于其西南東面北上而俟是其皆未有位亦得言先三耦拾取矢皆祖決遂執弓進立于司馬之西南必祖決遂者明將有射事疏三耦至西南○注必祖至射事○釋曰立于司馬之西南者案上司射位在中西南司馬位在司射南今立于司馬之西南亦東。面北上也云必祖決遂者明將有射事者始取未有射事而祖決遂者以其取。矢卽。說有射故豫著之故云將有射事也司射作上耦取矢作之者還當上耦如作射疏司射至取矢○注作之至作射○釋曰案上文司射作射之時左還當上耦西面作上耦射今作取矢亦如之故云還當上耦如作射司射反位上耦揖進當楅北面揖及楅揖當楅楅正南之東西疏司射至楅揖○注當楅至東西○釋曰此上耦發位東行時一南一北並行及將至楅南下耦在南稍進當前楅南俱北面揖其時上射稍西下射稍東東西相當故云當楅楅正南之東西也上射東面下射西面上射揖進坐橫弓卻手自弓下取一个兼諸弣順羽且與執弦而左還退反位東面揖横弓者南。踣弓也卻手由弓下取矢者以左手在弓表右手從裏取之便也兼幷矢於弣當順羽既又當執弦也順羽者手放而下備不整理也不言。毋周在阼非君周可也【疏】上射至面揖○注横弓至可也○釋曰言順羽且與者謂以右手順羽之時則與故云且與也言左還者以左手向外而西回東面揖者揖下射使取矢也云横弓者南踣弓也者覆左手以執弓卻右手以取矢便故知不。北踣弓也云以左手在弓表者表弓背也覆手以執背故云左手在弓表云右手從裏取之便也者覆手在表執弓。右手卻在裏取矢故云便也云不言毋周在阼非君周可也者案大射云左旋毋周反面揖鄭注云左還反其位毋周右還而反東面也君在阼還周則下射將背之此直云左還反位不言毋周明還周可也鄭云下射將背之則上射背左還毋周也

下射進坐横弓覆手自弓上取一个與其他如上射覆手由弓上取矢者以左手在弓裏右手從表取之亦便【疏】下射至上射○注覆手至亦便○釋曰云以左手在弓裏右手從表取之亦便者上射在西云南踣弓此不云踣弓則亦南踣弓知者以其亦用左手執弓覆右手取矢則執弓卻左手可知既仰左手向上執。弓而南踣故用右手弓上向下取矢亦便也

既拾取乘矢揖皆左還南面揖皆少進當福南皆左還北面搢三挾一个福南鄉當福之位【疏】既拾至一个○注福南至之位○釋曰云福南鄉當福之位者上云進當福北面揖今至此位皆還北面也

揖皆左還上射於右上射轉居右便其反位也下射左還少南行乃西面【疏】揖皆至於右○注上射至西面○釋曰云上射轉居右便其反位也者此決射時升降上射皆居左彼自堂西不復庭位故也此復庭位故上射轉在右是以鄭云便其反位也云下射左還少南行乃西面者以其初北面時東西相當今西行宜並故下射少南行乃西面取並行故也

與進者相左相揖。反位相左皆由進者之北【疏】與進至反位○注相左至之北○釋

曰云由進者之北者以其進取矢者東行此則西行由進者之北則得相左也三耦拾取矢亦如之後者遂取誘射之矢兼乘矢而取之以授有司于西方而后。反位取誘射之矢挾五个弟子逆受於東面位之後疏三耦至反位○注取誘至之後○釋曰云三耦拾取矢亦如之者上云三耦之中上耦外而言之云取誘射之矢挾五个者以其前拾取矢皆進三挾一个乃反位此則先取四矢亦搢三挾一个乃弁取誘射四矢兼挾之故五个也云弟子逆受於東面位之後者弟子即納射器者因留。主授受於堂西西方今見下耦將司射矢來向位仍西面弟子即往逆受之訖下射乃反東面故云授有司于西方而后反位謂反向東面位是以鄭亦云弟子逆受於東面位之後也衆賓未拾取矢皆袒決遂執弓搢三挾一个由堂西進繼三耦之南而立東面北上大夫之耦爲上未猶不也衆賓不拾者未射無楅上矢也言此者嫌衆賓三耦同倫初時有射者後乃射有拾取矢禮也疏衆賓至爲上○注未猶至禮也○釋曰云未猶不也者若言未謂此第一番。初時未有拾取矢禮以其第一番。唯有三耦射無賓射法不得云未是以轉爲不以其全不拾取矢也云言此者嫌衆賓三耦同倫初時有射者此解經云衆賓不拾之意有此嫌故明之云後乃射有拾取矢禮也者據第三番衆賓乃射自然有楅上拾取矢禮後文見之也司射作射如初一耦揖升如初司馬命去侯獲者許諾司馬降釋弓反位司射猶挾一个去扑與司馬交于階前升請釋獲于賓猶有故之辭司射既誘射恆執弓挾矢以掌射事備尚未知當教之也今三耦卒射衆足以知之。矣猶挾之者君子不必也疏司射至于賓○注猶有至必也○釋曰自此盡共而俟論第二番射之事案大射第二番射司馬。命去侯云如初此司馬命去侯不言如初者此臣禮威儀省司馬初命去侯時獲者許諾聲不絶以至于乏再番三番命去侯獲者直許諾無不絕聲故不言如初大射君禮威儀多故第二番與前同獲者以宮商趨之故言如初於第三番禮殺復不以宮商直許諾又不得言如初云今三耦卒射衆足以知之矣猶挾矢者君子不必也者三耦教射者三耦卒射衆賓足知射禮猶挾矢教之者君子不必也者案論語孔子云君子無必無固無我以不必即知故仍教之

賓許降搢扑西面立于所設中之東北面命釋獲者設中遂視之視之當教之【疏】賓許至視之○注視之當教之○釋曰云當教之者謂教其釋筭安置左右及。數。筭告勝負之事亦教之也

釋獲者執鹿中一人執筭以從之鹿中謂射於謝也於庠當兕中【疏】釋獲至從之○注鹿中至兕中○釋曰以州長是士射于榭鄉大夫是大夫爲之射于庠下記云士則鹿中大夫兕中故云鹿中謂射於榭也於庠當兕中也

釋獲者坐設中南當楅西當西序東面興受筭坐實八筭于中橫委其餘于中西南末與共而俟興還北面受筭反東面實之【疏】釋獲至而俟○注興還至實之○釋曰云設中南當楅南北節西當西序東西節云興還北面受筭反東面實之者以其所納射器皆在堂西執中與筭皆從堂西來向西序之南南面。執中者既東面坐設訖與還向北面受筭迴向東面實之也

司射遂進由堂下北面命曰不貫不釋貫猶中也不中正不釋筭也古文貫作關【疏】司射至不釋○注貫猶至作關○釋曰言不貫者以其以布爲侯故中者貫穿布侯故以中爲貫也是以鄭云貫猶中也中則貫也

上射揖司射退反位釋獲者坐取中之八筭改實八筭于中興執而俟執所取筭【疏】上射至而俟○注執所取筭○釋曰八筭者人四矢一耦八乃矢雖不知中否要須一矢則一筭改實八筭擬後來者用之

射若中則釋獲者坐而釋獲每一个釋一筭上射於右下射於左若有餘筭則

反委之委餘筭禮尚異也委之合於中西疏乃射至委之○注委餘至中西○釋曰云上射於右下射於左者以釋筭者東面爲正依投壺禮賓黨於右主黨於左是以上射於右賓黨也下射於左主黨也云委餘筭禮尚異也者手中餘筭未知有幾不可盡中所有餘亦得於後釋要委餘於地別取中内八筭者禮尚異故不用餘者云委之合於中西者筭法多少視射人多少不定要橫委其餘於中西手中餘者與之合也又取中之八筭改實八筭于中與執而俟三耦卒射賓主人大夫揖皆由其階降揖主人堂東袒決遂執弓搢三挾一个賓於堂西亦如之皆由其階階下揖升堂揖主人爲下射皆當其物北面揖及物揖乃射卒南面揖皆由其階階上揖降階揖賓序西主人序東皆釋弓說決拾襲反位升及階揖升堂揖皆就席或言堂或言序亦爲庠謝互言也賓主人射大夫止於堂西疏又取至就席○注或言至堂西○釋曰上云榭則鉤楹內謂射於榭者也堂則由楹外謂射於庠者也此當有鄉大夫射於庠亦有州長射於序故互見其義互言者今袒決遂則言堂東西見在庠在榭亦然釋弓說決拾則言序東序西序則榭也在庠亦然故言互言之周公省文欲兩見之也云大夫止於堂西者上賓主人大夫俱降無堂西之文下云大夫袒決遂就其耦故知此時止於堂西故記云大夫降立于堂西以俟射也

大夫袒決遂執弓搢三挾一个由堂西出于司射之西就其耦大夫爲下射揖進耦少退揖如三耦及階耦先升卒射揖如升射耦先降降階耦少退皆釋弓于堂西襲耦遂止于堂西大夫升就席耦於庭不並行尊大夫也在堂如上射之儀近其事得申疏大夫至就席○

注耦於至得申○釋曰言在堂如上射之儀者謂耦先升是如上射身先升法以其近射事故得申也衆賓繼射釋獲皆如初司射所作唯上耦於是言唯上耦者嫌賓主人射亦作之大射三耦卒射司射請于公及賓疏衆賓至上耦○注於是至及賓○釋曰云於是言唯上耦者嫌賓主人射亦作之鄭言此者若二耦射下即言所作唯上耦則賓主人射作之未可知故於衆賓射訖乃言此明賓主射不作可知故於此乃言所作唯上耦明除賓主矣故鄭云於是言唯上耦嫌賓主射亦作之引大射者公尊公與賓射不作直請記云賓主人射則司射擯升降是雖不作猶爲擯相之但不請也卒射釋獲者遂以所執餘獲升自西階盡階不升堂告于賓曰左右卒射降反位坐委餘獲于中西興共而俟司射不告卒射者釋獲者於是有事宜終之也餘獲餘筭也無餘筭則空手耳

俟俟數也疏卒射至而俟○注司射至數也○釋曰云宜終之也者決前番射司射告卒射此二番射不告卒使獲者告是宜終之也云餘獲餘筭者一耦不必盡中故有餘筭也云無餘筭則空手耳者或賓主八矢盡中釋八筭故空手告也司馬袒決執弓升命取矢如初獲者許諾以旌負侯如初司馬降釋弓反位弟子委矢如初大夫之矢則兼束之以茅上握焉兼束大夫矢優之是以不拾也束於握上則兼取之順羽便也握謂中央也不束主人矢不可以殊於賓也言大夫之矢則大有題識也肅慎氏貢楛矢銘其括今文上作尙疏司馬至握焉○注兼束至作尙○釋曰自此盡司馬乘矢論取矢之事云兼束于握上則兼取之順羽便也者握上則兼取之順持之處今束於握之上取持於中央握之向下順羽便故乘矢總束之也云不束主人矢不可以殊於賓也者主人卿大夫則是大夫官當束之不敢殊別於賓若主人是州長則士自然不束也肅慎氏者國語文引之者證矢有題識以有題識故束者得知是大夫之矢也司馬乘矢如

初司射遂適西階西釋弓去扑襲進由中東立于中南北面視筭釋弓去扑射事已疏司馬至視筭○注釋弓至事已○釋曰凡言遂者因上事司射於上無事而言遂適者以司射與司馬遞行事今以司馬進乘矢司射遂適西階西釋弓去扑也云射事已此始再番射未已而言已者前番。不釋獲今據第二釋獲之功成則為已是以下記云司射釋弓矢視筭與獻釋獲者釋弓矢注云唯此二事休武。主文休武者射。訖數筭主文者洗爵獻釋獲者是也

釋獲者東面于中西坐先數右獲固東面矣復言之者為其少南就右獲疏釋獲至右獲○注固東至右獲○釋曰釋獲者在中西東面釋筭之時賓黨於右主黨於左今將數筭宜就之是以少南就右獲。更東面也

二筭為純純猶全也耦陰陽疏二筭為純○注純猶至陰陽○釋曰云耦陰陽者陰陽對合故二筭為耦陰陽也

一純以取實于左手十純則縮而委之縮從也於數者東西為從古文縮皆為蹙疏注縮從至為蹙○釋曰凡言從橫者南北為從東西為橫今釋筭者東面而言從橫則據數筭東為正是以東西者為從南北者為橫故鄭云於數者東西為從也

每委異之易校數

有餘純則橫於下又異之也自近為下疏有餘至於下○釋曰此則以南北為橫也

一筭為奇奇則又縮諸純下奇猶虧也又從之

興自前適左東面起由中東就左獲少北於故東面。鄉之疏注少北至鄉之○釋曰云少北於故故則。右筭也又移至左筭之後東面鄉之是以云少北於故

坐兼斂筭實于左手一純以委十。則異之變於右疏注變於右○釋曰云變於右者右則一一取之於地實于左手此則總斂於左手一一取之於左手委於地是變也必變之者禮以變為敬也

其餘如右獲謂所縮所橫

司射復位釋獲者遂進取賢獲執以升自西階盡階不升堂告于賓賢獲勝黨之筭也齊

之而取其餘〔疏〕司射至于賓○注賢獲至其餘○釋曰云齊之而取其餘者解經取賢獲以筭爲獲以其唱獲則釋筭故名筭爲獲左右數齊有餘則賢獲故以告也若右勝則曰右賢於左若左勝則曰左賢於右以純數告若有奇者亦曰奇賢猶勝也言賢者射之以中爲雋也假如右勝告曰右賢於左若干純若干奇〔疏〕若右至曰奇○注賢猶至干奇○釋曰若干者數不定之辭凡數法一二已上得稱若干若干奇則一也一外無若干鄭亦言若干者因純有若干奇亦言若干奇言若干者衍字也若左右鈞則左右皆執一筭以告曰左右鈞降復位坐兼斂筭實八筭于中委其餘于中西興共而俟〔疏〕若左至而俟○釋曰此將爲第三番射故豫設之或賓或委一如前法也司射適堂西命弟子設豐將飲不勝者設豐所以承其爵也豐形蓋似豆而卑〔疏〕司射至設豐○注將飲至而卑○釋曰自此盡徹豐與觶論罰爵之事云設豐所以承其爵也者案燕禮君尊有豐此云承爵豐則兩用之燕禮注豐形似豆卑而大此不言大彼以承尊故言大此承爵不言大或小耳弟子奉豐升設于西楹之西乃降勝者之弟子洗觶升酌南面坐奠于豐上降袒執弓反位勝者之弟子其少者也耦不酌下無能也酌者不授爵略之也執弓反射位不俟其黨已酌有事〔疏〕弟子至反位○注勝者至有事○釋曰知弟子是少者以其執弟子禮使令故知少者也云執弓反射位不待其黨已酌有事者以此弟子由堂西固在射賓中矣黨卽衆賓是也案下文三耦及衆射者皆與其耦進立于射位今酌者不待其黨與俱進而先反射位者由己酌酒有事訖其黨未得司射命又無事不得共酌者同就射位故酌者先得反射位也司射遂袒執弓挾一个搢扑北面于三耦之南命三耦及衆賓勝者皆袒決遂執張弓執張弓言能用之也

右手執弦如卒射疏司射至張弓〇注執張至卒射〇釋曰云右手執弦如卒射者上文卒射執弓不挾右執弦矢盡故也此非卒射亦執張弓爲無矢亦右執弦也故注云如卒射不勝者皆襲說決拾卻左手右加弛弓于其上遂以執弣固襲說決拾矣復言之者起勝者也執弛弓言不能用之也兩手執弣又不得執弦疏注固襲至執弦〇釋曰云固襲說決拾矣者謂前降堂時既襲說決拾矣云起勝者也者謂至此復言不勝者。謂以此襲說決拾以不能用也起發勝者袒決遂能用也云兩手執弣又不得執弦者上勝者言執張弓如卒射則左手執弓右手執弦此則云執弣明仰弓於左手之上執弣橫之而不得執弦則宜右手共執弓弣故云兩手執弣又不得執弦也司射先反位居前侯所命來疏司射先反位〇注居前侯所命來〇釋曰云居前侯所命來者以眾射者皆止於堂西未向射位而司射先反位於下文眾耦等乃來就射位是得命卽來故云侯所命來也來訖司射乃作之也三耦及眾射者皆與其耦進立于射位北上司射作升飲者如作射一耦進揖如升射及階勝者先升升堂少右先升尊賢也少右辟飲者也亦相飲之位疏三耦至少右〇注先升至之位〇釋曰云少右辟飲者也以其豐於西楹之西正當西階飲者升少西又當辟豐上之爵故云少右辟飲酒也云亦相飲之位者以其相飲者皆北面於西階授者在東飲者在西故云亦相飲之位不勝者進北面坐取豐上之觶與少退立卒觶進坐奠于豐下與揖立卒觶不祭不拜受罰爵不備禮也右手執觶左手執弓疏注右手至執弓〇釋曰此無正文以祭禮皆左手執爵用右手以祭故知此亦用左手執弓右手執觶可知也不勝者先降後升先降略之不由次疏注後升至由次〇釋曰此對射時升降皆有上射在先今後升先降故云略之不由次第也與升飲者相左交于階前相揖出于司馬之南遂適堂西釋弓襲而俟俟復射疏注俟復射○釋曰。待復射者謂。待第三番射也有執爵者主人使贊者代弟子酌也於既升飲而升自西階立于序端疏有執爵者○注主人至序端○釋曰以初使勝黨弟子酌酒於豐上以發首故使弟子今云有執爵者明主人使贊者代弟子酌於豐上以次至終也贊者謂主人之賤不射者此則鄉飲酒云主人之贊者之類也云於既升飲而升自西階立于序端者謂於上耦既飲訖贊者乃升自西階酌訖奠於豐上如下文贊者即立于。序端立于序端文出于大射也執爵者坐取觶實之反奠于豐上升飲者如初每者輒酌以至於偏疏執爵至如初○注每者至於偏○釋曰云執爵者坐取觶實之者謂初飲訖反奠於豐上贊者取此觶實之反奠于豐上云升飲者如初已下皆如初故鄭云每者輒酌以至於偏也三耦卒飲賓主人大夫不勝則不執弓執爵者取觶降洗升實之以授于席前優尊也受觶以適西階上北面立飲受罰爵者不宜自尊別卒觶授執爵者反就席大夫飲則耦不升以賓主人飲耦在上嫌其升若大夫之耦不勝則亦執弛弓特升飲尊者可以孤無能。對衆賓繼。飲射爵者辯乃徹豐與觶徹猶除也設豐者反豐於堂西執爵者反觶於篚司馬洗爵升實之以降獻獲者于侯鄉人獲者賤明其主以侯為功得獻也疏司馬至于侯○注鄉人至獻也○釋曰自此盡負侯而俟論司馬獻獲者之節云鄉人獲者賤明其主以侯為功得獻也者案大射云司馬正洗散遂實爵獻服不服不侯西北三步北面拜受爵注云近其所為獻彼國君禮使服不。士官唱獲故就其所為唱獲獻之此鄉人獲者賤故獻於侯明以侯為功得獻也薦脯醢設折俎俎與薦皆三祭皆三祭為其將祭侯也祭侯三處也疏薦脯至三祭○注皆三至處也○釋曰三處者下文

右與左中是也

獲者負侯北面拜受爵司馬西面拜送爵負侯中也拜送爵不同面者辟正主也其設薦俎西面錯以南為上為受爵于侯薦之於位古文曰再拜受爵

疏獲者至送爵○注負侯至受爵○釋曰知負侯中者。以下云適右个又適左个後言中明先居中可知云拜送爵不同面者辟正主也者案上文正主獻賓獻衆賓皆北面與受獻者同面今此與受獻不同面故云辟正主也云其設薦俎西面錯以南為上者獲者據文東面而云西面錯據設人而言以南為上者特牲少牢東面籩豆皆以南方為上故知此亦然云受爵於侯薦之於位者此云負侯北面拜受爵是受爵于侯云薦之於位者下云左个之西北三步東面設薦是薦之於位也若然不薦亦在侯者以其酒在人首可得就侯獻獲者薦乃設之於地若與酒俱在侯所則正祭侯侯何名獻獲也若大射則獻與薦俱在乏乃適侯祭之君禮與此異也

獲者執爵使人執其薦與俎從之適右个設薦俎獲者以侯為功是以獻焉人謂主人贊者上設薦俎者也為設籩在東豆在西俎當其北也言使設新之

疏獲者至薦俎○注獲者至新之○釋曰此將祭侯也云獲者以侯為功是以獻焉者以獲者卑賤因侯有功乃得獻今還以得獻之酒獻侯故云是以獻也云人謂主人贊者以其前使為獲者設薦俎是主人之贊者今還使之設薦俎故知人是主人贊者知籩在東豆在西俎當其北也者以其侯以北面為正依特牲少牢皆籩在右故知籩在東右廂豆在西左廂可知也云言使設新之者鄭意嫌更使人設之其實薦此者仍前人而云使人設薦俎示新之而已故云言使設也

獲者南面坐左執爵祭脯醢執爵興取肺坐祭遂祭酒為侯祭也亦二手祭酒。反注如大射

疏獲者至祭酒○注為侯至大射○釋曰此正祭侯故獲者南面鄉侯祭故鄭云為侯祭也云亦二手祭酒。反注如大射者案大射云獲者左執爵。右祭薦俎二手祭酒鄭注云二手祭酒者南面於俎之北當為侯祭於豆閒爵反注為一手不能正也此薦俎之設如於北面人為此祭亦然故云如大射也

興適左

个中皆如之。先祭左个後中者以外卽之至中若神在中也左个之西北三步東面設薦俎獲者薦右東面立飲不拜既爵不就乏者明其享侯之餘也立飲薦右近司馬於是司馬北面疏左个至既爵○注不就至北面○釋曰云不就乏者明其享侯之餘也者若就。乏則己所當得今不就乏近侯者明享侯之餘云立飲于薦右近司馬者解在薦右之意也知於是司馬北面者此約獻釋獲者司射。之位案下文司射獻釋獲者釋獲者薦右東面拜受爵司射北面拜送爵故知此時司馬亦北面也若然釋獲者在司射之西北面立飲此獲者不北面飲者案大射注此鄉受獻之位也不北面者嫌為侯卒爵此亦然故不北面也司馬受爵奠于篚復位獲者執其薦使人執俎從之辟設于乏南遷設薦俎就乏明己所得禮也言辟之者不使當位辟舉旌偃旌也設于南右之也凡他薦俎皆當其位之前疏司馬至乏南○注遷設至之前○釋曰云遷設薦俎就乏明己所得禮也者前設近侯見享侯之餘此近乏者。乏。者己所有事之處遷近乏是明其己所得禮故也云設于南右之也者以右取之便也云凡他薦俎皆當其位之前者言凡見廣解薦處謂凡燕及食幷祭祀之薦俎皆當其位之前唯此與大射獲者與釋獲者薦俎辟設不當前也獲者負侯而俟疏獲者負侯而俟○釋曰獲者既受獻負侯而俟第三番射也司射適階西釋弓矢去扑說決拾襲適洗洗爵升實之以降獻釋獲者于其位少南薦脯醢折俎有祭不當其位辟中疏司射至有祭○注不當其位辟中○釋曰自此盡反位論司射獻釋獲之事此。薦脯醢及折俎有肺祭一與獻獲者同但彼三祭此一祭為異也一祭者亦薦有祭肺俎有祭肺以為將食而祭故言有祭也云不當其位辟中者以釋獲者位在中西故獻之於其位少南所以辟中也釋獲者薦右東面拜受爵司射北面拜送爵釋獲者就其薦坐左執爵祭脯醢與取肺坐祭遂祭酒與司射之西北面立飲不拜既爵司射受爵奠于篚釋獲者少西辟薦反位辟薦少西之者爲復射妨司射視筭也亦辟俎疏釋獲至反位○注辟薦至辟俎○釋曰云亦辟俎者上獻獲者訖獲者執其薦使人執俎從之設于乏南此釋獲者受獻訖釋獲者少西辟薦不云辟俎亦辟俎與獲者同可知故云亦辟俎也

司射適堂西袒決遂取弓于階西挾一个搢扑以反位爲將復射疏司射至反位○注爲將復射○釋曰自此盡反位論將爲下番射作之使拾取矢之事

司射去扑倚于階西升請射于賓如初賓許司射降搢扑由司馬之南適堂西命三耦及衆賓皆袒決遂執弓就位位射位也不言射者以當序取矢疏司射至就位○注位射至取矢○釋曰云位射位者知是射者下云各以其耦反於射位故知此是射位在司射之西南東面者也云不言射。位者以當序取矢者以此當次序拾取矢射故不言射位也

司射先反位言先三耦及衆賓也既命之卽反位不俟之也鄉不言先三耦未有拾取矢位無所先疏司射先反位○注言先至所先○釋曰言先三耦及衆賓也者此下有三耦及衆賓故知先三耦及衆賓也云鄉不言先三耦未有拾取矢位無所先者案前第二番將射命三耦拾取矢司射反位不言先未有位無所先故決之第。二番無位者以司射之西南有三耦射位至再番司射反於故位三耦將移於司馬之西南拾取矢之位未往之時未有故位三耦既無故位故司射不得言先故以此決之也凡射之位大射與鄉射各有三位此鄉射無次有堂西取弓矢袒決遂及比耦之位又有三耦射位在司射位西南又有拾取矢及再番射位是三位大射有次次內有袒決遂取弓矢之位又有堂東次比耦之位又有射位幷拾取矢之位是亦有三位但君臣禮異故位事不同也

三耦及衆賓皆袒決遂執弓各以其耦進

反于射位以猶與也今文以爲與疏三耦至射位○注以猶。與。也○釋曰訓以爲與者春秋之義能東西之曰以若存以字謂言尊卑不同任意以之故轉爲與則平敵之義也司射作拾取矢三耦拾取矢如初反位賓主人大夫降揖如初主人堂東賓堂西皆袒決遂執弓皆進階前揖南面相俟而揖行也疏司射至前揖○注南面至行也○釋曰言南面者謂賓主各於堂東西南面立相待言揖行者謂各於堂上北面相見而揖揖訖行向楅也及楅揖拾取矢如三耦及楅當楅東西也主人西面賓東面相揖拾取矢不北面揖由便也疏及楅至三耦○注及楅至便也○釋曰云及楅當楅東西也者賓主出堂東西相見揖訖東西行至楅所也云不北面揖由便也者決三耦及衆賓皆於楅南北面揖及楅揖此則無楅南北面揖賓主各由東西便故也卒北面搢三挾一个亦於三耦爲之位疏卒北至一个○注亦於三耦爲之位○釋曰經云搢三挾一个與上三耦取矢訖搢三挾一个同又同處故云亦於三耦爲之位也揖退皆已揖左還各由其塗反位疏揖退○注皆已至反位○釋曰云皆已揖左還各由其塗反位者謂賓主北面揖退之時賓主皆左還相背各向堂塗反堂東西之位知左還者約上三耦也賓堂西主人堂東皆釋弓矢襲及階揖升堂揖就席將袒先言主人將襲先言賓尊賓也疏賓堂至就席○注將袒至賓也○釋曰袒是盡敬之事襲是脩容之禮故上經將袒先言主人此經襲則先言賓是尊賓故也大夫袒決遂執弓就其耦降袒決遂於堂西就其耦於射位與之拾取矢疏大夫至其耦○注降袒至取矢○釋曰知於堂西者上文賓主人大夫降賓堂西袒決遂又上文大夫射時堂西袒決遂故知也揖皆進如三耦耦東面大夫西面大夫進坐說矢束說矢束者下耦以將拾取疏揖皆至矢束○注說矢至拾取○釋曰大夫西面者爲下射故也與反位而后。耦揖進坐兼取乘矢順羽而與反位揖兼取乘矢者尊大夫不敢與之拾也相下相尊君子之所以相接也疏與反至位揖○注兼取至接也○釋曰此大夫與耦取矢踣弓覆手仰手一如上三耦法其揖退之儀亦如上左還而西也大夫進坐亦兼取乘矢如其耦北面搢三挾一个亦於三耦為之位揖退耦反位大夫遂適序西釋弓矢襲升即席大夫不序於下尊也衆賓繼拾取矢皆如三耦以反位司射猶挾一个以進作上射如初一耦揖升如初進前也還言還當上耦西面是言進終始互相明也今文或言作升射疏司射至如初○注進前至升射○釋曰自此盡退中與筭而俟論第三番用樂射之事云還言還當上耦西面是言進終始互相明也者上番將射時云司射還當上耦西面作上耦射不言進明還當上耦時者進近上耦乃作之此直進作射不言還當上耦明進時亦還當上耦而作之故言終始互相明也司馬升命去侯獲者許諾司馬降釋弓反位司射與司馬交于階前去扑襲升請以樂樂于賓賓許諾司射降搢扑東面命樂正曰請以樂樂于賓賓許東西於西階之前也不就樂正命之者傳尊者之命於賤者遙號。令之可也樂正亦許諾猶北面不還以賓在堂疏司馬至賓許○注東面至在堂○釋曰知在西階之前不就樂正命之者以經云司射降搢扑即言東面命樂正無行進之事故知西階之前遙命之也云樂正亦許諾知者案大射云司射東面命樂正曰命用樂樂正曰諾是樂正許諾之事此不言者文不具故言之云猶北面不還以賓在堂者此亦無文樂正位東階東南北面大師位東北西面賓在堂南面樂正猶北面不還西面是以下文特云東面命大師明此時不西面受命矣大射鄭注彼云樂正西面受命左還東面命大師與此禮異者雖無正文鄭以義言在阼故也司射遂適階閒堂下北面命曰不鼓不釋不與鼓節相應不釋筭也鄉射之鼓五節歌五終所以將八矢一節之閒當拾發四節四拾其一節先以聽也【疏】司射至不釋○注不與至聽也○釋曰云鄉射之鼓五節者以卿大夫士用五節是以射人云王以騶虞九節諸侯以狸首七節卿大夫以采蘋五節士以采蘩五節是卿大夫士同五節云歌五終所以將八矢者下記云歌騶虞若采蘋歌五終是也云一節之閒當拾發四節四拾其一節先以聽也者尊卑樂節雖多少不同四節以盡乘矢則同其餘外皆以聽以知樂終始長短也王九節者五節先以聽諸侯七節者三節先以聽卿大夫士五節者一節先以聽皆四節拾將乘矢但尊者先以聽則多卑者先以聽則少優至尊先知審政也此節亦取侯道之數故鄭注射人云九節七節五節者奏樂以為射耦之差言節者容侯道之數也凡射皆與臣下共為若與尊者同耦自然與尊者同節若不與尊者同耦則各自用其節樂當與射義同

上射揖司射退反位樂正東面命大師曰奏騶虞閒若一東面者進還鄉大師也騶虞國風召南之詩篇也射義曰騶虞者樂官備也其詩有一發五豝五豵于嗟騶虞之言樂得賢者衆多嘆思至仁之人以充其官此天子之射節也而用之者方有樂賢之志取其宜也其他賓客鄉大夫則歌采蘋閒若一者重節【疏】上節至若一○注東面至重節○釋曰云東面者進還鄉大師也者以其大師西面樂正北面明知進身鄉大師乃命之云此天子之射節也者周禮射人云取其宜也者騶虞喻得賢者多此鄉射亦樂賢故云取其宜也云其他賓客鄉大夫則歌采蘋者采蘋是鄉大夫樂節其他謂賓射與燕射若州長他賓客自奏采蘩若然此篇有鄉大夫州長射法則同用騶虞以其同有樂賢之志也云閒若一者重節者閒若一謂五節之閒長短希數皆如一則是重樂節也

大師不與許諾樂正退反位乃奏騶虞以射三耦卒射賓主人大夫衆賓繼射釋獲如初卒射降皆應鼓與歌之節乃釋筭降者衆賓【疏】大師

至射降○注皆應至衆賓○釋曰云樂正退反位者反工南北面位也云降者衆賓者次番射時賓與主人大夫卒射皆升堂此降者衆賓也釋獲者執餘獲升告左右卒射如初卒已也今文曰告于賓司馬升命取矢獲者許諾司馬降釋弓反位弟子委矢司馬乘之皆如初司射釋弓視筭如初筭獲筭也今文曰視數也釋獲者以賢獲與鈞告如初降復位司射命設豐設豐實觶如初遂命勝者執張弓不勝者執弛弓升飲如初司射遂袒決遂左執弓右執一个兼諸弦面鏃適堂西以命拾取矢如初側持弦矢曰執而猶尚也并矢於弦尚其鏃將止變於射也疏釋獲至如初○注側持至射也○釋曰言猶袒者亦是有故之辭以其常袒恐不袒故言猶以連之也云側持弦矢曰執者對方持弦矢曰挾并矢於弦尚其鏃將止變於射也者亦是對將射挾矢而言司射反位三耦及賓主人大夫衆賓皆袒決遂拾取矢如初矢不挾兼諸弦弣以退不反位遂授有司于堂西不挾亦謂執之如司射也不以反射位授有司者射禮畢疏司射至堂西○注不挾至禮畢○釋曰云不挾亦謂執之如司射也者執之如司射一射兼諸弦弣則與司射異以其司射直執一个無三矢兼於弣三耦以下則執一个并於弦又以三矢并於弣所以異也辯拾取矢揖皆升就席謂賓大夫及衆賓也相俟堂西進立于西階之前主人以賓揖升大夫及衆賓從升立時少退于大夫三耦及弟子自若留下疏辯拾至就席○注謂賓至留下○釋曰知相俟于堂西者以經言辯拾取矢訖乃言揖皆升就席則知先取矢者皆相待堂西其主人則在堂東偏取矢訖乃揖而升堂就席也云主人以賓揖升大夫及衆賓從升立時少退于大夫三耦及弟子自若留下者衆賓則三賓也皆依上文

獻後升及留在下之法司射乃適堂西釋弓去扑說決拾襲反位疏司射至反位〇釋曰司射之扑在階西今來去扑於堂西之等以其不復射故也司馬命弟子說侯之左下綱而釋之說解也釋之不復射。奄束之疏司馬至釋之〇注說解至東之〇釋曰上初張侯時云乃張侯下綱不及地武不繫左下綱中掩束之鄭云事未至也又至將射時司馬命張侯弟子說束遂繫左下綱鄭注云事至今言司馬命弟子說侯之左下綱而釋之直言說侯之左下綱而釋之明未全去備復射故鄭下注云諸所退皆侯於堂西備復射也故知此釋之爲三番射畢不復射若有射則行燕射旅酬以後乃爲之故於此時中掩左下綱如初張時也命獲者以旌退命弟子退福司射命釋獲者退中與筭而俟諸所退皆俟堂西備復射也旌言以者旌恆執也獲者釋獲者亦退其薦俎疏命獲至而俟〇注諸所至薦俎〇釋曰獲者釋獲者亦退薦俎者上獻時皆有薦俎辟之於右今獲者以旌退釋獲者退中故知亦退薦俎也司馬反爲司正退復觶南而立當監旅酬疏司馬至而立〇注當監旅酬〇釋曰自此盡司正降復位論射訖行旅酬之事故司馬反爲司正鄭云當監旅酬也樂正命弟子贊工即位弟子相工如其降也升自西階反坐贊工遷樂也降時如初入樂正反自西階東北面疏樂正至反坐〇注贊工至北面〇釋曰前爲將射遷工于東方西面樂正北面今將旅酬作樂故遷升於堂上也云降時如初入者以經直云如其降也降時威儀不見故取上文降時如初入初入則上工四人已下是也云樂正反自西階東北面者上初升於西階之東樂正立于其西。合樂訖工告樂正曰正歌備樂正告于賓乃降立于西階東北面又將射時樂正命弟子贊工遷樂于下弟子相工如初入降自西階東北面近其事知不升者以正樂畢上無告請賓之事宜與正歌備已後同也於賓北面坐取俎西之觶興阼階上北面酬主

人主人降席立于賓東賓坐奠觶拜執觶興主人荅拜賓不祭卒觶不拜不洗實之進東南面所不者酬而禮殺也賓立飲

疏賓北至南面〇注所不至立飲〇釋曰賓北而坐取俎西之觶者謂上一人舉觶于賓賓奠于薦西者也云賓立飲者鄉飲酒當此賓酬主人時云賓不祭立飲是也

主人阼階上北面拜賓少退少退〇少主逡遁也主人進受觶賓主人之西北面拜送旅酬而同階禮殺也

疏注旅酬至殺也〇釋曰對獻酬之時賓主各於其階故云同階禮殺也

賓揖就席主人以觶適西階上酬大夫大夫降席立于主人之西如賓酬主人之禮其既實觶進西南面立。鄉所酬

疏賓揖至之禮〇注其既至所酬〇釋曰云主人以觶適西階上酬大夫者旅酬恆執此觶以相酬故言以知義然者上文命獲者以旌退鄭注云旌言以者旌恆執也是也云其既實觶進西南面立鄉所酬知者以上賓酬主人阼階上實觶進。南面則知此主人酬大夫西階上實觶而亦進。西面可知也

主人揖就席若無大夫則長受酬亦如之長謂以長幼之次酬衆賓

疏主人至如之〇釋曰云若無大夫者鄉人爲公卿大夫來觀禮者爲遵或有或無不定故云若有大夫先酬之無大夫則酬長以鄉射無介直有三賓以長幼之次受酬此言酬衆賓則三賓也

司正升自西階相旅作受酬者曰某酬某子某者字也某子者氏也稱酬者之字受酬者曰某子旅酬下爲上尊之也春秋傳曰字不若子此言某酬某子者射禮略於飲酒飲酒言某子受酬以飲酒爲主

疏司正至某子〇注某者至爲主〇釋曰云旅酬下爲上尊之也者以旅酬者少長以齒逮下之道前人雖卑其司正命之飲酒呼之稱謂尊於酬者故受酬者爲某子酬他爲某也云春秋傳曰者案莊十年秋九月經書荊敗蔡師于莘以蔡侯獻舞歸公羊傳曰荊者何州名也州不若國國不若氏氏不若人人不若名名不若字字

不若子何休云爵最尊也鄭引之者證旅酬下爲上之義酬者稱字受酬者稱子子是尊稱云此言某酬某子者射禮略於飲酒飲酒言某子受酬以飲酒爲主者此鄉射主於射略於飲酒故稱酬他者字又稱受酬飲酒者爲子是字不若子飲酒言某子受酬直以飲酒爲主故也

受酬者降席司正退立于西序端東面退立俟後酬者也始升相立階西北面疏○受酬至東面○注退立至北面○釋曰云始升相立階西北面者鄉飲酒注亦然知者以司正升自西階與西階之酬者立故知始時在西階西北面也

衆受酬者拜興飲皆如賓酬主人之禮辯遂酬在下者皆升受酬于西階上。在下謂賓黨也鄉飲酒記曰主人之贊者西面北上不與無筭爵然後與此異於賓疏○衆受至階上○注在下至於賓○釋曰引鄉飲酒記者欲見賓黨在西主黨在東主黨不與酬之義

卒受者以觶降奠于篚

儀禮疏卷第十二

儀禮注疏卷十二校勘記

阮元撰盧宣旬摘錄

三耦皆執弓

插也插於帶右　兩插字釋文陳本通解要義俱作捷按今本釋文亦作插唯宋本作捷見張淳士冠禮識誤

前後皆因前位　陳閩通解同毛本因作用

去未違侯處　毛本去作乃

司射先立于所設中之西南

云固東面矣　毛本面誤作西

揖進

而又以有虞氏之庠爲鄉學　徐本通解同敖氏庠作序按敖引鄭注雖作序然其說云序州黨之學堂即庠也鄭氏以爲鄉學是也是敖氏所見本亦作庠偶誤寫作序耳

讀如成周宣謝災之謝　毛本謝作榭徐本通解要義楊氏同作謝下並同按春秋左氏經作成周宣榭火公羊經作成周宣謝災鄭引公羊經而疏以左氏經釋之非鄭意也且說文無榭字左氏穀梁之作榭未必非後人所改當從言爲正

物須過西楹　陳閩通解要義同毛本西作兩按兩字是

宜從榭者毛本宜誤作以

及成周宣謝及此州立謝兩榭字俱从言下州謝則有堂有室同毛本謝作榭按此疏榭字凡十有三毛本依通解概從木此本從言者三從木者十要義唯故云宜從榭也及州榭則有堂有室兩榭字从言餘俱从木皆不可解當概从言後放此

南面揖○改取一个挾之唐石經徐本通解敖氏楊氏同毛本取作作

設于所設中之西南中上陳閩俱有之字

云改取一个挾之者取陳閩俱作作按陳閩因經文既誤遂併疏改之惟毛及監本仍作取尚可以證經誤

上射升堂

知併行併東行者毛本併作並下同按當作並

皆當其物

不射而袒陳閩同毛本不上有雖字

司射進

獵矢從傍陸氏曰傍或作旁○按敖氏作旁

在西階之西陳閩通解同毛本在作左○按在字是

各以左相迎　通解同毛本迎作近

不得云司射向北　毛本云作與陳本誤作六

乃射

古文而后作後非也孝經說然后曰后者後也當從后　徐本如是與此本標目合要義節錄注云古文后作後非通解與毛本同○按依疏當作孝經說說然后曰各本少一說字

注古文至從后　毛本古文作后後

后者後也　者後此本舊作孝經誤據要義與毛本改正

獲者坐而獲

此未釋算　毛本未誤作失

謂射著禽獸爲獲　著通解要義毛本俱作著此本作諸今從各本

舉旌以宮

配中央　毛本配誤作酌

上射降三等

升與降皆毛本皆作階

司馬出于左物之南

所以承笴矢者徐本同聶氏通解楊氏毛本笴下俱有齊字朱子曰注脫齊字據疏文補之

是其承笴也毛本承誤作乘

弟子自西方

鄕獲者許諾陸氏曰鄕又作鄉下皆同

遂告于大夫〇以耦告于大夫曰石經徐陳通解楊氏敖氏同毛本告上無以耦二字

則與賓俱來者也則陳閩俱作射

十月行正齒位之禮禮要義作事

衆賓將與射者皆降

輒在此位也閩本無在字

三耦拾取矢

亦東面北上也毛本面誤作南

以其取矢卽訖有射 毛本矢下無卽字訖下有卽字

上射東面

南踣弓也 踣釋文作碚似誤

不言毋周 陸氏曰毋亦作無同

故知不北踣弓也 毛本北誤作比

右手卻在裏取矢 毛本右誤作在按監本右字亦係剜改

下射進坐横弓

向上執弓而南踣 弓陳閩俱作手

與進者相左相揖反位 揖下唐石經有退字○按錢大昕云宋本亦有之大射云退者與進者相左相揖退釋弓矢于次說決拾襲反位較此文稍詳此處退字亦不可少

三耦拾取矢○而后反位 毛本后誤作後

因留主授受於堂西西方 陳本通解同毛本主作圭

衆賓未拾取矢

謂此第一番初時初陳閩俱作射

唯有三耦射毛本唯誤作誰

司射作射如初

衆足以知之矣徐本通解楊氏同毛本矣作侯陳本作矦按矦即矣之譌

司馬命去侯陳閩俱無命字

賓許

及數筭告勝負之事毛本數筭誤倒

釋獲者坐

執中者毛本執上有故字監本故字擠入

又取中之八算

故言互言之要義同毛本作故曰序東西通解作皆互言之也陳閩監本曰字亦俱作言

大夫袒決遂

耦於庭徐本通解楊氏同毛本庭下有下字

衆賓繼射

則司射擯升降通解同毛本擯作賓

司馬袒決

肅愼氏貢楛矢楛釋文作枯云字又作楛

司馬乘矢如初

前番未釋獲未陳閩監本通解俱作不

休武主文毛本主誤作上

射訖數算陳本同毛本通解訖作記

釋獲者

就右獲更東面也更字毛本通解作東

與自前

故東面鄉之陸氏曰鄉本或作嚮

故則右算也通解同毛本右作又

坐兼斂算○十則異之毛本十誤作實

司射復位

故名算爲獲毛本名誤作明

若右勝

以中爲儁也嚴本同毛本儁作雋

司射適堂西

論罰爵之事要義同毛本罰作二

彼以承尊毛本以誤作此

不勝者皆襲

謂以此襲說決拾謂陳閩俱作請

三耦及衆射者○勝者先升升堂少右徐本楊氏敖氏俱重升字唐石經通解毛本俱不重

與升飲者相左

待復射者謂待第三番射也毛本兩待字俱作俟通解止載下句亦作俟○按上待字當作俟疏標起訖云俟復射下

侍字正解上侯字也

有執爵者

卽立於序端序要義作席

若大夫之耦不勝

無能對徐本無對字

衆賓繼飲毛本繼誤作既

司馬洗爵

使服不士官唱獲陳本通解同閩監士俱誤作侯毛本作侯

獲者負侯

以下云陳閩通解同毛本以作已○按此以字訓因不可與已字通

獲者南面坐

亦二手祭酒反注反徐本作及通解楊氏毛本俱作反

右祭薦俎右當從毛本作又

與適左个中皆如之唐石經徐本楊氏同通解敖氏毛本皆作亦按敖云謂適左个又適侯中皆如適右个而祭之儀也則敖所見本亦作皆刻集說者誤改爲亦耳

左个之西北三步

若就乏乏諸本俱作之唯毛本作乏

此約獻釋獲者司射之位通解同毛本之作乏

司馬受爵

此近乏者此本與通解此下俱更有乏者二字要義無

司射適階西

此薦脯醢毛本薦誤作獻

司射去扑

云不言射位者毛本射下無位字〇按毛本是

司射先反位

第二番無位者陳本要義同毛本二作三

三耦及衆賓

以猶與也　毛本作注以猶至爲與

與反位而后耦揖　毛本后作後

司馬升

遂號令之可也　徐陳通解楊氏同毛本令作命

司射遂適階閒

以卿大夫士用五節　陳本要義同毛本用作同

先知審政也　要義同毛本通解政作故

上射揖司射退○樂正東面命大師曰　毛本命字誤在東上

大師不與

次番射時　毛本番誤作審

釋獲者○司射命設豐設豐實觶如初　通解設豐二字不重出按大射設豐不重通解因彼而誤敖氏注大射云當更有設豐二字如鄉射之文

故言猶以連之也猶諸本俱作有○按作猶是也

司馬命弟子

奄束之奄諸本俱作奄毛本作掩

樂正命弟子

合樂訖毛本合誤作令

主人阼階上

少逡遁也少釋文作小

賓揖就席

鄉所酬鄉徐陳通解楊氏俱作鄉毛本作鄉

賓觶進南面毛本南上有東字

而亦進西面可知也毛本西下有南字

衆受酬者

主人之贊者贊徐本通解要義楊氏敖氏俱作贊毛本作奠

儀禮注疏卷十二校勘記

儀禮疏卷第十三

唐朝散大夫行大學博士弘文館學士臣賈公彦等撰

司正降復位疏司正降復位○釋曰自此盡唯賓論舉觶於賓與大夫爲無筭爵之事云司正降復位者司正。當監旅酬訖故降使二人舉觶于賓與大夫爲無筭爵始也使二人舉觶于賓與大夫二人主人之贊者舉觶者皆洗觶升實之西階上北面皆坐奠觶拜執觶興賓與大夫皆席末荅拜舉觶者皆坐祭遂飲卒觶興坐奠觶拜執觶興賓與大夫皆荅拜舉觶者逆降洗升實觶皆立于西階上北面東上賓與大夫拜舉觶者皆進坐奠于薦右坐奠之不敢授疏舉觶至薦右○注坐奠之不敢授○釋曰賓與大夫皆席末荅拜者皆席西南面荅拜云皆進坐奠于薦右者以其將飲者於右故也云坐奠之不敢授者對獻酬時親授主人之贊者卑不敢親授觶也賓與大夫辭坐受觶以興辭辭其坐奠觶疏賓與至以興○注辭辭其坐奠觶○釋曰必辭者贊者不敢親授賓與大夫不可自尊故辭之不言取而言受者亦是若親受之然舉觶者退反位皆拜送乃降賓與大夫坐反奠于其所與不舉者盛禮已崇古文曰反坐疏舉觶至所與○注不舉至反坐○釋曰崇重也凡飲酒禮成於酬前已旅酬所盛禮已重今主人復舉觶爲無筭爵盡歡情客不盡主人歡故且奠之未舉之故不奠薦左若無大夫則唯賓長一人舉觶如燕禮媵爵之爲疏若無大夫則唯賓○注長一至之爲○釋曰鄉二人舉觶爲賓與大夫今若無大夫當闕一人故云則唯賓也云長一人舉觶如燕禮媵爵之爲者燕禮初二大夫媵觶至旅

酬復使二人君命長媵一爵於君與此同故云如燕禮之
爲彼旅酬此爲無筭爵不同但一人是同故引爲證也
司正升自西階阼階

上受命于主人適西階上北面請坐于賓。請坐欲與賓燕盡殷勤也至此盛禮
以成酒清肴乾強有力者猶倦焉

疏 司正至于賓○注請坐至倦焉○釋曰自此盡少退北上論請坐徹俎之事
云酒清肴乾強有力者猶倦焉者此禮記聘義文案彼云故強有力者將以
行禮也酒清人渴而不敢飲也肉乾人飢而不
敢食也日莫人倦。引之者證此賓須坐之義
賓辭以俎俎者肴之貴者也辭
之者不敢以燕坐褻貴
肴 疏 賓辭以俎○注俎者至貴肴○釋曰俎
所盛骨體骨體是肴之貴者故辭之也
反命于主人主人曰請徹俎賓許

司正降自西階階前命弟子俟徹俎弟子賓黨也俎者主人贊者設之今賓辭
之使其黨俟徹順賓意也上言請坐于賓
此言主人曰
互相備耳 疏 反命至徹俎○注弟子至備耳○釋曰知弟子是賓黨者以其
司正降自西階階前命之明賓黨弟子在西階東面也必使賓
黨弟子者徹俎是賓請之故鄭云俎者主人贊者設之今賓辭之使其黨俟徹
順賓意也云上言請坐于賓此言主人曰互相備耳者凡辭皆司正請于主人
主人有命司正乃傳告賓今上文云司正請坐于賓直見司正傳主人辭不見
主人曰請坐于賓之辭此經直見主人曰請徹俎不見司正傳主人以告賓是
互相備也不言互文而云互相備者凡言互文者各舉一事一事自周是互文
此據一邊禮一邊禮不備文相續乃備故云互相備若云糗餌粉餈鄭注云餌
言糗餈言粉互
相足之類也
司正升立于序端賓降席北面主人降席自南方阼階上北面

大夫降席席東南面俟弟子
升受俎 疏 司正至南面○注俟弟子升受俎○釋曰云俟
弟子升受俎者下云司正以俎出授從者注云
授賓家從來者也所以厚禮之則此弟子升受俎者案
下文據大夫與主人而言若賓俎授司正非弟子也
賓取俎還授司正司正

以降自西階賓從之降遂立于階西東面司正以俎出授從者授賓家從來者也古者與人飲食必歸其盛者所以厚禮之[疏]注授賓至禮之○釋曰云古者與人飲食必歸其盛者所以厚禮之者鄉飲酒燕禮大射賓客皆有俎徹歸客之左右俎是肴之貴是歸其盛者公食大夫既食有司卷三牲之俎歸于賓館故總云古者與人飲食必歸其盛者所以厚禮之也主人取俎還授弟子弟子受俎降自西階以東主人降自阼階西面立以東授主人侍者[疏]主人至面立○注以東至侍者○釋曰云以東授主人侍者弟子是賓黨非主人之贊者故知徹主人俎還授主人侍者歸。入於內也大夫取俎還授弟子弟子以降自西階遂出授從者大夫從之降立于賓南凡言還者明取俎各自鄉其席衆賓皆降立于大夫之南少退北上從降亦爲將燕[疏]注從降亦爲將燕○釋曰賓主人大夫有俎從俎而降此三賓無俎亦從大夫而降亦。如賓主人大夫將燕故同降同升也主人以賓揖讓說屨乃升大夫及衆賓皆說屨升坐說屨者將空坐屨褻賤不宜在堂也說屨則揠衣爲其被地[疏]主人至升坐○注說屨至被地○釋曰自此盡門外再拜論升坐行無筭爵賓醉送出之事云說屨則揠衣爲其被地者曲禮云揠衣趨隅彼謂升席。時引之證說屨低身亦然若不揠衣恐衣被地屨之但對文上曰衣下曰裳散文衣裳通此說衣郎裳也案少儀云排闔說屨於戶內一人而已矣鄭注云雖衆敵猶有所尊也彼尊卑在室則尊者說。屨在戶內。自餘說屨於戶外若尊卑在堂則亦尊者一人說屨在堂自餘說屨於堂下是以燕禮大射臣皆說屨於階下公不見說屨之文明公舄在堂矣此。乃鄉飲酒臣禮賓主人行。敵禮故皆說屨於堂下也乃羞羞進也所進者狗胾醢也燕設啗具所以案酒[疏]乃羞○注羞進至案酒○釋曰云所進者狗胾醢也者以其牲用狗故知狗胾醢醢未必狗以其醢豫造乃成非臨時之物故知非狗連言之也無筭爵使二人舉觶賓與大夫不與取奠觶飲卒觶不拜二人謂鄉者二人也使之升立于西階上賓與大夫將旅當執觶也卒觶者固不拜矣著之者嫌坐卒爵者拜既爵此坐于席禮既殺不復崇疏無筭至不拜○注二人至復崇○釋曰經賓上有于字者誤以此二觶仍是前二人所舉者今以二人升者舉發使行無筭爵非新觶以鄭注可知故誤有也若然舉觶上屬賓下屬爲句也云卒觶者固不拜矣著之者嫌坐卒爵者拜既爵者上正旅酬時賓酬主人賓不祭卒觶不拜不洗今此二人舉觶禮彌殺故云卒觶者固不拜矣嫌坐卒爵者拜既爵者以。正獻酬時皆坐卒爵拜既爵嫌此無筭爵飲卒觶亦有拜義故明之云坐于席禮既殺不復崇者此決正行獻酬時在於階下有拜既爵此說履就席禮既殺不復崇重故無拜爵也執觶者受觶遂實之賓觶以之主人大夫之觶長受長眾賓長而錯皆不拜錯者實主人之觶以之次賓也實賓長之觶以之次大夫其或多者迭。飲於坐而已皆不拜受禮又殺也疏注錯者至殺也○釋曰云其或多者迭飲於坐而已者眾賓之長在賓西者三人大夫則席於賓東若大夫亦三人則與眾賓等得交錯相酬言其或多者若有一大夫則眾賓二人無所酬直二人迭飲而已若大夫四人已上多於三賓自三人之外亦無所酬則亦自相酬迭飲而已云皆不拜受。禮殺也者上二人舉觶於賓與大夫皆拜受及飲卒不拜是其殺今眾賓與大夫不拜受觶故言禮又殺也辯卒受者與以旅在下者于西階上眾賓之。末飲而酬主人之贊者大夫之。末飲而酬賓黨亦錯焉不使執觶者酌以其將旅酬不以己尊。孤人也其。末若皆眾賓則先酬主人之贊者若皆大夫則先酬賓黨而已執觶者酌在上辯降復位疏辯卒至階上○注眾賓至復位○釋曰經云辯謂堂上眾賓已上皆飲訖云卒受者謂最末後飲者云眾賓之末飲而酬主人之贊者大夫之末飲而酬賓黨亦錯焉者此亦若堂上交錯也云不使執觶者酌謂不使二人執觶者酌云以其將旅酬不以己尊。孤人也者其堂上皆坐行酒至此立階上旅在下解經與以旅在下者云其末若皆衆賓則先酬主人之贊者謂大夫或少或無則衆賓爲末飲也云若皆大夫者謂大夫多衆賓偏後二觶並酬大夫則大夫爲末飲也云執觶者酌在上辯降復位者謂二人舉觶酌堂上衆賓已上辯其堂下自酌相旅二人無事故降復于東階前西面北上位也故鄉飲酒記云主人之贊者西面北上不與無筭爵然後與必知。復位者下經云執觶者皆與旅是也

長受酬酬者不拜乃飲卒觶以實之言酬者不拜者嫌酬堂下異位當拜也古文曰受酬者不拜

疏長受至實之○注言酬至不拜○釋曰謂堂下或賓黨之長或主人贊者之長受堂上酬酬者不拜鄭云酬者不拜者嫌酬堂下異位當拜也者嫌堂下異位堂上酬堂下當拜故明之也

受酬者不拜受禮殺。進受尊者之酬猶不拜

疏受酬者不拜受○注禮殺至不拜○釋曰堂下卑者受堂上尊者酒當拜由禮殺雖尊者之酬猶不拜也

辯旅皆不拜主人之贊者於此始旅嫌有拜

疏辯旅皆不拜○注主人至有拜○釋曰以鄉飲酒記云主人之贊者不與無筭爵然後與故鄉。偏言主人之贊者於此始旅嫌有拜故明之也

執觶者皆與旅嫌己飲不復飲也上使之勸人耳非逮下之惠也亦自以齒與於旅也

疏執觶者皆與旅○注嫌己至旅也○釋曰此即上文二人舉觶者於西階上己卒觶故鄭云嫌己飲不復飲也

卒受者以虛觶降奠于篚執觶者洗升實觶反奠于賓與大夫復奠之者燕以飲酒爲歡醉乃止主人之意也今文無執觶及賓觶大夫之觶皆爲爵賓觶觶爲之

疏卒受至大夫○注復奠至爲之○釋曰今文此經云執觶者無此執觶又今文無執觶及賓觶大夫之觶皆爲爵不從者以其皆在無筭爵之科明不爲爵云賓觶觶爲之者亦不從也

無筭樂合鄉樂無次數

疏無筭樂○注合鄉樂無次數○釋曰知合鄉樂二南者約上正歌時不略其正己歌鄉樂但上有次第先歌關雎次歌葛覃卷耳次歌鵲巢采蘋采蘩皆三終有次數今無次數。在賓主所好也

賓與樂正命

奏陔陔陔夏其詩亡周禮賓醉而出奏陔夏陔夏者天子諸侯以鍾鼓大夫士鼓而已【疏】賓與至奏陔○注陔陔至而已○釋曰此賓與卽命奏下文賓降乃作樂也云陔陔夏其詩亡者九夏皆詩篇鄭注鍾師云歌之大者載在樂章樂崩亦從而亡云周禮者鍾師云陔夏杜子春云客醉而出奏陔夏雖非正文亦據周禮而言云陔夏者天子諸侯以鍾鼓知者鍾師云以鍾鼓奏九夏是天子法襄公四年穆叔如晉晉侯饗之金奏肆夏之三不拜則陔夏奏用鍾矣大夫士尙有鼓明諸侯亦有鼓故總云天子諸侯以鍾鼓知大夫士用鼓者此鄉射鄉飲酒皆有鼓故知以鼓奏陔而已也

賓降及階陔作賓出衆賓皆出主人送于門外再拜拜送賓于門東西面賓不荅拜禮有終【疏】賓降至再拜○注拜送至有終○釋曰知拜送賓于門東西面者此約迎賓時於此拜也云不荅拜禮有終者以行禮有終故不荅也

明日賓朝服以拜賜于門外拜賜謝恩惠也【疏】明日至門外○釋曰自此盡經末論息勞司正之事

主人不見如賓服遂從之拜辱于門外乃退不見不褻禮也拜辱謝其自屈辱【疏】主人至乃退○注不見至屈辱○釋曰不見不褻禮者禮不欲數數則瀆今主人不見恐相褻故不見也

主人釋服乃息司正釋服說朝服服玄端也息猶勞也勞司正謂賓之與之飲酒以其昨日尤勞倦也月令曰勞農以休息之【疏】主人至司正○注釋服至息之○釋曰上文主人如賓服則主人亦朝服矣今言釋服謂釋去朝服朝服之下衣則次玄端故知釋服說朝服服玄端也玄端卽朝服之。下易其裳爲異也月令者彼是十月農功畢勞農以休息之之爲息息田夫之臘祭引之者證息勞來休息之義也

無介勞禮略貶於飲酒也此已下皆記禮之異者【疏】無介○注勞禮至異者○釋曰云勞禮略貶於飲酒也者謂貶於鄉飲酒鄉飲酒禮有介此上司正飲酒及此勞禮皆無介是貶於鄉飲酒也云此以下皆記禮之異者謂息司正之禮與上飲酒禮異之事也

不殺無俎故也【疏】不殺○注無俎故也○釋曰下文云無俎無俎故不殺殺

即有組也使人速速召賓疏使人速○注速召賓○釋曰若公食使人召之還司正爲。擯也迎于門外不拜入升不拜

至不拜洗薦脯醢無俎賓酢主人主人不崇酒不拜衆賓既獻衆賓一人舉觶

遂無筭爵言遂者明其閒闕也賓坐奠觶于其所擯者遂受命于主人請坐于賓賓降說屨升坐矣不言遂請坐者請坐主於無筭爵疏迎于至筭爵○注言遂至筭爵○釋曰云言遂者明其閒闕也者閒闕謂一人舉觶下有工升歌立司正旅酬及二人舉觶及徹俎之事以其闕此數事故云遂無筭爵也云賓坐奠觶于其所擯者遂受命于主人請坐于賓賓降說屨升坐矣此並依正飲酒禮不言遂請坐者請坐主於無筭爵者以其請坐主於無筭爵今言無筭爵自然請坐可知故不須言請坐于賓也

無司正使擯者而己不立之疏無司正○注使擯至立之○釋曰不立司正亦是與飲酒禮異

賓不與昨日至尊不可褻也古文與作豫疏賓不與○注昨日至作豫○釋曰賓者主人所尊敬不可復召之復召之亦是褻瀆也

徵唯所欲徵召也謂所欲請呼疏徵唯所欲○注徵召至請呼○釋曰須止則止須召則召在主人之意故云所欲請呼也

以告於鄉先生君子可也告請也鄉先生鄉大夫致仕者也君子有大德行不仕者疏以告至可也○注告請至仕者○釋曰云鄉大夫致仕者也者此即鄉飲酒注云先生謂。老。人。教。學者云君子有大德行不仕者大德行謂六德六行可貢而不仕者此即居士縞帶亦曰處士

羞唯所有用時見物疏羞唯所有○注用時見物○釋曰謂昨日所有之餘見物

鄉樂唯欲不歌雅頌取周召之詩在所好疏鄉樂唯欲○注不歌至所好○釋曰此即與上無筭樂同而云不歌雅頌者以其上飲酒主於射略於樂下用小雅此非鄉射而亦不歌雅頌者亦不可過于正飲酒禮故云周召之詩在所好也

記大夫與則公士爲賓不敢使鄉人加尊於大夫也公士在官之士鄉賓主用處士疏記大至爲賓○注不敢至處士○釋曰據

此鄉射使處士無爵命者爲賓故有大夫來不以鄉人加尊於大夫故易去之使公士爲賓若然鄉飲酒貢士法賢者爲賓其次爲介又其次爲衆賓有大夫來不易去之以其賓擬貢故也云鄉賓主用處士卽君子者也

使能不宿戒能者敏於事不待宿戒而習之疏使能不宿戒○注能者至習之○釋曰解上賓用處士云能者敏於事者孝經云參不敏鄭云敏猶達也則此通達於事

其牲狗也狗取擇人疏其牲狗也○注狗取擇人○釋曰鄉飲酒鄉射義取擇賢士爲賓天子已下燕亦用狗亦取擇人可與燕者

亨于堂東北鄉飲酒義曰祖陽氣之所發也疏亨于堂東北○注鄉飲至發也○釋曰陽氣起於東北而盛於南方亨狗于東北飲酒是陽故法之

尊綌冪。賓至徹之以綌爲冪取其堅絜疏尊綌冪賓至徹之○注以綌至堅絜○釋曰凡冪者皆爲塵埃加故設之但用冪不用冪不同者凡用醴皆不見用冪質故也卽士冠禮子昏禮禮賓贊禮婦聘禮禮賓此等用醴皆無冪是也醮無酒亦用冪者從禮子質也或以尊厭卑亦無冪燕禮君尊有冪方圜壺則無冪昏禮尊於室內有冪尊於房戶外爲媵御賤故無冪鄉飲酒鄉射有冪者無所厭故也若祭祀之冪冪人云以疏布冪八尊鄭云天地之神尙質以畫布冪六彝鄭云宗廟可以文凡王巾皆黼注云周尙武其用文德則。黻可諸侯無文或與王同其喪中之冪皆用疏布士喪禮小斂用功布大斂亦同士虞用絺冪與吉同大夫亦當然也云賓至徹之者巾冪必布執冪賓未至恐塵加賓至徹去不復用以其鄉射飲酒不見更用之文故也燕禮君命徹冪。則未命之前重用之者君尊久設恐塵故重覆之

蒲筵緇布純筵席也純緣疏蒲筵緇布純○注筵席也純緣○釋曰鄉大夫州長與鄉人習禮雖有公卿之尊無加席。唯一種故記人記之云筵席者鄭注周禮序官云鋪陳曰筵藉之曰席然。其言之筵席通但在地者爲筵取鋪陳之義在上曰席。取。相承藉之義耳

西序之席北上衆賓統於賓疏西序之席北上○注衆賓統於賓○釋曰衆賓之。席繼賓已西南面東上今云西序之席北上者謂衆賓有東面者則北上此東面非常故記之也若然

此鄉射上設席雖不言衆賓之數上文云三拜衆賓鄭云三拜示徧也則衆賓亦三人矣而復有東面者若公卿大夫多尊東不受則於尊西賓近於西則三賓東面北統於賓也

上獻用爵其他用觶 爵尊不可褻也

以爵拜者不徒作 以爵拜謂拜既爵徒猶空也作起也不空起言起必酢主人

薦脯用籩五膱祭半膱橫于上醢以豆出自東房膱長尺二寸 脯用籩籩宜乾物也醢以豆豆宜濡物也膱猶脡也為記者異耳祭橫于上殊之也於人為縮膱廣狹未聞也古文膱為胾今文或作植

疏 薦脯至二寸○注脯用至作植○釋曰云豆宜濡物也者案王制云一為乾豆鄭云謂腊之以為祭祀豆實與此違者以其豆實則醢也鄭注周醢人云作醢及臡者必先膊乾其肉乃後細莝之雜以粱麴及鹽漬以美酒塗置甀中百日則成矣是乾以為豆實醢是也云膱猶脡也為記者異耳者鄉飲酒記云脯五脡此云五膱膱與脡不同非訓之是記者異名不同非別有義故鄭云膱猶脡也云於人為縮者脯法於人為縮者鄉飲酒記引曲禮云以脯脩置者左朐右末鄭注曲禮云屈中曰朐取左手案之右手擘之便故於人為縮橫祭半膱橫上於脯為橫於人則為縱也

俎由東壁自西階升 狗既亨載于東方

疏 俎由至階升○注狗既至東方○釋曰云狗既亨載于東方者上云亨于堂東北今云俎由東壁者亨在東北賓俎曰載載則於東方東方則東壁故云俎由東壁也云自西階升者既由東壁恐如祭饌由東階升故記人明之若祭饌則東階升特牲少牢是也尊神故由阼階升

賓俎脊脅肩肺主人俎脊脅臂肺肺皆離皆右體也進腠 以骨名肉貴骨也賓俎用肩主人用臂尊賓也離猶挩也腠膚理也進理謂前其本右體周所貴也若有尊者則俎其餘體也

疏 賓俎至進腠○注以骨至體也○釋曰云以骨名肉者骨為本有名肉為末無名所食即肉故以骨名肉必知骨有肉者特牲乃食舉注云舉言食者明凡解體皆連肉是有肉也云賓俎用肩主人用臂尊賓也者此據前三體而言以其體有肩臂臑禮記祭統云周人

貴肩爲其顯故賓用肩尊賓也云離猶捘也者案禮記少儀云牛羊之肺離而不提心鄭云提猶絕也刲離之不絕中央少者中央少者卽是心也此將食舉肺也云進理謂前其本者此與公食同生人食法少牢進下者是鬼神食法云右體周所貴也者對左股所貴云若有尊者則俎其餘體也者前有三肩臂臑以次用之賓主己用肩臂有一大夫則用臑二大夫則取後體用膊若有三大夫已上則用胳其脊脅與賓主同故下文云獲者之俎折脊脅肺臑注云臑若膊胳觳折之以爲大夫之餘體是也

凡舉爵三作而不徒爵 謂獻賓獻大夫獻工皆有薦

疏 注謂獻至有薦○釋曰知此三人者以其言三作故知唯此三人而已

凡奠者於左 不飲不欲其妨

疏 凡奠者於左○釋曰謂若酬賓奠於右賓奠之於左

將舉者於右 便其舉也

疏 將舉者於右○釋曰謂若酬一人二人舉奠之於薦右後舉之者也

衆賓之長一人辭洗如賓禮 尊之於其黨

疏 衆賓至賓禮○注尊之於其黨○釋曰此獻三賓之時主人唯爲長者一人洗爵如經文恐已後更洗故記人明之也

若有諸公則如賓禮大夫如介禮無諸公則大夫如賓禮 尊卑之差諸公大國之孤也

樂作大夫不入 樂後賢也

樂正與立者齒 謂其飲之次也尊樂正同於賓黨鄉飲酒記曰與立者皆薦以齒

三笙一和而成聲 三人吹笙一人吹和凡四人也爾雅曰笙小者謂之和

疏 三笙至成聲○注三人至之和○釋曰云爾雅曰笙小者謂之和者案爾雅釋樂云大笙謂之巢孫氏注云巢高大又云小者謂之和注云和小笙是也

獻工與笙取爵于上篚既獻奠于下篚其笙則獻諸西階上 奠爵于下篚不復用也今文無與笙

疏 獻工至階上○注奠爵至與笙○釋曰云奠爵于下篚不復用也者謂堂上不復用無妨堂下更入用之知者獻獲及釋獲者皆取而獻之是也大射獻服不氏用散不用爵者彼君禮與此異也

立者東面北上 賓黨

疏 立者東面北上○注賓黨○釋

曰此謂一命及不命來觀禮者與堂下衆賓齒東面北上而立

司正既舉觶而薦諸其位薦於觶南

疏司正至其位○注薦於觶南○釋曰知薦於觶南不薦於觶北者以司正觶南北面立若薦觶北與觶相隔非位前故知觶南位北也

三耦者使弟子司射前戒之弟子賓黨之少者也前戒謂先射請戒之

疏三耦至戒之○注弟子至戒之○釋曰云使弟子司射前戒之者謂請射之前戒之以其經云三耦侯於堂西故鄭云前戒謂先射請戒之也

司射之弓矢與扑倚于西階之西便其事也

疏司射至之西○注便其事也○釋曰此矢謂挾一个者初司射適堂西袒決遂取弓矢于階西兼挾一矢則誘射之弓矢亦在階西矣若然誘射訖適堂西改取一个挾之遂適階西取扑此一个賓在堂西至視筭之時於西階西釋弓矢去扑獻釋獲者此亦在西階西故鄭云便其事也

司射既袒決遂而升司馬階前命張侯遂命倚旌著並行也古文曰遂命獲者倚旌

疏司射至倚旌○注著並至倚旌○釋曰云著並行者謂司射與司馬有不並行事時案上文將射適堂西袒決遂取弓矢於西階上北面告賓曰弓矢既具有司請射其時司馬即階前令倚旌此皆同時故鄭云著並行事如上經納射器及比三耦以前司射獨行事後及司正爲司馬與司射並行事故記人記之也

凡侯天子熊侯白質諸侯麋侯赤質大夫布侯畫以虎豹士布侯畫以鹿豕此所謂獸侯也燕射則張之鄉射及賓射當張采侯二正而記此者天子諸侯之燕射各以其鄉射之禮而張此侯由是云焉白質赤質皆謂采其地其地不采者白布也熊麋虎豹鹿豕皆正面畫其頭象於正鵠之處耳君畫一臣畫二陽奇陰偶之數也燕射射熊虎豹不忘上下相犯射麋鹿豕志在君臣相養也其畫之皆毛物之

疏凡侯至鹿豕○注此所至物之○釋曰云此所謂獸侯也者周禮梓人云張獸侯以息燕注云息者休農息老物也燕謂勞使臣若與羣臣飲酒而射是也云燕射則張之者燕禮大射正爲司射如鄉射之禮是

諸侯燕用鄉射之禮故云燕射則張之也天子雖無文據記天子燕射記明天子燕射亦用鄉射之法也云鄉射則及賓射當張采侯二正者案周禮射人掌賓射大夫士同二正是賓射二正鄉射無文知亦采侯二正者周禮賓射與賓客爲射此鄉射雖與鄉人習禮亦如賓主行射禮又非私相燕勞故約與賓射同也言采侯者梓人云張五采之侯則遠國屬是賓射之侯故云采侯也云而記此者天子諸侯之燕射各以其鄉射之禮者以天子自用鄉射之禮諸侯自用鄉射之禮大夫士亦各隨其君用鄉射之禮也用鄉射之禮謂張侯道五十步及三耦之一與鄉射同云張此侯則經獸侯是也云由是云焉者謂由是用鄉射法故云獸侯於此鄉記也云白質赤質皆謂采其地者案周禮掌蜃云共白盛之蜃則此以蜃灰塗之使白爲地赤質者亦以赤塗之使赤爲地云不采者白布也者謂大夫士直云布侯者也云熊麋虎豹鹿豕皆正面畫其頭者知皆畫首者以其言貍首者射不來者之首云明此獸侯等亦正面畫其頭也云象於正鵠之處耳者案梓人云參分其廣而鵠居一焉據大射之侯若賓射之侯則三分其侯正居一焉若燕射之侯則獸居一焉故云象其正鵠之處耳云君畫一臣畫二陽奇陰偶之數也者禮記郊特牲云君之南鄉荅陽之義也臣之北面荅君也是君陽臣陰又天一生水地二生火是一二陰陽之數故云君一臣二陽奇陰偶之數也云燕射射熊虎豹不忘上下相犯者三者皆猛獸不苟相下若君臣之道亦獻可者替否者不苟相從輒當犯顏而諫似獸等故用之云射麋鹿豕志在君臣相養也者案內則云麋鹿豕皆有軒並是可食之物故云相養也云其畫之皆毛物之者此無正文但畫五三三正之侯各以其色明畫獸侯亦以毛物畫之可知也

凡畫者丹質賓射之侯燕射之侯皆畫雲氣於側以爲飾必先以丹采其地丹淺於赤

疏凡畫者質丹○注賓射至於赤○釋曰云賓射之侯燕射之侯者此鄉射以采侯二正是賓射之侯也此獸侯也又是燕射之侯故鄭並言之云皆畫雲氣於側以爲飾者鄭解經凡言畫者皆畫雲氣故以雲氣解之也蓋象雲色若賓射之侯天子九十步侯朱白蒼黃玄五正者還畫此五色雲氣於其側七十步侯朱白蒼三正者還畫此三

色雲氣於其側王十步侯朱絲二正者畫此二色雲氣於其側上七必先以丹采其地者欲畫此五色三色雲氣時必先用丹采此地乃於其上畫雲氣也天子侯九十步之內更有七十五十步侯畿內諸侯七十步侯內更有五十步侯畿外諸侯者之九十步侯之內更有七十五十步侯其畫之采皆如其數也以侯數非一尊卑又不同故云凡以廣之言凡畫雲氣以丹爲質地者也云丹淺於赤者案月令云乘朱路駕赤騮載赤旂衣朱衣朱與赤互言之卽爲一物又案冬官鍾氏云以朱湛丹秫四入爲朱色深而湛丹秫故知丹淺於赤鄭言此者欲見以丹爲地丹上得見赤色雲之義故言此也射自楹閒。物長如笴其閒容弓距隨長武自楹閒者謂射於庠也楹閒中央東西之節也物謂射時所立處也謂之物者物猶事也君子所有事也長如笴者謂從畫之長短也笴矢幹也長三尺與跬相應射者進退之節也閒容弓者上下射相去六尺也距隨者物橫畫也始前足至東頭爲距後足來合而南面爲隨武跡也尺二寸

疏射自至長武○注自楹至二寸○釋曰云自楹閒者謂射於庠也知者以其言楹閒則是庠則物當楣故知非射於序者也云楹閒中央東。西節也者以其楹閒北面無限東楹西楹相當故知東西之節也云長如笴者謂從畫之長短也者其下有距隨爲橫此言物長又是從迹之稱故知南北之長短也云笴矢幹也長三尺者以矢人職得知也云與跬相應者禮記祭義云故君子跬步。而。弗忘孝也一舉足謂之跬再舉足謂之步步射者履物不過一跬故知以三尺爲限也云距隨者物橫畫也始前足至東頭爲距後足來合而南面爲隨者謂上射下射並足處皆然言長武武跡也中人之跡尺二寸謂橫尺二寸也尺序則物當棟堂則物當楣是制五架之屋也正中曰棟次曰楣前曰庪

疏序則至當楣○注是制至曰庪○釋曰云是制五架之屋也者庠序皆然但有室無室爲異命負侯者由其位於賤者禮略

疏命負至其位○釋曰其位者正據司馬自在己位遙命之遙命者由負侯者賤略之故也對司射比耦則就其位經無司馬命負侯之位故記之也凡適堂西

皆出入于司馬之南唯賓與大夫降階遂西取弓矢尊者宜逸由便也旌各以其物旌總名也雜帛爲物大夫士之所建也言各者鄉射或於庠或於謝疏旌各以其物○注旌總至於謝○釋曰云旌總名也者以周禮司常云九旗對文通帛爲旜雜帛爲物全羽爲旞析羽爲旌各別今名物爲旌者散文通故云旌總名也云雜帛爲物大夫士之所建也者司常文通帛者通體並是絳帛周所尚赤也云雜帛者中絳緣邊白也白殷之正色故鄭彼注云言先王正道佐職也云各者鄉射或於庠或於謝者諸侯鄉大夫是大夫詢衆庶射於庠射於謝。於。序是諸侯州長是士春秋習射于謝大夫士同建物而云各者雖同建物仞則大夫五仞士三仞不同故云各也無物則以白羽與朱羽糅杠長三仞以鴻脰韜上二尋無物者謂小國之州長也其鄉大夫一命其州長士不命不命者無物此翿旌也翿亦所以進退衆者。糅雜也。杠橦也七尺曰仞鴻鳥之長脰者也八尺曰尋今文糅爲縮。韜爲翿疏無物至二尋○注無物至爲翿○釋曰云無物者謂小國之州長也者案典命子男之卿再命大夫一命士不命大夫一命得建物士不命則無物是以不得與上各以其物同別爲此旌云此翿旌也者據下文士鹿中翿旌也下云君國中射則皮樹中以翿旌獲此不命士與國君同者士卑不嫌命士以上尊卑自異也云翿亦所以進退衆者此非直用之於獲案喪大記君葬時執翿居前詔傾虧亦所以進退衆人也云七尺曰仞者無正文鄭案書傳云雉長三丈高一丈則牆高一丈禮記祭義云築宮仞有三尺牆高一丈云仞有三尺除三尺之外只有七尺。故。知。七。尺曰仞也王肅則依小爾雅四尺曰仞孔君則八尺曰仞所見不同也云鴻鳥之長脰者也者脰則項也云八尺曰尋者亦無正文冬官云車有六等之數云殳長尋有四尺長丈二而云尋有四尺除四尺則尋長八尺矣凡挾矢於二指之閒橫之二指謂左右手之第二指此以食指將指挾之疏凡挾至橫之○注二指至挾之○釋曰云二指謂左右手之第二指知左右手皆挾之者以云二指之閒橫之則知左右手也云此以食指將指挾之者以左擘指拓弓右擘指鉤弦故知挾矢以第二第三指閑第二指爲食指左傳云子公之食指動是也第三指爲將指左傳云吳王闔閭傷於將指是也故云食指將指之閑挾之知不在無名指閑者以無名指短與將指不相應故知不是也

司射在司馬之北。

疏司射在司馬之北〇釋曰經不明言司射與司馬南北相當故明之也

司馬無事不執弓。以不主射故也

始射獲而未釋獲復釋獲復用樂行之。君子取人以漸

疏始射至行之〇釋曰始射獲而未釋獲據三耦射時云復釋獲者據第。二番射時復用樂行之據第三番射時

上射於右。於右物射

楅長如笴博三寸厚寸有半龍首其中蛇交韋當。博廣也兩端爲龍首中央爲蛇身相交也蛇龍君子之類也交者象君子取矢於楅上也直心背之衣曰當以丹韋爲之司馬左右撫矢而乘之分委於當

疏楅長至韋當〇注博廣至於當〇釋曰云蛇龍君子之類也者易云龍戰于野其血玄黃鄭注云聖人喻龍君子喻蛇是蛇龍總爲君子之類也云直心背之衣曰當者直通身之言其楅兩頭爲龍首於背上通身著當言當心中央也知丹韋爲之者周尙赤上云凡畫者丹質又周禮九旗之帛皆用絳故知此當亦以丹韋爲之云司馬左右撫矢而乘之分委於當者若未分時總在於當今則四四在一邊不謂分訖乃至於兩當也

楅髹橫而奉之南面坐而奠之南北當洗。髹赤黑漆也

疏楅髹至當洗〇注髹赤黑漆也〇釋曰云南面坐而奠之者取向弟子持矢北面故南面奠之云南北當洗者恐南北不知遠近故記言南北當洗南北節也

射者有過則撻之。過謂矢揚中人凡射時矢中人當刑之今鄉會衆賢以禮樂勸民而射者中人本意在侯去傷害之心遠是以輕之以扑撻於中庭而已書曰扑作教刑

疏射者至撻之〇注過謂至教刑〇釋曰云是以輕之以扑撻於中庭而已引書者謂尙書堯典之文彼據教學故彼注云不勤道業則撻之引之者於射時司射搢扑亦是教射法故引證撻犯禮之過者是以尙

書亦云侯以明之撻以記之是也衆賓不與射者不降不以無事亂有事古文與爲豫疏衆賓至不降○注不以至爲豫○釋曰鄉射不得與射者雖耆僅有存焉三賓已上容其有文無武者許其不射故記者言之也取誘射之矢者既拾取矢而后兼誘射之乘矢而取之謂反位已禮成乃更進取之不相因也疏取誘至取之○注謂反至因也○釋曰云不相因者既自拾取己之乘矢反位東西望訖上射乃更向前兼取誘射之矢禮以變爲敬故不相因賓主人射則司射擯升降卒射即席而反位卒事擯賓主人升降者皆尊之也不使司馬擯其升降主於射疏賓主至卒事○注擯賓至於射○釋曰云不使司馬擯其升降主於射者必以司射決之者以司馬本是司正不主射事司射主射事故使司射也鹿中髤前足跪鑿背容八筭釋獲者奉之先首前足跪者象教擾之獸受負也疏注前足至負也○釋曰服不氏教擾猛獸猛獸不堪受負其有合負物者教擾則屈前足以受負若今駝受負則四足俱屈之類也大夫降立于堂西以俟射尊大夫不使久列於射位疏大夫至俟射○注尊大至射位○釋曰謂主人大夫降時賓主先射大夫則立于堂西其耦在司馬之西射位大夫且立於堂西射至乃取其耦共升射大夫與士射袒纁襦不肉袒殊於耦耦少退于物下大夫也既發則然司射釋弓矢視筭與獻釋獲者釋弓矢唯此二事休武主文釋弓矢耳然則擯升降不釋疏司射至弓矢○注唯此至不釋○釋曰此二者經文自具記之者以唯此二事釋欲顯出賓主升降時不釋故言之是以鄭云然則擯升降不釋也禮射不主皮主皮之射者勝者又射不勝者降禮射謂以禮樂射也大射賓射燕射是矣不主皮者貴其容體比於禮其節比於樂不待中爲備也言不勝者降則不復升射也主皮者無侯張獸皮而射之主於獲也尚書傳曰戰鬬不可不習故於蒐狩

以閑之也閑之者貫之也貫之者習之也。凡祭。取餘獲陳於澤然後卿大夫相與射也中者雖不中也取不中者雖中也不取何以然所以貴揖讓之取也而賤勇力之取。嚮之取也於囿中勇力之取也今之取也於澤宮揖讓之取也澤習禮之處非所於行禮其射又主中此主皮之射與天子大射張皮侯賓射張五采之侯燕射張獸侯

疏禮射至者降○注禮射至獸侯○釋曰云禮射謂以禮樂射也者射時有禮兼作樂故連樂言之。不言鄉射者鄉射用采侯賓射中兼之故不言也云不主皮者貴其容體比於禮其節比於樂者此即九節七節五節應於樂節是也云言不勝者降不復升射也者據主皮射者也禮射二番不勝仍待。三番復升射也尚書傳者濟南伏生爲尚書作傳云。已祭取餘獲陳於澤然後卿大夫相與射也者此則周禮山虞田訖虞人植旗於中屬禽焉每禽擇取三十餘將向國以祭謂若大司馬云仲春祭社仲夏享礿仲秋祀方仲冬享烝已祭乃以餘獲陳於澤宮中卿大夫士共以主皮之禮射取之云雖不中雖中者據內田時也云非所於。禮者云。云揖讓取即是行禮而云非所於行禮者揖讓雖是禮對大射之等其體比於禮其節比於樂爲非所行禮也云此主皮之射與者書傳不言主皮以義約同故云與以疑之也云天子大射已下者案梓人云張皮侯而棲以鵠則春以功即此鄭云天子大射張皮侯。一也梓人又云張五采之侯遠國屬即此鄭云賓射張五采之侯也梓人又云張獸侯以息燕即此鄭云燕射張獸侯也鄭言此者證此是禮射與主皮異也若然天子有澤宮又有射宮二處皆行射禮者澤宮之內有班餘獲射又有試弓習武之射若西郊學中射宮者行大射之禮張皮侯者是也澤宮中射將欲向射宮先向澤宮中試弓習武之射此習武之射無侯直射甲革椹質故司弓矢職云王弓弧弓以授射甲革椹質而注引囿人職曰射則充椹質是也

主人亦飲于西階上就射爵而飲也已無俊才不可以辭罰

疏主人至階上○注就射至辭罰○釋曰此謂主人在不勝之黨受罰爵之時也云就射爵而飲也者謂西楹西豐上射爵也云已無俊才不可以辭罰者以主人尊恐不受罰爵故言此也

獲者之俎折脊脅肺臑。

臑若膊胳觳之折以大夫之餘體 疏 獲者至肺臑○注臑若至餘體○釋曰上賓主人已用肩臂唯有臑及膊胳觳若脊脅骨多尊卑皆有自臑已下各得其一今鄭具言之欲見科取其一不定以其若無大夫獲者得臑即經所云者故臑在肺下欲見無大夫已合得若大夫一人大夫得臑獲者得膊若大夫二人獲者即得胳若大夫三人獲者即得觳若大夫公卿更多則折之不得。整體或更取餘體也故鄭又云折以大夫之餘體也

東方謂之右个侯以鄉。堂爲面也 疏 東方謂之右个○注侯以鄉。堂爲面也○釋曰以其經直云左右个不辨東西故記人明之也

釋獲者之俎折脊脅肺皆有祭皆獲者也祭祭肺也以言肺謂刌肺不離嫌無祭肺 疏 釋獲至有祭○注皆至祭肺○釋曰云以言肺謂刌肺不離者即經中脊脅肺是切肺與祭肺同也云嫌無祭肺者此明記人之意見上已有刌肺不離者即經中脊脅肺是刌肺與祭肺同嫌更不別有祭肺故言皆有祭肺言皆皆獲者欲見釋獲者與主獲者二者皆別有祭肺故云皆也若然上肺即舉肺案公食大夫有切肺與祭肺者優賓使賓祭此二者亦以舉肺爲祭肺者略賤者之義是以有司徹侑俎羊切肺一侑。豕。俎亦切肺一鄭云豕又祭肺不嚌肺不備禮則是略賤之類也

大夫說矢束坐說之明不自尊別也

歌騶虞若采蘋皆五終射無筭謂衆賓繼射者衆賓無數也每一耦射歌五終也 疏 歌騶至無筭○注謂衆至終也○釋曰上用騶虞以化民下用采蘋大夫之樂節亦可皆五終者大夫士皆五節一節一終故云五終也鄭言衆賓無數者謂堂下衆賓繼射者故無數若堂上衆賓則三人也

古者於旅也語禮成樂。備乃可以言語先王禮樂之道也疾今人慢於禮樂之盛言語無節故追道古也

凡旅不洗敬殺不洗者不祭不盛既旅士不入後正禮也既旅則將燕矣士入齒於鄉人 疏 注士入齒於鄉人○釋曰以其士立于下故齒於鄉人也

大夫後出下鄉人不干其賓主之禮 疏 大夫後出○注不干其賓主之禮○釋曰賓主及衆賓出後乃出故云不干其

賓主之禮主人送于門外再拜拜送大夫尊之也主人送賓還入門揖大夫乃出。送。拜之疏主人至再拜○注拜送至拜之○釋曰上文大夫後出是大夫意不干賓主之禮此經主人意故鄭云拜送大夫尊之也知主人送賓還入門揖大夫乃出送拜之者以其上經云賓出主人送于門外再拜此記又云大夫後出主人送于門外再拜故知主人送賓還入門揖大夫乃出送再拜之也鄉侯上个五尋上个謂最上幅也八尺曰尋上幅用布四丈疏鄉侯上个五尋○注上个至四丈○釋曰以五尋尋八尺五八四十故四丈也中十尺方者也用布五丈今官布幅廣二尺二寸旁削一寸考。工記曰梓人爲侯廣與崇方謂中也疏中十尺○注方者至中也○釋曰云方者也者謂侯中正方十尺云用布五。丈今官布幅廣二尺二寸旁削一寸者鄭意此言十尺用布五幅幅廣二尺二寸兩畔各削一寸爲縫幅各二尺在故五幅爲一丈也漢法幅二尺二寸亦古制存焉故舉以爲況若然周禮鄭志純三。只。只八寸二尺四寸者據繒幅也士喪禮云亡則以。緇長半幅注云半幅一尺終幅二尺亦謂繒而幅二尺者幅有二種喪禮略用其狹者故周禮鄭云凡爲神之衣物必。沽而小是也引梓人者彼總據三侯侯中皆廣與崇方引之證經十尺是方也侯道五十弓弓二寸以爲侯中言侯中所取數也量侯道以貍步而云弓者侯之所取數宜。於。躬器也正二寸骹中之博也今文改弓爲肱也疏侯道至侯中○注言侯至肱也○釋曰云言侯中所取數也者謂侯中大小取數于侯道云量侯道以貍步者大射文故彼云以貍步張三侯是用步耳而云弓者六尺爲步弓之下。制六尺與步相應而云弓者侯之所取數宜於射器也故此經云弓也云正二寸者骹中之博也者案周禮弓人云骹解中有變焉謂弓弣把中側骨之處博二寸故於此處取數焉倍中以爲躬躬身也謂中之上下幅也用布各二丈疏倍中以爲躬○注躬身至二丈○釋曰身謂中上。中。下各橫接一幅布者故鄭云中之上下幅用布各二丈也倍躬以爲左右舌謂上个也居兩旁謂之个左右出謂之舌疏倍躬以爲左右舌○

注謂上至之舌〇釋曰言謂上个者對下个不得倍躬故謂上个也云兩旁謂之个在躬之兩傍則謂之个云左右出謂之舌謂躬外兩相各出一丈若人舒舌故下云下舌半上舌據出者而言也

下舌半上舌

半者半其出於。射者也用布三丈所以半上舌者侯人之形類也上个象臂下个象足中人張臂八尺張足六尺五八四十五六三十以此爲衰也凡鄉侯用布十六丈數起侯道五十弓以計道七十弓之侯用布二十五丈二尺道九十弓之侯用布三十六丈

疏注半者至六丈〇釋曰半者半其出於躬者也以其言舌故知半其出者也云用布三丈者上舌兩相各一丈今下舌兩相各五尺通躬二丈故云用布三丈也云侯人之形類也者人形上廣下狹故也云五八四十據上个四丈五六三十據下个三丈以此上下爲衰差也云凡鄉侯用布十六丈數起侯道五十弓以計者用布十六丈者中五幅幅一丈用布五丈上下躬各二丈總四丈上个四丈下个三丈是總十六丈也云道七十弓之侯用布二十五丈二尺者道七十弓弓取二寸二七十四侯中丈四尺七幅幅有丈四尺中用布九丈八尺上下躬各用布二丈八尺上下總用布五丈六尺上个倍躬爲五丈六尺下舌半上舌上舌出者兩相各出丈四尺下舌半之兩相各出七尺下舌用布一丈四尺通躬二丈八尺總計用布四丈二尺也通計用布二十五丈二尺云道九十弓之侯用布三十六丈者弓取二寸九十弓侯中丈八尺侯中用布九幅幅別丈八尺中用布十六丈二尺倍中以爲躬上下躬各用布三丈六尺上下總七丈二尺倍躬以爲左右舌上舌用布亦七丈二尺下舌亦半上舌上舌出者丈八尺下舌半之則下舌總用布五丈四尺以此計之總用布三十六丈也

箭籌八十

箭。篠也籌筭也。筭八十者略以十耦爲正賓全數其時衆。寡從賓

疏箭籌八十〇注箭篠至從賓〇釋曰云箭篠也者謂以箭爲籌射之耦隨賓多少今言八十舉成數以十耦爲。文但一者數之始十者數之終以十耦爲成數也

長尺有握握素

握本所持處也素謂刊之也刊本。一膚

疏長尺有握握素〇注握本至一膚〇釋曰云長尺復云有握則握在一尺之外則此籌尺四寸矣云刊本一膚者公

羊傳僖三十一年云觸石而出膚寸而合不崇朝而徧雨乎天下者唯泰山爾何休云側手為膚又投壺云室中五扶注云鋪四指曰扶一指案寸皆謂布四指一指一寸四指則四寸引之者證握膚為一謂刊四寸也

楚扑長如笴刊本尺刊其可持處君射則為下射上

射退于物一笴既發則荅君而俟荅對也此以下雜記也今文君射則為下

君樂作而后就物君袒朱襦以射君尊

小臣以巾執矢以授君尊不搢矢不挾矢授之稍屬

若飲君如燕則夾爵謂君在不勝之黨也賓飲君如燕賓媵觚于公之禮則夾爵夾爵者君既卒爵復自酌

君國中射則皮樹中以翿旌獲白羽與朱羽糅國中城中也謂燕射也皮樹獸名以翿旌獲無以尚文德也今文皮。樹繁。豎糅為紹古文無以

疏以翿旌獲○注國中至無以○釋曰知城中是燕射者以其下有賓射大射不在。國故國中是燕射以其燕在寢故也云以翿旌獲尚文德也者以其燕主歡心故旌從不命之士亦取尚文德之義必知取尚文德者以其以文德者舞文舞羽舞也以武德者舞武舞干舞也此既用羽知取尚文德也

於郊則閭中以旌獲於郊謂大射也大射於大學王制曰小學在公宮之左大學在郊閭獸名。如驢一角或曰如驢。歧蹄周書曰北唐以閭析羽為旌

疏於郊至旌獲○注於郊至為旌○釋曰知於郊謂大射也者案大射云公入。驁從外來入此既言於郊故知大射在郊也云大射於大學者據諸侯而言也天子大射在虞庠。小。學以其天子大學在國中小學在郊諸侯不得立大學在國立大學在郊故鄭引王制小學在公宮之左大學在郊是殷法諸侯用焉故引為證必知諸侯立大學在郊者見詩魯頌有類宮禮記云故魯人將有事於上帝必先有事於類宮鄭云類宮郊之學也則詩泮宮此郊學是也云閭獸名如驢一角或曰如驢歧蹄周書曰北唐以閭者岐蹄已上山海經文周書見於國語也

於竟則虎中。龍旜於竟謂與鄰國君射也畫龍於旜尚文章也通帛為旜

疏於竟則虎中龍旜○

注於竟至爲旜○釋曰與鄭國君射則賓射也以其君有送賓之事因送則射云尙文章也者亦若翿旌也云通帛爲旜司常文鄭注云凡九旗之帛皆用絳則通帛者正幅爲絳長尋曰旐繫旐曰旃通體皆用絳帛爲之名旜

大夫兕中各以其物獲兕獸名似牛一角

疏大夫至物獲○注兕獸名似牛一角○釋曰下有士則此專據大夫爲文而云各以其物者公侯伯大夫再命子男之大夫一命爲卿大夫刃數雖同旐依命數不同故云各又下云士翿旌以獲唯小國之州長不命者則公侯之州長一命有旌亦入物中則各內兼之矣故云各兕似牛一角案爾雅及山海經知之

士鹿中翿旌以獲謂小國之州長也用翿爲旌以獲無物也古文無以獲

唯君有射于國中其餘否臣不習武事於君側也古文有作又今文無其餘否

疏唯君至餘否○注臣不至餘否○釋曰天子諸侯皆燕射在國又天子賓射在朝亦在國大夫士燕射賓射不在國大夫又得行大射雖無郊學亦不得在國是以孔子爲鄉射於矍相之圃是其一隅若然此鄉射亦不得在國射亦宜在國外故記人於此見之也

君在大夫射則肉袒不袒薰襦厭於君也今文無射

疏君在至肉袒○注不袒至於君○釋曰上云大夫與士射袒纁襦今與君射爲厭與士同故肉袒也

儀禮卷第五 經六千六百四十五 注六千九百十五

儀禮疏卷第十三

儀禮注疏卷十三校勘記

阮元撰盧宣旬摘錄

司正降復位

司正當監旅酬訖　當陳閩通解俱作掌監本要義毛本俱作當

舉觶者退○賓與大夫坐反奠于其所　夫下石經徐本要義楊氏敖氏俱有坐字通解毛本無

司正升自西階

至此威禮以成　徐本通解同毛本以作已

日莫人倦　通解此下有齊莊正齊而不敢懈惰九字要義亦無

主人取俎

歸入於內也　入陳閩俱作人

衆賓皆降立

亦如賓主人大夫將燕　要義同毛本如作知

主人以賓揖讓

彼謂升席時　毛本時誤作者

則尊者說屨在戶內毛本屨誤作履

自餘說屨於戶外陳本要義同毛本自作其

此乃鄉飲酒臣禮浦鏜改乃爲及

賓主人行敵禮敵陳本作敵

無算爵

以正獻酬時要義同毛本正作上

而錯

迭飲於坐而已按宋本釋文出迭於二字疑誤今本釋文作迭飲

禮殺也者浦鏜云禮下脫又字

辯卒受者與

衆賓之末末徐葛俱作未似誤下兩末字徐亦俱作未葛本其末仍作末

不以己尊孤人也孤徐葛陳閩通解楊氏俱作孤毛本作於

不以己尊孤人也者孤陳閩要義俱作孤毛本作於

必知復位者毛本復誤作後

受酬者

進受尊者之酬徐本楊氏同毛本通解進作雖

辯旅

故鄭徧言主人之贊者徧陳閩皆作偏按作徧爲是

無算樂

任賓主所好也任要義作在

主人釋服

即朝服之下下一本改作衣

使人速

還司正爲擯也毛本擯作賓

以告于鄉先生

謂老人教學者毛本作謂鄉中致仕者○按鄉飲酒禮注作鄉中致仕

尊綌幂 幂釋文宋本作鼏

則繖可 繖要義俱作繖與周禮冪人注合毛本作黼

則未命之前 陳閩通解要義同毛本則作列

蒲筵

唯一種 要義同毛本唯下有此字

然其言之 毛本其作共

取相承藉之義耳 毛本取相誤倒

西序之席

衆賓之席 通解要義同毛本席作序

獻用爵 通解句首有凡字

薦脯

膱猶脡也 膱陳本作職○按釋文曰膱音職若以鄉飲記音義正之此膱乃樴之誤

鄭注周醢人云 毛本周下有禮字此本脫

雜以粱麴粱陳閩俱作粱

橫祭半膱橫上膱誤作脯橫上浦鏜改作于上

俎由東壁

上云亨于堂毛本亨誤作享

實俎曰載陳閩通解同毛本曰載作由在監本作由載

凡侯

則經獸侯是也徐本通解楊氏俱無此句按此乃疏文誤入

皆謂采其地毛本地誤作也

不忘上下相犯徐本通典聶氏通解同毛本下作不朱子曰疏解忘爲苟然則乃妄字也○按疏云不苟相從輒當犯顏而諫正是不忘相犯之意似非妄字又按禮記射義疏引作上下相犯

又非私相燕勞毛本勞誤作射

於此鄉記也浦鏜云鄉下疑脫射字

象於正鵠之處耳者毛本於作其

則三分其侯毛本三作參

不忘上下相犯者下陳閩俱作不誤也

三者皆猛獸毛本三誤作二

各以其色明畫陳閩俱無明字

凡畫者

此獸侯也陳本通解同毛本獸作燕

射自楹閒毛本閒誤作間

中央東西節也者要義同毛本西下有之字〇按注有之字凡疏疊注語間有增損不必悉依原文

而弗忘孝也毛本而弗誤作面不

凡適堂西〇遂西取弓矢唐石經徐葛陳閩通解楊氏敖氏俱作遂毛本遂作送

旌各以其物

射於謝於序陳閩俱無於序二字

無物

糅雜也徐本敖氏同毛本通解楊氏糅下俱有者字

杠橦也毛本杠誤从手

韜爲翿韜閩監俱作縚

故知七尺曰仞也陳閩俱無故知七尺四字毛本有

始射

據第二番射時二陳閩通解俱作一

楅髤橫而拳之拳釋文唐石經徐本俱作拳通解楊氏敖氏毛本俱作奉朱子曰拳當作奉字之誤也陸氏音拳亦非是石經考文提要云拳訓曲言制楅之法漆而橫曲之其蛇交之處著地龍首尾拳曲向上更設韋當於其背與上蛇交韋當文義相屬非設楅時兩手奉之也釋文明注拳音權通解但云拳當作奉而注仍作拳不改字〇按朱子曰拳當作奉則未嘗改經也毛本通解經文竟作奉却於疏末綴楅橫而拳之五字疑非朱子原文

鹿中髤

猛獸不堪受負毛本猛獸二字不重出

大夫與士射袒薰襦唐石經徐本通解楊氏敖氏同毛本薰作纁按宋本釋文亦作薰前有司請射疏亦引作薰據士冠禮纁裳注云今文纁皆作熏則此薰字當爲熏

禮射不主皮

不待中爲備也　徐本要義同毛本備作雋○按備蓋雋字之誤

凡祭取餘獲陳於澤　凡要義作已取上有則字○按段玉裁云射義天子將祭必先習射於澤下文又云射中者得與於祭不中者不得與於祭是射澤必在祭之先況禽待祭後而班則委積日久已字非也許宗彥云苟非已祭何稱餘乎當作已

嚮之取也　嚮釋文作鄉

不言鄉射者　通解同毛本不作下

賓射中兼之　射陳閩俱作燕

仍待三番復升射也　通解要義毛本三作後○按後番卽三番也如諸本則在三番後矣恐非

已祭　要義同毛本已作凡段玉裁云此已字乃賈誤解

云非所於禮者云云　毛本禮上有行字云字不重要義悉與毛本同

天子大射張皮侯一也　要義同毛本無一字

獲者之俎折脊脅肺　毛本肺下有臑字敖氏刪臑字其正誤曰今本肺下有臑字繼公謂臑在肺下非其次且與折文不合蓋傳寫者因注首言臑而衍也大射注引此無臑字今據以刪之周學健云臑在折中不應又出臑字但賈疏自作有臑字解故仍其舊而加圈別之○按此與鄉飲酒介

俎肫字同意皆以用體無常故立文不定且此文變例臑在肺下其意尤明故鄉飲酒肫字尙可刪而此經臑字不可去又大射注云卿折俎用脊脅臑折肺與此正同明無衍字

則折之不得整體陳閩監本同毛本整作正

東方

侯以鄉堂爲面也毛本堂誤作黨

釋獲者之俎

脩豕俎亦切肺一此本誤倒俎豕爲豕俎按毛本是

古者於旅也語

禮成樂備諸本俱作禮成樂備唯徐本同此

旣旅

後正禮也徐本同毛本通解後作從

主人送于門外

大夫乃出送拜之毛本送拜誤倒

中十尺

考工記曰毛本工誤作功

云用布五丈毛本丈誤作尺

純三只只八寸要義同毛本只作尺○按咫與只古字通只八寸鄭康成荅趙商語見天官內宰及聘禮疏

亡則以緇長半幅毛本亡作云緇作繒陳本要義俱作緇按作緇與士喪禮原文合

必沽而小毛本沽誤作治

侯道五十弓

宜於躳器也徐本同毛本於躳作用射聶氏通解楊氏俱作於射

弓之下制毛本下誤作古

倍中以爲躳

身謂中上中下中下陳閩俱作下中

下舌半上舌

半其出于射者也徐本同毛本射作躳

箭籌八十

箭篠也毛本篠誤從竹

筭八十者徐本楊氏同毛本筭作籌

其時衆寡從賓寡字毛本作賓徐本通典通解俱作寡

以十耦爲文要義同毛本文作云陳閩俱作正

長尺有握

刊本一膚毛本一下有作字徐本通解楊氏俱無與此本標目及述注合通典作刊本一云膚敖氏作刊一本膚許宗彥云此猶云刊本四寸耳與下經文刊本尺義同禮作扶鄭用公羊膚字故疏述公羊而曰引之者證握膚爲一也

楚扑

刊其可持處可通典作所

君國中射

今文皮樹繁豎徐本同毛本樹下有爲字豎作竪通解兩見二十一卷有爲字二十卷無爲字豎俱從豆

不在國聶氏要義同毛本國下有中字

於郊

如驢通典作大於驢

歧蹄陳本通解同徐閩監本毛本歧作岐按釋文宋本亦作歧是俗字

公八鷩各本俱誤鷩爲鶩

在虞庠小學陳閩俱無小學二字

於竟則虎中龍旜中下通典有以字

大夫兕中

刃數雖同旐依命數不同毛本刃作其旐作旐按刃即仞字前云旌各以其物疏言大夫五仞士三仞不同故云各也此經專據大夫爲文故仞數同而公侯伯之大夫與子男之大夫命數不同故其旐異

士鹿中翿旌以獲七字唐石經徐本通典通解楊氏敖氏俱有毛本脫

謂小國之州長也用翿爲旌以獲無物也古文無以獲二十一字毛本俱脫徐本通解俱有通典引謂小至無物十五字盧文弨云疏無可考○按此本此節無疏

唯君有射于國中

是其一隅陳本要義同毛本隅作耦

此鄉射亦不在國射此閩本誤作比下射字毛本作中要義作射

君在

不袒薫襦毛本薫作纁襦作繻徐陳閩監通解俱從衣要義從糸按要義載疏亦從衣則從糸者誤也

儀禮注疏卷十三校勘記

唐朝散大夫行大學博士弘文館學士臣賈公彥等撰

燕禮第六【疏】燕禮第六○鄭目錄云諸侯無事若卿大夫有勤勞之功與羣臣燕飲以樂之燕禮於五禮屬嘉大戴第十二小戴及別錄皆第六○釋曰案上下經注燕有四等目錄云諸侯無事而燕一也卿大夫有王事之勞二也卿大夫又有聘而來還與之燕三也四方聘客與之燕四也若然目錄云卿大夫有勤勞之功聘使之勞兼王事之勞二也者知臣子覲聘還與之燕者四牡勞使臣是也知有王事之勞燕者下記云若以樂納賓則賓及庭奏肆夏鄭注云卿大夫有王事之勞則奏此樂焉是也知君臣無事有燕者案魯頌云夙夜在公在公明明振振鷺鷺于下鼓咽咽醉言舞于胥樂兮鄭箋云君臣無事則相與明義明德而已絜白之士羣集於君之朝君以禮樂與之飲酒燕樂以盡其歡。是其無事而燕也又知賓及庭奏肆夏是己之臣子有王事之勞者案郊特牲云賓入大門而奏肆夏鄭注云賓朝聘者是異國聘賓入大門奏肆夏故知記云賓及庭奏肆夏者是己之臣子也又知異國聘賓有燕者聘禮所云燕與時賜者是也

儀禮　鄭氏注

燕禮。小臣戒與者小臣相君燕飲之法。與者謂留羣臣也君以燕禮勞使臣若臣有功故與羣臣樂之小臣則警戒告語焉飲酒以合會爲歡也【疏】燕禮小臣。戒與者○釋曰自此已下盡射人告具論告戒羣臣及陳饌之事必使小臣戒與者以其燕爲聘使者爲主兼與舊在者歡樂之故今戒可與之人使依期而至○注小臣至歡也○釋曰云小臣相君燕飲之法者案周禮大僕職云王燕飲則相其法又案小臣職云凡大事佐大僕則王燕飲大僕相小臣佐之此諸侯禮降於天子故宜使小臣相是以下云小臣師一人在東堂下注云師長也小臣之長一人猶天子大僕正君之服位者也是諸侯小

臣當大僕之事云與者謂留羣臣也者謂羣臣留在國不行者也云君以燕禮勞使臣若臣有功者此即目錄卿大夫有勤勞之功勞使臣即四牡勞使臣也若臣有功即王事之勞也故鄭摠云卿大夫勤勞之功若然鄭不言與羣臣無事燕者以其經云戒與者功勞之外與及之爲有事之臣燕不得云無事燕者故不言之案大射云君有命戒射者以其大射辨尊卑故云君有命明政教由尊者出燕禮主歡心不辨尊卑故不言君有命

膳宰具官饌于寢東膳宰天子曰膳夫掌君飲食膳羞者也具官饌具其官之所饌謂酒也牲也脯醢也寢露寢

【疏】膳宰至寢東〇注膳宰至路寢〇釋曰以其燕在寢故膳宰具官饌于寢東擬燕時設之云膳宰天子曰膳夫掌君飲食膳羞者也者以其天子有宰夫兼有膳夫掌君飲食諸侯亦有宰夫復有膳宰掌君飲食與天子膳夫同故引天子膳夫並之云具官饌具官之所饌者謂卿大夫士之饌摠饌之大射亦用燕禮直云官饌不言膳宰與此同不言者文不具云謂酒也牲也脯醢也知者案下所設亦有此三者牲即其牲狗也云寢路寢者以其饗在廟服朝服下記云燕朝服於寢正處在路寢不在燕寢可知故云路寢也案公食大夫云凡宰夫之具饌于東房不使膳宰者彼食異國之大夫敬之故使宰夫具饌此燕己臣子故使膳宰卑者具饌必知膳宰卑於宰夫者案天子宰夫下大夫膳夫上士天子膳夫卑於宰夫則知諸侯膳宰亦卑於宰夫者也

樂人縣縣鍾磬也國君無故不徹縣言縣者爲燕新之

【疏】樂人縣〇注縣鍾至新之〇釋曰案大射樂人宿縣在射前一日又具辨樂縣之位者以其大射在學宮學宮不常縣樂射乃設之故射前一日縣之又辨樂縣之位此燕在路寢有常縣之樂今言樂人縣者爲燕新之而已故不在燕前一日又不辨樂縣之處又直云樂人未知樂人意是何官案周禮春官大司樂云凡樂事宿縣又案樂師云凡樂成則告備是天子有大司樂并有樂師之官案序官樂師下大夫四人上士八人下士十有六人以此知天子有大司樂樂師諸侯無大司樂直有大樂正小樂正以其諸侯兼官此二者皆當天子樂師大夫及士則諸侯樂師不用大夫大樂正當上士小樂正當下士爲之故鄭下注云

樂正于天子樂師也大射注亦云小樂正於天子樂師若然縣樂之法案周禮眡瞭職云掌大師之縣鄭注云大師當縣則爲之案下僕人相大師則諸侯無眡瞭則使僕人縣樂大師以聲展之樂師又監之云縣鍾磬也者案小胥天子宮縣諸侯軒縣面皆鍾磬鎛各一虡大夫判縣士特縣不得有鎛故云鍾磬案下唯有磬而無鍾而云鍾磬者鄭汎解樂縣法故兼言鍾其實諸侯之士特縣磬而已云國君無故不徹縣者案曲禮唯有大夫無故不徹縣士無故不去琴瑟不言國君但大夫無故不徹縣則國君無故亦不徹縣可知鄭以燕禮爲設國君法故以義約之也云。言縣者爲燕新之者更整理樂縣之法爲新之也

洗篚于阼階東南當東霤罍水在東篚在洗西南肆設膳篚在其北西面設此不言其官賤也當東霤者人君爲殿屋也亦南北以堂深肆陳也膳篚者君象觚所饌也亦南陳言西面尊之異其文

疏設洗至西面○注設此至其文○釋曰云設此不言其官賤也者決膳宰具官饌樂人縣司宮設尊皆言其官獨此不言官故知賤也案少牢司宮設罍水大夫兼官此國君禮或可別人爲之但無文故鄭不細辨云當東霤者人君爲殿屋也者漢時殿屋四向流水故舉漢以況周言東霤明亦有西霤對大夫士言東榮兩下屋故也云亦南北以堂深者亦士冠禮鄉飲酒等也云膳篚者君象觚所饌也者案下文洗象觚升實之東北面獻于公是也但尊君不可與臣同篚故別釋之也云亦南陳者亦陳之南肆者也言西面尊之異其文者欲見膳篚西面南肆者西面此不。可言南肆而言西面是尊君之篚故異其文也 亦

司宮尊于東楹之西兩方壺左玄酒南上。公尊瓦大兩有豐冪用綌若錫在尊南南上尊士旅食于門西兩圜壺司宮天子曰小宰聽酒人之成要者也尊方壺爲卿大夫士也臣道直方於東楹之西予君專此酒也玉藻曰唯君面尊玄酒在南順君之面也瓦大有虞氏之尊也禮器曰君尊瓦甒豐形似豆卑而大。冪用綌若錫冬夏異也在尊南在方壺之南也尊士旅食者用圜壺變於卿大夫

也旅衆也士衆食謂未得正祿所謂庶人在官者也今文錫爲緆

【疏】司宮至圜壺○注司宮至爲錫○釋曰云司宮天子曰小宰聽酒人之成要者也者案天官小宰職掌建邦之宮刑以治王宮之政令是小宰掌宮事此諸侯無小宰有司宮明司宮亦當掌宮刑治宮之政令可知是司宮掌官事與小宰同又案酒正云酒正之出日入其成月入其要小宰聽之此司宮亦設酒尊當掌酒事與小宰同是以知此諸侯司宮當天子小宰者也若然案酒正云酒正之出日入其成月入其要小宰聽之案彼文則是小宰聽酒正之成要此注云聽酒人成要者案彼注云出謂授酒材及用酒之多少也受用酒者日言其計於酒正酒正月盡言於小宰云日言其計於酒正者是酒人也酒正月盡摠言於小宰則是小宰所聽者並是酒人所言故鄭之此注據酒人而言也云尊方壺爲卿大夫。士也者以其燕摠有卿大夫士又別有公尊瓦大兩故知方尊爲此。人也云於東楹之西予君專此酒也者此決鄉飲酒鄉射皆於房戶之閒賓主共之此於東楹之西向君設之人君尊專大惠故云予君專此酒也引玉藻者欲見尊面向君順君命非賓主共之意案少儀云尊壺者面其鼻鄭注云鼻在面中言鄉人也鄉人者據此燕禮尊面向君而言少儀又云尊者以酌者之左爲上尊鄉飲酒云尊兩壺于房戶之閒玄酒在西又鄉射云尊於賓席之東兩壺斯禁左玄酒鄭注云設尊者北面西曰左此等皆據酌者北面而言玄酒在左若據設尊之人及尊面而言卽南面以右爲尊此燕禮尊面向君據君面以左爲尊玄酒在南若據酌者不得背君而西面當尊西東面則酌者之右爲上尊是以下文媵爵于公者交於東楹北也云瓦大有虞氏之尊也者明堂位文引禮器君尊瓦甒大射亦云膳尊兩甒不引大射而引禮器者鄭欲同此三者之文皆是君一物故也云豐形似豆卑而大者據漢法而知但豆徑尺柄亦長尺此承尊之物不可同於常豆故知卑而大取其安穩也云冪夏綌冬錫冬夏異也者夏宜用綌冬宜用錫葛之粗者曰綌按喪服傳云錫者何也麻之有錫者也錫者十五升抽其半無事其縷有事其布曰錫鄭注云治其布使之滑易是也云在尊南在方壺之南也者其冪本爲瓦大設今未用陳在方壺之南者不可在方壺瓦大之閑相雜故也瓦大不言玄酒者以其言瓦大兩又言南上有玄酒在南可知凡無玄酒者直陳之而已不言上下是以此尊士旅食直云兩圜壺大射亦云兩圜壺特牲尊兩圜壺於阼階西方亦如之皆是無玄酒不言上下也又凡用醴者無玄酒士冠禮醴子昏禮醴婦聘禮醴賓醴皆無玄酒質故也昏禮房外之尊無玄酒鄭云略之此及大射尊士旅食無玄酒鄭云賤也特牲少牢陽厭納一尊無玄酒鄭注云禮殺也士喪既夕士虞皆有酒醴無玄酒者以凶變於吉故也特牲東西階兩壺無玄酒者注云優之云士衆食謂未得正祿者以其士大夫已上得正祿王制云下士九人祿中士倍下士上士倍中士下大夫倍上士卿四大夫祿皆正祿此則未得正祿云所謂庶人在官者也者所謂王制文故王制云庶人在官者其祿以是爲差謂府史胥徒謂府八人祿史七人祿胥六。人徒五。人皆非正祿號爲士旅食者也

司宮筵。賓于戶西東上無加席也筵席也席用蒲筵緇布純無加席燕私禮臣屈也諸侯之官無司几筵也

疏司宮至席也○注筵席至筵也○釋曰云筵席也者案周禮序官司几筵鄭注云鋪陳曰筵藉之曰席然。其言之筵席通若然鋪陳曰筵者先鋪一席在地者藉之曰席據重已上相承藉者筵席一也故鄭云筵席通云席用蒲筵緇布純者案公食大夫記云蒲筵常緇布純加萑席尋玄帛純彼有加席故有萑在上此無加席故言席用蒲云無加席燕私禮臣屈也者對公食大夫禮異國之賓有加席禮得申云諸侯之官無司几筵也者對天子有司几筵布席諸侯兼官使司官設尊幷設席

射人告具告事具於君射人主此禮以其或射也

疏○射人告具注告事至射也○釋曰云射人主此禮以其或射也者案公食大夫禮贊者負東房告具以其無射故使贊者此乃射人告具與大射同案下文若射則不獻庶子言若者或射或不故此鄭注云以其或射言或。亦是不定之義案大射告具之上有羹定此不言羹定者文不具也

小臣設公席于阼階上西鄉。設加席公升卽位于席西鄉。周禮諸侯。胙席莞筵紛純加繅席畫純後設公席者凡禮卑者先卽事尊者後也

疏小臣至西鄉○注周禮至後也○釋曰自此下盡諸公卿者論君臣位次及命羞者之事注引周禮者司几筵之文也彼諸侯祭祀神席及受酢之席此乃燕飲之席引之者欲見燕飲與受酢席同若饗諸侯來朝則郊特牲云大饗君三重席而酢焉是也燕他國之臣郊特牲云三獻之介君專席而酢焉此降尊以就卑也故君單席受酢也云後設公席者凡禮卑者先即事尊者後也者此燕私禮故賤者先即事大射辨尊卑故先設公席後設賓席也

小臣納卿大夫卿大夫皆入門右北面東上士立于西方東面北上祝史立于門東北面東上小臣師一人在東堂下南面士旅食者立于門西東上納者以公命引而入也自士以下從而入即位耳師長也小臣之長一人猶天子大僕

疏小臣至東上○注納者至闑西○釋曰云卿大夫皆入門右北面東上者此是擬君揖位故下經君始爾之就庭位云士立於西方東面北上者此是士之定位士賤故不待君揖入門即就定位云祝史立於門東北面東上者案大射大史在干侯之東北北面不言祝祝史不言大史者大射及下文云大史侯於所設中之西東面以聽政嫌其位初在此不在干侯之東北故著大史以明之其餘祝史彼不言者以其大射先行燕禮此燕禮有祝史故於彼不言省文也云納者以公命引而入也者雖無正文進止由君故知以公命者也云自士已下從而入即位耳者對大夫以上小臣引之就門東揖位未就庭位自士已下不須引從大夫而入徑即庭位云師長也小臣之長一人猶天子大僕正君之服位者也者案夏官大僕職云掌正王之服位出入王之大命彼下文有小臣之官上士四人其職云掌王之小命詔相王之小法儀諸侯兼官無大僕唯有小臣出入君之教命正君之服位但諸侯小臣之官有上下是以大射云小臣師從者在東堂下南面西上又云小臣正贊袒若然諸侯小臣正次有小臣師大射禮小臣正相君小臣師佐之常在君左右不在堂下之位故唯云小臣師從者在堂下南面此燕輕宜有小

臣師及從者相君燕飲小臣正一人無事得在堂下此言小臣師卽大僕小臣正一也故鄭以爲當天子大僕云凡入門而右由闑東左則由闑西者鄭云凡入門者廣解賓主人入門之義案曲禮云大夫士出入君門由闑右又玉藻云公事自闑西私事自闑東言私事卽大夫士出入君門一也又與此經卿大夫士入君門亦由闑右同公事自闑西者卽聘禮聘賓入由闑西是也若然此注云入門而右由闑東者是臣朝君之法也左卽由闑西者是聘賓入門之法

公降立于阼階之東南南鄉爾卿卿西面北上爾大夫大夫皆少進爾近也移也揖而移之近之也大夫猶北面少前

疏公降至少進○注爾近至少前○釋曰曲禮云揖人必違其位是以公將揖卿大夫降立於阼階之東南南面揖之變揖言爾者爾訓近也移也卿大夫得揖移近中庭也是以鄭云揖而移之近之也云大夫猶北面少前者三卿五大夫初入門右同北面三卿得揖東相西面五大夫得揖中庭少進北面不改故云大夫猶北面少前

射人請賓命當由君出也

疏射人請賓○注命當由君出也○釋曰案大射云大射正擯擯者請賓此直云射人請賓不云爲擯者但射人有大小大者爲大射正其次爲射正又其次爲司正悉監射事見於大射禮大辨尊卑故云大射正爲擯此燕禮或因燕而射以其禮輕或大射正爲擯或小射正爲擯此二者皆是射人故直云射人請賓不定尊卑也既當請君不辨射人面位者以其君南面射人北面可知故不言

公曰命某爲賓某大夫也

疏公曰命某爲賓○注某大夫也○釋曰知大夫非卿者以其賓主相對宰夫爲主人是大夫明賓亦是大夫燕義云不以公卿爲賓而以大夫爲賓爲疑也故知是大夫

射人命賓賓少進禮辭命賓者東面南顧禮辭辭不敏也

疏射人至禮辭○注命賓至敏也○釋曰鄭知命賓者東面南顧者少儀云詔辭自右明知在君之右東面者向君南顧者向賓便也知禮辭辭不敏者取孝經曾子云參不敏爲義

反命射人以賓之辭告於君

又命之賓再拜稽首許諾又復

射人反命告賓許

賓出立于門外東面當更以賓禮入疏賓出至東面○注當更以賓禮入○釋曰前卿大夫從臣禮相從而入故出更以賓禮入是以下經賓入及庭公降一等揖之

公揖卿大夫乃升就席揖之人之也疏公揖至就席○注揖之人之也○釋曰言人之者公將及升堂故以人意相存偶是以揖之乃升

小臣自阼階下北面請執冪者與羞膳者執冪者執瓦大之冪也方圜壺無冪羞膳羞於公謂庶羞疏小臣至膳者○注執冪至庶羞○釋曰云執冪者執瓦大之冪也方圜壺無冪鄭知者以其上文冪用綌文承瓦大之下方圜壺不言冪故知義然云羞於公謂庶羞者知羞於公者以其言羞膳據君而言又與執冪者連文冪據君明羞膳據公可知又知是庶羞者以其脯醢稱薦明羞是庶羞

乃命執冪者執冪者升自西階立於尊南北面東上以公命於西階前命之也東上玄酒之冪為上也羞膳者從而東由堂東升自北階房中西面南上不言之者不升堂略之也疏乃命至東上○注以公至。略之也○釋曰鄭知西階前命之者案下記云羞膳者與執冪者皆士也士位在西方東面故知西階前以君命命之云東上玄酒之冪為上也者以其唯瓦大兩有冪玄酒尊於正酒經云東上故知玄酒之冪為上羞膳者以下盡略之鄭知義然者以經直云執冪者升自西階羞膳者無升文又。且東面階西面階婦人之階非男子之所升則羞者升自北階知由堂東者以羞在房又大射。云工人士與梓人升自北階知房中西面南上者約士冠禮脯醢在房中服北贊者盥于洗西升立于房中西面南上下注云近其事也言略之者解不由前堂升執冪與羞膳臨時請者以其諸侯兼官有常職先定亦有臨時命之之者是以經與記直云士不言其官不請羞賓者下記約與君同亦用士也

膳宰請羞于諸公卿者小臣不請而使膳宰於卑者彌略也禮以異為敬疏膳宰至卿者○注小臣至為敬○釋曰言彌略者上請賓使射人請執冪使小臣已是其略今羞諸公卿乃使膳宰膳宰卑於小臣故云彌畧也知膳宰卑於士者周禮膳夫是上士比

諸侯膳宰明非上士且禮之大例薦羞者尊於設俎者公士爲薦羞膳宰設俎故知膳宰卑也射人納賓射人爲擯者也今文曰擯者疏射人納賓○注射人至擯者○釋曰自此至賓以虛爵降論賓升堂主人獻賓之事案大射大射正擯此云射人爲擯與上射人請賓義同還是小射正也賓入及庭公降一等揖之及至也至庭謂既入而左北面時疏賓入至揖之○注及至至面時○釋曰鄭知至庭謂既入而左北面時者以其云賓入及庭賓入謂入門時及庭謂賓入門而出堂塗北面是其當公降揖之節故知北面時也公升就席以其將與主人爲禮不參之也疏公升就席○注以其至之也○釋曰鄭知將與主人爲禮不參之者下經云賓升主人亦升是其賓與主人爲禮不得相參之也賓升自西階主人亦升自西階賓右。北面至再拜賓荅再拜主人宰夫也宰夫。大宰之屬掌賓客之獻飲食者也其位在洗北西面君於其臣雖爲賓不親獻以其尊莫敢伉禮也至再拜者拜賓來至也天子膳夫爲獻主疏賓升至再拜○注主人至獻主○釋曰知主人是宰夫者案禮記燕義云使宰夫爲獻主是也云宰夫大宰之屬者案天官云大宰卿一人小宰中大夫二人宰夫下大夫四人宰夫屬大宰故云大宰之屬云掌賓客之獻飲食者也者案宰夫職云凡朝覲會同賓客掌其牢禮委積膳獻飲食引之者證宰夫爲主人之義云其位在洗北西面者案下文獻大夫下胥薦主人于洗北西面是也云君於其臣雖爲賓不親獻以其尊莫敢伉禮也者此略取燕義文設賓主飲酒之禮使宰夫爲獻主臣莫敢與君伉禮也不以公卿爲賓而以大夫爲賓爲疑明嫌之義也是君不親爲主人之事也云天子膳夫爲獻主者案膳夫職云王燕飲酒則爲獻主是也案燕義注云天子使膳宰爲主人則是膳宰膳夫一人也上文注云膳宰天子曰膳夫者欲見天子諸侯之臣名異其實同也主人降洗洗南西北面賓將從降鄉之疏主人至北面○釋曰此宰夫代君爲獻主升降不由阼階與賓同由西階升降故降自西階當洗南北面今西北面者鄭云賓將從降鄉之當辭賓降故也案鄉飲酒鄉射主人降洗爵在階下辭賓降者彼賓主異階故在階下不在洗南也賓降階西東面主人辭降賓對對荅主人北面盥坐取觚洗賓少進辭洗主人坐奠觚于篚興對賓反位賓少進者又辭宜違其位也獻不以爵辟正主也古文觚皆爲觶疏主人至反位○注賓少至爲觶○釋曰賓少進者又辭宜違其位也者言又辭對前主人辭降今又賓辭洗言少進者前賓降賓在階下曲禮云揖人必違其位以其賓又辭洗宜違本位也云獻不以爵避正主也者此宰夫爲主人非正主故用觚對鄉飲酒鄉射是正主皆用爵主人卒洗賓揖乃升賓每先升尊也疏主人至乃升○注賓每先升尊也○釋曰每先升者前賓初升時先云賓升自西階後云主云亦升自西階此賓揖乃升下云主人升故云賓每先升賓先升者尊賓故也主人升賓拜洗主人賓右奠觚荅拜降盥主人復盥爲拜手坋塵也疏主人至降盥○注主人至塵也○釋曰言復盥者前盥爲洗爵此盥爲汙手賓降主人辭賓對卒盥賓揖升主人升坐取觚取觚將就瓦大酌膳執冪者舉冪主人酌膳執冪者反冪君物曰膳膳之言善也酌君尊者尊賓也疏注君物至賓也○釋曰言君物曰膳膳之言善也者言君物揔衆物之名上云設膳篚設膳尊膳之言善所以別於臣子之尊篚也云酌君尊者尊賓也者大夫爲賓賓亦臣子而酌膳尊尊賓故也必尊之者立賓以對君故也主人筵前獻賓賓西階上拜筵前受爵反位主人賓右拜送爵賓既拜前受觚退復位膳宰薦脯醢賓升筵膳宰設折俎折俎牲體骨也鄉飲酒記曰賓俎脊脅肩肺疏膳宰至折俎○注折俎至肩肺○釋曰引鄉飲酒記者燕禮不言賓之牲體之數此燕禮既與鄉飲酒同用狗則。與此賓之牲體數同故引以爲證也賓坐左執爵右祭脯醢奠爵于薦右興取肺坐絶祭嚌之興加于俎坐捝手執爵遂祭酒興席末坐啐酒降席坐奠爵拜告旨執爵興主人荅拜降席席西也旨美也【疏】賓坐至荅拜○注降席至美也○釋曰云降席坐奠爵拜鄭云降席席西不言面案前體例降席席西拜者皆南面拜訖則告旨

賓西階上北面坐卒爵興坐奠爵遂拜主人荅拜遂拜拜既爵也【疏】賓西至荅拜○注遂拜拜既爵○釋曰經云坐卒爵又云興坐奠爵遂拜遂拜之文隔坐奠辭嫌遂拜不爲拜既爵故鄭明之云遂拜拜既爵也

賓以虛爵降將酢主人【疏】賓以虛爵降○注將酢主人○釋曰自此已下盡序內東面論賓酢主人之事鄭知將酢主人者下經論酢主人之事故知也

主人降賓洗南坐奠觚少進辭降主人東面對上既言爵矣復言觚者嫌易之也大射禮曰主人西階西東面少進對今文從此以下觚皆爲爵【疏】主人至面對○注上既至爲爵○釋曰云上既言爵矣復言觚者嫌易之也。者上文主人洗觚獻賓云賓以虛爵降此經又云坐奠觚中閒言爵者欲見對文一升曰爵二升曰觚散文卽通觚。亦稱爵以此言之此觚卽前爵周公作經嫌易之故復言觚也引大射禮者此經直有主人降又云主人東面對不辨主人立處又無少進之文大射先行燕禮與此同故引以爲證

賓坐取觚奠于篚下盥洗篚下篚南主人辭洗謙也今文無洗賓坐奠觚于篚興對卒洗及階揖升主人升拜洗如賓禮賓降盥主人降賓辭降卒盥揖升酌膳執冪如初以酢主人于西階上主人北面拜受爵賓主人之左拜送爵賓既南面授爵乃之左【疏】賓坐至送爵○注賓既至之左○釋曰鄭云賓既南面授爵乃之左鄭知南面授爵與主人者以經言主人北面拜受爵明賓於東楹之西東面酌膳訖向西階南面授主人可知授爵訖乃之主

人之左北面拜送爵故鄭云南面授爵乃之左也主人坐祭不啐酒辟正主也未薦者臣也疏主人坐祭不啐酒○注辟正至臣也○釋曰案鄉飲酒鄉射皆是正主經直云祭如賓禮亦不見有啐酒之事未知正主有啐不此云不啐辟正主者案文可知以燕禮大射啐酒告旨並不爲者經云不啐酒不告旨並言不鄉飲酒鄉射直云不告旨不言不啐酒明主人啐矣有司徹儐尸之禮尸酢主人云席末坐啐酒特牲少牢尸酢主人主人皆有啐酒是其雖不告旨唯有啐酒之事云未薦者臣也者對賓禮獻訖則薦脯醢此主人是臣故獻訖不薦至獻大夫下胥薦主人于洗北是也不拜酒不告旨主人之義疏不拜酒不告旨○注主人之義○釋曰拜酒主人爲告旨但告旨者賓拜訖主人告酒美鄉飲酒鄉射正主人不拜酒不告旨主人無自告美故此主人代君爲主不得直云主人故云主人之義遂卒爵興坐奠爵拜執爵興賓荅拜主人不崇酒以虛爵降奠于篚崇充也不以酒惡謝賓甘美君物也賓降立于西階西既受獻矣不敢安盛射人升賓賓升立于序內東面東西牆謂之序大射禮曰擯者以命升賓疏射人至東面○注東西至升賓○釋曰東西牆謂之序者爾雅文引大射禮者證此經云射人升賓之時亦得君命主人盥洗象觚升實之東北面獻于公象觚觚有象骨飾也取象觚者東面疏主人至于公○注象觚至東面○釋曰自此下盡奠于膳篚論主人獻公之事云取象觚者東面者以膳篚南有臣之篚不得北面取又不得南面背君取從西階來不得篚東西面取以是知取象觚者東面也公拜受爵主人降自西階阼階下北面拜送爵士薦脯醢膳宰設折俎升自西階薦進也大射禮曰宰胥薦脯醢由左房疏公拜至西階○注薦進至左房○釋曰凡此篇內公應先拜者皆後拜之尊公故也是以下舉旅行酬皆受酬者先拜公乃荅拜此公先拜受爵者受獻禮重故也是以下云主人受公酢得酌膳

燕。上歡故也大射主人受公酢者辨尊卑故也云士薦脯醢膳宰設折俎者案前獻賓薦脯醢及設折俎皆使膳宰者賓卑故也今。於公士薦脯醢膳宰設折俎異人以其士尊於膳宰君尊故使士薦必知士尊於膳宰者以其諸侯膳宰當天子膳夫上士二人諸侯降等膳宰則卑故下記云羞膳者與執冪者皆士也鄭注云尊君也膳宰卑於士是其士尊也大射主於射略於飲酒故公及賓同使宰胥薦脯醢庶子設折俎此燕禮燕私主於羞故賓之薦俎庶羞同使膳宰君之脯醢庶羞同使士尊官爲之大射必使庶子設折俎者案周禮庶子下大夫大射序尊卑變於燕禮故尊官爲之引大射禮者證此經脯醢從左房而來天子諸侯有左右房故得言左房大夫士無右房故言東房而已

公祭如賓禮膳宰贊授肺不拜酒立卒爵坐奠爵拜執爵興凡異者君尊變於賓也

疏公祭至爵興○注凡異至賓也○釋曰云凡異者君尊變於賓也者云凡非一謂膳宰贊授肺立卒爵又上文士薦脯醢皆是異於賓故言凡以廣之

主人荅拜升受爵以降奠于膳篚更爵洗升酌膳酒以降酢于阼階下北面坐奠爵再拜稽首公荅再拜更爵者不敢襲至尊也古文更爲受

疏更至再拜○釋曰自此已下盡主人奠爵于篚論主人受公酢之事主人受公酢而自酢者不敢煩公尊君之義○注更爵至爲受○釋曰獻君自酢同用觚必更之者襲因也不敢因君之爵喪服傳云君至尊也故以君爲至尊也

主人坐祭遂卒爵再拜稽首公荅再拜主人奠爵于篚主人盥洗升媵觚于賓酌散西階上坐奠爵拜賓賓。降。筵。北面荅拜媵送也讀或爲揚揚舉也酌散者酌方壺酒也於膳爲散今文媵皆作騰

疏主人至荅拜○釋曰自此盡東南面立論主人酬賓之事案前受獻訖立于序內以來未有升筵之事案鄉飲酒大射酬時皆主人西階上坐奠爵拜賓西階上北面荅拜酬前賓皆無逆在席者又以下文賓奠于薦東賓降筵西東

南面立以此約之則。此無升筵之事或言降筵者蓋誤○注賸送至作騰○釋曰云賸送也讀或爲揚揚舉也者案禮記檀弓下云知悼子卒未葬平公飲酒師曠李調侍鼓鍾杜蕢自外來升酌曰曠飲斯又酌曰調飲斯注云皆罰平公曰寡人亦有過焉酌而飲寡人杜蕢洗而揚觶注云舉爵於君也禮揚作賸揚舉也賸送也揚近得之若然此注今文賸作騰騰與賸皆是送義讀從檀弓杜蕢揚觶之揚揚訓爲舉義。賸。於賸。送故讀從之也

主人坐祭遂飲賓辭卒爵拜賓荅拜辭者辭其代君行酒不立飲也此降於正主酬也

疏主人至荅拜○注辭者至酬也○釋曰案鄉飲酒鄉射主人酬賓皆坐卒觶此主人酬賓亦坐飲賓辭之者上文獻君君立卒爵此主人代君酬賓亦宜立飲今主人坐祭遂飲故鄭云辭者辭其代君行酒不立飲云此降於正主酬也者正主謂鄉射飲酒正主酬處

主人降洗賓降主人辭降賓辭洗卒洗揖升不拜洗不拜洗酬而禮殺主人酌膳賓西階上拜拜者拜其酌。己受爵于筵前反位主人拜送爵賓升席坐祭酒遂奠于薦東遂者因坐而奠不北面也奠之者酬不舉也

疏。主。人。酌。膳○。釋。曰自此至薦東此爲酬賓若然案鄉飲酒鄉射主人酬賓皆主人實觶席前北面賓始西階上拜此及大射主人始酌膳時賓已西階上拜者以其燕禮大射皆是主人代君勸酒其賓是臣急承君勸不敢安暇故先拜也主人又不坐奠於薦西賓不祭訖遂南面奠於薦東不北面奠也

主人降復位賓降筵西東南面立賓不立於序內位彌尊也位彌尊者其禮彌卑記所謂一張一弛者是之類與

疏主人至面立○注賓不至類與○釋曰云賓不立于序內位彌尊也位彌尊者其禮彌卑者案上初賓得獻降升之時序內立是不敢近賓席是禮尊而賓卑至此禮酬訖立於席西是賓位彌尊禮漸殺故云彌卑也云記所謂一張一弛者禮記雜記文案彼孔子謂子貢黨正飲酒百日之蜡一日之澤以弓弩喻是一張一弛之法此獻時爲盛是一張也酬時爲殺是一弛也無正文故云是

之類與言與以疑之小臣自阼階下請媵爵者公命長命長使選卿大夫之中長幼可使者疏小臣至命長○注命長至使者○釋曰自此盡公荅再拜論使下大夫媵爵於公之事此旅酬從公而起故須大夫之中長幼可使者知非卿大夫最長而云長幼可使者案下文大夫長升受旅是長幼次第非專最長則此命長非最長是長幼之中可使者也小臣作下大夫二人媵爵作使也卿爲上大夫不使之者爲其尊疏小臣至媵爵○注作使至其尊○釋曰案王制上大夫卿是卿爲上大夫云不使之者爲其尊者謂若主人與賓使下大夫不使卿之類也媵爵者阼階下皆北面再拜稽首公荅再拜再拜稽首拜君命也媵爵者立于洗南西面北上序進盥洗角觶升自西階序進酌散交于楹北降阼階下皆奠觶再拜稽首執觶興公荅再拜序次第也猶代也楹北西楹之北也交而相待於西階上既酌右還而反往來以右爲上疏媵爵至再拜○釋曰西面北上者是未盥相待之位序進盥則北面向洗○注序次至爲上○釋曰云楹北西楹之北也者二大夫盥手洗爵訖先者升西階由西楹之北向東楹之西東面酌酒訖右還由西楹北向西階上北面後者升西階亦由西楹之北向東楹之西酌酒訖亦由西楹之北。西階上北面相待乃次第而降故云交而相待於西階之上既酌右還而反往來以右爲上云以右爲上者謂在洗南西面及階上北面時先者在右地道尊右故也媵爵者皆坐祭遂卒觶興坐奠觶再拜稽首執觶興公荅再拜媵爵者執觶待于洗南待君命也疏媵爵至洗南○注待君命也○釋曰云執觶待于洗南待君命者以其君尊臣卑雖自飲訖故執觶待于洗南以待君命也小臣請致者請使一人與二人與優君也疏小臣請致者○注請使至君也○釋曰案下二人俱致禮法當然是以不敢必君舉也故云一人與二人與取君進止是

優君也

若君命皆致則序進奠觶于篚阼階下皆再拜稽首公荅再拜媵爵者洗象觶升實之序進坐奠于薦南北上降阼階下皆再拜稽首送觶公荅再拜序進往來由尊北交于東楹之北奠于薦南不敢必君舉也大射禮曰媵爵者皆退反位

疏若君至再拜〇注序進至反位〇釋曰云序進。進往來由尊北交于東楹之北者前二人酌酒降自西階故交于西楹之北此酌酒奠于君所故交于東楹之北交于東楹北者以其酒尊所陳在東楹之西西向。而陳其尊有四幷執冪者在南不得南頭以之君所又唯君面尊尊東西面酌酒以背君故先酌者東面酌訖由尊北。又楹北往君所奠訖右還而反後酌者亦於尊北又於楹北與反者而交先者於南西過後者於北東行奠訖亦右還而反相隨降自西階云奠于薦南不敢必君舉也者。案鄉射。皆云奠者於左將舉者於右是鄉飲酒一人舉觶及二人舉觶皆奠于薦右今言媵爵於公是將舉旅當奠於薦右而奠於薦左故云不敢必君舉也引大射禮者此經二人階下再拜稽首送觶無反位之文故引大射媵爵者皆退反門右北面位

公坐取大夫所媵觶興以酬賓賓降西階下再拜稽首公命小臣辭賓升成拜興以酬賓就其階而酬之也升成拜復再拜稽首也先時君辭之於禮若未成然

疏公坐至成拜〇注興以至成然〇釋曰自此至奠于篚論公爲賓舉旅之節公坐取大夫所媵觶者取上楹北觶云興以酬賓就其階而酬之也者經但云興以酬賓鄭知公就西階者以其賓降拜不於阼階下而言西階下故知公在賓西階上也不言西階者以公尊空其文也云升成拜復再拜稽首也先時君辭之於禮若未成然者凡臣於君雖爲賓與君相酬受爵不敢拜於堂上皆拜於堂下若君辭之聞命卽升若堂下拜訖君辭之卽升堂復再拜稽首所以然者以堂下再拜而君辭之若未成然故復升堂再拜稽首以成之升則不云再拜稽首直云成拜以堂下既有再拜稽首則此文是也若堂下未拜之閒聞命則升升乃再

拜稽首則不得言升成拜以其堂下未拜卽下經云小臣辭賓升再拜稽首下鄭注不言成拜者爲拜故下賓未拜是也凡臣拜於君有三等初受獻拜於堂下或親辭或遣小臣辭成與不成如上說至於酬酒雖下堂拜未卽拜待君辭卽此下經云公坐奠觶荅再拜執觶興立卒觶賓下拜小臣辭賓升再拜稽首注云不言成拜者爲拜故下賓未拜也下不輒拜禮殺也此篇末無筭爵受公賜爵者皆下席堂上拜稽首不堂下拜者禮末又輕於酬時

公坐奠觶荅再拜執觶興立卒觶賓下拜小臣辭賓升再拜稽首不言成拜者爲拜故下賓未拜也下不輒拜禮殺也此賓拜于君之左不言之者不敢敵偶于君

疏公坐至稽首○注不言至於君○釋曰云此賓拜于君之左不言之者不敢敵偶于君者上云公酬賓于西階上則此賓升再拜者拜于君之左可知經不言拜于君之左者若言再拜于君之左則臣與君敵偶故鄭云不言之者不敢敵耦于君闕其文也

公坐奠觶荅再拜執觶興賓進受虛爵降奠于篚易觶洗君尊不酌故也凡爵不相襲者也於尊者言更自敵以下言易更作新易有故之辭進受虛爵尊君也不言公酬賓於西階上及公反位者亦尊君空其文也

疏公坐至觶洗○注君尊至文也○釋曰云君尊不酌故也者以其君酬賓當親酌以授賓今賓爵自酌者君尊不酌與臣故也云凡爵不相襲者也於尊者言更自敵以下言易者於尊者言更謂受尊者之爵及與尊者爵皆言更上文主人獻公訖受爵以降奠于膳篚更爵洗酌膳以自酢是受尊者之爵言更也下文云賓酬卿若膳觶也則降更觶鄭注云言更觶卿尊也是與尊者之爵言更云自敵以下言易者謂與卑者之爵及受卑者之爵皆云易此文公酬賓云賓進受虛爵降奠于篚易觶洗言易者賓尊以公舉觶酬賓是與卑者故言易也上文大夫二人媵爵于公者卒觶執觶待于洗南小臣請致者若君命皆致則序進奠觶于篚阼階下再拜稽首媵爵者洗象觶升實之序進坐奠于薦南是受卑者之爵合言易而不言者理自明若不言易者奠散觶洗象觶隋再拜稽首故不復言易也若然主人受公酢

賓受公酬二者之爵皆從尊者來所以受酢爲受尊者之爵言更受酬爲與卑者之爵言易者以其主人受酢由己獻公公報己己所當得是以爲受尊者之爵言更也賓受公酬以公舉媵觶就西階上以酬賓特爲賓舉旅故以爲尊者與卑者之爵言易案下士舉旅公坐取賓所媵觶唯公所賜受者如初受酬之禮降更爵洗升酌膳彼亦是尊者與卑者之爵不言易而言更者旅酬下爲上尊前人故不言易而言更也云更作新者欲見此爵前人已用今不復用更新用一爵故云更作新也云易有故之辭者言此爵我先嘗用今由前人後用己不用亦以爲爵故云易有故之辭也案特牲賓長致爵于主人主婦言更爵酢者欲得嘉賓美客以事其先故言更少牢不儐尸云致爵于主人主婦賓易爵酢者大夫禮尊于賓有君道故言易若然又案少牢不儐尸主婦致爵于主人主婦更爵酢注云更猶易也若然更與易似不別者但更易不殊以尊卑不同設文有異云不言公酬賓於西階及公反位者亦尊君空其文也者以其公就西階是降尊就卑敬公不言降尊故空文不言

公有命則不易不洗反升酌膳觶下拜小臣辭賓升再拜稽首

下拜下亦未拜凡下未拜有二或禮殺或君親辭君親辭則聞命即升升乃拜是。亦不言成拜

【疏】公有至稽首○注下拜至成拜○釋曰云凡下未拜有二或禮殺或君親辭云禮殺者謂若酬時下爲拜賓未拜辭之即升再拜稽首是也云或君親辭者謂若公食大夫云公拜至賓降西階東北面荅拜公降一等辭。賓不拜直言階上北面再拜稽首是階下未拜不得言升成拜直言再拜稽首而已

公荅再拜

拜於阼階上也於是賓請旅侍臣

【疏】注拜於至侍臣○釋曰云於是賓請旅侍臣者案下記云凡公所酬既拜請旅侍臣鄭注云既拜謂自酌升拜時也擯者阼階下告于公還西階下告公許旅行也請行酒於羣臣必請者不專君惠也大射於此時賓請旅於。諸臣此不言者文不具故記人辨之

賓以旅酬於西階上

旅序也以次序勸卿大夫飲酒

【疏】賓以至階上○注旅序至飲酒○釋曰此經論旅酬先尊後卑之法仍未行旅下經射人作大夫長乃始旅酬

射人

作大夫長升受旅言作大夫則卿存矣長者尊先而卑後疏射人至受旅○注言作至卑後○釋曰。遣人作大夫者燕或射故使之云言作大夫則卿存矣者以其卿稱上大夫言大夫長故知卿亦存在作中矣云長者尊先而卑後者賓則旅三卿三卿偏次第至五大夫。大。夫偏不及士

賓大夫之右坐奠觶拜執觶興大夫荅拜賓。在右者相飲之位疏賓大至荅拜○注賓在至之位○釋曰言賓在右者賓。在西階上酬卿賓與卿並北面賓在東卿在西是賓在大夫之右賓位合在西今在東故云賓在右者相飲之位也

賓坐祭立飲卒觶不拜酬而禮殺疏賓坐至不拜○注酬而禮殺○釋曰此對酢之時坐卒爵拜既爵是禮盛也今旅酬立卒觶不拜既爵故云禮殺也

若膳觶也則降更觶洗升實散大夫拜受賓拜送言更觶卿尊也疏若膳至拜送○注言更觶卿尊也○釋曰案上文體例與卑者之爵稱易與尊者之爵稱更雖立爲賓仍是大夫爲之是賓卑於卿故言更觶者卿尊也

大夫辯受酬如受賓酬之禮不祭卒受者以虛觶降奠于篚卒猶後也大射禮曰奠于篚復位今文辯皆作偏疏大夫至于篚○○注卒猶至作偏○○釋曰言不祭者亦是酬禮殺也引大射禮者此經云降奠于篚不言反位故引大射奠爵於篚訖當復門右北面位

主人洗升實散獻卿于西階上酬而後獻卿別尊卑也飲酒成於酬也疏主人至階上○○釋曰自此盡無加席論主人獻孤卿之節○○注酬而至酬也○釋曰此酬非謂尋常獻酬乃是君爲賓舉旅行酬以其主人獻君君。酢主人主人不敢酬君故使二。大。夫媵爵于公以當酬處所以覆獻也但君恩既大爲賓舉旅飲酒之禮成於酬故酬辨乃獻卿以君尊卿卑是以君禮成卿乃得獻故云別尊卑也

儀禮疏卷第十四

儀禮注疏卷十四校勘記

阮元撰盧宣旬摘錄

燕禮第六

於五禮屬嘉　毛本嘉下有禮字

燕樂以盡其歡　陳本要義同毛本歡作懽

燕禮

與者　徐本同集釋通解楊氏毛本與上有戒字

戒與者　戒要義作云按疏云留羣臣謂羣臣留在國不行者也朱子曰留羣臣謂羣臣朝畢將退君欲與之燕故使小臣留之疏說非是如朱子說則留字即釋戒字如賈氏說則留羣臣正釋與者疑賈氏所見注亦無戒字此疏戒字當從要義作云

君有命戒射者　毛本戒誤作教

膳宰具官饌于寢東

寢露寢　徐本同毛本露作路張氏曰注曰寢露寢按疏露作路後記之注亦作路○按後注路堵父國語作露則露路古多通用

燕朝服於寢正處在路寢　朱子曰於寢下疑脫既朝服則宜於六字

樂人縣

縣鍾磬也鍾俗本作鐘徐葛集解通解俱作鍾後賓執脯以賜鍾人於門內霤周學健云鍾鼓之鍾古皆作鍾三禮無鐘字俗本或作鐘皆後人所改也○按後凡鍾字放此不悉校磬徐本作罄後同

言縣者徐本集釋楊氏同毛本言作宮

未知樂人意是何官要義同毛本意作竟

云言縣者毛本言作宮

設洗篚于阼階東

此不可言南肆毛本無可字

司宮尊于東楹之西○左玄酒南上南聶氏作東

冪用綌若錫毛本冪作羃徐本楊氏作鼏通解敖氏作羃

爲卿大夫士也者要義同毛本無士字

故知方尊爲此人也人陳作入

胥六人徒五人兩人下聶氏並有祿字

司宮筵賓于戶西筵唐石經作之誤

然其言之　毛本其作具○按作其與周禮序官注合

射人告具

亦是不定之義　亦上要義有以字

小臣設公席于阼階上西鄉　陸氏曰鄉本又作嚮下及注同

諸侯胙席　胙徐陳集釋楊氏同毛本胙作酢嚴閩監本通解敖氏俱作昨

小臣納卿大夫

故下經君始爾之就庭位　毛本始爾之作爾之始通解同

不須引　要義同毛本不上有從而入三字引陳閩俱誤作次

小臣正贊袒　毛本袒作祖

公降立于阼階之東南

云大夫猶北面少前者　要義同毛本猶作由

射人請賓　毛本人誤作入

不云爲擯者　要義同毛本不作下

其次爲射正 要義同毛本爲下有小字

或因燕而射 要義同毛本或作以

公曰命某爲賓

宰夫爲主人 要義同毛本通解宰上有既以二字

明賓亦是大夫 亦是大夫陳閩俱作亦當用大夫也

乃命執冪者

注以公至略之也 毛本無略字

又且東面階 且陳閩俱作是

又大射云工人士與梓人 毛本通解無云字

賓升自西階○賓右北面 毛本右誤作又

大宰之屬 張氏曰巾箱杭本大作人從監嚴本

膳宰薦脯醢

既與鄉飲酒同用狗 毛本狗作物陳閩監本俱誤作拘

則與此賓之牲體數同　陳閩監本同毛本與作於

主人降

嫌易之也者　毛本者誤作對

觚亦稱爵　毛本亦誤作言

不拜酒

拜酒主人爲告旨　拜酒主人四字陳本雙行夾書閩本無拜酒二字

但告旨者　陳閩俱無但告旨三字

〔附考〕集釋此節之下有經文不殺二字鄭注無俎故也四字盧文弨云各本皆無廁此不倫

遂卒爵

崇充也　徐葛集釋通解楊氏同毛本充作克

不以酒惡謝賓　徐本集釋俱無惡字似誤

主人盥○升賓之　唐石經徐陳集釋通解要義楊氏敖氏同毛本賓作賓

不得北面取叉　通解同毛本取叉作叉取

公拜受爵

燕上歡故也 要義同毛本上作主

今於公士薦脯醢 於要義作以

主人盥洗升○拜賓賓降筵北面荅拜 賓唐石經敖氏俱不重徐本集釋通解要義楊氏毛本俱重石經考文提要云大射禮當此節曰西階上坐奠爵拜賓西階上北面荅拜不疊賓字例同○按疏無降筵二字

則此無升筵之事 陳閩要義同毛本此作比

義勝於賸送 要義同毛本作義騰與賸決通解作義勝於送無賸字陳本賸作勝

主人酌膳

拜其酌已 徐陳集釋通解楊氏同毛本已作也

受爵于筵前

主人酌膳釋曰 按此疏當在上節今附此節非也

主人降復位

其禮彌卑 徐陳集釋通解楊氏同毛本禮作體○按大射疏引此亦作禮

媵爵者立于洗南　西階上北面相待段玉裁校本西上有向字

若君命皆致○升實之毛本實作賓唐石經徐陳集釋通解楊氏敖氏俱作實

云序進進往來由尊北要義毛本不重進字

西向而陳而要義作南

由尊北又楹北又陳閩俱作及

按鄉射皆云按下一本增鄉飲二字周學健云既有皆字則當兼鄉飲明矣浦鏜改皆爲記○按下云是鄉飲酒一人舉觶云云則鄉射上固當有鄉飲酒三字浦鏜非

公坐

此篇末無算爵陳閩通解要義同毛本末作未

公有命

是亦不言成拜徐本集釋通解楊氏同毛本亦作以

賓不拜通解要義毛本賓下有升字○按公食大夫禮有升字

公荅再拜

賓請旅于諸臣 諸要義作羣

射人作大夫長

遣人作大夫者 要義毛本遣下有射字

大夫徧 要義無大夫二字

賓大夫之右

賓在右者 諸本同毛本在作左

賓在西階上酬卿 陳本同毛本在作有

主人洗升

君酢主人 通解要義同毛本酢作作

故使二大夫媵爵于公 二大夫陳閩俱作二人

儀禮注疏卷十四校勘記

儀禮疏卷第十五

唐朝散大夫行大學博士弘文館學士臣賈公彥等撰

司宮兼卷重席設于賓左東上言兼卷則每卿異席也重席重蒲筵緇布純也卿坐東上統於君也席自房來疏司宮至東上○注言兼至房來○釋曰此經設三卿之席在於賓東言兼卷則每卿異席也者若三卿同席則直云卷重席不須言兼今云兼卷則兼三卿重席皆卷之故知每卿皆異席也云重席重蒲筵者案公食大夫記云司宮具几與蒲筵常緇布純加萑席尋玄帛純彼為異國之賓有蒲筵萑席兩種席故稱加上小臣設公席與公食大夫席及賓皆稱加亦是兩。種席兩。種而稱加此燕已臣子一種席重設之故不稱加若然案鄉飲酒云席于賓東公三重大夫再重公升如賓禮大夫則如介禮有諸公則辭加席鄉射亦云大夫辭加席案彼二文雖稱加上文云三重再。重則無異席故彼記直云蒲筵彼云加者以上席加於下席故鄭彼云加席上席也故此下注云重席雖非加猶為其重累去之是其一種席也鄭云卿坐東上統於君也者決。鄉飲酒。鄉射諸公大夫席于尊東西上彼。遵尊於主人故鄭注云統於尊此為君尊故統於君而東上也云席自房來者案公食記云宰夫筵出自東房故知也卿升拜受觚主人拜送觚卿辭重席司宮徹之徹猶去也重席雖非加猶為其重累去之辟君也疏卿升至徹之○注徹猶至君也○釋曰云重席雖非加猶為其重累去之辟君也者案鄉射云大夫辭加席之等皆是異席而辭之此重席重蒲筵不合辭以君有加席兩重故辭之以辟君乃薦脯醢卿升席坐左執爵右祭脯。醢遂祭酒不啐酒降席西階上北面坐卒爵興坐奠爵拜執爵興主人荅拜受爵卿降復位不酢辟君也卿無俎者燕主於羞疏乃薦至復位○釋曰此云卿薦脯醢不言其人略之故下記辨之云羞卿者小膳宰是也○注不酢至於羞○釋曰案上主人獻公主人酢于阼階下此卽不酢故決之云卿無俎者燕主於羞者決大射庶子設俎辨尊卑故與此異

辯獻卿主人以虛爵降奠于篚今文無奠于篚射人乃升卿卿皆升就席若有諸公則先卿獻之如獻卿之禮諸公者謂大國之孤也孤一人言諸者容牧有三監

疏射人至之禮○注諸公至三監○釋曰云諸公者謂大國之孤也知者周禮典命云公之孤四命侯伯已下不言孤故據大國而言云孤一人者鄭司農注典命云上公得置孤卿一人後鄭從之故此亦云孤一人與司農義同云言諸者容牧有三監者以其言諸非一人案王制云天子使其大夫爲三監監於方伯之國國三人彼是殷法。同之周制使伯佐牧不置監周公制禮因殷不改者若士冠醮用酒之類故鄭云容言容有異代之法據周禮天子大夫四命與孤等故同稱。公

席于阼階西北面東上無加席席孤北面爲其大尊屈之也亦因阼階西位近君近君則屈親寵苟敬私昵之坐

疏席于至加席○注席孤至之坐○釋曰案上文卿初設重席辭之乃徹此孤北面初無加席者皆是爲大尊屈之也。云親寵苟敬私昵之坐者案下記云賓爲苟敬席于阼階之西以爲敬此孤。亦席於阼階之西故爲苟敬私昵之坐也

小臣又請媵爵者二大夫媵爵如初又復

疏小臣至如初○釋曰自此至送觶公荅再拜論一人致爵于公之事云二大夫媵爵如初者亦上二人媵爵媵爵者阼階下皆北面再拜稽首公荅再拜媵爵者立于洗南西面北上序進盥洗角觶升自西階序進酌散交于楹北降阼階下皆奠觶再拜稽首執觶與公荅再拜媵爵者皆坐祭遂卒觶與坐奠觶再拜稽首執觶與公荅再拜媵爵者執觶待于洗南相似也故言二大夫媵爵如初也

請致者若命長致則媵爵者奠觶于篚一人待于洗南長致致者阼階下再拜稽首公荅再拜命長致者公或時未能舉自優暇也。古文

云阼階下北面再拜【疏】請致至再拜○注命長至暇也○釋曰上文小臣請媵爵則此請致者亦小臣也云命長致者公或時未能舉自優暇也者脫屨升坐以前公爲賓爲卿爲大夫三舉旅也燕禮之正不得損益而云公或時未能舉自優暇者正謂周公作經以優之非實也故云若命長致言若者不定之辭優君之義故唯命長致不然似言皆致以其三舉旅唯有此三觶故也

洗象觶升實之坐奠于薦南降與立于洗南者二人皆再拜稽首送觶公荅再拜奠于薦南者於公所用酬賓觶之處二人俱拜以其共勸君【疏】洗象至再拜○注奠于至勸君○釋曰云奠于薦南者於公所用酬賓觶之處者案前大夫二人媵觶奠于公薦南北上其上觶已取爲賓舉旅下觶仍在今大夫又媵一觶而云奠于薦南明知是所用酬賓觶之處云二人俱拜以其共勸君者上云媵爵者二大夫媵爵如初是共勸君酒今始命長致故俱拜以其共勸君故也

公又行一爵若賓若長唯公所酬一爵先媵者之下觶也若賓若長則賓禮殺矣長公卿之尊者也賓則以酬長長則以酬賓【疏】公又至所酬○釋曰自此至奠于篚論爲卿舉旅之事○注一爵至酬賓○釋曰知一爵是先媵者之下觶者以其前大夫二人媵爵皆奠于薦南以其上觶者已爲賓舉旅今又行一爵故知先媵者之下觶也其後媵一觶者留之後爲大夫舉旅也云若賓若長則賓禮殺矣者前爲賓舉旅不云若賓若長專爲賓禮盛至此爲卿舉旅不專爲賓舉旅科從其一是賓禮殺也云長公卿之尊者也者有諸公公爲尊若無諸公三卿爲尊長中可以兼此二者云賓則以酬長長則以酬賓者釋經若賓若長言若不定或先或後故兩言之

以旅于西階上如初大夫卒受者以虛觶降奠于篚【疏】以旅至于篚○釋曰言如初者一如上爲賓舉旅之節

主人洗升獻大夫于西階上大夫升拜受觚主人拜送觚大夫坐祭立卒爵不拜既爵主人受爵大夫降復位既盡

也不拜之者禮又殺【疏】主人至復位○釋曰自此盡皆升就席論獻大夫之節○注既盡至又殺○釋曰云不拜之者禮又殺者前卿受獻不酢辟君已是禮殺今大夫受獻不但不酢主人又不拜既爵故云禮又殺

胥薦主人于洗北西面脯醢無脀

胥膳宰之吏也主人大夫之下先大夫薦之尊之也不於上者上無其位也脀俎實【疏】胥薦至無脀○注胥膳至俎實○釋曰云胥膳宰之吏也者案周禮有府史胥徒鄭注天官胥讀如諝諝其有才知爲什長是庶人在官者所羞薦者皆膳宰胥是膳宰之吏云主人大夫之下先大夫薦之尊之也者案大射注直云主人大夫不云下此云大夫之下者謂大夫之中位次在下下經云辯獻大夫乃薦此薦文在上是先大夫薦之尊之也云不於上者上無其位也者案此燕禮大夫堂上士在下獨此宰夫言堂上無位者以其主人位在阼階君已在阼故主人辟之位在下是以大射注云不薦於上辟正主也云脀俎實者脀者升也謂升特牲體於俎故云俎實也

辯獻大夫遂薦之繼賓以西東上

徧獻之乃薦略賤也亦獻而后布席也【疏】辯獻至東上○注徧獻至席也○釋曰凡大夫升堂受獻得獻訖即降獻徧不待大夫升遂薦於其位大夫始升故言遂也云徧獻之乃薦略賤也者決上卿與賓得獻即薦貴故也云亦獻而後布席也者亦上獻卿之時司宮兼卷重席設於賓左此大夫不言設席明亦得獻後即布席也若言案大射席小卿賓西東上注云席於賓西射禮辨貴賤也以此言之燕禮主歡不辨貴賤小卿與大卿皆在賓東故此賓西無小卿位

卒射人乃升大夫大夫皆升就席

席工于西階上少東樂正先升北面立于其西

工瞽矇歌諷誦詩者也凡執技藝者稱工少牢饋食禮曰皇尸命工祝樂記師乙曰乙賤工也樂正于天子樂師也凡樂掌其序事樂成則告備【疏】席工至其西○釋曰自此至降復位論作樂之事此上下作樂之中有四節升歌一笙二閒三合樂四○注工瞽至告備○釋曰工瞽矇歌諷誦詩者也者案周禮瞽矇掌播鼗諷誦詩鄭云諷誦詩謂闇讀之不依詠也彼不依

琴瑟闇讀之即爾雅徒歌曰謠此作樂之時依於瑟即詩注云曲合樂曰歌一也故下云工歌鹿鳴之類是也云凡執技藝者稱工者執技藝文出於王制但能其事者皆稱工是以引少牢饋食祝稱工樂記師乙爲大師樂官亦稱工至於冬官巧作者皆稱工云樂正於天子樂師也知樂正與樂師相當者案周禮樂師職云凡樂成則告備此樂正告樂備故知樂正當天子樂師樂師下大夫四人上士八人下士十有六人樂師大小多矣此諸侯樂正亦有大小之名也故大射云小樂正從之鄭注云小樂正於天子樂師也是其諸侯樂正雖有大小當天子樂師知大樂正不當天子大司樂者以其天子大司樂不告樂備故不得以大樂正當之但大射主於射略於樂故小樂正告樂備此燕主歡心故大樂正告樂備故不同

小臣納工工四人二瑟小臣左何瑟面鼓執越內弦右手相入升自西階北面東上坐小臣坐授瑟乃降

工四人者。燕禮輕從大夫制也面鼓者燕尚樂可鼓者在前也越瑟下孔也內弦弦爲主也相扶工也後二人徒相天子大僕二人也小臣四人祭僕六人御僕十二人皆同官

【疏】小臣至乃降○注工四至同官○釋曰工四人者燕禮輕從大夫制也者鄭言此者決大射禮重工六人從諸侯制案公羊傳諸公六諸侯四若然知非大射是諸公制此燕禮是諸侯制者案鄉射之工四人是大夫制則諸侯不得有工四人五等諸侯同六人彼公羊六人四人不同者自是舞人之數不得以彼決此也云面鼓者燕尚樂可鼓者在前也者此決鄉飲酒左何瑟後首臣降於君故也引天子大僕二人也者周禮序官文引之者此經小臣相工大射云僕人正徒相大師僕人師相少師僕人士相上工僕人以下同官既多工遞換相工但大射辨尊卑故僕人正等相工此燕禮輕故小臣相工是以別周禮同官人多得相參之。意

工歌鹿鳴四牡皇皇者華

三者皆小雅篇也鹿鳴君與臣下及四方之賓。宴講道脩政之樂歌也此采其已有旨酒以召嘉賓嘉賓既來示我以善道又樂嘉賓有孔昭之明德可則。傚也四牡君勞使臣之來樂歌也此采其勤苦王事念將父母懷

歸傷悲忠孝之至以勞賓也皇皇者華君遣使臣之樂歌也此采其更。是勞苦自以爲不及欲諮謀於賢知而以自光明也【疏】工歌至者華○注三者至明也○釋曰此經歌詩之類鄭於鄉飲酒已注此注與彼同但此燕禮歌小雅亦合鄉樂下就卑也鄉飲酒升歌鹿鳴之等饗或上取故彼此詩同注亦不異也

卒歌主人洗升獻工工不與左瑟一人拜受爵主人西階上拜送爵工歌乃獻之賤者先就事也左瑟便其右一人工之長者也工拜於席【疏】卒歌至送爵○注工歌至於席○釋曰云工歌乃獻之賤者先就事也者歌詩是其事先施功勞乃始獻之是賤者先就事對工以上不就事而得獻也故大射注云工歌而獻之以事報之是也云左瑟便其右者工北面以西爲左空其右受獻便者酒從東楹之西來故以右爲便案大射云獻工工左瑟鄭注云大師無瑟於是言左瑟者節也以其經云僕人正徒相大師無瑟言大師左瑟者爲飲酒之節此與鄉飲酒同無所分別大師或瑟或歌是以不得言節之案鄉飲酒大師則爲之洗則衆工不洗也此經主人洗升獻工不辨大師與衆工則皆爲之洗爵又案鄉飲酒記不洗者不祭此篇與大射羣工與衆笙皆言祭故知皆爲之洗云工拜於席者以經云工與左瑟即云一人拜受爵不見有降席之文明工拜於席可知

薦脯醢輒薦之變於大夫也【疏】薦脯醢○注輒薦至夫也○釋曰案上獻大夫之時云辨獻大夫遂薦之鄭注云偏獻之乃薦略賤也此工之長一人卽薦脯醢非謂貴工獻卽獻之正是禮尙異變於大夫也

使人相祭使扶工者相其祭薦祭酒【疏】使人相祭○注使扶至祭酒○釋曰上云小臣相工則此扶工相祭是小臣也此據相長一人文承受爵薦脯醢之下故知祭薦脯醢及祭酒二事對下衆工祭酒不祭脯醢也

卒受爵不拜賤不備禮主人受爵將復獻衆工也衆工不拜受爵坐祭遂卒爵辯有脯醢不祭主人受爵降奠于篚遂猶因也古文曰卒爵不拜公又舉奠觶唯公所賜以旅于西階上如初言[illegible]

者君又彌尊賓長彌卑疏公又至如初○注言賜至彌卑○釋曰此燕偏飲酒故工歌之後笙奏之。前而爲大夫舉旅大射雖行燕禮主於射故笙之閒至射乃爲大夫舉旅云言賜者君又彌尊賓長彌卑者案上爲賓舉旅直云公興以酬賓爲卿舉旅而云若賓若長言若不定科酬其一不專爲賓是君禮漸尊賓禮漸殺雖然猶言酬至此言唯公所賜者以上下言之是君又彌尊賓長彌卑也

卒旅畢也疏卒○注旅畢也○釋曰言旅畢者謂爲大夫舉旅酬行於西階之上或從賓或從卿次第盡大夫故云旅畢也

笙入立于縣中奏南陔白華華黍以笙播此三篇之詩縣中縣中央也鄉飲酒禮曰磬南北面奏南陔白華華黍皆小雅篇也今亡其義未聞昔周之興也周公制禮作樂采時世之詩以爲樂歌所以通情相風切也其有此篇明矣後世衰微幽厲尤甚禮樂之書稍稍廢棄孔子曰吾自衛反魯然後樂正雅頌各得其所謂當時在者而復重雜亂者也惡能存其亡者乎。且正考父校商之名頌十二篇于周大師歸以祀其先王至孔子二百年之閒五篇而已此其信也疏笙入至華黍○注以笙至信也○釋曰此笙奏南陔白華華黍三篇等經注與鄉射同亦不復重釋但此云笙入立于縣中以其諸侯軒縣闕南面而已故得言縣中鄉飲酒唯有一磬縣而已不得言縣中而云磬南注引鄉飲酒者欲見此雖軒縣近北面縣之南也

主人洗升獻笙于西階上一人拜盡階不升堂受爵降主人拜送爵階前坐祭立卒爵不拜既爵升授主人一人笙之長者也鄉射禮曰笙一人拜于下疏主人至主人○注一人至于下○釋曰引鄉射禮者證笙一人拜此與鄉飲酒皆直云一人拜不言拜于下故鄉飲酒與此注皆引鄉射以爲證欲見拜者拜於階下

衆笙不拜受爵降坐祭立卒爵辯有脯醢不祭疏衆笙至不祭○釋曰言不拜受爵降者於階下受爵者亦盡階不升堂云辯有脯醢者亦獻訖薦于位之前

乃閒歌魚麗笙由庚歌南有嘉魚笙崇丘歌

南山有臺笙由儀閒代也謂一歌則一吹也六者皆小雅篇也魚麗言大平年豐物多也此采其物多酒旨所以優賓也南有嘉魚言大平君子有酒樂與賢者共之也此采其能以禮下賢者賢者纍蔓而歸之與之宴樂也南山有臺言大平之治以賢者為本也此采其愛友賢者為邦家之基民之父母既欲其身之壽考又欲其名德之長也由庚崇丘由儀今亡其義未聞

疏乃閒至由儀○注閒代至未聞○釋曰此此經注一與鄉飲酒同彼已釋訖不復重解

遂歌鄉樂周南關雎葛覃卷耳召南鵲巢采蘩采蘋周南召南國風篇也王后國君夫人房中之樂歌也關雎言后妃之德葛覃言后妃之職卷耳言后妃之志鵲巢言國君夫人之德采蘩言國君夫人不失職也采蘋言卿大夫之妻能脩其法度也昔大王王季居于岐山之陽躬行召南之教以與王業及文王而行周南之教以受命大雅云刑于寡妻至于兄弟以御于家邦謂此也其始一國爾文王作邑于豐以故地為卿士之采地乃分為二國周周公所食也召召公所食也於時文王三分天下有其二德化被於南土是以其詩有仁賢之風者屬之召南焉有聖人之風者屬之周南焉夫婦之道者生民之本王政之端此六篇者其教之原也故國君與其臣下及四方之賓燕用之合樂也鄉樂者風也小雅為諸侯之樂大雅頌為天子之樂鄉飲酒升歌小雅禮盛者可以進取燕合鄉樂者禮輕者可以逮下也春秋傳曰肆夏繁遏渠天子所以享元侯也文王大明緜兩君相見之樂也然則諸侯之相與燕升歌大雅合小雅也天子與次國小國之君燕亦如之與大國之君燕升歌頌合大雅其笙閒之篇未聞

疏遂歌至采蘋○注周南至未聞○釋曰云遂歌鄉樂者鄉飲酒云乃合樂與此文不同者以其二南是大夫士樂大夫士或作鄉大夫或作州長故名鄉大夫樂飲酒不言鄉樂者以其是己之樂不須言鄉故直言合樂此燕禮是諸侯禮下歌大夫士樂故以鄉樂言之又鄉飲酒注云合樂謂歌與衆聲俱作彼經有合樂之字故也此經無合樂之字故闕而不言其實此歌鄉樂亦與衆聲俱作是以彼處解合為歌與衆聲俱作耳此歌而解合明同也自周南以下所注亦與鄉

飲酒同亦不復重釋大師告于樂正曰正歌備大師上工也掌合陰陽之聲教六詩以六律爲之音者也子貢問師乙曰吾聞聲歌各有宜也如賜者宜何歌也是明其掌而知之也正歌者聲歌及笙各三終閒歌三終合樂三終爲一備備亦成也疏大師至歌備○注大師至成也○釋曰云大師上工也者案春官大師下大夫二人小師上士四人又云上瞽四十人中瞽百人下瞽百有六十人注云凡樂之歌必使瞽矇爲焉命其賢知者以爲大師小師已下二百人爲上士也云掌合陰陽之聲教六詩以六律爲之音者也者並大師職文案彼云掌六律六同以合陰陽之聲注云陽聲黃鍾大蔟姑洗蕤賓夷則無射陰聲大呂應鍾南呂林鍾中呂夾鍾又云皆文之以五聲宮商角徵羽皆播之以八音金石土革絲木匏竹又云教六詩曰風曰賦曰比曰興曰雅曰頌以六德爲之本以六律爲之音云子貢問師乙以下至何歌也並樂記文師乙魯之大師以掌樂事故子貢問焉引之者證大師知樂節故告歌備故鄭云是明其掌而知之也知升歌以下四節皆三終者案禮記鄉飲酒義云工入升歌三終主人獻之笙入三終主人獻之閒歌三終合樂三終工告樂備故知皆三終彼與此經閒歌合樂不獻之者但閒歌合樂還是始升歌笙奏之前已得獻故不復重獻云備亦成也者案周禮樂師職云凡樂成則告備故云亦成也

樂正由楹內東楹之東告于公乃降復位言由楹內者以其立於堂廉也復位位在東縣之北疏樂正至復位○注言由至之北○釋曰言由楹內者以其樂正與工俱在堂廉則楹南無過處故由楹內適東楹之東告于公云復位位在東縣之北者案大射略於樂小樂正升堂經有左右正則知亦有大樂正至席工於西階上少東東面時小樂正亦降立於其南北面卒管工向東坫之東南西面北上坐時鄭注云於是時大樂正還北面立於其南臣位尊東明工升堂時小樂正升大樂正東方西面工來東坫之東南西面時大樂正東縣之北北面其小樂正則立於西階下東面此燕禮主於樂故大樂正升堂今降明復於東縣之北北面也

射人自阼階下請立司正公許射人遂

爲司正君許其請因命用爲司正君三舉爵樂備作矣將留賓飲酒更立司正以監之察儀法也射人俱相禮其事同

疏○射人至司正注君許至事同○釋曰自此盡皆反坐論立司正遂行所監之事云君三舉爵者爲賓爲卿爲大夫舉旅云樂備作矣者歌笙閒合四者備作各三終矣案鄉飲酒鄉射立司正後始行旅酬者彼是士饗禮饗禮之法莫問尊卑偏獻之後乃行旅酬故立司正之後乃行旅酬此燕禮國君燕其臣子雖一獻以辨尊卑故主人獻君而受酬主人卑不敢酬酬公獻之禮成於酬故使大夫媵觶於公當酬公君行大惠卽舉之爲賓賓得觶請旅諸臣徧卿大夫乃成一獻之禮復獻卿大夫皆爲之舉旅行酬皆成其獻但卿大夫皆堂上有位近君不敢失禮故雖舉旅行酬而未立司正作樂後將獻羣士士職卑位在堂下將爲士舉旅恐失禮故未獻之前卽立司正監之故不同也

司正洗角觶南面坐奠于中庭升東楹之東受命西階上北面命卿大夫君曰以我安卿大夫皆對曰諾敢不安洗奠角觶于中庭明其事以自表威儀多也君意殷勤欲留賓飲酒命卿大夫以我故安或亦其實不主意於賓

疏司正至不安○注洗奠至於賓○釋曰云洗奠角觶于中庭明其事以自表威儀多也者此奠觶于中庭威儀多決鄉飲酒鄉射作相爲司正洗觶執以升自西階是不奠威儀少也云君意殷勤欲留賓飲酒命卿大夫以我故安者以主人安客乃安故欲安賓先語卿大夫以我意故須安也云或亦其實不主意於賓者鄉意兩解前解主意爲賓故使卿大夫爲賓安或亦其實不專主爲賓兼羣臣共安也

司正降自西階南面坐取觶升酌散降南面坐奠觶右還北面少立坐取觶興坐不祭卒觶奠之興再拜稽首右還將適觶南先西面也必從觶西爲君之在東也少立者自嚴正慎其位

疏司正至稽首○注右還至其位○釋曰右還將適觶南先西面也者右還謂奠時南面乃以右手向外而西面乃從觶西南行而右還北面云必從觶西

爲君之在東也者若從觶東而左還北面則背君以其君在阼故也云嚴正慎在位者以司正監察主爲使人嚴正謹慎故先自嚴正謹慎也自左還

南面坐取觶洗南面反奠于其所反奠虛觶不空位也疏左還至其所○注反奠至位也○釋曰必使不空者亦欲使衆人觀知司正嚴正之處升自西階東楹之東請徹俎降公許告于賓賓北面取俎以出膳宰徹公俎降自阼階以東膳宰降自阼階以賓親徹若君親徹然疏升自至以東○注膳宰至徹然○釋曰云降自阼階以賓親徹若君親徹然者臣之升降當西階今見賓親徹膳宰代君徹不降西階而降自阼階當君降處故云若君親徹降自阼然也卿大夫皆降東面北上以將坐降待賓反也疏卿大至北上○注以將至反也○釋曰案大射云大夫降復位注云門東北面位不與卿同東面位者彼卿有俎卿取俎以出故大夫不敢獨在西階下故復位復門東北面位此燕卿無俎故大夫與卿同降西階下東面北上位也云以將坐降待賓反者上文賓以俎出當反入升坐故卿大夫待賓反亦升坐也賓反入及卿大夫皆說屨升就席公以賓及卿大夫皆坐乃安凡燕坐必說屨屨賤不在堂也禮者尚敬敬多則不親燕安坐相親之心疏賓反至乃安○注凡燕至之心○釋曰凡在堂立行禮不說屨安坐則說屨故鄭云凡燕坐必說屨以其屨在足賤不宜在堂陳於尊者之側也云禮者尚敬敬多則不親燕安坐相親之心者左氏傳云饗以訓恭儉設几而不倚爵盈而不飲燕以示慈惠饗在廟立行禮是敬多則不親者也燕在寢以醉爲度是相親之心者也若然直云賓及卿大夫說屨不云君降說屨則君說屨。之在堂上席側一是以禮記少儀云排闔說屨於戶內者一人而已矣彼據尊者坐在室則尊者一人說屨在戶內今此燕在堂上則君尊說屨於席側可知也羞庶羞謂膷肝膋狗胾醢也骨體所以致敬也庶羞所以盡愛也敬之愛之厚賢之道疏羞庶羞○注謂膷至之道○釋曰案大射云羞庶羞注云所進衆羞謂膷肝膋狗胾醢也或有炮鼈膾鯉雉兔鶉鴽大射先行燕禮明與彼同此注不言炮鼈已下注文不具鄭知有此物者以經云庶羞不唯二豆而已案內則爲肝膋取狗肝一幪之以其膋濡炙之舉燋其膋不蓼注云膋腸閒脂此及大射其牲皆用狗故知有肝膋狗胾知有炮鼈膾鯉者詩云吉甫燕喜飲御諸友炮鼈膾鯉又內則及公食大夫上大夫二十豆有雉兔鶉鴽禮記王制云庶羞不踰牲此燕用狗必可有此物而已鄉飲酒鄉射亦有狗但經直云羞不云庶是以鄭注云胾醢明二豆無餘物也云骨體所以致敬也者據未坐以前庶羞所以盡愛據說屨已後也

大夫祭薦燕乃祭薦不敢於盛成禮也

【疏】大夫祭薦○注燕乃至禮也○釋曰不敢於盛成禮謂未立司正之前立行禮受獻之時不祭脯醢祭先是成禮不敢成禮於盛時

司正升受命皆命君曰無不醉賓及卿大夫皆與對曰諾敢不醉皆反坐皆命者命賓命卿大夫也起對必降席司正退立西序端

【疏】司正至反坐○注皆命至序端○釋曰云起對必降席者經云反坐不云降明起對必降席既對乃反坐也是以孝經云曾子避席曰參不敏亦是起對也知司正退立西序端者此無降文見鄉飲酒云司正升相旅退立于序端東面故知此亦然也

主人洗升獻士于西階上士長升拜受觶主人拜送觶獻士用觶士賤也今文觶作觚

【疏】主人至送觶○注獻士至作觚○釋曰自此盡立飲論獻士之事云獻士用觶士賤也者對上大夫已上獻用觚旅酬乃用觶此獻士即用觶故云士賤也不從今文觚者若從觚與大夫已上何異故不從

士坐祭立飲不拜既爵其他不拜坐祭立飲他謂衆士也亦升受爵不拜

【疏】士坐至立飲○注他謂至不拜○釋曰云他謂衆士也者上云士長明此士長之外皆衆士也知亦升受爵者以其士尊於笙之長笙之長尚受爵於階上明士得升堂受爵也言不拜者以其士長得拜明衆士不拜也

乃薦司正與射人一人司士一人執冪二人立于觶

南東上天子射人司士皆下大夫二人諸侯則上士其人數亦如之司正爲上疏乃薦至東上○注天子至爲上○釋曰此等皆士而先薦者以其皆有事故先得薦司士亦先薦者案周禮司士掌羣士爵祿廢置之事士中之尊故亦先得薦也鄭引周禮序官射人司士下大夫二人約出此諸侯則上士者天子官尊諸侯官降一等以是諸侯射人司士得在士位中云其人數亦如之者案周禮序官射人下大夫二人上士四人下士八人皆名射人則諸侯雖使士爲之人數亦等以其畿外諸侯張三侯與天子同故知射人之數亦同也言此者欲見射時射人有事非一故下文注云大射正射人之長是以大射禮大射正及小射正皆有事也云司正爲上者雖同是士以其爲庭長故設在上先薦之此經三者當。官雖多皆取長先薦其餘在於衆位依齒也又士位在西有事者別在觶南北面東上也

辯獻士士既獻者立于東方西面北上乃薦士每已獻而卽位于東方蓋尊之畢獻薦于其位疏辯獻至薦士○注每已至其位○釋曰云卽位于東方蓋尊之者以其庭中之位卿東方西面大夫北面士西方東面是東方尊今卿大夫得獻升堂位空故士得獻卽東方卿位是尊之以無正文故云蓋以疑之也知畢獻薦之者以其經云辯獻士乃薦士故知當畢獻後乃薦也

祝史小臣師亦就其位而薦之次士獻之已不變位位自在東方疏祝史至薦之○注次士至東方○釋曰云次士獻之已不變位者對先獻士士卽變位鄉東方也云位自在東方者案上設位之時祝史在門東小臣在東堂下是先在東方也

主人就旅食之尊而獻之旅食不拜受爵坐祭立飲北面酌南鄉獻之於尊南不洗者以其賤略之也亦畢獻乃薦之主人執虛爵奠于篚復位疏主人至立飲○注北面至復位○釋曰云北面酌南鄉獻之於尊南者案大射旅食尊在西。鑮之南北面則此主人在南亦北面以陳尊向君若東楹之西東向設尊亦是向君爲正彼酌者尊後東面酌此亦尊後北面酌南面獻之於尊南也云不洗者以其賤者此乃庶人在官府史胥徒之輩故云賤略

之也云亦畢獻乃薦之者亦上文士此畢獻乃薦可知云主人執虛爵奠於篚復位者此約大射獻旅食訖云執虛爵奠于篚復位故知也

若射則大射正爲司射如鄉射之禮大射正射人之長者也如鄉射之禮者燕爲樂卿大夫宜從其禮也如者如其告弓矢既具至退中與筭也納射器而張侯其告請先于君乃以命賓及卿大夫其爲司正者亦爲司馬君與賓爲耦鄉射記。曰自君射至龍旜亦其異者也薦旅食乃射者是燕射主於飲酒

疏若射至之禮○注大射至飲酒○釋曰此一經論燕末行射之節云大射正爲司射者燕禮輕又不主爲射故射人爲擯又爲司正至射時大射正爲司射大射之時略於燕主於射故大射正爲擯又爲司正至射又親其職故不同爲司射也云宜從之者鄉射是卿大夫禮故擯樂之還從之也云如者如其告弓矢既具至退中與筭也者經云如鄉射之禮明從始至末皆如之案鄉射初司射告弓矢既具至三番射訖而退中與筭故禮如之也云納射器而張侯者欲見此與鄉射因納射器後即張侯大射納射器之後無張侯之事是以特言。此也云告與請先於君乃以命賓及卿大夫者此燕禮與大射皆國君之禮此燕禮每事皆先請於君大射亦先請於君故。故大射初司射自阼階前請於公公許乃命賓及卿大夫鄉射西階上告賓曰弓矢既具乃告於主人遂告大夫是先後異也云其爲司正者亦爲司馬者鄉射將射云司正爲司馬此亦於將射司正爲司馬亦射之也若然則上文射人告具射人請賓又云射人請立司正公許射人遂爲司正皆一人也必云司正爲司馬者諸侯有常官嫌與鄉射異故言此也若士射則司正不爲司馬云君與賓爲耦者欲見鄉射賓與主人爲耦此君與賓爲耦亦是異於鄉射也引鄉射記君射至龍旜亦其異者也者謂旌與中異何者彼因記國君三處射旌與中各不同云君國中射則皮樹中以翿旌獲白羽與朱羽糅言國中則此燕射也又云於郊則閭中以旌獲謂諸侯大射在郊又云於。竟則虎中龍旜謂諸侯賓射在竟此皆諸侯禮射雖記在鄉射皆與鄉射異也云薦旅食乃射者是燕射主於飲酒者此獻士旅食後乃射是燕。射於飲酒決大射未爲大夫舉旅之前則主射是彼大射主於射

故也賓降洗升媵觚于公酌散下拜公降一等小臣辭賓升再拜稽首公荅再拜此當言媵觶酬之禮皆用觶言觚者字之誤也古者觶字或作角旁氏由此誤爾疏賓降至再拜○注此當至誤爾○釋曰自此盡賓反位論賓媵爵於公之節云古者觶字或作角旁氏由此誤爾者案冬官梓人爲飲器勺一升爵一升觚三升獻以爵而酬以觚一獻而三酬則一豆矣鄭引南郡太守馬季長云觚當爲觶豆當爲斗鄭康成云古者觶角傍氏似觚故誤爲觚時人又多聞觚寡聞觗是以誤爲觚此注與彼同也賓坐祭卒爵再拜稽首公荅再拜賓降洗象觶升酌膳坐奠于薦南降拜小臣辭賓升成拜公荅再拜賓反位反位反席也今文曰洗象觚疏賓坐祭至反位○注反位至象觚○釋曰知反位是反席者以其堂下無席堂上乃有之而云賓升成拜不云降明上反位者反席可知也公坐取賓所媵觶與唯公所賜至此又言與者明公崇禮不倦也今文觶又爲觚疏公坐至所賜○注至此至爲觚○釋曰自此盡士旅酌卒論君爲士舉旅之事云唯公所賜者辭與爲大夫舉旅同也云至此又言與者明公崇禮不倦也者以其說屢升坐之後理當倦今言與明不倦矣受者如初受酬之禮降更爵洗升酌膳下拜小臣辭升成拜公荅拜乃就席坐行之坐行之若今坐相勸酒有執爵者士有盥升主酌授之者疏有執爵者○注士有至之者○釋曰無筭坐勸酒有執爵行之者今此爲士舉旅亦有執爵行之若無筭爵然後士有盥升主酌授之者若然前三舉旅皆酬者自酌授人也唯受于公者拜公所賜者也其餘則否司正命執爵者爵辯卒受者與以酬士欲令惠均疏司正至酬士○注欲令惠均○釋曰此所命者命大夫也以前三舉旅辯大夫則止今此爲士舉旅故及之云欲令惠均者惠均於室及均於庭也士特牲爵

止欲得神惠均於室及均於庭此據人君之惠均於庭也大夫卒受者以爵興西階上酬士士升大夫奠爵拜士荅拜興酬士者士立堂下無坐位疏大夫至荅拜○注興酬至坐位○釋曰此即上文司正所命者也云興酬士者士立堂下無坐位者凡禮堂上有席者坐堂下無席者立是以禮記檀弓工尹商陽是士而云朝不坐堂下無坐位者也大夫立卒爵不拜實之士拜受大夫拜送士旅于西階上辯祝史小臣旅食皆及焉疏大夫至上辯○注祝史至及焉○釋曰知旅食皆及者以士未得獻時旅酬不及得獻之後旅。則及之旅食亦次士得獻故知亦酬及之其庶子以下未得獻者至獻後無筭爵及焉士旅酌旅序也士以次序自酌相酬無執爵者卒主人洗升自西階獻庶子于阼階上如獻士之禮辯降洗遂獻左右正與內小臣皆於阼階上如獻庶子之禮庶子掌正六牲之體及舞位使國子脩德學道世子之官也而與膳宰樂正聯事樂正亦學國子以舞左右正謂樂正僕人正也小樂正立于西縣之北僕人正僕人師僕人士立于其北北上大樂正立于東縣之北若射則僕人正僕人士陪于工後內小臣奄人掌君陰事陰令后夫人之官也皆獻于阼階上別於外內臣也獻正下及內小臣則磬人鍾人。鏄人鼓人僕人之屬盡獻可知也凡獻皆。薦也疏卒主至之禮○注庶子至薦也○釋曰此一經獻庶子以下之節云庶子掌正六牲之體及舞位使國子脩德學道世子之官也者案周禮諸子職云大祭祀正六牲之體凡樂事正舞位國子存遊倅使之脩德學道彼天子諸子之官屬大子若據諸侯爲世子之官引之者以天子諸侯之諸子諸侯謂之庶子掌公卿大夫士之適子掌事。寔同故取諸子職解此庶子之事云而與膳宰樂正聯事者以掌正六牲之體得與膳宰聯事掌國子脩德學道得與樂正聯事以其樂正亦掌教國子故也言此者欲見膳宰得獻此庶子亦得獻之意云樂正亦教國子之舞者欲見庶子掌國子得與樂正聯事云左右正謂樂正僕人正也僕人正以下至北上鄭知義然者見大射禮而知云左右正者據中庭爲左右大射禮工遷於東僕人正亦與樂正同處名曰左正復云右正明是小樂正在西爲一也若小樂正不在西大射之禮不得有左右正之文又兩面俱縣明大小樂正各監一縣又知僕人正以下在小樂正之北北上者以鄉射弟子相工皆在西今僕人正以下亦是相工之人故知亦在西方也又工堂上西階之東相工者宜近其事故在西方樂正之北也又知北上者以大射鄉射工遷在下之時皆北上統於樂正今相者以工爲主明在堂下則宜北統於堂上矣下又知大樂正在東縣北者約鄉射云縣于洗東北至射時遷樂於阼階下之東南堂前三笴西面北上坐樂正北面立于其南是得爲一證也云若射以下至工後者案大射將射之時工遷於下東坫之東南西面北上坐相者以工爲主故知相工陪於東郎在工後也云內小臣奄人掌君陰事陰令后夫人之官也者案天官小臣序官云內小臣奄上士四人其職云掌王之陰事陰令鄭注云陰事羣妃御見之事陰令王所求爲於北宮彼后之官兼云夫人者欲見諸侯夫人內小臣亦與后之內小臣職同故雙言之云皆獻於阼階上別於外內臣也者案周禮有外內命夫鄭注云外命夫六卿以出案內命夫朝廷卿大夫則諸侯臣在鄉遂及采地者爲外臣在朝廷者爲內臣但外內臣皆獻於西階上此獻於阼階故云別於外內臣也云則磬人以下至盡獻可知也者此據周禮天子有此官諸侯並以下士爲之則諸侯亦有此官以其庭中之樂軒縣別有鍾磬鎛鼓故知也兼言僕人者此經直見僕人正不見僕人師僕人士大射見之內小臣奄人之賤者尚得獻明此等皆得獻可知也知凡獻皆薦者以經云如獻士獻士有薦凡此等獻訖明皆有薦也

無筭爵筭數也爵行無次無數唯意所勸醉而止

疏○無筭爵○注筭數至而止○釋曰自此盡無筭樂論酒行樂作無次數之節云爵行無次無數者此對四舉旅以前皆有次有數此則無次數也

士也有執膳爵者有執散爵者執膳爵者酌以進公公不拜受執散爵者酌以之公命所賜

所賜者與受爵降席下奠爵再拜稽首公荅拜席下席西也古文曰公荅再拜疏士也至荅拜○注席下至再拜○釋曰自旅酬已前受公爵皆降拜升成拜至此不復降拜者禮殺故也云席下席西也者賓與卿大夫席皆南面統於君皆以東爲上故知席下爲席西也受賜爵者以爵就席坐公卒爵然後飲不敢先虛爵明此勸惠從尊者來也疏受賜至後飲○注不敢至來也○釋曰上已言君命所賜至此經云受賜自然惠從尊者來但先君受爵似惠不由君來故後飲然後授虛爵是由尊者來故後飲之也此執爵者皆酌行之以偏唯卒爵者與以酬士自酌與之是以鄉飲酒鄉射皆云辯卒受者與以旅在下者注云不使執觶者酌以其將旅不以己尊孤人也執膳爵者受公爵酌反奠之宴歡在於飲酒成其意疏執膳至奠之○注宴歡至其意○釋曰云成其意者君意欲得皆醉今執膳者酌反奠於君前望當君心故云宴歡在於飲酒成其意也受賜爵者與授執散爵執散爵者乃酌行之予其所勸者唯受爵於公者拜卒受爵者與以酬士于西階上士升大夫不拜乃飲實爵乃猶而也疏注乃猶而也○釋曰轉乃爲而者乃是緩辭此將勸士士已升階大夫卽飲不可爲乃故從而解之也士不拜受爵大夫就席士旅酌亦如之公有命徹冪則卿大夫皆降西階下北面東上再拜稽首公命小臣辭公荅再拜大夫皆辟命徹冪者公意殷勤必盡酒也小臣辭不升成拜明雖醉正臣禮也不言賓賓彌臣也君荅拜於上示不虛受也疏士不至皆辟○注命徹至受也○釋曰云士旅酌亦如之者亦如大夫相酌之法云公有命徹冪者此君尊在東楹之西專大惠故待無筭爵乃徹冪鄉飲酒尊在房戶之閒賓主共之故賓至則徹之與此異也云小臣辭不升成拜明雖醉正臣禮也者臣之禮當下拜爲正今不言升成拜者於

下已拜是雖無筭爵已醉而不倦行臣禮禮之正也云不言賓賓彌臣也者經直言卿大夫皆降不別言賓是燕末賓同於臣言彌者上旅酬云若賓若長猶言賓但言賜不言酬己是賓卑今乃設賓不言賓是賓彌臣故同臣例也云君荅拜於上示不虛受也者案燕義云禮無不荅言上之不虛取於下也彼釋此言也但彼言不虛取於下者揔申此燕禮君荅拜之事不獨爲此言也

遂升反坐士終旅於上如初卿大夫降而爵止於其反席卒之疏遂升至如初○注卿大至卒之○釋曰云卿大夫降而爵止者上文已云大夫不拜乃飲實爵士不拜受爵是大夫飲訖爵止也云於其反席卒之者謂上士受得大夫爵此經云士終旅於上如初是於大夫反席士卒之也

無筭樂升歌閒合無數也取歡而已其樂章亦然疏無筭樂○注升歌至亦然○釋曰此無筭對上升歌笙閒合各依次第而三終有次有數此則任君之情無次無數其詩樂章亦然亦無次無數

宵則庶子執燭於阼階上司宮執燭於西階上甸人執大燭於庭閽人爲大燭於門外宵夜也燭燋也甸人掌共薪蒸者庭大燭爲位廣也閽人門人也爲作也作大燭以俟賓客出疏宵則至門外○注宵夜至客出○釋曰凡燕法設燭者或射之後終燕則至宵也或冬之日不射亦宵夏之日不射未必至宵也云燭燋也者古者無麻燭而用荊燋故少儀云主人執燭抱燋鄭云未爇曰燋但在地曰燎執之曰燭於地廣設之則曰大燭其燎亦名大燭故詩云庭燎之光毛云庭燎大燭也鄭云夜未央而於庭設大燭毛鄭並指此甸人執大燭之文也司烜氏云凡邦之大事共墳燭庭燎玄謂墳大也樹於門外曰大燭於門內曰庭燎言樹則大燭亦在地廣設之而已此閽人爲大燭於門外者亦是大燭在地者案郊特牲云庭燎之百由齊桓公始也注云僭天子也庭燎之差公蓋五十侯伯子男皆三十文出大戴禮也此亦諸侯禮以燕禮輕故不言庭燎設大燭而已云甸人掌共薪蒸者天官甸師氏職文引之者以其內有燭燋故使之在門爲大燭也云閽人門人也者案天官閽人掌守王中門之禁諸侯亦當然

賓

醉北面坐取其薦脯以降取脯重得君賜奏陔陔陔夏樂章也賓出奏陔夏以爲行節也凡夏以鍾鼓奏之疏奏陔○注陔。夏至奏之○釋曰云陔陔夏者案鍾師九夏之中有陔夏九夏皆是詩詩爲樂章故知樂章也云賓出奏陔夏以爲行節也者此及鄉飲酒皆於賓出奏陔夏明此爲行節戒之使不失禮云凡夏以鍾鼓奏之者案周禮鍾師云以鍾鼓奏九夏鄭注云先奏鍾次擊鼓是凡夏皆以鍾鼓奏之賓所執脯以賜鍾人于門內霤遂出必賜鍾人鍾人掌以鍾鼓奏九夏今奏陔以節己用賜脯以報之明雖醉不忘禮古文賜作錫卿大夫皆出隨賓出也公不送賓禮訖是臣也公與客燕謂四方之使者疏公與客燕○注謂四方之使者○釋曰自此盡敢拜賜命論與異國臣將燕使卿大夫就館戒客之辭事但燕異國卿大夫與臣子同唯戒賓爲異故於禮末特見之也云謂四方之使者以其云客以寡君對之故知四方使卿大夫來聘主君將燕之也曰寡君有不腆之酒以請吾子之與寡君須臾焉使某也以請君使人戒客辭也禮使人各以其爵寡鮮也猶言少德謙也腆膳也上介出請入告古文腆皆作殄今文皆曰不腆酒無之疏曰寡至以請○注君使至無之○釋曰云禮使人各以其爵者案公食大夫云使大夫戒各以其爵以其大聘使卿小聘使大夫爵不同故主君亦以其爵戒之也云上戒出請入告者亦約公食使者至館門外客使者上介出請事入告賓但彼食禮重故三辭此燕禮輕故再辭爲異耳又彼見賓出拜辱大夫不荅拜此不言者文不具對曰寡君君之私也君無所辱賜于使臣臣敢辭上介出荅主國使者辭也私謂獨。有恩厚也君無所爲辱賜於使臣謙不敢當也敢者怖懼用勢決之辭疏對曰至敢辭○注上介至之辭○釋曰云敢者怖懼用勢決之辭也者謂若怖懼之事不避危難用勢往決之故云用勢決之辭也寡君固曰不腆使某固以請寡君君之私也君無所辱賜于使臣臣敢固辭重傳命固如故寡君固曰不腆使某固以請某固辭不得命敢不從許之也於是出見主國使者辭以見許爲得命今文無使某致命曰寡君使某有不腆之酒以請吾子之與寡君須臾焉親相見致君命辭也君貺寡君多矣又辱賜于使臣臣敢拜賜命貺賜也猶愛也敢拜賜命從使者拜君之賜命猶謙不必辭也

疏注敢拜至辭也○釋曰主君使大夫往戒只爲燕事今客從之者來就燕而云拜主君賜燕之命者謙不必有燕事

記燕朝服於寢朝服者諸侯與其羣臣日視朝之服也謂冠玄端緇帶素韠白屨也燕於路寢相親昵也今辟雍十月行此燕禮玄冠而衣皮弁服與禮異也

疏記燕朝服於寢○注朝服至異也○釋曰凡記皆記經不具者以經不言燕服及燕處故記人言之也云謂冠玄端緇帶素韠白屨者皆士冠禮文案屨人注天子諸侯吉事皆舄諸侯朝服素裳素韠應白舄而云白屨者引士冠禮成人文其實諸侯當白舄其臣則白屨也鄭注周禮屨人云複下曰舄禪下曰屨下謂底以此爲異也云燕於路寢相親昵也知燕於寢者以其饗在廟明燕在寢私處可知也引漢法欲見與古異者周時玄冠服則緇布衣今衣皮弁服是其異也

其牲狗也狗取擇人也明非其人不與爲禮也亨于門外東方亨於門外臣所掌也

疏亨于門外東方○注亨于至掌也○釋曰此君禮故云臣使掌案公食記云亨于門外東方注云必於門外者大夫之事也注不同者以其饗食在廟嚴凝宜親監視不得言臣所掌故注云大夫之事也鄉飲酒亨狗于堂東北者非君禮是臣於堂東北不在外者宜主人親供又法陽氣之所始故三者注皆不同也

若與四方之賓燕則公迎之于大門內揖讓升四方之賓謂來聘者也自戒至於拜至皆如公食亦告饌具而後公卽席小臣請執冪請羞者乃迎賓也

疏若與至讓升○注四方至賓也○釋曰云自戒至於拜至皆如公食者此燕用狗彼用大牢此戒賓再辭彼三辭至於卿大夫立位皆不

同而云如公食者謂除此之外如之若然依公食從首使大夫戒各以其爵上介出請入告已下至北面再拜稽首皆如之饌具之等不如之也云亦告饌具而後公卽席小臣請執冪請羞者乃迎賓也者言此者欲見燕四方賓此等依上文與燕己臣子同亦不如公食以其公食公無席又無入廟之事又公食無請執冪羞膳故別言此也

賓爲苟敬席于阼階之西北面有脀不嚌肺不啐酒其介爲賓

苟且也假也主國君饗時親進醴于賓今燕又宜獻焉人臣不敢褻煩尊者至此升堂而辭讓欲以臣禮燕爲恭敬也於是席之如獻諸公之位言苟敬者賓實主國所宜敬也脀折俎也不嚌啐似若尊者然也介門西北面西上公降迎上介以爲賓揖讓升如初禮主人獻賓獻公既獻苟敬乃媵觚羣臣卽位如燕也

疏賓爲至爲賓○注苟且至燕也○釋曰云主國君饗時親進醴于賓者謂行聘享訖禮賓之時君親酌醴進于賓若然前有饗食不言之者饗禮亡無以可言食禮又無酒醴所獻之事故不言而云饗時也云今燕又宜獻焉者案上燕己臣子使宰夫爲主人知此親獻者若不親獻卽同己臣子賓何須辭之而爲苟敬故知君當親獻焉云至此升堂而辭讓者若此時升堂不辭卽行燕賓之禮故知辭之在初升堂時云欲以臣禮燕爲恭敬也者此謂在阼西北面故云席之如諸公之位也云言苟敬者賓實主國所宜敬也者賓實主國所宜敬但爲辭讓故以命介爲賓不得敬之今雖以介爲賓不可全不敬於是席之於阼階西且敬也故云苟敬也云不嚌啐似若尊者然也者案此燕禮與大射鄉射皆不嚌啐是諸公如鄉禮今聘卿在諸公之坐亦不嚌不啐是爲似若諸公尊者然也云介門西北面西上者約聘禮而知也云公降迎上介以爲賓揖讓升如初禮者此如上文燕己臣子以大夫爲賓者同故云如初禮也云主人獻賓獻公既獻苟敬乃媵觚者若上燕己臣子之時獻賓獻公既卽媵觶以酬賓但苟敬之前宜有薦有俎實與君同明知獻公後卽獻苟敬乃可酬賓也云羣臣卽位如燕者如上燕己臣子同若然羣臣不待迎賓入乃從君入者以其皆蒙獻酬故因其先至寢門故小臣引之卽入不待賓入後也

無膳尊

無膳爵降尊以就卑也【疏】無膳尊無膳爵○注降尊以就卑○釋曰郊特牲云三獻之介君專席而酢焉此降尊以就卑也注云三獻。卿大夫來聘主君饗燕之以介爲賓賓爲苟敬則徹重席而受酢也專猶單也彼與此事同故鄭引彼經以證。此燕己臣子不見有君親受賓酢若燕異國臣子得有專席受酢者獻卿大夫之後依次各爲此三人舉旅獻。士之後賓乃媵觶於公賓取所媵觶爲士舉旅應以爲酢君君專席而受之也與卿燕則大夫爲賓與大夫燕亦大夫爲賓不以所與燕者爲賓者燕爲序歡心賓主敬也公父文伯飲南宮敬叔酒以路堵父爲客此之謂也君。恆以大夫爲賓者大夫卑雖尊之猶遠于君今文無則下無燕【疏】與卿至爲賓○注不以至無燕○釋曰此謂與己臣子燕法若與異國賓燕皆用上介爲賓如上說也云公父文伯已下是魯語文此三人皆魯大夫自相燕法云此之謂也者此謂不使所爲燕者爲賓之。義云君。恆以大夫爲賓者大夫卑雖尊之猶遠於君者案禮記燕義云不以公卿爲賓而以大夫爲賓爲疑也明嫌之義也注云公卿尊矣復以爲賓則尊與君大相近是不用公卿爲賓恐逼君用大夫爲賓雖尊之猶遠於君不畏逼君也羞膳者與執冪者皆士也尊君也膳宰卑於士【疏】羞膳至士也○注尊君至於士○釋曰經直云請執冪與羞膳不辨其人故記人言之云尊君也膳宰卑於士者言膳宰別小膳宰也以其下云羞卿者小膳宰明於君者士也士尊於小膳宰也若然士則膳宰之長者故下注小膳宰云膳宰之佐也羞卿者小膳宰也膳宰之佐也若以樂納賓則賓及庭奏肆夏賓拜酒主人荅拜而樂闋公拜受爵而奏肆夏公卒爵主人升受爵以下而樂闋肆夏樂章也今亡以鍾鑮播之鼓磬應之所謂金奏也記曰入門而縣興示易以敬也卿大夫有王事之勞則奏此樂焉【疏】若以至樂闋○注肆夏至樂焉○釋曰自此盡若舞則勺論臣子有王事之勞與之燕之事云若者不定之辭以其常燕己臣子無樂王事之勞或有或無故言若也云肆夏樂章也今亡者鄭注鍾師云九夏皆詩篇名頌之族類也此歌之大者載在樂章樂崩亦從而亡是以頌不能具也云以鍾鑮播之鼓磬應之者鍾師云掌金奏鄭注云擊金以爲奏樂之節金謂鍾及鎛又云凡樂事以鍾鼓奏九夏鄭注云先擊鍾次擊鼓是奏肆夏時有鍾鑮鼓磬彼經注雖不言磬但縣內有此四者故鄭兼言磬也言所謂金奏也者所謂鍾師掌金奏也云記曰者此鄭引二記之文何者云入門而縣興是仲尼之文仲尼燕居云兩君相見揖讓而入門入門而縣興揖讓而升堂升堂而樂闋郊特牲云賓入大門而奏肆夏示易以敬也必引二記文者以燕在寢賓及庭及寢庭與仲尼燕居入門而縣興事相類故引之證賓及庭樂作之義也此肆夏以金奏之故引郊特牲示易以敬證用肆夏之義也不取賓入大門者大門非寢門故也云卿大夫有王事之勞則奏此樂焉知者以發首陳君與臣子常燕及聘使之臣燕次論四方賓燕今此言賓及庭奏肆夏則非尋常大夫爲賓與宰夫爲主人相對者謂若賓爲苟敬四方賓之類特奏肆夏其事既重若非有王事之勞何以致此故知是臣有王事之勞者乃奏此樂也

升歌鹿鳴下管新宮笙入三成新宮小雅逸篇也管之入三成謂三篇終也【疏】升歌至三成○注新宮至終也○釋曰鹿鳴不言工歌新宮不言笙奏而言升歌下管者欲明笙奏異於常燕常燕即上所陳四節是也今工歌鹿鳴三終與笙奏全別故特言下管新宮乃始笙入三成者止謂笙奏新宮三終申說下管之義云新宮小雅逸篇也知在小雅者以配鹿鳴而言鹿鳴是小雅明新宮小雅可知

遂合鄉樂鄉樂周南召南六篇言遂者不閒也

若舞則勺勺頌篇告成大武之樂歌也其詩曰於鑠王師遵養時晦又曰實維爾公允師既合鄉樂萬武而奏之所以美王侯勸有功也【疏】若舞則勺○注勺頌至功也○釋曰言若者或爲之舞或不爲之舞在於君意故以不定而言云舞則勺者謂爲之舞則歌勺詩以爲曲云勺頌篇告成大舞之樂歌也者勺詩序文云其詩曰於鑠王師遵養時晦者鑠美也言於呼美武王之師遵循也循養晦昧之紂三分天下猶服事於殷又曰實維爾公允師者公事允信也言武王

伐紂實維汝武王之事信得用師之道云既合鄉樂者以文承合鄉樂之下故知既合鄉樂也云萬舞而奏之者釋經舞時作周萬舞之舞而奏勺詩宣八年公羊傳云壬午猶繹萬入去籥傳曰萬者何干舞也謂秉干舞以奏勺詩也云所以美王侯勸有功也者天子諸侯作之是美王侯亦所以勸有功也

唯公與賓有俎主於燕其餘可以無俎【疏】唯公與賓有俎○注主於至無俎○釋曰主於燕其餘可以無俎者對大射辨尊卑公卿皆有俎其牲用狗則同

獻公曰臣敢奏爵以聽命授公釋此辭不敢必受之【疏】獻公至聽命○注授公至受之○釋曰謂若主人獻公賓媵觶於公雖非獻亦釋此辭也

凡公所辭皆栗階栗蹵也謂越等急趨君命也

凡栗階不過二等其始升猶聚足連步越二等左右足各一發而升堂【疏】凡栗階不過二等○注其始至升堂○釋曰凡堂及階尊者高而多卑者庳而少案禮器云天子之堂九尺諸侯七尺大夫五尺士三尺士冠禮降三等受爵弁鄭注云降三等下至地則士三等階以此推之則一尺爲一階大夫五尺五等階諸侯七尺七等階天子九尺九等階可知今云凡栗階不過二等言凡則天子九等已下至士三等皆有栗階之法栗階不過二等據上等而言故鄭云其始升猶聚足連步。一也故曲禮云涉級聚足連步以上鄭注云涉等聚足謂前足躡一等後足從之併連步謂足相隨不相過也此即聚足。一也涉天子已下皆留上等爲栗階左右足各一發而升堂其下無問多少皆連步雜記云主人之升降散等鄭注云散等栗階則栗階亦名散等凡升階之法有四等連步一也栗階二也歷階三也歷階謂從下至上皆越等無連步若禮記檀弓云杜蕢入寢歷階而升是也越階四也越階謂左右足越三等若公羊傳云趙盾避靈公躇階而走是也

凡公所酬既拜請旅侍臣既拜謂自酌升拜時也擯者阼階下告于公還西階下告公許旅行也請行酒于羣臣必請者不專惠也【疏】凡公至侍臣○注既拜至惠也○釋曰云既拜謂自酌升拜時也者此即上賓得君酬酒飲訖自酌降拜升時請旅侍臣云擯者阼階下告于公還西階下告公許旅行者此

約大射而知也

凡薦與羞者小膳宰也謂於卿大夫以下也上特言羞卿者小膳宰者欲絶於賓羞賓者亦士

疏凡薦至宰也○注謂於至亦士○釋曰云謂於卿大夫以下者以其執冪與羞膳於君是士則知此凡者於卿大夫也云上特言羞卿者小膳宰者欲絶於賓羞賓者亦士者鄭意於此言凡摠卿大夫於文足矣上文君下特言羞卿者小膳宰者欲見直言君不須言賓以其賓之薦俎與君同明羞膳亦與君同不使小膳宰故云欲絶於賓為羞賓者亦士也

有內羞謂羞豆之實酏食糝食羞籩之實糗餌粉餈

疏有內羞○注謂羞至粉餈○釋曰云謂羞豆之實酏食糝食者天官醢人云羞豆之實酏食糝食鄭注云酏餈也內則曰取稻米舉糔溲之小切狠臅膏以與稻米為餈又曰糝取牛羊豕之肉三如一小切之與稻米稻米二肉一合以為餌煎之是也云羞籩之實糗餌粉餈者籩人職云羞籩之實糗餌粉餈鄭注云此二物者粉稻米黍米所為也合蒸曰餌餅之曰餈糗者擣粉熬大豆為之為餌餈之黏著以粉之耳餌言糗餈言粉互相足是也糗熬之亦粉之其粉擣之亦糗之是互相足也

君與射則為下射袒朱襦樂作而后就物君尊

小臣以巾授矢稍屬君尊不搢矢

不以樂志辟不敏也

既發則小臣受弓以授弓人俟復發也不使大射正燕射輕

上射退于物一笴既發則荅君而俟荅對

若飲君燕則夾爵謂君在不勝之黨賓飲之如燕勝觚則又夾爵

疏若飲君燕則夾爵○釋曰夾爵者將飲君先自飲及君飲訖又自飲為夾爵

君在大夫射則肉袒不纕襦厭於君

疏注不纕襦厭於君○釋曰鄉射記大夫對士射袒纕襦此對君肉袒故云厭於君也

若與四方之賓燕媵爵曰臣受賜矣臣請贊執爵者受賜謂公鄉者酬之至燕主人事賓之禮殺賓降洗升媵觶于公荅恩惠也

疏若與至爵者○注受賜至惠也○釋曰謂公取二大夫所媵觶上者以酬賓是也云賓降洗升媵觶于公者謂上獻士訖賓媵觶于公是

荅恩惠也相者對曰吾子無自辱焉辭之也對荅也亦告公以公命荅之也有房中之樂。弦歌周南召南之詩而不用鍾磬之節也謂之房中者后夫人之所諷誦以事其君子

疏有房中之樂○注。弦歌至君子○釋曰云弦歌周南召南之詩而不用鍾磬之節者此文承四方之賓燕下而云有。明四方之賓而有之知不用鍾磬者以其此二南本后夫人侍御于君子用樂師是本無鍾磬今若改之而用鍾磬當云有房中之奏樂今直云有房中之樂明。依本無。鍾磬也若然案磬師云教縵樂燕樂之鍾磬注云燕樂房中之樂所謂陰聲也二樂皆教其鍾磬房中樂得有鍾磬者彼據教房中樂待祭祀而用之故有鍾磬也房中及燕則無鍾磬也

儀禮卷第六經三千三百二十三　注四千六百二十

儀禮疏卷第十五

珍倣宋版印

儀禮注疏卷十五校勘記

阮元撰盧宣旬摘錄

司宮兼卷重席

有蒲筵萑席兩種席 通解要義同毛本種作重下並同

三重再重 下重字陳本作種非也

決鄉飲酒鄉射 陳閩通解要義同毛本鄉作卿

彼遵尊於主人 陳本要義同毛本遵作尊

乃薦脯醢○右祭脯醢 脯唐石經作酺誤

射人乃升卿

上公得置孤卿一人 毛本公誤作命要義作國亦誤

彼是殷法同之 要義同毛本同作用

故同稱公 通解要義同毛本公作云

席于阼階西

初無加席者 要義無初字

云親寵苟敬私昵之坐者要義云下有亦爲阼階西位近君君則屈十一字

此孤亦席於阼階之西通解要義同毛本亦作一○按亦是也

小臣又請媵爵者二大夫媵爵如初唐石經大夫下重出大夫二字按疏讀二大夫媵爵如初爲句則亦無大夫二字大射亦無前經小臣請媵爵者公命長小臣作下大夫二人媵爵媵爵者阼階下云云此經不言公命不言小臣作俱省文也

請致者

自優暇也古文云阼階下北面再拜古文以下十字毛本並脫徐本集釋通解俱有

公又行一爵

已爲賓舉旅已要義作以

主人洗升

不酢辟君不下要義有酬字毛本通解辟作爵要義作辟

辯獻大夫

亦獻而後布席也後徐葛陳閩監本集釋通解俱作后

卒○大夫皆升就席唐石經徐本集釋楊氏敖氏同毛本通解無升字石經考文提要云前主人洗升節疏述經起訖云自此盡皆升就

席明有升字○按大射亦有升字

席工于西階上

瞽矇歌諷誦詩者也 矇嚴鍾葛本俱从目毛本徐本誤从月

小臣納工

燕禮輕 毛本燕作按徐本集釋通解楊氏俱作燕與疏合

得相參之意 意要義作禮

工歌鹿鳴

及四方之賓宴 張氏曰注曰鹿鳴君與臣下及四方之賓宴又曰宴歡在于飲酒成其意監本宴並作宴

可則傚也 釋文徐本集釋通解要義同毛本傚作效陸氏曰傚本又作詨同

此采其更是勞苦 集釋通解要義毛本同徐本是作自

公又舉奠觶

笙奏之前 前陳閩俱作間

笙入

且正考父 徐陳集釋通解要義同毛本且作宜

遂歌鄉樂○葛覃 覃宋本釋文作蕈 ○采蘩 蘩陳閩監本俱作繁

能修其法度也 盧文弨改修爲循金曰追云修鄉飲作循詩序亦作循○按鄉飲注之循徐本作修此注之修諸本無作循者

於時文王 毛本時誤作是

德化被于南土 徐陳集釋通解要義同毛本南作西鍾本西土作南山

夫婦之道者 集釋無者字

然則諸侯之相與燕 徐本集釋要義俱無之字通解有

飲酒不言鄉樂者 要義同毛本飲上有鄉字

大師告于樂正曰 告下唐石經徐本集釋要義楊氏敖氏俱有于字通解毛本無

教六詩以六律爲之音者也 徐本集釋通解楊氏同毛本六詩作大師陳葛俱誤作六師疏同

對小師已下二百人爲上士也 周學健依春官大師小師職文改二百爲三百改上士爲上工

教六詩以六律爲之音者也者 毛本六詩作大師

大蔟 陳本同毛本蔟作簇按毛本非

樂正由楹內

西面北上坐時　時上陳閩俱有一字

故大樂正升堂　要義同毛本故下有知字

射人自阼階下

乃行旅酬故立司正之後乃行旅酬　毛本脫故立以下十字通解要義俱有

司正洗角觶

前解主意爲賓　陳閩要義同毛本主作立

賓反入

則君脫屨之在堂上席側　浦鏜云之字當衍文按或之字下有脫字

羞庶羞

取狗肝一蒙之以其膋　要義同毛本一蒙作以幪○按內則作幪此本非也一字不誤

主人洗升○主人拜送觶　唐石經徐本集釋通解要義楊氏敖氏同毛本送作受

乃薦

當官雖多官陳閩俱作宮

主人就旅食之尊

在西鐏之南要義同毛本鐏作樽○按作鐏與大射儀合

若射

鄉射記曰曰集釋作云按戴氏以云字爲衍文

是以特言此也毛本此作之

故故大射初毛本故故作故曰通解直云故大射初無曰字○按毛本是

於竟則虎中龍旜毛本竟作境陳本通解俱作竟下同射於飲酒決射下脫主字

大夫立卒爵不拜實之唐石經徐陳集釋通解楊氏敖氏同毛本實作賓

旅則及之陳本通解同毛本則作酬

主人洗

鐏人陸氏曰本又作鏄下同○按諸本鐏鏄雜出後不悉校

凡獻皆薦也毛本薦誤作爵

掌事𡨋同𡨋要義作是

堂前三笴毛本無三字

卽在工後也毛本此下有工內相三字

按天官小臣序官云內小臣奄陳閩通解俱無小臣序官云五字

受賜爵者

但先君受爵顧廣圻云受當作虛宋單疏本已誤

以其將旅通解同毛本旅下有酬字

唯受爵於公者

乃是緩辭毛本乃是誤倒

士不拜受爵

今乃設賓不言賓也要義同陳閩設俱作沒周學健云謂經沒其文而不見大射儀卿大夫皆降節疏亦有沒賓之語可證

彼釋此言也陳閩俱無言字

宵則庶子○閽人爲大燭於門外唐石經無大字按大射亦無大字

廣設之而已要義同毛本廣作席

奏陔

注陔夏至奏之案陔夏宜作陔陔

對曰

謂獨有恩厚也徐本同集釋通解毛本有作受

君貺寡君多矣

拜主君賜燕之命者毛本賜作用

記燕朝服於寢

皆記經不具者具陳閩俱作言

複下曰鳥毛本曰誤作白

其牲狗也毛本並脫唐石經徐本集釋楊氏敖氏俱有

狗取擇人也明非其人不與爲禮也毛本並脫徐本集釋楊氏俱有按此節經注通解無

若與四方之賓燕

不如之也 要義同毛本如作入

賓爲苟敬

主國君鄉時 徐本同釋文集釋通解楊氏鄉俱作饗陸氏曰或作鄉非○按疏亦作鄉然以聘禮記賓爲苟敬注考之作饗爲是彼注與此注文異義同彼言饗食此專言饗者春秋僖二十五年左氏傳曰晉侯朝王王饗醴命之宥是饗有進醴之事與燕同類故對言之且饗食與燕其事相連若聘後禮賓自爲一事何容相較乎又聘禮注云今文饗皆作鄉則鄉饗古通用此注卽作鄉亦當讀爲饗不當讀爲嚮也

今燕又宜獻焉 徐本集釋通解楊氏同毛本宜作且

云主國君饗時 按疏以禮賓之時釋鄉時則讀鄉爲嚮矣此句及下文而云饗時也兩饗字似當作鄉然此本與要義俱作饗許宗彥云疏又曰饗禮亡無以引證則此饗字不誤

無以可言 要義同毛本可言作引證

此謂在阼西北面 此要義作正

如諸公之位也 陳本要義同毛本如下有獻字

賓實主國所宜敬也者賓實主國所宜敬 要義同毛及監本俱脫下七字陳閩通解俱脫上九字

無膳尊

卿大夫來聘毛本卿作鄉陳閩通解要義俱作卿與郊特牲注合

故鄭引彼經以證此要義同毛本通解此作出○按此是也

獻士之後陳閩通解要義同毛本士作主

與卿燕

君恆以大夫爲賓者恆徐本集釋通解楊氏俱作恆與述注合陳本毛本作但

爲賓之義要義同毛本義作儀

云君恆以大夫爲賓者毛本恆作但要義誤桓

若舞則勺

告成大武之樂歌也毛本武誤作舞疏同

唯公與賓有俎徐本同毛本通解唯俱作惟按諸本惟唯錯出不悉校

凡栗階

猶聚足連步一也要義同毛本通解無一字

此即聚足一也要義同毛本無一字

凡薦與羞者通解無與字

有內羞

摶粉熬大豆爲之爲之二字毛本通解誤作爲餌按周禮注無爲之二字

餈之黏著以粉之耳通解同作黏著與周禮注合陳本作粘著毛本作粘者

上射退于物一笴

荅對徐本集釋俱有此注通解無毛本並脫

若與四方之賓燕

謂公鄉者酬之鄉諸本俱作鄉唯嚴鍾楊氏毛本作卿酬毛本作酌徐本集釋通解楊敖俱作酬

有房中之樂

弦歌周南召南之詩毛本弦作絃徐本作弦與標目合

注弦歌至君子毛本弦作絃○按諸本弦絃錯出不悉校

明四方之賓而有之浦鏜云明下疑脫爲字

明依本無鍾磬也要義同毛本依作彼閩監俱誤作衣毛本鍾作鐘

儀禮注疏卷十五校勘記

唐朝散大夫行大學博士弘文館學士臣賈公彦等撰

大射第七【疏】大射第七○鄭目錄云名曰大射者諸侯將有祭祀之事與其羣臣射以觀其禮數中者得與於祭不數中者不得與於祭射義於五禮屬嘉禮大戴此第十三小戴及別錄皆第七○釋曰云諸侯將有祭祀之事以下文出於射義

儀禮　鄭氏注

大射之儀君有命戒射將有祭祀之事當射宰告於君君乃命之言君有命政教宜由尊者【疏】大射至戒射○注將有至尊者○釋曰自此盡西紘論射前預戒諸官及張侯設樂懸之事不言禮言儀者以射禮威儀多故以儀言之是以射義云孔子曰射者何以射何以聽循聲而發發不失正鵠者其唯賢者乎若夫不肖之人則彼將安能以中是其射容難故稱儀也云將有祭祀之事當射者按射義云天子將祭必先習射於澤澤者所以擇士也已射於澤而后射於射宮射中者得與於祭不中者不得與於祭是其將祭必射也云宰告於君君乃命之者鄭意不云宰戒百官者宰先告君君之使戒乃戒即云戒百官是也云言君有命政教宜由尊者其經云戒射此戒亦政教之類故以政教言之也

宰戒百官有事於射者宰於天子冢宰治官卿也作大事則掌以君命戒於百官【疏】宰戒至射者○注宰於至百官○釋曰按周禮大宰職云掌百官之誓戒此言宰戒百官其事同故鄭以天子冢宰言之也其實諸侯兼官無冢宰立地官司徒以兼之故聘禮云宰命司馬注云宰上卿貳君事者也諸侯謂司徒爲宰是諸侯立司徒兼冢宰之事也言大事則掌以君命戒於百官者周禮大宰職云作大事則戒于百官贊王命是鄭之所引以證宰戒之事也

射人戒諸公卿大夫射司士戒士射與贊者射人掌以射法治射儀司士掌國中之士治凡其戒命皆司馬之屬也殊戒公卿大夫與士辨貴賤

也贊佐也謂士佐執事不射者【疏】射人至贊者○注射人至射者○釋曰上文宰官尊總戒此射人司士色別重戒之謂若天官冢宰戒百官宗伯大司寇之等重戒也云射人掌以射法治射儀者夏官射人文云司士掌國中之士治凡其戒令者此司士職文云國中之士彼士總公卿大夫士而言此射人已戒公卿大夫則司士戒士贊者唯有士不兼大夫已上不同者斷章取義故與本職不同也云皆司馬之屬也者射人司士皆屬司馬故云司馬屬也此上下文所云戒者皆謂祭前旬有一日知者祭統云先期旬有一日宮宰宿夫人夫人亦散齋七日致齋。三日若然卜及戒皆在旬有一日是大宰云前期十日帥執事而卜日遂戒注云前期前所諏之日也十日容散齋七日致齋三日其天子又有天地及山川社稷宗廟諸侯直有境內山川社稷宗廟卜日及戒皆同也按郊特牲云卜郊受命于祖廟作龜于禰宮卜之日王立于澤親聽誓命又云獻命庫門之內戒百官也大廟之命戒百姓也注云王自澤。宮而還以誓命重相申敕也王自此還齋路寢之室若然卜日在澤宮又至射宮皆同在旬有一日空十日故後日乃齋也

前射三日宰夫戒宰及司馬射人宿視滌

宰夫冢宰。之屬掌百官之徵令者司馬於天子政官之卿凡大射則合其六耦滌謂溉器埽除射宮【疏】前射至視滌○注宰夫至射宮○釋曰此宰夫戒是再戒之宿不云宿者辟下宿視滌何者宰夫戒是申戒下宿是夕宿是以宗伯云凡祀大神享大鬼祭大示帥執事而卜日宿視滌濯注云宿申戒也此前有射人戒是七日前期此宰夫戒是申戒又知一宿是夕宿者以戒宿同文明不同日以其上云前射三日戒明此非三日是前一日矣云宰夫冢宰之屬者按大宰云小宰中大夫二人宰夫下大夫四人屬冢宰故云冢宰之屬云掌百官之徵令者宰夫職文云司馬於天子政官之卿者小宰職云四曰司馬其屬六十掌邦政是也云凡大射則合其六耦者大司馬職云若大射合諸侯之六耦是將祭而射故使諸侯為耦若其餘射則卿大夫以下為耦也云滌謂溉器埽除者以其諸侯射先行燕禮不視滌器明滌器是射器及埽除射宮也

司馬命量人量侯道與所設

乏以貍步大侯九十參七十干五十設乏各去其侯西十北十量人司馬之屬掌量道巷塗數者侯謂所射布也尊者射之以威不寧侯卑者射之以求爲侯量侯道謂去堂遠近也容謂之乏所以爲獲者之禦矢貍之伺物每舉足者止視遠近爲發必中也是以量侯道取象焉鄉射記曰侯道五十弓考工記曰弓之下制六尺則此貍步六尺明矣大侯熊侯謂之大者與天子熊侯同參讀爲糝糝雜也雜侯者豹鵠而麋飾下天子大夫也干讀爲豻豻侯者豻鵠豻飾也大夫將祭於己射麋侯士無臣祭不射

疏司馬至北十○注量人至不射○釋曰云量人司馬之屬掌量道巷塗數者量人職文量人屬司馬故云司馬之屬也云侯謂所射布也者以其三侯皆以布以皮爲鵠旁又飾以皮也云尊者射之以威不寧侯者即梓人云毋或若汝不寧侯不屬于王所故抗而射汝是也云卑者射之以求爲諸侯者射義云故天子之大射謂之射侯射侯者射爲諸侯也射中則得爲諸侯射不中則不得爲諸侯是也容謂之乏所以爲獲者之禦矢者此云乏周禮射人云容所以爲獲者之禦矢解容乏之義以其容身故得禦矢言乏矢於此乏圜不去也云則此貍步六尺明矣鄭云此者陰破先鄭故先鄭注射人貍步謂一舉足爲步於今爲半步故鄭注彼亦引弓之下制六尺以非之也云大侯熊侯謂之大者與天子熊侯同者司裘職云王大射則共虎侯熊侯豹侯設其鵠諸侯則共熊侯豹侯彼畿內諸侯二侯以熊侯爲首此畿外諸侯三侯與天子同不得與天子同其大射時所用物宜與畿內諸侯同用熊又與天子熊侯同故云大侯也云參讀爲糝糝雜也雜侯者豹鵠而麋飾下天子大夫也者司裘云卿大夫則共麋侯此則以豹皮爲鵠以麋飾其側不用純麋是下天子大夫也必知以豹爲鵠以麋爲飾者天子卿大夫用麋侯諸侯卿大夫亦用麋侯並據己家用之若助祭亦射君之第二侯明君之第二侯用麋飾其側侯以飾得名又畿內諸侯第二侯用豹爲鵠故知畿外諸侯亦以豹皮爲鵠可知云干讀爲豻豻侯者豻鵠豻飾也者亦取捷點意大夫將祭於己射麋侯者司裘云卿大夫共麋侯是天子卿大夫以孝經云大夫有爭臣三人以有臣

故將祭得大射擇士鄭言此者以己射用麋侯又見助君祭亦射君之麋侯云士無臣祭不射者孝經云士有爭友不言臣以僕隸爲友司裘卿大夫下不言士故祭不言士大射若然士有賓射燕射不得大射雖不得大射得與君賓射故射人注不言士者此與諸侯之賓射士不與也若然諸侯之士亦然也遂

命量人巾車張三侯大侯之崇見鵠於參參見鵠於干干不及地武不繫左下綱設乏西十北十凡乏用革

巾車於天子宗伯之屬掌裝衣車者亦使張侯侯巾類崇高也高必見鵠鵠所射之主射義曰爲人君者以爲君鵠爲人臣者以爲臣鵠爲人父者以爲父鵠爲人子者以爲子鵠言射中此乃能任己位也鵠之言較較直也射者所以直己志或曰鵠鳥名射之難中中之爲俊是以所射於侯取名也淮南子曰鴻鵠知來然則所云正者正也亦鳥名齊魯之閒名題肩爲正正鵠皆鳥之捷黠者考工記曰梓人爲侯廣與崇方參分其廣而鵠居一焉則大侯之鵠方六尺糝侯之鵠方四尺六寸大半寸豻侯之鵠方三尺三寸少半寸及至也武迹也中人之足長尺二寸以豻侯計之糝侯去地一丈五寸少半寸大侯去地二丈二尺五寸少半寸凡侯北面西方謂之左前射三日張侯設乏欲使有事者豫志焉

【疏】遂命至用革○注巾車至志焉○釋曰上文直命量人量侯道及乏遠近之處此經論張侯高下之法也云設乏西十北十者鄉射云乏參侯道居侯黨之一西五步注云此乏去侯北十丈西三丈云西十北十則西與北皆六丈不得爲三分居侯黨之一者以其三侯入堂深故也若然此三侯之下總云西十北十則三侯之乏皆西十北十矣西亦六丈者以三侯恐矢揚傷人與一侯亦異也云巾車於天子宗伯之屬者周禮巾車屬宗伯故云宗伯之屬也云掌裝衣車者天子五路木路無革鞔革路有革無異飾玉路金路象路有革鞔又有玉金象爲飾孤乘夏篆卿乘夏縵皆以物爲飾故云裝衣車者也云侯巾類者侯亦有飾故鄉射記云凡畫者丹質及正鵠之飾故云巾類也引射義者欲證射以鵠爲主也云鵠之言較較直也射者所以直己志弁下注云然則所云正者正也此取射

義解之故射義云射者內志正外體直然後持弓矢審固注云內正外直正鵠之名出自此是也云或曰鵠鳥名射之難中中之爲儁是以所射於侯取名也弁。下云。亦爲名齊魯之閒名題肩爲正正鵠皆鳥之捷黠者鄭以正鵠之名有此二義故兩解之也云考工記梓人爲侯廣與崇方參分其廣而鵠居一焉者三等皆高廣等引之者鄭欲解經見鵠之義故先知侯鵠廣狹尺寸也云則大侯之鵠方六尺者以侯道九十弓弓取二寸二九十八侯中丈八尺三分其侯而鵠居一故知鵠方六尺也云糝侯之鵠方四尺六寸大半寸者以侯道七十弓弓取二寸則侯中丈四尺三分其侯鵠居其一丈四取丈二三分得四尺又於二尺之內取尺八寸又得六寸又二寸爲三分總六分取二分二分於三分爲三分寸之二三分寸之二即是大半寸故云糝侯之鵠方四尺六寸大半寸也云豻侯之鵠方三尺三寸少半寸者豻侯道五十弓弓取二寸則一侯中方一丈三分其侯鵠居一焉一丈且取九尺得三尺一尺取九寸得三寸一寸分爲三分得一分則是三分寸之一三分寸之一則是少半寸故云豻侯之鵠方三尺三寸少半寸也云中人之足長尺二寸者無正文以目驗而知云以豻侯計之者以大侯糝侯高下無文豻侯云下綱不及地武則豻侯下綱去地尺二寸以是從豻侯計之也豻侯侯中一丈上下躬不及上下舌各二尺合八尺是丈八尺矣又下不及地尺二寸則豻侯上綱去地丈九尺二寸也糝侯中丈四尺中上中下各四尺得八尺弁之二丈二尺也鵠居侯中三分之一則鵠下亦有四尺六寸大半寸通躬。身四尺爲八尺六寸三分寸之二矣張法糝。鵠下畔與豻侯之上綱齊所謂見鵠於豻自餘糝侯鵠下畔八尺六寸大半寸在掩豻侯亦如之豻侯上豻本去地丈九尺二寸直掩八尺上有一丈一尺二寸在復掩六寸上有一丈六寸在復掩三分寸二唯有一丈五寸三分寸一在少半寸者即三分。寸。一也言大半寸者即三分寸二也故知糝侯下綱去地一丈五寸少半寸也大侯中丈八尺中之上下各四尺即八尺矣中方丈八尺更加八尺二丈六尺也糝侯去地丈五寸少半寸本上綱下綱相去二丈二尺其舉也上綱去地三丈二尺五寸少半寸也大侯鵠下畔與糝侯上綱齊所謂見鵠於糝也侯中丈八尺三分之則鵠下亦有六尺下躬身四尺一丈矣則大侯自鵠以下掩糝侯一丈也自一丈以下猶有二丈二尺五寸少半寸在是大侯下綱去地亦然故注於此數也云前射三日張侯設乏知三日者前文云前射三日下云樂人宿縣下云厥明自前射三日以後論事不著異日故知張侯與設乏同是射前三日矣

樂人宿縣于阼階東笙磬西面其南笙鍾其南鑮皆南陳東笙猶生也東爲陽中萬物以生春秋傳曰大蔟所以金奏贊陽出滯。姑洗所以脩絜百物考神納賓是以東方鍾磬謂之笙皆編而縣之周禮曰凡縣鍾磬半爲堵全爲肆有鍾有磬爲全鑮如鍾而大奏樂以鼓鑮爲節

疏 樂人至南陳○注笙猶至爲節○釋曰云東爲陽中萬物以生者陽氣起於子盛於午故東方爲陽中也萬物以生以其正月三陽生大蔟用事故萬物生焉云春秋傳者是外傳伶州鳩對周景王辭引之者證鍾磬爲笙之事大蔟者寅上侯氣之管度律均鍾金即鍾也故奏之所以贊陽出滯云姑洗所以脩絜百物考神納賓者亦據度律均鍾姑洗在辰三月百物脩絜而出考神納賓謂祭祀而有助祭之賓客但東方陽管唯有此二律故據此二律言之是以名東方鍾磬爲笙也云皆編而縣之者言皆者欲解磬非應律之物與鍾同言之者以其鑮與鼓雖同西面與鍾同不編之而磬與鍾同十六枚而在一虡與鍾同編又同宮故兼言磬是以磬師職云掌教擊磬擊編鍾注云磬亦編於鍾言之者鍾有不編不編者鍾師擊之是其磬與鍾編之此東方云笙而西方言頌者以其夷則無射主西方成功收藏故稱頌頌者美盛德之形容故云頌也但天有十二次地有十二辰按書傳云天子出撞黃鍾之鍾右五鍾皆應入則撞蕤賓之鍾左五鍾皆應左右云五則除黃鍾蕤賓並爲陽而應鍾林鍾已西爲右五也太呂。中呂已東爲左五也云周禮曰凡縣鍾磬半爲堵全爲肆者周禮小胥職文鼓鑮亦縣而直言鍾磬者據編縣者。爲文鼓鑮笥虡之上各縣一而已不編之鄭彼注云半之者謂。諸。侯之。卿。大。夫。士。也諸侯之卿大夫半天子之卿大夫天子之卿大夫判縣東西各有鍾磬是全之爲肆諸侯卿大夫雖同判縣半天子卿大夫取一相鍾磬分爲

兩相西縣鐘東縣磬而天子之士特縣直東有鐘磬。且。是全之爲肆諸侯之士直特縣半天子之士縣磬而已或於階閒或於東方又天子宮縣四面皆有諸侯軒縣闕南面面皆有鐘磬鎛及鼓具有也卿大夫士皆無鎛者若有鎛則諸侯臣半天子臣不得具是以闕之云鎛如鐘而大者特牲注亦云鎛如鐘而大並據國語而注之以言。鎛形如鐘而復大以大故特一縣不編之也云奏樂以鼓鎛爲節者按周禮鎛師云掌金奏之鼓注云謂主擊晉鼓以奏其鍾鎛也以此言之則先擊鼓後擊鍾鎛皆是與樂爲節故鄭注以鼓鎛爲節不言鍾磬已注解故不言也

建鼓在阼階西南鼓應鼙在其東南鼓

建猶樹也以木貫而載之樹之跗也南鼓謂所伐面也應鼙應朔鼙也先擊朔鼙。應之鼙小鼓也在東便其先擊小後擊大也鼓不在東縣南爲君也

疏建鼓至南鼓○注建猶至君也○釋曰下西面北面建鼓皆言一此建鼓不言一者彼在本方故須言一見無他鼓此鼓本東方以爲君故移來在北方故異其文不言一也云建猶樹也以木貫而載之樹之跗也者按明堂位云殷楹鼓周縣鼓注云楹爲之柱貫中上出也縣縣之於簨虡也此云以木貫而載之則爲之柱貫中上出一也周人縣鼓今言建鼓則殷法也若醮用酒之類主於射略於樂故用先代鼓云鼓不在東縣南爲君者決下一建鼓在其南東鼓者爲賓復不在東縣北者取順君面故也

西階之西頌磬東面其南鍾其南鎛皆南陳一建鼓在其南東鼓朔鼙在其北

言成功曰頌西爲陰中萬物之所成春秋傳曰夷則所以詠歌九則平民無忒無射所以宣布哲人之令德示民軌義是以西方鍾磬謂之頌朔始也奏樂先擊西鼙樂爲賓所由來也鍾不言頌鼙不言東鼓義同省文也古文頌爲庸也

疏西階至其北○注言成至爲庸○釋曰言春秋傳者亦是外傳文云詠歌九則者謂六府三事九功之德是也以此九則平民使無差慝云無射所以宣布哲人之令德者哲人謂后稷后稷以稼穡之功成於季秋先王之業以農爲本故云示民軌義謂軌法義理也云先擊西鼙樂爲賓所由來也者解先擊朔鼙之。意賓向外來位在西

其樂主爲樂賓故先擊朔鼙應鼙應之也云鍾不言頌鼙不言東鼓義同省文也者決上東方言笙鍾應鼙言南鼓此當言頌鍾東鼓義與上文同亦合有而不言者省文也云古文頌爲庸者此雖疊古文不從亦通義是尚書云笙庸以閒笙東方鍾磬西方是庸亦功也亦有成功之義也

一建鼓在西階之東南面言面者國君於其羣臣備三面爾無鍾磬有鼓而已其爲諸侯則三軒縣爾

疏一建至南面○注言面至軒縣○釋曰云言面者國君於其羣臣備三面爾者言國君合有三面爲辟射位又與羣臣射闕北面無鍾磬鎛直有一建鼓而已故不言南鼓而言南面也云其爲諸侯則軒縣者若與諸侯饗燕之類則依諸侯軒縣三面皆有鼓與鍾磬鎛

簜在建鼓之閒簜竹也謂笙簫之屬倚於堂

疏簜在建鼓之閒○注簜竹至於堂○釋曰按禹貢云篠簜既敷注云簜竹故知此簜亦竹也其器則管也是以下云乃管新宮注云管謂吹簜故知竹管也按小師職注云管如篴而小併兩而吹之今大。予樂宮有焉爾雅云大笙謂之巢小。者謂之和簫大者二十三管長尺四寸小者十六管長尺二寸大笙十九簧小者十三簧若然笙簫與管器異以其皆用竹故云笙簫之屬也云倚於堂者管擬吹之不倚在兩建鼓閒者以不得倚於鼓故知倚於堂也

鼗倚于頌磬西紘鼗如鼓而小有柄賓至搖之以奏樂也紘編磬繩也設鼗於磬西倚于紘也王制曰天子賜諸侯樂則以柷將之賜伯子男樂則以鼗將之

疏鼗倚至西紘○注鼗如至將之○釋曰知鼗如鼓而小者按那詩云猗與那與置我鼗鼓傳云猗歎辭那多也鄭讀置爲植植鼗鼓者爲楹貫而樹之美湯受命伐桀定天下而作濩樂故歎之多其改夏之制乃始植我殷家之樂鼗與鼓也鼗雖不植貫而搖之亦植之類以其殷人植鼓以木貫之而下有拊鼗亦以木爲柄而不貫之但手執而不植爲異故云亦植之類鼗與鼓同文是鼗如鼓而小也知有柄賓至搖之以奏樂者按眡瞭職云掌凡樂事播鼗擊頌磬笙磬磬言擊鼗言播播爲搖之可知鼗所以節樂賓至乃樂作故至賓至搖之以奏樂也云紘編磬繩也者紘若天子諸侯冕而朱紘用組之類磬又編縣之用紘故知紘編磬繩也知設

鼗於磬西倚於紘紘者以其鍾磬皆面向東人居其前西面故知鼗在磬西倚之於紘也引王制者證鼗爲節樂之器柷狀如漆筩中有椎所以節樂鼗亦節樂之柷大於鼗故賜公侯樂則以柷將命賜伯子男樂則以鼗將命自餘樂器陳於外也

厥明司宮尊于東楹之西兩方壺膳尊兩甒在南有豐冪用錫若絺。綴諸箭蓋冪如勺又反之皆玄尊酒在北

膳尊君尊也後陳之尊之也豐以承尊也說者以爲若井鹿盧其爲字從豆曲聲近似豆大而卑矣冪覆尊巾也錫細布也絺細葛也箭篠也爲。冪蓋卷辟綴於篠橫之也又反之爲覆勺也皆玄尊二者皆有玄酒之尊重本也酒在北尊統於君南爲上也唯君面尊言專惠也今文錫或作緆絺或作綌古文箭作晉

【疏】厥明至在北〇注膳尊至作晉〇釋曰自此盡羹定論豫設尊洗具饌之事案禮記燕義諸侯射先行燕禮。此。以。下至東陳皆陳設器物與燕禮同但文有詳略耳云說者以爲若井鹿盧。者。鹿。盧之形即葬下棺。碑閑重鹿盧之。輩今見井上豎柱夾之以索繞而挽之是也云其爲字從豆曲聲者此謂上聲下形之字年和穀豆多有故從豆爲形也。豐者承尊之器象形也是以。豐年之字。曲下著豆今諸經皆以承尊爵之曲不用本字之曲而用豐年之豐故鄭還旅豐字解之故云其爲字從豆爲形以曲爲聲也云近似豆大而卑矣者既用豆爲形還近似籩豆之豆舉漢法而知但豆口徑尺柄亦長尺口徑小而又高此承尊之物口足徑各宜差寬中央亦大共高尺比。常豆而。下故云近似豆而卑但斲一大木爲之取其安穩此豐若在宗廟或兩君燕亦謂之。坫致爵在於上故論語云邦君爲兩君之好有反坫鄭注云反坫反爵之坫是也必用豐年之豐爲坫者以其時和年豐萬物成孰粢盛豐備以共郊廟神歆其祀祝嘏其福至鄉飲酒鄉射燕禮大射或君與臣下及四方之賓燕家富民足人情優暇旨酒嘉肴盈尊滿俎於以講道論政既獻酬侑酢至無筭爵行禮交樂和上下相歡勸飲爲樂故也云錫細布也者喪服記曰錫者十五升抽其半無事其縷有事其布曰錫故知錫是細布也謂之錫者治其布使之滑易也云唯君面尊者玉藻文注云

面鄉也。彼謂人君燕臣子專其恩惠此大射亦謂人君燕臣下與彼是同專惠之道故皆尊。鼻鄉君云言專惠者決鄉飲酒尊于房戶之閒賓主夾之不得專惠故也

尊士旅食于西鑮之南北面兩圜壺旅衆也士衆食未得正祿謂庶人在官者圜壺變於方也賤無玄酒【疏】尊士至圜壺○注旅衆至玄酒○釋曰前設縣時鑮南更有一建鼓今設尊不應在鼓北而云鑮南者其實在鼓南門西北面與燕禮同而云鑮南者遙繼鑮而言必繼鑮者樂以縣爲主故也

又尊于大侯之乏東北兩壺獻酒爲隸僕人巾車縿侯豻侯之獲者獻讀爲沙沙酒濁特泲之必摩沙者也兩壺皆沙酒郊特牲曰汁獻涚于醆酒服不之尊侯時而陳於南統於侯皆東面【疏】又尊至獻酒○注爲隸至東面○釋曰知爲隸僕人巾車獲者以其此人皆有功又下文以此尊獻之故知也知沙酒濁者以五齊從下向上差之醍沈清於泛醴。盎。醆又在五齊之上故知沙酒濁也云特泲之必摩沙者也者此解名沙酒之意云郊特牲曰汁獻涚于醆酒者此以五齊中取醆酒盎齊泲鬱鬯之事獻沙也泲鬱鬯之時和盎齊以手摩沙出其香汁涚清也泲之使清也此爲隸僕以下卑賤之人而獻鬱鬯者此所得獻皆因祭侯謂侯之神故用鬱鬯也云服不之尊侯時而陳於南統於侯皆東面知此不爲大侯服不設者案下文云服不之尊東面南上故鄭云侯時而陳於南統於侯皆東面也

設洗于阼階東南罍水在東篚在洗西南陳設膳篚在其北西面或言南陳或言西面異其文也【疏】設洗至西面○注或言至文也○釋曰云異其文也者洗篚言南陳亦西面膳篚言西面亦南陳其實所從言異尊君故也

又設洗于獲者之尊西北水在洗北篚在南東陳亦統於侯也無爵因服不也有篚爲奠虛爵也服不之洗亦侯時而陳於其南【疏】又設至東陳○注亦統至其南○釋曰云亦統於侯也者前設尊兩獻酒亦云服不之尊侯時而陳於南統於侯今此設篚在南後設服不之洗在南亦統於侯

小臣設公席于阼

階上西鄉司宮設賓席于戶西南面有加席卿席賓東東上小卿賓西東上大
夫繼而東上若有東面者則北上席工于西階之東東上諸公阼階西北面東
上唯賓及公席布之也其餘樹之於位後耳小卿命於其君者也席於賓西射禮辨貴賤也諸公大國有孤卿一人與君論道亦不典職如公矣疏小臣
至東上○注唯賓至公矣○釋曰知賓及公席布之其餘樹之於位後者下文更有孤卿大夫席文故知也此實未布而言布之者欲辨尊卑故先言也孤尊
而後言之者言若是有無不定故後言也云小卿命於其君者也者按王制云大國三卿皆命於天子次國三卿二卿命於天子一卿命於其君小國亦三卿
一卿命於天子二卿命於其君若言小卿據次國已下有之云射禮辨貴賤也者決燕禮大小卿皆在尊東西無小卿位彼主於燕不辨貴賤故也云與君論
道亦不典職如公矣者成王周官云立大師大傅大保茲惟三公論道經邦燮理陰陽是三公論道無職比大國立孤一人論道與公同亦無職故云不典職
如公也繼鄭不見周官於周禮三公亦無職考工記云或坐而論道亦通及三公矣官饌百官各饌其所當共之物疏官饌○釋曰燕禮宰饌此不言
宰而言官者欲見非獨宰故鄭云百官各饌亨羹定。亨肉孰也射義曰諸侯之射也必先行燕禮燕禮牲用狗射人告具于公公升
卽位于席西鄉小臣師納諸公卿大夫諸公卿大夫皆入門右北面東上士西
方東面北上大史在干侯之東北北面東上士旅食者在士南北面東上小臣
師從者在東堂下南面西上大。史在干侯東北士旅食者在士南爲有侯入庭深也小臣師正之佐也正相君出入君之大命
疏射人至西上○注大史至大命○釋曰自此盡少進論羣臣立位之事云大史在干侯東北士旅食者在士南爲有侯入庭深也者決燕禮士旅食者立

于門西東上此不繼門而在士南繼士者爲有侯故入庭深也云小臣師正之佐也者下有小臣正正長也故以師爲佐云正相君出入君之大命者小臣正小臣中尊如天子大僕故引大僕職解之也

公降立于阼階之東南南鄉小臣師詔揖諸公卿大夫諸公卿大夫西面北上揖大夫大夫皆少進詔告也變爾言揖亦以其入庭深也上言大夫誤衍耳

疏注詔告至衍耳〇釋曰燕禮言爾以其近門去君遠而言爾爾近也移也揖之使移近此入庭深故不言爾而言揖揖之而已不須移近之也云上言大夫誤衍者以其大夫與公卿。面有異故下別言大夫少進明上有大夫誤衍大夫大夫四字也

大射正擯大射正射人之長

疏大射正擯〇注大射正射人之長〇釋曰自此盡門外北面論請立賓之事大射正對射人爲長若小臣正對小臣師亦爲長

擯者請賓公曰命某爲賓某大夫名擯者命賓賓少進禮辭命賓者東面南顧辭辭以不敏反命以賓之辭告於君又命之賓再拜稽首受命又復擯者反命賓出立于門外北面公揖卿大夫升就席小臣自阼階下北面請執冪者與羞膳者請士可使執君兩甒之冪及羞脯醢庶羞於君者方圜壺獻無冪

疏公揖至膳者〇〇注請士至無冪〇釋曰自此盡公卿者論卿大夫。定位及請執冪之事云請士可使者鄭知請士者據燕禮而知云方圜壺獻無冪者方圜壺臣尊獻獲者尊皆無冪

乃命執冪者執冪者升自西階立于尊南北面東上命者於西階前以公命命之東上執玄尊之冪爲上羞膳者從而東由堂東升自北階立于房中西面南上不言命者不升堂略之

疏乃命至東上〇注命者至略之〇釋曰知命之在西階前者以其小臣位在東堂下於阼階請公命乃就西階請執冪者以其執冪者士位在西故也云羞膳者從而東者已於燕禮釋訖云不升堂者但不由南方升略之升自北堂是亦升堂

矣

膳宰請羞于諸公卿者膳宰請者異於君也【疏】膳宰至卿者○釋曰不言命者對君言命於臣略之

擯者納賓賓及庭公降一等揖賓賓辟及至也辟逡遁不敢當盛【疏】擯者至賓辟○注及至至當盛○釋曰自此盡賓荅。再。拜論主人。迎賓拜至及獻賓之事云公降一等揖賓不言請賓至位就席者亦是以賓與主人為禮禮不參故不請也此言賓辟燕禮不言文略也

公升即席以賓將與主人為禮不參之

奏肆夏肆夏樂章名今亡呂叔玉云肆夏時邁也時邁者大平巡守祭山川之樂歌其詩曰明昭有周式序在位又曰我求懿德肆于時夏奏此以延賓其著宣王德勸賢與周禮曰賓出入奏肆夏【疏】奏肆夏○注肆夏至肆夏○釋曰云肆夏樂章名今亡者案周禮鍾師云以鍾鼓奏九夏杜子春引呂叔玉以為肆夏時邁也繁遏執。傹也渠思文也後鄭云以文王鹿鳴言之則九夏皆詩篇名頌之族類也此歌之大者載在樂章樂崩亦從而亡是以頌不能具鄭彼注破呂叔玉此注亦云肆夏樂章名今亡與彼注亦同今此又引呂叔玉於下者以無正文叔玉或為一義故鄭於此兩解之也云祭山川之樂歌者以其時邁序云巡守告祭柴望也謂巡守祭當方山用則王制及尚書云望秩於山川是也云明昭有周者美武王有明。明於周云式序在位者式用也。任賢用能序之使在官位云我求懿德者懿美也我求取美德之人也云肆于時夏肆遂也夏大也能如此遂於王道之大云奏此以延賓其著宣王德勸賢與者今國君歌此詩延賓入者其欲著明諸侯宣布王之德以勸賢人使有德言與者鄭以義解之無正文故云與以疑之也云周禮曰賓出入奏肆夏者按大司樂云王出入則令奏王夏尸出入則令奏肆夏牲出入則令奏昭夏下云大饗不入牲其他皆如祭祀鄭注云大饗饗賓客也彼賓客謂諸侯來朝者也不入牲牲不入亦不奏昭夏也其他謂王出入賓客出入亦奏王夏肆夏以此言之王用肆夏以饗諸侯來朝今引之者證燕時納賓亦奏之按燕禮記云若以樂納賓則賓及庭奏肆夏鄭云卿大夫有王事之勞則奏此樂焉此亦同彼注也若臣無王事之勞則如常燕無以樂納賓法也又此納

賓樂故諸侯亦得用。若升歌則不可若賓。辭而出奏陔夏與此異也賓升自西階主人從之賓右北面至再拜賓荅再拜主人宰夫也又掌賓客之獻飲食君於臣雖爲賓不親獻以其莫敢亢禮主人降洗洗南西北面賓將從降鄉之不於洗北辟正主疏主人至北面○注賓將至正主○釋曰自此至虛爵降論主人獻賓之事也云不於洗北辟正主者按鄉飲酒鄉射主人降洗洗北南面是正主此宰夫代君爲主故不於洗北南面也賓降階西東面主人辭降賓對對荅主人北面盥坐取觚洗賓少進辭洗主人坐奠觚于篚興對賓反位賓少進者所辭異宜違其位也獻不用爵辟正主主人卒洗賓揖。升賓每先升。尊也主人升賓拜洗主人賓右奠觚荅拜降盥賓降主人辭降賓對卒盥賓揖升主人升坐取觚取觚將就瓦甒酌膳執冪者舉冪主人酌膳執冪者蓋冪酌者加勺又反之反之覆勺筵前獻賓賓西階上拜受爵于筵前反位主人賓右拜送爵賓既拜於筵前受爵退復位疏注賓既至復位○釋曰云賓既拜於筵前受爵者鄭恐讀者以拜下讀爲句宰胥薦脯醢宰胥宰官之吏也不使膳宰薦不主於飲酒變於燕疏注宰胥至於燕○釋曰云不使膳宰薦者不主飲酒變於燕者決燕禮使膳宰薦主於飲酒故也賓升筵庶子設折俎庶子司馬之屬掌正六牲之體者也鄉射記曰賓俎脊脅肩肺不使膳宰設俎爲射變於燕賓坐左執觚右祭脯醢奠爵于薦右興取肺坐絕祭嚌之興加于俎坐挩手執爵遂祭酒興席末坐啐酒降席坐奠爵拜告旨執爵興主人荅拜降席席西也旨美也樂闋闋止也樂止者尊賓之禮盛於上也疏「樂闋」○注「闋止至上也」○釋曰：此上經云奠爵拜告旨，下經云賓卒爵，則此經者是賓啐酒節，即樂闋。燕禮記亦云賓及庭奏肆夏，賓拜酒，主人荅拜而樂闋，亦據啐酒時。按郊特牲賓入大門而奏肆夏，又曰卒爵而樂闋，與此啐酒樂闋不同者，彼注謂朝聘者，故卒爵而樂闋。此燕己臣子法，故啐酒而樂闋也。云尊賓之禮盛於上也者，賓及庭奏肆夏，乃至升堂飲酒乃樂止，是尊賓之禮盛於堂上者也。賓西階上北面坐卒爵，興，坐奠爵，拜，執爵興。主人荅拜。

儀禮疏卷第十六

儀禮注疏卷十六校勘記

阮元撰盧宣旬摘錄

大射第七儀字 毛本射下有儀字陳閩監葛俱無與此本合釋文唐石經徐本俱有

射義於五禮 浦鏜校改義爲儀

大射之儀

發不失正鵠者 要義同毛本發下有而字○按射義有而字

其唯賢者乎 毛本唯誤作維

鄭意不云 陳本要義同毛本不作下

射人戒諸公卿大夫射

凡其戒命 命閩監俱作令與疏合按周禮原文亦作令

致齋三日若然 毛本三誤作二

王自澤宮而還 毛本宮誤作官

前射三日

冢宰之屬 之通解作官

司馬命量人

掌量道巷塗數者　塗釋文作涂按涂塗古今字

止視遠近　陳閩監葛通解楊氏同徐本聶氏毛本止俱作正按周禮射人注云貍善搏者也行則止而擬焉其發必獲

大侯熊侯　大侯下通解有者字

皆以布以皮爲鵠　要義同毛本通解布下有爲之而三字

容謂之乏　要義同毛本容上有云字

則此貍步六尺明矣　自此至以非之也五十一字要義祇少鄭云此故先故注彼亦也十字餘與毛本同陳閩通解俱作則此貍步六尺明矣者先鄭注射人貍步謂一舉足爲步於今爲半步後鄭注引鄉射考工爲證者所以明步爲六尺而非三尺也

遂命量人巾車

有革韇　陳閩監本同毛本韇作韇

幷下云亦鳥名　陳閩監本同毛本下作正○按當作幷下云正亦鳥名

通躬身四尺　毛本通解身作與舌二字

張法糝鵠鵠下畔　通解同毛本重鵠字○按上鵠字當作侯

卽三分寸一也 毛本寸一作一寸

樂人宿縣

沽洗 釋文徐本同毛本沽作姑

考神納賓者 納陳閩監本俱作內

大呂中呂已東 中要義作仲

謂諸侯之卿大夫士也 要義謂下俱有諸侯之卿大夫士也八字○按有此八字與周禮注合毛本無此八字

且是全之爲肆 要義同毛本且作亦通解且是作是亦

以言鏄形如鍾而復大 要義同毛本鏄作鐘

建鼓在阼階西

應之 徐本同毛本應上有應鼙二字通解楊敖俱有

西階之西

解先擊朔鼙之意 要義同毛本意作義

故先擊朔鼙應鼙應之也 要義同毛本鼙下無應鼙二字按此與上節注文互誤也

簜在建鼓之閒

今大予樂官有焉 予閩本要義俱作子周學健云大予漢樂官名或本作子者誤

小者謂之和 陳閩監本同毛本者作笙

鼗倚於頌磬西紘

而作護樂 要義同毛本護作頀

故至賓至搖之 通解毛本至作於

則以鼗將命 要義同毛本以鼗作鼗鼓

厥明○冪用錫若絺 陸氏曰絺劉作綌音郤盧文弨疑綌爲絺誤詳釋文校勘記

爲冪蓋卷辟綴於篠 冪宋本釋文作鼏

此以下至東陳 要義同毛本此以下作自此

說者以爲若井鹿盧者鹿盧之形 要義同毛本盧下誤脫者鹿盧三字

卽葬下棺碑閒重鹿盧之輂 陳閩通解要義碑俱作碑毛本作椑陳閩通解輂俱作類要義毛本作輂○按當作碑

其形兩頭大而中央小 此本要義俱無此九字通解有

豐者承尊之器豐字諸本皆同以下文考之當作豐然疏此說甚謬按說文有豐無豐豐豆之豐滿者也从豆象形鄭以為諧聲者蓋其字从二丰既象豐滿之形復諧丰聲非別有豐字也賈以豐為豐年曲為承尊之器殊非鄭意至轂豆多有之說尤屬傅會古謂豆為豉至六國後始言豆禮記投壺篇實小豆焉此七十子後學者所記也

是以豐年之字毛本豐誤作曲

曲下著豆毛本曲誤作豐

比常豆而下要義同陳閩通解常俱作於毛本通解下俱作差短

亦謂之坫要義坫俱从土下並同毛本坫作玷非也

面鄉也也陳閩俱作尊

故皆尊鼻鄉君鼻閩作卑

又尊于大侯之乏東北

鬯鬱又在五齊之上要義同毛本通解鬯鬱作鬱鬯

羹定

烹肉熟也烹釋文作亨

射人告具于公〇大史在干侯之東北 毛本史作夫釋文唐石經徐本通解楊敖俱作史石經考文提要云釋文大史音泰足以證夫字之誤

大史在干侯東北 毛本史作夫徐本通解楊氏俱作史是也與此本標目合

公降立于阼階之東南

以其大夫與公卿面有異 陳閩通解同毛本面作而

擯者反命

論卿大夫定位 毛本定作庭

擯者納賓

自此盡賓荅再拜 毛本再拜作拜再

論主人迎賓拜至 別本迎誤作延按下注有延賓之語作延亦非無因

奏肆夏

執傹也 毛本傹作競〇按作傹與周禮釋文合

武王有明明於周 監本作明昭

任賢用能 毛本任作用

故諸侯亦得用若 要義同毛本若作者○按若字屬下句毛本非也

若賓醉而出 毛本醉誤作奏

主人卒洗賓揖升 毛本揖下有乃字唐石經徐本通解敖氏俱無乃字

賓每先升尊也 徐本通解同毛本尊也作揖之

樂闋

奏肆夏乃至升堂飲酒 要義同毛本通解無乃字

儀禮注疏卷十六校勘記

儀禮疏卷第十七

唐朝散大夫行大學博士弘文館學士臣賈公彦等撰

賓以虛爵降既卒爵將酢也疏賓以虛爵降○釋曰自此盡西序東面論賓酢主人之事主人降賓洗南西北面坐奠觚少進辭降主人西階西東面少進對賓坐取觚奠于篚下盥洗篚下篚南主人辭洗賓坐奠觚于篚興對卒洗及階揖升主人升拜洗如賓禮賓降盥主人降賓辭降卒盥揖升酌膳執冪如初以酢。主人于西階上主人北面拜受爵賓主人之左拜送爵賓南面授爵乃於左拜凡授爵鄉所受者疏注賓南至受者○釋曰知者以經云主人北面明凡授爵鄉所受者鄉飲酒鄉射獻酬酢皆然故云凡謂南面授與所受者也主人坐祭不啐酒辟正主也未薦者臣也不拜酒主人之義燕禮曰不拜酒不告旨遂卒爵興坐奠爵拜執爵興賓荅拜主人不崇酒以虛爵降奠于篚不崇酒辟正。主也崇充也謂謝酒惡相充實賓降立于西階西東面既受獻矣不敢安盛疏賓降至東面○注既受至安盛○釋曰以堂上爲盛故降下下文於酬賓降筵西東南面立注云不立於序內位彌尊燕禮注云位彌尊禮彌卑是未酬已前禮盛者也擯者以命升賓賓升立于西序東面命公命也東西牆謂之序疏注命公至之序○釋曰知公命者命由尊者出故也云東西牆謂之序者爾雅釋宮文主人盥洗象觚升酌膳東北面獻于公象觚觚有象骨飾者也取象觚東面不言實之變於燕疏主人至于公○注象觚至于燕○釋曰自此盡于篚論主人獻公之事云取象觚東面者鄉公爲敬故也云不言賓之變於燕者燕禮云賓之主於飲酒此云酌不云賓之主於射略於飲酒故也公拜受爵乃奏肆夏言乃者其節異於賓疏公拜至肆夏○注言乃至於賓○釋曰言異者賓及庭奏此君受爵乃奏是其節異故也云乃者緩辭也主人降自西階阼階下北面拜送爵宰胥薦脯醢由左房庶子設折俎升自西階自由也左房東房也人君左右房鄉射記曰主人俎脊脅臂肺也疏注人君左右房○釋曰以人君左右房故云左房對大夫士東房而已故云東房不言左以無右所對故也公祭如賓禮庶子贊授肺不拜酒立卒爵坐奠爵拜執爵興凡異者君尊變於賓疏注凡異至於賓○釋曰言異者使庶子授肺不拜酒立卒爵之等皆異於賓也主人荅拜樂闋升受爵降奠于篚更爵洗升酌散以降酢于阼階下北面坐奠爵再拜稽首公荅拜更易也易爵不敢襲至尊古文更爲受疏更爵至荅拜○注更易至爲受○釋曰自此盡于篚論主人受公酢之事主人坐祭遂卒爵興坐奠爵再拜稽首公荅拜主人奠爵于篚主人盥洗升媵觚于賓酌散西階上坐奠爵拜賓西階上北面荅拜媵送也散方壺之酒也古文媵皆作騰疏主人至荅拜○注媵送至作騰○釋曰自此盡南面立論主人受賓爵之事主人坐祭遂飲賓辭卒爵興坐奠爵拜執爵興賓荅拜辭者辭其代君行酒不立飲也比於正主酬也疏注辭者至酬也○釋曰上文公飲立卒爵此則坐飲故以公決之云比於正主酬也者謂於鄉飲酒鄉射是正主酬賓之節也主人降洗賓降主人辭降賓辭洗卒洗賓揖升不拜洗不拜洗酬而禮殺也

主人酌膳賓西階上拜受爵于筵前反位主人拜送爵賓升席坐祭酒遂奠于薦東遂者因坐而奠之不北面也奠之者酬不舉也疏主人至薦東○注遂者至舉也○釋曰云不北面也者此決鄉飲酒鄉射賓北面坐奠觶于薦東注皆云酬酒不舉引曲禮君子不盡人之歡不竭人之忠以全交也主人降復位賓降筵西東南面立賓不立於序內位彌尊疏注賓不至彌尊○釋曰案鄉飲酒注云位彌尊禮彌卑引雜記一張一弛此對酬時立于西序之時不降于下禮稍卑位稍尊此在席西東面位彌尊禮彌卑也小臣自阼階下請媵爵者公命長命之使選於長幼之中也卿則尊士則卑疏小臣至命長○注命之至則卑○釋曰自此盡反位論將爲賓舉旅使二。大。夫媵爵之事云命之使選於長幼之中知不取卿大夫之年長者以其。下。作大夫不取年長又知不取臣中位長者以其不取卿故鄭云卿則尊士則卑故不取之而取下大夫尊卑處中者小臣作下大夫二人媵爵作使媵爵者阼階下皆北面再拜稽首公荅拜再拜稽首拜君命媵爵者立于洗南西面北上序進盥洗角觶升自西階序進酌散交于楹北降適阼階下皆奠觶再拜稽首執觶興公荅拜序次第也猶代也先者既酌右還而反與後酌者交於西楹北相左俟於西階上乃降往來以右爲上古文曰降造阼階下媵爵者皆坐祭遂卒觶興坐奠觶再拜稽首執觶興公荅再拜媵爵者執觶待于洗南待待君命小臣請致者請君使一人與二人與不必君命若命皆致則序進奠觶于篚阼階下皆北面再拜稽首公荅拜媵爵者洗象觶升實之序進坐奠于薦南北上降適阼階下皆再拜稽首送觶公荅拜既酌而代進往來由尊北交於東楹北亦相左奠於薦南不敢必君舉疏注既酌至既君舉○釋曰言亦者亦前酬酌自飲時相左於西楹之北時後者南相東向先者北相西向向西階右旋北面待後至降也今此二人先者於尊西東面酌訖於東楹之北東向向公前奠之右旋于東楹之北北畔西過後者亦於罇西東面酌訖於東楹之北南過東向於公前奠之是亦交於楹北相左也云奠於薦南不敢必君舉者凡舉者於右不舉者於左今奠於薦左是不舉之處故云不敢必君舉也

媵爵者。皆。退反位反門右北面位疏注反門右北面位○釋曰但大夫初與卿在門右北面得揖少進中庭北面今當反庭中位而立云門右北面位者大夫雖得揖少進。仍是門右北面位少進而已故鄭還以門右北面言之

公坐取大夫所媵觶興以酬賓賓降西階下再拜稽首小臣正辭賓升成拜。公起酬賓於西階降尊以就卑也正長也小臣長辭變於燕升成拜復再拜稽首先時君辭之於禮若未成然疏公坐至成拜○注公起至成然○釋曰自此盡復位論為賓舉旅下及大夫之事云小臣長辭變於燕者燕禮直使小臣辭亦是燕主歡此射禮辨尊卑故使小臣長辭異於飲酒禮故云變於燕也

公坐奠觶荅拜執觶興公卒觶賓下拜小臣正辭賓升再拜稽首不言成拜者為拜故下賓未拜也下不。輒拜禮。殺也下亦降也發端言降拜因上事言下拜疏公坐至稽首○注不言至下拜○釋曰自此已下皆云公荅拜不言再拜燕禮皆言公荅再拜不同者燕主歡不用尊卑故公拜皆再拜此射禮主辨尊卑故直云荅拜荅一拜此一拜者正禮也故周禮大祝辨九拜一曰稽首首至地臣拜君法二曰頓首頓首平敵相拜法三曰空首君荅臣下拜。復不為再拜即七曰奇拜是也云下亦降也者此非訓下為降故。以發端言降拜因上事言下拜直因降有上文即云下也經云公卒觶賓下拜者公尊不拜既爵賓降拜若為君拜既爵也

公坐奠觶荅拜執觶與

賓進受虛觶降奠于篚易觶興洗賓進以臣道。就君受虛爵君不親酌凡爵不相襲者於尊者言更自敵以下言易更作新易有故之辭也不言公酬賓於西階上及公反位者尊君空其文也公有命則不易不洗反升酌膳下拜小臣正辭賓升再拜稽首公荅拜不易君義也不洗臣禮也賓告于擯者請旅諸臣擯者告于公公許旅序也賓欲以次序勸諸臣酒賓以旅大夫于西階上擯者作大夫長升受旅作使也使之以長幼之次先孤。卿後。大夫賓大夫之右坐奠觶拜執觶興大夫荅拜賓在右相飲之位【疏】注賓在右相飲之位○釋曰賓位在左而在大夫之右者是相飲之位非賓主之位也賓坐祭立卒觶不拜酬而禮殺若膳觶也則降更觶洗升實散大夫拜受賓拜送遂就席言更觶尊卿尊卿則賓禮殺【疏】注言更至禮殺○釋曰上注云不相襲者於尊。言更自敵以下言易此賓於卿是自敵以下當言易今言更者尊卿。尊則卑賓禮殺也大夫辯受酬如受賓酬之禮不祭酒卒受者以虛觶降奠于篚復位卒猶已也今文辯作徧【疏】大夫至復位○釋曰言復位者亦如上復門右北面位即。中。庭北面位也主人洗觚。升實散獻卿于西階上酬賓而後獻卿飲酒禮成於酬【疏】主人至階上○注酬賓至於酬○釋曰自此盡無加席論獻公卿之事司宮兼卷重席設于賓左東上言兼卷則每卿異席重席蒲筵緇布純席卿言東上統於君席自房來【疏】司宮至東上○注言兼至房來○釋曰上文設席之下注謂唯賓及公席布之也其餘樹之於位後。耳。者。以至獻卿乃布之。若。然此云兼卷者不。謂始卷之直是鋪設之時兼卷而設之也卿升拜受觚主人拜送觚卿辭重席司宮徹之徹猶去也重席雖非加猶爲其重累辭之辟君乃薦脯醢卿升席庶子設折俎卿折俎未聞蓋用脊脅臑折肺卿有俎者射禮尊疏乃薦至折俎○注卿折至禮尊○釋曰云卿折俎未聞者以燕禮卿無俎故云未聞又云蓋用脊脅臑折肺者案鄉射記云賓俎脊脅肩肺主人俎脊脅臂肺又獲者之俎。脊脅肺臑彼注云臑若膊胳觳之折以大夫之餘體以此言之則此賓俎亦用脊脅肩肺君俎亦脊脅臂肺前體有肩臂臑後體有膊胳觳尊卑以次用之故卿宜用臑若有公公用臑卿宜用膊也云卿有俎者射禮尊者對燕禮不辨尊卑故公卿等皆無俎也卿坐左執爵右祭脯醢奠爵于薦右興取肺坐絕祭不嚌肺興加于俎坐挩手取爵遂祭酒執爵興降席西階上北面坐卒爵興坐奠爵拜執爵興陳酒肴君之惠也不嚌啐。事。在。射。臣。之。意疏注陳酒至之意○釋曰案燕禮。不。在射亦不。啐者彼爲臣有功君與之燕恩及於卿故卿不敢啐也卿有無俎者自然不嚌也主人荅拜受爵卿降復位復西面位不酢辟君辯獻卿主人以虛爵降奠于篚擯者升卿卿皆升就席若有諸公則先卿獻之如獻卿之禮席于阼階西北面東上無加席公孤也席之北面爲大尊屈之也亦因阼階上近君近君則親寵苟敬私昵之坐小臣又請媵爵者二大夫媵爵如初請致者若命長致則媵爵者奠觶于篚命長致者使長者一人致也公或時未能舉自優暇疏小臣至于篚○注命長至優暇○釋曰自此盡奠于篚論舉旅之事一人待于洗南不致者長致者阼階下再拜稽首公荅拜再拜稽首拜君命洗象觶升實之坐奠于薦南降與立于洗南者二人皆再拜稽首送觶公荅拜奠於薦南先媵者上觶之

處也二人皆拜如初共勸君飲之

公又行一爵若賓若長唯公所賜一爵先媵者之下觶也若賓若長禮殺也長孤卿之尊者也於是言賜射禮明尊卑

【疏】注於是言至尊卑○釋曰案燕禮爲卿舉旅言若賓若長唯公所酬燕禮主於飲酒此言所賜是以決之也

以旅于西階上如初賜賓則以酬長賜長則以酬賓大夫長升受旅以辯

大夫卒受者以虛觶降奠于篚主人洗觚升獻大夫于西階上大夫升拜受觚主人拜送觚大夫坐祭立卒爵不拜既爵主人受爵大夫降復位既盡也大夫卒爵不拜賤不備禮

【疏】主人至復位○釋曰自此盡就席論獻大夫之事○注大夫至備禮○釋曰此注云大夫卒爵不拜賤不備禮燕禮注云禮殺者兩注相兼。乃足對公卿拜既爵此不拜此獻卿後是禮殺亦是賤不備禮也

胥薦主人于洗北西面脯醢無脀胥宰官之吏主人下大夫也先大夫薦之尊之也不薦于上辟正主脀俎賓

辯獻大夫遂薦之繼賓以西東上若有東面者則北上卒擯者升大夫大夫皆升就席辯獻乃薦略賤也亦獻後布席也

【疏】辯獻至就席○注辯獻至席也○釋曰既言辯獻大夫遂薦之後乃云繼賓以西東上以下云云者上總言。獻大夫。辯。乃一時薦之下文更明布席位次就席之儀故云辯獻乃薦略賤也略賤則是獻訖降階獻辯擯者乃揔升之就席就席訖乃薦之

乃席工于西階上少東小臣納工工六人四瑟工謂瞽矇善歌諷誦詩者也六人大師少師各一人上工四人四瑟者禮大樂衆也

【疏】乃席至四瑟○注工謂至衆也○釋曰自此盡西面北上坐論作樂及獻工之事云六人者大師少師各一人上工四人皆據文而言也云禮大樂衆也者對燕禮工四人而言也

僕人正徒相大師僕人師相少師僕人士相上工徒空手也僕人正僕人之長師其佐

也士其吏也天子視瞭相工諸侯兼官是以僕人掌之大師少師工之長也凡國之瞽矇正焉杜蒯曰曠也大師也於是分別工及相者射禮明貴賤疏僕人正至上工○注徒空至貴賤○釋曰云僕人正僕人之長師其佐也者以正爲長師爲衆。故僕人正爲長僕人師爲佐也云士其吏也者以其在僕人之下故知僕人之吏則府史之類云天子視瞭相工者見於眡瞭職文云大師少師工之長也者周禮春官大師下大夫二人小師上士四人鄭注云凡樂之歌必使瞽矇爲焉命其賢知者以爲大師。小師是樂工之長也云杜蒯曰曠也大師也者禮記檀弓文引之者證大師爲樂工之長也云於是分別工及相者射禮明貴賤者對燕禮主歡不明貴賤故不分別工貴及相賤元空一字

相者皆左何瑟後首內弦挎越右手相謂相上工者後首主於射略於此樂內弦挎越以右手相工由便也越瑟下孔所以發越其聲者也古文後首爲後手

後者徒相入謂相大師少師者也上列官之尊卑此言先後之位亦所以明貴賤凡相者以工出入之位疏後者徒相入○注謂相至出入○釋曰上列官之尊卑此陳先後之位亦是以明貴賤者上列官之尊卑謂先言僕人正與大師後言僕人士與上工是列官尊卑也此陳先後則上工與瑟在前大師少師在後是先後之位既據入時行位。亦。據。升。堂。坐。之。先。後亦依此也云凡相者以工出入者欲見入時如此出時亦然

小樂正從之從大師也後升者變於燕也小樂正於天子樂師也疏小樂正從之○注從大至師也○釋曰云從大師也後升者變於燕也者燕禮樂正先升又不使小樂正者彼主於樂此則略於樂故也

升自西階北面東上工六人

坐授瑟乃降相者也降立于西縣之北疏坐授瑟乃降○注相者至之北○釋曰鄉飲酒注云降立于西方近其事以取近其事故在西縣之北也

小樂正立于西階東不統於工明工雖衆位猶在此疏小樂至階東○注不統至在此○釋曰云不統於工明工雖衆位猶在此者決燕禮工四人樂正升立于工之西在西階東不統於工此雖六人衆於彼猶統于階。而云西階東不變皆吏卜

樂正通之於工恐工位移近西故猶統于階也乃歌鹿鳴三終鹿鳴小雅篇也人君與臣下及四方之賓燕講道脩政之樂歌也言己有旨酒以召嘉賓與之飲者樂嘉賓之來示我以善道又樂嘉賓有孔昭之明德可則。傚也歌鹿鳴三終而不歌四牡皇皇者華主於講道略於勞苦與諸事疏乃歌鹿鳴三終○注鹿鳴至諸事○釋曰云主於講道略於勞苦者據四牡勞使臣此不用之云與諸事者謂皇皇者華有諸謀諸度諸詢之事亦略之也

主人洗升實爵。獻工工不與左瑟工歌而獻之以事報之也洗爵獻工。辟正主也獻不用觚工賤異之也工不與左瑟便其右大師無瑟於是言左瑟者節也疏主人至左瑟○注工歌至節也○釋曰云洗爵獻工辟正主也者案鄉飲酒鄉射云大師則為之洗謂君賜之樂者其餘工不為之洗是正主法今此工六人皆為之洗故云辟正主人必知同洗者以其更無別獻之文故知同洗也云獻不用觚工賤異之也者燕禮大射獻賓獻卿大夫皆用觚而獻工用爵故云異之鄉飲酒鄉射一獻同用爵者變於君故也云大師無瑟於是言左瑟者節也者上言獻工下云一人拜受爵則六人皆在工內而云工不與左瑟於是明大師亦入左瑟中故須云大師無瑟於是言左瑟者以其六人摠當獻酒之節故摠入左瑟文不謂有瑟也

一人拜受爵謂大師也言一人者工賤同之也工拜於席疏云一人拜受爵○注謂大至於席○釋曰云謂大師也言一人者工賤同之也者鄉飲酒鄉射云大師則為之洗則知此一人謂大師不言大師對君工賤不異其文故同之而云一人也

主人西階上拜送爵薦脯醢輒薦之變於大夫疏主人至脯醢○注輒薦之變於大夫○釋曰案上文云辯獻大夫遂薦之此工得獻不待辯輒薦之故云變於大夫也

使人相祭使人相者相其祭薦祭酒疏使之相祭○注使人至祭酒○釋曰知祭薦祭酒者此文承一人受爵薦脯醢之下明二者皆祭也若下文衆工直祭酒不祭脯醢也

不卒爵不拜主人受虛爵衆工不拜受爵坐祭遂卒爵辯有脯醢不

祭相者相其祭酒而已主人受爵降奠于篚復位大師及少師上工皆降立于鼓北羣工陪于後鼓北西縣之北也言鼓北者與鼓齊面餘長在後也羣工陪于後三人為列也於是時小樂正亦降立於其南北面工立僕人立於其側坐則在後考工記曰鼓人為臯陶長六尺有六寸

疏大師至于後○注鼓北至六寸○釋曰知鼓北是西縣之北者以其下文大師少師始還向東明此降者降在西縣之北可知云言鼓北者與鼓齊面餘長在後也者案前列樂縣之時鼓在鏄南今不言在鐘磬之北遙據鼓而言之者欲取形大又案面向東工亦面向東故遙取鼓面也言餘長在後者欲見鼓長六尺六寸工面與鼓面齊鼓有餘長在人後矣言此者工與鼓前面齊後面不齊之意也云羣工陪于後三人為列也者大師少師二人上工四人今若立時三人為列大師後有工二人少師後亦有工二人故云三人為列也云於是時小樂正亦降立於其南北面者亦約還樂於東方工西面樂正北面言亦者亦東方也云工立僕人立于其側坐則在後者亦約還樂東方時面位得知也云考工記曰鼓人為臯陶長六尺有六寸者彼云韗人為臯陶先鄭云韗書或為鞠玄謂鞠者為臯陶名官鞠郎陶字從革今云鼓人者誤當作鞠人鞠人掌鼓後人誤言鼓鼓人自在地官掌教六鼓矣云為臯陶者鼓木之名其穹隆二十板謂鼓木長六尺六寸賈侍中彼解為晉鼓引之者證鼓東西長工齊前面於後有餘之義也

乃管新宮三終管謂吹簜以播新宮之樂其篇亡其義未聞笙從工而入既管不獻略下樂也立于東縣之中

疏乃管新宮三終○注管謂至之中○釋曰云管謂吹簜者此云管上云簜故鄭合為一事解之云其篇亡其義未聞者以其堂下詩故與由庚之等同亡但上由庚由儀之等有序無詩同云有其義而亡其辭此則辭義皆亡故云其義未聞云笙從工而入者案燕禮云笙入立于縣中有笙入之文此上下不見笙入之文故知笙從工而入也上云簜解為竹謂笙簫之屬竹即管也今此經云管已解簜為管復云笙從工而入者燕禮記云下管新宮笙入三成則吹管者亦吹笙故兼言笙欲見笙管相將也云立于

東縣之中者燕禮笙入立于縣中則於此縣而言。此辟射位故知立于東縣之中也卒管大師及少師上工皆東坫之東南西面北上坐不言縣北統於堂也於是時大樂正還北面立于其南疏○卒管至上坐○注不言至其南○釋曰工人前不卽還于東者爲管笙所作不以無事亂有事故待卒管大師乃東坫西面北上坐不言去堂遠近當如鄉射遷工阼階下之東南堂前三笴西面北上云不言縣北統于堂也者上云鼓北不統於堂者彼權立非正位故也擯者自阼階下請立司正三爵既備上下樂作君將留羣臣而射宜更立司正以監之察儀法也疏擯者至司正○注三爵至法也○釋曰自此盡北面立論將射立司正察儀安賓之事公許擯者遂爲司正君許其請因命用之不易之者俱相禮其事同也司正適洗洗角觶南面坐奠于中庭奠觶者著其位以顯其事威儀多也疏注奠觶至多也○釋曰燕禮及此射禮司正不以觶升而奠之於地比鄉飲酒及鄉射爲顯其威儀多自此已後還與二鄉同也升東楹之東受命于公西階上北面命賓諸公卿大夫公曰以我安賓諸公卿大夫皆對曰諾敢不安以我安者君意殷勤欲留之以我故安也司正降自西階南面坐取觶升酌散降南面坐奠觶奠於中庭故處興右還北面少立坐取觶興坐不祭卒觶奠之興再拜稽首左還南。面。坐。取觶。洗南面反奠于其所北面立皆所以自昭明於衆也將於觶南北面則右還於觶北南面則左還如是得。從觶西往來也必從觶西往來者爲君在阼不背之也司射適次袒。決遂執弓挾乘矢於弓外見鏃於弣右巨指鉤弦司射射人也次若今時更衣處。張幃席爲之耦次在洗東南袒左免衣也決猶闓也以象骨爲之著右巨指所以鉤弦而闓之遂射韝也以朱韋爲之著左臂。所以遂弦也方持弦矢曰挾乘矢四矢弣弓。把也見鏃焉順其射也右巨指右手大擘以鉤弦弦在旁挾由便也古文挾皆作接【疏】司射至鉤絃○注司射至作接○釋曰自此至于次論射事將至誓射者及比三耦之事云司射射人也者案燕禮射人告具注云射人主此射禮以其或射又云射人納賓又云射人請立司正公許射人遂爲司正則射人司正一人也又云乃薦司正與射人一人注天子射人司士皆下大夫二人諸侯則上士其人數亦如之又曰若射則大射正擯司射注大射正射人之長此篇云射人告具又曰大射正擯自此以後皆止云擯擯者自阼階下請立司正公許遂爲司正則此篇司正與大射正爲一人也下云公就物小射正奉決拾以笥大射正執弓注云大射正。舍司正親其職乃薦司正注云司正大射正是也云耦次在洗東南者此無正文案鄉射記云設楅橫奉之南面坐奠之南北當洗此下云三耦出次西行拾取矢又當北行向楅則次在洗東南矣云方持弦矢曰挾者以矢橫爲方鄉射記云凡挾矢於二指閒橫之是也

自阼階前曰爲政請射爲政謂司馬也司馬政官主射禮【疏】自阼至請射○注爲政至射禮○釋曰云爲政謂司馬也者案大宰云四曰夏官其屬六十掌邦政是爲政謂司馬也云司馬政官主射禮者其屬有射人主射事故司馬政官主射禮也

遂告曰。大夫與大夫士御於大夫因告選三耦於君御。猶侍也大夫與大夫爲耦不足則士侍於大夫與爲耦也今文於爲于【疏】遂告至大夫○注因告至爲于○釋曰云不足則士侍於大夫與爲耦也者是以曲禮云君使士射注謂以備耦是也

遂適西階前東面右顧命有司納射器納內也【疏】遂適至射器○釋曰命謂司射命之也言有司則前文司士戒士射與贊者注云謂士佐執事不射者是也鄉射西階前西面命弟子納射器此言東面者君在阼宜向之故東面右顧者以其有司是士士在西階南東面是以右顧向之

射器皆入君之弓矢適東堂賓之弓矢與中籌豐皆止于西堂下衆

弓矢不挾揔衆弓矢楅皆適次而俟中閭中筭器也籌筭也豐可奠射爵者衆弓矢三耦及卿大夫以下弓矢也司射。矢亦止西堂下衆弓矢不挾則納公與賓弓矢者挾之楅承矢器今文俟作待【疏】射器至而俟○注中閭至作待○釋曰云中閭中筭器也者鄉射記云於郊則閭中據此大射故知閭中中所以盛一筭故云筭器也云司射矢亦止西堂下者下文云司射卒誘射遂適堂西改取一个挾之是也若然司射有矢無弓在堂西有弓者誤或則據司射將獻釋獲者適阼階西去朴適堂西釋弓脫決拾是時弓在西堂下也

工人士與梓人升自北階兩楹之閒疏數容弓若丹若墨度尺而午射正蒞之。工人士梓人皆司空之屬能正方圜者。一縱。一橫曰午謂畫物也射正司射之長【疏】工人至蒞之○注工人至之長○釋曰知工人士與梓人皆司空之屬能正方圜者冬官雖。亡不知官屬之號見今考工記有三十官有梓人之官此工人士又與梓人同事故知冬官未亡時屬司空也云能正方圜者以工巧之能知也繢人職云火以圜土以黃其象方梓人職張五采之侯之類是知方圜也云一從一橫曰午謂畫物也者則上文橫與距隨是也但未知從者橫者若爲用丹若爲用墨或科用其一云午十字謂之先以左足履物右足隨而並立也云度尺者卽鄉射記從如笴三尺橫如武尺二寸是也

卒畫自北階下司宮埽所畫物自北階下埽物重射事也工人士梓人司宮位在北堂下【疏】卒畫至階下○注埽物至堂下○釋曰知工。人梓人司宮位在北堂下雖無正文南方不見有位其人升降自北階明位在北堂下

大史俟于所設中之西東面以聽政中未設也大史俟焉將有事也鄉射禮曰設中南當楅西當西序東面【疏】大史至聽政○注中未至東面○釋曰注引鄉射者欲見大史位之所在在此也

司射西面誓之曰公射大侯大夫射參士射干射者非其。侯中之不獲卑者與尊者爲耦不異侯

大史許諾誓猶告也古文異作辭疏司射至許諾○注誓猶至作辭○釋曰。卑者尊者射不異侯言此者以其誓云君射大侯大夫射參侯士射干侯恐與尊為耦亦各射己侯故覆言此賓與君為耦同射大侯士與大夫為耦同射參侯以其既與尊者為耦不可使之別侯別侯者則非耦類故也

遂比三耦比選次之也不言面者大夫在門右北面士西方東面疏遂比三耦○注比選至東面○釋曰云不言面者以下云面故決之云大夫在門右北面士西方東面者仍依朝位以其設朝之班位以來其位未改明知司射命誓及比次須還依舊位司射面皆向之而比次也若耦及侯數天子大射賓射六耦三侯畿內諸侯則二侯四耦畿外諸侯大射賓射皆三侯三耦但諸侯畿外畿內各有一申一屈故畿外三侯遠尊得申與天子同三耦則屈畿內二侯近尊則屈四耦則申若燕射則天子諸侯例同。三耦一侯而已以其燕私屈也若卿大夫士例同一侯三耦略言之數備禮記射義也

三耦俟于次北西面北上未知其耦今文俟為立疏三耦至北上○注未知至為立○釋曰云未知其耦者下經始命之故云未知其耦若然此經已言面位者三耦雖未知與誰為耦要知為三耦故立於此

司射命上射曰某御於子命下射曰子與某子射卒遂命三耦取弓矢于次取弓矢不拾者次中隱蔽處疏司射至于次○注取弓至蔽處○釋曰云取弓矢不拾者次中隱蔽處者對鄉射堂西顯露之處拾取矢也

司射入于次搢三挾一个出于次西面揖當階北面揖及階揖升堂揖當物北面揖及物揖由下物少退誘射搢。扱也挾一个挾於弦也个猶枚也由下物而少退謙也誘猶教也夫子循循然善誘人疏司射至誘射○注搢扱至誘人○釋曰。自此至東面論司射誘射之事此射人誘射與鄉射同但鄉射往階西取弓矢此則入次取弓矢為異然此云入次搢三挾一个則已前皆挾乘矢不改鄉射亦然引論語者彼夫子教弟子學問事司射教人射事雖不

同同是教法故引為證也射三侯將乘矢始射干又射參大侯再發將行也行四矢象有事於四方詩云四矢反兮以御亂兮卒射北面揖揖於當物之處不南面者為不背卿疏注不南至背卿○釋曰案鄉射誘射。射卒南面揖者彼尊東或公或卿大夫位同不別故司射不。特尊之此大射辨尊卑尊東唯有天子命卿其餘。小卿及大夫皆賓西故特尊之不背之也及階揖降如升射之儀遂適堂西改取一个挾之改更也不射而挾矢示有事也遂取扑。搢之以立于所設中之西南東面扑所以撻犯教者也於是言立著其位也鄉射記曰司射之弓矢與扑倚于西階之西疏注扑所至之西○釋曰云於是言立著其位者案鄉射司射先立所設中之西南三耦從之立於西南司射却就之搢三挾一个乃誘射此則誘射卒乃始來就位者由此有次就次取弓矢射訖無事乃於此立故云於是言立著其位也引鄉射記者此不言司射倚弓矢之處引之證此與彼記文同也司馬師命負侯者執旌以負侯司馬師正之佐也。欲令射者見侯與旌深志於侯中也負侯獲者也天子服不氏下士一人徒四人掌以旌居乏待獲析羽為旌疏司馬至負侯○注司馬至為旌○釋曰自此盡而俟論司馬師命服不負侯之事也引天子服不氏下士一人徒四人者欲見諸侯亦三侯亦使服不氏與徒為獲者也云析羽為旌周禮司常文負侯者皆適侯執旌負侯而俟司射適次作上耦射作使也司射反位疏司射反位○釋曰此不言先反位者為三耦始出次未有次前位無所先故不言先也上耦出次西面揖進上射在左並行當階北面揖及階揖上射先升三等下射從之中等上射在左便射位也中猶閒也疏注上射至閒也○釋曰云上射在左便射位也者鄉射亦云上射在左不云便射位者彼東面位上射在北故在左不取便射位之義此次北西面位亦上射在北居。右

故上射須在左以其發位並行及升北面就物位皆言居左履物南面上射乃在右故云上射在左便射位也上射升堂少左下射升

上射揖並行並併也併東行皆當其物北面揖及物揖皆左足履物還視侯中合足而

侯視侯中各視其侯之中大夫耦則視。參中參中十四尺士耦則視干中干中十尺疏注視侯至十尺○釋曰弓二寸以爲侯中參侯七十弓故侯中

十四尺干侯五十弓故侯中十尺司馬正適次袒決遂執弓右挾之出升自西階適下物立于

物閒左執弣右執簫南揚弓命去侯。司馬正政官之屬簫弓末揚弓者執下末揚猶舉也適下物由上射後東過也命去

侯者將射當獲也鄉射禮曰西南面立于物閒疏司馬至去侯○法司馬至物閒○釋曰云司馬正政官之屬者非大司馬大司馬之下屬大司馬故云司

馬屬案天子有大司馬鄉一人小司馬中大夫二人此雖諸侯禮亦應有小司馬號爲司馬正也知適下物由上射後東過也者案鄉射司馬命去侯時由上

射後過至下射西西南面揚弓命去侯故引鄉射證此亦在物閒西南面也負侯皆許諾以宮趨直西及乏南又諾

以商至乏聲止宮爲君商爲臣其聲和相生也鄉射禮曰獲者執旌許諾古文聲爲磬疏負侯至聲止○注宮爲至爲磬○釋曰云宮爲

君商爲臣樂記文云聲和相生者宮生徵徵生商而云相生者雖隔徵亦是相生之義也云聲和者宮數八十一商數七十二彈宮則商應故云聲和也引鄉

射者彼臣禮下云諾聲不絕不言宮商引之證與此不同之意授獲者退立于西方獲者興共而俟大侯服不氏負侯徒

一人居乏相代而獲參侯干侯徒負侯居乏不相代鄉射禮曰獲者執旌許諾聲不絕以至于乏坐東面偃旌興而俟古文獲皆作護非也疏授獲至而

侯○注大侯至非也○釋曰云大侯服不氏負侯徒一人居乏相代而獲者上注引周禮服不氏下士一人徒四人是以鄭分之於三侯之上大侯尊故使服

不氏與一徒居乏自餘徒三人分之於二侯徒以少一人不得相代也引鄉射者此文不具宜與彼同司馬正出于下射之南還

其後降自西階遂適次釋弓說決拾襲反位拾遂也鄉射禮曰司馬反位立于司射之南疏司馬至反位〇注拾遂至之南〇釋曰引鄉射者於此司馬不言位宜與鄉射同故引爲證司射進與司馬正交于階前相左由堂

下西階之東北面視上射命曰毋射獲毋獵獲上射揖司射退反位射獲矢中乏也從旁爲獵獲

乃射上射既發挾矢而后下射射拾發以將乘矢拾更也將行也獲者坐而獲坐言獲也

舉旌以宮偃旌以商。再言獲也獲而未釋獲但言獲未釋筭古文釋爲舍疏獲而未釋獲〇注但言至爲舍〇釋曰云但言獲爲釋筭者鄭注鄉射云但大言獲此注不言大省文也卒射右挾之北面揖揖如升射右挾之右手挾弦上射

降三。等下射少右從之中等並行上射于。左與升射者相左交于階前相揖適

次釋弓說決拾襲反位上射於左由下射階上少右乃降待之言襲者凡射皆袒疏上射至反位〇注上射至皆袒〇釋曰云上射降三等者諸侯階有七等言三等者欲明下射中等是降一等之上下下射過向西畔由右故上射至地待之乃得二人並行上射於左也云與升射者相左交于階前者降射者仍南行故得階前交往來也云上射於左由下射階上少右乃降待之者此鄭解在階下而上射得在左之意由下射階上少右向西畔乃降上射於地待之故並行時得上射在左也云凡射皆袒者案鄉射命三耦各與其耦讓取弓矢拾三耦取弓遂至卒射云脫決拾襲而俟于堂西南面此則前遂命三耦取弓矢于次不言袒至此亦言襲故須言凡射皆袒決在此不見袒亦袒可知也三耦卒射亦如之司射去扑

倚于階西適阼階下北面告于公曰三耦卒射反搢扑反位【疏】三耦至反位○釋曰云司射去扑倚于西階西適阼階下北面告于公者案鄉射司射去扑倚于西階之西升堂北面告于賓曰三耦卒射注云去扑乃升不敢佩刑器卽尊者之側此不升堂而在阼階下而亦去扑者尊公故也司馬正袒決遂執弓右挾之出與司射交于階前相左出出於次也袒時亦適次【疏】司馬至相左○注出出至適次○釋曰自此至與反位論取矢設。楅云出于次也袒時亦適次者以此而言則袒時入次今更出次知不在位上袒而入次取弓者凡袒襲。皆隱處鄉射無次司馬適堂西袒執弓矢不在位此大射有次明入次袒不在位可知升自西階自右物之後立于物閒西南面揖。弓命取矢。揖。推之負侯許諾如初去侯皆執旌以負其侯而俟俟小臣取矢以旌指教之司馬正降自西階北面命設楅此出于下射之南還其後而降之【疏】注此出至降之○釋曰此出于下射之南還其後而降之者○鄉射文此亦然故引爲證也小臣師設楅司馬正東面。以弓爲畢畢所以教助執事者鄉射。記曰乃設楅于中庭南當洗東肆【疏】小臣至爲畢○注畢所至東肆○釋曰云畢所以教助執事者以畢是助載鼎實之物故司馬執弓爲畢以指授若周禮執殳以爲鞭度然引鄉射禮文者證經設楅故亦當洗既設楅司馬正適次釋弓說決拾襲反位小臣坐委矢于楅北括司馬師坐乘之乘四四數之卒。若矢不備則司馬正又袒執弓升命取矢如初曰取矢不索乃復求矢加于楅卒司馬正進坐左右撫之興反位左右撫分上下射此坐皆北面司射適西階西倚扑升自西階東面請射于公倚扑者將卽君前不敢佩刑器也升堂者欲諸公卿大夫辯聞也疏司射至于公○注倚扑至聞之○釋曰自此盡未降請君行第二番射幷命耦之事云倚扑者將卽君前不敢佩刑器也者上以去扑告君不注至此乃注者彼告在阼階下遠君故不注至此升堂乃注義與彼同也上不升者以告。以三耦。射射卒事緩故在下此告欲諸公卿大夫偏聞也故升但升者是其正故鄉射升堂大射告公故前在堂下此升者欲公卿聞之故也公許遂適西階上命賓御于公諸公卿則以耦告于上大夫則降卽位而后告。告諸公卿於堂上尊之也司射自西階上北面告于大夫曰請降司射先降搢扑反位大夫從之降適次立于三耦之南西面北上適次由次前而北西面立疏司射至北上○注適次至面立○釋曰云告于大夫曰請降者以諸公卿在上故請大夫降鄉射降告主人與賓爲耦遂告于大夫又曰賓主人與大夫皆未降注云言未降者見其志在射大夫未降者彼臣禮主人與賓皆卑故大夫未降與此異也云適次由次前而北西面立者上云司射等適次謂入次中此適次者大夫降自西階東行適次所過向堂東西面立因過次爲適次非入次也

司射東面于大夫之西比。耦大夫與大夫命上射曰某御於子命下射曰子與某子射卒遂比衆耦衆耦士也衆耦立于大夫之南西面北上若有士與大夫爲耦則以大夫之耦爲上爲上居羣士之上疏司射至爲上○注爲上至之上○釋曰云爲上居羣士之上者若是士與大夫之尊者爲耦故居羣士之上也鄭云羣士之上者既爲上射恐在大夫之上故云羣士之上是以下注云士雖爲上射其辭猶尊大夫也若然國皆有三卿五大夫三耦六人而已而云使士爲耦者卿大夫或有故或出使容其不足使士備耦之法也命大夫之耦曰子與某子射告於大

夫曰某御於子士雖爲上射其辭猶尊大夫命衆耦如命三耦之辭諸公卿皆未降言未降者見其
志在射疏注言未至在射○釋曰言未者後當降故云未也若終六射不得言未是以鄉射記云衆賓不與射者不降注不以無事亂有事是不射不得
云未也遂命三耦各與其耦拾取矢皆袒決遂執弓右挾之此命入次之事也司射既命而反位不言
之者上射出當作取矢事未訖疏遂命至挾之○注此命至未訖○釋曰自此盡襲反位論命拾取矢之事鄭知此是命入次之事者上來未有三耦入次
袒決遂之事又下文乃云一耦出明此是命入次之事若然司射命訖當反位不言者以其三耦入次出乃當作取矢待作取矢即是事未訖故不言反位也
仍未知令入次之後未出之閒且在西方位且在階下位二者雖無文以事緩急言之三耦入次出則作之宜在階下位於義可也又鄉射云司射反位者司
射反位則有三耦位得言反位此曰射位在西方去次遠又曰射位若階下去次亦遠不得言反故不言也一耦出西面揖當楅北
面揖及楅揖三耦同入次其出也一。一上射出西面立司射作之乃揖行也當楅楅正南之東西上射東面下射西面上
射揖進坐橫弓卻手自弓下取一个兼諸弣興順羽且左還毋周反面揖橫弓者南
踣弓也卻手自弓下取矢者以左手在弓表右手從裏取之便也兼幷也幷矢於。弣當順羽既又當執弦順羽者手放而下備不整理也左還反其位毋周右
還而反東面也君在阼還周則下射將背之古文且爲阻疏上射至面揖○注橫弓至爲阻○釋曰云左還反其位毋周右還而反東面也者毋周者左還
行至位即位右還而反東面是還不周也云君在阼還周則下射將背之者上射左還已還背君而據下射而言者上射去君遠故據下射而言以其下射若
。右還周爲背君若左還還向東覆卻右還西面是不背君周即背故也下射進坐橫弓覆手自弓上取一个兼諸弣

與順羽且左還毋周反面揖橫弓亦南踣弓也人東西鄉以南北爲橫覆手自弓上取矢以左手在弓裏右手從表取之便也

疏下射至面揖○注橫弓至便也○釋曰云橫弓亦南踣弓也者謂南踣弓以左手仰執弓裏以覆右手於弓表向下取矢。亦便也上射下射俱南踣弓者取背君向南爲順故也

既拾取矢梱。之梱齊等之也古文梱作魁兼挾乘矢皆內還南面揖內還者上射左下射右不皆右還亦以君在阼嫌下射故左還而背之也上以陽爲內下以陰爲內因其宜可也

疏兼挾至面揖○注內還至可也○釋曰云不皆右還亦以君在阼嫌下射故左還而背之者若上下俱向內是相向爲順若上射左還是不故背君若下射右還背君少亦左還初時面向君轉身南向背君多似故背君故不左還也云上以陽爲內下以陰爲內因其宜可也者上射東面左還時以左手還取東相陽方爲內下射西面右還時以右手還取西相陰方爲內隨其陰陽得左右相向是因其宜也

適楅南皆左還北面揖搢三挾一个楅南鄉當楅之位也揖以耦左還上射於左以猶與也言以者耦之事成於此意相人耦也上射轉居左便其反位也上射少北乃東面

疏揖以至於左○注以猶至東面○釋曰云言以者耦之事成於此意相人耦也者揖不須言以今云以者必有義意故鄭云言以者耦之事成於此意謂成人耦也拾取矢以其取矢後一番了更無事故云成於此人意相存耦也云上射轉居左便其反位也者位在次北西面是以上射居左至次北右還西面便也云上射少北乃東面知不少南者以其次在楅東南北面揖時已在次西面故知上射少北乃東面得東當次也

退者與進者相左相揖。退釋弓矢于次說決拾襲反位二耦拾取矢亦如之後者遂取誘射之矢兼乘矢而取之以授有司于次中皆襲反位有司納射器因留主授受之司射作射。如初一耦揖升如初司馬命去

侯負侯許諾如初司馬降釋弓反位司射猶挾一个去扑與司馬交于階前適阼階下北面請釋獲于公猶守故之辭於此言之者司射既誘射恒執弓挾矢以掌射事備尚未知當教之也今三耦卒射衆足以知之矣猶挾之者君子不必也公許反搢扑遂命釋獲者設中以弓爲畢北面北面立于所設中之南當視之也鄉射禮曰設中南當楅西當西序大史釋獲小臣師執中先首坐設之東面退大史實八筭于中橫委其餘于中西興共而俟先猶前也命大史而小臣師設之國君官多也小臣師退反東堂下位鄉射禮曰橫委其餘于中西南末

【疏】大史至而俟○注先猶至南末○釋曰此不見執筭之人案鄉射命釋獲者釋獲者執鹿中一人執筭以從之彼臣禮官少釋獲者自執中設之尚使人執筭況國君官臣多大史不自執中豈得自執筭明亦使人執之云小臣師退反東堂下位者其位已見篇首也引鄉射者證筭以南末爲順也

司射西面命曰中離維綱揚觸梱復公則釋獲衆則不與離猶過也獵也侯有上下綱其邪制躬舌之角者爲維或曰維當爲絹絹綱耳揚觸者謂矢中他物揚而觸侯也梱復謂矢至侯不著而還復復反也公則釋獲優君也正當中鵠而著古文梱作魁

【疏】司射至不與○注離猶至作魁○釋曰中謂中侯注不言可知云離猶過也獵也者謂矢過獵因著維與綱二者云侯有上下綱其邪制躬舌之角者爲維者案梓人云上綱與下綱出舌尋縜寸焉注綱所以繫侯於植者也上下皆出舌一尋者亦人張手之節也鄭司農云縜籠綱者維持侯者若然則綱與維皆用繩爲之又以布爲縜籠綱然後以上个下个邊綴著縜兩頭以綱繫著植維者於上个下个上下躬兩頭皆有角又以小繩綴角繫著植故矢或離綱或離維也云或曰維當爲絹絹綱耳者鄭更爲一解絹則維也云絹綱耳者以絹爲綱耳離著絹也云衆當中鵠者大射鵠則梓人云張皮侯而棲鵠是也唯

公所中中三侯皆獲値中一侯則釋獲疏唯公至皆獲○注値中至釋獲○釋曰云中三侯皆釋獲則離維綱及揚觸梱復亦釋之不言者以中爲主也釋獲者命小史小史命獲者傳告服不使知此司射所命疏注傳告服不○釋曰據在大侯而言告服不則參侯干侯告可知舉遠見近司射遂進由堂下北面視上射命曰不貫不釋上射揖司射退反位貫猶中也射不中鵠不釋筭古文貫作關疏司射至反位○注貫猶至作關○釋曰案上文離維綱公則釋獲言之則此云不中不釋筭者據除君而言也釋獲者坐取中之八筭改實八筭與執而俟執所取筭乃射若中則釋獲者每一个釋一筭上射於右下射於左若有餘筭則反委之委餘筭禮貴異又取中之八筭改實八筭于中與執而俟

儀禮疏卷第十七

儀禮注疏卷十七校勘記　　阮元撰盧宣旬摘錄

主人辭洗○以酢主人于西階上　酢釋文作醋云本亦作酢

遂卒爵興

辟正主也　徐本同毛本主作君

小臣自阼階下

使二大夫媵爵之事　要義同毛本大夫作人

以其下作大夫　要義同毛本下作作作下

若命皆致

亦於鐏西東面酌訖　鐏閩本通解俱作鐏

媵爵者皆退反位　者皆石經補缺誤作爵者

仍是門右北面位　通解同毛本仍作乃按仍字是也

公坐○賓升成拜　按顧炎武張爾岐俱云拜唐石經誤作敗然石經實作拜

公坐奠觶

下不輒拜禮也毛本輒作就徐本通解俱作輒禮下徐本通解俱有殺字

復不爲再拜毛本復作後○按毛本是也

故以發端言降拜毛本以作云○按毛本是也

公坐奠觶荅拜

賓進以臣道就毛本就作也徐本通解俱作就陳閩監葛俱無

賓以旅大夫于西階上

先孤卿後大夫卿後大夫四字毛本脫徐本通解俱有

若膳觶也

注言更至禮殺　釋曰上注云不相襲者於尊言更自敵以下言易此賓於卿是自敵以下當言易今言更者尊卿尊則卑賓禮殺也通解於尊言更作於尊者言更尊則尊卿尊下有卿字

大夫辯受酬

大夫至復位　釋曰言復位者亦如上復門右北面位卽中庭北面位也

通解中庭作庭中此節及下節注疏毛本俱脫

主人洗觚 毛本觚作酬唐石經徐本通解敖氏俱作觚

司宮兼卷重席

其餘樹之於位後耳者以 毛本無耳者以三字

若然此云 毛本若然作則

不謂始卷之 毛本謂下有至是二字

乃薦脯醢

主人俎脊脅臂肺 通解要義同毛本俎下有脊字○按鄉射記有脊字

脊脅肺臑 通解要義同毛本脊上有折字○按無者非也

卿坐左執爵

自在射臣之意 徐本通解同毛本作亦自貶於君

不在射亦不晬者 通解同毛本君作不射亦作不嚌陳本君字空不嚌作不亦

主人洗觚升

乃足要義同毛本通解乃上有其義二字

辯獻大夫

上摠言獻大夫辯通解同毛本辯字在獻字上

乃一時薦之通解同毛本乃上有大夫二字

僕人正

故僕人正爲長要義同毛本通解故下有云字

以爲大師小師毛本小作少

後者徒相入

亦據升堂坐之先後亦據陳閩通解俱作既然則與坐先後之位毛本作亦據升堂與坐之先後之位通解作與坐之位

坐授瑟乃降授石經補缺誤作受

小樂正

猶統于階而陳閩通解同而字闕下句毛本而作西

乃歌鹿鳴

可則傚也 傚釋文作詨云亦作傚

主人洗升實爵獻工 實石經補缺誤作賓

辟正主也 辟陳本作别

主人受爵降

其穹隆二十板 毛本穹作窮要義作穹板作版

乃管新宫

故與由庚之等同亡 要義同毛本庚下有由儀二字亡作云

此辟射位 毛本此作北

司正降自西階○南面坐取觶 毛本取作奠石經補缺敖氏俱誤作取

奠于中庭故處 徐本通解楊氏同毛本處作也

與右還○南面坐取觶洗 六字石經補缺脱

如是得從觶西往來也 從通解作於

司射適次袒決遂 袒唐石經作祖誤

張幃席爲之徐本通解楊敖同毛本張作帳○按張是也

所以遂弦也所聶氏作裹

弣弓杷也杷釋文楊氏俱作把

大射正舍舍上陳閩監本俱有射字

遂告曰曰石經補缺誤作于

御猶侍也猶陳閩監葛通解俱作由

射器皆入

司射矢亦止西堂下按疏所據本矢上似有弓字故賈氏辨其誤然述注仍無弓字未詳

工人士○射正莅之莅陳閩監葛俱作菈按莅菈涖蒞諸本錯出後不悉校

一從一橫曰午按釋文一作壹

冬官雖亡要義同毛本亡作士

卒畫

知工人毛本人下有士字

司射西面誓之曰○射者非其侯其下徐本有字未刻

卑者尊者射毛本要義卑者下有與字要義射作爲耦

遂比三耦

例同三耦一侯而已毛本三誤作一

司射入于次

播扱也扱釋文作捷云本又作扱

自此至東面此閩本誤作比

卒射

按鄉射誘射射卒通解同毛本不重射字

故司射不特尊之通解同毛本特作待非也

其餘小卿陳本通解同毛本小作少非也

遂取扑盧文弨云唐石經初並作朴後改從才

司馬師命負侯者

欲令射者通解無欲字

深志於侯中也徐本通解楊氏同毛本於作與

上耦出次

亦上射在北居右通解同毛本右作左周學健云次北西面時上射居右既揖而進上射乃之左

皆當其物○還視侯中視通解誤作侯

則視參中毛本視誤作射

則視干中干于二字易溷後凡可以意會者不悉校

司馬正適次○命去侯侯石經補缺閩監葛本俱誤作侯按提要云監本沿唐石經之誤今石經已缺後人所補不足憑侯得舊本攷之

授獲者

相代而獲者毛本代誤作待

舉旌以宮

再言獲也徐本楊氏同毛本通解再作等

上射降三等毛本三作二唐石經徐本通解楊敖俱作三是也石經考文提要云疏明釋三等及下文中等之義○上射于左于陳閩監葛俱誤作與

司馬正袒決遂

論取矢設楅毛本楅下有之事二字

皆隱處要義同毛本通解皆下有於字

升自西階○揖弓命取矢揖楊氏作挾注同

小臣師設楅司馬正東面面通解誤作南

鄉射記曰浦鏜云禮誤記

卒若矢不備唐石經徐本通解楊敖俱有卒字毛本無

司射適西階西

以告以三耦射射卒毛本通解作以告三耦卒射

公許○卽位而后告唐石經徐陳閩葛通解楊敖同毛本后作後

司射東面于大夫之西比耦釋文唐石經徐本同毛本通解楊敖比俱作北○許宗彥云比誤也下云耦大夫與大夫有與大夫

三字則句首不必有比字可知又司射居大夫之西北不正向大夫者大夫尊也

一耦出西面揖

一一上射出徐本同毛本通解不重一字

上射東面

弃矢於弣毛本弣誤作跗

以其下射若右還周陳閩通解同毛本右作又

下射進

向下取矢亦便也要義同毛本矢下無亦字

既拾取矢梱之唐石經徐陳同毛本梱作棞

退者與進者○相揖退毛本揖下有還字唐石經徐本通解楊敖俱無

司射作射如初毛本射作揖唐石經徐陳通解楊氏敖氏俱作射

司射猶挾一个

衆足以知之矣徐本通解同毛本無足字

司射西面命曰

維當爲絹絹綱耳朱子曰綱耳卽籠綱以布爲之梓人謂之縜而此謂之絹字雖異而音則同敖氏曰絹字恐是縜字之誤○按敖說是也釋文於周禮縜字不云與絹同於此絹字復不云與縜同而音則無異又此疏引周禮處皆作縜至述注則仍作絹似縜與絹爲二物者皆足以滋後人之疑不可不辨綱上通解有爲字

謂矢至侯不著而還復徐本通解楊敖同毛本謂作爲

縜寸焉要義同毛本縜作絹下云縜爲縜著縜並同陳本唯著絹作絹餘同此本

唯公所中

注值中至釋獲毛本值誤作植

釋獲者

注傳告服不毛本服不作至所命○按毛本是

儀禮注疏卷十七校勘記

儀禮疏卷第十八

唐朝散大夫行大學博士弘文館學士臣賈公彥等撰

三耦卒射賓降取弓矢于堂西不敢與君並俟告取之以升俟君事畢疏三耦至堂西○注不敢至事畢○釋曰自此盡共而俟論第二番射三耦訖次公卿大夫之事但此賓先降取弓矢卽升堂者以其不敢與君並待告故下云司射告射于公小射正取公之決拾弁授弓拂弓是君得告乃取弓矢是不敢與君並俟告也云取之以升俟君事畢者案下文云公將射則賓降適堂西袒決遂執弓搢三挾一个升自西階是君事畢君事畢賓降袒決遂乃更升若然賓於此不卽袒決遂者去射時遠故不可卽袒也諸公卿則適次繼三耦以南言繼三耦明在大夫北疏諸公至以南○注言繼至夫北○釋曰言適次者但射位在堂東次在洗東南今諸公卿東南適次前北。至三耦之南以次西面立云繼三耦明在大夫北者以其三耦在北大夫在南而言繼三耦明在大夫之北也公將射則司馬師命負侯皆執其旌以負其侯而俟君尊若始焉疏公將至而俟○注君尊。若始。焉○釋曰云君尊若始焉者案上始時司馬命負侯三耦將射司馬命去侯今三耦卒射君將射司馬使更命負侯是君君尊若始焉司馬師反位隸僕人埽侯道新之司射去扑適阼階下告射于公公許適西階東告于賓告當射也今文曰阼階下無適遂搢扑反位小射正一人取公之決拾于東坫上一小射正授弓拂弓皆以俟于東堂授弓當授大射正拂弓去塵疏小射至東堂○注授弓至去塵○釋曰據此經上下或云大射正或云司射或云小射正不同者今行射禮大射正一人爲上司射次之或云小射正若然大射正與司射各一人據其行事小射正不止一人而已此云小射正一人取公之決拾於東坫上下云小射正奉決拾以笥與此一人此又云小射正授弓與取決拾別則小射正二人也云授弓當授大射正者下云大射正執弓以決以授公明此小射正授弓者當授大射正也公將射則賓降適堂西袒決遂執弓搢三挾一个升自西階先待于物北一笴東面立不敢與君併笴矢幹東面立鄉君也疏公將至面立○注不敢至君也○釋曰云公將射則賓降者案前文賓降適堂西取弓矢無賓升堂之文但文不具其實卽升矣是以此文云賓降云笴矢幹者案周禮矢人矢幹長三尺則此賓立於物北三尺矣司馬升命去侯如初還右乃降釋弓反位還右還君之右也猶出下射之南還其後也今文曰右還疏注還右至右還○釋曰云還右還君之右也者君爲下射賓爲上射○司馬在君之西南揚弓命去侯訖還君之右東而南西向降自西階猶出下射之南還其後也者由如上文初將射時司馬立於物閒南揚弓命去侯訖出於下射之南還其後降自西階前後是同故取彼解此云今文曰右還不從右還者若右還則右還於上射不得還君故不從也公就物小射正奉決拾以笥大射正執弓皆以從于物笥萑葦器大射正舍司正親其職疏公就至於物○注笥萑至其職○釋曰前解大射正與司射別人案此注大射正舍司正親其職則大射正與司正爲一人又案上文司。射。請立司正遂立司射爲司正則司射。又與大射正爲一人與上解似相違者以大射正與射人俱掌射事相當則大射正與司射別若通而言之射人不對大射正射人亦名大射正故此以射人爲大射正也小射正坐奠笥于物南遂拂以巾取決興贊設決朱極三極猶放也所以韜指利放弦也以朱韋爲之三者食指將指無名指無極放弦契於此指多則痛小指短不用小臣正贊袒。公袒朱襦卒袒小臣正退俟于東堂小射正又坐取拾與贊設拾以笥退奠于坫上復位既袒乃設拾，拾當以韝襦上。疏注既袒至襦上○釋曰：案上文設決訖，乃云公袒朱襦，始云小臣正贊設拾，拾當拾斂膚體，宜在朱襦之上，故鄭云既袒乃設拾，拾當以韝襦上。鄉射云袒決遂，以其無襦，故遂與決得俱時設。若大夫對士射，袒纁襦設遂，亦當在袒後。大射正執弓以袂順左右隈上再下壹右執弣左執簫以授公公親揉之順，放之也。隈，弓淵也。揉，宛之，觀其安危也。今文順為循，古文揉為紐。疏大射至揉之○注順放至為紐○釋曰：云順放之也者，以袂向下放弓隈，順放之。云觀其安危也者，案考工記弓人云其弓安，其弓危者，以弓弱者為危，其弓強者為安。則此云觀安危者，謂試弓之強弱。小臣師以巾內拂矢而授矢于公稍屬內拂，恐塵及君也。稍屬，不摺矢。大射正立于公後以矢行告于公若不中，使君當知而改其度。下曰留上曰揚左右曰方留，不至也。揚，過去也。方，出旁也。公既發大射正受弓而俟拾發以將乘矢公下射也，而先發，不留尊也。疏公既至乘矢○注公下至尊也○釋曰：案上三耦射者，上射射訖，乃次下射。此公為下射，當後射，今君射前於賓，故鄭云先發不留尊也。公卒射小臣師以巾退反位大射正受弓受弓以授有司於東堂。小射正以笥受決拾退奠于坫上復位大射正退反司正之位小臣正贊襲公還而后賓降釋弓于堂西反位于階西東面階西東面，賓降位。疏注階西至降位○釋曰：案上文賓受獻訖，降立於階西東面，此云反位於階西東面，故云反位也。公卽席司正以命升賓賓升復筵疏公卽至復筵○釋曰：此公與賓復升卽位者，公卿以下當繼射，公與賓當觀之，故升就位也。而后卿大夫繼射諸公卿取弓矢于次中袒決遂執弓搢三挾一个出西面揖揖如三耦升射卒射降如三耦適次釋弓說決拾襲反位衆皆繼射釋獲皆如初諸公卿言取弓矢衆言釋獲互言也卒射釋獲者遂以所執餘獲適阼階下北面告于公曰左右卒射司射不告者釋獲者於是有事宜終之也餘獲餘筭也無餘筭則無所執古文曰餘筭反位坐委餘獲于中西興共而俟司馬袒執弓升命取矢如初負侯許諾以旌負侯如初司馬降釋弓如初小臣委矢于楅如初司馬司馬正於是司馬師亦坐乘矢疏司馬至如初〇釋曰自此盡就席論射訖取矢委於楅之事〇注司馬至乘矢〇釋曰知司馬是司馬正司馬師亦坐乘矢者此經皆言如初案上番射司馬正與司馬師乘矢故知也賓諸公卿大夫之矢皆異束之以茅卒正坐左右撫之進束反位異束大夫矢尊殊之也正司馬正也進前也又言束整結之示親也疏注異束至殊之也〇釋曰公卿皆異束但言大夫者公卿自相對其矢俱束之及其脫之亦拾取但三耦之內大夫以士耦之士矢不束大夫束之故曰尊殊之下注云不言君矢小臣以授矢人於東堂下可知知者以其小臣取矢明取之以授矢人賓之矢則以授矢人于西堂下是言矢人則納射器之有司各以其器名官職不言君矢小臣以授矢人于東堂下可知司馬釋弓反位而后卿大夫升就席此言其升前小臣委矢於楅疏注此言至於楅〇釋曰云此言其升前小臣委矢於楅者案上文司馬降釋弓如初在小臣委矢之上其司馬降釋弓之時卿大夫即升就席委矢當依司馬命取矢之下不失其次故不即見卿大夫升事是以於此特言司馬降釋弓與卿大夫升爲節耳故鄭亦言其次第也司射適階西釋弓去扑襲進

由中東立于中南北面視。筭釋弓去扑射事已也疏司射至去扑○釋曰自此盡共而俟論數筭之事直言去扑不言去矢矢亦去之是以下文司射執弓挾一个搢扑明此時去矢後更挾之一釋獲者東面于中西坐先數右獲固東面矣復言之者少南就右獲二筭爲純純猶全也耦陰陽也一純以取實于左手十純則縮而委之縮從也於數者東西爲從古文縮皆作蹙每委異之易。校數有餘純則橫諸下又異之也自近爲下一筭爲奇奇則又縮諸純下又從之興自前適左從中前北也更端故起東面坐少。北於故坐兼斂筭實于左手一純以

委十則異之變於右也其餘如右獲謂所縮所橫者司射復位釋獲者遂進取賢獲執之由

阼階下北面告于公賢獲勝黨之筭也執之者齊而取其餘若右勝則曰右賢於左若左勝則曰

左賢於右以純數告若有奇者亦曰奇告曰某賢於某若干純若干奇若左右鈞則左右各執

一筭以告曰左右鈞還復位坐兼斂筭實。八筭于中委其餘于中西興共而俟

司射命設豐當飲不勝者射爵疏司射命設豐○釋曰自此盡徹豐與觶論二番射說行射爵之事司宮士奉豐由西

階升北面坐設于西楹西降復位勝者之弟子洗觶升酌散南面坐奠于豐上

降反位弟子其少者也不授者射爵猶罰爵略之疏注弟子至略之○釋曰自此以上其疏見於鄉射於此不復言云不授者射爵猶罰爵略之者案詩云兕觥其觩旨酒思柔注云觩陳設貌觥罰爵不手授此飲射爵亦不手授故云猶罰爵也案獻酬之爵皆手授之此不手授故云略之也若然士以下

飲罰爵者取於豐大夫已上皆手授爵之故下注云授爵而不奠豐尊大夫司也其三耦之內雖大夫亦取於豐者以其作三耦與衆耦同事故不復殊之

射遂。袒執弓挾一个搢扑東面于三耦之西命三耦及衆射者勝者皆袒決遂執張弓執張弓言能用之也右手挾弦不勝者皆襲說決拾卻左手右加弛弓于其上遂。以執弣固襲說決拾矣復言之者起勝者也不勝者執弛弓言不能用之也兩手執弣無所挾也疏注固襲至挾也○釋曰云固襲說決拾矣故云固襲今復言之者起勝者也者起勝者射畢之時降堂皆就次襲說決拾矣故云固襲今復言之者以其勝者更袒決遂故復言不勝襲說決拾。欲與勝者相起復發故復言之也

司射先反位居前俟所命入次而來飲三耦及衆射者皆升飲射爵于西階上不勝之黨無不飲疏注不勝之黨無不飲○釋曰以其經云三耦及衆射者皆升飲射爵者言升之明知不勝之黨無不飲但大射者所以擇士以助祭今若罰爵在於不勝之黨雖數中亦受罰及其助祭雖飲射爵亦得助祭但在勝黨雖不。飲爵若不。數小中亦不得助祭以其飲罰據一黨而言取其助祭取一身之藝義故不同也

射正作升飲射爵者如作射一耦出揖如升射及階勝者先升升。堂少右先升尊賢也少右辟飲者亦因相飲之禮然疏注先升至禮然○釋曰云亦因相飲之禮然者案鄉飲酒鄉射獻酬之禮獻者在右酬者在左故云亦也不勝者進北面坐取豐上之觶興少退立卒觶進坐奠于豐下興揖立卒觶不祭不拜受罰爵不備禮也右手執觶左手執弓疏注立卒至執弓○釋曰案鄉飲酒皆祭坐卒爵拜既爵故此決之受罰不備禮也云右手執觶左手執弓者以其執弛弓不釋於地明知。未飲時兩手執弓今受罰爵右手執爵爲便左手執弓可知不勝者先降後升先降略之不由次也降而少右復並行疏不勝

者先降○注後升至並行○釋曰云後升先降略之不由次也者案上文勝者先升此文不勝者先降故云略之不由次云降而少右復並行者見下文與升飲者相左明降至堂下此二人少右復並行以其辟升者在左故也

與升飲者相左交于階前相揖適次釋弓襲反位僕人師繼酌射爵取觶實之反奠于豐上退俟于序端

僕人師酌者君使之代弟子也自此以下辯爲之酌

升飲者如初三耦卒飲若賓諸公卿大夫不勝則不降不執弓耦不升

此耦謂士也諸公卿或闕士爲之耦者不升其諸公卿大夫相爲耦者不降席重恥尊也

疏○若賓至不升○注此耦至尊也○釋曰知此耦謂士者以大夫坐於上士立於下經云耦不升故云此耦謂士也是以鄭解其意云諸公卿或闕士爲之耦者不升其諸公卿大夫相爲耦者不降席以。其大夫在堂上故云不降席云重恥尊也者解士不升大夫已上不降席意其卑者對飲尊者是可恥之事不對飲是重恥尊者也以

僕人師洗升實。觶以授賓諸公卿大夫受觶于席以降適西階上北面立飲卒觶授執爵者反就席

雖尊亦西階上立飲不可以己尊枉正罰也授爵而不奠豐尊大夫也

疏○注雖尊至夫也○釋曰云不可以己尊枉正罰也者正罰謂上文飲者在左勝者在右於西階之上北面跪取豐上之觶飲之是也今雖不取於豐亦於西階北面是不可以己尊枉正罰也

若飲公則侍射者降洗角觶升酌散降拜

侍射賓也飲君則不敢以爲罰從致爵之禮也

疏若飲至降拜○注侍射至禮也○釋曰云侍射賓也者以其賓與君對射耦自相飲故知侍射者賓也云飲君則不敢以爲罰從致爵之禮也者罰爵如上文罰者飲之而已今則從燕臣致爵於君之禮下文所謂夾爵者是也但此經云角觶與上文觶皆是三升曰觶觶與角連故謂之角觶或單言角或單言觶是以禮記少儀云侍射則約矢侍投則擁矢勝則洗爵而請不角注云

角謂觶罰爵也於尊長與客如獻酬之爵又詩云我姑酌彼兕觥毛傳云兕觥角爵箋云兕觥罰爵是其角觶兕觥皆罰爵此角觶以兕角爲之非謂四升曰角者也若然此角觶對下文飲君云象觶故云角觶謂賓酌如兕自飲君即下文賓降洗象觶亦從獻酬之爵不敢用罰爵也公降一等小臣
正辭賓升再拜稽首公荅再拜賓坐祭卒爵再拜稽首公荅再拜賓降洗象觶
升酌膳以致下拜小臣正辭升再拜稽首公荅再拜公卒觶賓進受觶降洗散
觶升實散下拜小臣正辭升再拜稽首公荅再拜賓復酌自飲者夾爵也但如致爵則無以異於燕也夾爵亦所以恥公也所謂若飲君燕則夾爵【疏】注賓復至夾爵○釋曰云所謂若飲君燕則夾爵者言所謂鄉射文彼云燕者則此經夾爵也賓坐不
祭卒觶降奠于篚階西東面立不祭象射爵【疏】注不祭象射爵○釋曰案上文受罰者取爵於豐飲之不祭此云君爵不祭是以賓飲夾爵亦不祭皆與射同故云。象擯者以命升賓賓升就席擯者司正也今文席爲筵若諸公卿大夫
之耦不勝則亦執弛弓特升飲此耦亦謂士也特猶獨也以尊與卑爲耦而又不勝使之獨飲若無倫匹孤賤也衆皆
繼飲射爵如三耦射爵辯乃徹豐與觶徹除也司宮尊侯于服不之東北兩獻酒
東面南上皆加勺設洗于尊西北篚在南東肆實一散于篚爲大侯獲者設尊也言尊侯者獲者之功由侯也不於初設之者不敢必君射也君不射則不獻大侯之獲者散爵名容五升【疏】司宮至于篚○注爲大至五升○釋曰自此盡侯而侯論設尊獻服不之事云不於初設之者不敢必君射也君不射則不獻大侯之獲者若然此設大侯之獲者君不射則不設之不豫設者不敢必君射案上張侯先設

大侯君射大侯張之必君射者但聖人設法一與一奪以大射者爲祭擇士所以助祭人君不可不親故奪其尊使之必射故豫張大侯至此設大侯之尊君射訖乃設之者許其自優暇容有不射之理是以不射則不設射乃設之云散爵名容五升者案韓詩傳云一升曰爵二升曰觚三升曰觶四升曰角五升曰散是其散容五升也

司馬正洗散遂實爵獻服不言服不者著其官尊大侯也服不司馬之屬掌養猛獸而教擾之者洗酌皆西面

【疏】司馬至服不○注言服至西面○釋曰云服不者著其官尊大侯也者自此已前皆以事。名之於此而言服不著其官言尊大侯故也云服不司馬之屬者以其服不在大司馬下六十官之屬者云掌養猛獸而教擾之者猛獸熊羆之屬教之使擾馴人意象王者服不服諸侯使歸服王者云洗酌皆西面者以其設尊設洗皆東面故知洗爵酌酒皆西面向之也若然獻旅食尊後酌者爲背君此西面不嫌背君以其南統於侯故也

服不侯西北三步北面拜受爵近其所爲獻

【疏】服不至受爵○注近其所爲獻○釋曰云近其所爲獻者以其服不得獻由侯所爲故不近乏而近侯獻之故云近其所爲獻也

司馬正西面拜送爵反位不侯卒爵略賤也此終言之獻服不之徒乃反位

【疏】司馬至反位○注不侯至反位○釋曰云不侯卒爵略賤也者案上文獻服不訖又案下文卒祭左个之西北三步東面設薦俎立卒爵若然卒爵禮祭。侯訖今司馬反位在未祭侯之前故略賤也云此終言之獻服不之徒乃反位者但大侯尊服不與其徒二人共在獲所獻服不亦兼。獻徒此經唯見獻服不不見獻其徒卽云司馬反位明獻徒後始反位是以知反位者終言之其實獻徒後乃反位故下注云司馬正皆獻之是也

宰夫有司薦庶子設折俎宰夫有司宰夫之吏也鄉射記曰獲者之俎折脊脅肺

【疏】宰夫至折俎○注宰夫至脅肺○釋曰云宰夫有司宰夫之吏也者諸侯宰夫是士而宰夫有司明是宰夫之吏府史也引鄉射記者此俎實無文故引之爲證

卒錯獲者適右个薦俎從之不言服不言獲者國君大侯服

不負侯其徒居乏待獲變其文容二人也司馬正皆獻之薦俎已錯乃適右个明此獻己已歸功於侯也適右个由侯內鄉射記曰東方謂之右个【疏】卒錯至從之○注不言至右个○釋曰云國君大侯服不負侯其徒居乏待獲變其文容二人也者案上注云天子服不氏下士一人徒四人掌以旌居乏待獲鄭言容二人者欲見服不與徒二人皆得獻故鄭云司馬正皆獻之云適右个由侯內者以其既祭左个次祭右个乃祭於中故云適右个由侯內

獲者右執爵右祭薦俎二手祭酒祭俎不奠爵不備禮也二手祭酒者獲者南面於俎北當爲侯祭於豆閒爵反注爲一手不能正也此薦俎之設如於北面人爲天子祝侯曰唯若寧侯無或若女不寧侯不屬於王所故抗而射女強飲強食貽女曾孫諸侯百福諸侯以下祝辭未聞【疏】獲者至祭酒○注祭俎至未聞○釋曰云祭俎不奠爵不備禮也者言祭俎者謂祭俎上肺但肺有二種此云祭是祭肺也非是離肺知者案鄉射記云獲者之俎折脊脅肺臑又曰釋獲者之俎折脊脅肺皆有祭則此俎祭肺亦離肺若然凡祭祭肺皆不奠爵是其常云此不奠爵不備禮者但祭肺離肺兩有祭肺不奠爵若空有祭肺亦不奠爵今祭俎不奠故云不備禮云天子祝侯曰以下周禮梓人文云諸侯以下祝辭未聞知諸侯不與天子祝辭同而云未聞者以本所射侯天子中之則能服諸侯諸侯中之則得爲諸侯若天子云抗而射女諸侯則不得云抗而射女是以知祝辭有異但未聞耳

適左个祭如右个中亦如之先祭个後中者以外即之至中若神在中鄉射禮曰獻獲者俎與薦皆三祭【疏】注鄉射至三祭○釋曰以其左右及中故三者皆三祭非謂一處有三祭

卒祭左个之西北三步東面此鄉受獻之位也不北面者嫌爲侯卒爵【疏】卒祭至東面○注此鄉至卒爵○釋曰云不北面者嫌爲侯卒爵者前服不受獻之時侯西北面者欲歸功於侯故也今卒爵雖同舊處而東面者以其前不受獻爲己今卒爵還爲己卒爵故東面是以云不北面者嫌爲侯卒爵也

設薦俎立卒爵不言不拜既爵司馬正己反位不拜可知也鄉射禮曰獲者薦右東

面立飲【疏】設薦至卒爵○注不言至立飲○釋曰云不言不拜既爵司馬正己反位不拜可知也者決鄉射獲者薦右東面立飲不拜既爵此則不言之以其司馬在對司馬不拜既爵司馬己反位不拜既爵可知故不言引鄉射禮者此不言立位之處當同鄉射薦者東面立

司馬師受虛爵洗獻隸僕人與巾車獲者皆如大侯之禮隸僕人埽侯道巾車張大侯及參侯干侯之獲者其受獻之禮如服不也隸僕人巾車於服不之位受之功成於大侯也不言量人者此自後以及先可知【疏】司馬至之禮○注隸僕至可知○釋曰云隸僕人埽侯道者謂君射時初埽之時亦是隸僕人也云巾車張大侯者舉尊者而言其參侯干侯亦張之是以上文司馬遂命量人巾車張三侯此直云大侯舉尊而言也云及參侯干侯之獲者以其上文以獻大侯服不獲者明此經獲者是糝侯豻侯可知云隸僕人巾車於服不之位受之知者以其隸僕人巾車素無其位而經云如大侯之禮明就大侯之位受獻是以鄭云功成於大侯也云不言量人者此自後以及先可知者案上張侯之時先言量人後言巾車君射之時乃有隸僕人埽侯道受獻先言隸僕人後言巾車是自後以及先隸僕尙得獻明量人在巾車之先得獻可知

卒司馬師受虛爵奠于篚獲者之篚

獲者皆執其薦庶子執俎從之設于乏少南少南爲復射妨旌也隸僕人巾車量人自服不而南【疏】注隸僕至而南○釋曰知自服不而南者雖無正文以其受獻於服不之位明繼服不而南可知

服不復負侯而俟司射適階西去扑適堂西釋弓說決拾襲適洗洗觚升實之降獻釋獲者于其位少南獻釋獲者與獲者異文武不同也去扑者扑不升堂也少南辟中【疏】司射至少南○釋曰自此盡反位論獻釋獲者之事○注文武不同○釋曰言文武不同者以其獻獲者於侯西北面受獻歸功於侯是其武獻釋獲者升堂酌酒東面獻之就釋筭之所是其文故云文武不同

薦脯醢折俎皆有祭俎與

服不同唯祭一為異疏注俎與至為異○釋曰云俎與服不同者以其俱用一俎云唯祭一為異者上祭侯之俎引鄉射獲者俎與薦皆三祭鄭鄉射注云祭侯三處至此獻釋獲者不主祭侯正唯一祭俎耳故云唯祭一為異

釋獲者薦右東面拜受爵司射北面拜送爵釋獲者就其薦坐左執爵右祭脯醢興取肺坐祭遂祭酒祭俎不奠爵亦賤不備禮疏注祭俎至備禮○釋曰上祭侯之時祭俎不奠爵不備禮至此祭俎亦祭肺不奠爵賤亦不備禮與司射之西北面立卒爵不拜既爵司射受虛爵奠于篚釋獲者少西辟薦反位辟薦少西之者為復射妨司射視筭亦辟俎也疏注亦辟俎也○釋曰以其薦俎相將薦既辟俎亦辟可知

司射適堂西袒決遂取弓挾一个適階西搢扑以反位為將復射疏司射至反位○注為將復射○釋曰自此盡于公如初論司射請公為三番射事司射倚扑于階西適阼階下北面請射于公如初不升堂賓諸公卿大夫既射矣聞之可知疏注云不升堂賓諸公卿大夫既射矣聞之可知者決前司射升堂請射于公升今不升者諸公卿大夫前已射聞之矣

反搢扑適次命三耦皆袒決遂執弓序出取矢鄉言拾是言序互言耳疏反搢至取矢○注鄉言至言耳○釋曰自此盡襲反位論三耦與卿大夫取矢之事云鄉言拾者謂第一射時三耦云拾取矢云是言序者謂序出次時一耦先後互者皆次序出次至庭拾取矢司射先反位言先先三耦也司射既命三耦以入次之事卽反位三耦入次袒決遂執弓挾矢乃出反次外西面位鄉不言司射先反位三耦未有次位無所先也疏司射先反位○注言先至先也○釋曰云鄉不言司射先反位三耦未有次外位無所先也者凡言反位者謂前已有位今乃反之是今禮反於舊位舊位第一番之時三耦次外舊無位司射雖先有位不得言先反位是以決

之

三耦拾取矢如初小射正作取矢如初小射正司射之佐作取矢禮殺代之疏三耦至如初○注小射至代之○釋曰云禮殺代之者決第一番不言小射正作取矢三耦既拾取矢諸公卿大夫皆降如初位與耦入於次皆袒決遂執弓皆進當福進坐說矢束上射東面下射西面拾取矢如三耦皆進當福進三耦揖之位也凡繼射命耦而已不作射不作取矢從初疏三耦至三耦○注皆進至從初○釋曰云凡繼射命耦而已不作射不作取矢從初者言凡繼射命耦者前三耦卒射後大夫降至三耦之南西面北上司射東面于大夫西。比耦大夫與大夫命上射曰某御於子命下射曰子與某子射卒遂比衆耦云云至公卿席後。賓升階復位還筵而後卿大夫繼射後衆皆繼射釋獲皆如初注云諸公卿言取弓矢衆言釋獲互言也既司射注司射所作唯上耦是此文小射正但作三耦拾取矢公以下亦無作拾文故曰不作取矢從初從三耦法也若士與大夫爲耦士東面大夫西面大夫進坐說矢束退反位說矢束自同於三耦謙也疏注說矢至謙也○釋曰云自同於三耦謙也者以其三耦是士之東既是大夫若東則異於三耦故云說矢東自同於三耦謙也鄉射坐說矢東注云說矢東者下耦以將拾取彼不言同三耦者彼三耦非大夫故也耦揖進坐兼取乘矢興順羽且左還毋周反面揖兼取乘矢不敢與大夫拾大夫進坐亦兼取乘矢如其耦北面搢三挾一个揖進大夫與其耦皆適次釋弓說決拾襲反位諸公卿升就席大夫反位諸公卿乃升就席大夫與己上下位疏注大夫至下位○釋曰諸公卿大夫自爲耦者拾取矢在前大夫與士耦者說矢束拾取矢在後今待。大夫。反位公卿乃升就席者以其上大夫與下大夫同是大夫爵但上下有異耳故上大夫待下大夫反位乃後升就席衆射者繼拾取矢皆如三耦遂入于次釋弓矢說決拾襲反位司射猶挾一个以作射如初一耦揖升如初司馬升命去侯負侯許諾司馬降釋弓反位司射與司馬交于階前倚扑于階西適阼階下北面請以樂于公公許請奏樂以爲節也始射獲而未釋獲復釋獲復用樂行之君子之於事也始取苟能中課有功終用成法教化之漸也射用應樂爲難孔子曰射者何以聽循聲而發發而不失正鵠者其唯賢者乎疏注請奏至者乎○釋曰云請奏樂以爲節也者謂若天子騶虞九節諸侯貍首七節大夫采蘋士采蘩皆五節云始射獲而未釋獲者謂第一番三耦射中時雖唱獲未釋筭云復釋獲復用樂行之者謂第二番衆耦皆射釋筭未作樂云復用樂行之者謂第三番射非直釋筭復用樂焉云射用應樂爲難者但禮射其容體比於禮其節奏比於樂又須中於侯名爲應樂節云孔子曰者禮記射義文引之者證射用應樂而爲難之意司射反搢扑東面命樂正曰命用樂言君有命用樂射也樂正在工南北面疏注言君至北面○釋曰云樂正在工南北面者此時工在洗東西面樂正在工南北面司射在西階下東面經云命樂正者東面遙命之樂正曰諾司射遂適堂下北面視上射命曰不鼓不釋不與鼓節相應不釋筭也鼓亦樂之節學記曰鼓無當於五聲五聲不得不和凡射之鼓節投壺其存者也周禮射節天子九諸侯七卿大夫以下五疏注不與至下五○釋曰引學記者證鼓得與樂爲節之事云凡射之鼓節投壺其存者也者射之鼓節多少無文案今禮記投壺篇圖出魯鼓薛鼓云取半以下爲投壺節盡用之爲射節是其投壺存者云周禮射節天子九以下者是射人樂師皆有此文引之者證射節多少上射揖司射退反位樂正命大師曰奏貍首閒若一樂正西面受命左還東面命大師以大射之樂章使奏之也貍

首逸詩曾孫也貍之言不來也其詩有射諸侯首不朝者之言因以名篇後世失之謂之曾孫曾孫者其章頭也射義所載詩曰曾孫侯氏是也以爲諸侯射節者采其既有弧矢之威又言小大莫處御於君所以燕以射則燕則譽有樂以時會君事之志也閒若一者調其聲之疏數重節【疏】上射至若一○注樂正至重節○釋曰云貍首逸詩曾孫也者以其貍首是篇名曾孫是章頭知者以以其射義上文云其節天子以騶虞諸侯以貍首卿大夫以采蘋士以采蘩以類言之騶虞采蘋是篇名貍首篇名可知射義下文諸侯君臣盡志於射又云故詩曰曾孫侯氏四正具舉小大莫處御於君所注云此曾孫之詩諸侯之射節也四正爵四行也四行者獻賓獻公獻卿獻大夫乃後樂作而射也上云貍首下云曾孫曾孫章頭也是以鄭云曾孫其章頭射義所載曾孫侯氏是也云後世失之謂之曾孫者以曾孫爲篇名是失之云曾孫其章頭也是正世人也云小大莫處已下則燕則譽以上皆射義文彼注以燕以射先行燕禮乃射是也云閒若一者調其聲之疏數重節者謂一九節七節五節中閒相去或希疏或密數中閒使如一必疏數如一者重此樂故也

大師不與許諾樂正反位奏貍首以射三耦卒射賓待于物如初公樂作而后就物稍屬不以樂志其他如初儀不以樂志君之射儀遲速從心其發不必應樂辟不敏也志意所擬度也春秋傳曰吾志其目【疏】大師至初儀○注不以至其目○釋曰此經云如初者皆如上第二番射法唯作樂爲異耳云辟不敏也者若以樂志不與樂節相應則見君不敏今不以樂志遲速從心其發不必應樂是辟不敏也引春秋傳者定八年左氏傳文正月公侵齊門于陽州其時魯人顏息射人中眉退曰我無勇吾志其目也服氏注云志中其目是非其誠詐以自矜引之者證志是意所擬度也

卒射如初賓就席諸公卿大夫衆射者皆繼射釋獲如初卒射降反位釋獲者執餘獲進告左右卒射如初司馬升命取矢負侯許諾

司馬降釋弓反位小臣委矢司馬師乘之皆如初司射釋弓視筭如初釋獲者以賢獲與鈞告如初復位司射命設豐實觶如初遂命勝者執張弓不勝者執弛弓升飲如初卒退豐與觶如初司射猶袒決遂左執弓右執一个兼諸弦面鏃適次命拾取矢如初側持弦矢曰執面猶尚也兼矢於弦尚鏃將止變於射也【疏】注側持至射也○釋曰上文皆云挾一个此經云執一个故上注云方持弦矢曰挾以其將射故也此注云側持弦矢曰執謂鏃向上故云兼矢於弦尚鏃將止變於射也案鄉射禮云矢不挾兼諸弦弣不言面鏃此言面鏃不言兼弦弣各舉一邊省文之義言兼弦弣者一矢兼弦三矢兼弣也司射反位三耦及諸公卿大夫衆射者皆袒決遂以拾取矢如初矢不挾兼諸弦面鏃退適次皆授有司弓矢襲反位不挾亦謂執之如司射卿大夫升就席司射適次釋弓說決拾去扑襲反位司馬正命退楅解綱小臣師退楅巾車量人解左下綱司馬師命獲者以旌與薦俎退解猶釋也今文司馬師無司馬司射命釋獲者退中與筭而俟諸所退射器皆俟備君復射釋獲者亦退其薦俎【疏】注諸所至薦俎○釋曰云皆俟備君復射者但射已三番於後或射或否但臣不敢必君射故備擬於君也云釋獲者亦退其薦俎者前辟薦俎今既退中與筭薦俎不可虛留明亦退之可知公又舉奠觶唯公所賜若賓若長以旅于西階上如初大夫卒受者以虛觶降奠于篚反位【疏】公又至反位○釋曰此一節論射訖爲大夫舉旅之事司馬正升自西階

東楹之東北面告于公請徹俎公許射事既畢禮殺人倦宜徹俎燕坐【疏】司馬至公許○釋曰自此盡反位坐論徹俎升坐安燕之事遂適西階上北面告于賓賓北面取俎以出諸公卿取俎如賓禮遂出授從者于門外自其從者大夫降復位門東北面位【疏】大夫降復位○注門東北面位○釋曰云大夫降者大夫雖無俎以賓及公卿皆送俎不可獨立於堂故降復位云門東北面位者謂初小臣納卿大夫門東北面揖位案下文賓諸公卿皆入門東面北上謂在西階下知大夫不復在西階下位者以其言復位者復前位其西階下舊無位故知非西階下若然公卿入西階下鄭云諸公卿不入門而右以將燕亦因從賓者也大夫以公卿未入不可猶居西階故在門東北面。位也庶子正徹公俎降自阼階以東降自阼階若親徹也以東去藏賓諸公卿皆入門東面北上諸公卿不入門而右以將燕亦因從賓司正升賓賓諸公卿大夫皆說屨。升就席公以賓及卿大夫皆坐乃安鄉命以我安臣於君猶蹴踖至此乃敢安尚羞庶羞羞進也庶衆也所進衆羞謂膷肝膋狗胾醢也或有。炮鼈膾鯉雉兔鶉鴽【疏】羞庶羞○注羞進至鶉鴽○釋曰知有膷肝膋者此大射先行燕禮燕法其牲唯有狗又案內則云肝膋取狗肝一幪之以其膋濡炙之舉燋其膋不蓼注云膋腸閒。脂故知此羞中有肝膋也又知有狗胾醢者以其公食大夫有牛胾炙羊胾炙豕胾炙此燕無三牲故知胾醢亦用狗知有。炮鼈膾鯉者案六月詩云吉甫燕喜既多受祉又云飲御諸友。炮鼈膾鯉故知有此也公食大夫有王事之勞乃有之故六月詩鄭注以吉甫遠從鎬地來又日月長久今飲之酒使其諸友恩舊者。侍之又加其珍美之饌所以極勸之也是有王事之勞乃有之無王事之勞則無故公食大夫不見也又知有雉兔鶉鴽者公食大夫二十豆有此四者此仍引內則上大夫二十豆者不引二十豆盡以其二十豆有三牲之物此狗故唯引此四者大夫祭薦燕乃祭薦不敢㧗盛成禮【疏】大夫祭薦○注燕乃至成禮○釋曰云燕乃祭薦不敢㧗盛成禮者此大夫卑不敢與公卿同時㧗盛成禮也司正升受命皆命公曰衆無不醉賓及諸公卿大夫皆興對曰諾取不醉皆反位坐皆命者命賓命諸公命卿大夫皆鄉其位也興對必降席敬也司正退立西序端【疏】司正至位坐○注皆命至序端○釋曰云興對必降席者經直云興不言降席鄭知降席者以爲反坐故知降席也言敬也者決上文司正命賓與大夫以我安雖未坐不云降而對故以此爲敬若然上不降席者彼直云安未盡殷勤故不降此命使醉是盡殷勤故興降加敬也知司正退立西序端者案司正監酒此將獻士事未訖亦如鄉飲酒監旅時立于西序端也

主人洗酌獻士于西階上士長升拜受觶主人拜送獻士用觶士賤也今文觶作觚【疏】主人至拜送○注獻士至作觚○釋曰自此盡奠于篚論獻士及祝史等之事云獻士用觶士賤也者言獻士用觶對上獻大夫已上觚觚二升觶三升用大者賤用小者尊故云士賤也士坐祭立飲不拜既爵其他不拜坐祭立飲其他謂衆士也升不拜受爵【疏】注其他至受爵○釋曰云其他謂衆士也者長謂士中之長次云士謂長已下下云其他謂衆士者亦謂二十七士以其下經旅食謂庶人在官故知此非府史以下乃薦司正與射人于觶南北面東上司正爲上司正射人士也以齒受獻既乃薦之也司正大射正也射人小射正略其佐【疏】注司正至其佐○釋曰案燕禮薦司正與射人一人司士一人執冪二人此不言其數又不言司士與執冪者以射人是小射正非一人互見執事執事者皆同獻不言其數不言執冪者二人文不具辯獻士士既獻者立于東方西面北上乃薦士士既獻易位者以卿大夫在堂上位尊東也畢獻薦之略賤【疏】注士既至略賤○釋曰云畢獻薦之略賤者案上獻士立飲是畢獻訖乃云乃薦司

正與射人于觶南是獻士又獻司正三下若然薦士當在乃薦司正上至此言之者其實薦士在乃薦司正上今此更言士得獻訖立在東方立畢乃薦不畢獻待司正薦乃薦士也是以薦司正言乃者緩辭明司正已下薦在士後也

祝史小臣師亦就其位而薦之亦者亦士也辯獻乃薦也祝史門東北面東上

主人就士旅食之尊而獻之旅食不拜受爵坐祭立飲主人既酌西面士旅食北面受之不洗者於賤略之

疏注主人至略之○釋曰知主人既酌西面士旅食北面受之者以其不可背君南面授故知位之如此若然大史等亦北面則亦西面授酒也其小臣師等案上文位在阼階東面自然北面授

主人執虛爵奠于篚復位賓降洗升媵觶于公酌散下拜公降一等小臣正辭賓升再拜稽首公荅再拜賓受公賜多矣禮將終宜勸公序厚意也今文觶爲觚公荅拜無再。拜

疏賓降至再拜○釋曰自此盡旅酬論賓舉爵爲士舉旅行酬之事○注賓受至再拜○釋曰云賓受公賜多矣禮將終宜勸公序厚意也者上文爲賓爲卿爲大夫舉旅皆臣自致爵今此其賓爲士舉旅行酬因得爲賓致爵於君故鄭云序賓厚意也

賓坐祭卒爵再拜稽首公荅再拜賓降洗象觚升酌膳坐奠于薦南降拜小臣正辭賓升成拜公荅拜賓。反位反位反席也此觚當爲觶

疏注反位至爲觶○釋曰自此已前賓位在西階下東面無席戶牖之間位則有席此賓升成拜不言降反位明反位者反於戶牖之間席位云此觚當爲觶者凡旅酬皆用觶獻士尚用觶故知觚當爲觶下經觚亦當爲觶

公坐取賓所媵觶興唯公所賜受者如初受酬之禮降更爵洗升酌膳下再拜稽首小臣正辭升成拜公荅拜乃就席坐行之坐行之若今坐相勸酒

有執爵者士有盥升主酌授之疏

有執爵者○注士有至授之○釋曰知士有盥升者以其爲公卿大夫使行旅不可不絜知是士者案下文云士有執。膳爵者有執。散爵者故知士有盥升主酌授之唯受于公者拜公所賜者拜其餘則否司正命執爵者爵辯卒受者與以酬士欲令惠均

疏注欲令惠均○釋曰以堂上公卿大夫旅徧幷堂下之士。故。云。欲。令。惠。均也大夫卒受者以爵與西階上酬士士升大夫奠爵拜受荅拜與酬士者士立堂下與上坐者異也

疏注與酬至異也○釋曰云與酬士者決向來堂上相旅皆坐相酬執爵者行之大夫未能受酬者輒與西階上故鄭云士立堂下與上坐者異也大夫立卒爵不拜實之士拜受大夫拜送士旅于西階上辯祝史小臣師旅食皆及焉

疏注祝史至及焉○釋曰鄭知祝史以下皆得旅酬者前得獻○祝史與旅皆得獻明此旅酬。得之可知士旅酌旅序也士以次自酌相酬無執爵者

疏士旅酌○注旅序至爵者○釋曰云無執爵者對上文卿大夫等有執爵者以其坐故也士無執爵者以其賤不坐故以次自酌以相酬無執爵者也若命曰復射則不獻庶子獻庶子則正禮畢後無事

疏注獻庶至無事○釋曰獻庶子以下最後得獻若獻庶子之後正禮畢不得更有射事故命復射在獻庶子之前司射命射唯欲司射命賓及諸公卿大夫射欲者則射不欲者則止可否之事從人心也

疏注司射至心也○釋曰此乃三番射後爵行無筭爵。非。直懈怠復有醉者是以不可恣心所欲卿大夫皆降再拜稽首公荅拜拜君樂與臣下執事無已不言賓賓從羣臣禮在上

疏注拜君至在上○釋曰云不言賓賓從羣臣禮在上者謂初酬賓直言賓再舉旅言若長不專於賓。已是禮殺第三舉旅云唯公所賜若賓若長至此賓士舉旅直云唯公所賜復不言若賓若。長賓從羣臣禮在上壹發中三侯皆獲其功一也而和者。益多尚。歡樂也矢揚觸或有參中者

疏注其功至中者○釋曰。上。文第

二番第三番唯公得中三侯皆釋獲至此燕後復射禮殺臣與君同是以鄭云
和者益多尙歡樂也云其功一也者謂三侯所中皆是功故云一也云矢揚觸
或有參中者卿大夫主射參侯士主射豻侯其中或揚觸容中別侯皆與釋 主人洗升自西階獻庶子于阼階上如
獻士之禮辯獻降洗遂獻左右正與內小臣皆於阼階上如獻庶子之禮庶子既掌
正六牲之體又正舞位授舞器與膳宰樂正聯事又掌國子戒令教治世子之
官也左右正謂樂正僕人正也位在中庭之左右小樂正在頌磬之北右也工
在西郎北面工遷於東則東面大樂正在笙磬之北左也工在西則西面工遷
於東則北面僕人正相大師工升堂與其師士降立於小樂正之北北上工遷
於東則陪其工後國君無故不釋縣二正君之近官也內小臣奄人掌君陰事
陰令后夫人之官也獻三官於阼階別內外臣也同獻更洗以時事不聯也獻
正下及內小臣則磬人鍾人鑮人鼓人僕人師僕人士盡獻可知也庶子內小臣位在小臣師之東少退西上
疏 主人至之禮○注庶子至西上○釋曰云
小樂正在頌磬之北右也工在西郎北面者工在西謂遷樂於下時大師少師
上工立於鼓北也云工遷於東則東面者案上遷樂於東之時直云大師少師
上工皆東坫之東不見。小樂正從之明留在西縣之北東面向工矣云大樂正
在笙磬之北左也工在西則西面者案上文司射東面命樂正單言樂正者謂
大樂正既東面命之則大樂正元立於東矣以其工在西階下故知西面向之
矣云工遷於東則北面者案上文樂正。及位大師既西面明樂正北面可知是
以鄉射工遷於東西面北上樂正北面立于其南此亦與彼同北面也云國君
無故不釋縣二正君之近官也言此者人君路寢之廷樂縣不釋樂正與僕人
正同掌樂事是君之近官也云同獻更洗以時事不聯也者以其雖同獻於阼
階上獻有前後故更爵洗之是以云時事不聯也云庶子內小臣位在小臣師
之東者案公食堂上夾北有宰夫內宰在東北此射禮堂上夾北無宰位又案
執事者堂上又非樂人不得在樂正位以其與小臣師同名小臣故知小臣師

之東也又云少退西上者見公食在宰東北少退故知此亦少退知西上者以此位皆西上故也

無筭爵筭數也爵行無次數唯意所勸醉而止

疏無筭爵○釋曰自此盡無筭樂論爵與樂恣意無數之事

士也有執膳爵者有執散爵者執膳爵者酌以進公公不拜受執散爵者酌以之公命所賜所賜者與受爵降席下奠爵再拜稽首公荅再拜席下席西受賜爵者以爵就席坐公卒爵然後飲酬之禮爵代舉今爵並行嫌不代也並行猶代者明勸惠從尊者來

疏注酬之至者來○釋曰凡行酬之法轉爵遞飲今膳散兩有宜得即飲猶待公卒爵乃飲猶代飲然明惠從公來嫌得即飲不代故著嫌不卒爵然後飲故曰嫌不代

執膳爵者受公爵酌反奠之燕之歡在飲酒成其意也

疏注燕之至意也○釋曰云燕之歡在飲酒者謂安燕之歡正在於飲酒故受公爵者更酌反奠於公所擬公更賜爵是其歡燕成之意也

受賜者與授執散爵者執散爵者乃酌行之與其所勸者唯受于公者拜卒爵者與以酬士于西階上士升大夫不拜乃飲實爵乃猶而也

疏注乃猶而也○釋曰鄭轉乃為而者乃是緩辭於禮不切故為之也

士不拜受爵大夫就席士旅酌亦如之公有命徹冪則賓及諸公卿大夫皆降西階下北面東上再拜稽首命徹冪者公意殷勤欲盡酒公命小臣正辭公荅拜大夫皆辟升反位升不成拜於將醉正臣禮

疏注升不至臣禮○釋曰於例臣於堂下再拜稽首得小臣以君命辭其拜不成當升成拜今直升不成拜者以其拜於下是臣之正禮故鄭云於將醉正臣禮

士終旅於上如初卿大夫降而爵止於其反席卒之

疏注卿大至卒之○釋曰上文卿大夫酬辯始酬士公命徹

冪公卿以下降而爵止是以卿大夫升反席士以下相酬而卒之無筭樂升歌間合無次數唯意所樂宵則庶子執燭於阼階上司宮執燭於西階上甸人執大燭於庭閽人爲燭於門外宵夜也燭燋也甸人掌共薪蒸者庭大燭爲其位廣也爲作也作燭。俟賓出【疏】宵則庶子執燭○釋曰自此盡篇終論禮畢容公卿出入之事賓醉北面坐取其薦脯以降取脯重得君之賜奏陔陔夏樂章也其歌頌類也以鍾鼓奏之其篇今亡賓所執脯以賜鍾人于門內霤遂出必賜鍾人鍾人以鍾鼓奏陔夏賜之脯明雖醉志禮不忘樂【疏】賓所至遂出○釋曰案鄉飲酒鄉射賓出無取脯賜鍾人之事者彼是臣禮此爲。君法故詳略不同卿大夫皆出從賓出公不送臣也與之安燕交歡嫌亢禮也【疏】公不送○注臣也至禮也○釋曰案燕義云使宰夫爲獻主臣莫敢與君亢禮鄉來安燕交歡君若送之是臣與君亢禮故君不送賓也故燕禮注云賓禮訖臣禮是也公入驁驁夏亦樂章也以鍾鼓奏之其詩今亡此公出而言入者射宮在郊以將還爲入燕不驁者於路寢無出入也【疏】公入驁○注驁夏至入也○釋曰云驁夏亦樂章也者案周禮鍾師有九夏皆樂章其中有驁夏如陔夏故云亦樂章也云以鍾鼓奏之者案鍾師以鍾鼓奏九夏鄭云先擊鍾次擊鼓故云以鍾鼓奏之云其詩今亡者鄭注鍾師云九夏皆詩篇名頌之族類也此歌之大者載在樂章樂崩亦從而亡是以頌不能具是其今亡云此公出而言入者射宮在郊以將還爲入者天子射在虞庠周之小學在西郊案鄉射記於郊則閭中鄭注云諸侯大學在郊是諸侯大射所故言入者射宮在郊以將還爲入也鄭知燕在路寢者燕禮記云燕朝服於寢與羣臣賓客燕不合在燕寢故知從路寢也此篇所解多不具者以其諸侯大夫射先行燕禮大射三番多依鄉射是以與禮同者於此不復重釋之也

儀禮卷第七

經六千八百九十
注七千三百八

儀禮疏卷第十八

儀禮注疏卷十八校勘記

阮元撰盧宣旬摘錄

諸公卿

至三耦之南　通解同毛本至下有其字

公將射

君尊若始焉　毛本作君尊若爲始者

公就物

司射請立司正　毛本射作舍要義作射毛本請作親諸本俱作請○按作請是也

則司射又與大射正爲一人　要義同毛本又作人

小臣正贊袒　袒重脩監本誤作祖

乃云公袒朱襦　毛本袒誤作襦

乃設拾　通解要義同毛本設作決

卒射

司射不告者　徐本通解同毛本不下有言字

司射適階西○北面視筭 視釋文作眡云本亦作視

每委異之

易校數 徐本通解同毛本校作校陳閩監葛俱誤作效

東面坐

少北於故 徐陳通解同毛本北作比

若左右鈞○實八算于中 實石經補缺誤作賓

司射遂袒執弓 唐石經徐本楊敖同毛本無遂字

不勝者皆襲

欲與勝者 通解陳本同毛本欲上有却字閩監俱作卻

三耦及衆射者

雖不飲爵 要義同毛本通解飲下有罰字

若不數中 要義通解同毛本數誤作教

小射正○勝者先升升堂少右 升通解不重

不勝者進

明知未飲時通解同毛本未誤作來

與升飲者相左○退俟于序端毛本俟誤作次

若賓諸公卿大夫

以其大夫在堂上毛本無其字

僕人師洗升實觶毛本實作賓唐石經徐本通解楊敖俱作實是也

若飲公

兕觵角爵要義同毛本角作司與毛傳不合

故云角觶謂賓酌如兕自飲君卽下文賓降洗象觶亦從獻酬之爵不敢

用罰爵也要義同通解略有刪潤與此稍異毛本作故云角爵也無觶謂以下二十九字非也

賓坐

故云象毛本象作也按象字是

若諸公卿大夫之耦

以尊與卑爲耦徐本楊氏同毛本通解無與卑二字

司宮尊侯

但聖人設決要義同毛本設法作射決

二升曰觚閩監本通解同毛本觚作觶

司馬正洗散

皆以事名之毛本名誤作明

司馬正西面拜送爵

卒爵禮祭侯訖毛本侯上有諸字

亦兼獻徒毛本獻下有其字

獲者右執爵

強飲強食徐本同毛本強作彊

祭胏不奠爵要義同毛本胏下有皆字

今祭俎不奠奠下要義有爵字

是以知祝辭有異　毛本異作之

適左个

注鄉射至三祭　毛本鄉射作先祭○按毛本是

卒祭

此鄉受獻之位也　徐本楊敖同毛本鍾本通解此俱作北

司馬師受虛爵

舉尊而言也　也要義作之

以獻大侯服不獲者　要義同毛本通解以作已

明此經獲者是糝侯豻侯可知　要義同通解作明此是糝侯豻侯之獲者可知毛本此作知餘與通解同

受獻先言隸僕人　要義同毛本受作交

卒司馬師受虛爵　唐石經徐本通解楊敖同毛本無師字

司射適階西　毛本適誤作釋

辟中　徐本通解楊敖同毛本辟作辨

歸功於侯 通解同毛本於下有此字

反搢扑適次

云鄉言拾者 鄉閩本作鄉

謂第一射時 毛本一下有番字

司射先反位

乃出反次外西面位 位楊氏作立

三耦未有次位 徐本同毛本通解次下有外字與疏合

三耦次外 毛本外下有位字

是以決之 通解同毛本決作次

三耦拾取矢 毛本三誤作二

三耦既拾取矢

司射東面于大夫西比耦 毛本比作北閩本作比按前經諸本或作比此疏則各本皆作北疑賈氏所據之經獨爲北耳閩本作比殆因形似偶誤非有意也○按此義見前第十八葉司射東面于大夫之西北耦條下許宗彥說

賓升階復位還筵　通解要義同毛本賓作擯○按作賓與上文經合

大夫進坐

待大夫反位　通解待下有下字毛本反作及陳本通解俱作反皆是也

衆射者繼拾取矢　毛本繼誤作既

司射與司馬

君子之於事也　徐本通解楊氏同毛本無也字

云復用樂行之者　通解同毛本云復作一擭按云復是也

證射用應樂而爲難之意　毛本無樂字

樂正曰諾○北面視上射　唐石經徐本通解楊敖同毛本視作眂按釋文于前視算作眂注云本亦作視于此無則亦作視也眂當从目从耳非也

五聲不得不和　徐本通解楊氏同毛本無五聲二字非也

是其投壺存者　通解要義同毛本無其字

大師不與○公樂作而后就物　毛本后誤作後

意所儗度也毛本儗作擬釋文徐本俱从人與述注合

證志是意所儗度也儗毛本作擬

司射命設豐

尙鏃毛本通解作而鏃向上四字○按尙鏃是也

此言面鏃不言兼弦弣毛本無鏃不言三字

大夫降復位

故在門東北面位也毛本無位字○按有位字與注合

司正升賓○皆說屨毛本屨誤作履

羞庶羞

或有炮鼈膾鯉炮嚴本作炰釋文徐本俱作炮釋文云炮或作炰炰

膋腸閼脂毛本脂誤作腤

知有炮鼈膾鯉者要義炮作炰

炰鼈膾鯉陳閩監本要義同毛本炰作炮○按作炰與詩合

使其諸友恩舊者侍之要義同毛本侍作待○按作侍與毛詩六月箋合

司正升受命

未盡殷勤通解同毛本殷勤作慇懃下同

此將獻士毛本通解士作主非也

主人洗酌

對上獻大夫已上觚要義同毛本已上作用字通解已上之下仍有用字

乃薦司正

又不言司士與執冪者以射人是小射正非一人互見執事執事者皆同

獻不言其數不言執冪者二人文不具自以射至冪者二十九字毛本脫

賓降洗升

無再拜按拜字疑衍

賓坐祭○公荅拜賓反位唐石經徐本通解要義敖氏同毛本無賓字石經考文提要云上云賓升成拜升與反位相承

公坐○如初受酬之禮毛本酬誤作成

有執爵者

士有執膳爵者通解同毛本膳下有散字○按下文無散字

有執散爵者通解同毛本無散字○按下文有散字

司正命執爵者

𠔥堂下之士故云欲令惠均也毛本無故云欲令惠均六字

大夫立卒爵

得之可知要義同毛本得下有獻字

司射命射唯欲

非直懈怠非直此本倒依毛本訂正

卿大夫皆降

不專於賓已毛本已作也

若長此下二十五字此本唯有從羣臣禮在上六字依毛本通解補入

而和者益多徐本通解楊氏同毛本益作亦○按益與疏合

尚歡樂也歡陳本作勸

上文第二番通解同毛本上文作士云陳閩俱作上云

主人洗升

不見小樂正從之陳本通解同毛本小作少

按上文樂正及位浦鏜云反誤及

無算爵

論爵與樂恣意無數之事毛本無樂字

受賜爵者

故著嫌不卒爵要義同毛本作故必卒爵通解與毛本同

執膳爵者

成之意也之陳閩通解俱作其

唯受于公者拜

故爲之也陳閩通解同毛本之作而

士不拜受爵○北面東上石經補缺誤作北北面上

宵則庶子執燭於阼階上

俟賓出徐陳通解同毛本俟作候

賓所執脯

此爲君法毛本同陳閩俱作此謂君臣法○按上句云彼是臣禮故云此爲君法陳本閩本並誤衍臣字

公不送

臣禮是也浦鏜云是臣誤臣禮○按或當作是臣也無禮字

儀禮注疏卷十八校勘記

儀禮疏卷第十九

唐朝散大夫行大學博士弘文館學士臣賈公彥等撰

儀禮卷第八

聘禮第八 疏 聘禮第八〇鄭目錄云大問曰聘諸侯相於久無事使卿相問之禮小聘使大夫周禮曰凡諸侯之邦交歲相問。殷相聘也世相朝也於五禮屬賓禮大戴第十四小戴第十五別錄第八〇釋曰鄭云大問曰聘者則此篇發首所論是也云久無事者案下記云久無事則聘焉注云事謂盟會之屬若有事事上相見故鄭據久無事而言云小聘使大夫者下經云小聘曰問其禮如爲介三介是也周禮曰者大行人文鄭彼注小聘曰問殷中也久無事又於殷朝者及而相聘也父死子立曰世凡君即位大國朝焉小國聘焉此皆所以習禮考義正刑一德以尊天子也必擇有道之國而就脩之然歲相問殷相聘聘義所云比年小聘三年大聘是也大行人云上公九介侯伯七介子男五介又云凡諸侯之卿其禮各下其君二等聘義上公七介侯伯五介子男三介是諸侯之卿介各下其君二等者也若小聘曰問使大夫又下其卿二等此聘禮是侯伯之卿大聘以其經云五介上介奉束錦士介四人皆奉玉錦又云。入竟張旜孤卿建旜據侯伯之卿之聘者必見侯伯之卿聘者周公作經互見爲義此見侯伯之卿大聘玉人云。瑑圭璋八寸璧琮八寸以覜聘上公之臣公食大夫俎實云倫膚七據子男之臣是各舉一邊而言明五等俱有是其互見爲義也

儀禮　鄭氏注

聘禮君與卿圖事圖謀也謀聘故及可使者謀事者必因朝其位君南面卿西面大夫北面士東面 疏 注聘禮至圖事〇注圖謀至東面〇釋曰自此盡官具論聘人及用幣之事云謀聘故及可使者謀聘者爲久無事。須聘故謂有事故或因聘或特行若記云若有故則卒聘束帛加書將命是因聘者也晉侯使韓穿來言汶陽之田之類是特行者也言及可使者謂於三卿之中選可使者即經云遂命使者是也其總三事皆須謀者也言謀事者必

因朝者欲取對衆共詢之意云其位君南面已下知面位然者此儀禮之內見諸侯三朝燕朝燕禮是也又射朝大射是也不見路門外正朝正朝當與二朝面位同案燕禮大射皆云卿西面大夫北面士東面公降階南面揖之是以知正朝面位然也若天子三朝射人見射朝司士見正朝不見燕朝以諸侯正朝與燕朝同明天子燕朝亦與正朝同也

遂命使者遂猶因也既謀其人因命之也聘使卿

疏遂命使者○注遂猶至使卿○釋曰云既謀其人因命之也者謂謀其人人亦在謀事之中故云因命即上注可使者是也云聘使卿者以其經云及竟張旜周禮司常云孤卿建旜故知使卿也若然使者自。在謀內審知所聘之國遠近何以下記云使者既受行出遂見宰問幾月之資注云古者君臣謀密草創未知所之遠近問行用多少但所謀之時經云出聘不言其國使者不得審知故更問之是以左氏吳公子季札遂聘齊晉衛鄭之等下文云無行則重賄反幣是亦有歷聘之事也

使者再拜稽首辭辭以不敏

疏使者至首辭○注辭以不敏○釋曰云辭以不敏者鄭取孝經曾子曰參不敏之辭爲義也

君不許乃退退反位也受命者必進

疏君不許乃退○注退反至必進○釋曰知受命者必進者以其云退故知進乃有退法是受命前進近君也

既圖事戒上介亦如之既已也戒猶命也已謀事乃命上介難於使者易於介

疏既圖至如之○注既已至於介○釋曰既謀事乃命介在謀後別命之謀使者是難謀後命介是易也

宰命司馬戒衆介衆介皆逆命不辭宰上卿貳君事者也諸侯謂司徒爲。宰衆介者士也士屬司馬周禮司馬之屬司士掌作士適四方使爲介逆猶受也

疏宰命至不辭○注宰上至受也○釋曰天子有六卿天地四時之官是諸侯兼官而有三卿立地官司徒兼冢宰立夏官司馬兼春官立冬官司空兼秋官是以左氏杜泄云。吾。子爲司徒叔孫爲司馬孟孫爲司空故禮記內則云后王命冢宰降德于衆兆民鄭云周禮冢宰掌飲食司徒掌十二教。今一云冢宰記者據諸侯也諸侯幷六卿爲三或兼職焉是其諸侯幷六卿爲三諸侯以司徒爲冢宰

義與此同宰上卿貳君事諸侯謂司徒爲宰者也云士屬司馬引周禮者案司士屬司馬而云作士適四方使爲介諸侯之司馬亦然故引以證諸侯司馬戒衆介也云不辭者是其副使之賤者故不敢辭

宰書幣書聘所用幣多少也宰又掌制國之用

【疏】宰書幣○注書聘至之用○釋曰宰卽上命司馬。兼官者也云書聘所用幣多少也者謂聘鄰國享君及夫人問卿之等幣周禮司儀云凡諸侯之交各稱其邦而爲之幣以其幣爲之禮鄭云幣享幣也於大國則豐於小國則殺是也云宰又掌制國之用者案王制云冢宰制國用必於歲之杪是以使之書幣也

命宰夫官具宰夫宰之屬也命之使衆官具幣及所宜齎

【疏】命宰夫官具○注宰夫至宜齎○釋曰所命者冢宰司徒命之以宰夫屬司徒周禮宰夫掌百官府之徵令故命諸官云官具者謂使宰夫命諸官各具所行幣幣在官之府其司非一故言衆官幣謂享幣及問大夫問卿總具之及所宜齎者謂行道所用多少皆是

及期夕幣及猶至也夕幣先行之日夕陳幣而視之重聘也

【疏】及期夕幣○注及猶至聘也○釋曰自此盡受書以行論陳幣付使者之事云夕幣先行之日夕知者下云厥明釋幣于禰是行日明此夕是先行之日夕也云視之者正謂賓及衆介視之故下云使者朝服帥衆介夕注云視其事是也

使者朝服帥衆介夕視其事也古文帥皆作率

管人布幕于寢門外管猶館也館人謂掌次舍帷幕者也布幕以承幣寢門外朝也古文管作官今文布作敷

【疏】管人至門外○注管猶至作敷○釋曰云。館人謂掌次舍帷幕者也者案天官有掌舍掌次幕人等掌次云有邦事則張幕設案掌舍職云爲帷。宮設旌門又幕人云掌帷幕幄帟綬之事鄭云在旁曰帷在上曰幕幕或在地展陳于上卽此布幕是也館人卽彼掌舍以諸侯兼官故鄭總言之也。云幕以承幣者卽下文官陳幣是也云寢門外朝也者謂路門外卽正朝之處也下記云宗人授次次以帷則館人與宗人共掌之若賓客則宗人掌之也

官陳幣皮北首西上加其奉於左皮上馬則北面奠幣于其前奉所奉以致命謂束

帛及玄纁也馬言則者此享主用皮或時用馬馬入則在幕南皮馬皆乘古文奉爲卷今文無則疏官陳至其前○注奉所至無則○釋曰云官陳幣者即上文官具者也館人布幕於地官陳幣於其上云奉所奉以致命謂束帛及玄纁也者所奉謂後享時奉入以致命故知是以下文享時所致束帛加璧以享君玄纁加琮以享夫人鄭不言璧琮者璧琮不陳厥明乃授之也云馬言則者此享主用皮或時用馬者主用皮謂有皮之國國無皮者乃用馬故下云庭實皮則攝之鄭注皮言則者或用馬也記云皮馬相閒可也注閒猶代也土物有宜也云馬入則在幕南者以經云馬則北面奠幣于其前也是馬在幕南故下展幣時云馬則幕南北面奠幣于其前也知皮馬皆乘者案下賓覿時云總乘馬又云禮玉束帛乘皮是皆乘也

使者北面衆介立于其左東上既受行同位也位在幕南疏使者至東上○注既受至幕南○釋曰云既受行同位者對未受命行已前卿大夫士面位各異是以記云使者既受行日朝同位鄭注云謂前夕幣之閒同位者使者北面介立于其左少退別其處臣也是也知在幕南者幣在幕上使者須。視幣故在幕南也

卿大夫在幕東西面北上大夫西面辟使者疏卿大至北上○注大夫至使者○釋曰此謂處者大夫常北面今與卿同西面故云辟使者

宰入告具于君君朝服出門左南鄉入告入路門而告疏注入告至而告○釋曰朝在路門外故知入路門至路寢而告君其在路寢聽政處故也

以史讀書展幣展猶校錄也史幕東西面讀書賈人坐撫其幣每者曰在必西面者欲君與使者俱見之也疏史讀書展幣○注展猶至之也○釋曰知史幕東西面者以其君南面使者北面故知幕東西面讀之可知是以鄭云欲君與使者俱見之也知賈人撫幣者以其賈人主幣行者故知賈人撫幣受之其幣謂官具之者非直所奉而已若然賈人當在幕西東面撫之亦欲使君與賓俱見之也

宰執書告備具于君授使者使者受書授上介史展幣畢以書還授宰宰既告備以授使者其受授皆北面

疏注史展至北面○釋曰云。史展幣畢以書還授宰者以其宰在幕東西面史居前西面讀書展幣展幣訖明迴還授宰宰以書授使者云其受授皆北面者當宰以書授使者之時宰來至使者之東北面授使者使者北面授介三者皆北面向君故也

公揖入揖禮羣臣

疏公揖入○釋曰以展幣授使者訖禮畢故入於寢也

官載其幣舍于朝待旦行也

疏官載至于朝○注待旦行也○釋曰此云官載謂官人從賓行者與前官陳幣者異必知行者以下文入竟又展之又有司展羣幣以告注云有司載幣者自展自告是也云待旦行者下文厥明釋幣遂行是也

上介視載者監其安處之畢乃出

疏上介視載者○注監其至乃出○釋曰經直云上介視載者注云監其安處之畢乃出不言餘人出則上文舍於朝不出待旦則行以其須守幣故也

所受書以行爲當復展

疏所受書以行○注爲當復展○釋曰書謂前宰授使者此書將行爲當復展故也

厥明賓朝服釋幣于禰告爲君使也賓使者謂之賓尊之也天子諸侯將出告羣廟大夫告禰而已凡釋幣設洗盥如祭

疏厥明至于禰○注告爲至如祭○釋曰自此盡亦如之論賓與上介將行告禰之事云朝服者卿大夫朝服祭故還服朝服告也云天子諸侯將出告羣廟者案禮記曾子問云孔子曰諸侯適天子必告于祖奠于禰注云皆奠幣以告之是諸侯出告羣廟案彼下文又云孔子曰天子諸侯將出必以幣帛皮圭告于祖禰遂奉以出是天子與諸侯同告羣廟之事云大夫告禰而已者大夫三廟一降天子不得並告故直告禰而已若父在則告祖知者下記云賜饔唯羹飪筮一尸若昭若穆注云筮尸若昭若穆容父在父在則祭祖父卒則祭禰以此言之明初行時父在釋幣於祖廟可知案昭元年楚公子圍聘於鄭云布几筵於莊共之廟而來服氏云莊謂楚莊王圍之祖共王圍之父是大夫並告羣廟者彼不告聘直告娶故得並告古者大夫得因聘而娶故傳云且娶於公孫段氏是也云凡釋幣設洗盥如祭者案曾子問云凡告用牲幣注云牲當爲制則告無牲直用幣而已但執幣須絜當有洗而盥手其設洗如祭祀之時亦洗當東榮南北以堂深

水在洗東篚在洗西必知無祭事者下文還時云乃至于禰筵几于室薦脯醢觴酒陳鄭云行釋幣反釋奠略出謹入是其差也有司筵几于室中祝先入主人從入主人在右再拜祝告又再拜更云主人者廟中之稱也祝告告以主人將行也

疏有司至再拜○注更云至行也○釋曰云更云主人者廟中之稱也者上釋云賓至此更云主人是廟中之稱故特牲少牢皆稱主人對聘稱賓也

釋幣制玄纁束奠于几下出祝釋之也凡物十曰束玄纁之率玄居三纁居二朝貢禮云純四只制丈八尺

疏釋幣至下出○注祝釋至八尺○釋曰知祝釋幣者案曾子問君薨而世子生大祝裨冕執束帛升自西階命無哭告曰某之子生敢告奠幣於殯東則知此亦大祝釋之可知也云凡物十曰束者案昏禮玄纁束則每卷二丈自餘行禮云束者每卷一丈八尺為制幣帛錦十卷者皆名束至於脯十脡亦曰束故云凡物十曰束也云玄纁之率玄居三纁居二者言率皆如是也玄三纁二者象天三覆地二也云朝貢禮云純四只制丈八尺者純謂幅之廣狹制謂舒之長短周禮趙商問只長八寸四八三十二幅廣三尺二寸大廣非其度鄭志荅云古積畫誤為四當為三三咫則二尺四寸矣雜記云納幣一束束五兩兩五尋然則每卷二丈若作制幣者每卷丈八尺為制合卷為匹也主人立于戶東祝立于牖西少頃之閒示有俟於神

疏注少頃至於神○釋曰案士虞禮無尸者出戶而聽若食閒此無祭事故云有俟於神也

又入取幣降卷幣實于笄埋于西階東又入者祝也埋幣必盛以器若藏之然

又釋幣于行告將行也行者之先其古人之名未聞天子諸侯有常祀在冬大夫三祀曰門曰行曰厲喪禮有毀宗躐行出于大門則行神之位在廟門外西方不言埋幣可知也今時民春秋祭祀有行神古之遺禮乎

疏又釋幣于行○注告將至禮乎○釋曰云行者之先其古人之名未聞者此謂平。地道路之神云古人名未聞者謂古人教人行道路者其人名字未聞云天子諸侯有常祀在冬者月令祀行是也言此者欲見大夫雖三祀有行無常祀因行使始出有告禮而已至於出城又有軷祭祭山川之神。喻無險難也大夫三祀曰門曰行曰厲者見祭法文云喪禮有毀宗躐行出于大門者檀弓文案彼云掘中霤而浴毀竈以綴足及葬毀宗躐行出于大門殷道也下文周柩入毀宗雖不云躐行亦有行可知所毀者毀廟門西而云躐行明行神在廟門西矣不云埋幣可知者承上宗廟埋之此亦埋可知云今時民春秋祭。祀有行神古之。餘禮乎者鄭以行神無正文雖約檀弓猶引漢法爲況乎者猶疑之矣若然城外祭山川之神有軷壇此禮行神亦當有軷壤是月令冬祭行注云行。在廟門外之西爲軷壇厚二寸廣五尺輪四尺是也

遂受命賓須介來乃受命也言遂者明自是出不復入**疏**遂受命○注賓須至復入○釋曰下云上介及衆介俟于使者之門外是其賓須介來乃受命也云自是出不復入者自釋幣於門不復更入若然則待介於門矣

上介釋幣亦如之如其於禰與行

上介及衆介俟于使者之門外俟待也待於門外東面北上**疏**上介至門外○注俟待至北上○釋曰自此盡斂旝爲使者與介向君朝受命即行之事知待於門外東面北上者上云賓釋幣訖不復入明介待賓於大門外賓出則向君也言東面北上者依賓客門外之位

使者載旝帥以受命于朝旝旌旗屬也載之者所以表識其事也周禮曰通帛爲旝又曰孤卿建旝至於朝門使者北面東上古文旝皆爲膳**疏**使者至于朝○注旝旌至爲膳○釋曰云載之者所以表識其事者人見張旝則知是孤卿爲使之事是表識其事也云周禮曰者司常文云至於朝門者凡。平諸侯三門皐應路路門外有常朝位下文君臣皆朝列位乃使卿進使者使者乃入至朝即此朝門者皐門外矣知北面東上者還依展幣之位也

君朝服南鄉

卿大夫西面北上君使卿進使者進之者使者謙不敢必君之終使己**疏**君朝服至使者○注進之至使己○釋曰此還依展幣之位知大夫與卿同西面避賓下文使者還亦同展幣北面東上位

使者入及衆介隨入北面東上君揖使

者進之上介立于其左接聞命進之者有命宜相近也接猶續也賈人西面坐啓櫝取圭垂繅不起而授宰賈人在官知物。賈者繅所以藉圭也其或拜則奠于其上今文繅作璪疏賈人至授宰○注賈人至作璪○釋曰云賈人在官知物賈者謂若王制云庶人之在官府史胥徒之類以知物賈故名賈云其或拜則奠于其上者故覲禮記云奠圭于繅上是也但繅有二種一者以木爲中榦以韋衣之天子五采公侯伯三采子男二采采爲再行下記及典瑞皆有其文此爲繅也下。記云絢組尺及曲禮下文執玉其有藉者則裼鄭亦。爲之繅若韋版爲之者奠玉於上此則無垂繅屈繅之事若絢組爲之者所以繫玉於韋版使不失墜此乃有屈垂之法則此經所云者是也案向來所注皆以韋版繅藉解之者鄭意以承玉及繫玉二者所據雖異所用相將又同名爲繅是以和合解之故以韋版爲之者以解絢組之繅也宰執圭屈繅自公左授使者屈繅者斂之禮以相變爲敬也自公左贊幣之義疏宰執至使者○注屈繅至之義○釋曰云自公左贊幣之義者禮記少儀云詔辭自右贊幣自左取地道尊右之法是贊幣之義故於公左也使者受圭同面垂繅以受命同面者宰就使者北面並授之既授之而君出命矣凡授受者授由其右受由其左疏使者至受命○注同面至其左○釋曰知宰就使者北面者以經言同面不見使者進文使者既先北面故知就使者北面並面授之既授與使者即言受命明知則出命矣云凡授受者授由其右受由其左者據此宰由其右授使者使者受由其左又據鄉飲酒鄉射燕禮獻酢酬皆授由其右受由其左故云凡以廣之若有所因由則有授由左受由右是以使者反命之時宰自公左受玉鄭云亦於使者之東同面並受不右使者由便也又賓授覿時士受馬適右受鄭云適牽者之右而受由便又鄉飲酒云受酬者自介右鄭云尊介使不失故位如此者皆是變例鄭據平常行事而言也既述命同面授上介述命者循君之言重失誤疏既述至上介○注述命至失誤○釋曰上文授玉訖君出命命

辭雖不知何語要知使者既受命使者又重述君命爲述命述命者重失誤

上介受圭屈繅出授賈人衆介不從賈人將行者在門外北面【疏】上介至不從○注賈人至北面○釋曰云衆介不從者以上介送圭向外與賈人反來故衆介不從以待之云賈人將行者知者經言授賈人使受之則是行人主掌此玉故知將行者對上云賈人出玉者是留者也知在門外北面者以其使者在門外時皆北面此賈人不入明依本北面可知

受享束帛加璧受夫人之聘璋享玄纁束帛加琮皆如初享獻也既聘又獻所以厚恩惠也帛今之璧色繒也夫人亦有聘享者以其與己同體爲國小君也其聘用璋取其半圭也君享用璧夫人用琮天地配合之象也圭璋特達瑞也璧琮有加往德也周禮曰瑑圭璋璧琮以覜聘【疏】受享至如初○注享獻至覜聘○釋曰此經中三事上經已受聘君圭此經受享君束帛加璧又受聘夫人璋又受享夫人琮案上文夕幣時云官陳幣皮北首西上加其奉於左皮上鄭注云奉所奉以致命謂束帛及玄纁也則知所陳直陳束帛及玄纁不陳璧琮是以此經受璧而連言束帛玄纁者以其享時束帛加璧於其上玄纁加琮於其上以相配之物故兼言束帛玄纁若然璧琮右受者以其璧琮與圭璋同類尊之故也云帛今之璧色繒者周禮大宗伯云孤執皮帛鄭注亦然又案宗伯云以蒼璧禮天下云牲幣各放其器之色幣即幣帛禮天之璧用蒼色則幣帛之色亦蒼色是璧色繒於漢時云璧色繒者亦因周法則此束帛亦與璧色同以其相配但未知正用何色耳云聘用璋取其半圭知半曰璋者案周禮典瑞云四圭有邸以祀天兩圭有邸以祀地圭璧以祀日月璋邸射以祀山川以上向下差之以兩圭半四圭圭璧半兩圭璋邸射又半圭璧是半半圭曰璋也云圭璋特達瑞也者聘義云圭璋特達德也鄭云特達謂以朝聘也言瑞者大宗伯云以玉作六瑞公執桓圭以下皆是瑞故尚書云班瑞於羣后言特達者不加束帛也云璧琮有加往德也者謂加於束帛之上言往德者郊特牲云束帛加璧往德也謂以束帛加璧致厚往爲主君有德故以玉致之君子於玉比德故言往德也往

德義出於彼鄭言此者欲見朝置享用玉之意也周禮曰玉人文云瑑圭璋璧琮以覜聘者欲見此篇聘賓不用君之所執圭璋以其公則執桓圭侯執信圭伯執躬圭子執穀璧男執蒲璧臣出聘圭璋璧琮則瑑之而已無此桓信躬穀蒲之文又所執皆降其君一等故引之爲證也

遂行舍于郊

於此脫舍衣服乃即道也曲禮曰凡爲君。使已受命君言不宿於家

疏遂行舍于郊○注於此至於家○釋曰言遂行者受命則行不留停故云遂行言於此脫舍衣服乃即道。者上文云賓朝服告禰。及遂朝君受命至此衣服未改鄭注云吉時道路深衣則此脫舍朝服服深衣而行故云於此。所脫舍衣服乃即道也引曲禮者見受君命及君言言別有告之事遂行舍於郊則彼云不宿于家也

請斂旜

此行道耳未有事也斂藏也

疏斂旜○注此行至藏也○釋曰云此行道耳未有事也者案下文云及竟張旜是有事也故此自郊已後未有事斂藏也

若過邦至于竟使次介假道束帛將命于朝曰請帥奠幣

至竟而假道諸侯以國爲家不敢直徑也將猶奉也帥猶道也請道已道路所當由

疏若過至奠幣○注至竟至當由○釋曰自此盡執策於其後論過他國竟假道之事云諸侯以國爲家不敢直徑者案左氏傳僖三十三年秦師襲鄭不假道於晉爲晉所敗是其不假道直。徑過天子之師行過無假道以其天子以天下爲家所在如主人故也天子微弱則有之是以周語定王使單襄公聘於宋遂假道於陳以聘楚服氏注云是時天子微弱故與諸侯相聘。同是也

下大夫取以入告出許遂受幣

言遂者明受其幣非爲許故也容其辭讓不得命也

疏下大夫至受幣○注言遂至命也○釋曰云言遂者明受其幣非爲許故也者幣本爲行禮非爲求許。若。許受幣當云出許受幣不須言遂今不以許道受幣云遂是以容其辭讓不受此幣不得命遂受之故云遂也

餼之以其禮上賓大牢積唯芻禾介皆有餼

凡賜人以牲生曰餼餼猶稟也給也以其禮者尊卑有常差也常差者上賓上介牲用大牢羣介用少牢米皆百筥牲陳于門內之西北面米設于中庭

上賓上介致之以束帛羣介則牽羊焉上賓有禾十車芻二十車禾以秣馬

疏餼之至有餼○注凡賜至秣馬○釋曰此謂主國所致禮云凡賜人以牲生曰餼者言凡者總解諸文案此下經云主國使卿歸饔餼五牢云飪一牢腥二牢餼二牢陳于門西鄭注云餼生也牛羊右牽之豕東之是牲生曰餼上介及士亦皆牲生爲餼論語云告朔之餼羊鄭注亦云牲生曰餼春秋傳云餼臧石牛服氏亦云牲生是凡牲生曰餼春秋僖三十三年鄭皇武子云餼牽竭矣服氏以爲腥曰餼以其對牽故以餼爲腥詩序云雖有牲牢饔餼鄭云腥曰餼以其對生是活故以餼爲腥又不爲牲生者鄭望文爲義故注不同也餼猶稟也給也者於賓爲稟。稟受也於主人爲給給賓客也云以其禮者尊卑有常差常差者上賓上介牲用大牢經不言上介知與賓同大牢者若上介與羣介同當爲介皆少牢是以下文大夫餼賓云上賓上介皆大牢米八筐衆介皆少牢米六筐是上介與賓同之義也云米皆百筥以下盡二十車皆約下文君使卿致饔餼禮若然上介與賓同大牢依大夫餼賓禮米不依大夫餼賓與上介米八筐而依。君致饔餼者以此經有芻禾大夫。餼賓禮。無芻禾故還依主國歸饔餼之禮也案下歸饔餼上賓上介米陳于門內衆介米百筥設於門外鄭不言者略而不辨之也云上賓上介致之以束帛羣介則牽羊者案大夫餼賓禮使者牽牛以致之上介亦如之不依此依歸饔餼者以其彼此皆是國君禮唯牽以行道之間不依歸饔餼之法致。之用束。帛宜與歸饔餼同也云羣介則牽羊焉者致禮於士無用束帛之法但歸餼則用大牢禮盛宰夫朝服牽牛以致之此衆介皆少牢當與大夫餼賓少牢亦牽羊以致之同也無正文故言則也上賓有禾十車芻二十車亦與下歸饔餼同也若然大牢則上介與上賓同芻禾不同者以經上賓云唯芻禾言唯著異明上介無也但下文設飧時大夫之禮禾視死牢而已此餼賓用生牢不用死牢得有禾者此過國致禮異於常禮故生致而有芻禾也以芻薪倍禾故禾十車芻二十車也

士帥。沒其竟沒盡誓于其竟賓南面上介西面衆介北面東上史讀書司馬執策。立于其後

此使次介假道止而誓也賓南面專威信也。史於衆介之前北面讀書以勑告士衆為其犯禮暴掠也禮君行師從卿行旅從司馬主軍法者執策示罰疏誓于至其後○注此使至示罰○釋曰此誓當在使次介假道之時止而誓言今在士帥沒其竟之後言之者此文因上設彼國禮法訖乃更却本而言之不謂此士帥沒竟後是以鄭云此使次介假道止而誓也言賓南面專威信者此聘禮雖非軍事亦是梱外之事使專威信故南面若君然也知史於衆介之前北面讀書者以經言衆介北面則言史讀書明亦北面與衆介同北面又賓南面復對之。故。也云君行師從已下定四年召陵之會祝佗辭引之者此聘使有旅從恐暴掠也

未入竟壹肄。謂於所聘之國竟也肄習也習聘之威儀重失誤疏未入竟壹肄○注謂於至失誤○釋曰自此盡私事論雖未至主國預習聘享威儀之事此與下文為目所習之禮事在下云謂於所聘之國者鄭解未入境境謂所聘之國境未入也

為壝壇畫階帷其北無宮壝土象壇也帷其北宜有所鄉依也無宮不壝土畫外垣也疏為壝至無宮○注壝土至垣也○釋曰案覲禮與司儀同為壇三成宮方三百步此則無外宮其壇壝土為之無成又無尺數象之而已云帷其北宜有所鄉依者雖不立主人賓介習禮宜有所向故帷其北也云無宮不壝土畫外垣也者不壝土為宮是畫外垣垣牆壝土為外牆土今則不畫宮也

朝服無主無執也不立主人主人尊也不執玉不敢褻也徒習其威儀而已疏朝服至執也○注不立至而已○釋曰云不立主人主人尊也者主人則主國君受聘享者不立臣作君故云主人尊也

介皆與北面西上入門左之位也古文與作豫疏介皆至西上○注入門至作豫○釋曰此所習之禮不習大門外內及廟門內之禮者以其於外威儀少而易行故略之但習入廟聘享揖讓升降布幣。授玉之禮是以直云北面西上之位也云入門左之位者案下文云賓入門左介皆入門。右北面西上是也

習享士執庭實士士介也庭實必執之者皮則有攝張之節疏習享士執庭實○注士士至之節○釋曰享時庭實旅百獻國所有非止

於皮知所執是皮者以其金龜竹箭之等皆列。之於地不執之所執者唯有皮而已是以下聘時賓升致命授玉之時執皮者張之以見文是以特言執也是以云皮有攝張之節

習夫人之聘享亦如之習公事不習私事

公事致命者也

疏注習夫至私事○注公事致命者也○釋曰云習夫人之聘享亦如之者以其行聘君訖則行聘夫人行享君訖即行享夫人還君受之一如受君禮故云亦如之也云習公事者謂君聘享夫人聘享及問大夫皆致君命故鄭云公事致命者是以下文行君聘享及。夫。人聘享訖擯出請賓告事畢鄭注云公事畢又問。卿時云卿大夫升堂北面聽命賓東面致命鄭注云致其君之命皆公事致命者也私事者謂私覿於君私面於卿大夫故下文賓覿入門右注云私事自闑右是又問卿訖賓西面如覿幣入門右大夫辭賓遂左注云見私事雖敵賓謙入門右爲若降等然是也若然大夫之幣不在朝付之至郊乃付之避君禮不謂非公事

及竟張旜誓

及至也張旜明事在此國也張旜謂使人維之

疏及竟張旜誓○注及至至維之○釋曰自此盡入境斂旜論賓至主國之境謁關人見威儀之事云張旜明事在此國者以其行道斂旜及境張旜明所聘之事在此國故張旜以表其事也是以鄭云明事在此國也云張旜使人維之者案禮緯稽命徵云大夫。杠五刃齊於較崇八尺人又長八尺人維得手及之者蓋以物接之乃得維持之案節服氏掌祭祀朝覲六人維王之大常諸侯則四人但大常十二旒人有六則一人維持二旒鄭云維之以縷用線維之大夫無文諸侯四人不斂命數大夫或一人或二人維持之

乃謁關人

謁告也古者竟上爲關以。譏異服識異言

疏乃謁關人○注謁告至異言○釋曰古者境上爲關者王城十二門則亦通十二辰辰有一門一關諸侯未知幾關魯廢六關半天子則餘諸侯。亦或然也云關譏異。言案王制云關譏而不征注亦云。幾。幾異服異。言二注皆無正文案周禮司門云幾出入不物者注云不物衣服視占不與衆同鄭以出入不物幾之則不物中含有此異服異言云衣服視占不與衆同則是異也但周禮司關上士二人中士四人又云每關下士二人但司關爲都

總主十二關居在國都每關下士二人者各主一關今所謂關人者謂告每關關人來告司關司關爲之告王故司關職云凡四方。之賓客叩關則爲之告是也

關人問從者幾人欲知聘問且爲有司當。共委積之具

疏曰關人至幾人○注欲知至之具○釋不問使人而問從者關人卑者不敢輕問尊者故問從者云欲知聘問者問得從者卽知使者是大聘亦知使者是小聘知者以君行師從一州之民卿行旅從一黨之人若大夫小聘當一。族之人百人也且。謂有司當。共委積之具者賓客入竟當於廬宿市設少曰委多曰積是爲行道之具也

以介對以所與受命者對謙也聘禮上公之使者七介侯伯之使者五介子男之使者三介以其代君交於列國是以貴之周禮曰凡諸侯之卿其禮各下其君二等

疏以介對○注以所至二等○釋曰云以所與受命者對謙也者上問從者幾人當爲卿行旅從對今不云而以介與受命者對是謙也聘禮上公之使七介至三介皆禮記聘義文而云聘禮者聘義亦得言聘禮也云以其代君交於列國是以貴之。貴。之者隨國大小節級與之介以副使者是貴之也引周禮者。欲見貴之纔下其君二等而已也鄭注周禮二等謂介與朝位賓主之間也

君使士請事遂以入竟請猶問也問所爲來之故也遂以入因道之

疏君使至入竟○注請猶至道之○釋曰君得關人告卽知爲聘來使士迎之故聘義云君使士迎于竟是也而云使士請事君子不必人故知而猶問也云遂以聘入竟者若然向來賓之問猶停關外使士請訖乃。導以入竟

君入竟斂旜乃展復校錄幣重其事斂旜變於始入

疏入竟斂旜乃展○注復校至始入○釋曰自此盡賈人之館論三度展幣之事云重其事者亦恐有脫漏失錯故云重其事不可輕也斂旜變於始入者上及竟張旜注云事在此國也此則入竟後乃斂。斂之者謂若初出至郊斂旜鄭云行道耳未有事也此亦及竟示有事於此國張之始入張之去國遠更是行道未有事故鄭云變於始入始入時示有事於此國今是行道去之故云變於始入也

布幕賓朝服立于幕東西面介皆北面東上賈人北

面坐拭圭拭清也側幕而坐乃開櫝疏布幕至拭圭〇注拭清至開櫝〇釋曰賓西面者雖不對君出是臣道異於前暫時示威信也知賈人側
幕者以其幕所陳皆賈人所主此圭雖不陳亦宜側近於幕以開圭也知賈人坐者下文聘時於廟門外賈人開圭坐授上介故知此亦坐遂執展
之持之而立告在疏遂執展之〇注持之而立告在〇釋曰此經告訖下文乃云上介北面視之則此所立告者告賓云在上介乃視之上介北
面視之退復位言退復位則視圭進違位疏上介至復位〇注言退至違位〇釋曰鄭言此者見經直有退文不見其進故云則視圭進也
違位之言出於曲禮曲禮云揖人必違其位鄭云禮以變為敬今此進違位亦是敬也退圭圭璋尊不陳之疏退圭〇注圭璋尊不陳之〇釋曰尊
不陳對下文拭璧加于左皮上陳之為卑故也上不言璋直言圭下乃言夫人之聘享則璋未拭而并言璋者欲見皆不陳故陳皮北首西上
又拭璧展之會諸其幣加于左皮上上介視之退會合也諸於也古文曰陳幣北首疏陳皮至之退〇
注會合至北首〇釋曰璧言合諸幣者享時當合故今亦合而陳之故小行人云合六幣六幣亦是所享之物故也馬則幕南北面奠幣
于其前前當前幕上展夫人之聘享亦如之賈人告于上介上介告于賓展夫人聘享上介不
視貶於君也賈人既拭璋琮南面告於上介上介於是乃東面以告賓亦所謂放而文之類疏展夫至于賓〇注展夫至之類〇釋曰知面位如此者其
賈人北面在幕南上介亦北面明賈人既拭夫人聘璋享琮訖乃迴身南面告上介上介於是還東面告賓可知也云所謂放而文之類者所謂禮器文案禮
器云有放而文也注云謂若天子服日月以至黼黻是天子衣放象日月以下而為文今夫人聘享展訖但上介不視至於賈人南面告上介上介東面告賓
放象君禮而為文變是其類也有司展羣幣以告羣幣私覿及大夫者有司載幣者自展自告疏有司至以告〇注羣幣至自告〇釋

曰云羣幣私覿及大夫者上展君及大夫幣訖此言有司展羣幣故知是私覿及大夫者私覿者行君夫人聘享訖賓以私禮己物見主君云大夫者亦謂賓以己物面主國之卿必知私覿之幣是賓介自將己物者以經記上下唯有君及夫人聘享及問大夫聘之幣付使者之文不見有付賓介私覿之幣又案下文賓將還云遂行舍于郊公使卿贈如覿幣使下大夫贈上介亦如之使士贈衆介如其覿幣還至本國陳公幣于朝云上賓之公幣私幣皆陳上介公幣陳他介皆否注云此幣使者及介所得於彼國君卿大夫之贈賜也其禮於君者不陳公幣君之賜也私幣卿大夫之幣也至於賓反命訖君使宰賜使者及介幣以此言之彼國所報私覿之幣還與賓介明知私覿是賓介私齎行可知也夏官校人云凡國之使者皆供其幣馬鄭注使者所用私覿若然彼使者謂天子使卿大夫存覜省問諸侯之事使者得之行私覿私覿之馬校人供之與諸侯禮異也

及郊又展如初

郊遠郊也周制天子畿內千里遠郊百里以此差之遠郊上公五十里侯伯三十里子男十里也近郊各半之

疏 及郊至如初○注郊遠至半之○釋曰云周制天子畿內千里遠者周禮大司徒云制其畿方千里據周禮而言其自殷已上亦畿方千里商頌云邦畿千里唯民所止夏亦千里王制云天子縣內方千里鄭據夏時禹貢方千里曰甸服據唐虞畿內是也云遠郊百里者司馬法文畿方千里王城面五百里爲遠郊若公百里中置國城面二百五十里故遠郊五十里自此已下至子男差之可知云云近郊各半之者亦約周天子遠郊百里近郊五十里亦無正文尚書君陳序云命君陳分正東郊成周鄭注周之近郊五十里今河南洛陽相去則然鄭以目驗知之若然天子近郊半遠郊則諸侯近郊各半遠郊可知也

及館展幣於賈人之館如初

館舍也遠郊之內有候館可以小休止沐浴展幣不于賓館者爲主國之人有勞問己者就焉便疾也

疏 及館至如初○注館舍至疾也○釋曰案周禮遺人職云十里有廬三十里有宿五十里有市市有候館畿內道路皆有候館鄭云遠郊之內有候館者據此候館在遠郊之內指而言之不謂於此獨有也以行道之間停息故云小

休止沐浴又得展展幣也云展幣不于賓館者爲主國之人有勞問己者就焉便疾也者若幷在賓館則事煩不疾若展幣於賈人之館其賓館受勞問是以就賈人之館展幣便疾也案大行人諸侯朝天子上公三勞侯伯再勞子男一勞孤不問一勞諸侯自相朝無過。如。朝天子遣臣相聘無過一勞此下文使卿近郊勞此乃遠郊之內得有此勞問己者謂同姓舅甥之國而加恩厚者別有遠郊之內問勞也

賓至于近郊張旜君使下大夫請行反君使卿朝服用束帛勞請行問所之也雖知之謙不必也士請事大夫請行卿勞彌尊賓也其服皆朝服

疏賓至至帛勞○注請行至朝服○釋曰自此盡遂以賓入論主君使大夫及卿行請勞之事入近郊張旜者示將有事以自表也知皆朝服者以卿勞禮重尚朝服明以外士大夫輕者朝服可知也故舉後以明前也

上介出請入告賓禮辭迎于舍門之外再拜出請出門西面請所以來事也入告入北面告賓也每所及至皆有舍其有來者。者皆出請入告于此言之者賓彌尊事彌錄

疏上介至再拜○注出請至彌錄○釋曰云入北面告賓也者此時賓當在賓館阼階西面故上介北面告賓也云每所及至皆有舍其有來者皆出請入告于此言之者賓彌尊事彌錄者道皆有廬宿市來之舍前。出請。士大夫請行亦當出請入告於此始言之者先士次大夫後卿以是先卑後尊今復見此言故云賓彌尊事彌錄也

勞者不荅拜凡爲人使不當其禮

疏勞者不荅拜○注凡爲至其禮○釋曰言凡者非直此卿爲君勞賓不敢當其禮不荅拜聘賓亦初入大門主君拜賓辟不荅拜也如此之類皆然故云凡以該之至後儐勞者與之荅拜爲己故也

賓揖先入受于舍門內不受于堂此主於侯伯之臣也公之臣受勞於堂

疏賓揖至門內○注不受至於堂○釋曰知公之臣受勞於堂者案司儀云諸公之臣相爲國客及大夫郊勞三辭拜辱三讓登聽命是公之臣受勞於堂之事

勞者奉幣入東面致命東面鄉賓

疏勞者至致命○注東面鄉賓○釋曰賓在館如主人當入門西面故勞者

東面向之也賓北面聽命還少退再拜稽首受幣勞者出北面聽命若君南面然少退象降拜【疏】賓北至者出○注北面至降拜○釋曰云北面聽命若君南面然。云少退象降拜者下文歸饔餼大夫東面致命賓降階西。面再拜稽首是此象之也若然此行尊卑禮訝受法歸饔餼時。上北面受幣此在亦當北面訝受幣勞者南面可知也庭授老幣老賓之臣【疏】授老幣○注老賓之臣○釋曰大夫家臣稱老若趙魏。臧氏老之類也出迎勞者欲儐之【疏】出迎勞者○注欲儐之○釋曰司儀注云上於下曰禮敵者曰儐此言儐者欲見賓以禮禮使者故云欲儐之勞者禮辭賓揖先入勞者從之乘皮設設於門內也物四曰乘皮麋鹿皮也【疏】勞者至皮設○注設於至皮也○釋曰庭實當三分庭一在南設之今以儐勞者在庭故設於門內也云皮麋鹿皮者鄭於下注云君於臣臣於君麋鹿皮可者以無正文知用麋鹿皮者案郊特牲云虎豹之皮示服猛也彼諸侯朝享天子法用虎豹此臣聘君降於享天子法用麋鹿皮故齊語云齊桓公使諸侯輕其幣用麋鹿皮四張亦一隅也賓用束錦儐勞者言儐者賓在公館如家之義亦以來者爲賓【疏】賓用至勞者○注言儐至爲賓○釋曰云言儐者賓在公館如家之義亦以來者爲賓者凡言儐者謂報於賓今以賓館故賓若主人故云儐勞者即以勞者爲賓故也勞者再拜稽首受稽首尊國賓也【疏】勞者至首受○注稽首尊國賓○釋曰周禮大祝辨九拜一曰稽首首至地臣拜君法二曰頓首頭叩地平敵相。於法三曰空首首至手君荅臣下拜法郊特牲云大夫之臣不稽首非尊家臣以辟君也今此勞者與賓同類不頓首而稽首故云尊國賓也下賓亦稽首送者以是爲君使故亦稽首以報之也賓再拜稽首送幣受送拜皆北面象階上【疏】注受送至階上○釋曰知受送拜皆北面象階上者此經面位無文案歸饔餼賓儐大夫時賓楹間北面。授幣大夫。西面受此賓亦宜與彼同北面授還北面拜送若然云受送拜皆北面者誤當云授。送。拜皆北面並據賓而言也勞者

揖皮出乃退賓送再拜揖皮出東面揖執皮者而出

疏「揖皮」至「而出」。○釋曰：知東面揖執皮者，以其執皮者在門內當門，勞者在執皮之西，故知東面揖皮可知。揖之若親受之，又執皮者是賓之使者，執皮者得揖，從出勞者從人當訝受之。是以公食大夫禮云賓三飯公侑食，以束帛庭實設乘皮，賓受幣，賓出，揖庭實，賓出，鄭云揖執皮者若親受，云上介受賓幣，從者訝受皮，則此從者亦訝受可知也。

儀禮疏卷第十九

儀禮注疏卷十九校勘記　　阮元撰盧宣旬摘錄

聘禮第八

歲相問 毛本通解有也字

入竟張旜 陳本通解要義同毛本入作及

瑑圭璋八寸 毛本瑑誤從土

聘禮

爲久無事須聘 毛本須作明○按須是也

遂命使者

使者自在謀內 要義同毛本在作其

宰命司馬戒衆介

諸侯謂司徒爲宰 張氏曰注曰諸侯謂司徒爲宰又曰宰夫宰之屬也按釋文云大宰音泰下放此自宰命司馬而下皆不見大字古者天子有大宰諸侯則以司徒兼爲之疑注司徒爲宰之句合稱大宰又燕禮注曰宰夫大宰之屬大射注曰宰夫冢宰之屬公食大夫注曰甸人冢宰之屬又曰司宮大宰之屬彼不兼大則兼冢此不應獨稱宰之屬故又疑注宰之屬也之句亦有大字增二大從釋文○按集釋此注有大字下注無

吾子爲司徒 要義同通解楊氏毛本吾子俱作季孫

司徒掌十二教今 陳監要義同毛本今作令

宰書幣

宰卽上命同馬兼官者也 馬要義作徒

管人布幕于寢門外

云館人 要義同毛本館作管○按作館是也

爲帷宮 毛本同陳閩監本要義宮俱作官○按周禮掌舍作宮

云幕以承幣者 要義同毛本云下有布字○按注文有布字

使者北面

使者須視幣 陳閩本通解同毛本視作親○按視是也

宰執書告備具于君

云史展幣畢 要義同毛本無史字○按有史字與注合

釋幣

象天三覆地二也 要義同毛本二下有載字

鄭志荅云 要義同毛本通解楊氏志俱作元

又釋幣于行

此謂平地道路之神 要義同毛本地作治

喻無險難也 金曰追云諭今誤喻按喻者諭之或作字

今時民春秋祭祀 要義同毛本祀作神○按祀與注合

古之餘禮乎者 要義同毛本餘作遺○按遺與注合

此禮行神 毛本同通解禮作祭

行在廟門外之西 要義同毛本在作至○按在字與月令孟冬注合

使者載旜

凡平諸侯三門 要義同毛本凡下無平字○按平字誤

賈人西面坐啟櫝

在官知物賈者 賈楊氏作價○按賈正字價俗字

下記云絇組尺陳閩通解要義楊氏同毛本記作謂○按記是也

鄭亦爲之繅要義同毛本通解爲作謂

受享

取其半圭也諸本同毛本圭作珪

天地配合之象也配釋文作妃云本亦作配集釋作妃

瑑圭璋璧琮以覜聘覜葛本集釋俱作頫

則此束帛要義同毛本帛作幣○按帛是也

但未知正用何色耳要義同毛本正作圭○按正是也

遂行舍於郊

凡爲君使使下楊氏有者字

乃郎道者要義同毛本者作也○按依下文述注則此處當作也者

及遂朝君受命陳本通解要義同毛本及作乃

於此所脫舍衣服毛本無所字○按所疑衍文

若過邦

直徑過要義同毛本徑作經○按徑是

故與諸侯相聘同同要義作問

下大夫取以入告

若許受幣毛本通解若下有因字許下有道字

餼之以其禮

牛羊右牽之要義同毛本右下有手字○按曲禮云效馬效羊者右牽之此涉彼文而誤脱也下文注疏並作牛羊右手牽之

餼臧石牛要義同毛本臧作藏

稟受也要義同毛本稟下有者字

而依君致饔餼者毛本君作者○按君是也

大夫餼賓禮無芻禾毛本無字在餼下

致之用束帛毛本帛在之下

士帥沒其竟毛本帥誤作師

誓于其竟○司馬執策徐本敖氏同釋文毛本策作筴云音策集釋通解楊氏亦俱是筴

史於衆介之前徐本集釋通解楊氏敖氏同毛本史作使

復對之故也云毛本故也作也故○按毛本是

未入竟壹肆壹釋文集釋俱作一

介皆與

布幣授玉之禮通解要義楊氏同毛本授作受

介皆入門右浦鏜云左誤右○按浦云是也

習享

皆列之於地通解要義同毛本無之字

習夫人之聘享

及夫人聘享訖陳本要義同毛本夫人作大夫○按夫人是也

又問卿時云卿閩本作鄉

及竟

大夫杠五刃通解同毛本杠作扛

乃謁關人

以譏異服釋文作幾云本亦作譏集釋亦作幾

亦或然也亦要義作理

云關譏異言要義同毛本作云關譏異服識異言者

幾幾異服異言要義同毛本上幾字作譏陳閩俱無○按今王制注作譏譏異服識異言

凡四方之賓客要義無之字○按周禮有

關人問從者幾人

當共委積之具陸氏曰共本或作供同後放此

當一族之人百人也毛本族作旅陳閩俱誤作放監本作族之下陳閩俱無人字○按旅是也

且謂有司要義同按各本注俱作爲

以介對

是以貴之貴之者貴之二字陳閩俱不重

欲見貴之毛本欲作彼

君使士請事

乃導以入竟毛本導作道○按導是也

入竟

乃斂斂之者陳閩毛本俱不重斂字

馬則幕南北面

當前幕上上楊作南

展夫人之聘享

所謂禮器文案禮器云毛本無案字陳閩俱無禮器文三字

至于賈人南面告上介上介東面告賓毛本上介二字不重出

有司展羣幣以告

不見有付賓介私覿之幣陳閩要義同毛本有作其○按有是

及郊

畿方千里王城面五百里　要義同毛本王字在畿上

若公百里　要義同毛本公下有五字通解同

鄭以目驗知之　要義同毛本目作自按目是

及館

有候館者據此候館此　要義同毛本者作若據此作此據通解要義俱作據

諸侯自相朝無過如朝　按宋本已誤如朝當作無過再勞

上介出請入告

其有來者者皆出請入告　毛本下者字作與徐楊集釋俱無與字與疏合嚴本與作者張氏曰注曰其有來者者巾箱杭本同監本無一者字按釋文云者與音餘蓋傳寫者誤以與字作者爾監本以其重複遂去其一尤非也從釋文朱子曰此非疑詞不當音餘疑本介字

出請士　要義同毛本作士請事

賓北面聽命

云少退　毛本無云字○按此本有云字非也

賓降階西面　浦鏜云誤衍面字

上北面受幣毛本通解上上有堂字

授老幣

若趙魏臧氏老之類也通解要義同毛本臧作藏非也

勞者再拜稽首受

平敵相於法通解要義同毛本於作拜

賓再拜稽首送幣

賓楹閒北面授幣通解同毛本授誤作受

大夫西面受朱子曰西面當作南面

當云授送拜皆北面送拜通解倒

儀禮注疏卷十九校勘記

儀禮疏卷第二十

唐朝散大夫行大學博士弘文館學士臣賈公彥等撰

夫人使下大夫勞以二竹簋方。玄被纁裏有蓋竹簋方者器名也以竹爲之狀如簋而方如今寒具筥筥者圜此方耳

【疏】夫人至有蓋○注竹。簋至方耳○釋曰自此盡以賓。入論夫人勞賓之事夫人勞使下大夫者降于君故不使卿凡簋皆用木而圜受斗二升此則用竹而方故云如簋而方受斗二升則同如今寒具筥者寒具。若籩人先鄭云朝事謂清朝未食先進寒具口實之籩實以冬食故謂之寒具筥圜此方者方圜不同爲異也案玉人云案十有。二棗栗十有二列諸侯純九大夫純五夫人以勞諸侯彼有玉案者謂王后法有玉案弁有竹簋以盛棗栗故彼引此爲證此諸侯夫人勞卿大夫故無案直有竹簋以盛棗栗

其實棗蒸。栗擇兼執之以進兼猶兩也右手執棗左手執栗

【疏】其實至以進○注兼猶至執栗○釋曰云兼猶兩者謂一人執兩事知右手執棗左手執栗者見下文云賓受棗大夫二手授栗則大夫先度右手乃以左手共授栗便也明知右手執棗可知必用右手執棗先度之者鄭注士虞禮云棗美故用右手執棗也

賓受棗大夫二手授栗受授不游手慎之也

【疏】注受授至之也○釋曰初兩手俱用既受棗。不。共授栗。游暇一手不慎也今右手授棗訖。即共授栗不游手爲謹慎也

賓之受如初禮如卿之儀

勞儐之如初下大夫勞者遂以賓入出以束錦授從者因東面釋辭請。道之以入然則賓送不拜

【疏】儐之至賓入○注出以至不拜○釋曰云出以束錦授從者因東面釋辭請導之者儐下大夫如前有束錦則此大夫亦受得束錦經言遂以賓入明知有辭請導之雖無文鄭以意言之大夫在西明出時授束錦與已從者乃得因東面釋請導之辭也云然則賓送不拜者以其云遂以賓入即從之明賓送不拜謂

若公食大夫使人戒賓不拜送遂從之其類也案上君使士請遂以賓入鄭云因導之鄭不言賓送不拜者士請事空手無幣賓亦不。擯請導賓賓從入無再拜送之理故鄭不言賓送不拜此大夫勞賓與卿同有拜送之理故云賓送不拜也覲禮大夫勞侯氏侯氏卽從大夫入拜送大夫天子使尊故雖從亦拜送與此異

至于朝主人曰不腆先君之祧既拚以俟矣賓至外門下大夫入告出釋此辭主人者公也不言公而言主人主人接賓之辭明至欲受之不敢稽賓也腆猶善也遷主所在曰祧周禮天子七廟文武爲祧諸侯五廟則祧始祖也是亦廟也言祧者祧尊而廟親待賓客者上尊者

疏至于至俟矣○釋曰自此盡俟閑論賓初至主君請行聘禮賓。又請俟閑之事云至于朝者鄭云賓至外門者外門卽諸侯之外朝故下云以柩造朝亦謂大門外爲外朝也云下大夫入告出釋此辭者此下大夫卽夫人勞賓導賓入者也云明至欲受之不敢稽賓案覲禮云侯氏遂從之天子賜舍鄭云且使卽安不卽言欲受之者彼天子以諸侯爲臣故使且安此鄭國聘賓不臣人之臣故言不敢稽賓也云遷主所在曰祧者此總解天子諸侯稱祧也云周禮天子七廟文武爲祧者案周禮大宗伯序官守祧職云奄八人鄭注云遠廟曰祧又守祧職云掌守先王先公之廟祧鄭注云廟謂大祖之廟及三昭三穆遷主所藏曰祧先公之遷主藏于后稷之廟先王之遷主藏于文武之廟云奄八人廟有一奄周立七廟通姜嫄廟爲八故奄八人祭法鄭注云祧之言超也超上去意也不毁之也云遷主所藏曰祧天子有二祧以藏遷主諸侯無二祧遷主藏于大祖廟故此名大祖廟爲祧也云既拚者少儀云埽席前曰拚拚者埽除之名云諸侯五廟王制與祭法文云則祧始祖是亦廟也言祧者祧尊而廟親待賓客者上尊者下文迎賓於大門揖入及廟門受賓聘享皆在廟此云先君之祧明下云廟是大祖廟可知是以於大祖廟受聘。享尊之若饗食則於禰廟燕又在寢彌相親也此鄭義若孔君王肅則以高祖之父及祖爲二祧非鄭義也

賓曰俟閑賓之意不欲奄卒主人也且以道路悠遠欲沐浴。齊戒俟閑未敢聞命

疏賓曰俟閑○注賓之至聞命○

釋曰此鄭以意解之上文以意解主君不欲稽留於賓此經解賓意不欲奄卒主人故云俟閒必知有齊戒沐浴者案玉藻云將適公所宿齊戒沐浴彼謂臣見己君入廟必須齊戒沐浴此有齊戒沐浴可知也云未敢聞命者謂不腆先君之祧既拚以俟之命不敢聞之也

大夫帥至于館卿致館

致至也賓至此館主人以上卿禮致之所以安之也

疏大夫至致館○注致至至之也○釋曰自此盡送再拜論主君遣卿致館之事云賓至此館主人以上卿禮致之者案覲禮云侯氏遂從之天子賜舍辭曰賜伯父舍侯氏再拜稽首受儐之束帛乘馬注云王使人以命致館無禮猶儐之者尊王使也無禮謂無束帛此云以上卿禮明有束帛致亦可知若然有禮則稱致覲禮不稱致無禮故也案司儀云諸公相爲賓主君郊勞云三辭拜受拜受謂拜受幣又云致館亦如之鄭云使大夫授之君又以禮親致焉亦是有幣可知又云諸侯諸伯諸子諸男之相爲賓也各以其禮相待也如諸公之儀是五等相待致館同有幣矣天子待諸侯無幣則其臣來無幣可知據此文侯伯之卿聘郊勞致館有幣則五等待臣皆同有幣也司儀諸侯之臣相爲國客亦皆有幣與此同若諸侯遣大夫小聘曰問下云小聘曰問不享有獻不及夫人不筵几不禮面不升不郊勞注云記貶於大聘所以爲小也獻私獻也面猶覿也雖不言不致館略之耳亦不致也又諸臣朝覲天子天子無禮以致。猶儐尊王使又五等自相朝。主國皆有禮皆有儐故司儀云賓繼主君皆如主國之禮鄭玄謂繼主君者儐主君也儐之者主君郊勞致館饔餼還圭贈郊送之時也此等皆主君親致館又云致館亦如之亦如郊勞時亦有儐矣以此言諸臣致者皆有儐也若諸侯遣卿大夫聘王國有用幣致館無儐也故司儀云諸公之臣相爲國客致館如初之儀鄭注云如郊勞也不儐耳是也

賓迎再拜卿致命賓再拜稽首卿退賓送再拜

卿不俟設飧之畢以不用束帛致故也不用束帛致之者明爲新至非大禮也

疏賓迎至再拜○注卿不至禮也○釋曰云賓迎再拜者賓在館如主人故先拜也卿不言答拜答拜可知但文略耳雖不言入言迎則入門可知言卿致命者亦東面致

君命也云卿不俟設飧之畢以不用束帛致故也者下直云宰夫朝服設飧不言致則此卿致館兼致飧矣致館不有束帛致飧空以辭致君命無束帛者案下記云飧不致鄭注云不以束帛致命草次饌飧具輕若然卿以空拜致飧既卽退不待宰夫設畢也以不用束帛致故也云非大禮也者對下聘日致饔鄭云急歸大禮也若然此侯伯之卿禮其公之臣亦以幣帛致案司儀云諸公之臣相爲國客致館如初之儀鄭注云不言致飧者君於聘大夫不致飧也聘禮曰飧不致賓不拜是也其子男之臣不致可知又案司儀云君親致館至於致飧如致積之禮鄭注云俱使大夫禮同也以此言之致館致飧似別人者但致積在道致飧在館所致別人若致館與致飧同時致館者兼致飧無嫌也言俱使大夫者言積與飧同使大夫決君不親之義何妨致館與致飧一人也其臣致飧無幣其五等諸侯致飧則有幣案司儀諸侯相於致飧如致積致積有幣知致飧亦有幣也

宰夫朝服設飧食不備禮曰飧詩云不素飧兮春秋傳曰方食魚飧皆謂是

疏宰夫朝服設飧○注食不至謂是○釋曰云食不備禮曰飧者對饔餼也生與腥飪俱有餘物又多此飧唯有腥飪而無生餘物又少故云不備禮也引詩傳者案詩云彼君子兮不素飧兮毛云熟食曰飧鄭云讀如魚飧之飧則詩飧與傳魚飧同是直食魚與飯爲飧彼少牢小禮中不備此則兩大牢大禮中不備不備是同故引證一邊不備其實禮有異也春秋傳曰方食魚飧者案宣六年經書晉趙盾衛孫免侵陳公羊傳曰趙盾弒君此其復見何親弒君者趙穿也親弒君者趙穿則曷爲加之趙盾不討賊也復國不討賊此非弒君如何趙盾之復國奈何靈公爲無道靈公使膳宰以熊膰不熟公殺之盾入諫公見盾再拜盾拜稽首歸公使勇士某者往殺之勇士入門不見人闚其戶方食魚飧勇士曰嘻子誠仁人也是子之儉也吾不忍殺子也雖然吾不可復見吾君矣遂刎頸而死是魚飧之事

飪一牢在西鼎九羞鼎三腥一牢在東鼎七中庭之饌也飪孰也孰在西腥在東象春秋也鼎西九東七凡其鼎實與其陳如陳饔餼羞鼎則陪鼎也以其實言之則曰羞以其陳言之則曰陪

疏飪一至鼎

七○注中庭至曰陪○釋曰云中庭之饌也者對下文是堂上及門外之饌也云象春秋也者腥之言生象春物生飪之孰也象秋物有成孰故云象春秋也云鼎西九東七者九謂正鼎九牛羊豕魚腊腸胃膚鮮魚鮮腊東七者腥鼎無鮮魚鮮腊故七云凡其鼎實與其陳如陳饔餼者如其死牢故掌客云諸侯之禮饔餼九牢七牢五牢其死牢如飧之陳凡介行人皆有飧饔餼此則如介禮也是飧之死牢與饔餼死牢實與飧陳同亦於東階西階也云羞鼎則陪鼎也知是一物者此云羞鼎下饔餼言陪鼎故知一也陪鼎三則下云膷臐膮是也

堂上之饌八西夾六八六者豆數也凡饌以豆為本堂上八豆八籩六鉶兩簠八壺西夾六豆六籩四鉶兩簠六壺其實與其陳亦如饔餼

疏堂上至夾六○注八六至饔餼○釋曰堂上與西夾所陳六八非一○知六八是豆者凡設饌皆先設豆乃設餘饌故鄭云凡饌以豆為本無妨六八之內兼有餘饌故鄭言籩鉶之等也凡鄭所云皆約饔餼故云亦如饔餼也鄭必約與陳饔餼同者以其陳鼎饔餼同故知餘亦同也

門外米禾皆二十車禾稾實并刈者也諸侯之禮車米視生牢禾視死牢牢十車大夫之禮皆視死牢而已雖有生牢不取數焉米陳門東禾陳門西

疏門外至十車○注禾稾至門西○釋曰諸侯之禮車米視生牢禾視死牢牢皆十車者案掌客云上公之禮飧五牢饔餼九牢其死牢如飧之陳牽四牢車米視生牢牢十車車秉有五藪車禾視死牢牢十車侯伯飧四牢饔餼七牢其死牢如飧之陳牽三牢子男飧三牢饔餼五牢其死牢如飧之陳牽二牢皆米視生牢牢十車禾視死牢牢十車是其義也云大夫之禮皆視死牢而已雖有生牢不取數焉者知然者見下歸饔餼五牢饔三牢餼二牢饔三牢死牢也門外米禾皆三十車與死三牢同不取餼二牢生之數故知義然也云米陳門東禾陳門西者此亦約下歸饔餼知之上皆云陳如饔餼此不云如饔餼者至下經與薪芻并云凡此之陳亦如饔餼是也

薪芻倍禾各四十車凡此之陳亦如饔餼

上介飪一牢在西鼎七羞鼎三堂上之饌六門外米禾皆十車薪芻倍

禾西鼎七無鮮魚鮮腊疏上介至倍禾○注西鼎至鮮腊○釋曰六者與賓西夾數同但言堂則西夾無矣云西鼎七無鮮魚鮮腊者此亦約饔餼時賓飪鼎數故下文賓腥鼎七無鮮魚鮮腊此亦鼎七故知無鮮魚鮮腊也

衆介皆少牢亦飪在西鼎五羊豕腸胃魚腊新至尚孰堂上之饌四豆四簋兩鈃四壺無簠疏衆介皆少牢○注亦飪至無簠○釋曰知亦飪者依上介知然知鼎五者以賓九上介七衆介當五降殺以兩又約少牢五鼎此亦少牢故知亦五鼎也知鼎實有羊豕魚腊與腸胃者以上介無鮮魚鮮腊此又無牛故從羊豕以下數之得五案少牢有膚此無者生人食與祭異故玉藻朔月少牢五俎亦云羊豕魚腊腸胃不數膚也案上注皆不言新至尚熟於此言之者上文賓與上介皆言飪一牢在西下歸饔餼亦言飪一牢在西此衆介直言少牢不言飪下文歸饔餼亦直言餼一牢無飪恐衆介飧饔前後皆無飪故特言之新至尚熟對後無饔直有餼不尚熟也必知少牢是飪者承上介一牢飪知此亦飪云堂上之饌四豆四簋兩鈃四壺無簠知數如此者以賓與上介降殺以兩故然也知無簠者以賓簠有二曲禮云歲凶大夫不食粱非歲凶大夫食粱粱大夫常食大夫禮多與賓同簠盛稻粱則上介亦二簠與賓同士非直不合食粱差降亦無簠也

厥明訝賓于館此訝下大夫也以君命迎賓謂之訝訝迎也亦皮弁疏厥明至于館○注此訝至皮弁○釋曰自此盡每曲揖論將行聘禮主君迎賓向廟之事云此訝下大夫也者案周禮有掌訝中士八人為之此訝下大夫非。彼掌訝也案下記云卿大夫訝大夫士訝士皆有訝又周禮掌訝云凡賓客諸侯有卿訝卿有大夫訝大夫有士訝士皆有訝此大聘是卿故使下大夫訝也天子諸侯雖有掌訝之官朝聘之賓不使掌訝為訝直以尊卑節級為訝故云此訝下大夫也言以君命迎者凡舉事。皆以承君命故知迎賓待君命也云亦皮弁者下文君及賓皮弁明此大夫亦皮弁服也

賓皮弁聘至于朝賓入于次服皮弁者朝聘主相尊敬也諸侯視朔皮弁服入于次者俟。辦也次在大門外之西以帷為之疏賓皮至于次○注服皮至為之○釋曰云服皮弁者朝聘主相

尊敬也者周禮大行人諸侯朝天子各服冕服廟中將幣三享申觀禮亦云侯氏裨冕在廟觀天子此諸侯待四方朝聘皆皮弁者入天子廟得申其上服入己廟不可以冕服又不可服常朝之服故服天子之朝服諸侯以爲視朔之服在廟。待朝聘之賓是相尊敬故也知此皮弁是諸侯視朔服者以其玉藻云諸侯皮弁以聽朔於大廟是也云次在大門外之西以帷爲之者下記云宗人授次次以帷少退于君之次以賓位在西故知也

乃陳幣

有司入于主國廟門外以布幕陳幣如展幣焉圭璋賈人執櫝而俟

疏乃陳幣○注有司至而俟○釋曰有司入于主國廟門外者○案下文行聘時幣○在主國廟門外知在此也知有幕者以言陳幣如展幣明亦布幕陳幣也云圭璋賈人執櫝而俟者案下文云賈人東面坐啓櫝取圭鄭注賈人鄉入陳幣東面俟於此言之就有其。事也是也

卿爲上擯大夫爲承擯士爲紹擯擯者出請事

擯。謂主國之君所使出接賓者也紹繼也其位相承繼而出也主君公也則擯者五人侯伯也則擯者四人子男也則擯者三人聘義曰介紹而傳命君子於其所尊不敢質敬之至也既知其所爲來之事復請之者賓來當與主君爲禮爲其謙不敢斥尊者啓發以進之於是時賓出次直闑西北面上擯在闑東閾外西面其相去也公之使者七十步侯伯之使者五十步子男之使者二十步比旅擯耳不傳命上介在賓西北東面承擯在上擯東南西面各自次序而下末介末擯旁相去三丈六尺上擯之請事進南面揖賓俱前賓至末介上擯至末擯亦相去。三丈六尺止揖而請事還入告于公天子諸侯朝覲乃命介介紹傳命耳其儀各鄉本受命反面傳而下及末則。鄉受之反面傳。而上又受命傳而下亦如之此。三丈六尺者門容二徹參个旁加各一步也今文無擯

疏卿爲至請事○注擯謂至無擯○釋曰此擯陳在主國大門外主君之擯與。賓之介東西相對南北陳之云其位相承繼而出也者從門向南陳爲繼而出云主君公也則擯者五人侯伯也則擯者四人子男也則擯者三人者案周禮大行人天子待諸侯云上公之禮擯者五人侯伯之禮擯者四人子男則擯者三人今以諸侯待聘賓用天子待己之擯數者以諸侯

自相待無文鄭以意解之但天子尊得分。辨諸侯尊卑以待之諸侯卑降天子不敢分辨前人故據己國大小而爲擯數且春秋又有大國朝焉小國聘焉又有卿出並聘之事則小國有朝大國法無大國下朝小國之禮若相聘問大小皆得若然待其臣據此文與待君等天子待諸侯之臣亦宜與君同也又案周禮大宗伯爲上擯小行人爲。承擯觀禮嗇夫爲末擯若待子男三人足矣若侯伯少一人待上公少二人一人二人皆以士充數也引聘義者案彼鄭注質謂正自相當故設擯介通情乃相見是敬之至引之者證須擯介之意也云既知其所爲來之事者在道已遣士請事大夫問行郊勞致館之等是足知來事矣云復請之者賓來當與主君爲禮爲其謙不敢斥尊者啓發以進之者亦解所以立擯介通情及進相見之義也云於是時賓出次直闑西北面者案玉藻云君入門介拂闑大夫中棖與闑之閒士介拂棖此謂朝君又云賓入不中門此謂聘賓云不中門則此闑西北面者若然聘賓入門還依作介入時同亦拂闑也云上擯在闑東閾外西面者主位在東故賓在闑西上擯在闑東以擯位並門東西面故上擯亦西面向君也云其相去也公之使者七十步侯伯之使者五十步子男之使者三十步者此依大行人云諸侯之卿其禮各下其君二等鄭注云所下者介與賓主之閒是以步數與介數亦降二等也云此旅擯耳者案司儀云三問旅擯鄭云旅陳陳擯介不傳辭故鄭此云不傳命也若然上注下注皆引聘義云介紹而傳命者若交擯傳命則是賓介傳命此旅擯傳命者直是賓來至末介下對上擯傳本君之命也其介相紹繼則交擯旅擯同唯傳命不傳辭有異矣是以司儀云及將幣交擯鄭注亦引聘義介紹而傳命爲證以其皆是相連繼於位也云上介在賓西北東面承擯在上擯東南西面此謂賓直闑西北面主君在門內南面列位時云西北東南。者據賓西北望上介介仍向正北陳之矣上擯東南望承擯等仍向正南陳之矣不謂介西北邪陳擯東南向邪陳也云各自次序而下者賓之介或七或五或三從南向北次序上次下至末介主人之擯或五或四或三從承擯向南上次下至末擯也東西相去三丈六尺云上擯之請事進南面揖賓俱前者謂上擯入向公前北面受命出門南面遙揖賓使前擯者漸南行賓至末介北東面上擯至末擯南西面東西相去亦三丈六尺云止揖而請事者二人俱立定乃揖而請所爲來之事云還入告于公者賓對訖上擯入告公公乃有命納賓也云天子諸侯朝覲乃命介紹傳命耳者此引聘義文自此以下論天子諸侯交擯法云紹者亦謂使介相紹繼以傳命傳命即擯介相傳賓主之命也此交擯謂在大門外初未迎賓時案曲禮注春夏受摯於朝受享於廟秋冬一受之於廟觀禮天子不下堂而見諸侯則秋冬受摯受享皆無迎法無迎法則無此交擯之義若春夏受摯於朝無迎法受享於廟則迎之故大行人云廟中將幣三享鄭注朝先享不言朝者朝正禮不嫌有等也是正朝無迎法若然觀禮無迎法此云朝觀彼言觀者觀雖無迎法饗食則有迎法故齊僕云朝觀宗遇饗食皆乘金路其法儀各以其等爲車送逆之節故連觀也云其儀各鄉本受命反面傳而下者雖言各鄉本受命非一時之事先上擯入受命出傳與承擯承擯傳與末擯此是上擯鄉本受命反面傳而下末介向末擯邊受命傳與次介次介傳與上介上介傳與賓是及其末則鄉受之反面傳而上也云又受命傳而下亦如之者此乃發賓傳向主君一如前發主君傳而向下故云亦如之如此三迴爲交擯三辭此則司儀云諸公相爲賓交擯三辭者也諸侯伯子男相爲賓如諸公之儀其交擯則同也云此三丈六尺者此則卻計前云相去三丈六尺云門容二徹參个者冬官匠人云天子五門匠人直計應門直舉應門則皋庫雉亦同云二徹參个者轍廣八尺參个三八二十四門容二丈四云傍加各壹步也者此無正文但人之進退周旋不過再舉足一步故門傍各空一步丈二添二丈四尺爲三丈六尺

公皮弁迎賓于大門內大夫納賓公不出大門降于待其君也大夫上擯也謂之大夫者上序可知從大夫總無所別也於是賓主人皆裼

疏注公不至皆裼○釋曰。云降于待其君也者案司儀諸公相爲賓公皮弁交擯車迎拜辱出大門此於門內是降於待其君也云從大夫總無所別也者春秋之義卿稱大夫王制云上大夫卿是總無別也云於是賓主人皆裼者案玉藻云不文飾也不裼又云執龜玉襲下文行聘時執玉賓主人皆襲此時未執玉正是文飾之時明賓主人皆裼也賓入門左內賓位也衆介隨入北面西上少退擯者亦入門而右北面東上上擯進相君【疏】賓入門左○注由賓至相君○釋曰知衆介隨入北面西上少退者約下文入廟行聘享時衆介入廟隨賓入門左相北面西上少退不敢與賓齊也知擯者亦入門而右北面東上者亦約衆介統於賓北面西上明擯者北面東上亦約朝君揖位亦北面東上而知之也知上擯進相君者鄉黨云君召使擯鄭云有賓客使迎之彼據初迎賓時至於入門之後每事皆上擯相君也公再拜南面拜迎【疏】○公再拜○注南面拜迎○釋曰知君南面者經雖不見君而位主君尊於外國臣猶南面故郊特牲云君之南鄉答陽之義故知君南面也賓辟不答拜辟位逡遁不敢當其禮【疏】注不敢當其禮○釋曰云不敢當其禮者以鄉奉君命使不敢賓辟當相酬亢之禮故不答拜直逡遁而已公揖入每門每曲揖每門輒揖者以相人偶為敬也凡君與賓入門賓必後君介及擯者隨之並而鴈行既入則或左或右相去如初玉藻曰君入門介拂闑大夫中棖與闑之閒士介拂棖賓入不中門不履閾此賓謂聘卿大夫也門中門之正也不敢與君並由之敬也介與擯者鴈行卑不踰尊者之迹亦敬也賓之介猶主人之擯【疏】公揖至曲揖○注每門至之擯○釋曰諸侯三門皋應路則應門為中門左宗廟右社稷入大門東行即至廟門○其閒得有每門者諸侯有五廟大祖之廟居中二昭居東二穆居西廟皆別門門外兩邊皆有南北隔牆隔牆中夾通門若然祖廟已西隔牆有三則閤門亦有三東行經三門乃至大祖廟門中則相逼入門則相遠是以每門皆有曲有曲即相揖故每曲揖也是以司儀亦云每門止一相亦據閤門而言也云以相人偶者以人意相存偶也云凡君與賓入門賓必後君者以賓主不敵是以玉藻云於異國之君稱外臣某故知聘賓後於主國君也言凡者非直聘享向祖廟若饗食向禰廟燕禮向路寢皆當後於主君故言凡以廣之云介及擯者隨之並前而鴈行者言並上擯與上介並次擯與次介並末擯與末介並各自鴈行於後也云既入則或左或右者東行賓介於左

君擯於右也云相去如初者初謂大門外相去三丈六尺也君相見也玉藻曰君入門介拂闑大夫中棖與闑之閒士介拂棖鄭注云此謂兩君相見也君入必中門上介夾闑大夫介士介鴈行於後示不相沿也君若迎聘客擯者亦然又云賓入不中門不履閾鄭注云辟尊者所從也此經謂聘客鄭君弁引朝君欲見卿大夫聘來還與從君爲介時入門同故弁引之也云君入門介拂闑又云門中門上介之正又云卑不踰尊者之迹若然聊爲一引闑言之君最近闑亦拂闑之而過上介則隨君而行拂闑而過所以與君同行者臣自爲一列主君既出迎賓主君與君並入主君於東闑之內賓於西闑之內並行而入上介於西闑之外上擯於東闑之外皆拂闑次介次擯皆大夫中棖與闑之閒末介末擯皆士各自拂棖如是得君入中門之正上擯上介俱得拂闑又得不踰尊者之迹矣又云賓入不中門者此謂聘賓大聘大夫故鄭卿大夫並言入門之時還依與君爲介來入相似賓入還拂闑故上注賓自闑西擬入時拂闑西故也云門中門之正也者謂兩闑之閒云卑不踰尊者之迹者士以大夫爲尊大夫以上介爲尊上介以君爲尊也云賓之介猶主人之擯者欲見擯介鴈行不别也

及廟門公揖入立于中庭

公揖先入省內事也既則立於中庭以俟賓不復出如此得君行一臣行二於禮可矣公迎賓于大門內卿大夫以下入廟門即位而俟之

疏及廟至中庭○注公揖至俟之○釋曰自此盡公裼降立論行聘之事云云公揖先入省內事也者曲禮云請入爲席彼卿大夫士禮是以鄭注云雖君亦然省內事即請入爲席之類也云如此得君行一臣行二於禮可矣者言得君行一臣行二者案下文三揖言之初揖注云君將曲揖謂在內霤之閒。任主君先立無過近於內霤閒若然去門既近去階又遠也以此不得君行一臣行二下文受玉于東楹之閒彼得爲君行一臣行二矣下文又云公升二等賓升君階七等君升二等賓升一等已上仍有五。階亦不得爲君行一臣行二與此同欲見君行近臣行遠之義皆據大判而言不可細分之矣言於禮可者以其尊者宜逸卑者宜勞故言於禮可也云公迎賓於大門內卿大夫以下入廟門即位而俟之者上初命拜迎賓于館之時卿大夫士固在朝矣及賓來大門外陳介之時主君之擯亦在大門外之位君在大門內時其卿大夫不以無事亂有事介當於廟中在位矣必知義然當見行事之時公授宰玉又云士受皮又云宰夫。授公几皆是於外無事在廟始有事更不見此官等命入廟之文明君未入廟時此官已在位而俟公食大夫以其官各具饌物皆有事不預入廟故公迎賓入後乃見卿大夫以下之位與此異也

賓立接西塾

接猶近也門側之堂謂之塾立近塾者已與主君交禮將有出命俟之於此介在幣南北面西上上擯亦隨公入門東東上少進於士

疏 賓立接西塾○注接猶至於士○釋曰云門側之堂謂之塾者爾雅釋宮文云立近塾者已與主君交禮將有出命俟之於此者對在大門外時未與主君交禮直使擯傳命故去門七十步五十步三十步此。將與君交禮故近門也云。於。此介在幣南北面西上者以上文入竟展幣時布幕賓西面介北面東上統於賓今此陳幣賓在門西北面明介北面西上統於賓也云上擯隨公入門東東上少進於上者案下几筵既設擯者出請命更不見上擯別入之文明隨公入可知也知門東有士者案公食云士立于門東北面西上鄭云統於門者非其正位也故知此亦然以擯者是卿相君故知進於士在士前也

又几筵既設擯者出請命

有几筵者以其廟受宜依神也賓至廟門司宮乃于。依前設之神尊不豫事也席西上上擯待而出請受賓所以來之命重停賓也至此言命事彌至言彌信也周禮諸侯祭祀席蒲筵繢純右彫几

疏 几筵至請命○注有几至彫几○釋曰云有几筵者以其廟受宜依神也者此對不在廟受不几筵故下云聘遭喪入竟則遂也不郊勞不筵几注云致命不於廟就尸柩於。殯宮又不神之下小聘不几筵注云記貶於聘是以記云唯大聘有几筵覲禮不云几筵文不具也又案曲禮注春夏受贄於朝受享於廟秋冬一受之於廟諸侯無此法四時皆在於廟亦無四時朝覲之別名同皆曰朝也云賓至廟門司宮乃于依前設之神尊不豫事也者此對公食宰夫設筵加席几而後迎賓彼食禮與此異也知在展前者案司几筵云大朝覲大饗射王位依前南鄉設筵几覲禮亦云依前諸侯亦然爾雅釋宮云牖戶之閒謂之扆

但天子以屏風設於扆諸侯無屏風爲異席亦不同也云至此言命事彌至言彌信也者上入竟士請事近郊下大夫請行皆是謙問不敢以必來之己國不正言之至此。事。益。至。言。則。信。矣。故正問之而言請命是。其事至言信矣云周禮至彫几者周禮司几筵文彼諸侯祭祀席三重上更有加莞。筵紛純不引之者文略可知引之者證此所設者設常祭祀之席也

賈人東面坐啓櫝取圭垂繅不起而授上介賈人鄉入陳幣東面俟於此言之就有事也授圭不起賤不與爲禮也不言裼襲者賤不裼也繅有組繫也

疏賈人至上介○注賈人至繫也○釋曰賈人鄉入陳幣東面俟於此言之就有事也者上文賓入次乃陳幣在門外不言者彼賈人未有事今此有事故就此言面位以此東面明初亦東面矣故舉此明前東面也云授圭不起賤不與爲禮也者以賈人是庶人在官者故云賤不與爲禮爲禮當起而授也云不言裼襲者賤不裼也者若不賤以垂繅當裼以賤故不裼也云繅有組繫也知有組者下記云所以朝天子圭與繅皆九寸問諸侯朱綠繅八寸皆玄纁繫長尺絢組是也

上介不襲執圭屈繅授賓上介北面受圭進西面授賓不襲者以盛禮不在於己也屈繅幷持之也曲禮曰執玉其有藉者則裼無藉者則襲

疏上介至授賓○注上介至則襲○釋曰上介裼於賈人處垂繅受得圭而不襲者鄭云以盛禮不在於己故也以賓執圭升堂致命爲盛禮在己者也云上介北面受圭進西面授賓者以上介本位北面故北面受圭賓東面故上介西面授賓引曲禮者彼記人據此絢組尺爲繅藉不據韋皮衣木板畫以五采之繅藉也云執玉其有藉者則裼據此賈人垂繅以授上介上介不襲受之時也云其無藉者則襲者據此上介屈繅以授賓賓襲受之時也記人直記裼襲之義不論盛禮在己之意故各舉一邊而言也

賓襲執圭執圭盛禮而又盡飾爲其相蔽敬也玉藻曰服之襲也充美也是故尸襲執玉龜襲也

疏賓襲執玉○注執圭至襲也○釋曰云執圭盛禮者玉藻云執玉龜襲注重寶瑞也若然云盛禮者以其圭瑞以行禮故爲盛禮也云又盡飾爲其相蔽敬也者玉藻又云君在則裼盡飾也

注云臣於君所今聘賓於主君亦是臣於君所合裼以盡飾今既執圭以瑞爲敬。若又盡飾而裼則掩。蔽玉之敬故不得裼也云服之襲也充美也者彼注云充猶覆也是故尸襲者爲尸尊故去飾也不裼云執玉龜襲也者彼注云重寶瑞也以龜玉爲寶瑞若裼則盡飾爲蔽敬故引之證不裼也

擯者入告出辭玉擯者上擯也入告公以賓執圭將致其聘命圭贄之重者辭之亦所以致尊讓也

疏擯者至辭玉○注擯者至尊讓○釋曰知擯是上擯者案上相禮者皆上擯故知此亦據上擯云圭贄之重者大宗伯云以玉作六瑞君之所執又云以禽作六贄臣之所執總而言之皆是贄故左氏傳云男贄不過玉帛禽鳥但君之所執爲贄之重者也云辭之亦所以致尊讓也致尊讓鄉飲酒義文彼爲賓主三辭三讓是致尊讓此辭玉亦是致尊讓之事故引之爲證也案文公十二年左氏傳云秦伯使西乞術來聘襄仲辭玉賓對曰不腆敝器不足辭也彼主人無三辭者文不具亦當三辭也

納賓賓入門左公事自闑西

疏納賓賓入門左○注公事自闑西○釋曰案玉藻云公事自闑西注云聘享也又云私事自闑東注云覿面也故鄭引之以證此入門左是聘享賓入自闑西入門左也

介皆入門左北面西上隨賓入也介無事止於此今文無門

疏介皆至西上○注隨賓入至無門○釋曰案司儀云諸公之臣相爲國客及將幣每門止一相及廟唯君相入注云唯君相入客臣也相不入矣此介皆入不同者彼云每門止一相鄭云絕行在後耳非是全不入廟又云唯君相入者謂前相君與賓也禮須入故言之臣相不前相禮故不言入其實皆入與此同也

三揖君與賓也入門將曲揖既曲北面又揖當碑揖

疏三揖○注君與至碑揖○釋曰前云公揖入立于中庭三分庭一在南賓後獨入得云入門將曲揖者謂公先在庭南面賓既入門至碑曲。揖。賓。既。曲。北。面。賓。又。揖。主。君。揖主君二者皆向賓一揖之再揖訖。亦主君東面向堂塗北行當碑乃得賓主相向而揖是以得君行一臣行二非謂賓。入。門。時。主。君。更。向。內。霤。相。近。而。揖。若。然。何。得。云君行一臣行二也

至于階三讓讓升

公升二等先賓升二等亦欲君行一臣行二

疏公升二等○注先賓至行二○釋曰諸侯階有七等公升二等在上仍有五等而得云君行一臣行二者但君行少臣行多大判而言非謂卽君行一臣行二此文出齊語晏子辭

賓升西楹西東面與主君相鄉擯者退中庭鄉公所立處退者以公宜親受賓命不用擯相也

疏擯者退中庭○注鄉公至相也○釋曰上文公揖入立于中庭今公與賓升堂云擯者退中庭此文與君立中庭同故云鄉公所立處

賓致命致其君之命也公左還北鄉當拜

疏公左還北鄉○注當拜○釋曰言左還北鄉者公升受賓致命時西鄉以左手鄉外迴身北面乃拜故云當拜

擯者進進阼階西釋辭於賓相公拜也

疏擯者進○注進阼至拜也○釋曰知阼階西者以其擯者在中庭公立處直言進則進至阼階西不得更向阼階前亦不可更進西階故知進阼階西釋辭於賓復得相公拜也

公當楣再拜拜貺也貺惠賜也楣謂之梁

疏公當楣再拜○注拜貺至賜也○釋曰拜貺之言文出聘義彼云北面拜貺拜君命之辱是也

賓三退負序三退三逡遁也不言辟者以執圭將進授之

疏賓三退負序○注三退至授之○釋曰案上文賓入門公再拜賓辟不答拜又下文云賓訝受几於筵前公一拜送賓以几辟皆言辟此不言辟故決之也案司儀云諸公之臣相爲國客及將幣客登拜客三辟。授幣注云客三辟三。退負序也者彼諸公之臣相聘之禮與侯伯之卿聘於鄰國之禮少異故也

公側襲受玉于中堂與東楹之閒側猶獨也言。獨見其尊賓也他日公有事必有贊爲之者凡襲于隱者公序坫之閒可知也中堂南北之中也入堂深尊賓事也東楹之閒亦以君行一臣行二

疏公側至之閒○注側猶至行二○釋曰云他日公有事必有贊爲之者案大射公卒射小臣正贊襲是其贊爲之也云凡襲於隱者案士喪禮小斂主人袒于戶內襲于序東喪禮遽於事尚襲於序東況吉事乎明知襲於隱者也云公序坫之閒。可也者士喪襲于序東謂於堂東地上此則公在堂上堂東南角爲坫鄭以意斟酌隱處無過於序東坫北可也無正文故云可也云中堂南北之中也入

堂深尊賓事也者凡廟之室堂皆五架棟南北皆有兩架棟北一架下有壁開戶棟南一架謂之楣則楣北有二架楣南有一架今於當楣北面拜訖乃更前北侵半架於南北之中乃受玉故云南北之中乃入堂深尊賓事故也云東楹之閒亦以君行一臣行二者兩楹之閒爲賓主處中今乃於東楹之閒更侵東半閒故云君行一臣行二也

擯者退負東塾而立反其等位無事

賓降介逆出逆出由便

賓出聘事畢

公側授宰玉使藏之授於序端【疏】公側授宰玉○注使藏至序端○釋曰鄭知授於序端者凡公授受皆於序端是以下文公升側受几于序端故知此亦授于序端也

裼降立裼者免上衣見裼衣凡當盛禮者以充美爲敬非盛禮者以見美爲敬禮尚相變也玉藻曰裘之裼也見美也又曰麛裘青豻褎絞衣以裼之論語曰素衣麛裘皮弁時或素衣其裘同可知也裘者爲溫表之爲其褻也寒暑之服冬則裘夏則葛凡禮裼者左降立俟享也亦於中庭古文裼皆作賜【疏】裼降立○注裼者至作賜○釋曰云裼者免上衣見裼衣者案玉藻云君衣狐白裘錦衣以裼之注云君衣狐白毛之裘則以素錦爲衣覆之使可裼也袒而有衣曰裼必覆之者裘褻也詩云衣錦絅衣裳錦絅裳然則錦衣復有上衣明矣天子狐白之上衣皮弁服與凡裼衣象裘色也若然凡服四時不同假令冬有裘襯身襌衫又有襦袴襦袴之上有裘裘上有裼衣裼衣之上又有上服皮弁祭服之等若夏則以絺綌絺綌之上則有中衣中衣之上復有上服皮弁祭服之等若春秋二時則衣袷褶袷褶之上加以中衣中衣之上加以上服也言見裼衣者謂袒衣前上服見裼衣也故玉藻云裘之裼也見美也襲者奄之故玉藻云襲充美是也云凡當盛禮者以充美爲敬非盛禮者以見美爲敬禮尚相變也者玉藻云執龜玉襲是禮之盛者充美爲敬玉藻又云君在則裼盡飾也是非盛禮者以見美爲敬據此二者是禮尚有相變也引玉藻者證禮不盛者以裼見美也又曰麛裘青豻褎絞衣以裼之引論語素衣麛裘又云皮弁時或素衣其裘同可知也鄭幷引二文者欲見諸侯與其臣視朔與行聘禮皆服麛裘但君則麛裘還用麛褎臣則不敢純如君麛裘

則青豻褎裼衣君臣亦有異時若在國視朔君臣同素衣爲裼故鄉黨云素衣麑裘彼二篇是孔子行事鄭兼見。君臣視朔之服是其君臣同用素裼可知若聘禮亦君臣同用麑裘但主君則用素衣爲裼使臣則用絞衣爲裼是以鄭總云皮弁時或素衣其裘同可知也言或素衣者在國則君臣同素衣聘時主君亦素衣唯臣用絞衣爲裼也。依雜記云朝服十五升布皮弁亦天子朝服與諸侯朝服同用十五升布亦同素積以爲裳白舄臣用白屨也云裘者爲溫表之。爲褻者案月令云孟冬天子始裘是裘爲溫云表之者則裼衣是也裼衣象裘色復與上服色同也云凡禮裼者左者吉凶皆袒左是也是以士喪禮主人左袒檀弓云吳季札左袒右還其封大射亦左袒若受刑則袒右故覲禮侯氏袒右受刑是也知降立俟享也者下文賓行享是也

儀禮疏卷第二十

儀禮注疏卷二十校勘記

阮元撰盧宣旬摘錄

夫人使下大夫勞以二竹簋方　簋唐石經徐本聶氏集釋敖氏俱作簋注同釋文作簠云本或作簋外圓內方曰簠內圓外方曰簋通解楊氏載經注要義載經俱作簠張氏曰釋文明著內外方圓之制蓋辨或本之誤也鄭氏注曰以竹爲之狀如簋而方若取鄭注易簋以簠字讀之簠義甚明鄭氏固作簠字解矣今諸本猶從或本惑之甚也從釋文○按冬官玉人注疏及覲禮疏引此經並作簋地官舍人注云方曰簠圓曰簋疏謂皆據外而言審此則釋文之誤顯然張氏從之非也說文曰簋黍稷方器也簠黍稷圜器也此許君之義與鄭不同

注竹簋至方耳　簋毛本俱誤作簠按此疏聶氏通解要義楊氏俱作簋

自此盡以賓入　陳本要義同毛本入作人

寒具若籩人先鄭云　要義同毛本通解若作見

案十有二　毛本二下有寸字此本與要義無○按毛本是

其實棗蒸栗擇　蒸敖作烝

賓受棗

不共授栗　毛本不上有而字不下有兩手二字

游暇一手　毛本游上有則是二字

即共授栗毛本即下有兩手二字

儐之如初

請道之以入徐本通解楊氏敖氏同毛本道作導

賓亦不儐通解同毛本儐作賓非也

至于朝

賓又請俟閒之事要義同毛本又作之○按又字是

受聘享尊之要義同毛本享下有以字

賓曰俟閒

欲沐浴齊戒毛本齊作齋釋文作齊云本亦作齋徐本集釋亦俱作齊通解楊氏俱作齋按通解曰齋側皆反蓋本齊字故特音之若作齋則不必音矣

大夫帥至于館

猶儐尊王使儐陳閩俱作賓

主國皆有禮要義同毛本主作王

賓迎再拜

其臣致飧無幣　陳閩通解要義同毛本臣作君

門外米禾皆二十車　唐石經二十作廿

牢十車　徐本無牢字與疏不合

車秉有五籔　毛本籔誤作藪

薪芻倍禾

凡此之陳　此之楊作上所

厥明

非彼掌訝也　陳本無彼字

凡舉事皆以承君命　要義同毛本作凡舉皆是以承君命

賓皮弁聘

俟辦也　張氏曰監杭本作辨○按作辦是也說見士相見禮

在廟待朝聘之賓　要義同毛本待作視

乃陳幣

就有其事也浦鏜云誤衍其字

卿爲上擯

擯謂主國之君徐本集釋通解同毛本謂作爲○按謂與疏合

亦相去三丈六尺毛本三誤作二

則卿受之徐陳集釋同毛本卿作鄉○按禮記聘義引作鄉

反面傳而上徐葛集釋通解同毛本而作面○按聘義引作而

此三丈六尺者徐本集釋通解楊氏同毛本三作二

與賓之介通解要義同毛本賓作君非也

得分辨諸侯尊卑以待之要義同毛本辨作辦通解作别下同

大夫問行毛本問誤作闒

云西北東南者陳本通解同毛本者作面

亦謂使介相紹繼以傳命傳命卽擯介相傳賓主之命也要義同毛本傳命二字不重

春夏受贄於朝　要義同毛本夏作秋春上有若字

爲車送逆之節　通解要義同毛本逆作迎○按周禮作逆

則鄉受之　鄉陳閩俱作卿按注中卿字亦或作鄉釋文無音當從卿爲正

云門容二徹參个者　毛本徹作轍陳閩通解要義俱作徹下同唯轍廣之轍仍從車楊氏並作徹盧文弨云老子道經云善行無徹迹說文無轍字○按述注則從古作徹自下語則從俗作轍亦古人不苟處

則皋庫雉亦同　要義同毛本雉作推○按雉是也

公皮弁迎賓于大門內

云降于待其君也者　云下要義有公不出大門五字

是降於待其君也　要義同毛本於作以

賓入門左

注由賓至相君　毛本由作內○按毛本與注合

隨賓入門左相　毛本無相字○按相字不當有

賓辟不答拜　毛本賓作客釋文唐石經陳徐閩葛通解楊敖俱作賓石經考文提要云下賓三退負序疏引此亦曰賓辟

公揖入

賓入不中門入楊作立

云門中門之正也者通解要義同毛本門中二字倒

及廟門

公迎賓于大門內徐本集釋同毛本通解無于字

住主君先立監本要義同毛本住作在

已上仍有五階毛本階作等○按階是

及賓來大門外陳介之時陳閩通解要義同毛本及作乃○按及是

宰夫授公几陳閩通解要義同毛本授作受

賓立接西塾

此將與君交禮要義同毛本無將字

云於此介在幣南要義同毛本無於此二字

几筵既設

司官乃于依前設之陸氏曰依本又作扆○按宋本釋文扆作衣

就尸柩於殯宮要義同毛本殯作飡○按作殯與下注合

至此事益至言則信矣故正問之而言請命事益至矣故八字陳閩俱無○毛本則作益

是其事至言信矣陳本同毛本其作以

更有加莞筵紛純通解要義同毛本筵作席○按筵字與周禮合

賈人東面坐啓櫝

賈人鄉入陳幣鄉釋文作鄉張氏曰釋文云鄉許亮反下同前釋南鄉云下以意求之以二音攷之對鄉之鄉從鄉曩鄉之鄉加日此曩鄉之鄉也宜加日後鄉公鄉將鄉時鄉以皆同從釋文

賓襲執圭

若又盡飾而裼通解要義楊氏同毛本若作君

則掩蔽玉之敬要義同毛本蔽作執○按蔽字是通解楊氏俱兼有蔽執二字

三揖

賓既入門至碑曲揖賓既曲北面賓又揖圭君揖圭君二者陳閩通解俱作賓既入門

至將曲之時既曲北面之時主君二者朱子曰疏說蓋印本差誤今以文義考之更定如此〇按一本與毛本略同但改碑曲爲將曲賓又揖主君爲賓又向主君揖揖主君二者刪揖字

亦主君東面向堂塗北行當碑 陳閩俱無亦字

非謂賓入門時主君更向內霤相近而揖若然何得云君行一臣行二也

陳本無賓入至得云十九字閩本作非謂卽君行一臣行二也

賓三退

客三辟授幣 陳本要義同毛本授作受〇按周禮作授

三退負序也者 要義同毛本退上有辟字〇按無辟字與周禮注合

公側襲

言獨見其尊賓也 獨要義作側

云公序坫之閒可也者 要義同毛本可下有知字按疏云無正文故云可也則無知字明矣各本注俱有知字誤也

擯者退

反其等位無事 敖無等字

公側授宰玉毛本授誤作受

裼降立

韠裘靑豻褎陸氏曰褎本又作褏

凡襢裼者左張氏曰監本以襢爲禮

亦於中庭於楊作如

古文裼皆作賜浦鏜云賜疑緆字之誤

則以素錦爲衣要義無爲字○按玉藻注有爲字

襯身襌衫要義同毛本襯作䙝襌作禪通解作禪敖氏作單

襲者奄之要義同毛本奄作掩○按掩是

執龜玉襲要義同俱倒毛本龜玉作玉龜與玉藻合

是禮尙有相變也要義同毛本無有字

引論語素衣韠裘要義同毛本韠作麑○按作韠是正字下文並同此作麑依今本論語改

鄭幷引二文者要義同毛本鄭下有一字

鄭兼見君臣視朔之服　要義同毛本見作言

依雜記云　要義同毛本依作案

表之爲褻者　要義同毛本爲下有其字

儀禮注疏卷二十校勘記

儀禮疏卷第二十一

唐朝散大夫行大學博士弘文館學士臣賈公彥等撰

擯者出請不必賓事之有無疏擯者出請○注不必至有無○釋曰自此盡以束帛如享禮論享禮之事賓裼奉束帛加璧享擯者入告出許許受之庭實皮則攝之毛在內內攝之入設也皮虎豹之皮攝之者右手幷執前足左手幷執後足毛在內不欲文之豫見也內攝之者兩手相鄉也入設亦參分庭一在南言則者或以馬也凡君於臣臣於君麋鹿皮可也疏庭實至設也○注皮虎至可也○釋曰知皮是虎豹皮者經云毛在內不欲文之豫見是有文之皮郊特牲云虎豹之皮示服猛也束帛加璧往德也文無所屬則天子諸侯皆得用之此聘使爲君行之故知皮是虎豹之皮也齊語云桓公知諸侯歸己令諸侯輕其幣用麋鹿皮非其正也云攝之者右手幷執前足左手幷執後足者下云皮右首故云右手執前兩足必以一手執兩足者取兩足相向得掩毛在內俱放又得毛向外故鄭云內攝之者兩手相鄉也知入設參分庭一在南者見昏禮記納徵執皮攝之內文兼執足左首隨入西上參分庭一在南故知此亦然但此右首彼左首者昏禮象生故與此異也云則者或以馬也者以其皮馬相閒有皮則用皮無皮則用馬故云則見其不定故也云凡君於臣臣於君麋鹿皮可也者云凡君於臣謂使者歸若使卿贈如覿幣及食饗以侑幣酬幣庭實皆有皮故云凡也臣於君謂私覿庭實設四皮及介用儷皮此皆有麋鹿皮故亦云凡也若然大宗伯云孤執皮帛鄭云天子之孤用虎皮諸侯之孤用豹皮得用虎豹者彼所執以爲贄與庭實不同故得用虎豹也賓入門左揖讓如初升致命張皮張者釋外足見文也疏賓入至張皮○注張者至文也○釋曰案昏禮記賓致命釋外足見文主人受幣士受皮注云賓致命主人受幣庭實所用爲節此亦然下受

皮以授幣為節也公再拜受幣士受皮者自後右客自由也從東方來由客後西居其左受皮也執皮者既授亦自前西而出【疏】公再至右客〇注自由至而出〇釋曰云執皮者既授亦自前西而出者此約下私覿時牽馬者自前西向出相類故云亦也賓出當之坐攝之象受于賓【疏】賓出至攝之〇注象受于賓〇釋曰云坐攝之者向張皮見文今攝之者還如入時執前後足內文也公側授宰幣皮如入右首而東如入左在前皮右首者變于生也【疏】公側至而東〇注如入至生也〇釋曰云公側授宰幣者上云公側襲側猶獨也此已上側亦獨無人贊之也云如入左在前者皮四張三人入門時先者北面在左西頭為上餘取皮向東者亦左在前向東為次第也云皮右首者變于生也者曲禮云執禽者左首士相見贄用雉左頭奉之下大夫執鴈上大夫執羔如執雉皆左首雉雞死。以不可生服執之如羔鴈亦從左首象陽今此皮則右首變於生昏禮左首昏禮取象生與此異也聘于夫人用璋享用琮如初禮如公立于中庭以下若有言則以束帛如享禮有言有所告請若。有所問也記曰有故則束帛加書以將命春秋臧孫辰告糴于齊公子遂如楚乞師晉侯使韓穿來言汶陽之田皆是也無庭實也【疏】若有至享禮〇注有言至實也〇釋曰云有言有所告請若有所問也者言有所告卽告糴之類是也請。卽乞師之類是也問卽言汶陽之田之類是也鄭據傳而言有此三事皆是有言有言卽記云有故一也云有言卽有書致之故記云有故則束帛加書以將命也云春秋臧孫辰告糴者事在莊公二十八年也云公子遂如楚乞師者事在僖二十六年也云晉侯使韓穿來言汶陽之田事在成公八年也此三者皆見春秋經引之者證此有言以束帛加書之事也云無庭實也者以經直云束帛如享禮則除束帛之外更無所有故知無庭實也國語云臧孫辰以鬯圭者是告糴之物服注云無庭實也又哀七年左傳云邾茅夷鴻以乘韋束帛自請救于吳求救非法故有乘韋為庭實也擯者出請事賓告事畢公事畢

賓奉束錦以請覿覿見也鄉將公事是欲交其歡敬也不用羔因使而見非特來

疏擯者至事畢○注覿見至特來○釋曰自此盡從者至訝受馬論賓將私覿主人不許而行禮賓之事云鄉將公事者聘享是也云是欲交其歡敬也者聘是公禮非是交歡此行私禮爲交歡敬也案郊特牲云爲人臣者無外交鄭注私覿是外交也者彼謂臣爲君介而行私覿是外交若特行聘則得私覿非外交也故彼上經云大夫執圭而使所以申信也注云其君親來其臣不敢私見於主國君也以君命聘則有私見是也云不用羔因使而見非特來者謂因爲君聘使而行私見故用束錦非特來若特來則卿用羔也若然案士相見卿初仕見己君及鄉皆見以羔見他君得有羔者案尚書有三帛二生二生卿執羔大夫執鴈彼見天子法從朝君而見得有羔若諸侯相朝其臣從君亦得執羔見主君可知其爲君聘則不得執羔見主君也故鄭云因使而見非特來案定公八年經書公會晉師于瓦左傳云范獻子執羔趙簡子中行文子皆執鴈亦是從君見主君法也

擯者入告出辭客有大禮未有以待之

疏擯者入告出辭○注客有至待之○釋曰云大禮者卽上行聘享是也云未有以待之者謂主人未有以待之以禮待之卽下禮賓是也故止客私覿卽○下文行禮賓也

請禮賓賓禮辭聽命

擯者入告告賓許也

宰夫徹几改筵宰夫又主酒食者也將禮賓徹神几改神席更布也賓席東上公食大夫禮曰蒲筵常緇布純加萑席尋玄帛純此筵上下大夫也周禮曰筵國賓于牖前莞筵紛純加繅席畫純左彤几者則是筵孤也孤彤几卿大夫其漆几與

疏宰夫徹几改筵○注宰夫至几與○釋曰云宰夫又主酒食者也者對上宰夫設飧今又主酒食以禮賓也云賓席東上者對前爲神而西上也云公食大夫禮曰蒲筵及萑席此筵上下大夫也者以公食蒲筵萑席二者是爲上下大夫法又引周禮者鄭欲推出上下大夫用漆几也案司几筵云諸侯酢席莞筵紛純加繅席畫純筵國賓于牖前亦如之左彤几注云國賓諸侯來朝孤卿大夫來聘後言几者使不蒙如○也朝者彤几聘者彤几但司几筵是天子之官几筵又是諸侯之法

又鄭云國賓諸侯來朝孤卿大夫來聘是諸侯與朝聘天子法則孤卿大夫是諸侯之臣也以此言之則天子孤卿大夫几筵與諸侯之臣同可知若然公食大夫筵上下大夫禮同用蒲筵莞席與此席不同鄭注此國賓中卿大夫得與孤同者鄭欲廣國賓之義其實此國賓中唯有諸侯與孤無卿大夫也鄭必知卿大夫漆几者司几筵有五几從上向下序之天子玉几諸侯彫几孤彤几卿大夫漆几下有素几喪事所用差次然也無正文故云與以疑之

公出迎賓以入揖讓如初公出迎者己之禮更端也【疏】公出至如初○注公出至端也○釋曰云公出迎者己之禮更端也者前聘享俱是公禮故不出迎此禮賓私禮改更其端序故公出迎也

公升側受几于序端漆几也今文無升

宰夫內拂几三奉兩端以進內拂几不欲塵。坋尊者以進自東箱來授君【疏】宰夫至以進○注內拂至授君○釋曰知几自東箱來者案覲禮記云几俟于東箱又此經直云進不言升明不從下來從東箱來可知也

公東南鄉外拂几三卒振袂中攝之進西鄉進就賓也【疏】公東至西鄉○釋曰云。中攝之。者擬賓用兩手在公手外取之故也

擯者告告賓以公授几

賓進訝受几于筵前東面俟未設也今文訝為梧【疏】賓進至面俟○注未設至為梧○釋曰未設而俟者待公拜送訖乃設之故也

公壹拜送公尊也古文壹作一【疏】公壹拜送○注尊公至作一○釋曰賓再拜稽首公乃壹拜當空首故注云公尊也

賓以几辟辟位逡遁北面設几不降階上荅再拜稽首不降以主人禮未成也。凡賓左几【疏】注不降至左几○釋曰云不降以主人禮未成者案鄉飲酒義云啐酒成禮也於席末據此而言則啐酒為成禮此設几主為啐酒今未啐醴故云禮未成也云。凡賓左几者對神右几也

宰夫實觶以醴加柶于觶面枋酌以授君也君不自酌尊也宰夫亦洗升實觶以醴自東箱來不面擸不訝。授也【疏】宰夫至面枋○注酌以至授也○釋曰宰夫亦洗升實觶者經

無宰夫升降之文以理亦之者亦上授几時從下而升東箱取几進以授君今。又從下升東箱酌醴進以授君故亦之不言宰夫升降者賤略之也云以醴自東箱來者下記云。醴尊于東箱瓦泰一有豐是也云不面擸不訝授也者公西面向賓宰夫自東箱來在公傍側並授與公是以下云公側受醴不訝受故不面擸也

公側受醴將以飲賓賓不降壹。拜進筵前受醴復位公拜送醴賓。壹拜者醴質以少爲貴

疏注賓壹至爲貴○釋曰禮器云禮有以少爲貴者今賓於上下皆再拜稽首獨此一拜故鄭據大古之醴質無玄酒配之故壹拜以少爲貴也

宰夫薦籩豆脯醢賓升筵擯者退負東塾事未畢擯者不退中庭以有宰夫也

疏宰夫至東塾○注事未至宰夫○釋曰云事未畢擯者不退中庭以有宰夫也者案上文擯者退中庭又云擯者進事未畢在中庭可知此下文亦云擯者進相幣事亦未畢而在東塾故決之若然以有宰夫主飲食之事宰夫所主己雖事未畢猶得負東塾以其間有。事宰夫相己無事故也若無宰夫。在中庭矣

賓祭脯醢以柶祭醴三庭實設庭實乘馬

疏注庭實乘馬○釋曰鄭知乘馬者下文元缺起此賓執左馬以出故知也

降筵北面以柶兼諸觶尚擸。坐啐醴降筵就階上

疏注降筵就階上○釋曰以左手執觶右手以柶祭醴訖降筵北面以柶兼并於觶兩手奉之尚擸不作上字者尚古今通用也云降筵就階上者以鄉飲酒賓主行禮獻酢卒爵皆各於其階此降筵啐醴明亦在西階之上

公用束帛致幣也言用尊于下也亦受之于序端

疏注致幣至序端○釋曰上文郊勞賓用束錦。儐勞者下文歸饔餼於上介云大夫用束帛致之皆亦云用獨於此言用。尊。於。下。者。儐。勞。者。及。歸。饔。餼。皆。是。賓。敬。君。之。使。者。自。尊。之可知今君親用束帛禮賓故言用尊于下也云亦受之于序端者上公側受几於序端則知此幣亦受之於序端也

建柶北面奠于薦東糟醴不。啐擯者進相幣贊以辭賓降辭幣不敢當公禮也公降一等辭辭賓降也

栗階升聽命栗階趨君命尙疾不連步疏注栗階至連步○釋曰凡栗階者其始升亦連步於上栗階不過二等今云不連步者謂不從下向上皆連步其始升連步則有之也降拜拜受公辭不降一等殺也疏注不降一等殺也○釋曰案前辭辭幣君降一等今不降故言殺升再拜稽首受幣當東楹北面亦訝受而北面者禮主於己己臣也疏注亦訝至臣也○釋曰前行聘享時賓東面主君西面訝授受但以奉君命故賓不北面此以主君禮己己臣也故北面受異於聘享時也若然上受几受醴亦是己之禮以禮未成故不北面也此禮成故北面也

退東面俟俟君拜也不北面者謙若不敢當階然公壹拜賓降也公再拜不俟公再拜者不敢當公之盛也公再拜者事畢成禮也疏注不俟至禮也○釋曰此賓主俱謙公本欲再拜賓見公一拜。止則降不敢當公不止遂再拜也云公再拜者事畢成禮也者前受几及醴公送皆一拜注云公尊也令事畢成禮不可亦自尊亢故送幣亦再拜也

賓執左馬以出受尊者禮宜親之也效馬者并左右靮授之餘三馬主人牽者從出也疏注受尊至出也○釋曰案下歸饔餼於賓賓儐大夫庭實設乘馬賓用束錦乘馬大夫降執左馬以出覲禮侯氏至郊王使人用璧勞訖侯氏用束帛乘馬儐使者使者受幣降以左驂出二者皆是尊國賓故也唯上文郊勞賓儐勞執幣揖皮者皮是死物異於馬故也云效馬者并左右靮授之者曲禮云效馬效羊者右牽之效猶呈見故謂牽馬人爲效馬者也云餘三馬主人牽者從出也者以是主人庭實出門乃有從者訝受馬明主人牽者從出可知

上介受賓幣從者訝受馬從者士介疏注從者士介○釋曰鄭云從者士介下記文案公食云上介受賓幣從者訝受皮鄭注從者府史之屬不爲士者彼公食是子男之大夫小聘一介其餘皆府史以下故知從者是府史之屬也既夕云賵馬兩士受馬鄭云此士謂胥徒之長有勇力者受馬彼據一廟下士不應更有其屬士故以爲胥徒之長言之也昏禮記云士受皮鄭注士謂若中士下士不命者以其主人爲官長據上士而

言。也元缺止此

賓覿奉束錦總乘馬二人贊入門右北面奠幣再拜稽首不請不辭鄉時已請也覿用束錦辟享幣也總者總八轡牽之贊者居馬閑扣馬也入門而右私事自闑右奠幣再拜以臣禮見也贊者賈人之屬介特覿也

【疏】賓覿至稽首○注不請至覿也○釋曰自此盡公降立論行私覿之事云不請不辭鄉時已請也者云不請賓不請不辭主君不辭所以不辭者鄉時已請覿主人辭之以禮賓故今不復請亦不辭之也云覿用束錦辟享幣也者以上文享主君用束帛享夫人用玄纁束帛以今用束錦是辟享幣也云總者至扣馬也者賓總八轡在前牽之二人贊者各居兩馬閑各用左右手手扣一匹故云在馬閑扣馬也云入門而右私事自闑右者玉藻云公事自闑西鄭注云聘享也又云私事自闑東注云覿面也此行覿禮故引之也云奠幣再拜以臣禮見也者謂由闑東介又不從又自牽馬又不升堂入幣皆是以臣禮見也云贊者賈人之屬者既行臣禮不使介從明贊者是賈人之屬從行者云介特覿也者主君辭賓賓入門左則介五人隨入門西北面西上其介五人行覿禮各自特行無介從爲特覿也

擯者辭辭其臣賓出事畢擯者坐取幣出有司二人牽馬以從出門西面于東塾南將還之也贊者有司受馬乃出凡取幣于庭北面

【疏】注將還至北面○釋曰云贊者有司受馬乃出者賓出之時贊扣馬者未得出待人受馬乃得出所以然者幣可奠之於地其馬不可散放故待人受之乃可以出故云有司受馬乃出也云凡取幣于庭北面者言凡非一此時辭賓更出取幣後門右禮訖又取幣皆北面又衆介奠幣擯者取亦北面故云凡以廣之也

擯者請受請以客禮受之賓禮辭聽命賓受其幣贊者受馬牽馬右之入設庭實先設客禮也右之欲人居馬左任右手便也於是牽馬者四人事得申也曲禮曰效馬效羊者右牽之

【疏】牽馬右之入設○注庭實至牽之○釋曰云庭實先設客禮也者對前入門右時賓奉束錦總乘馬一時入無先後之別是臣禮今此入設下經乃云賓奉幣是先設庭實客禮也

云於是牽馬者四人事得申也者知四人者若如前贊者二人則不得云右之既言右之明人牽一匹不須賓牽之事得申人牽一匹賓不總牽是也引曲禮者欲見牽馬在右禮之常彼效馬效羊謂尊者之物使贊之今來呈見此取一邊牽之法義不與彼同也

賓奉幣入門左介皆入門左西上以客禮入可從介【疏】注以客至從介○釋曰對入門右行臣禮不得從介也

公揖讓如初升公北面再拜公再拜者以其初以臣禮見新之也【疏】公揖至再拜○注公再拜至之也○釋曰臣禮見謂初入門右是以今再拜新之也知此不爲拜至者下記云禮不拜至鄭注云以賓不於是始至私覿固非始至而爲再拜明爲臣禮見新之也

賓三退反還負序反還者不敢與授圭同【疏】賓三至負序○注反還至圭同○釋曰云反還者不敢與授圭同者上行聘時三退負序不言反還故決之也

振幣進授當東楹北面不言君受略之也【疏】注不言至之也○釋曰此決聘享皆言公受此乃私覿故略之不言其公受也

士受馬者自前還牽者後適其右受自由也適牽者之右而受之也此亦並授者不自前左由便也便其已授而去也受馬自前變於受皮【疏】士受至右受○注自由至受皮○釋曰此庭實之馬四匹在庭北面西上牽馬者亦四人各在馬西以右手執馬而立士受馬者從東方來由馬前各適牽馬者之前還適其後適牽馬者之東馬西而受之牽馬者自前行而出之云此亦並授者不自前左由便也者鄉飲酒之等於西西階之上皆授由其右受由其左今乃受馬者不自左而由其右受者使授馬者授訖右迴其身於出時爲便故鄭注云便其已授而去也云受馬自前變於受皮者上受享庭實之皮受皮者自後右客鄭注云自由也從東方來由客後西居其左受皮也此亦從東而來由馬前者馬是生物恐驚故由前是變於受皮也

牽馬者自前西乃出自由也【疏】牽馬至乃出○釋曰四馬並北面牽馬者皆在馬西士既受馬其最西頭者便即出門不須由馬之前其次東三匹者皆由西於馬前而出故云牽馬者自前西乃

出據三人而言也 賓降階東拜送君辭拜送幣于階東以君在堂鄉之 疏賓降至君辭○注拜送至鄉之○釋曰此言賓拜送幣者私覿己物故也前享幣不拜送者致君命非己物故也 拜也君降一等辭君乃辭之而賓。由拜敬也 疏注君乃至敬也○釋曰經上云拜送而云君辭君辭復云拜也是其君乃辭之賓由拜者敬主國君故也 擯者曰寡君從子雖將拜起也此禮固多有辭矣未有著之者是其志而煥乎未敢明說 疏注此禮至明說○釋曰云此禮固多有辭矣者謂此儀禮之內賓主之辭固多有辭矣但周公作經未有顯著明言之者直云辭耳此及公食皆著其辭此二者是志記之言煥乎可見云未敢明說者據此二者觸類而長之餘辭亦可以意量作但疑事無質未可造次明說故上注每云其辭未聞也 栗階升公西鄉賓階上再拜稽首成拜 公少退為敬 賓降出公側授宰幣馬出廟中宜清 疏賓降至馬出○注廟中宜清○釋曰云公側授宰幣不言出言馬出者以廟中宜清潔出就廄幣不言出與上皮幣同皆以東入藏之故記云賓之幣唯馬出其餘皆東注云馬出當就廄也餘物皆東藏之內府是幣不出之義也 公降立擯者出請上介奉束錦士介四人皆奉玉錦束請覿玉錦錦之文纖縟者也禮有以少文為貴者後言束辭之便也 疏公降至請覿○注玉錦至便也○釋曰自此盡舉皮以東論上介衆介行私覿之事云玉錦錦之文纖縟者也者案聘義孔子論玉而云縝密以栗知也是玉有密致錦之纖縟似玉之密致者云禮有以少文為貴者禮器直云有以文為貴者有以少為貴者無少文為貴之語但有以少為貴以文為貴明亦有以少文為貴故鄭以義而言之也 擯者入告出許上介奉幣儷皮二人贊儷猶兩也上介用皮變於賓也皮麋鹿皮 疏注上介用皮變於賓○釋曰賓用馬今上介用皮故云變於賓也 皆入門右東上奠幣皆再拜稽首皆者皆衆介也贊者奠皮出 疏注贊

者奠皮出○釋曰鄭知贊者奠皮出者下云有司二人舉皮從其幣出無人授之明贊者奠卽出可知擯者辭亦辭其臣介逆出亦事畢也

擯者執上幣士執衆幣有司二人舉皮從其幣出請受此請受請于上介也擯者先卽西面位請之釋辭之時衆執幣者隨立門中而俟疏注此請至而俟○釋曰云此請受請于上介也者對前賓此請上介亦不請衆介也知擯者先卽西面位請之者以其上介等先立門西東面故擯西面對之云釋辭之時衆執幣者隨元缺起此立門中而俟者以其請受之下經云委皮南面執幣者西面故知當請之時立于門中可知言隨者謂相隨從故昬禮記云納徵執皮隨入注云爲門中阸狹記云凡庭實隨入左先明此出時亦隨出而立也案匠人云廟門容大扃七个注大扃牛鼎之扃長三尺七个則二丈一尺闑東明不得並出也

委皮南面擯者既釋辭執衆幣者進卽位有司乃得委之南面便其復入也委皮當門疏注擯者至當門○釋曰云擯者既釋辭執衆幣者進卽位有司乃得委皮者以前文云舉皮者從其幣出皮在後可知隨立門中之時未得委皮明執幣者進卽位乃得委皮也云南面便其復入也委皮當門者此決執幣者西面其皮不西面委之者以皮入右首右先故南面橫委於門中當門北上執皮者北面受之而乃入便故也

執幣者西面北上擯者請受請于上介也上言其次此言其位互約文也疏注請于至文也○釋曰上文擯者執上幣注云請受請于上介也此雖衆介所請亦請上介上介尊故也云上言其次此言其位互約文也者上云擯者執上幣士執衆幣有司二人舉皮從其幣出請受是其次也此言委皮南面執幣者西面北上是其位也言互者此言西面北上則上當有北面東上之文下云士介覿幣時士三人東上坐取幣立是也此宜有士執衆幣立於南面之文如是者互文也言約者雖互見其文文猶不備若欲備文當上取歸賓幣之文下取歸士介幣之文以理推約之乃備也若然上當言擯者執幣士四人北面東上坐取幣從有司二人坐舉皮從其幣出隨立於門中擯者出門西面于東塾南請受士執

幣者進立擯南西面北上執皮者南面委皮於門中北上如是乃爲文備也介禮辭聽命皆進訝受其幣此言皆訝受者嫌擯者。一。一授之【疏】注此言至授之○釋曰此言皆訝受者嫌擯者一一授之者案上受享皮及賓私覿之馬並不云皆此獨云皆者嫌擯者獨請上介請先授上介幣故言皆明不一一授同時訝受可知也享幣無門外授先後之法故不言皆上介奉幣皮先入門左奠皮皮先者介隨執皮者而入也入門左介至揖位而立執皮者奠皮以有不敢授之義古文重入【疏】注皮先至重入○釋曰云介至揖位而立者謂賓覿時幣入門左介皆入門左西上公揖讓如初升賓至此待揖而後進明此介亦至揖位而立云執皮者奠皮以有不敢授之義者案享時庭實使人執之昏禮庭實亦使人執之亦皆東不奠於地以其得親授主人有司此奠之不敢授故。下二人坐舉皮明不授也公再拜拜中庭也不受于堂介賤也【疏】注拜中至賤也○釋曰知拜中庭者上云公降立不見更有進退之文自受享以來降立皆在中庭故知此公拜亦中庭可知也介振幣自皮西進北面授幣退復位再拜稽首送幣進者北行參分庭一而東行當君乃復北行也【疏】注進者至行元缺止此也○釋曰介初在揖位君在中庭奠皮近西故介發揖位經皮西北出三分一乃東行北向當君乃北行至君所乃授幣故云自皮西進北面授幣也介出宰自公左受幣不側。授介禮輕【疏】介出至受幣○注不側授介禮輕○釋曰案賓覿禮云側授宰幣此不云側授故云介禮輕宰自公左受即是側不云側者當有贊者於公受轉授宰故云介禮輕也有司二人坐舉皮以東擯者又納士介納者出道入也【疏】擯者又納士介○注納者出道入也○釋曰自此盡序從之論士介行私覿之事云納者出道入也者謂若燕禮大射小臣納卿大夫出道入之也士介入門右奠幣再拜稽首終不敢以客禮見【疏】注終不至禮見○釋曰上介奠幣訖辭之終以客禮是士介卑奠幣出私覿卽了終不敢以客

禮見也

擯者辭介逆出擯者執上幣以出禮請受賓固辭禮請受者一請。受而聽之也賓爲之辭士介賤不敢以言通於主君也固衍字當如面大夫也【疏】擯者至固辭○注禮請至大夫也○釋曰知固衍字當如面大夫者案下士介面大夫時擯者執上幣出禮請受賓辭無固字故知此固衍字當如士介面大夫

公荅再拜擯者出立于門中以相拜擯者以賓辭入告還立門中閾外西面公乃遂荅拜也相者贊告之【疏】注擯者至告之○釋曰鄭知擯立門中閾外西面者以公在內賓在門外之西東面擯者兩處相之明居閾外西面向賓告之也

士介皆辟辟於其東面位逡遁也

士三人東上坐取幣立俟擯者執上幣來也【疏】士三至幣立○注俟擯至來也○釋曰上文擯者執上幣以出賓辭之士介皆辟之乃云士三人取幣立擯者執上幣始來明士三人立俟之可知也

擯者進就公所也【疏】擯者進○注就公所也○釋曰以公在庭故擯者自門外來進向公左授幣與宰也

宰夫受幣于中庭以東使宰夫受于士士介幣輕也受之于公左賓幣公側授宰上介幣宰受于公左士介幣宰夫受于士敬之差【疏】注使宰至之差○釋曰云使宰夫受于士者以上文士三人取幣明此宰夫所受受于士也知受之于公左者禮記少儀云贊幣自左是以凡受幣皆於公左也云賓幣公側授宰者即上文公側授宰幣于序端是也云上介幣宰受於公左者即上云庭中宰自公左受之是也云士介幣宰夫受于士者即經文是也在公左受之是尊卑不同敬之差也元缺一字所受之雖不同及其以東其藏幷是宰夫宰夫幣所主故也

執幣者序從之序從者以宰夫當一一受之

擯者出請賓告事畢賓既告事畢衆介逆道賓而出也【疏】擯者至事畢○注賓既至出也○釋曰自此盡不顧論事畢送賓之事云衆介逆道賓而出也者介爲首賓爲尾謂逆道也必知有逆出者上文聘訖云賓降介逆出又聘夫人私覿亦介逆出諸聘禮之等皆逆出故知此亦逆出可知也

擯者入告公出送

公出衆擯亦逆道紹擯賓及賓並行閒亦六步及大門內公問君鄉以公禮將事無由問也賓至始入門之位北面將揖而出衆介亦在其右少退西上於此可以問君居處何如序殷勤也時承擯紹擯亦於門東北面東上上擯往來傳君命南面蘧伯玉使人於孔子孔子問曰夫子何爲此公問君之類也疏及大至問君○注鄉以至類也○釋曰云衆介亦在其右少退西上者案上賓初入門左鄭注云由賓位也衆介隨入北面西上少退今賓出至入門之位將北面拜君而後出故知其位亦當初入門之位此位前後皆約聘享入廟北面西上之位也云時承擯紹擯亦於門東北面東上上擯往來傳君命者亦約常朝入門門東北面東上之揖位上擯往來相君自是其常引論語者彼雖非聘亦是大夫使人往來法問夫子何爲亦是問君之類故云之類也賓對公再拜拜其無恙公拜賓亦辟疏注拜其至亦辟○釋曰案爾雅釋言恙憂也言亦者亦初迎賓入門主君拜賓辟故云亦也公問大夫賓對公勞賓賓再拜稽首公荅拜勞以道路之勤公勞介介皆再拜稽首公荅拜賓出公再拜送賓不顧公既拜客趨辟君命上擯送賓出反告賓不顧於此君可以反路寢矣論語說孔子之行曰君召使擯色勃如也足躩如也賓退必復命曰賓不顧矣疏公勞至不顧○注公既至顧矣○釋曰云賓不顧據上擯送賓復迴謂君云賓不顧矣故引孔子事爲證若然此送賓是上擯則卿爲上擯孔子爲下大夫得爲上擯者以孔子有德君命使攝上擯若定十年夾谷之會令孔子爲相同也賓請有事於大夫請問問卿也不言問聘聘亦問也嫌近君也上擯送賓出賓東面而請之擯者反命因告之疏賓請至大夫○注請問至告之○釋曰自此盡亦如之論賓請問大夫訖即館卿大夫勞賓介之事云不言問聘聘亦問也嫌近君也者對文大聘曰聘小聘曰問總而言之問聘一也不得云問卿若言問近君矣故云有事于大夫也鄭云擯者反命因告之者但從朝以來行聘享行禮賓之事事已煩矣今日即請未可即行故云反命因告之告之使

知而已是以賓至館行勞賓介及受饔餼終日有事明日乃行問卿之禮也賓所請問卿宜云有事于某子故下記云幣之所及皆勞鄭云所以知及不及者賓請有事固曰某子某子是也

公禮辭許禮辭一辭賓卽館小休息也卽就也

疏 賓卽館○注小休息也○釋曰言休息者據此一日之間其事多矣明旦行問卿暫時止息故云小休息也

卿大夫勞賓賓不見以己公事未行上介以賓辭辭之

疏 注以己至辭之○釋曰以己公事未行者其聘享公事已行仍有問大夫之等公事未行故不敢見云上介以賓辭辭之者以經云賓不見明上介以賓辭辭之可知是以下言上介受明此上介辭也

大夫奠鴈再拜上介受不言卿卿與大夫同執鴈下見于國君周禮凡諸侯之卿見朝君皆執羔

疏 大夫至介受○注不言而執羔○釋曰云周禮者案周禮秋官掌客云凡諸侯之禮上公五積卿皆見以羔侯伯四積卿皆見以羔是主國之卿見朝君皆執羔引之證主國卿見聘客不得執羔與大夫同用鴈不見朝君故也

勞上介亦如之君使卿韋弁歸饔餼五牢變皮弁服韋弁敬也韋弁韎韋之弁兵服也而服之者皮韋同類取相近耳其服蓋韎布以爲衣而素裳牲殺曰饔生曰餼今文歸或爲饋

疏 君使至五牢○注變皮至爲饋○釋曰自此盡無儐論主君使卿歸饔餼於賓介之事云變皮弁服韋弁敬也者案周禮春官司服王之吉服有九祭服之下先云兵事韋弁服後云視朝皮弁服則韋弁尊於皮弁今行聘享之事等皆皮弁至歸饔餼則韋弁故云敬也云韋弁韎韋之弁兵服也者鄭知弁用韎韋者案司服注鄭引春秋傳曰晉郤至衣韎韋之跗注又云今時五伯緹衣古兵服之遺色故知用韎韋也韎卽赤色以赤韋爲弁也云兵服者司服云凡兵事韋弁服故云兵服也云服之者皮韋同類取相近耳者有毛則曰皮去毛熟治則曰韋本是一物有毛無毛爲異故云取相近耳云其服蓋韎布以爲衣而素裳者此無正文但正服則鄭注司服云韋弁以韎韋爲弁又以爲衣裳又晉郤至衣韎韋之跗注鄭志解此跗注以跗爲幅以注爲屬謂制韋如布帛之幅而連屬爲衣及裳今此鄭

云以鞂布爲衣而素裳全與兵服異者鄭以意量之此爲賓館於大夫士之廟旣爲入廟之服不可純如兵服故爲鞂布爲衣而素裳鄭志兵服以其與皮弁同白舄故以素裳解之此言素裳又與鄭志同若然唯變其衣耳以無正文故云蓋以疑之也云殺曰饔生曰餼者周禮有內饔外饔皆掌割亨之事詩云有母之尸饔故知殺曰饔生曰餼者以其對饔是腥飪故知餼是生故下云餼二牢皆活陳之也

上介請事賓朝服禮辭朝服示不受也受之當以尊服

疏上介至禮辭○注朝服至尊服○釋曰鄭知義然者案下云賓皮弁迎大夫是受之用皮弁爲尊服明此著朝服朝服卑於皮弁是示不受言示不受終受之也

有司入陳入賓所館之廟陳其積

疏有司入陳○注入賓至其積○釋曰案上文直云致館及卽館不辨廟與正客館之名案下記云卿館於大夫大夫館於士皆是大夫士之廟下文又云揖入及廟鄭據此而言明陳之於廟也曾子問孔子云自卿大夫士之家曰私館卽卿大夫士之廟一也孔子又云公館與公所爲曰公館鄭注云公館若今縣官宮也彼是正客館彼此兩言之者若朝聘使少則皆於正客館若使多則有在大夫廟多少不定兩言之也案大行人及掌客積與饔餼各別此注以饔餼爲陳其積者對文饔餼與積別散文總是委積故云積也

饔謂飪與腥

疏饔○注謂飪與腥○釋曰知者上總言饔餼五牢下陳有三處據此饔下云飪一牢腥二牢下又別云餼二牢故知饔別飪腥二者也若然飪與腥共以饔目之者以其同是死列之以鼎故也

飪一牢鼎九設于西階前陪鼎當內廉東面北上上當碑南陳牛羊豕魚腊腸胃同鼎膚鮮魚鮮腊設扃鼏膷臐膮蓋陪牛羊豕陪鼎三牲臛膷臐膮陪之庶羞加也當內廉辟堂塗也腸胃次腊以其出牛羊也膚豕肉也唯燖者有膚此饌先陳其位後言其次重大禮詳其事也宮必有碑所以識日景引陰陽也凡碑引物者宗廟則麗牲焉以取毛血其材宮廟以石窆用木

疏注陪鼎至用木○釋曰案公食大夫庶羞也以非正饌故在正鼎後而言加也云當

內廉辟堂塗也者正鼎九雖大判繼階而言其云于階前則階東稍遠故陪鼎以猶當內廉也而辟堂塗堂。塗。之內也云腸胃次腊以其出牛羊也鄭言此者以其膚是豕肉腸胃是腹內之物而在肉前者以其腸胃出於牛羊故在膚前列之也云膚豕肉也唯燅者有膚者君子不食圂腴犬豕曰圂若然牛羊有腸胃而無膚豕則有膚而無腸胃也且豕則有膚豚則無膚故士喪禮豚皆無膚以其皮薄故也。縱豕以四解亦無膚故既夕大遣奠少牢無膚以。其豚解故也云此饌先陳其位後言其次重大禮詳其事也者一先陳其位者南陳已上是也後言其次者牛羊豕已下是也案設飧。時直云飪一牢在西鼎九羞鼎三腥一牢在東鼎七直言西九東七不言次陳位飧是小禮輕之故也云宮必有碑所以識日景引陰陽也者言宮必有碑者案諸經云三揖者鄭注皆云入門將曲揖既。北面揖當碑揖若然士昏及此聘禮是大夫士廟內皆有碑矣鄉飲酒鄉射言三揖則庠序之內亦有碑矣祭義云君牽牲麗于碑則諸侯廟內有碑明矣天子廟及庠序有碑可知但生人寢內不見有碑雖無文兩君相朝燕在寢豈不三揖乎明亦當有碑矣言所以識日景者周禮匠人云爲規識日出之景與日入之景者自是正東西南北。此識日景唯可觀碑景邪正以知日之早晚也又云引陰陽者又觀碑景南北長短十一月日南至景南北最長陰盛也五月日北至景南北最短陽盛也二至之閒景之盈縮陰陽進退可知云凡碑引物者宗廟則麗牲焉以取毛血者云凡碑引物則識日景引陰陽皆是引物則宗廟之中是引物但廟碑又有麗牲繫也案祭義云君牽牲麗于碑以其鸞刀以取血毛毛以告純血以告殺兼爲此事也云其材宮廟以石窆用木者此雖無正文以義言之葬碑取縣繂繩暫時之閒往來運載當用木而已其宮廟之碑取其妙好又須久長用石爲之理勝於木故云宮廟以石窆用木也是以檀弓云公室視豐碑三家視桓楹時魯與大夫皆僭言視桓楹桓楹宮廟兩楹之柱。是葬用木之驗也

腥二牢鼎二七無鮮魚鮮腊設于阼階前西面南陳如飪鼎二列有。腊者所以優賓也

疏腥二至二列○注有腥至賓也○釋曰云優賓者案下文

士四人皆餼大牢無腥是不優之也

堂上八豆設于戶西西陳皆二以並東上韭菹其南醓醢屈戶室戶也東上變于親食賓也醓醢汁也屈猶錯也今文並皆爲併

疏堂上至醢屈○注戶室至爲併○釋曰云設于戶西西陳皆二以並東上韭菹其南醓醢屈者謂其。南東上醓醢醓醢西昌本昌本西麋臡麋臡西菁菹菁菹北鹿臡鹿臡東葵菹葵菹東蝸醢蝸醢東韭菹案周禮天官醢人朝事之豆有八韭菹醓醢昌本麋臡菁菹鹿臡茆菹麏臡饋食之豆葵菹蠃醢此經直云韭菹醓醢屈知此昌本以下八豆者案公食下大夫六豆韭菹醓醢昌本麋臡菁菹鹿臡又云上大夫八豆鄭注云記公食上大夫異於下大夫之。數。豆加葵菹蝸醢以充八豆若然案朝事八豆菁菹鹿臡下仍有。茆。菹麏臡不取而取饋食葵菹蝸醢者案少牢正祭用韭菹醓醢葵菹蝸醢朝事饋食之豆兼用之明此賓上大夫亦兼用朝事饋食之豆以充八豆可知云東上者變於親食賓也者案公食大夫公親食賓云宰夫自東房薦豆六設于醬東西上此云東上是變於親食賓也云屈猶錯也者猶下經錯黍此經。菹。菹不自相當皆交錯陳之故云錯也

八簋繼之黍其南稷錯黍在北

疏八簋至稷錯○注黍在北○釋曰云繼者繼八豆以西陳之云八簋者此陳之次第與八豆同故鄭云屈猶錯也八豆言屈八簋言錯者以八豆之實各別直次第屈陳之則得相變故云屈也八簋唯有黍稷二種雖屈陳之則閑雜錯陳之使當行黍稷閑錯不得並陳設亦相變故鄭下注凡饌屈錯要相變是也

六鉶繼之牛以西羊豕豕南牛以東羊豕鉶羹器也

疏六鉶至羊豕○注鉶羹器也○釋曰此不言繂屈錯者繂文自具故不言之也案此文上下繂屈錯似各別鄭此注屈猶錯士喪禮陳衣於房中南領西上繂注云繂猶屈又似不別者云繂屈二者下手陳之少異屈者句而屈陳之繂者直屈陳之不爲句陳訖則相似故注士喪禮云繂猶屈言錯者閑雜而陳之與繂屈同或句屈陳而錯此文是也或繂陳如錯公食大夫是也故公食大夫云宰夫設黍稷六簋于俎西二以並東北上黍當牛俎其西稷錯以終

南陳是其直縟錯之也兩簠繼之粱在北簠不次簋者粱稻加也凡饌屈錯要相變【疏】注凡饌至相變○釋曰凡豆及簋之數皆耦兩自相對而陳之屈錯不相對者欲使陳設者其要殺各得相變不使相當其六鉶縟者牛及豕二者相變羊豕相當不相變以其大牢牛羊豕不耦故羊豕不得變也

八壺設于西序北上二以並南陳壺酒尊也酒蓋稻酒粱酒不錯者酒不以雜錯爲味【疏】八壺至南陳○注壺酒至爲味○釋曰鄭云蓋稻酒粱酒也者以下夫人歸禮醙黍清各兩壺此中若有黍不得各二壺若三者各二壺則止有六壺與夫人歸禮同又不得各三壺若三者各三壺則九壺不合八數止有稻粱無正文故云蓋以疑之鄭知不直有稻黍而爲稻粱者稻粱是加相對之物故爲稻粱也此陳饔餼堂上及東西夾簋有二十簠六上文設飧時與此當上及西夾其對則簋十四簠四案掌客設飧公侯伯子男簋同十二公簠十侯伯簠八子男簠六又皆陳饔餼其死牢加飧之陳如何此中飧之簋數及饔餼之簠數皆多於君者彼是君禮自上下爲差此乃臣禮或多或少自是一法不可以彼相並又此中致饔餼於賓醯醯百甕米百筥周禮上公饔筥百二十侯伯饔筥百子男饔筥八十子男少於此卿大夫禮禮或損之而益此其類也

西夾六豆設于西墉下北上韭菹其東醓醢屈六簋繼之黍其東稷錯四鉶繼之牛以南羊羊東豕豕以北牛兩簠繼之粱在西皆二以並南陳六壺西上二以並東陳東陳在北墉下統於豆【疏】西夾至東陳○釋曰六豆者先設韭菹其東醓醢又其東昌本南麋臡麋臡西菁菹又西鹿臡此陳還取朝事之豆其六簋四鉶兩簠六壺東陳其次可知義復與前同也

儀禮注疏卷二十一校勘記　阮元撰盧宣旬摘錄

庭實

下云皮右首　毛本首誤作手

兩手相鄉也　閩本鄉誤作卿

彼所執以爲贄　要義無彼字

故得用虎豹也　毛本豹下有皮字

公側授宰幣　毛本授誤作受

以不可生服　以陳閩俱作亦

若有言

若有所問也　張氏曰監本無有字

請卽乞師之類是也　要義無卽字

事在僖二十六年也　要義同毛本僖下有公字

服注云無庭實也也　要義作者

擯者入告

卽下文行禮賓也毛本通解文下有先字

宰夫徹几改筵

加萑席尋萑陳本注作莞疏作萑閩本注疏俱作莞

使不蒙如也要義同毛本也作世

諸侯彫几通解要義同毛本彫作雕

宰夫內拂几三

不欲塵坋尊者陸氏曰坋或作被

公東南鄉

云中攝之者毛本作宰夫奉几兩端故公中攝之通解楊氏俱同

擬賓用兩手楊氏同毛本通解擬上有復字

在公手外取之故也在陳閩俱作自

北面設几

几賓左几 上几字集釋通解俱作凡張氏曰疏上几作凡從疏

云凡賓左几者 云几此本誤倒陳本楊氏凡俱作几按張氏曰疏上几作凡則張氏所據本凡字亦在云下

宰夫實觶以醴

不訝授也 授楊氏作受

今又從下升 又陳本作亦

醴尊于東箱 要義同毛本醴作禮○按作醴與記文合下句瓦泰一有豐泰作大是也

賓不降壹拜 壹楊氏作一注同

宰夫薦籩豆脯醢

以其間有事宰夫相 毛本無事字

在中矣庭 在上陳閩通解楊氏俱有則字

降筵北面○尚攕 攕聶氏從木按說文無櫼字手部攕理持也又擖刮也士冠禮面葉注云古文葉爲擖然則今文作葉古文作擖或作攕攕擖雖皆說文所有宜以攕爲正凡字之从韱者俗皆从葛如臈蠟獵之類故又爲擖後人以栖从木并攕字亦从木非也少儀曰執箕膺擖擖箕舌也字亦當作攕弟子職作揲揲卽葉耳其字亦從手

公用束帛

賓用束錦儐勞者儐陳閩監本俱作擯

獨於此言用尊於下者儐勞者及歸饔餼皆是賓敬君之使者自尊之可知自尊於至者自二十字陳閩俱無

建柶

糟醴不啐張爾岐曰啐字誤周學健云當作卒上言啐醴則非不啐明矣不卒爵故建柶而奠之他篇疏文引此者亦誤〇按此本士冠疏引此作卒集釋此節釋辭已缺尚存不卒觶三字戴震云似集釋所見本亦作卒

公壹拜

賓見公一拜止陳閩通解俱無止字

上介受賓幣

據上士而言也也要義作之

賓覿

居馬間扣馬也按疏引注故云下居作在而誤爲居乃疏文居誤爲在也

公揖讓如初

禮不拜至　不陳閩俱作右按記文作至

士受馬者

士受馬者從東方來　要義同毛本馬下無者字陳閩從下俱有者字

使授馬者授訖　要義同毛本授作受

拜也

而賓由拜　由楊敷俱作猶浦鏜云由古通猶

擯者執上幣

對前賓此請上介　毛本賓此作擯出陳閩出俱作者

隨立門中而俟者　門中陳閩俱倒下立于門中可知同

闑東明不得並出也　朱子曰闑東下當有脱字

委皮南面

委皮當門者　當陳閩俱誤作南

執幣者

當上取歸賓幣之文上取二字陳閩俱倒

下取歸士介幣之文陳閩俱無取字

介禮辭

嫌擯者一一授之一徐本作二張云注曰嫌擯者一一授之監杭本以一一為二從巾箱嚴本

上介奉幣

故下二人坐舉皮二人要義作云○按當作故下云二人坐舉皮

公再拜

拜中庭也拜下敖有於字

介出

不側授徐本集釋同毛本授作受

擯者辭

一請受而聽之也楊無受字

公問大夫 毛本問誤作門

賓請有事於大夫

不言問聘 盧文弨云此聘字疑衍

賓卽館

小休息也 徐本通解同毛本小作少

君使卿韋弁

自此盡無儐 儐陳閩俱作擯

今時五伯緹衣 五百五伯通用

鄭志解此𨁟注 志通解作注

此爲賓館於大夫士之廟 爲賓陳閩俱作賓而

皆掌割亨之事 毛本亨作烹○按亨與周禮合

上介請事

賓皮弁迎大夫 陳本同毛本賓作實

有司入陳

若今縣官宮也浦鏜云舍誤宮

則有在大夫廟有陳閩俱作自

饔

列之以鼎故也之陳閩俱作子也陳閩俱作出

飪一牢

三牲臛諸本同釋文集釋毛本臛作膗

唯燖者有膚陸氏曰燖一本作燂音潛膚嚴本作膚

引陰陽也朱子曰引疑當作別周學健云別字固直截或以繩著碑引之而定方位則引字亦可解敖氏集說改別

凡碑引物者引嚴本作別按上引字可作別此引字不可作別嚴本誤也

而辟堂塗堂塗之內也堂塗陳閩俱不重

繼豕以四解繼上陳閩俱有故字

以其豚解故也要義同毛本其作比○按其字是

案設飧時直云 要義同毛本無時字

旣北面揖 要義同通解毛本旣下有曲字

此識日景 陳本要義同毛本此作比

是葬用木之驗也 要義同毛本是上有腥字○按毛本非也

腥二牢

有腊者所以優賓也 毛本腊作腥徐本作腊張曰注曰有腊者所以優賓按疏腊作腥經曰無鮮魚鮮腊今注作有腊傳寫誤也當從疏

堂上八豆

謂其南東上醓醢 毛本無南字

異於下大夫之數豆 毛本數豆作豆數○按此本倒

仍有茆菹麏臡 有字閩本擠入陳本無茆字

此經菹菹不自相當 毛本菹作醓○按菹字不當有此本非也

儀禮注疏卷二十一校勘記

儀禮疏卷第二十二

唐朝散大夫行大學博士弘文館學士臣賈公彥等撰

饌于東方亦如之東方東夾室西北上亦韭菹其東醓醢也疏饌于至北上○釋曰云西北上者則於東壁下南陳西北有韭菹東有醓醢次昌本次南麋臡次西有菁菹次北有鹿臡亦屈錯也上西夾饌六豆直言北上不云西北上此東夾獨云西北上者以其西夾言北上其東醓醢是西北上可知此東夾饌若不言西北上恐東夾饌從東壁南陳以東北爲上其西有醓醢與西夾相對陳之故云西北上見雖東夾其陳亦與西夾同是以鄭云亦韭菹其東醓醢也壺東上西陳亦在北墉下統於豆醯醢百甕夾碑十以爲列醯在東夾碑在鼎之中央也醯在東醯穀陽也醢肉陰也疏醯醢至在東○注夾碑至陰也○釋曰案既夕禮云甕三醯醢屑鄭注云甕瓦器其容亦蓋一觳旊人云簋實一觳又云豆實三而成觳四升曰豆則甕與簋同受斗二升也禮器云五獻之尊門外缶門內壺君尊瓦甒注云壺大一石瓦甒五斗即此壺大一石也云夾碑在鼎之中央也者上陳鼎云西階前陪鼎當內廉東面北上上當碑南陳下腥鼎亦如之此言夾碑自然在鼎之中央可知云醯在東醯穀陽也醢肉陰也者醯是釀穀爲之酒之類在人消散故云陽醢是釀肉爲之在人沈重故云陰以也大宗伯云天產作陰德地產作陽德注云天產六牲之屬地產九穀之屬六牲爲陽九穀爲陰與此醯是穀物爲陽違者物各有所對六牲動物行蟲也故九穀爲陰郊特牲云鼎俎奇而籩豆偶陰陽之義也又以籩豆醯醢等爲陰鼎俎肉物揔爲陽者亦各有所對以鼎俎之實以骨爲主故爲陽籩豆穀物故爲陰也有司徹注又以庶羞爲陽內羞爲陰者亦羞中自相對內羞雖有糝食是肉物其中有糗餌粉餈食物故爲陰庶羞肉物故爲陽也餼二牢陳于門西北面東上牛以西羊豕豕西

牛羊豕餼生也牛羊右手牽之豕。東之寢右亦居其左【疏】餼二至羊豕○注餼生至其左○釋曰先言饔後言餼者陳者先以孰爲主是以先陳饔饔下即陳孰物繼之故六豆以下相次此餼是生物其下次陳芻薪米禾之等相繼也云牛羊右手牽之者曲禮云效馬效羊者右牽之以不噬齧人用右手便也言右手牽之則人居其左也云豕東之寢右亦居其左者豕東縛其足亦北首寢臥其右亦人居其左案特牲云牲在其西北首東足鄭注云東足者尚右也與此不同者彼祭禮法用右胖故寢左上右士虞記云陳牲于廟門外北首西上寢右鄭注寢右者當。升左胖也變吉故與此生人同也

米百筥筥半斛設于中庭十以爲列北上黍粱稻皆二行稷四行庭實固當庭中言當中庭者南北之中也東西爲列列當醓醢南亦相變也此言中庭則設碑近如堂深也【疏】米百至四行○注庭實至深也○釋曰云庭實固當庭中言當中庭者南北之中也者上享時直言庭實入設不言中庭則在東西之中其南北三分庭一在南此更言中庭欲明南北之中也上文公立於中庭宰受幣於中庭皆南北之中也知北上東西爲行者以經云北上黍粱稻皆兩行稷四行若南北縱陳止得言東西不得言北上何者以黍粱稻及稷。當行皆一種無上下故也明橫陳可知黍兩行在北次粱兩行次稻兩行次南稷四行所以不用稻爲上者稻粱是加黍稷是正故黍爲上端稷爲下端以見上下而稻粱居其間亦相變者亦上經屈錯之義云此言中庭則設碑近如堂深也者陳鼎上當其碑南陳之醓醢夾碑在鼎中央亦南向陳之今米爲筥在醓醢之南北之中則碑近北可知言堂深者猶若設洗南北以堂深相似若然碑東當洗矣

門外米三十。車車秉有五籔設于門東爲三列東陳大夫之禮米禾皆視死牢秉籔數名也秉有。五籔二十四斛也籔讀若不數之數今文籔或爲逾【疏】門外至東陳○注大夫至爲逾○釋曰云大夫之禮米禾皆視死牢者上文飪一牢腥二牢是三牢死故。米三十車并下。禾。三十車亦是視死牢也云秉籔數名也秉有五籔二十四斛也者下記云十斗曰

斛十六斗曰籔十籔曰秉若然一秉十六斛又有五籔爲八斛摠二十四斛也云籔讀若不數之數者鄭君時以籔爲數名數名有數有不數故云不數之數此從音讀其字仍竹下爲之得爲十六斗爲籔故下記注云今江淮之閒量名有爲籔者是十六斗量器之名禾三十車車三秅設于門西西陳秅數名也三秅千二百秉【疏】注秅數至百秉○釋曰下記云四秉曰筥十筥曰稯十稯曰秅四百秉爲一秅三四十二爲千二百秉也薪芻倍禾倍禾者以其用多也薪從米芻從禾四者之車皆陳北輈凡此所以厚重禮也聘義曰古之用財不能均如此然而用財如此其厚者言盡之於禮也盡之於禮則內君臣不相陵而外不相侵故天子制之而諸侯務焉爾【疏】薪芻倍禾○注倍禾至焉爾○釋曰云薪從米芻從禾者以其薪可以炊爨故從米陳之芻可以食馬故從禾陳之鄭言此者以經云倍禾恐並從禾陳之故也云四者之車皆陳北輈者以其向內爲正故也引聘義者欲見主君享禮聘賓外內皆饔故引爲證也賓皮弁迎大夫于外門外再拜大夫不荅拜大夫使者卿也【疏】賓皮至荅拜○注大夫使者卿也○釋曰云外門外者謂於主人大門外入大門東行卽至廟門也云不荅拜者亦以爲君使不敢當故也云大夫使者卿也者卽上卿革弁者也揖入及廟門賓揖入賓與使者揖而入使者止執幣賓俟之于門內謙也古者天子適諸侯必舍於大祖廟諸侯行舍于諸公廟大夫行舍于大夫廟【疏】揖入至揖入○注賓與至夫廟○釋曰云使者止執幣者下經始云大夫奉束帛入明此賓揖入時使者止執幣可知云賓俟之于門內謙也者聘時主君揖入立于庭尊卑法此賓與使者敵故賓在門內謙也云門內卽宁下故下賓問卿云及廟門大夫揖入鄭注入者省內事也既而俟于宁下是也云古者天子適諸侯必舍于大祖廟者案禮運云天子適諸侯必舍其祖廟下記云卿館於大夫大夫館于士士館于工商鄭注云不館於敵者之廟爲大尊也以此差之諸侯無正文鄭注舍于諸公廟者諸公大國之孤云大夫行舍于大夫廟者謂卿舍于大夫也若無孤之國諸侯舍於卿廟也

大夫奉束帛執其所以將命入三揖皆行皆猶並也使者尊不後主人疏入三揖皆行○注皆猶至主人○釋曰云使者尊不後主人者主人則賓所在若主人也然君與使者行當後君也至于階讓大夫先升一等讓不言三不成三也凡升者主人讓于客三敵者則客三辭主人乃許升亦道賓之義也使者尊主人三讓則許升矣今使者三讓則是主人四讓也公雖尊亦三讓乃許升不可以不下主人也古文曰三讓疏至于至一等○注讓不至三讓○釋曰云讓不言三不成三也凡升者主人讓于客三敵者則客三辭主人乃許升者是三讓三辭成也今賓三讓大夫即升無三辭則不成三也云使者尊主人三讓則許升矣者即此經主人讓大夫先升是也云今使者三讓則是主人四讓也者經雖言讓大夫先升大夫之讓不明故鄭君兩言之但使尊終先升若主人三讓使人亦三讓主人又一讓則主人四讓使者乃升故鄭復言此也案周禮司儀云諸公之臣相爲國客大夫郊勞三讓登聽命又云致饔餼如勞之禮郎得行三讓之禮此中古文云三讓與彼合鄭不從者周禮。統。心舉其大率而云三讓此儀禮據屈曲行事觀此經直云讓大夫先升是主人或三讓大夫無三讓故不從古文也云公雖尊亦三讓乃許升不可以不下主人也者此據公爲主人亦有三讓故上行聘時云至於階三讓公升二等賓升亦是公先讓先升故成三讓是以聘義云三讓而後升公尊必三讓者不下賓客主人之義故也賓從升堂北面聽命北面于階上也大夫東面致命賓降階西再拜稽首拜餼亦如之大夫以束帛同致饔餼也賓殊拜之敬也重君之禮也疏注大夫至禮也○釋曰大夫以束帛同致饔餼五牢及陳豆壺車米之等今賓拜饔三牢及庭實又。別拜餼二牢及門外米禾殊拜之者敬主君以重禮故也大夫辭升成拜尊賓受幣堂中西北面趨主君命也堂中西中央之西大夫降出賓降授老幣出迎大夫老家臣也賓出迎欲。擯之大夫禮辭許入揖讓如初賓升一等大夫從升堂賓先升敵也皆北面疏大夫至升堂○注賓先至北面○釋曰前大夫奉君命歸饔餼故先升一等今賓私儐使者無君命體敵故賓先升在館如主人之儀故也知皆北面者以其體敵又下始云賓奉幣西面大夫東面明此北面可知庭實設馬乘乘四馬也賓降堂受老束錦大夫止止不降使之餘尊疏注止不至餘尊○釋曰凡賓主體敵之法主人降賓亦降今賓降使者不降者使之餘尊雖合降而不降賓奉幣西面大夫東面賓致幣不言致命非君命也大夫對北面當楣再拜稽首稽首尊君客也致對有辭也疏注稽首至辭也○釋曰賓主既行敵體之禮當行頓首今大夫稽首於賓爲拜君之拜尊君客故也致者賓致幣當有辭對者大夫對亦當有辭所以無辭者文不具故也受幣于楹閒南面退東面俟賓北面授尊君之使疏受幣至面俟○注賓北至之使○釋曰北賓儐使者是體敵之義經云受幣于楹閒南面知賓不南面並授而云賓北面授者凡敵體授之義授由其右受由其左今尊君之使是以大夫南面賓北面故知賓北面授幣賓再拜稽首送幣大夫降執左馬以出出廟門從者亦訝受之疏注出廟至受之○釋曰言亦者上賓受禮時受幣馬云賓降執左馬以出上介受賓幣從者訝受馬此亦從者訝受馬故云亦也賓送于外門外再拜明日賓拜于朝拜饔與餼皆再拜稽首拜謝主君之恩惠於大門外周禮曰凡賓客之治令訝聽之此拜亦皮弁服疏賓送至稽首○注拜謝至弁服○釋曰知拜謝在大門外者以其直言賓拜於朝無入門之文故知在大門外若然諸侯外朝在大門外明矣引周禮者秋官掌訝職云賓客至于國賓入館次于舍門外待事于客及將幣爲前驅至于朝詔其位凡賓客之治令訝訝治之引之者欲見賓客發館至朝來往皆掌訝前驅爲之導知此拜亦皮弁者以其受時皮弁故知此拜亦皮弁也故公食大夫云若不親食使大夫各以其爵朝服以侑幣致之賓朝服以受

明日賓朝服以拜賜于朝。彼朝服受還朝服拜則知此皮弁受亦皮弁拜可知

上介饔餼三牢飪一牢在西鼎七羞鼎三飪鼎七無鮮魚鮮腊也賓介皆異館

【疏】上介至鼎三○釋曰自此盡兩馬束錦論主君使下大夫歸饔餼於上介之事○注飪鼎至異館○釋曰云飪鼎七無鮮魚鮮腊也者對上賓九鼎有鮮魚鮮腊也云賓介皆異館者案下記云卿館於大夫大夫館於士士館於工商彼云卿即此賓一也彼云大夫即此上介也彼云士即此衆介也故知賓介各異館必異館者所陳饔餼。厚無所容故也

腥一牢在東鼎七堂上之饌六六者賓西夾之數

西夾亦如之筥及甕如上賓凡所不貶者尊介也言如上賓者明此賓。客介也

【疏】西夾至上賓○注凡所至介也○釋曰云如上賓者明此賓客介也者案下云賓之公幣私幣皆陳上介公幣陳是上介。有與賓同者前經不言如上賓獨此經言如上賓以其此饔餼大禮西夾筥及甕如上賓以其客此上介如上賓之禮也

餼一牢門外米禾視死牢牢十車薪芻倍禾凡其實與陳如上賓凡凡飪以下

下大夫韋弁用束帛致之上介韋弁以受如賓禮介不皮弁者以其受大禮似賓不敢純如賓也

儐之兩馬束錦

【疏】儐之兩馬束錦○釋曰此下大夫使者受上介之儐禮如卿使者受賓儐禮當庭同不言如上大夫者省文也

士介四人皆餼大牢米百筥設于門外牢米不入門略之也米設當門亦十爲列北上牢在其南西上

【疏】士介至門外○注牢米至西上○釋曰自此至無儐論使宰夫歸餼於衆介之事上文賓與上介米陳碑南餼陳門內此不入門。陳。於。門。外者鄭云略之也云米設當門亦十爲列北上彼亦當門此直云設於門外不云東西明當門北上與賓同云牢在其南西上者以此餼本設於庭在門內由士介賤不得入門且賓與上介門東有米三十車薪六十車門西禾三十車芻六十車皆統門爲上此餼本非門外東西之物制不在門外東西宜當門陳之云牢在其

南西上知如此設之者以其賓上介餼在米南門西東上明知此牢亦在米南面西上爲異耳

宰夫朝服牽牛以致之 執紖牽之東面致命朝服無束帛亦略之。士介西面拜迎

【疏】宰夫至致之〇注執紖至拜迎〇釋曰案下記云士館于工商則此致者在工商之館宰夫從外來即爲賓客宜在門西東面此就大牢之中取以致餼云朝服無束帛亦略之者決上賓與上介皮弁有束帛故以爲略之也云士介西面拜迎者以其士介爲主人故西面每上賓與上介米禾皆視死牢。具有芻薪米禾此士直有生餼無死牢則無芻薪米禾矣

士介朝服北面再拜稽首受 受於牢東拜自牢後適宰夫右受由前東面授從者

【疏】士介至首受〇注受於至從者〇釋曰知自牢後適宰夫右受者以其牢東北面拜明在宰夫東南從牢後來適宰夫至宰夫之後受取牛便故也必知在宰夫右受者見前君使士受私覿之馬適其右受知此亦在右受也若然君使士受私覿由前此由牢後與受馬不同者牛畜擾馴與馬有異故得從其後適宰夫右取便也云由前東面授從者於宰夫之後受牛遂由宰夫之前東授從者亦是取便也

無擯。 既受拜送之矣明日衆介亦各如其受之服從賓拜於朝

【疏】無擯〇注既受至於朝〇釋曰言無。擯者決上賓與上介皆有。擯士介賤故略之知明日衆介亦各如其受之服從賓拜於朝者案下夫人使下大夫韋弁歸禮賓受如受饔之禮儐之乘馬束錦又歸禮於上介上介受之如賓禮儐之兩馬束錦明日賓拜禮於朝鄭注云於是乃言賓拜明介從拜夫人歸禮介尚從拜則君饔餼介皆從拜可知

賓朝服問卿 不皮弁別於主君卿每國三人

【疏】賓朝服問卿〇注不皮至三人〇釋曰自此盡無儐論賓齎聘君之幣問主國卿之事云不皮弁別於主君者對上文行聘享私覿皆皮弁此朝服降一等故鄭注云別於主君云卿每國三人者每國三卿是其常鄭言此者欲見三卿皆以幣問之其主國下大夫嘗。使。向己國。者乃得幣問之與卿異

卿受于祖廟 重賓禮也祖王父也

【疏】卿受于祖廟〇注重賓至父也〇釋曰卿受鄰國君所問之禮不辭讓者以其初君送客之時賓請有事於大夫君禮辭

許是以卿不敢更辭故下記云大夫不敢辭云祖王父也者大夫三廟有別子者立大祖廟非別子者幷立曾祖廟王父卽祖廟也今不受於大祖廟及曾祖廟而受於祖廟者以其天子受於文王廟諸侯受。於祖廟大夫下君故受於王父廟

下大。夫擯無士擯者既接於君所急見之

疏擯下大夫○注無士至見之○釋曰行聘享於主國君時主君擯者三人以上幷有士擯賓又設介今直云大夫擯無。士擯者以其設擯介多者不敢質示行事有漸但賓行聘享於主君之時卿以與賓相接故急見之不須士擯

擯者出請事大夫朝服迎于外門外再拜賓不荅拜揖大夫先入每門每曲揖及廟門大夫揖入入者省內事也既而俟于宁也

疏擯者至揖入○注入者至宁也○釋曰大夫二門入大門東行卽至廟門未及廟門而有每門者大夫三廟每廟兩旁皆南北置牆牆皆。閤門假令王父廟在東則有每門每曲之事云入者省內事也者曲禮云請入爲席是也云既而俟于宁者宁門屋宁也知俟于宁者下云賓入三揖皆行鄭注云皆猶並也賓與卿並行以卿俟于宁故得並行與卿三揖不俟于庭者下君也案曲禮云客至於寢門則主人請入爲席然後出迎客主人肅客而入。此卿既入不重出迎客者彼曲禮平常賓客故重出迎客此聘問之賓與平常賓客異上君揖賓不重出此卿亦不重出與彼同但在庭與在宁不同矣

擯者請命亦從入而出請不几筵辟君也

疏注亦從至君也○釋曰亦者亦君受聘時擯者從君而入几筵既設擯者出請此擯者亦從卿而入省內然後出請

庭實設四皮麋鹿皮也

賓奉束帛入三揖皆行至于階讓皆猶並也古文曰三讓

疏注古文曰三讓○釋曰不從古文者亦是不成三故賓先升一等大夫從升堂故不從三讓也

賓升一等大夫從升堂北面聽命賓先升使者尊

賓東面致命致其君命

大夫降階西再拜稽首賓辭升成拜受幣堂中西北面於堂中央之西受幣趨聘君之命

賓降

出大夫降授老幣無擯。不擯賓辟君也疏注不擯賓辟君也○釋曰上文賓行聘享訖而君禮賓有束帛乘馬敵者曰。擯今卿不。擯賓者辟國君也

擯者出請事賓面如覿幣面亦見也其謂之面威儀質也疏擯者至覿幣○注面亦至授老○釋曰自此至授老質也

幣論賓行私面於卿之事賓私面於卿其幣多少與私覿於君同故云如覿幣賓私覿之時用束錦乘馬則此私面於卿亦用束錦乘馬可知也云面亦見也

其謂之面威儀質也者覿面並文其面爲質若散文面亦爲覿故鄭司儀注云私面私覿也又左傳云楚公子棄疾以乘馬八匹私面鄭伯是也

賓奉幣庭實從庭實四馬疏賓奉幣庭實從○注庭實四馬○釋曰以其言如覿幣故知庭實四馬也

入門右大夫辭大夫於賓入自階下辭迎之疏注大夫至迎之○釋曰知階下辭者以其授老幣時降故也知迎者下文揖讓如初明元缺一字迎之可知

賓遂左見私事也雖敵賓猶謙入門右爲若降等然曲禮曰客若降等則就主人之階主人。與辭於客然後客復就西階疏注見私至西階○釋曰云爲若降等者主人是

大夫客是士降等法士就東階今此賓與卿覿者就門右若士於大夫大夫降等引曲禮者主人辭賓賓。遂。左。就。門。右西階復正也

庭實設揖讓如初大夫至庭中旋並行疏庭實至如初○注大夫至並行○釋曰云大夫至庭中旋並行者賓初入門右大夫階下辭賓賓遂門左大夫至庭中迎賓大

夫迴旋與賓揖而並行北。出言如初者大夫不出門唯有庭中一揖至碑元缺一字又揖再揖而已

大夫升一等賓從之大夫先升道賓

大夫西面賓稱面稱舉也舉相見之辭以相接

大夫對北面當楣再拜受幣于楹閒南面退

西面立受幣楹閒敵也賓亦振幣進北面授疏注受幣至面授○釋曰知賓北面授者以云大夫南面退西面立言退明賓不得南面又見下文賓

當楣再拜明北面授因拜可知云受幣楹閒敵也者凡授受之義在於兩楹之閒者皆是體敵故昬禮云授于楹閒南面注云授於楹閒明爲合好其節同也

南面並授也謂賓主俱至楹閒南面並而授是以曲禮云。鄉與客並然後受注云於堂上則俱南面禮敵者並授此是敵者之常禮也雖是敵者於兩楹之閒或有訝受者皆是相尊敬之法則此云大夫南面賓北面授雖是敵禮是尊大夫故訝受又前致饔餼儐使者於楹閒賓北面授幣鄭云賓北面授尊君之使自餘不在楹閒別相尊敬是以前云公受玉于中堂與東楹之閒鄭注云東楹之閒亦以君行一臣行二又云公禮賓賓受幣當東楹北面注云亦訝受又賓覿公云振幣進授當東楹北面如此之類不在兩楹之閒者皆非敵法。就文解之

賓當楣再拜送幣降出大夫降授老幣擯者出請事上介特面幣如覿介奉幣特面者異於主君士介不從而入也君尊衆介始覿不自別也上賓則衆介皆從之

【疏】擯者至奉幣○注特面至從之○釋曰自此盡再拜送幣論上介私面於鄰國卿之事云特面者異於主君者介初覿主君之時不敢自尊別與衆介同執幣而入今私面於鄰國卿不與衆介同而特行禮焉故云特面者異於主君也云士介不從而入者對覿君時衆介從而入故鄭云君尊。於衆介始覿不自別也云上賓則衆介皆從之者上介言特面則賓問卿與私面衆介皆從可知

皮二人贊亦儷皮也

【疏】皮二人贊○注亦儷皮也○釋曰案經云幣如覿則上介私面亦與私覿於君幣同故云亦儷皮也

入門右奠幣再拜降等也

【疏】入門至再拜○注降等也○釋曰言降等者主人是卿上介是大夫故入門右不敢自同賓客

大夫辭於辭上介則出擯者反幣出還于上介也

【疏】擯者反幣○注出還于上介也○釋曰不言反皮出還於上介皮出可知但文不具

庭實設介奉幣入大夫揖讓如初大夫亦先升一等今文曰入設

【疏】注大夫至入設○釋曰云亦者亦上賓行私面大夫升一等賓乃升此上介私面亦然故云亦也

介升大夫再拜受亦於楹閒南面而受

【疏】注亦於至而受○釋曰亦者賓行私面大夫受幣於楹閒南面故云亦得在楹閒爲敵法上介是下大夫與卿小異大同明得行敵法在楹閒可知

介降拜大夫降辭介升再拜送幣介既送幣降出也大夫亦授老幣擯者出請衆介面如覿幣入門右奠幣皆再拜大夫辭介逆出擯者執上幣出禮請受賓辭賓亦爲士介辭疏擯者至賓辭○注賓亦爲士介辭○釋曰自此至拜辱論士介私面於鄰國卿之事云賓亦爲士介辭者亦者亦士介私覿於主國君時故云亦也大夫荅再拜擯者執上幣立于門中以相拜士介皆辟老受擯者幣于中庭士三人坐取羣幣以從之擯者出請事賓出大夫送于外門外再拜賓不顧不顧言去擯者退大夫拜辱拜送也下大夫嘗使至者幣及之嘗使至己國則以幣問之也君子不忘舊疏下大至及之○注嘗使至忘舊○釋曰自此盡于卿之禮論主國下大夫嘗使至己國者聘君使上介以幣問之事諸侯之國皆有三卿五大夫其三卿不問至己國不至己國皆以幣及之上已論訖其五大夫者或作介或特行至彼國者乃以幣及之略於三卿故也言君子不忘舊者此大夫嘗與彼國君相接即是故舊也今以幣及之故云君子不忘舊也上介朝服三介問下大夫下大夫如卿受幣之禮上介三介下大夫使之禮也疏注上介至禮也○釋曰云上介三介下大夫使之禮也者下經云小聘曰問其禮如爲介三介是下大夫小聘之禮據此篇大聘使卿五介小聘使大夫三介若大國之卿七介小聘使大夫五介小國之卿三介小聘使大夫一介也曲禮云擬人必於其倫故問下大夫還使上介是各於其爵易以相尊敬者也其面如賓面于卿之禮大夫若不見有故也疏大夫若不見○注有故也○釋曰自此盡不拜論主國卿大夫有故不得親受聘君之幣之事言有故者或有病疾或有哀慘不得受其問禮君使大夫各以其爵爲之受如主人受幣禮

不拜各以其爵主人卿也則使卿大夫也則使大夫不拜代受之耳不當主人禮也【疏】○君使至不拜○注各以至禮也○釋曰云各以其爵主人卿也則使卿大夫也則使大夫者若然經云君使大夫大夫中有卿大夫摠名也云各以其爵亦是易以相尊。敬。故也云不拜代受之耳不當主人禮也者案周禮宗伯云大賓客則攝而載祼鄭注云宗伯代王為祼拜送則王亦此類拜是致敬之事不可代人之拜故直受之而已不當主人之禮拜之

夕夫人使下大夫韋弁歸禮夕問卿之夕也使下大夫下君也君使之云夫人者以致辭當稱寡小君【疏】夕夫至歸禮○注夕問至小君○釋曰自此盡賓拜禮於朝論主君夫人歸禮於賓與上介之事云夕問卿之夕也者案下記云聘日致饔明日問大夫夕夫人歸禮是其問卿之夕也云使下大夫下君也者歸饔餼使卿此夫人使下大夫故云下君也云君使之云夫人者以致辭當稱寡小君者案隱二年傳九月紀裂繻來逆女何以不稱使婚禮不稱主人又云紀有母乎曰有有則何以不稱母母不通也何休注云禮婦人無外事明知此使下大夫歸禮者是君使之可知而稱夫人使者以其致辭於賓客時當稱寡小君故稱夫人使下大夫其實君使之也

堂上籩豆六設于戶東西上二以並東陳籩豆六者下君禮也臣設于戶東又辟饌位也其設脯其南醢屈六籩六豆【疏】堂上至東陳○注籩豆至六豆○釋曰言籩豆六東陳者其饌自戶東為首二以並東陳先於北設脯即於脯南設醢。又。於。醢東設脯以次屈而陳之皆如上也云籩豆六者下君禮也者君歸饔餼八豆此六豆故云下君也設於戶東又辟君饌位故也云其設脯其南醢屈六籩六豆者此約君禮設豆法云韭菹其南醢醢屈故知此醢在南屈陳之又知籩豆各六者下文上介四豆四籩降殺以兩明夫人多二六豆六籩可知

壺設于東序北上二以並南陳醙黍清皆兩壺醙白酒也凡酒稻為上黍次之粱次之皆有清白以黍閒清白者互相備明三酒六壺也先言醙白酒尊先設之【疏】壺設至兩壺○注醙白至設之○釋曰其設壺於東序自北向南而陳稻

黍粱皆二壺並之而陳也故言醙黍清皆兩壺也云以黍閒清白者互相備者醙白也上言白明黍粱皆有白下言清明稻黍亦有清故也於清白中言黍明醙郎是稻清郎是粱也故言互相備也三酒既有清白二色故言六壺必先言醙者以白酒尊重故先設之也

大夫以束帛致之致夫人命也此禮無牢下朝君也

【疏】大夫至致之○注致夫至君也○釋曰案周禮掌客云上公之禮夫人致禮八籩膳大牢致饗大牢侯伯以下亦皆有牢是朝君來時有牢此卿來聘無牢故云下朝君也

賓如受饗之禮儐之乘馬束錦上介四豆四籩四壺受之如賓禮四壺無稻酒也不致牢下於君也

【疏】注四壺無稻酒○釋曰知者案上致於賓六壺稻黍粱皆有清白今上介四壺明從上去之無稻米之酒清白俱去之元缺一字故四壺也

儐之兩馬束錦明日賓拜禮於朝於是乃言賓拜明介從拜也今文禮爲醴

【疏】注於是至爲醴○釋曰鄭解若於上文賓下言之則介從拜之事不明故於上介之下乃云明日賓拜禮於朝則介從元缺起此賓拜可知

大夫餼賓大牢米八筐其陳於門外黍粱各二筐稷四筐二以並南陳無稻牲陳於後東上不饌於堂庭辟君也

【疏】注其陳至君也○釋曰自此至牽羊以致之論主國大夫餼賓及上介之事云陳於門外知者經無牢米入門之文故明是門外可知與君餼賓士介同云黍粱各二筐稷四筐二以並南陳無稻者案上使卿歸饔餼之時米百筥設於中庭十以爲列北上稻粱黍各二行稷四行此云八筐黍粱稷亦宜法其行數故知黍粱各二筐稷四筐知二以並南陳者以其君筥米北上故知此亦北上南陳知二以並者以其陳筥米粱黍稻不雜陳則知此筐米亦不雜陳二以並可知云無稻者見記云凡餼大夫黍粱稷筐五斛是也云牲陳於後東上者此與君餼士介略同餼士介時不言門東西鄭注云當門則知此門外亦當門君餼賓米在庭牲在門西雖不正當米南亦得牲在其南故知此牲陳亦在米南可知知東上者君餼賓時陳於門西東上也云不饌於堂庭辟君也者案上君致饔餼籩豆在堂牲牢米等在

庭此在門外故云辟君也若然案掌客鄰國之君來朝卿皆見以羔膳大牢侯伯子男膳特牛彼又無筐米此侯伯之臣得用大牢有筐米者彼爲君禮此是臣禮各自爲差降不得以彼難此

賓迎再拜老牽牛以致之賓再拜稽首受老退賓再拜送老室

老大夫之貴臣

疏注老室至貴臣○釋曰案喪服公士大夫之衆臣爲其君布帶繩屨傳曰室老士貴臣其餘皆衆臣也鄭注云室老家相也士邑宰也即此室老貴臣者家相邑宰之屬故爲貴臣也

上介亦如之衆介皆少牢米六筐皆士牽羊以致之米六筐者又無粱也士亦大夫之貴臣

疏注米六至貴臣○釋曰言又無粱也者上文八筐無稻從上去之明知此亦從上去之無粱其稻粱是加故去之云士亦大夫之貴臣者即是大夫邑宰也以其大夫使之故知大夫之貴臣也

公於賓壹食再饗饗謂亨大牢以飲賓也公食大夫禮曰設洗如饗則饗與食互相先後也古文壹皆爲一今文饗皆爲鄉

疏注饗謂至爲鄉○釋曰此篇雖據侯伯之卿聘使五等諸侯其臣聘使牢禮皆同無大國次國之別是以掌客五等諸侯相朝其下皆云羣介行人宰史皆有飧饔餼以其爵等爲之牢禮之。陳。數又云凡諸侯之卿大夫士爲國客則如其介之禮以待之鄭注云尊其君以及其臣也以其爵等爲之牢禮之數陳爵卿也則飧。二牢饔餼五牢大夫也則飧大牢饔餼三牢士也則飧少牢饔餼大牢也此降小禮豐大禮也以命數則參差難等略於臣用一爵而已以此言之公侯伯子男大聘使卿主君一食再饗小聘使大夫則主君一食一饗若然案掌客子男一食一饗子男之卿再饗多於君者以其君臣各自相望不得以君決臣也云饗謂亨大牢以飲賓也者以其饗禮與食禮同食禮既亨大元缺止此牢明饗禮亨大牢可知但以食禮無酒饗禮有酒故以飲賓言之引公食饗與食互相先後者此經先言食後言饗則食在饗前公食言設洗如饗禮則饗在食前饗先後出於主君之意故先後不定也

燕與羞俶獻無常數羞謂禽羞鴈鶩之屬成孰煎和也俶始也始獻四時新物聘義所謂時賜無常數由

恩意也古文倣作湫【疏】燕與至常數○注羞謂至作湫○釋曰案周禮掌客上公三燕侯伯再燕子男一燕皆有常數此臣無常數者亦是君臣各為一不得相決知羞謂禽羞鴈鶩之屬者案下記云禽羞俶獻故知是禽知成孰煎和者以其言羞鼎臐之類故知成孰煎和者也知禽是鴈鶩之屬者案下記云宰夫歸乘禽日如饔餼之數鄭注乘禽乘行之禽也亦云鴈鶩之屬以無正文故以意解之

賓介皆明日拜于朝上介壹食壹饗

饗食賓介為介從饗獻矣復特饗之客之也【疏】注饗食至之也○釋曰不言從食者公食介雖從入不從食食賓食畢介逆出是不得從食矣知從饗者下記云大夫來使無罪饗之過則餼之其介為介注云饗賓有介者賓尊行敵禮也故知介從饗案襄二十七年宋公兼享晉楚之大夫趙孟為客子木與之言弗能對使叔向侍言焉子木亦不能對也叔向為趙孟介而得從饗是其義也云復特饗之卽此經是也

若不親食使大夫各以其爵朝服致之以侑幣如致饔無償。

君不親食謂有疾及他故也必致之不廢其禮也致之必使同班敵者易以相親敬也致禮於卿使卿致禮於大夫使大夫非必命數也無償以己本宜往古文侑皆作宥【疏】若不至無償○注君不至作宥○釋曰案上文云君使卿歸饔餼於賓館賓償之今君有故不親食使卿生致其牢禮亦於賓館但無償為異云謂有疾及他故也者他故之中兼及有哀慘云非必命數也者依典命公侯伯之卿三命大夫再命子男之卿再命大夫一命經云各以其爵故知不依命數云無償以己本宜往者饗餼之等不宜召賓故君使人致禮賓則償使者此饗食之禮主君無故合速賓之來就主君入廟賓無償禮今主君有故生致於賓亦無償故云本宜往此篇據侯伯之卿來聘是使卿致禮鄭兼云使大夫於大夫者小聘使大夫大夫來使大夫致禮也若然經直言使大夫者大夫中兼有上大夫兼卿也

致饗以酬幣亦如之

酬幣饗禮酬賓勸酒之幣也所用未聞也禮幣束帛乘馬亦不是過也禮器曰琥璜爵蓋天子酬諸侯【疏】致饗至如之○注酬幣至諸侯○釋曰云禮幣束帛乘馬亦不是過

也者鄭以饗之酬幣無文故約上主君禮賓之時用束帛乘馬此饗賓酬幣亦不過是故云亦不是過引禮器者案彼經云有以少爲貴者圭璋特琥璜爵鄭注云圭璋特朝聘以爲瑞無幣帛也琥璜爵者天子酬諸侯諸侯相酬以此玉將幣也彼經不云天子諸侯相酬之幣故此注云蓋言酬諸侯者公侯伯用琥於子男用璜引之者證與此酬卿大夫不同之義

大夫於賓壹饗壹食上介若食若饗若不親饗則公作大夫致之以酬幣致食以侑幣作使也大夫有故君必使其同爵者爲之致之列國之賓來榮辱之事君臣同之

疏大夫至侑幣○注作使至同之○釋曰此一經論主國卿大夫饗食聘賓及上介之事此直言饗食不言燕亦有燕是以鄭詩羔裘云知子之來之雜佩以贈之鄭注云與異國賓客燕時雖無此物猶言之以致其厚意其若有之固將行之士大夫以君命出使主君之臣必以燕禮樂之助君之歡是也又昭二年左傳云韓宣子來聘宴于季氏傳無譏文明鄰國大夫有相燕之法又此大夫相禮饗食有常數雖有燕之亦無常數亦無酬幣矣

儀禮疏卷第二十二元缺第九葉今補

儀禮注疏卷二十二校勘記　阮元撰盧宣旬摘錄

西北上

則於東壁下南陳　壁陳本通解俱作壁是也下同毛本作甓

次北有鹿麛　通解同毛本鹿作麋〇按鹿是

醯醢百甕

陪鼎當內廉東面北上　要義同毛本面作西〇按上文是面字

與此醯是穀物爲陽違者　毛本陳本醯誤作醢陳本違誤作遠

又以籩豆醯醢等爲陰　醯閩本作醓

飱二牢

豕東之　張曰注曰豕束之按疏云豕束縛其足亦北首經云牛以西羊豕豕以西牛羊豕則豕在羊西言東非也束字誤作東爾從疏〇按嚴徐鍾本俱作東

當升左胖也　通解要義楊氏同毛本升作外〇按升是

米百筥

當行皆一種陳本通解要義同毛本當作每

門外米三十車三十唐石經作卅下同

秉有五藪五徐陳閩葛俱作伍

故米三十車要義同毛本通解米下有禾皆二字○按疏云米三十車并下禾三十車通解删作一句故其文如此毛本多遵通解而

不顧上下文義大率類此

并下禾三十車禾三陳本作米二閩本禾亦作米○按米字誤

得爲十六斗爲籔陳本要義同毛本籔作數○按籔是也

量名有爲籔者有陳閩俱作亦

薪芻倍禾

古之用財毛本財誤作材

鄭言此者言陳閩俱作信

以其向内爲正故也要義同毛本向内作内向○按此本倒

揖入

此賓與使者敵 敵陳本通解俱作敵朱子曰敵疑當作敵

至于階讓

周禮統心舉其大率 要義同毛本統心作則通解無監本作刪

大夫東面致命

又別拜饋二牢 陳本通解同毛本別作引

大夫降出

欲儐之 儐徐本集釋俱作擯

受幣于楹閒

是體敵之義 要義同毛本無是字

凡敵體授之義 要義同毛本授下有受字

授由其右受由其左 受陳本要義俱作授要義無上四字

賓送于外門外

令訝訝治之 要義同毛本不重訝字○按周禮秋官掌訝訝字重

彼朝服受要義同毛本彼作故

上介饔餼三牢

厚無所容故也陳閩同毛本厚作後

西夾亦如之

明此賓客介也客集釋作容盧文弨云疏兩客字同亦當作容許宗彥云客不誤明以此介爲賓客耳

是上介有與賓同者毛本通解有下有不字○按不字當有

士介四人

此不入門陳於門外者陳閩俱無陳於門外四字

牢夫朝服

士介西面拜迎士徐本通解俱作上許宗彥云當作士

具有芻薪米禾通解同毛本具作且○按當作具

無擯毛本擯作儐唐石經徐陳閩葛集釋通解楊敖俱作擯與述注合李氏曰擯當作儐下經記無擯及注不擯賓同○按篇中言無儐者舊本俱作擯今本俱作儐殆因李說而改

言無擯者陳本同毛本擯作儐

皆有儐儐陳本作擯

賓朝服問卿

曾使向己國者使陳本誤作受向閩本作至陳閩俱無者字

卿受于祖廟

諸侯受於祖廟要義同毛本通解楊氏於下俱有太字按有是也

下大夫擯夫唐石經作大誤

無士擯者士陳本作上

擯者出請事

牆皆闔門要義同毛本通解闔作閤○按闔是也

此卿既入陳閩俱無此字

賓降出○無擯毛本擯作儐唐石經徐陳閩葛集釋通解楊敖俱作擯注同

注不擯賓辟君也陳閩同毛本擯作儐下同

賓遂左

主人與辭於客徐陳通解同毛本與作固

賓遂左就門右西階復正也陳本遂作迎閩本作賓遂就門左由西階復正也

庭實設

而並行北出陳監通解同毛本出作面○按出是也

大夫對

鄉與客並要義通解同毛本鄉誤作卿

就文解之陳本要義同毛本就上有故字

擯者出請事

君尊於衆介各本注俱無於字

下大夫嘗使至者

聘君使上介以幣問之事毛本幣誤作聘

君使大夫

亦是易以相尊敬故也陳本無敬字閩本無故字

堂上籩豆六

又於醓東設脯陳閩俱無又於醓三字

公於賓

爲之牢禮之數陳要義同毛本數陳作陳數○按此本倒

則飧二牢二陳閩俱作三

賓介皆明日拜于朝

公食介雖從入陳閩同毛本入作人

若不親食○無儐儐敖氏作擯

大夫於賓

其若有之若陳本作君

儀禮注疏卷二十二校勘記

儀禮疏卷第二十三

唐朝散大夫行大學博士弘文館學士臣賈公彥等撰

君使卿皮弁還玉于館玉圭也君子於玉比德焉以之聘重禮也還之者德不可取於人相切厲之義也皮弁者始以此服受之不敢不終也〔疏〕君使至于館○注玉圭至終也○釋曰自此盡賓送不拜論主君使卿詣館還玉及報享之事云玉圭也者舉聘君之圭云君子於玉比德焉以之聘重禮也幷相切厲之義並聘義文案聘義云天子制諸侯比年小聘三年大聘相厲以禮又云已聘而還圭璋此輕財而重禮之義又云夫昔者君子比德於玉焉是其義也云還之者德不可取於人相切厲之義也者既以玉比德德在於身不取於人彼既將玉來似將德。與己己不可取彼之德故還之不取德也既不得取而將玉往來者相切磋相磨厲以德而尊天子故用之也云皮弁者始以此服受之不敢不終也者始謂受聘享在廟時今還以皮弁還玉是終之也

賓皮弁襲迎于外門外不拜帥大夫以入迎之不拜示將去不純為主也帥道也今文曰迎于門外古文帥為率〔疏〕賓皮至以入○注迎之至為率○釋曰云帥大夫以入者大夫即卿卿亦大夫也。云不純為主也者客在館如主人卿往如賓今不拜迎是不純為主也決上君使卿歸饔餼時賓拜迎是純為主人故也

大夫升自西階鉤楹鉤楹由楹內將南面致命致命不東面以賓在下也必言鉤楹者賓在下嫌楹外也〔疏〕大夫至鉤楹○注鉤楹至外也○釋曰云不東面以賓在下也者決歸饔餼時大夫東面致命行聘時賓亦東面致命也云必言鉤楹者賓在下嫌楹外也若然不在楹外近之者以初行聘時在堂上楹內故今還在楹。內也

賓自碑內聽命升自西階自左南面受圭退負右房而立聽命於下敬也自左南面右大夫且並受也必並受者若鄉君前耳退為大夫降逡遁今文或

曰由自西階無南面疏賓自至而立○注聽命至南面○釋曰云聽命於下敬也者此決賓受禮時公用東帛賓西階上聽命歸饔餼時賓於阼階上聽命此特於下聽命故云敬也云自左南面右大夫且並受也者以鄉飲酒獻酢之時授者在右受者在左故右大夫也且並受者欲取如向君前然也云若向君前耳者謂於本國君前受圭璋時北面並受今還南面並受面位。受不同並受一邊不異故云若向君前耳云退爲大夫降逡遁者以大夫降爲之逡遁而退因卽負右房南面而立大夫士直有東房西室天子諸侯左右房今不在大夫廟於正客館故有右房也

大夫降中庭賓降自碑內東面授上介于阼階東

大夫降出言中庭者爲賓降節也授於阼階東者欲親見賈人藏之也賓還阼階下西面立。疏大夫至階東○注大夫至面立○釋曰云大夫降出言中庭者爲賓降節也者以其大夫授賓圭訖降自西階將出門至中庭不止今云大夫降出中庭者大夫中庭賓乃降故鄭云爲賓降節也云授於阼階東者欲親見賈人藏之也者賈人。是上啓櫝者是掌玉之人此時無事在堂東待此玉故賓向阼階東得見之云賓還阼階下西面立者以其賓在館如主人在阼階下西面立是其常處立者以待授璋也

上介出請賓迎大夫還璋如初入

出請事於外以入告也賓雖將去出入猶東唯升堂由西階凡介之位未有改也疏注唯升堂至改也○釋曰案上文云賓自碑內聽命升自西階是其升堂由西階也云凡介之位未有改也者以其賓唯升自西階明介猶在東方故上文授上介于阼階東也故言未有改

賓裼迎大夫賄用東紡

賄予人財之言也紡紡絲爲之今之縛也所以遺聘君可以爲衣服相厚之。至疏賓裼至東紡○注賄予至至也○釋曰此則未知何用之財若是報享之物不應在禮玉之上今言此束紡者以其上圭璋是彼國之物下云禮玉束帛報聘君之享物彼君厚禮於此此亦當厚禮於彼故特加此束紡是以鄭云相厚之至也云賄予人財之言也者案下記云賄在聘于賄又云無行則重賄反幣鄭注周禮云布帛曰賄是賄爲財物是與人財物謂之賄也云紡紡絲

爲之者因名此物爲紡云今之縛也者鄭注周禮內司服亦云素紗者今之白。縛也則此束紡者素紗也故據漢法況之

禮。玉束帛乘皮禮禮聘君也所以報享也亦言玉璧可知也今文禮皆作醴疏禮玉束帛乘皮○注禮禮至作醴○釋曰云禮禮聘君也者此謂報享之物以其彼持享物來禮此主君。此主。君亦以物禮彼君故云禮禮聘君也云所以報享也者彼以物享此君此君亦以物享彼君曲禮云往而不來非禮也來而不往亦非禮也今以來而往是相享之法故云報享也云亦言玉璧可知也者上文聘賓行享之時束帛加璧束錦加琮今報享物亦有璧琮致之故云亦言玉璧可知此玉則琮也以其經言玉故以玉言之若然經言束帛兼有束錦矣案下記云賄在聘于賄又云無行則重賄反幣則此禮也

皆如還玉禮。大夫出賓送不拜公館賓爲賓將去親存送之厚殷勤且謝聘君之意也公朝服疏公館賓○注爲賓至朝服○釋曰自此盡賓退論明日賓將發主君就館拜謝聘君使臣來禮己國之事云公朝服者以其行聘享在廟之時相尊敬重故著皮弁此拜謝之禮輕故知著朝服

賓辟不敢受。主國君見己於此館也此亦不見言辟者君在廟門敬也凡君有事於諸。侯臣之家車造廟門乃下疏賓辟○注不敢至乃下○釋曰云此亦不見言辟者君在廟門敬也者此言亦者亦勞賓時故上文賓即館卿大夫勞賓賓不見以其君不見故遣上介聽命故知此賓亦不見凡言辟者將見而不見則謂之辟此本不見而言辟者以其君在廟門外雖不見而言辟故鄭云敬也云凡君有事於諸臣之家車造廟門乃下者以其卿館於大夫之廟此館則是諸臣之家案公食記云賓之乘車在大門外又曲禮云客車不入大門以此言之君車入大門矣大夫士有兩門入門東行則是廟門矣既至廟門須與賓行禮故鄭云造廟門乃下也

上介聽命聽命於廟門中西面如相拜然也擯者每贊君辭則曰敢不承命告于寡君之老疏上介聽命○注聽命至之老○釋曰云聽命於廟門中西面如相拜然也者案前受士介幣之時賓固辭公荅再拜擯者出立于門中以相拜注云立門中閾外西面此。中賓不見使介

聽命明如相拜然取其視外便也必知在門中西面者以其君來如賓禮東面介西。面。面公可知云擯者每贊君辭則曰敢不承命告于寡君之老者以其君尊不自出辭以是故君之擯者每事贊君出辭則曰敢不承命者謂上介荅君之辭知告賓云告于寡君之老者案玉藻云擯者曰寡君之老注云擯者之辭主於見他國君今上介當擯者之處故知告于賓稱告于寡君之老

聘享夫人之聘享問大夫送賓公皆再拜拜此四事公東面拜擯者北面

疏聘享至再拜○注拜此至北面○釋曰云聘享者謂賓聘君以圭享君以璧夫人聘享者謂賓聘夫人以璋享夫人以琮問大夫者問三卿及。嘗聘彼國之下大夫送賓以登路云拜此四事者君禮一夫人禮二大夫禮三送賓禮四四事皆再拜云公東面者公如賓禮門西東面擯者向公向介故知北面爲相而言也

公退賓從請命于朝賓從者賓爲拜主君之館己也言請命者以己不見不敢斥尊者之意

疏公退至于朝○注賓從至之意○釋曰云言請命者以己不見不敢斥尊者之意者案司儀云君館客客辟介受命遂送客從拜辱于朝此經不言拜辱而言請命凡言請者得不由君君聽則拜此下經直云公辭賓退不見拜文是君不受其謝故云請命者以己不敢斥尊者之意故不言辱而言請

公辭賓退辭其拜也退還館裝駕爲且將發也周禮之曰賓從拜辱于朝明日客拜禮賜遂行

疏公辭賓退○注辭其至行之○釋曰云退還館裝駕者以明旦將發故裝束駕乘引周禮者證明日客拜禮賜遂行之事鄭彼注云禮賜者謂乘禽即此下文賓拜乘禽是也

賓三拜乘禽於朝訝聽之發去乃拜乘禽明己受賜大小無不識

疏賓三至聽之○注發去至不識○釋曰自此盡送至于竟論賓介發行主國贈送之事云明。己受賜大小無不識者以其乘禽是禮。以細小尚記識而拜之況饔餼食禮之大者記識可知故云大小無不識

遂行舍于郊始發且宿近郊自展軫

疏遂行舍于郊○注始發至展軫○釋曰曲禮云已駕僕展軫鄭注云。具視也彼是君車故使僕展之此卿大夫故鄭云自展軫恐不得所故也

公使卿

贈如覿幣贈送也所以好送之也言如覿幣見爲反報也今文公爲君疏公使至覿幣○注贈送至爲君○釋曰所以好送之者來而不往非禮以禮來往皆是和好之事故云好送之也云言如覿幣見爲反報也者以其贈之多少一如覿幣故鄭云見爲反報也受于舍門外如受勞禮無儐不入無儐明去而宜有已也如受勞禮以贈勞同節疏注不入至同節○釋曰言不入無儐對歸饔餼入設而有儐此則不入無儐明賓去禮宜有已云如受勞禮以贈勞同節者賓來勞之去有贈之皆在近郊禮又不別故言同節也使下大夫贈上介亦如之使士贈衆介如其覿幣大夫親贈如其面幣無儐贈上介亦如之使人贈衆介如其面幣士送至于竟使者歸及郊請反命郊近郊也告郊人使請反命於君也必請之者以己久在外嫌有罪惡不可以入春秋時鄭伯惡其大夫高克使之將兵逐而不納此蓋請而不得入疏使者至反命○注郊近至得入○釋曰自此盡拜其辱論使者反命之事知郊是近郊者以下文云朝服載旜鄭云行時稅舍於此郊今還至此正其故行服以俟君命敬也者初行云舍於郊斂旜今至此載旜而入故知近郊也云告郊人使請反命於君者以其使者至所聘之國謁關人明此至郊告郊人使請可知引春秋者案閔二年公羊傳云鄭伯惡高克使之將逐而不納棄師之道也何休云使將師救衛隨後逐之彼無大夫文言大夫者鄭君加之也朝服載旜行時稅舍于此郊今還至此正其故行服以俟君命敬也古文旜作膳禳乃入禳祭名也爲行道累歷不祥禳之以除災凶疏禳乃入○注禳祭至災凶○釋曰案春官小祝云掌侯禳禱祠之祝號鄭注云禳禳卻凶咎故鄭此云禳是祭名也乃入陳幣于朝西上上賓之公幣私幣皆陳上介公幣陳他介皆否皆否者公幣私幣皆不陳此幣使者及介所得於彼國君卿大夫之贈賜也其或陳或不陳詳尊而略卑也其陳之及卿大夫處者待之如夕

幣其禮於君者不陳上賓使者公幣君之賜也私幣卿大夫之幣也他介士介也言他容衆從者【疏】乃入陳至皆否〇注皆否至從者〇釋曰云此幣使者及介所得於彼國君卿大夫之贈賜也者於君所得爲公幣於卿大夫。所爲私幣賓之公幣有入郊勞幣一也禮賓幣二也致饔餼三也夫人歸禮幣四也侑食幣五也再饗幣六也。夕幣七也贈賄幣八也此八者皆主君禮賜使者皆用束錦故曰公幣賓之私幣略有十九主國三卿五大夫皆一食有侑幣饗有酬幣皆用束錦則是十六有三卿郊贈則十九也其上介公幣則有五致饔餼一也夫人致禮幣二也侑食幣三也饗酬幣四也郊贈幣五也降於賓者以其上介無郊贈幣又無禮賓幣又闕一饗幣故賓八上介五也上介私幣有十一主國三卿五大夫或饗或食不備要有其一則其幣八也又三卿皆有郊贈如其面幣通前則十一也主國下大夫嘗使己國者聘亦有幣及之則亦有報幣之事其數不定則士介四人直有郊贈報私幣主國卿大夫報士介私面士介私幣數不甚明云禮於君者不陳者謂賄用束紡禮用束帛乘皮不陳之者以經云公幣又云上介公。幣他介皆否若禮於君者一統於賓不得云介之幣故知禮於君者不陳必禮於君不陳禮於己始陳者以其禮於君者是其正故不陳之禮於己者以其榮故陳之是以下注云不加於其皮上榮其多是其義也若然聘君以幣問卿而其卿不見報聘君之幣者以其尊卑不敵若報之嫌其敵體故也

束帛各加其庭實皮左

不加於其皮上榮其多也【疏】注不加至多也〇釋曰此決初夕幣時束帛皆加于左皮上今不言加於皮上者若加於皮上相掩蔽故不加於皮上榮其多也

公南鄉

亦宰告于君君乃朝服出門左南鄉【疏】公南鄉〇注亦宰至南鄉〇釋曰此陳幣當如初夕幣之時管人布幕于寢門外使者北面衆介立于其左東上卿大夫在幕東西面北上宰告於君君朝服出門左南鄉是以鄭此注亦依夕幣而言之

卿進使者使者執圭垂繅北面上介執璋屈繅立于其左

此主於反命士介亦隨入並立東上【疏】卿進至其左〇注此主至東上〇釋曰案上行聘禮之時上介屈繅

授賓賓覿受之今此賓執圭垂繅賓則裼變於。賓彼國致命時也上介執璋屈繅者變於賓故也必變之者反命致敬少於鄰國致命時故賓於君前得裼見美爲敬也云士介亦隨入並立東上者此言亦者亦初行受於朝時君使卿進使者入衆介隨入北面東上此中雖不云士介入明亦隨入可知反命

曰以君命聘于某君某君受幣于某宮某君再拜以享某君某君再拜君亦揖使者進之乃進反命也某君某國。名也某宮若言桓宮僖宮也某君再拜。謂。再。拜受也必言此者明彼君敬。君。已不辱命

疏反命至再拜○注君亦至辱命○釋曰云君亦揖使者進之乃進反命也者亦謂亦受命於朝位立定時君揖使者乃進受命明反命亦然。某君某國名者若云鄭國君齊國君云某宮若言桓宮僖宮者左傳有桓宮之楹宮是廟名其受聘享於廟故以宮言之但受聘享。在大祖廟不。在親廟。四而云桓宮僖宮者略舉廟名而言也

宰自公左受玉亦於使者之東同面並受也不右使者由便也

疏宰自公左受玉○注亦於至便也○釋曰此言亦者亦於出使初受玉時宰自公左授使者圭同面注云北面並授之凡並授者授由其右受由其左此中受由其右者因東藏之便故鄭云不右使者由便也

受上介璋致命亦如之變反言致者若云非君命也致命曰以君命聘於某君夫人某君再拜以享于某君夫人某君再拜不言受幣于某宮可知略之

疏受上至如之○注變反至略之○釋曰云變反言致者若云非君命也者君與夫人聘於鄰國夫人君與夫人各有所當聘鄰國君受命於君今使者還反命於君聘於鄰國夫人當受命於夫人使者還反命於夫人但婦人無外事雖聘夫人亦君命之今使還反命不云反命於君變反言致命者若本非君命。猶。夫。人。之。命然故變反言致也若然。夫人既無外事而承君命聘鄰國夫人者以其夫婦一體共事社稷故下記云君以社稷故在寡小君拜是賓主相對之辭也云致命曰已下聘夫人反命無文此鄭君依記上文反命於君之辭而言之云不言受幣於某宮可知略之者以其夫人受聘享皆因君聘享同時同宮故略之也

執賄幣

以告曰某君使某子賄授宰某子若言高子國子凡使者所當以告君者上介取以授之賄幣在外也疏執賄至授宰○注某子至外也○釋曰此賄幣者卽上文賄用束紡是也云某子若言高子國子者案閔公二年冬經書齊高子來盟僖三十三年經書齊國歸父來聘左傳曰國子爲政齊猶有禮者是也云凡使者所當以告君者上介取以授之者以上受上介璋是上介授賓明其餘皆上介取以授之云賄幣在外者以其上文云禮於君者不陳此賄幣卽在外也是禮於君前明在外也禮玉亦如之亦執束帛加璧也告曰某君使某子禮宰受之士隨自後左士介受乘皮如初上介出取玉束帛士介從取皮也疏禮玉亦如之○注亦執至皮也○釋曰此卽上云禮玉束帛乘皮鄭注云禮禮聘君也所以報享也云亦執束帛加璧也者言亦亦上文行享時束帛加璧者也云宰受之士隨自後左士介受乘皮者此約初行享之時公側授宰幣士受皮皆自後右客今執享皮幣玉宰受之可知言宰受之士隨自後隨宰自後謂自士介後其在東上者不須云自後其餘三人皆後乃得左之必左士介者取向東藏之便故也云上介出取玉束帛士介從取皮也者此亦初享之時賓奉束帛加璧是上介取以授賓明士介從取皮可知執禮幣以盡言賜禮禮幣主國君初禮賓之幣也以盡言賜禮謂自此至於贈疏注禮幣至於贈○釋曰云禮幣主國君初禮賓之幣也者謂從郊勞已後至於贈賄八度禮賓皆有幣是自郊勞爲初也云以盡言賜禮謂自此至於贈者此則郊勞也公曰然而不善乎善其能使於四方而猶女也授上介幣再拜稽首公荅再拜授上介幣當拜公言也不授宰者當復陳之疏授上至再拜○注授上至陳之○釋曰云不授宰者當復陳之者此幣皆先陳之今賓執以告君賓釋辭君曰勤勞使於四方故授上介幣當拜荅君言此幣不授與宰者當復陳之於本處此幣入於己者故不授宰也上賄幣禮君者反命訖皆授宰故以此決之私幣不告亦略卑也君勞之再拜稽首君荅再拜勞之以道路勤苦若有獻則曰

某君之賜也言此物某君之所賜予爲惠也其所獻雖珍異不言某爲彼君服御物謙也其大夫出反必獻忠孝也疏若有至賜也○注言此至孝也○釋曰此獻物謂入賓者故下記云既覿賓若私獻奉獻將命注云時有珍異之物或賓奉之猶以君命致之則是賓亦言有私獻於彼君則彼君亦有私獻報賓則此獻者也云大夫出反必獻忠孝也者案下曲禮云大夫私行出疆必請反必有獻彼私行出疆反必有獻此以公聘出疆反亦有獻故云大夫出反必獻此以入己之物獻於君者忠孝也事君言忠事父言孝此獻君忠也而兼言孝者忠臣出孝子之門故連言孝也君其以賜乎不必其當君也獻不拜者爲君之荅己也疏君其以賜乎○注不必至己也○釋曰言君其以賜乎者大夫所獻之物謙不必當君所須此物君其以賜臣下乎言乎者或當君意或不當君意故言乎以疑之。云不拜者爲君之荅己也者士拜國君國君不拜士賤故也大夫拜國君國君即荅拜大夫尊故也故云不拜者爲君之荅己若然自反命以來盡於賜禮之等或拜或不拜無荅己之嫌獨此爲不拜爲君之荅己者自此以前皆是彼國報君之物賓直告事而己君受之而無言故賓不拜君有言及己者乃拜之拜君言也此獻是彼國君賜於己理須拜送是以玉藻云凡獻於君大夫使宰士親皆再拜稽首送之又郊特牲云大夫有獻弗親不面拜爲君之荅己亦此類故鄭云獻不拜者爲君之荅己若然玉藻不親此親者此因反命故親獻也

上介徒以公賜告如上賓之禮徒謂空手不執其幣

君勞之再拜稽首君荅拜勞士介亦如之士介四人旅荅壹拜又賤也疏注士介至賤也○釋曰鄭。知旅荅士介共一拜者君勞上介上介再拜稽首君荅拜不言再拜則君荅上介一拜矣勞士亦如之不言皆則總荅一拜矣勞賓君荅再拜勞上介君荅一拜對賓再拜已是賤矣今此士介四人共荅一拜故云又賤也此一拜荅臣下則周禮大祝辨九拜七曰奇拜是也是以彼注云一拜荅臣下也案曲禮云君於士不荅拜此君荅拜士者以其新行反命君勞苦之故荅拜異於常也

君使宰賜使者幣

使者再拜稽首以所陳幣賜之也禮臣子人賜之而必獻之君父不敢自私。服也君父因以予之則拜受之如更受賜也既拜宰以上幣授之

疏君使至稽首○注以所至授之○釋曰云禮臣子人賜之而必獻之君父不敢自私服也君父因以予之則拜受之如更受賜也者案內則云婦或賜之衣服則受而獻諸舅姑舅姑受之則喜若反賜之則辭不得命如更受賜臣子於君父亦然言此者證此經君使宰以所獻之物反賜使者使者辭不得命再拜稽首受之如更受賜云既拜宰卽以上幣授之者以其上文云執禮幣授上介者是執上幣不執下幣明知宰所執授之者是上幣可知

賜介介皆再拜稽首。士介之幣皆載以造朝不陳之耳與上介同受賜命俱拜既拜宰亦以上幣授上介

乃退君揖入皆出去

疏乃退○注君揖入皆出去○釋曰知君揖入皆出去者初賓將行君前受命訖君揖入揖賓介出故知此君退者亦反命訖賓介出可知

介皆送至于使者之門將行俟于門反又送于門與尊長出入之禮也

疏介皆至之門○注將行至禮也○釋曰云將行俟於門是出之禮初行之時介皆至賓門俟賓同行今行反又送至于門是入之禮故云與尊長出入之禮

乃退揖揖別也

使者拜其辱隨謝之也再拜上介三拜士介

疏注再拜上介三拜士介○釋曰上介是大夫與己同類故知再拜士卑與己異類各一拜故言三拜士介

釋幣于門門大門也主于闑布席于闑西閾外東面設洗于門外東方其餘如初于禰時出于行入于門不兩告告所先見也

疏釋幣于門○注門大至見也○釋曰自此盡亦如之論賓上介使還禮門神及奠于禰之事知門是大門者以其從外來先至大門卽禮門神故知門是大門也案特牲筮時云席於門中闑西閾外故知此亦席于闑西閾外知東面者神居東面爲正故也云設洗于門外東方者以其廟。在學設洗皆云洗當東榮故在門外亦在東方也云其餘如初于禰時者初出亦釋幣於行。不如之者以其初出於廟禮文具設于。行其文略故此云如禰時也言如者謂釋幣於祝先入己下埋于西堦東是也云出于行入于門不兩告告所。以先見也者出時

自廟出先見行卽告行入時先見門故告門出入皆告一故云不兩告也乃至于禰筵几于室薦脯醢告反也薦進也疏乃至
脯醢○注告反也薦進也○釋曰云筵几于室者還以特牲少牢司宮設席于奧東面右几但無牲牢進脯醢而已以告祭非常故也觴酒陳主人
酌進奠一獻也言陳者將復有次也先薦後酌祭禮也行釋幣反釋奠略出謹入也疏觴酒陳○注主人至入也○釋曰云言陳者將復有次也者但云主
人一獻當言奠今不言奠而言陳者以其下仍有室老及士獻以備三獻故言陳陳有次第之言以其三時次第皆列于坐者也云先薦後酌祭禮也者以其
特牲少牢皆先薦饌乃後獻奠于鉶南此與彼同故云先薦後酌祭禮也云行釋幣反釋奠略出謹入也者必略出謹入者出時以禱祈入時以祠報故不同
也席于阼爲酢主人也酢主人者祝取爵酌不酢酢於室異於祭疏席于阼○注爲酢至於祭○釋曰鄭知祝取爵酌者案特牲少牢尸酢主人祝
取爵以酢主人但此無尸爲異也不酢於室異於祭者此決特牲少牢皆於室內尸東西面受酢此乃於外行來告反故在阼不在室知與正祭異也又於正
祭時有尸尸飲卒爵以尸爵酢主人此。吉祭無尸○元缺一字爵兼奠故別取爵以酢主人亦異也薦脯醢成酢禮也疏薦脯醢○注成酢禮也○
釋曰此奠謂若特牲少牢主人受酢時皆席于戶內薦俎此雖無俎亦薦脯醢于主人之前以成酢禮也有三獻室老亞獻士三獻也每獻奠輒取爵
酌主人自酢也疏三獻○注室老至酢也○釋曰鄭注喪服云室老家相士邑宰知無主婦而取士者以其自外來主於告反卽釋奠於禰廟故知主婦不
與而取士備三獻必知有室老與士者以其前大夫致饔餼於賓時使老牽牛以致之鄭注云皆大夫之貴臣。故知此亦貴臣爲獻也云每獻奠輒取爵酌者
此通三獻皆獻奠訖別取爵自酢故云輒取爵酌也別云主人自酢者對正祭有尸三獻皆獻尸訖尸酢主人主婦賓長今此無尸皆自酢獨云主人者主人
爲首正故舉前以包後一人舉爵三獻禮成更起酒也主人奠之未舉也疏一人舉爵○注三獻至舉也○釋曰云三獻禮成者大夫士家

祭三獻特牲少牢禮是也云更起酒者此欲獻酬從者不得酌神之尊是以特牲行酬時設尊兩壺於阼階東西方亦如之鄭注云謂酬賓及兄弟則此亦當然故知別取酒也云主人奠之未舉者以其下文云獻從者乃云行酬似鄉飲酒鄉射一人舉觶未舉待獻介衆賓後乃行酬亦然也

獻從者從者家臣從行者也主人獻之勞之也皆升飲酒於西階上不使人獻之辟國君也

【疏】獻從者○注從者至君也○釋曰知升飲於上者案特牲禮獻衆賓及兄弟之等皆升飲於西階上故此獻從者亦於階上可知云不使人獻之避國君者若正祭雖國君亦自獻故祭統云尸飲五君洗玉爵獻卿尸飲七君洗瑤爵獻大夫之等若然則。告祭非常今獻從者從燕法案燕禮使宰夫爲獻主是國君不親獻此大夫親獻故云避國君也

行酬乃出主人舉奠酬從者下辯室老亦與焉也

【疏】注室老亦與○釋曰知者案燕禮使者勞者在者亦與故知此室老亦與不言士者文不具亦與可知

上介至亦如之聘遭喪入竟則遂也遭喪主國君薨也入竟則遂國君以國爲體士既請事已入竟矣關人未告則反

【疏】聘遭喪入竟則遂也○注遭喪至則反○釋曰自此盡卒殯乃歸上陳告行聘之事此以下論或遭主國君喪或聘君薨於後或使者與介身卒安不忘危故見此非常之事從此盡練冠以受論主國君或夫人薨或世子死行變禮之事云以國爲體者謂公羊傳宋人執鄭祭仲使之逐忽而立突仲以逐忽則國存不逐則國滅故逐忽而立突是以國爲體但聘君主以聘國故君雖薨而遂入關人未告則反者聘使至關乃。謁關人。關。人入告君君君知乃使士請事已入關自然入矣若關人未告君君不知使者又未入聞主國君君死理當反矣

不郊勞子未君也

【疏】不郊勞○注子未君也○釋曰案文公八年天王崩九年毛伯來求金公羊傳曰何以不稱使當喪未君也踰年矣何以謂之未君即位矣而未稱王也未稱王何以知其即位以諸侯踰年即位亦。知天子之踰年即位也以天子三年然後稱王亦知諸侯於其封內三年稱子若然云子未君公羊傳文但彼據踰年即位後此據新遭父喪引之者以其同是子未君故也

不筵

几致命不於廟就尸柩於殯宮又不神之 疏 不筵几○注致命至神之○釋曰不筵几致命不於廟決正聘設几筵也就尸柩於殯宮者國君雖以國爲體主聘其國但聘。亦爲兩君相好今君薨當就尸柩故不就祖廟也云又不神之者以其鬼神所在曰廟則殯宮亦得爲廟則設几筵亦可矣但始死不忍異於生不神之故於殯傍無几筵也曾子問云君薨世子生告殯殯東有几筵者鄭云明繼體也然則尋常則殯東不設几筵當在室內矣

不禮賓喪降事也 疏 不禮賓○注喪降事也○釋曰云不禮者謂既行聘享訖不以醴酒禮賓也

主人畢歸禮賓。所飲食不可廢也禮謂饔餼饗食 疏 主人畢歸禮○注賓所至饗食○釋曰知歸禮中兼有饗食者主人有故雖。饗食亦有生致法故主人亦歸之且下文云賓。唯饔餼之受明本幷饗食亦歸賓乃就中受饔餼若本不歸饗食空歸饔餼何。頓云饔餼之受明其時幷致饗食也

賓唯饔餼之受受正不受加也 疏 賓唯饔餼之受○注受正不受加也○釋曰饔餼大禮是其正自饗食之等是其加也

不賄不禮玉不贈喪殺禮爲之不備 疏 不賄不禮玉不贈○注喪殺禮爲之不備○釋曰云不賄者皆據上文謂不以束紡不禮玉者謂不以束帛乘皮以報享不贈者賓出至郊不以物贈之也

遭夫人世子之喪君不受使大夫受于廟其他如遭君喪夫人世子死君爲喪主使大夫受聘禮不以凶接吉也其他謂禮所降 疏 遭夫至君喪○注夫人至所降○釋曰云夫人世子死君爲喪主者案禮記服問云君所主夫人妻大子適婦鄭注云言妻見大夫以下亦爲此三人爲喪主也故云君爲喪主既爲喪主是以使大夫受聘禮以凶接吉也云其他謂禮所降者謂不禮不贈以上皆闕之

不遭喪將命于大夫主人長衣練冠以受遭喪謂主國君薨夫人世子死也此三者皆大夫攝主人長衣素純布衣也去衰易冠不。以純凶接純吉也吉時在裏爲中衣中衣長衣繼皆掩尺表之曰深衣純袂寸半耳君喪不。言使大夫受子未君無使臣義也 疏 遭喪至以受○注遭喪至義也○釋

曰此經總說上三人死主君不得受命故使將命於大夫主人卽大夫故鄭云此三者皆大夫攝主人也云長衣素純布衣者此長衣則與深衣同布但袖長素純爲異故云長衣素純布衣也此長衣之緣以素爲之故云素純也去冠者謂脫去斬衰之服而著長衣脫去六升九升之冠而著練冠故云去衰易冠也云不以純凶接純吉者聘禮是純吉禮爲君三升衰裳六升冠爲夫人世子六升衰裳九升冠是純凶禮麻絰與屨不易直去衰易冠而已故云不以純凶接純吉云吉時在裏爲中衣中衣長衣繼皆掩尺表之曰深衣純袂寸半耳鄭言此者欲廣解長衣中衣深衣三者之義此三者之衣皆用朝服十五升布六幅分爲十二幅而連衣裳袖與純緣則異故云吉時在裏爲中衣中衣與長衣繼皆掩尺者案玉藻云長中繼掩尺鄭注云其爲長衣中衣則繼袂掩一尺此鄭云吉時之服純袂寸半者純爲衣裳之側袂爲口緣皆寸半表裏共三寸案深衣目錄云深衣連衣裳而純之以采純素曰長衣有表則謂之中衣以此言之則長衣中衣皆用素純云君喪不使大夫受子未君無使臣義也者其疏見於上若然臣爲君斬爲夫人世子期輕重不同今受鄰國之聘禮同用長衣練冠者但接鄰國者禮不可以純凶故權制此服略爲一節耳向來所釋皆是君主始薨假令君薨踰年嗣子卽位鄰國朝聘以吉禮受之於廟故成十七年經書邾子貜且卒十八年邾宣公來朝傳云卽位而來見踰年可以朝他國他國來朝亦得以吉禮受之於廟矣雖踰年而未葬則不得朝人人來朝己亦使人受之於廟於夫人世子亦然以其本爲死者來故也

聘君若薨于後入竟則遂既接於主國君也

疏○聘君至則遂○注既接於主國君也○釋曰自此盡唯稍受之論聘者遭己君之喪行非常之禮事云接於主國者謂謁關人關人告君君使士請事是接於主國矣故入境則遂也

赴者未至則哭于巷衰于館未至謂赴告主國君者也哭于巷者哭于巷門未可爲位也衰于館未可以凶服出見人其聘享之事自若吉也今文赴作訃

疏赴者至于館○注未至至作訃○釋曰未至謂赴告主國君者也以其本國遭喪赴者有兩使一使告聘者一使告主國云未

可爲位者以其赴主國之使未至是以未可爲位受人弔禮云衰于館未可以凶服出見人者對下經赴者至則衰而出云其聘享之事自若吉者下云受饔餼之禮故知先行聘享乃後受禮以其主國未得赴告故自若吉也

受禮

受饔餼也

【疏】受禮○注受饔餼也○釋曰上文遭主國之喪賓唯饔餼之受受禮亦饔餼之禮

不受饗食

亦不受加

【疏】不受饗食○注亦不受加○釋曰上文遭主國之喪云唯饔餼之受注云受正不受加也加即此饗食也故此云亦不受加也

赴者至則衰而出

禮爲鄰國闕於是可以凶服將事也

【疏】赴者至而出○注禮爲至事也○釋曰云禮爲鄰國闕者案襄二十三年春秋左氏傳云杞孝公卒晉悼夫人喪之平公不徹樂非禮也禮爲鄰國闕服注云鄰國尚爲之闕樂況甥舅之親乎若然赴者至主國君使者衰而出則主國可以闕樂云於是可以凶服將事者謂主人所歸禮則賓可以凶服受之其正行聘享則著吉服矣故雜記云執玉不麻是也

唯稍受之

稍稟食也

【疏】唯稍受之○注稍稟食也○釋曰禮君行師從卿行旅從從者既多不可闕於稍食案周禮每云稍事皆謂米稟以其稍稍給之故謂米稟爲稍

歸執圭復命于殯升自西階不升堂

復命于殯者臣子之於君父存亡同

【疏】歸執至升堂○注復命至亡同○釋曰自此盡即位踊論使者喪還執圭還國復命之事云臣子之於君父存亡同者案禮記奔父母之喪升自西階此復命於殯亦升自西階法生時出必告反必面故云臣子於君父存亡同也

子即位不哭

君將有告請之事宜清淨也不言世子者君薨也諸臣待之亦皆如朝夕哭位

【疏】子即位不哭○注將有至哭位○釋曰云不言世子者君薨也者案公羊傳君存稱世子君薨稱子某既葬稱子踰年稱君案上文稱世子此文單稱子是知其君薨故君不稱某而與此既葬同號者以其既不得稱世子略云子而已故不言某其賓正法稱子某是以雜記在殯待鄰國之使皆稱某云諸臣待之亦皆如朝夕哭位者但臣子一列上下文唯言子不言羣臣與子同知如朝夕哭位者案奔喪云奔父之喪在家者待之皆如朝夕哭位故知此亦然

辯

復命如聘自陳幣至于上介以公賜告無勞【疏】辯復命如聘○注自陳至無勞○釋曰言辯復命如聘者上文君存時使者復命自陳公幣已下至賜告之等今復命於殯所亦盡陳之故言辯知無勞者勞主君出命今君薨不可代君出命故知無勞也

子臣皆哭使者既復命子與羣臣皆哭【疏】子臣皆哭○注使者至皆哭○釋曰此據子在位哭亦兼羣臣故鄭云子與羣臣皆哭

與介入北鄉哭北鄉哭新至別於朝夕【疏】與介入北鄉哭○注北鄉至朝夕○釋曰使者升階復命訖不見出文而言與介入者以其復命之時介在幣南北面去殯遠復命訖除去幣賓更與介前入近殯北鄉哭鄉內爲入故云與介入北鄉哭也云北鄉哭新至別於朝夕者朝夕哭位在阼階下西面今於殯前北鄉故云別於朝夕也

出祖括髮悲哀變於外臣也【疏】出祖括髮○注悲哀變於外臣也○釋曰案奔喪云至於家入門左升自西階東面哭括髮祖於殯東是於內者子故也此使者出門祖括髮變於外者臣故也

入門右即位踊從臣位自哭至踊如奔喪禮【疏】入門右即位踊○注從臣至喪禮○釋曰案奔喪云祖括髮於西階東即位踊襲經於序東此門外祖括髮入門右即位踊亦當襲經於序東故鄭云自哭至踊如奔喪禮也

若有私喪則哭于館衰而居不饗食私喪謂其父母也哭于館衰而居不敢以私喪自聞于主國凶服干君之吉使春秋傳曰大夫以君命出聞喪徐行而不反【疏】若有至饗食○注私喪至不反○釋曰自此盡從之論使者有父母之喪行變禮之事云不敢以私喪自聞于主國者解哭于館又云凶服干君之吉使者亦取不敢解之言衰而居謂服衰居館行聘享即皮弁吉服故不敢凶服干君之吉使也引春秋傳者案宣八年經書夏六月公子遂如齊至黃乃復公羊傳云其言至黃乃復何有疾也何言乎有疾乃復譏何譏爾大夫以君命出聞喪徐行而不反何氏注聞大喪而不言反乎重君命也徐行者爲君當使人追代之以喪喻疾者喪猶不還而況疾乎是也以此言之使雖未出國境聞父母之喪遂行不敢以私廢王事君使人代之可也以此言之明至彼所使之國雖

聞父母之喪不反可知是以哭于館衰而居

歸使衆介先衰而從之己有齊斬之服不忍顯然趨於往來其在道路使介居前歸又請反命己猶徐行隨之君納之乃朝服既反命出公門釋服哭而歸其佗如奔喪之禮吉時道路深衣

疏歸使至從之○注己有至深衣○釋曰云己有齊斬之服者以其私喪之內有爲父斬爲母齊衰故齊斬並言之也云不忍顯然趨於往來者解經。並使衆介先衰而從之意經云歸據反國時兼云往者鄭意去時聞父母之喪不敢即反亦使衆介先衰而從之故往來並言云在道路使介居前者謂去向彼國時云歸又請反命己猶徐行隨之者此謂還國至近郊使人請反命君許入猶使介居前徐行於後隨介至國也云君納之乃朝服者以其行聘之時猶不以凶服。于君之吉使而服吉服知此反命時亦不以凶服。于君之吉使而服朝服如吉時反命矣云出公門釋服哭而歸者案雜記云大夫士將與祭於公既視濯而父母死則猶是與祭也次於異宮既祭釋服出公門外哭而歸亦云其它如奔喪之禮明。此亦出公門釋朝服而歸但彼祭服不可著出故門內釋服此朝服可以著出門乃釋服爲異也云其他如奔喪之禮者案奔喪云至於家入門左升自西階殯東西面坐哭盡哀括髮袒降堂東即位西鄉哭成踊襲經于序東絞帶反位拜賓成踊送賓反位有賓後至者則拜之成踊送賓皆如初衆主人兄弟皆出門出門哭止闔門相者告就次於又哭括髮袒成踊於三哭猶括髮袒成踊三日成服拜賓送賓皆如初云吉時道路深衣者以其朝服之下唯有深衣庶人之常服既以朝服反命出門去朝服還服吉時深衣三日成服乃去之

儀禮疏卷第二十三

儀禮注疏卷二十三校勘記　阮元撰盧宣旬摘錄

君使卿皮弁

似將德與己 毛本與作於

賓皮弁襲

云不純爲主也者 云下要義有將去二字

大夫升自西階

故今還在楹內也 內陳本作外按當作內

賓自碑內聽命

面位受不同 毛本通解無受字

大夫降中庭

賈人是上啓櫝者 毛本是作至

賓裼

今之縳也 縳釋文作繐云劉音須一本作縳息絹反案說文白鮮色也居椽反聲類以爲今正絹字戴震曰周禮內司服注素沙者今之白縳

也釋文劉音絹聲類以爲今作絹字此獨作繐繐乃繐之俗體繐因有須音然與周禮音義刺謬以聲類證之音絹是也須乃絹之訛以周禮證之作縳是也釋文訛而爲繐○按注宜作縳不宜作繐此說是也劉于此注亦作縳而音絹耳釋文誤讀劉音遂誤改注字監本作縛亦誤

相厚之至　徐陳通解敖氏同集釋楊氏毛本至下俱有也字○按疏有也字

今之白縳也　陳閩通解楊氏同毛本縳作縛魏氏曰温本作繐○按要義鈔本亦誤作縛

禮玉束帛乘皮皆如還玉禮　下五字徐本通解俱在下節之首與此本標目合集釋楊氏毛本皆同在一節

來禮此主君此主君亦以物禮彼君　要義同毛本此主君三字不重出○

賓辟

不敢受主國君見己於此館也　徐本集釋通解楊氏同毛本無主字

凡君有事於諸侯臣之家　徐本通解同毛本無侯字張曰疏無侯字當從疏

上介聽命

介西面面公可知　上面字陳閩通解俱作面毛本作命下面字毛本作向

聘享

及嘗聘彼國之下大夫　毛本嘗作常浦鏜云嘗誤常

賓三拜乘禽於朝

明己受賜張曰監本己作已從諸本○按刻本己已二字不甚有別大抵皆作已張所說恐亦未能審諦

是禮以細小以要義作之

遂行舍于郊

具視也要義同毛本具作其○按曲禮注云展軨具視也作具是

受于舍門外

明去而宜有已也張曰注曰明去而宜有已也按疏云賓去禮宜有已已當爲已從疏○按嚴徐鍾本亦俱作已古者辰已之已與已然之已同字可無辨也

使者歸

使之將兵釋文無兵字云一本作使之將兵將則後加字○按當云兵則後加字据公羊本文無兵字陸說是

逐而不納逐要義作遂云一本遂作逐監本作遂張曰鄭伯于高克不召使歸而已非逐也遂者謂遂其將兵之事而終不召也於義爲得○按何休云隨後逐之則當作逐明矣張說殊迂

使之將毛本將下有兵字○按無兵字與釋文合

禳乃入

掌侯禳禱祠之祝號
陳本同毛本祠作祝閩本作祀○按作祠與周禮小祝合

乃入陳幣于朝

於卿大夫所爲私幣
要義同毛本所下有得字

夕幣七也
朱子曰主國禮賜無有夕幣疏於上介公幣云無郊贈及無禮賓幣又闕一饗幣故賓八上介五則此夕字當是饗字之誤而其次亦當在再饗之前

又云上介公幣
幣下要義有陳字

卿進使者

饗於賓彼國致命時也
毛本通解無賓字

反命曰

某國名也
名集釋敖氏俱作君字按君字是

謂再拜受也
謂再拜三字陳閩監葛通解俱脫

明彼君敬君已不辱命
君已二字閩監葛本集釋俱倒

某君　要義同毛本某上有云字

但受聘享在太祖廟　陳本通解要義同毛本在作於

不在親廟　毛本在作出陳閩通解要義俱作在廟下四字要義有通解毛本無

受上介璋

若本非君命猶夫人之命然　要義無猶夫人之命五字

夫人既無外事　夫要義作婦

執賄幣以告曰

是上介授賓　陳閩同毛本授作受

禮玉

士介從取皮也　徐本集釋同毛本通解從作後○按通解於疏仍作從則注中後字偶誤耳

士隨自後隨宰在後　毛本後下有者字而無隨宰在後四字

士介從取皮也者　毛本從作後下同通解作從

君其以賜乎

云不拜者要義同毛本云下有獻字○按獻字當有

君勞之

鄭知旅荅士介共一拜者要義同毛本知作此○按知是也

君使宰賜使者幣

不敢自私服也敖氏曰服字恐誤○按服字敖改作之

賜介

士介之幣士陳本作上

釋幣于門

以其廟在學設洗要義同毛本通解無在字

不如之者要義同毛本不作云○按不字是

于行其文略要義同毛本行作見○按行字是也

告所以先見也者毛本要義無以字按各本注俱無以字

席于阼

知與正祭異也正陳本誤作鄭按鄭或是奠字之誤

此吉祭毛本吉作告○按吉是也

無尸補案尸下誤空一字

三獻

皆大夫之貴臣臣下陳閩俱有爲獻二字按前注無爲獻字此涉下文而誤衍也

故知此亦貴臣爲獻也陳閩俱無故字

獻從者

則告祭非常告閩本作吉

聘遭喪

乃謁關人關人入告君要義同陳閩謁誤作請毛本關人二字不重出

不郊勞

亦知天子之踰年卽位也陳本要義同毛本知作如

不筵几

但聘亦爲兩君相好要義同毛本亦作則

主人畢歸禮

賓所飲食所集釋作於

雖饗食亦有生致法要義同毛本饗作饔○按饗字是

賓唯饔餼之受要義同毛本唯作雖○按唯字與下文合

何頓云饔餼之受頓要義作須

遭喪

不以純凶接純吉也徐陳閩葛集釋通解楊敖同毛本以作必○按以字與疏合

君喪不言使大夫受按疏無言字

爲夫人世子六升衰裳自此句子字起至下略爲一節耳句止共二百九十三字此本誤錯喪服傳疏

而純以綵純素曰長衣陳本以作衣綵純二字倒

聘君若薨于後

云接於主國者要義同毛本國下有君字○按疏標起訖則注文當有君字

謂謁闕人闕人告君 要義同毛本闕人二字不重出

是接於主國矣 要義同毛本通解國作君

子卽位不哭

以其既不得稱世子 監本要義同毛本既作記○按既字是也

但臣子一列 要義同毛本列作例

若有私喪

凶服干君之吉使 于徐陳監本集釋敖氏俱作干嚴鍾閩本通解楊氏毛本俱作于

歸

解經並使衆介先褱而從之意 要義同毛本並作歸

猶不以凶服干君之吉使 于陳本要義俱作干下同閩監毛本俱作于下同

明此亦出公門 此陳閩俱作之

儀禮注疏卷二十三校勘記

唐朝散大夫行大學博士弘文館學士臣賈公彦等撰

賓入竟而死遂也主人爲之具而殯具謂。始死至殯所當用

疏賓入至而殯○注具謂至當用○釋曰自此盡卒殯乃歸。論賓介死之事云賓入境而死遂也者若未入境即反來云主人爲之具而殯者謂從始死至殯所當用者主人皆供之鄭云具謂始死至殯所當用直云。至。殯。所。當。用。明。不。殯。於。館。取。其至殯節主人供喪具以其大斂訖即殯故連言殯故下文歸介復命之時柩止門外明斂於棺而已

介攝其命爲致聘享之禮也初時上介接聞命

疏介攝其命○注爲致至聞命○釋曰云初時上介接聞命者鄭解介得代賓致命之意以其命出於君初賓受命於君之時賓介同北面上介接聞君命矣以是今。賓死得攝其命

君弔介爲主人雖有臣子親。因。猶不爲主人以介與賓並命於君尊也

疏君弔介爲主人○注雖有至尊也○釋曰古者賓聘家臣適子皆從行是以延陵季子聘於齊其子死葬於嬴博之閒故鄭云雖有臣子親因猶不爲主人以其介尊故也

主人歸禮幣必以用當中奠贈諸喪具之用不必如賓禮

疏主人至以用○注當中至賓禮○釋曰賓既死主人所歸禮與幣必以當喪者之用云當中奠贈者解經中小斂大斂之用云當中奠贈諸喪具之用者具謂襲與小斂大斂解經幣云不必如賓禮者不必。如致飧饔之禮束紡皮帛之。類不堪喪者之用故也

介受賓禮無辭也介受主國賓己之禮無所辭也以其當陳之以反命也有賓喪嫌其辭之

疏介受賓禮無辭也○注介受至辭之○釋曰云介受主國賓己之禮者謂公幣私幣之屬故鄭云當陳之以反。命也言無辭者雖無三辭以其賓受饔餼之時禮辭受食三辭明介亦有禮辭云無所辭也者以。有賓喪嫌介有三辭故云介受賓禮無辭也

不饗食

疏不饗食○釋曰案上遭君喪受饔餼不受

饗食鄭云受正不受加此云不饗食介不就君受饗食明受饔餼正禮也歸介復命柩止于門外門外大門外也必以柩造朝達其忠
心疏歸介至門外〇注門外至忠心〇釋曰知門外是大門外者國君有三門皐應路又有三朝內朝在路寢庭正朝在路門外應門外無朝外朝。當在
皐門外經直云止於門外無入門之言明知止於大門外外朝之上是以上賓拜賜皆云於門外亦在外朝矣故鄭云必以柩造朝達其忠心也介卒
復命出奉柩送之君弔卒殯卒殯成節乃去疏介卒至卒殯〇注卒殯成節乃去〇釋曰當介復命之時賓之尸柩在外朝上
介卒復命謂復命訖出君大門奉賓之柩送至賓之家屍柩入殯於兩楹之閒君往就弔卒殯者謂殯訖殯是喪之大節故云卒殯成節乃去謂君與大夫盡
去若大夫介卒亦如之不言上介者小聘上介士也疏若大至如之〇注不言至士也〇釋曰云不言上介者小聘上介士也者
案經大夫介卒據大聘上介是大夫而言今鄭以經不言上介則大夫介卒中兼有聘使大夫其卒亦如之故鄭云不言上介小聘上介士也欲兼見小聘之
法也若小聘上介末介皆士則入下文士介死中以其下文更不見小聘賓介死法故此兼言之也士介死爲。之棺斂之不具他衣。物也
自以時服也疏注不具至服也〇釋曰以其士介卑其禮降於賓與上介非直具棺他衣。物亦具之此士介直具棺不具他。物也其士介從者自用時服
斂之君不弔焉主國君使人弔不親往疏君不弔焉〇注主國至親往〇釋曰云主國君使人弔不親往者對上經賓死君弔介爲主人此士
云不弔者明不親弔使人弔之可知也若賓死未。將命則既斂于棺造于朝介將命未將命。謂俟閒之後也以
柩造朝以。已至君命朝志在達君命疏若賓至將命〇注未將至君命〇釋曰前云賓入境而死謂在路死未至國此經更說賓至朝俟閒之後使大夫致館未
行聘享而賓在館死之事故鄭云俟閒之後是以鄭云以柩造朝以其既至朝志在達君命則知。上國外死不以柩造朝可知若介死歸復命

唯上介造于朝若介死雖士介賓既復命往卒殯乃歸往謂送柩

小聘曰問不享。有獻不及夫人主人不筵几不禮面不升不郊勞記貶於聘所以爲小也獻私獻也面猶覿。也疏小聘至郊勞○注記貶至覿也○釋曰自此盡三介論侯伯行小聘之事云不享者謂不以束帛加璧獻國所有云不禮者聘訖不以齊酒禮賓面不升者謂私覿庭中受之不升堂此對大。聘升堂受若然不言私覿而言面者對大聘言覿故辟之而言面也

其禮如爲介三介如爲介如爲大聘上介疏其禮至三介○注如爲至上介○釋曰云其禮如爲介者謂特問使大夫得主國之禮多少如大聘卿此大夫爲上介之時卽上文介之禮飧饔餼及食燕之等三介者大夫降於卿二等故也舉此侯伯之小聘則公之臣子男之臣小聘禮數其義可知也

小記久無事則聘焉事謂盟會之屬疏記久至聘焉○注事謂盟會之屬○釋曰此云久無事則聘焉者則周禮殷聘也是以周禮大行人云凡諸侯之邦交歲相問也殷相聘也世相朝也注云小聘曰問殷中也久無事又於殷朝者及而相聘也云事謂盟會之屬者案春秋有事而會不協而盟是以春秋有會而不盟盟必因會若有盟會相見故云久無事則聘焉

若有故則卒聘束帛加書將命百名以上書於策不及百名書於方故謂災患及時事相告請也將猶致也名書文也今謂之字策簡也方板也疏若有至於方○注故謂至板也○釋曰云故謂災患及時相告請者此卽上經云若有言一也言災患上注引春秋臧孫辰告糴于齊公子遂如楚乞師此云及時事者卽上注引春秋晉侯使韓穿來言汶陽之田是也云名書文今謂之字者鄭注論語亦云古者曰名今世曰字許氏說文亦然言此者欲見經云名名者卽今之文字也云策簡方板也者。簡。謂據一片而言策是編連之稱是以左傳云南史。氏執簡以往是簡者未編之稱此經云百名以上書之於策是其衆簡相連之名鄭作論語序云易詩書禮樂春秋策。皆尺。二寸孝經謙半之論

語八寸策者三分居一又謙焉是其策之長短鄭注尚書三十字一簡之文服虔注左氏云古文篆書一簡八。分字是一簡容字多少者云方板者以其百名以下書之於方若今之祝板不假連編之策一板書盡故言方板也

主人使人與客讀諸門外受其意既聘享賓出而讀之讀之不。於內者人稠處嚴不得審悉主人主國君也人內史也書必璽之

疏主人至門外○注受其至璽之○釋曰云既聘享賓出而讀之者上經云若有言則以東帛如享禮文承聘享之後故知此讀諸門外故云既聘享也鄭知人是內史者案內史職云凡四方之事書內史讀之此云使人與客讀諸門外者亦是四方享書故知人是內史也知書必璽之者案襄二十九年左傳云公如楚還及方城季武子取卞使公冶問璽書追而與之故知此書亦璽之也

客將歸使大夫以其束帛反命于館爲書報也

疏客將至于館○注爲書報也○釋曰。此。爲書報上有故之事彼以束帛加書將命此亦以東帛加書反命于館

明日君館之既報館之書問尚疾也

疏明日君館之○注既報至疾也○釋曰。爲昨日爲書報之今日君始○就館送客者書問之道尚疾故也必須尚疾者以其所報告請多是密事是以鄭云既報館之書問尚疾也

既受行出遂見宰問幾月之資資行用也古者君臣謀密草創未知所之遠近問行用當知多少而已古文資作齎

疏既受至之資○注資行至作齎○釋曰使者受命於君但知出聘不知遠近故云古者君臣謀密草創未知所之。遠近故問宰行糧多少即知遠近也故知須問之

使者既。受行日朝同位謂前夕幣之閒同位者使者北面介立于左少退。別其處臣也

疏使者至同位○注謂前至臣也○釋曰云既受行日者謂已受命日夕幣之前使者及介朝君之時皆。同位北面東上在朝處臣東方西面北上故鄭云同位者。北面介立于左少退以別處臣也

出祖釋軷祭酒脯乃飲酒于其側祖始也既受聘享之禮行出國門止陳車騎釋酒脯之奠於軷爲行始也詩傳曰軷道祭也謂祭道路之神春秋傳曰。軷涉山川然則軷山行

之名也道路以險阻爲難是以委土爲山。或伏牲其。上使者爲軷祭酒脯祈告也卿大夫處者於是餞之飲酒於其側禮畢乘車轢之而遂行舍於近郊矣其牲犬羊可也古文軷作祓【疏】出祖至其側〇注祖始至作祓〇釋曰云既受聘享之禮行出國門止陳車騎釋酒脯之奠於軷者凡道路之神有二在國內釋幣於行者謂平。適道路之神出國門釋奠於軷者謂山行道路之神是以委土爲山象國中不得軷名國外即得軷稱引詩傳曰者證軷祭道路之神也引春秋傳曰者案襄二十八年左氏傳子大叔云軷涉山川蒙犯霜露引之者證軷是山行之名涉者水行之稱故鄘詩云大夫軷涉我心則憂毛傳云草行曰軷水行曰涉云是以委土爲山者案月令冬祀行鄭。注。行廟門外之西爲軷壤厚二寸廣五尺輪四尺祀行之禮北面設主於軷上國外祀山行之神爲軷壤大小與之同鄭注夏官大馭云封土爲山象以菩芻棘柏爲神主既祭之以車轢之而去喻無險難也云或伏牲其上者案周禮犬人云掌犬牲凡祭祀供犬牲。用牲物伏瘞亦如之鄭注云伏謂伏犬以王車轢之故知有伏牲其上云使者爲軷祭酒脯祈告也者案周禮大馭掌馭玉路以祀及犯軷王自左馭馭下祝登受轡彼天子禮使馭祭此大夫禮故使者自祭犯軷而去云卿大夫處者於是餞之者案詩云飲餞于禰是處者送行人而飲酒名曰餞也云遂行舍于郊者即上經云舍于近郊是也云其。有牲犬羊可者犬人職云伏瘞亦如之是用犬也詩云取羝以軷是用羊也是犬羊各用其一未必並用之言可者人君有牲大夫無牲直用酒脯若然此見出行時祭軷案韓奕詩云韓侯出祖出宿于屠顯父餞之清酒百壺是韓侯入覲天子出京城爲祖道又左氏傳鄭忽逆婦嬀于陳先配而後祖陳鍼子曰是不爲夫婦誣其祖矣鄭志以祖爲祭道神是亦將還而後祖道此聘使還亦宜有祖但文不具

所以朝天子圭與繅皆九寸剡上寸半厚半寸博三寸繅三采六等朱。白。倉。圭所執以爲瑞節也剡上象天圜地方也雜采曰繅以韋衣木。板飾以三色再就所以薦玉重慎也九寸。上公之圭也古文繅或作藻今文作璪【疏】所以至白倉〇注圭所至作璪〇釋

曰云圭所執以爲瑞節者案周禮大宗伯云以玉作六瑞以等邦國又云王執鎭圭公執桓圭侯執信圭伯執躬圭子執穀璧男執蒲璧是以其圭爲瑞又案周禮掌節有玉節之節卽是節與瑞别矣今此云瑞節但連言節者案節不得言瑞瑞亦是節信故連言節也云剡上象天圜地方也者下不剡象地方上剡象天圜案雜記贊大行曰博三寸厚半寸剡上左右各寸半此經直剡上寸半不言左右文不具也凡圭天子鎭圭公桓圭侯信圭皆博三寸厚半寸剡上左右各寸半唯長短依命數不同云雜采曰繅者凡言繅者皆象水草之文天子五采公侯伯三采子男二采皆是雜采也云以韋衣木板飾以三色再就者依漢禮器制度而知也但木板大小一如玉制然後以韋衣之大小一如其板經云三采六等注云三色再就者就卽等也是一采爲再就三采卽六等也是以鄭注典瑞云一帀爲一就典瑞云侯伯三采三就者以一采雖有再帀倂爲一就覲禮注云朱白倉爲六色者亦是一采一帀爲二色三采故六色三采據公侯伯子男則二采故典瑞云子男皆二采再就是也所以薦玉重慎者玉者寶而脆今以繅藉薦之是其重慎也

問諸侯朱綠繅八寸

二采再就降於天子也於天子曰朝於諸侯曰問記之於聘文互相備

疏 問諸至八寸○注二采至相備○釋曰此問諸侯使臣聘繅藉之等云二采再就者上云三采六等此二采不云四就者此臣禮與君禮異此二采雖與子男同子男卽一采爲一帀二采爲再帀爲四等今臣一采爲一就二采共爲再就是二采當君一采之處是以典瑞云瑑圭璋璧琮繅皆二采一就以覜聘亦是臣二采共當君一采一帀之處云降於天子者案典瑞王執鎭圭繅藉五采五就言五就者據一采爲一等若據一采一帀而言卽五采十等此二采二等是降於天子也此亦降於諸侯而言降於天子者此鄭君指上文朝天子而言故言聘諸侯降於朝天子也云於天子曰朝者據上文所以朝天子是也則諸侯自相朝亦同圭與繅九寸侯伯以下亦依命數云於諸侯曰問者諸侯遣臣自問若遣臣問天子圭與繅亦八寸是以云記之於聘文互相備案玉人云瑑圭璋八寸璧琮八寸以覜聘無所依據則於天子諸侯同言八寸者據上公之臣侯

伯之臣則六寸子男之臣則四寸各降其君二等若然經言八寸者據上公之臣也皆玄纁繫長尺絇組采成文曰絇繫無事則以繫。玉因以爲飾皆用五采組上以玄下以絳爲地今文絇作約疏皆玄至絇組○注采成至作約○釋曰上文繅藉尊卑不同此之組繫尊卑一等云采成文曰絇鄭注論語。文。成。章曰絇與此語異義同云繫無事則以繫玉因以爲飾者無事謂在櫝之時亦以繫玉因以爲飾此組繫亦名。繅藉卽上文反命之時使者執圭垂繅上介執璋屈繅又曲禮下云執玉其有藉者則裼無藉者則襲鄭注亦云藉繅也裼襲皆據有繅無繅之時是其因以爲飾云皆用五采組者以其言絇絇是文章之名經又言皆復無尊卑之別故知皆用五采組也云上以玄下以絳爲地者以其皆用五采而經直云玄纁爲地上加五采上下皆據垂之爲上下必知上玄下絳者上玄以法天下絳以法地故也經云纁注云絳者爾雅三入赤汁爲纁絳則赤也故。本絳以解纁問大夫之幣俟于郊爲肆又齎皮馬肆猶陳列也齎猶付也使者既受命宰夫載問大夫之禮待於郊陳之爲行列至則以付之也使者初行舍于近郊幣云肆馬云齎因其宜亦互文也不於朝付之者辟君禮也必陳列之者不夕也古文肆爲肄疏問大夫至皮馬○注肆猶至爲肄○釋曰知載大夫幣是宰夫者以其初宰衆官具幣故知載幣於郊付使者亦是宰夫可知云幣云肆馬云齎因其宜亦互文也者以其幣是財賄易可陳列故言肆不言齎亦付使者矣馬是難陳之物故直言齎亦付使者亦陳之是因其宜互文也辭無常孫而說孫順也大夫使受命不受辭辭必順且說疏注受命不受辭○釋曰受命謂受君命聘於鄰國不受賓主對荅之辭必不受辭者以其口及則言辭無定準以辭無常故不受之也辭多則史少則不達史謂策祝疏注史謂策祝○釋曰案周禮大史內史皆掌策書尙書金縢云史乃策祝是策書祝辭故辭多。爲文史辭苟足以達義之至也至極也今文至爲砥辭曰非禮也敢對曰非禮也敢辭。辭不受。也對荅問也二者皆卒曰敢言不敢疏辭曰至敢辭○注辭不至不敢○釋曰辭謂賓辭主人荅謂賓荅主人介則在旁曰非禮也。敢故易旅卦初六云。瑣瑣斯其所取災鄭云瑣瑣猶小小交互。體艮艮小石小小之象三為聘客初與二其介也介當以篤賓之人為之而用小人瑣瑣然客主人為言不能辭曰非禮不能對曰非禮每者不能以禮行之則其所以得罪是其義也

卿館於大夫大夫館於士士館於工商館者必於廟不館於敵者之廟為大尊也自官師以上有廟有寢工商則寢而已

疏卿館至工商○注館者至而已○釋曰云館者必於廟案上歸饔餼云於廟明其禮皆在廟可知云不館於敵者之廟為大尊也者以其在廟尊則尊矣故就降等而已若又在敵者之廟以上是其大尊云自官師以上有廟有寢者案祭法云適士二廟官師一廟鄭云官師謂中士下士是其官師有廟知廟有寢案周禮隸僕云掌五寢之埽除鄭注云五寢五廟之寢天子七廟唯祧無寢詩云寢廟奕奕相連之貌故左傳云大叔之廟在道南其寢在道北是其前曰廟後曰寢工商則寢而已者案爾雅釋宮云室有東西廂曰廟注云夾室前堂又云無東西廂有室曰寢注云但有大室是其自士以上有廟者必有寢庶人在官者工商之等有寢者則無廟故祭法云庶士庶人無廟祭於寢是也

管人為客三日具沐五日具浴。管人掌客館者也客謂使者下及士介也

飧不致不以束帛致命草次饌飧具輕

疏飧不致○注不以至具輕○釋曰。君不以束帛致命者對饔餼以束帛致之此不以束帛致草次。饌具輕者以其客始至則致之故言草次也對聘日致饔餼生死俱有禮物又多為重故以此物為輕而不致

賓不拜以不致。命

疏賓不拜○注以不致命○釋曰云不拜者宰夫朝服設食賓無拜受之文以其不以束帛致故也

沐浴而食之自絜清尊主國君賜也記此重者沐浴可知

疏沐浴而食之○注自絜至可知○釋曰云記此重者沐浴可知者以其食禮輕尚沐浴而食饔餼食重者沐浴而食可知

卿大夫訝大夫士訝士皆有訝卿使者大夫上介也士衆介也訝主國君所使迎待賓者如今使者護客

疏卿大至有訝○注卿使至護客○釋曰云卿大夫訝者謂大聘使卿主人使大夫。迎。士訝。者小聘使大夫主人使士。迎言皆有訝者自介已下皆迎之云卿使者大夫上介士眾介也者據此篇是侯伯之卿大聘而言其賓小聘使大夫亦使士迎之所迎者謂初行聘及饗食。燕皆迎之故鄭君無所。止定

賓即館訝將公命使已迎待之命疏賓即館訝將公命○注使已迎待之命○釋曰案秋官掌訝職云賓入館次于舍門外待事于客注云次如今宮。府。門。外更衣處待事于客通其所求索彼謂天子有掌訝之官共承客禮此諸侯使無掌訝是以還遣所使大夫士訝將公命有事通傳于君

又見之以其摯又復也復以私禮見者訝將舍於賓館之外宜相親也大夫訝者執鴈士訝者執雉疏又見之以其摯○注又復至執雉○釋曰云復以私禮見者訝將舍於賓館之外宜相親也者禮掌訝舍於賓之館門外此大夫士君使爲訝雖非掌訝之官亦爲次舍于賓之館外宜相親故執摯以相見大夫訝者執鴈士訝者執雉案士相見及大宗伯文也

賓既將公事復見之。以其摯既已也公事聘享問大夫復報也使者及上介執鴈羣介執雉各以見其訝疏賓既至其摯○注既已至其訝○釋曰云以公事聘享問大夫者此並行君。物享主國君及問大夫故云公事也云復報也者。有報訝者以摯私見己今還以摯私報之知使者及上介同執鴈不執羔者見上文主國卿大夫勞賓同執鴈則知此使者及上介同執鴈可知各以見其訝者謂使者見大夫之訝者上介見士之訝者士介亦見士訝者

凡四器者唯其所寶以聘可也言國獨以此爲寶也四器謂圭璋璧琮疏凡四至可也○注言國至璧琮○釋曰案以公事宗伯云以玉作六瑞王執鎮圭公執桓圭以下人執之曰瑞又云以玉作六器以禮天地四方謂禮神曰器此四者人所執不言瑞而言器者對文執之曰瑞禮神曰器散文則通雖執之亦曰器是以尚書云五器卒乃復與此文皆稱器云言。四國獨。此。以爲寶者案周禮天府職凡邦國之玉鎮大寶器藏焉注云玉鎮大寶器玉瑞玉器之美者是。其玉稱寶云四器謂圭璋璧琮者是據上經

圭璋以行聘璧琮以行享而言此據公侯伯之使者用圭璋璧琮若子男使者聘用璧琮享用琥璜宗人授次次以帷少退于君之次主國之門外諸侯及卿大夫之所使者次位皆有常處疏宗人至之次○注主國至常處○釋曰主國門外以其行朝聘陳賓介皆在大門外故次亦在大門外可知云諸侯及卿大夫之使者次位皆有常處者以其上公九十步侯伯七十步子男五十步使其臣聘使大聘小聘又各降二等其次皆依其步數就西方而置之未行禮之時止於次中至將行禮賓乃出次凡爲次君次在前臣次在後故云少退於君之次故云皆有常處上介執圭如重授賓愼之也曲禮曰凡執主器執輕如不克疏上介至授賓○注愼之至不克○釋曰此謂當將聘於主君廟門外上介屈繅以授賓襲受之節引曲禮者彼器即此玉欲證執玉如重之義也賓入門皇升堂讓將授志趨皇自莊盛也讓謂舉手平衡也志猶念也念趨謂審行步也孔子之執圭鞠躬如也如不勝上如揖下如授勃如戰色足蹜蹜如有循古文皇皆作王疏賓入至志趨○注皇自至作王○釋曰賓入門皇謂未至堂時升堂讓謂升堂東面向主君之時將授志趨謂賓執玉向楹將授玉之時念鄉入門在庭時執玉徐趨今亦然若降堂後趨進翼如則疾趨也云讓謂舉手平衡也者謂若曲禮云凡奉者當心下又云執天子之器則上衡注云謂高於心國君則平衡注云謂與心平則此亦執國君器也故引之爲證引孔子之執圭者鄉黨論孔子爲君聘使法彼足蹜蹜如有循謂徐趨據入彼國廟門執玉行步之時以足容重退之在降堂之下與此趨同故爲證也授如爭承下如送君還而后退重失隊也而后猶然後也疏授如至後退○注重失至後也○釋曰授謂就東楹授玉於主君時如與人爭承取物恐失墜云下如送君還而後退者以上文次言之此下如送者止謂聘享每訖君賓不送而賓之敬如君送然故云下如送也君迴還賓則退出廟門更行後事非謂賓出大門也下階發氣怡焉再三舉足又趨發氣舍息也再三舉足自安定乃復趨也至此

云舉足則志趨卷。遯而行也孔子之升堂鞠躬如也屏氣似不息者出降一等逞顏色怡怡如也沒階趨進翼如也疏下階至又趨○注發氣至如也○釋曰云下階發氣怡焉者即論語云出降一等逞顏色怡怡如也云再三舉足自安定乃復趨也者謂降時再三舉足故又趨進翼如也云發氣舍息者以將授玉屏氣似不息今既授玉降階縱舍其氣怡然和悅也云至此舉足則志趨卷。遯而行也者是釋志趨為徐趨此舉足為疾趨也

及門正焉。容色復故此皆心變見於威儀疏及門正焉○注容色至威儀○釋曰此謂聘。訖將更有享而出門時云心變見於威儀者以其貌從心起觀威儀省禍福覩貌可以知心故也

執圭入門鞠躬。焉如恐失之記異說也疏執圭至失之○注記異說也○釋曰亦謂。將聘執圭入廟門時云鞠躬焉則鞠躬如也如恐失之者即執輕如不克也云記異說者以上文已記執圭此又記執圭之儀以同記事而言有差異人記事說有不同也

及享發氣焉盈容。發舍氣也孔子之於享禮有容色疏及享至盈容○注發舍至容色○釋曰云及享發氣焉盈容者即孔子行享禮有容色一也故注引為證也此發氣即上注云舍息一也

衆介北面蹌焉容貌舒揚疏衆介北面蹌焉○注容貌舒揚○釋曰此謂賓行聘衆介從入門左北面曲禮云大夫濟濟士蹌蹌鄭云皆行容止之貌故此注亦云容貌舒揚也但彼大夫云濟濟諸侯云皇皇上文賓入門皇得與諸侯同者以其執君圭璋志在重玉故行容得與君同若尋常行則大夫濟濟也

弘覿愉。愉。焉容貌和敬疏私覿愉愉焉○注容貌和敬○釋曰上文享時盈容對聘時儀貌戰色顏舒緩此私覿對享時又愉愉和敬舒於盈容也

出如舒鴈威儀自然而有行列舒鴈鵝疏出如舒鴈○注威儀至鴈鵝○釋曰此出廟門之外行步如鶩又。紓緩於愉愉也云舒雁鵝者爾雅釋鳥文

皇且行入門主敬升堂主慎復記執玉異說疏皇且至主慎○注復記執玉異說○釋曰上已二度記執玉行步之法今又云皇且行是別有人更記此執玉行法故云復記執玉異說也

凡庭實

隨入左先皮馬相閒可也隨入不並行也閒猶代也土物有宜君子不以所無爲禮畜獸同類可以相代古文閒作干疏凡庭實至可也○注隨入至作干○釋曰云左先者以皮馬以四爲禮北面以西頭爲上故左先入陳也云君子不以所無爲禮者案禮器云天不生地不養君子不以爲禮言當國有馬而無虎豹皮則用馬或有虎豹皮并有馬則以皮爲主而用皮也云畜獸同類可以相代者畜謂馬獸謂虎豹爾雅釋云在家曰畜在野曰獸云同類者爾雅又云二足而羽謂之禽四足而毛謂之獸若然則馬畜亦是四足之類故云同類可以相代也

賓之幣唯馬出其餘皆東馬出當從廄也餘物皆東藏之內府疏賓之至皆東○注馬出至內府○釋曰云馬出當從廄也者若有皮之國用皮則不出亦從餘物東藏也知東藏之內府者案天官內府職云凡四方之幣獻之金玉齒革兵器凡良貨賄入焉注云諸侯朝聘所獻國珍彼天子禮諸侯亦當有內府諸侯自朝聘其貨獻珍異亦入內府故注依之也

多貨則傷于德貨天地所化生謂玉也君子於玉比德焉朝聘之禮以爲瑞節重禮也多之則是主於貨傷敗其爲德疏多貨則傷于德○注貨天至爲德○釋曰此經主論聘享所用圭璋璧琮不得過多之事也云貨天地所化生謂玉也者鄭注周禮九職亦云金玉曰貨布帛曰賄故此注云貨天地所化生謂玉也下注云幣人所造成幣則布帛曰賄對金玉是自然之物也云君子於玉比德焉者聘義文云重禮也亦聘義文云多之則是主於貨傷敗其爲德者以玉比德故朝聘用之相厲以德不取重寶珍美之意若多之則是主於貨物不取相厲以德是傷敗其爲德是以圭璧聘享主國君璋琮聘享主國夫人各用一而已也

幣美則沒禮幣人所造成以自覆幣謂束帛也愛之斯欲衣食之君子之情也是以享用幣所以副忠信美之則是主於幣而禮之本意不見也疏幣美則沒禮○注幣人至見也○釋曰此主論享時用束帛故享君用束帛享夫人用束錦皆不得過美云幣人所造成以自覆幣謂束帛也者案禮記檀弓伯高之喪孔氏之使者未至冉子攝束帛乘馬而將之孔子曰異哉徒使我不誠於

伯高鄭注云禮所以副忠信也忠信而無禮。何。傳乎是知自覆者覆忠信而已若更美則主意於財美而禮不見故沒禮也云。愛之斯欲衣食之君子之情也者禮記檀弓云愛之斯錄之矣彼據愛父母而作重此亦微。取。彼文但此云愛之斯欲衣食之兼言食謂以幣欲之君子之情則忠信

賄在聘于賄賄財也于讀曰爲言主國禮賓當視賓之聘禮而爲之財也賓客者主人所欲豐也若苟豐之是又傷財也周禮曰凡諸侯之交各稱其邦而爲之幣以其幣爲之禮古文賄皆作悔

【疏】賄在聘于賄○注賄財至作悔○釋曰鄭轉于作爲者欲就司儀之文爲解故也云言主國禮賓者釋經賄是主國禮賓也云當視賓之聘禮者釋經在聘謂在賓聘財多少云而爲之財也者釋經于賄也謂主人視賓多少爲財賄報賓云若苟豐之是又傷財也者凡行禮用財者取不豐不儉取於折中若苟且豐多則傷於貪財引周禮者秋官司儀職文案彼注云幣謂享幣也於大國則豐於小國則殺解經各稱其邦而爲之幣彼又注云主國禮之如其豐殺之禮解經以其幣爲之禮謂賄用束紡禮。玉。束帛乘皮及贈之屬是也

凡執玉無藉者襲藉謂繅也繅所以緼藉玉

【疏】凡執玉無藉者襲○注藉謂至藉玉○釋曰凡繅藉有二種若以木爲中幹施五采三采者比繅常有不得云無藉今此云無藉者襲。據絢組。尺繅藉而言若廟門外賈人啓櫝取玉垂繅以授上介上介裼受上介屈繅以授賓賓卽襲受卽此執玉無藉者是也此文與曲禮同故曲禮凡執玉其有藉者則裼無藉者則襲是也

禮不拜至以賓不於是始至今文禮爲醴

【疏】禮不拜至○注以賓至爲醴○釋曰此文承執玉帛之下聘臣事據鄉飲酒賓主升堂主人有拜至之禮此賓昨日初至之時主人請賓行禮賓俟閑此時賓已至矣故聘時不拜至是以鄭云以賓不於是始至

醴尊于東箱。瓦大一有豐瓦大瓦尊豐承尊器如豆而卑薦脯五職祭半職橫之職脯如版然者或謂之脡皆取直貌焉

【疏】注職脯至貌焉○釋曰此脯禮賓時所用薦脯是也案鄉飲酒禮云薦脯五脡故云禮或謂之脡皆取直貌

祭醴再扱始扱一祭卒再

祭卒謂後扱主人之庭實則主人遂以出賓之士訝受之此謂餘三馬也左馬賓執以出矣士士介從者疏
主人至受之○注此謂至從者○釋曰此主人之庭實者謂主人禮賓時設乘馬也經云賓執左馬以出三馬在後主人從者牽之遂從賓以出於門外賓之
士介迎受之故鄭云此謂餘三馬也知士是士介從者以其經云從者訝受馬此既云士故知士士介從者也既覿賓若私獻奉獻將
命時有珍異之物或賓奉之所以自序尊敬也猶以君命致之疏既覿至將命○注時有至致之○釋曰云猶以君命致之者以經云將命是以知雖
是私獻己物與君物同皆云君命致之臣統於君故擯者入告出禮辭辭其獻也賓東面坐奠獻再拜稽首送獻
不入者奉物禮輕疏注送獻至禮輕○釋曰云奉物禮輕者謂以奉私獻入則是主於貨傷敗於享覿故不入擯者東面坐取獻舉
以入告出禮請受東面坐取獻者以宜並受也其取之由賓南而自後右客也疏擯者至請受○注東面至客也○釋曰擯者東面坐
取獻舉以入告者謂擯者從門東適南方西行於賓北舉幣入告於君及出一請於賓而受之故云出禮請受云東面坐取獻者以宜並受也者獻物在門外
擯者出受之擯者與賓敵並受故云宜並受也云其取之由賓南而自後右客也者案上受享之時受皮者自後右客鄭注云自由也從東方來由客後西居
其左受皮也此賓門西東面奠獻擯者從東由賓南自客後居賓左取獻物故云自後右客也賓固辭公荅再拜拜受於賓也固亦衍字
疏注固亦衍字○釋曰知固是衍字者以其上擯者禮請受不云固明知賓不固辭故云固衍字云亦者亦士介私覿時賓固辭鄭注云固衍字當如面大
夫也擯者立于閾外以相拜賓辟相贊也古文閾爲蹙擯者授宰夫于中庭東藏之既乃介覿若兄
弟之國則問夫人兄弟謂同姓若昬姻甥舅有親者問猶遺也謂獻也不言獻者變於君也非兄弟獻不及夫人疏注兄弟至夫人○釋

曰云兄弟謂同姓者若魯於晉鄭之等同姓也云若昏姻甥舅有親者若魯取齊女以爲舅齊則以魯爲甥是有親者也云非兄弟獻不及夫人者以其經云兄弟之國則問夫人則非兄弟問不及夫人可知

若君不見君有。疾若他故不見使者

疏若君不見○注君有至使者○釋曰云他故者有病之外或新有哀慘也

使大夫受受聘享也大夫上卿也

疏使大夫受○注受聘至卿也○釋曰知受聘享者以其在後雖有覿獻之法聘享在前是以據在先者而言云大夫上卿也者以其卿上大夫故以卿爲大夫必知使卿不使下大夫者以其君無故君親受今既有故明使上卿代君受之

自下聽命自西階。升受負右房而立賓降亦降此儀如還圭然而賓大夫易處耳今文無而

疏注此儀至處耳○釋曰案上使大夫還玉於館大夫升自西階鉤楹賓自碑內聽命升自西階自。左南面受圭退負右房而立大夫降中庭賓降自碑內東面授上介于阼階東此中與彼還玉皆升自西階此非易處也但還玉時賓自大夫左受之此中大夫於賓左受之其賓主之位皆易處於還玉時故云易處也

不禮辟正主也。古文禮。作。醴

疏不禮○注辟正主也○釋曰案上聘享及私覿訖主君禮賓此大夫代君不禮故云辟正主也

幣之所及皆勞不釋服以與賓接於君所賓又請有事于己不可以不速也所不及者下大夫未嘗使者也不勞者以先是賓請有事於己同類既聞彼爲禮所及則己往有嫌也所以知及不及者賓請有事固曰某子某子

疏幣之至釋服○注以與至某子○釋曰云不可以不速也者釋經不釋服即注云所不及者下大夫未嘗使者以其經云下大夫嘗使至者幣及之故知所不及者是。下大夫未嘗使者也云不勞者以先是賓請有事於己同類既聞彼爲禮所及則己往有嫌也者此勞賓在後賓請有事於大夫在聘日云先是賓請有事於己同類謂幣所及者故鄭云既聞彼爲禮所及云則己往有嫌者彼國幣及己是以禮加於己今勞賓者是以禮報之若幣不及己若往勞賓則是己有禮於賓是譏賓無禮於己之嫌是以不往勞之故云己往有嫌也云所以知及不及者賓請

有事固曰某子某子者當賓請事於大夫之時顯此張子李子之等使受禮者預知爾時不道己姓則知己乃弊所不及賜饔唯羹飪筮一

尸若昭若穆羹飪謂飪一牢也肉謂之羹唯是祭其先大禮之盛者也筮尸若昭若穆容父在父在則祭祖父卒則祭禰腥餼不祭則士介不祭

也士之初行不釋幣于禰不祭可也古文羹爲羔飪作腍疏賜饔至若穆○注羹飪至作腍○釋曰古者天子諸侯行載廟木主大夫雖無木主亦以幣帛

主其神是以受主國饔餼故筮尸祭然後食之尊神以求福故也昭穆言若者以其昭穆不定故云若也云腥餼不祭則士介不祭也者上致饔餼之時云上

介饔餼三牢則飪腥餼三者皆有。故云士介四人皆餼大牢無飪可祭故知士介不祭也僕爲祝祝曰孝孫某孝子某薦嘉

禮于皇祖某甫皇考某子僕爲祝者大夫之臣攝官也疏僕爲至某子○注僕爲至官也○釋曰經並云孝孫孝子皇祖皇考

以其不定故兩言謂上經若昭若穆亦兩言之云僕爲祝者大夫之臣攝官也者若然諸侯不攝官使祝祝策矣案定四年祝佗云嘉好之事君行師從卿行

旅從則臣無事若君到主國祭饔之時得不攝官乎諸侯。不使人攝是以覲禮云侯氏裨冕釋幣于禰注云釋幣于禰之禮既則祝藏其幣歸乃埋之於祧西

階之東大夫使僕攝祝則是本無祝官與諸侯異矣其諸侯禮大祝不行知不使小祝行者以其掌客云羣介行人宰史是諸侯從官不言祝明大小祝俱不

行矣如饋食之禮如少牢饋食之禮不言少牢今以大牢也今文無之疏如饋食之禮○注如少牢至無之○釋曰云如少牢饋食之禮者案

少牢禮有尊俎籩豆鼎數之數陳設之儀陰厭陽厭之禮九飯三獻之法上大夫又有正祭於室儐尸於堂此等皆宜有之至於致爵加爵及獻兄弟弟子等

固當略之矣假器於大夫不敢以君之器爲祭器疏假器於大夫○注不敢至祭器○釋曰案曲禮云大夫士去國大夫寓祭器於大夫

士寓祭器於士注云與得用者言寄覲己後還若然卑者不得用尊者之器是以此大夫聘使不得將己之祭器而行致饔餼雖是祭器人臣不敢以君之器

爲祭器是以聘使是大夫還於主國大夫假祭器而行之肹肉及廋車肹猶賦也廋廋人也車巾車也二人掌視車馬之官也賦及之明辯也古文肹作紛疏肹肉及廋車○注肹猶至作紛○釋曰此謂怒訖歸胙在下云廋廋人也車巾車也者案周禮天子夏官有廋人職掌養馬春官有巾車職諸侯雖兼官亦當有廋人巾車是故引周禮爲證聘日致饔急歸大禮明日問大夫不以殘日問人崇敬也古文曰問夫人也夕夫人歸禮與君異日下之也今文歸作饋既致饔旬而稍宰夫始歸乘禽日如其饔餼之數稍稟食也乘禽乘行之禽也謂鴈鶩之屬其歸之以雙爲數其賓與上介也古文既爲餼疏既致至之數○注稍稟至爲餼○釋曰云既致饔旬而稍者以其賓客之道十日爲正行聘禮既訖合歸一旬之後或逢凶變或主人留之不得時反卽有稍禮故下文云既將公事賓請歸注云謂已問大夫事畢請歸不敢自專謙也主國留之饗食燕獻無日數盡殷勤也是主人留之是以周禮槀人亦共賓客之稍禮注云稍禮非飧饔之禮留閑王稍所給賓客者槀人所給亦六飲而已諸侯相待亦如之是其留閑致稍者也云乘禽乘行之禽也者別言此者欲見此乘非物四曰乘言如其饔餼之數者一牢當一雙故聘義云乘禽日五雙是此饔餼五牢者也云鴈鶩之屬者案爾雅二足而羽若然上介三牢則三雙也士介一牢則一雙也羽謂之禽故以禽爲鴈鶩之屬云其賓與上介也者以其下文別有士介故也士中日則二雙中猶閑也不一日一雙大寡不敬也凡獻執一雙委其餘于面執一雙以將命也面前也其受之也上介受以入告之士舉其餘從之賓不辭拜受于庭上介執之以相拜于門中乃入授人上介受亦如之士介拜受于門外疏凡獻至于面○注執一至門外○釋曰云上介受以入告之士舉其餘從之者此乘禽而云凡獻宜約私獻私獻擯者取獻以入士舉其餘此若上介受入明其餘士舉從入可知云不辭拜受于庭者以其經無辭文又饔餼云禮辭明此禽禮輕無辭受于庭可知上介執之以相拜于門中乃入授人者此亦約私獻

私獻之時擯者取獻以入又云擯者立于閾外以相拜賓辟擯者授宰夫是其約也云上介受亦如之者以其受饔餼之時上介受已如賓禮故知受乘禽亦如賓也云士介拜受於門外者以其受饔餼在門外此受乘禽在門外外可知

禽羞俶獻比 比放也其致之禮如乘禽也禽羞謂成孰有齊和者俶獻四時珍美新物也俶始也言其始可獻也聘義謂之時賜

疏 禽羞俶獻比○注比放至時賜○釋曰云禽羞謂成孰有齊和者以其稱羞謂若庶羞內羞之等故稱禽則以鴈鶩等爲之故以成孰解之聘義謂之時賜者案聘義云燕與時賜無數時賜謂四時珍異以賜諸賓客與此俶獻是一物故引以爲證

歸大禮之日既受饔餼請觀 聘於是國欲見其宗廟之好百官之富若尤尊大之焉 訝帥之自下門入 帥猶道也從下門外入游觀非正也

各以其爵朝服 此句。似。非。其。次。宜在凡致禮下。絶。爛。在。此

疏 各以其爵朝服○注此句至。在。此○釋曰云宜在凡致禮下者以其各以其爵朝服爲致禮而言故知義然

士無饔無饔者無擯。 謂歸餼也

疏 士無至無擯○注謂歸餼也○釋曰案上經直云宰夫朝服以致之是其無饔宰夫退去士介不儐之是也

大夫不敢辭君初爲之辭矣。 此句。亦。非。其。次。宜在明日問大夫。之下

疏 大夫至辭矣○注此句至之下○釋曰此謂賓問卿之時卿不敢辭者以賓聘享訖出大門請有事於大夫君禮辭許是君初爲之辭故卿不辭也

凡致禮皆用其饗之加籩豆 凡致禮謂君不親饗賓及上介以酬幣致其禮也其其賓與上介也加籩豆謂其實也亦實於罋筐饗禮今亡

疏 凡致至籩豆○注凡致至今亡○釋曰云其其賓與上介也者案上經賓。壹食。壹饗上介若食若饗唯士介不言饗故知其中唯有賓與上介耳云加籩豆謂其實也亦實于。罋者案致饔餼醯醢是豆實實于罋明此。饗之豆實亦實于罋可知也案昭六年夏季孫宿如晉拜莒田也晉侯享之。以加籩武子退使行人告曰小國之事大國也苟免於討不敢求貺。得。貺不過三獻今。豆有加下臣弗堪無乃戾也此中致饗有加籩豆者饗使者無加籩豆之

正禮此云加籩豆者殷勤之義也云饗禮今亡者以其食禮在知其豆數饗禮亡無文以知之

無饔者無饗禮士介無饗禮

疏無饔者無饗禮○注士介無饗禮○釋曰無饔者無饗禮文承饗下故鄭以無饗禮解之以其賓與上介饔餼俱有故有饗無饔士介唯有餼而已無饔故無饗禮也

凡餼大夫黍粱稷筐五斛謂大夫餼賓上介也器寡而大略

疏凡餼至五斛○注謂大至大略○釋曰案上經云大夫餼賓大牢米八筐衆介米。八筐不辨大小故此記人辨之云筐五斛云器寡而大略者以其君歸饔餼于賓與大夫介筥米小而多者是尊者所致以多器爲榮今大夫致禮於賓介器寡而大是略之於卑者也

既將公事賓請歸謂已問大夫事畢請歸不敢自專謙也主國留之饗食燕獻無日數盡殷勤也

疏既將公事賓請歸○注謂已至勤也○釋曰云已問大夫者請問事三卿與下大夫嘗使於彼國幣所及皆是君命及以君物行禮者皆是公事事訖故請歸也云主國留之饗食燕獻無日數盡殷勤也者亦謂至旬賓乃將歸主君乃留賓有此饗食燕獻之等故燕禮注云今燕又宜獻焉是也云無日數者謂行此饗食之等相去希數無常日數盡主人殷勤也

凡賓拜于朝訝聽之拜拜賜也唯稍不拜

疏凡賓至聽之○注拜拜至不拜○釋曰案上經云賓三拜乘禽於朝訝聽之遂行舍于郊又案司儀云明日客拜禮賜遂行是臨行大小禮皆拜賜則知唯米稾芻薪。等不拜也

燕則上介爲賓賓爲苟敬饗食君親爲主尊賓也燕私樂之禮崇恩殺敬也賓不欲主君復舉禮事禮已于是辭爲賓君聽之從諸公之席命爲苟敬苟敬者主人所以小敬也更降迎其介以爲賓介大夫也雖爲賓猶卑於君君則不與亢禮也主人所以致敬者自敵以上

疏燕則至苟敬○注饗食至以上○釋曰云饗食君親爲主尊賓也者以其饗食在廟爲賓故君親爲主至後燕禮在寢又以醉爲度崇於恩殺於敬故賓辭而使介爲賓也以苟敬爲小敬者以阼。階西近主爲位諸公坐位故云小敬對戶。牖南面爲大敬云更降迎其介以爲賓者介在廟門內西北面降至庭迎之云不與亢禮也者略取燕義

文解君不親爲獻主而使宰夫之意也云主人所以致敬者自敵以上者謂兩君相見兩大夫兩士以上則主人親獻也宰夫獻爲主人代公獻無行則重賄反幣無行謂獨來復無所之也必重其賄與反幣者使者歸以得禮多爲榮所以盈聘君之意也反幣謂禮玉束帛乘皮所以報聘君之享禮也昔秦康公使西乞術聘于魯辭孫而說襄仲曰不有君子其能國乎厚賄之此謂重賄反幣者也今文曰賄反幣疏無行至反幣○注無行至反幣○釋曰云重其賄即上賄在聘于賄是也反幣謂上禮玉束帛乘皮是也云秦康公者案文公十二年左氏傳云秦伯使西乞術來聘云云是也此特來非歷聘歷聘則吳公子札聘於上國聘齊聘魯是也曰子以君命在寡君寡君拜君命之辱此贊君拜聘享辭也在存也疏曰子至之辱○釋曰此及下三經即上經云公館賓賓辟上介聽命聘享夫人之聘享問大夫送賓公皆再拜注云拜此四事彼見其拜此見其贊辭也君以社稷故在寡小君拜此贊夫人聘享辭也言君以社稷故者夫人與君體敵不敢當其惠也其卒亦曰寡君拜命之辱疏君以至君拜○注此贊至之辱○釋曰云言君以社稷故者夫人與君體敵不敢當其惠也者釋經云社稷故以其禮記哀公問孔子云取夫人爲社稷主婦人無外事天地幷社稷后夫人雖不與以夫婦一體故夫人亦得云社稷主是其云社稷故者見夫人與君體敵今夫人使致禮來主人不敢當下文云君貺寡君延及二三老是與君不敢當之也君貺寡君延及二三老拜。此贊拜問大夫之貺賜也大夫曰老辭又。拜送拜送賓也其辭蓋云子將有行寡君敢拜送自拜聘享至此亦非其次宜承上君館之下疏又拜送○注拜送至之下○釋曰此即上經君即館拜送賓故鄭云此宜承上君館之下賓於館堂楹閒釋四皮束帛賓不致主人不拜。賓將遂去是館留禮以禮主人所以謝之也不致不拜不以將別崇新敬也疏注不致至敬也○釋曰若賓敬主宜致主人敬賓宜拜皆是崇敬若致與拜即是崇新敬故不爲若鄉飲酒送賓賓不荅禮有終相類也大夫來使無罪饗之樂與嘉賓爲禮【疏】〇大夫至饗之〇注樂與嘉賓爲禮〇釋曰案鹿鳴序燕羣臣嘉賓此無罪饗之亦是樂賓爲禮者也過則餼之餼之腥致其牢禮也其致之辭不云君之有故耳聘義曰使者聘而誤主君不親饗食所以愧厲之也不言罪者罪將執之【疏】過則餼之〇注餼之至執之〇釋曰云過則餼之謂禮有失誤故引聘義使者聘而誤主君云不言罪者罪將執之者春秋之義聘賓有罪皆執之若然上經云無罪饗之有罪非但不饗又執之此過則餼之雖不饗猶生致過輕故也若然上云罪下云過互見其義也其介爲介饗賓有介者賓尊行敵禮也【疏】其介爲介〇注饗賓至禮也〇釋曰謂饗賓於廟之時還以聘之上介爲介若然上經上介主人別行饗則是從賓爲介得介則饗復別饗也云賓尊行敵禮也者若鄉飲酒賓主行敵禮而有介然也有大客後至則先客不饗食致之卑不與尊者齊禮【疏】有大至致之〇注卑不至齊禮〇釋曰此據聘禮而言則無君朝之事若然則前有小國之卿大夫來聘將行饗食有大國卿大夫來聘則廢小國饗食之禮以其卑不與尊齊禮並行之唯大聘有几筵謂受聘享時也小聘輕雖受于廟不爲神位【疏】唯大聘有几筵〇注謂受至神位〇釋曰案上經云几筵既設擯者出請命者行聘享及私覿禮畢云宰夫徹几改筵是行聘享爲神位今小聘不爲神位屈也十斗曰斛十六斗曰籔十籔曰秉秉十六斛今江淮之閒量名有爲籔者今文籔爲逾二百四十斗謂一車之米秉有五籔四秉曰筥此秉謂刈禾盈手之秉也筥穧名也若今萊陽之閒刈稻聚把有名爲筥者詩云彼有遺秉又云此有不斂穧【疏】四秉曰筥〇注此秉至斂穧〇釋曰云此秉爲刈禾盈手之秉也對上文秉爲量名也引詩者證此秉爲盈手穧即此筥亦一秉即今人謂之一鋪兩鋪也十筥曰稯十稯曰秅四百秉爲一秅一車之禾三秅爲千二百秉三百筥三十稯也古文稯作緵【疏】注一車至作緵〇釋曰云一車之禾三秅即經

致饔餼時云禾三十車車三秅也

儀禮卷第八經五千三百四注一萬九百六十一

儀禮疏卷第二十四

儀禮注疏卷二十四校勘記

阮元撰盧宣旬摘錄

賓入竟而死

謂始死至殯　始陳本作如

論賓介死之事　要義同毛本無論字

直云至殯所當用明不殯於館取其至殯節　自至殯至取其十二字陳閩俱無通解毛本有惟殯下多一爲字要義與此本同

介攝其命

以是今賓死　要義同毛本無賓字

君弔

雖有臣子親因　徐本同毛本集釋通解楊氏因俱作姻

猶不爲主人　要義同毛本無猶字○按有猶字與注合

主人歸禮幣

不必如致飧饔之禮　要義無如字

束紡皮帛之類　類要義作贈

介受賓禮

當陳之以反命也　要義同毛本無命字○按命字與注合

以有賓喪　陳閩要義同毛本有作其

歸介復命

外朝當在皋門外　陳閩通解要義同毛本當作應

士介死爲之棺斂之　爲上要義有則字

不具他衣物也　物通解作服

他衣物亦具之　物要義作服○按當作衣物

不具他物也　要義同毛本物上有衣字

若賓死未將命　宋唐石經作來誤

謂俟閒之後也　徐本集釋通解楊敖同毛本謂作請

以已至朝　張氏曰監本已作已從監本

則知上國外死要義同毛本上下有介字監本介字擠入○按上猶言上文也

小聘曰問不享陸氏曰享本又作饗

面猶覿也浦鏜云下脫今文禮作醴五字集釋依正誤盧文弨云此下敖有今文禮作醴五字案下記不禮注古文禮作醴敖乃移於此而改古文爲今文今校集釋者亦依敖氏而增此五字非是○按敖氏聘禮正誤不醴一條在醴不拜至之後明係記中之不禮非此經之不禮也不知校者何以皆誤認

此對大聘升堂受要義同毛毛聘下有時字

若有故

方板也板釋文集釋通解楊氏俱作版陸氏云版音板

及時相告請者要義同毛本時下有事字按各本注俱有事字

簡謂據一片而言毛本簡作皆陳閩要義皆上俱有簡字要義無皆字陳閩俱無謂字監本皆謂誤作謂謂

南史氏執簡以往要義同毛本無氏字

皆尺二寸按春秋序疏云鄭元注論語序以鉤命決云春秋二尺四寸書之孝經一尺二寸書之故知六經之策皆稱長二尺四寸然則此云尺二寸乃傳寫之誤當作二尺四寸下云孝經謙半之乃一尺二寸也又云論語八寸策者三分居一又謙焉謂論語八寸居六經三分之一

比孝經更少四寸故云又謙焉

古文篆書一簡八分字要義同毛本無分字

主人使人

賓出而讀之讀之不於內者徐本集釋楊氏同毛本通解不重出讀之二字

主國君也徐本集釋通解要義楊氏俱無主字敖氏毛本有

客將歸

此爲書報上有故之事閩本同毛本此爲作爲此

明日

爲昨日爲書報之要義同毛本通解楊氏俱無上爲字

既受行出

未知所之遠近遠上陳閩俱有以字

使者既受行日唐石經無既字按疏有既字

少退別其處毛本別下有於字徐本集釋通解楊氏俱無張氏曰注曰少退別其處按釋文別于之注云別處同別處謂此也無其字從釋

文○按張引注亦無於字又據釋文去其字與疏合惟前經使者北面節疏引此注無於字而有其字

皆同位北面東上　陳閩俱無同字

北面　毛本北上有使者二字○按無使者二字非也

出祖

軷涉山川　張氏曰釋文釋經釋軷之注云注跋涉音同此軷蓋跋字也從釋文

或伏牲其上　毛本無或字徐本集釋通解楊氏俱有與疏合上陳閩葛本俱誤作十

謂平敵道路之神　要義同毛本通解敵作適按適是也

鄭注行廟門外之西　要義同毛本注下有云字行下有在字○按月令注有在字

用牲物　毛本用作命○按作用與周禮秋官犬人合

云其有牲犬羊可者　毛本無有字○按各本注俱無有字

所以朝天子○朱白倉　雜記疏三采六等以朱白蒼畫之再行也者案聘禮記云朝天子圭與繅皆九寸繅三采六等朱白蒼朱白蒼是也既重云朱白蒼是一采爲二等相間而爲六等也朱子曰記只有朱白蒼三字而雜記疏所引乃重有之不知何時傳寫之誤失此三字蒼唐石經嚴本集釋敖氏俱作倉與單疏標目合通解楊氏毛本俱作蒼

象天圜地方也徐本通解楊氏同毛本圜作圓

以韋衣木板板陳本作版

上公之圭也嚴本集釋通解楊氏敖氏同毛本上作三

子執穀璧男執蒲璧兩璧字要義俱作圭按圭非

瑞亦是節信通解要義同毛本是作皆

剡上左右各寸半通解要義同毛本寸半作半寸○按寸半是也

然後以韋衣之通解同毛本衣下有包字

問諸侯

子男卽一采爲一帀毛本作乍一采爲一帀○按此本是也

繅皆二采一就以覜聘陳閩通解同毛本覜作頫

繅藉五采五就毛本五作伍○按五與周禮合

諸侯遣臣自問要義同毛本問上有相字

皆玄纁繫

無事則以繫玉 重修監本玉誤作王

上以玄 玄下聶有爲天二字

鄭注論語文成章曰絢 要義同毛本文作云○按文成章三字當連讀

此組繫亦名繅藉 陳閩要義同毛本繅作褋

故本降以解纁 毛本本作舉

辭多則史

故辭多爲文史 爲要義作則

辭曰非禮也敢對曰非禮也敢辭 毛本敢下無辭字唐石經徐本俱有與此本標目合集釋通解楊敖俱無要義載經亦無辭字張氏曰經曰辭曰非禮也敢對曰非禮也敢辭按注云辭不受對荅問也二者皆卒曰敢言不敢又按疏云辭謂賓辭主人荅謂賓荅主人介則在旁曰非禮也敢以注及疏文義攷之下羨一辭字審矣又嘗疑注辭不受也之句上更有一辭字傳寫者誤以注文作經文今減經以還注石經考文提要云細繹經文賓辭主人既稱辭則敢下可省文賓對主人亦辭既稱對則敢下當有辭字若省辭字是爲非禮也敢對矣監本以經辭字混入注首而疏中仍作非禮也敢辭卽一本中可證今從唐石經宋本儀禮鄭注○按張說是也注以辭爲不受對爲荅爲截然兩事二者皆曰不敢一則不敢不辭一則不敢不對疏引易注其義甚明故朱子敖氏皆從張說疏中非禮也敢辭句此本無辭字毛本於經注既依通解而疏中反增一辭字適滋後人之惑然此本標經文起止仍

有辭字蓋自唐石經之後誤讀已久校疏者不知而誤改耳

辭不受也毛本重辭字徐本不重要義敖氏載注亦不重集釋通解楊氏俱同毛本按經末辭字郎因注首辭字而誤衍在經宜删在注不必重唯魏氏敖氏得之張氏引注無也字

非禮也敢張氏通解要義同毛本敢下有辭字

瑣瑣斯其所取災瑣瑣上要義有旅字

爻互體艮要義無體字按王應麟輯周易鄭注亦有體字

管人爲客

管人管通解作館

飧不致

君不以束帛致命者按君疑云字之誤

草次饌具輕者要義同毛本饌作飧

賓不拜

以不致命命敖氏作也

卿大夫訝大夫

主人使大夫迎士訝者　陳閩通解楊氏俱無迎士者三字

主人使士迎　迎閩本作迓陳本通解俱作訝

及饗食燕皆迎之　通解要義楊氏同毛本無燕字

故鄭君無所止定　要義同毛本通解止作指

賓即館

如今宮府門外更衣處　通解同毛本要義楊氏宮俱作官要義無門外二字○按毛本不誤否則與周禮注不合

賓既將公事復見之以其摯　之唐石經徐本集釋要義敖氏俱作之通解楊氏俱作訝石經考文提要曰監本作見訝此因儀禮經傳通解之誤通解引此記與上文又見之以其摯不相屬故改爲訝傳寫者不知其意而沿之

此並行君物享主國君　要義同毛本物作聘

有報訝者　要義同毛本有上有向字

凡四器者

云言四國獨此以爲寶者　毛本要義無四字按各本注俱無四字又此以注作以此

是其玉稱寶 要義同毛本其作以

宗人授次

云諸侯及卿大夫之使者 要義同毛本之下有所字○按注有所字

使其臣聘使大聘小聘 通解要義楊氏同毛下使字作侯

止於次中 止要義作至次陳閩通解俱作其

賓乃出次 次陳閩通解俱作也

上介執圭如重

此謂當將聘於主君廟門外 毛本當下有時字

賓入門皇

鞠躬如也 躬釋文作竆云劉音弓本亦作躬集釋亦作竆張氏曰尒疋云鞠究竆也鞠竆蓋複語自論語作鞠躬學者遂不復致思于其間安知非鞠竆若跛蹐之謂者乎如是則劉音亦誤矣從釋文盧文弨云廣雅𨉖𨉖謹敬也上邱六下邱弓反與此鞠竆字異音義同○按說文匑曲脊也𨉖即匑之俗體說文無𨉖古蓋通用竆字左傳宣十二年有山鞠竆乎此借常語爲物名也二字本雙聲今讀左傳者音鞠爲芎則與竆同音史記魯世家𨉖𨉖如畏然徐廣訓與廣雅同殆以二字音本相同故祇重言𨉖歟又按羣經音辨云鞠竆容謹也音弓鄭康成說孔子之執圭鞠竆如也今本作躬此

說當即本之釋文其曰今本作躬則賈氏時儀禮經注已俱作躬矣

下如授 授陳本作受

今亦然 要義同毛本通解今下有當字

故引之爲證 爲上要義有以字

引孔子之執圭者 要義同毛本無引字

授如爭承

謂就東楹授玉於主君時 陳閩同毛本授作受

如與人爭承取物 毛本通解承作接

下階

至此云舉足 徐本集釋俱無至字通解有按疏有至字無云字

則志趨卷遯而行也 徐本同毛本遯作豚釋文亦然張氏從之

及門

則志趨卷遯而行也者 毛本要義遯作豚

容色復故 容陳本作客

此謂聘記 要義同毛本記作畢

執圭入門鞠躬焉 魏氏曰温本作鞠窮焉○按以躬爲窮與釋文合考鞠躬字經注凡三見釋文於前注作音不云下同蓋偶遺之實皆作窮耳

亦謂將聘執圭入廟門時 要義同毛本將作方

及享

發舍氣也 徐本同毛本發下有氣字

私覿愉愉焉 愉愉釋文作愈愈

出如舒鴈

又舒緩於愉愉也 舒陳本作紓

賓之幣

其貨獻珍異 貨陳本作貢

多貨則傷于德

傷敗其爲德 徐本集釋俱無敗字與疏不合通解楊氏毛本俱有

對金玉是自然之物也 要義無是字

幣美則沒禮

忠信而無禮何傳乎 毛本何傳作可傳魏作何傳按檀弓注原文作何傳釋文云傳直專反本亦作傳音附

云愛之 愛要義俱作愛與注合下同毛本作受

此亦徵取彼文 毛本取彼作改

賄在聘于賄

禮玉束帛乘皮 毛本作禮用玉帛乘皮要義作禮用束帛乘皮

凡執玉

據絇組尺繅藉而言 毛本尺字在據字下

醴尊于東箱 毛本箱作廂唐石經徐陳集釋俱作箱○按上經宰夫實觶以醴疏引作箱是正字廂是俗字

既覿

皆云君命致之 云要義作以

擯者東面

於賓北舉幣　毛本北下有坐字陳閩通解坐上俱有東面二字

擯者與賓敵並受　毛本通解楊氏俱無並受二字

故云自後右客也　毛本云作亦無客字

賓固辭公荅再拜　再唐石經作再誤

注固亦衍字　陳本同毛本作注拜受至衍字○按毛本是

若君不見

君有疾　疾陳閩俱誤作宮葛本作病

自下聽命自西階升受　階唐石經作門誤

自左南面受圭　左閩本作下

不禮

辟正圭也古文禮作醴　下五字諸本俱脫嚴本集釋通解敖氏俱有敖氏古誤作今

幣之所及

是下大夫未嘗使者也陳本無下字閩本擠入

賜饔

故云士介四人陳監同毛本故作後

僕爲祝

諸侯不使人攝要義毛本不作亦許宗彥云疏意始終謂諸侯亦攝雖引覲禮而後申之以大小祝俱不行是其意謂覲禮釋幣之祝亦是使人攝之者

聘日致饔日唐石經作自誤

急歸大禮此注毛本俱脫徐本集釋通解楊氏俱有浦鏜云四字脫從周禮外饔司儀掌客諸疏校○按前賓迎再拜節亦引此注又按此經通解三見一在歸饔餼章一在問卿章一在夫人歸禮章前一條有注後兩條無注校者止據後兩條遂逸其注

既致饔

乘禽乘行之禽也嚴本集釋敖氏同毛本上禽字作謂

饗食燕獻無日數要義同毛本獻作饗○按作獻與下文注與疏並合

王稍所給賓客者要義同毛本王作主○按周禮槀人注正作王

乘禽日五雙 要義同毛本五作伍○按聘義作五

云鴈鶩之屬者案爾雅二足而羽 十三字盧文弨移置下文則一雙也下刪一羽字按疏意欲以二足釋雙字之義故引尔疋而截出之不必如盧所改要義毛本俱同

凡獻

其受之也上介受以入告之 徐本集釋楊敖同毛本通解也作止下之字敖在以字上

各以其爵朝服

此句似非其次宜在凡致禮下絕爛在此 毛本通解俱脫似非其次絕爛在此八字徐本集釋敖氏俱有與此本標目合

注此句至在此 毛本在此作禮下

士無饔○無擯 擯唐石經徐陳閩葛集釋通解楊敖俱作擯毛本作儐李氏曰當爲儐

大夫不敢辭

此句亦非其次宜在明日問大夫之下 毛本脫亦非其次四字徐本集釋俱有通解作此宜在明日問大夫下

凡致禮

案上經賓壹食壹饗　要義同毛本壹作一

亦實於籩者　要義同毛本籩下有筐字魏氏曰温本籩下有筐字○按下文兩言豆實實于籩則無筐是也注內筐字恐係衍文經不言籩實不必有筐字

明此饗之豆實　要義同毛本無饗字○按有饗字是也

晉侯享之以加籩　浦鏜云有誤以

得貺不過三獻　得貺要義作云云小字旁書

今豆有加　要義同毛本豆作臣

無饗者

故鄭以無饗禮解之　以下要義有士介二字

凡餼大夫

衆介米八筐　八聶氏作六○按六字與上經合

凡賓拜於朝

則知唯米稾芻薪等不拜也　通解要義同毛本無等字

燕則上介爲賓

以阼階西近主爲位階陳本作間

對戸牖南面爲大敬陳本無牖字閩本牖字擠入

曰子以君命在寡君曰上集解通解俱有辭字

又拜送此節經注唐石經徐本集釋俱在君貺寡君節下敖同毛本

自拜聘享至此亦非其次宜承上君館之下徐本集釋俱如是毛本脫九字通解祇有下七字

賓於館○主人不拜毛本主誤作王

若賓敬主宜致賓敬陳本作不拜

大夫來使

此無罪饗之陳本同毛本饗作享

過則餼之

腥致其牢禮也徐陳通解楊氏同毛本集釋腥作生

主君毛本君下有不親饗食所以愧厲之也十字要義有云云二字按既無下十字則主君下必加云云二字文義方足當從要義

云不言罪者罪將執之者毛本無者罪二字要義無云字有者罪二字按上既有云云二字故此句之首不加云字凡疏例述注亦有無云字者

其介爲介

則是從賓爲介得介則饗毛本無得介則饗四字介下有之外二字通解楊氏同

有大客後至

卑不與尊者齊禮徐本集釋通解同毛本楊氏無者字

則無君朝之事要義同毛本則作而

十斗曰斛

今文籔爲逾徐陳集釋通解敖氏同毛本文作八

四秉曰筥

若今萊陽之閒陽通解楊敖俱作易釋文宋本亦作易今本作易按萊易二地名故云之閒或誤作易遂誤作陽

十筥曰稯

古文稯作緵緵閩本作稯釋文通解俱作緵

儀禮注疏卷二十四校勘記

唐朝散大夫行大學博士弘文館學士臣賈公彥等撰

公食大夫禮第九 疏 公食大夫禮第九○鄭目錄云主國君以禮食小聘大夫之禮於五禮屬嘉禮大戴第十五小戴第十六別錄第九○釋曰鄭知是小聘大夫者案下文云宰夫自東方薦豆六於醬東設黍稷六簋又設庶羞十六豆此等皆是下大夫小聘之禮下乃別云上大夫八豆八簋又云上大夫庶羞十六豆是食上大夫之法故知此篇據小聘大夫也若然聘禮據侯伯之大聘此。篇據小聘大夫者周公設經互見為義案篇末云魚腸胃倫膚若九若十有一下大夫則若七若九鄭注云此以命數為差九謂再命者十一謂三命者七謂一命者九或上或下者再命謂小國之卿次國之大夫也卿則曰上大夫則曰下大國之孤視子男以此言之魚腸胃倫膚皆七者謂子男小聘之大夫此公食序在聘禮之下是因聘而食之不言食賓與上介直云大夫者若云食賓與上介則小聘使下大夫上介乃是士是以直云大夫兼得大夫聘賓與上介亦兼小聘之賓若然聘禮據大聘因見小聘此公食先見小聘後言大聘者欲見大聘小聘或先或後不常之義

儀禮　鄭氏注

公食大夫之禮使大夫戒各以其爵戒猶告也告之必使同班敵者易以相親敬 疏 公食至其爵○注戒猶至親敬○釋曰自此盡如聘論主君使大夫就館戒聘客使來行食禮之事云各以其爵者此篇雖據子男大夫為正兼見五等諸侯大聘使卿之事故云各以其爵也

上介出請入告問所。以來事 疏 上介出請入告○注問所以來事○釋曰據大夫就賓館之門外賓使上介出請大夫所為來之事

三辭為既先受賜不敢當 疏 三辭○注為既至敢當○釋曰既先受賜者謂聘日致饔受賜大禮故今辭食不敢當之但受饔之時禮辭而已至於饗

食皆當三辭賓出拜辱拜使者屈辱來迎己大夫不荅拜將命不荅拜爲人使也將猶致也賓再拜稽首受命

大夫還復於君賓不拜送遂從之不拜送者爲從之不終事【疏】○賓不至從之○注不拜至終事○釋曰案鄉飲酒主人拜送賓不荅拜云禮有終此賓不拜送爲從之不終事故賓不拜送也若然鄉飲酒鄉射戒賓遂從之而云拜辱拜送者以其主人先反不相隨故得拜辱拜送覲禮使者勞賓於門外侯氏再拜遂送之使者既不先反猶拜送者尊天子使故也

賓朝服即位于大門外如聘於是朝服則初時玄端如聘亦入于次俟【疏】賓朝至如聘○注於是至次俟○釋曰云大門外如聘者則賓主設擯介以相待如聘時云於是朝服則初時玄端者初時謂賓發館時服玄端若鄉射主人朝服乃速賓鄭注云射賓輕也戒時玄端以此言之亦賓在館拜所戒大夫即玄端賓遂從大夫至君大門外入次乃去玄端著朝服出次即位也云如聘亦入於次俟者案聘禮賓皮弁聘至于朝賓入于次注云入于次者俟。辦則此入次亦俟主人。辦也若然聘禮重賓發館即皮弁此食禮輕及大門乃朝服

即位具主人也擯者俟君於大門外卿大夫士序及宰夫具其饌物皆於廟門之外【疏】即位具○注主人至之外○釋曰云擯者俟君於大門外者解即位之事云卿大夫士序及宰夫具其饌物皆於廟門之外者以其君迎賓入始言卿大夫以下廟內之位則知此具饌物時皆在廟門外也故鄭下文注云自卿大夫至此不先即位從君而入者明助君饗食賓自無事故不在大門內是其義也

羹定肉謂之羹定猶孰也著之者下以爲節【疏】羹定○注肉謂至爲節○釋曰云肉謂之羹者爾雅文云著之者下以爲節者羹定與下文陳鼎之節爲目也

甸人陳鼎七當門南面西上設扃鼏。鼏。若束若編七鼎一大牢也甸人冢宰之屬兼亨人者南面西上以其爲賓統於外也扃鼎扛所以舉之者也凡鼎。鼏蓋以茅爲之長則束本短則編其中央今文扃作鉉古文。鼏皆作密【疏】甸人至若編○注七鼎至作密○釋曰云七鼎一大牢也者案聘禮

致飧與饔餼皆九鼎此亦一大牢而七鼎者此食禮輕無鮮魚鮮腊與聘禮腥一牢鼎七同也云甸人冢宰之屬兼亨人者案天官有甸師氏兼有亨人皆屬冢宰彼天子禮諸侯比天子爲兼官故甸人兼亨人也必使甸人陳鼎兼亨人者案亨人職云掌共鼎鑊又案甸師職云掌帥其徒以薪蒸役外內饔之事故使甸人兼亨人陳鼎若然案少。牢饔定饔人陳鼎者以其無甸人官故饔人陳鼎也既夕士禮云甸人抗重又云甸人築。坅坎以士無臣使屬吏攝甸人之事非謂置此官也云凡鼎鼏蓋以茅爲之者諸文多言鼎鼏皆不言所用之物此經雖言若束若編亦不指所用之體故鄭云蓋以疑之然必知用茅者詩曰白茅。苞之尚書孔傳云苴以白茅茅是絜白之物故疑用茅也

設洗如饗必如饗者先饗後食如其近者也饗禮亡燕禮則設洗於阼階東南古文饗或作鄉

疏設洗如饗○注必如至作鄉○釋曰云必如饗者先饗後食如其近者也鄭據此文行食禮而云如饗明先饗設洗訖乃後食故。鄉前如之是先饗後食也案聘禮云公於賓。壹食再饗則食在饗前矣不言如燕禮者饗食在廟燕在寢則是饗食重先行之故二者自相先後是以不得用燕禮決之也引燕禮者欲見設洗之法燕與饗食同故無饗禮引燕禮而言也

小臣具槃匜在東堂下爲公盥也公尊不就洗小臣於小賓客饗食掌正君服位

疏小臣至堂下○注爲公至服位○釋曰知此爲公盥者案特牲尸尊不就洗盥用槃匜故知此所設槃匜亦爲公盥不就洗也云小臣於小賓客饗食掌正君位者按夏官小臣職云小祭祀賓客饗食如大僕之法此諸侯之聘客饗食故亦小臣掌之也

宰夫設筵加席几設筵於戶西南面而左几公不賓至授几者親設湆醬可以略此

疏宰夫至席几○注設筵至略此○釋曰云設筵於戶西南面而左几者以其賓在戶牖之閒南面又生人左几異於神右几故也云公不賓至授几者親設湆醬可以略此者決聘禮禮賓時公親授几者以無設湆醬之事故也故下記云不授几鄭云異於醴也

無尊主於食不獻酬

飲酒漿飲俟于東房飲酒清酒也漿飲酨漿也其俟奠於豐上也飲酒先言飲明非獻酬之酒

也漿飲先言漿別於六飲也【疏】飲酒至東房○注飲酒至飲也○釋曰云飲酒清酒也者按周禮酒正注先鄭云清酒祭祀之酒後鄭從之則此賓客用之者優賓故也云漿飲截漿也者截之言載以其汁滓相載故云截漢法有此名故也云其俟奠於豐上也者下云飲酒實於觶加于豐是也此云奠卽彼加也云飲酒先言飲明非獻酬之酒也者以其鄉飲酒燕禮等獻酬之酒皆不言飲飲之可知此擬酳口故言飲是異於獻酬酒故也是以酒人云共賓客之禮酒飲酒鄭注云禮酒饗燕之酒不言飲食之酒云飲亦是其義也云漿飲先言漿別於六飲也者按漿人云共王六飲水漿醴涼醫酏彼先云六飲後云水漿與此先云漿不同故云先云漿別於六飲必別於六飲者彼六飲爲渴而飲此漿爲酳口不爲渴故異之

凡宰夫之具饌于東房 凡非一也飲食之具宰夫所掌也酒漿不在几中者雖無尊猶嫌在堂【疏】凡宰至東房○注凡非至在堂○釋曰云酒漿不在几中者雖無尊猶嫌在堂者以其酒漿常在堂若不特言之則几中不含之。言謂酒漿仍在堂故上特言之

公如賓服迎賓于大門內 不出大門降於國君【疏】公如至門內○注不出至國君○釋曰自此盡階上北面再拜稽首論主君迎賓入拜至之事○云不出大門降於國君者按周禮司儀云將幣交擯三辭車逆拜辱賓車進荅拜又云致饔餼饗食皆如將幣之儀是國君來則出迎也

大夫納賓 大夫謂上擯也納賓以公命

公入門左公再拜賓辟再拜稽首 左西方賓位也辟逡遁不敢當君拜也

公揖入賓從 揖入道之

及廟門公揖入 廟禰廟也【疏】及廟門公揖入○注廟禰廟也○釋曰儀禮之內單言廟者皆據禰廟是以昬禮納采云至于廟記云凡行事必用昬昕受諸禰廟以此而言則言廟皆禰廟也若非禰廟則言廟祧若聘禮云不腆先君之祧問。卿云受于祖廟之類是也但受聘在祖廟食饗在禰燕。輕於食饗又在寢是其差次也

賓入三揖 每曲揖及當碑揖相人偶

至于階三讓 讓先升【疏】至于階三讓○釋曰按曲禮云客若降等則就主人之階主人固辭然後客復

就西階此亦降等初卽就西階者此君與客食禮禮之正彼謂大夫士以小小燕食之禮故與此不同也

公升二等賓升遠下人君

疏 公升二等賓升○注遠下人君○釋曰言遠下人君者亦取君行一臣行二之義也

大夫立于東夾南西面北上東夾南東西節也取節於夾明東於堂

疏 大夫至北上○注東夾至於堂○釋曰此謂主國卿大夫立位云取節於夾明東於堂者序已西爲正堂序東有夾室今大夫立于夾室之南是東于堂也

士立于門東北面西上統於門者非其正位辟賓在此

疏 士立至西上○注統於至在此○釋曰案燕禮大射士在西方東西北上不統於門又在門東北面宜東統於君今在門東西上統於門者以賓在門西辟賓在此非正位故也

小臣東堂下南面西上宰東夾北西面南上宰宰夫之屬也古文無南上

疏 小臣至南上○注宰宰至南上○釋曰云宰東夾北西面南上者謂在北堂之南與夾室相當故云夾北也云宰宰夫之屬也者以經云南上則非止一人但宰官之內有宰夫之等是以下有宰夫之官皆於此立可知故云之屬也若然宰尊官在小臣之下者以其小臣位在北堂南故先見之非謂尊卑先後爲次也

內官之士在宰東北西面南上夫人之官內宰之屬也自卿大夫至此不先卽位從君而入者明助君饗食賓自無事

疏 內官至南上○注夫人至無事○釋曰云夫人之官內宰之屬也者經云內官按周禮天官內宰下大夫掌王后已下彼天子內官諸侯未必有內宰以其言內官之士以士爲之明當天子內宰故舉內宰況之也云自卿大夫至此不先卽位從君而入者明助君饗食賓自無事者按前聘時君迎客于大門內時卿大夫已下入廟卽位者受聘事重非饗食之事故先入廟卽位此已下雖有宰及宰夫者皆有事及大夫二。牲士庶羞之等皆助君食賓非己之事故後入也

介門西北面西上西上自統於賓也然則承擯以下立於士西少進東上

疏 介門至西上○注西上至東上○釋曰云然則承擯以下立于士西少進東上者以其介統於賓而西上則擯

統於君而東上可知承擯以下既是有事之人承擯是大夫又尊於士故知少進東上不言上擯者上擯有事其位不定故不言公當楣北鄉

至再拜賓降也公再拜楣謂之梁至再拜者興禮俟賓嘉其來也公再拜賓降矣

【疏】公當至再拜○注楣謂至降矣○釋曰自此盡稽首論公拜至賓荅拜之事云公再拜賓降矣者釋經賓降在至再拜下公再拜上以其至再拜者公已一拜賓即降下公再拜者賓降後又一拜雖一拜本當再拜故皆以再拜言之猶下侑幣之時公一拜賓降公再拜注云賓不敢。俟成拜也若然鄭云公再拜賓降矣者解經至再拜。者賓降。也

賓西階東北面荅拜西階東少主君敬也

就擯者辭辭拜於下

拜也公降一等辭曰寡君從子雖將拜興也賓降再拜公降擯者釋辭矣賓猶降終其再拜稽首興起也

賓

【疏】賓西至荅拜○釋曰自此盡稽首論賓降荅拜之事此云荅拜下云拜也並據賓公未降之前賓為一拜以其賓始一拜之閒公降一等故閒在一辭之中是以鄭云賓降再拜釋經北面拜荅及拜也云公降擯者釋辭矣者解經辭曰寡君從子雖將拜興也鄭注云賓猶降終其再拜稽首者按下文賓栗階升不拜升既不拜略於下雖辭賓猶終降再拜稽首也若然擯者辭拜於下之時其位在下故下記云卿擯由下注云不升堂是也按下文云擯者退負東塾而立。注云無事又云擯者進相幣然則擯者有事則進無事則退故負東塾也

賓栗階升不拜自以己拜也栗寔栗也不拾級連步趣主國君之命不拾級而下曰辵

【疏】賓栗階升不拜○注自以至曰辵○釋曰云自以己拜也者於堂下終為再拜稽首故於堂上不拜也云栗。寔栗也者謂疾之意也云不拾級連步者曲禮云拾級聚足連步以上鄭注云拾當為涉聲之誤也級等也涉等聚足謂前足躡一等後足從之併此涉級也連步鄭云重蹉跌也連步謂足相隨不相過也其連步據足而言涉級據階而說其實一也此等尋常升法此栗階據趨君命而上按燕禮記云凡君所辭皆栗階注云栗蹙也謂越等急趨君命也又曰凡栗階不過二等注云其始升猶聚足連步越二等左右足各

一發而升堂是栗階之法也云不拾級而下曰辵者凡升降有四種云辵者君臣急諫諍則越三等爲辵階越一等爲歷階又有連步又有栗階爲四等也義已具於燕禮記疏也命之成拜階上北面再拜稽首賓降拜主君辭之賓雖終拜於主君之意猶爲不成【疏】命之至稽首○注賓降至不成○釋曰按論語孔子云拜下禮也今拜乎上泰也是以上文主君雖辭賓猶終拜於下盡臣之禮爲成拜主君之意猶以爲不成故命之升成拜賓遂主君之意故升更拜也士舉鼎去冪。于外次入陳鼎于碑南。面西上右人抽扃坐奠于鼎西南順出自鼎西左人待載入由東出由西明爲賓也今文奠爲委古文待爲持【疏】士舉至待載○注入由至爲持○釋曰自此盡逆退復位論鼎入。已載之事云去。冪於外次入者次入謂序入也故少牢云序入去冪於外者以其入當載於俎故去之也士喪。士。虞皆入乃去冪者喪禮變于吉故也雍人以俎入陳于鼎南旅人南面加匕于鼎退旅人雍人之屬旅食者也雍人言入旅人言退交互相備也出入之由亦如舉鼎者匕俎每器一人諸侯官多也【疏】雍人至鼎退○注旅人至多也○釋曰云旅人雍人之屬者卽燕禮云尊士旅食于門西兩圜壺鄭云士旅食者所謂庶人在官者也引王制解之者是也云雍人言入旅人言退文互相備也者雍人言入亦退旅人言退亦入皆入而退去故云文互相備也云每器一人諸侯官多也者按少牢云鼎序入雍正執一匕以從雍府執四匕以從司士合執二俎以從司士贊者二人皆合執二俎以相。從是大夫官少故每人兼執也若然特牲云贊者執俎及匕從鼎入士虞亦云匕俎從士昏禮亦云匕俎從設彼注云執匕者執俎者從鼎而入設之不言并合者士官彌少并合可知不言者文不具或。可士禮又異於大夫執鼎人兼執匕俎故士喪禮小斂大斂奠舉鼎者兼執俎也若依前釋則士喪禮略威儀故也大夫長盥洗東南西面北上序進盥退者與進者交于前卒盥序進南面。匕長以長幼也序猶更也前洗南【疏】大夫至面匕○注長以至洗南○釋曰云進盥退者與進者交于前鄭云前謂洗南但言前不云北鄉飲酒鄉射賓盥北

面則此大夫亦皆北面可知云長以長幼也者若燕禮云命長之類皆據長幼爲長不謂衆中之長者也載者西面載者左人亦序自鼎東西面於

其前大夫匕則載之【疏】載者西面○注載者至載之○釋曰前云左人待載其時鼎東南面今大夫鼎北面南匕之左人當載故序自鼎東西面於其前矣

俎正當鼎南則載者在鼎南稍東也魚腊飪飪孰也食禮宜孰饗有腥者【疏】魚腊飪○注飪孰至宜孰○釋曰上文直云羹定肉謂之羹恐魚腊

不在羹定之中故此特著魚腊飪也以食禮尚孰故皆飪也○注饗有腥者○釋曰樂記云大饗而俎腥魚鄭注云以腥魚爲俎實不臑孰之是饗禮有腥也

又宣公十六年冬晉侯使士會平王室定王享之原襄公相禮殽烝武子私問其故王聞之召武子曰季氏而弗聞乎王享有體薦宴有折俎公當享卿當宴

王室之禮也又國語云禘郊之事則有全烝王公立飫則有房烝親戚宴饗則有殽烝以此觀之明饗有腥以饗禮用體薦體薦則腥矣故禮記云腥其俎謂

豚解而腥之豚解者皆腥也載體進奏體謂牲與腊也奏謂皮膚之理也進其理本在前下大夫體七个【疏】載體進奏○注體謂至七个○

釋曰三牲與腊皆載體直言體不辨體形及數以下魚腸胃倫膚皆言七則此亦七體故鄭云下大夫體七个若然七个此不言體形按士虞記云升左肩臂

臑肫骼脊脅七體彼喪禮用左又按鄉飲酒鄉射記皆云右胖進腠則此亦用右胖肩臑臂肫骼脊脅可知既用右胖則左胖爲庶羞其庶羞者此下大夫十

六豆上大夫二十豆是也若致飧及歸饔餼腥鼎皆無庶羞鄉飲酒鄉射燕禮大射雖同用狗一牲以其亨亨亦皆有庶羞也云奏謂皮膚之理進其理本在

前者此謂生人食法故進本本謂近上者若祭祀則進末故少牢云進下鄭云變於食生是也魚七縮俎寢右右首也寢右進鬐也乾魚近腴

多骨鯁【疏】魚七縮俎寢右○注右首至骨鯁○釋曰云縮俎者於人爲橫縮縱也魚在俎爲縱於人亦橫云寢右鄭云右首也寢右進鬐也賓在戶牖之

閑南面俎則東西陳之魚在俎首在右腹腴鄉南嚮脊也進脊在北鄉賓必以脊鄉賓者鄭云乾魚近腴多骨鯁故不欲以腴鄉賓取脊少骨鯁者鄉賓優賓故也若祭祀則進腴以鬼神尚氣腴者氣之所聚故少牢進腴是也

腸胃七同俎以其同類也不異其牛羊腴賤也此俎實凡二十八

疏腸胃七同俎○注以其至十八○釋曰云以其同類也者釋經同俎以其牛羊同是畜類也云不異其牛羊腴賤也者以牲體則異俎及此腸胃即同俎以其腹腴賤故略之同俎也云此俎實二十八者牛羊各有腸胃腸胃各七四七二十八也但此腸胃與牲或同鼎同俎或別鼎別俎何者據此下文七鼎腸胃與牲別鼎別俎是其正法取其鼎俎奇也少牢五俎腸胃與牲同鼎者以其有鮮獸若腸胃別鼎則六不得奇故并腸胃與牲同鼎有司徹亦然此腸胃七者以其與牲體別鼎故取數於牲亦七少牢并腸胃於牲鼎故云腸三胃三取數於脊脅各三也賓尸禮殺於正祭故腸胃各一既夕盛。葬奠故腸胃五也

倫膚七倫理也謂精理滑。脃者今文倫或作論

疏倫膚七○釋曰。倫膚謂豕之皮革爲之但此公食大夫爲賓用爲美故膚與腸胃皆別鼎俎特牲腥有三鼎魚腊不同鼎故膚從牲同鼎有司徹雖同少牢。亦止三鼎而已羊豕魚皆一鼎故膚還從於牲鼎也又此膚與牲體之數亦七而少牢膚九者此食禮故膚從體數少牢大夫之祭膚出下牲故取數於牲之體而九也

腸胃膚皆橫諸俎垂之順其在牲之性也腸胃垂及俎拒

疏腸胃至垂之○注順其至俎拒○釋曰腸胃得在牲而垂膚亦言順牲之性者從多而言云垂及俎拒者少牢云腸三胃三垂及俎拒是也

大夫既匕匕奠于鼎逆退復位事畢宜由便也士匕載者又待設俎

疏大夫至復位○注事畢至設俎○釋曰士匕載者又待設俎者以上文云士舉鼎又云左人待載下文云士設俎于豆南是載者又待設俎可知也

公降盥將設醬

疏公降盥○注將設醬○釋曰自此盡各卻于其西論公與宰夫爲賓設正饌之事云將設醬者下云公設之是以盥手也

賓降公辭辭其從己卒盥公壹揖壹讓公升賓升

揖讓皆。壹殺於初古文壹皆作一宰夫自東房授醯醬授授公也醯醬以醯和醬【疏】宰夫至醯醬○注授授至和醬○釋曰按記云蒲筵常長丈六尺於堂上戶牖之閒南面設之乃設正饌於中席已東自中席已西設庶羞也云醯醬以醯和醬者按歸饔餼醯醢別知此醯醬不別而以醯和醬者此經所陳物異者皆別器此醯醬下但言醬不別言醯明以醯和醬可知祭祀無此法以生人尚褻味故有之公設之以其爲饌本賓辭北面坐遷而東遷所東遷所奠之東側其故處【疏】賓辭至遷所○注東遷至故處○釋曰云東遷所者謂以西爲上君設當席中故東遷之辟君設處側近也近其故處公立于序內西鄉不立阼階上示親饌【疏】公立至西鄉○注不立至親饌○釋曰云不立阼階上示親饌者以其君之行事皆在阼階上今近阼北者以其設饌在戶西近北今君亦近北是。亦親監饌故也賓立于階西疑立不立階上以主君離阼也疑正立也自定之貌今文曰西階宰夫自東房薦豆六設于醬東西上韭菹以東醯醢昌本南麋臡以西菁菹鹿臡醓醢醢有醓昌本昌蒲本菹也醢有骨謂之臡菁蔓菁菹也今文臡皆作麋【疏】宰夫至鹿臡○注醓醢至作麋○釋曰云醓醢醢有醓者按周禮醢人云朝事之豆韭菹醓醢已下依此爲次彼注云醓肉汁也則此醓醢是肉之汁昌本者彼注云昌蒲根又按彼注齏菹之稱菜肉通又云細切爲齏全物若牒爲菹又按彼經爲菹者經言菹不言齏菹者即是齏也彼言昌本亦即齏也此注云菹者齏菹麤細爲異通而言之齏亦得爲菹故云菹也云醢有骨者謂爲臡案爾雅釋器云肉爲之醢有骨者謂。之臡又鄭司農云有骨爲臡無骨爲醢也云菁蔓菁菹也者即今之蔓。菁也士設俎于豆南西上牛羊豕魚在牛西腊腸胃亞之亞次也不。言綪錯俎尊【疏】士設俎至亞之○注亞次至俎尊○釋曰云不言綪錯俎尊者上設豆綪陳之下設黍稷錯陳之此設俎不綪不錯者。但尊故也膚以爲特直豕與腸胃東。也特膚者出下牲賤【疏】膚以爲特○注直膚豕至牲賤○釋曰云出下牲賤者以豕在牛羊之下賤膚豕之所出故云出下牲賤特之於俎東也

旅人取匕甸人舉鼎順出奠于其所以其空也其所謂當門【疏】旅人至其所○釋曰前旅人以匕入加於鼎退出今還使之取匕前士舉鼎入今不使士舉鼎出者以其士載訖遂設俎於賓前事未畢故甸人舉鼎而出也

宰夫設黍稷六簋于俎西二以並東北上黍當牛俎其西稷錯以終南陳並併也今文曰併古文簋皆作軌

大羹湆不和實于鐙宰右執鐙左執蓋由門入升自阼階盡階不升堂授公以蓋降出入反位大羹湆煑肉汁也大古之羹不和無鹽菜瓦豆謂之鐙宰謂大宰宰夫之長也有蓋者饌自外入爲風塵今文湆爲汁又曰入門自阼階無升【疏】大羹至反位○注大羹至無升○釋曰云以蓋降出入反位者宰位在東夾北西面南上今以蓋降出送於門外乃更入門反於東夾北位也云大羹湆煑肉汁也大古之羹者謂是大古五帝之羹云不和無鹽菜也大古質故不和以鹽菜對鉶羹調之以鹽菜者也云瓦豆謂之鐙詩云于豆于登毛亦云木曰豆瓦曰登云宰謂大宰宰夫之長者以單言宰諸侯三卿無大宰以司徒兼大宰大宰之下有宰夫故云宰夫之長也

公設之于醬西賓辭坐遷之亦東遷所【疏】公設至遷之○注亦東遷所○釋曰言亦者亦前醬東遷所以醬既東遷所今於醬西遷之明亦東遷所移之故醬處也

宰夫設鉶四于豆西東上牛以西羊羊南豕豕以東牛鉶菜和羹之器【疏】宰夫至東牛○注鉶。菜。和。羹之器○釋曰云鉶菜和羹之器者下記云牛藿羊苦豕薇是菜和羹以鉶盛此羹故云之器也據羹在鉶言之謂之鉶羹據器言之謂之鉶鼎正鼎之後設之謂之陪鼎據入庶羞言之謂之羞鼎其實一也

飲酒實于觶加于豐豐所以承觶者也如豆而卑

宰夫右執觶左執

豐進設于豆東食有酒者優賓也設于豆東不舉也燕禮記曰凡奠者於左疏宰夫至豆東○注食有至於左○釋曰云食有酒者優賓也者按下文宰夫執漿飲賓與受唯用漿酳口不用酒今主人猶設之是優賓引燕禮者彼據酒主人奠於薦左賓不飲取奠於薦右此酒不用故亦奠於豆東酒義雖異不舉是同故引為證也按燕禮無此文鄉飲酒鄉射記皆云凡奠者於左舉者於右不同之而引燕禮記者此必轉寫者誤鄭本引鄉飲酒鄉射之等也

宰夫東面坐啓簋會各郤于其西會簋蓋也亦一一合郤之各當其簋之西疏注會簋至之西○釋曰云亦一一合郤之者郤者仰也簋蓋有六兩兩皆相重而仰之謂之郤合故云一一郤合之各當其簋之西為兩處亦者亦少牢故少牢云佐食啓會蓋二以重設于敦南也

贊者負東房南面告具于公負東房負房戶而立也南面者欲得鄉公與賓也疏贊者至于公○注負東至賓也○釋曰自此盡醬湆不祭論賓所祭饌之事經直云負東房鄭知負房戶而立者以公在東序內賓在戶西雖告具于公且欲使賓聞之故知於房近西是以鄭云得鄉公與賓也

公再拜揖食再拜拜賓饌具賓降拜荅公拜公辭賓升再拜稽首不言成拜降未拜賓升席坐取韭菹以辯擩于醢上豆之閒祭擩猶染也今文無于贊者東面坐取黍實于左手辯又取稷辯反于右手興以授賓賓祭之取授以右手便也賓亦興受坐祭之於豆祭也獨云贊興優賓也少儀曰受立授立不坐疏贊者東面至祭之○注取授至不坐○釋曰此所授者皆謂遠賓者故菹醢及鉶皆不授以其近賓取之易故不言按曲禮云殽之序辯祭之故知雖不授亦祭可知也經直云祭知祭之於豆祭者按少牢云尸取韭菹辯揳于三豆祭于豆閒故知於豆祭也云獨云贊興優賓者欲見賓坐而不興是優賓其實俱興也引少儀者欲見贊興賓亦興之義以其賓坐贊亦坐故也

三牲之肺不離贊者辯取之壹以

授賓肺不離者刌之也不言刌刌則祭肺也此舉肺不離而刌之便賓祭也祭離肺者絕肺祭也壹猶稍也古文壹作一疏三牲至授賓○注肺不至猶絕也○釋曰云肺不離者刌之也者按少儀云牛羊之肺離而不提心鄭云提猶絕也刌之不絕中央少者此即爲食而舉肺也少牢云舉肺一長終肺祭肺三皆切之是祭肺切舉肺不切云不言刌刌則祭肺也者是與祭肺同其實舉肺云祭離肺者絕肺祭也者此鄭解舉肺將祭之時絕末而祭之與祭肺異也凡與肺有二名一名離肺亦名舉肺祭肺亦名刌肺也

賓與受坐祭於是云賓與受坐祭重牲也賓亦每肺與受祭於豆祭

挩手扱上鉶以柶辯擩之上鉶之閒祭扱以柶扱其鉶菜也挩拭也拭以巾疏挩手至閒祭○注扱以至以巾○釋曰此云上鉶之閒祭者著其異於餘者餘祭於上豆之閒此鉶別自祭鉶閒云挩拭也拭以巾者案內則左佩紛帨帨即佩巾而云挩拭拭手以巾似帨不名巾者本名帨者以拭手爲名其實名巾故鄭舉其實稱也此有四鉶而云扱上鉶辯擩則唯有一柶優賓故用一柶而已少牢二鉶祭神故宜各有柶也

祭飲酒於上豆之閒魚腊醬湆不祭不祭者非食物之盛者疏祭飲至不祭○注不祭至盛者○釋曰此不祭者以正在饌之內以其有三牲之體魚腊湆醬非盛者故不祭也若入庶羞則祭之故下文云士羞庶羞皆有大又云辯取庶羞之大與一以授賓賓受兼壹祭之少儀云祭膴膴詁爲大魚肉之臠是亦祭之

宰夫授公飯粱公設之于湆西賓北面辭坐遷之既告具矣而又設此殷勤之加也遷之遷而西之以其東上也疏宰夫至遷之○注既告至上也○釋曰自此盡降出論設加饌粱與庶羞之事云遷之遷而西之以其東上也知粱東上者下文宰夫膳稻于粱西是以粱在東爲上也

公與賓皆復初位位序內階西疏公與賓皆復初位○注位序內階西○釋曰按上公設醬時立于序內賓立於階西此云公與賓復初位故知公還在序內賓還在階西也

宰夫膳稻于粱西膳猶進也進稻粱者以簠疏

宰夫至粱西○注膳猶至以簠○釋曰知進稻以簠者下記云簠有蓋冪鄭注云稻粱將食乃設去會於房蓋以冪上云設黍稷訖云卻會此稻粱不云卻會者先於房去之故也

士羞庶羞皆有大蓋執豆如宰羞進也庶衆也進衆珍味可進者也大以肥美者特為臠所以祭也魚或謂之膴膴大也唯醢醬無大如宰如其進大羹湆右執鐙左執蓋

疏士羞至如宰○注羞進至執蓋○釋曰云皆有大者中有二物三物之肉兼有魚也云魚或謂之膴膴大也者。或有司徹云尸俎五魚侑主人皆一魚皆加膴祭于其上是也少儀云膴祭也云唯醢醬無大者鄭注周禮醢人作醢之法先膊乾其肉乃後莝之雜以粱麴及鹽漬以美酒塗置甄中百日則成矣何大臠之有也醬則醢也亦無大臠也

先者反之由門入升自西階庶羞多羞人不足則相授於階上復出取也

疏先者反之○。釋曰反之者以其庶羞十六羞豆人不足故先至者反取之下文云先者一人升設於稻南其人不反則此云先者反之謂第二已下為先者也

先者一人升設于稻南簋西閒容人簋西黍稷西也必言稻南者明庶羞加不與正豆併也閒容人者賓當從閒往來也

疏注簋西至往來也○釋曰簋西黍稷西也必言稻南者以其黍稷西。近北有稻故庶羞設黍稷西南南陳之是稻。粱與庶羞俱是加故南北相繼。而在黍稷正饌之西是。下不與正豆併也云閒容人者賓當從閒往來也者下文賓左擁。簠粱右執湆以降公辭升反奠于其所是賓往來也

旁四列西北上不統於正饌者雖加自是一禮是所謂羹胾中別

疏旁四列西北上○注不統至中別○釋曰云所謂羹胾中別者按曲禮云左殽右胾彼云殽骨體也此肉謂之羹亦一也殽為正饌胾。謂切肉則庶羞云左殽右胾則曰此正饌在東庶羞在西閒容人同故謂所謂羹胾中別也

膷以東臐膮牛炙膷臐膮今時臛也牛曰膷羊曰臐豕曰膮皆香美之名也古文膷作香臐作薰

炙南醢以西牛胾醢牛鮨先設醢縡之以次也。肉則謂鮨為。膾然則。膾用鮨今文鮨作鰭

疏注先設醢縡之以次也○釋曰此云先設

醢緌之次而特牲注云以有醢不得緌也與此設設醢緌之以次違者大凡醢配胾是其正而醢卑于胾今牛羊豕胾皆在醢下者直是緌之次非尊卑之列特牲以一有醢若緌之當醢在胾上不成錯故不得緌少牢四豆羊胾醢故得緌而錯與此同也鮨南羊炙以東羊胾醢豕炙炙南醢以西豕胾芥醬魚膾芥醬芥實醬也內則曰膾春用葱秋用芥衆人騰羞者盡階不升堂授以蓋降出騰當作媵媵送也授授先者。一。人贊者負東房告備于公。復告庶羞具者以其異饌疏贊者至于公○釋曰自此盡兼壹祭之論贊告饌具賓祭之事贊升賓以公命命賓升席疏贊升賓○注以公命命賓升席○釋曰前設饌訖贊者告具于公公再拜揖食此使贊升賓者以其禮殺故也是以上文正饌公先拜賓荅拜此賓先拜公公荅拜爲異也賓坐席末取粱即稻祭于醬湆閒即就也祭稻粱不。於豆祭。祭。加。宜於加疏注即就至於加○釋曰云祭稻粱不於豆祭祭加宜於加加者按下文云賓三飯以湆醬注云每飯歠湆以肴擩醬食正饌也三飯而止又云不以湆醬注云不復用正饌也則此湆醬是正饌而云加者但湆醬與粱皆是加故公親設之下文爲正饌而。此。云加者爲湆醬雖是加以在正饌之上得與正饌爲本故名正饌其實是正饌之加故公親設之也贊者北面坐奠取庶羞之大興一以授賓賓受兼壹祭之。壹。壹受之而兼。一祭之庶羞輕也自祭之於膷臐之閒以異饌也疏贊者至祭之○注壹壹至饌也○釋曰壹壹受之而兼一祭之庶羞輕也者決上三牲之。脯祭之今此祭庶羞异之故云輕也云自祭之於膷臐之閒以異饌也者不云於豆祭而云於膷臐之閒以祭宜於加故也賓降拜拜庶羞疏賓降拜○注拜庶羞○釋曰自此盡魚腊不與論賓正食受侑幣至於食終之事公辭賓升再拜稽首公荅再拜賓北面自閒坐左。擁。簠。粱右執湆以降自閒坐由兩饌之閒也擁抱也必取粱者公所設也以之降者堂尊處欲食於階下然也公辭賓西面坐奠于階西東面對西面坐取之栗階升北面反奠于其所降辭公奠而後對成其意也降辭公敬也必辭公者爲其尊而親臨己食侍食贊者之事【疏】注奠而至之事○釋曰云成其意者謂成其食降階下之意故奠乃對此決下文大夫相食賓執粱與湆之西序端主人辭賓反之而不奠也公許賓升公揖退于箱箱東夾之前俟事之處【疏】注箱東至之處○釋曰按爾雅有東西廂曰廟其夾皆在序外故也知是俟事之處者正以此文公揖退于廂而俟賓食即待事之處也擯者退負東塾而立無事賓坐遂卷加席公不辭贊者以告公公聽之重來優賓【疏】賓坐至不辭○注贊者至優賓○釋曰知云贊者以告公公聽之者公既在序外賓食在戶西若不告公公何以知之明知贊者告公也云重來優賓者若公來則勞賓不來則賓不勞故難重來而不來則優饒賓也賓三飯以湆醬每飯歠湆以肴擩醬食正饌也三飯而止君子食不求飽不言其肴優賓【疏】賓三飯以湆醬○注每飯至優賓○釋曰云每飯歠湆以殽擩醬者按曲禮三飯主人延客食胾然後辯殽鄭注云先食胾後食殽殽尊此先食殽者彼鄭云大夫士與客燕食之法其禮食宜放公食大夫禮云若然此爲禮食故先食殽大夫士與客燕食則先食胾故不同又按昏禮同牢云贊爾黍授肺脊皆食以湆醬皆祭舉食舉也注云皆食以用也用者謂歠湆擩醬而不食殽者此公食賓禮解體折節明食殽可知彼豚解者皆不食故彼不食殽也是以彼又云三飯卒食注同牢示親不主爲食起三飯而成禮也故不食殽也但湆言啜淡故也醬言擩鹹故也云三飯而止君子食不求飽者解三飯而止故下宰夫進漿是不求飽故引論語學者食不求飽爲證也云不言其殽優賓者案特牲少牢尸食時舉殽皆言次第此不言者任賓取之是優賓也宰夫執觶漿飲與其豐以進此進漱也非爲卒食爲將有事緣賓意欲自潔清賓挩手興受受觶宰夫

設其豐于稻西酒在東槃在西是所謂左酒右槃疏宰夫至稻西○注酒在至右槃○釋曰云酒在東槃在西者案上飲酒實于觶宰夫設于豆東是酒在東也云槃在西者即此經設於稻西是也云是所謂左酒右槃者按曲禮云酒槃處右鄭云此言若酒若槃耳兩有之則左酒右槃云兩有者據此公食而言左酒右槃也庭實設乘皮賓坐祭遂飲奠於豐上飲漱公受宰夫束帛以侑西鄉立束帛十端帛也侑猶勸也主國君以爲食賓殷勤之意未至復發幣以勸之欲用深安賓也西鄉立序內位也受束帛于序端疏公受至鄉立○注束帛至序端○釋曰云西鄉立序內位也者按上文公設醬公立于序內西鄉此經亦云西鄉立故知亦在序內位也云受束帛于序端者按大射禮公凡受於序端故每云公之所受者皆約之受於序端賓降筵北面以君將有命也北面於階上疏賓降筵北面○注以君至階上○釋曰云以君將有命者謂有束帛侑食之命故賓降筵北面於西階上以待主君之命擯者進相幣爲君釋幣辭於賓賓降辭幣升聽命降辭幣主國君又命之升聽命釋許辭疏賓降至聽命○注降辭至許辭○釋曰云主國君又命之升知者約聘禮禮賓賓降辭幣公降一等辭栗階升聽命是也降拜當拜受幣公辭賓升再拜稽首受幣當東楹北面主國君南面授之當東楹者欲得君行一臣行二也退西楹西東面立侯主國君送幣也退不負序以將降疏退西楹西東面立○注侯主至將降○釋曰按聘禮賓三退負序注云三退三逡遁也不言辟者以執圭將進授之彼皆當楣再拜故賓退負序此亦爲公拜送幣但在楹西耳故賓在階西不負序以將降故也公壹拜賓降也公再拜賓不敢俟成拜介逆出以賓事畢賓北面揖執庭實以出揖執者示親受公降立俟賓反上介受賓幣從者訝受皮從者府史之屬訝迎也今文曰梧受疏注從者至梧受○釋曰云從者府史之屬知非士介者此子男

小聘使大夫士介一人而已介已受賓幣故曰訝受者非士介是府史之屬也賓入門左沒霤北面再拜稽首便退則食禮未卒不退則嫌更入行拜若欲從此退疏賓入至稽首○注便退至此退○釋曰云便退則食禮未卒不退則嫌者此鄭探解賓意食禮自有常法三飯之後當受侑幣更入以終食禮故送庭實而後入是以鄭云便退則食禮未卒解經賓入之意云不退則嫌者謂有貪食之嫌解再拜稽首將辭之意是以更入行拜若欲從此退者待公設辭留賓之意也公辭止其拜使之卒食揖讓如初升如初入也賓再拜稽首公荅再拜賓拜拜主國君之厚意賓揖介入復位疏注賓揖介入復位○釋曰上文云介逆出下更云介逆出明知中閑介復入可知但復入之節當此賓入之時也賓降辭公如初將復食賓升公揖退于箱賓卒食會飯三飲卒已也已食會飯三漱漿也會飯謂黍稷也此食黍稷則初時食稻粱疏注卒已也至稻粱○釋曰知會飯是黍稷者見上文云宰夫東面坐啓簋會各卻於其西此云食會飯故知會飯者是黍稷也前賓三飯不云會以其簋盛稻粱以其稻粱無會故鄭云此食黍稷則初時食稻粱矣不以醬湆不復用正饌也初時食加飯用正饌此食正飯用庶羞互相成也後言湆者湆或時後用疏不以醬湆○注不復至後用○釋曰云初時食加飯用正饌此食正飯用庶羞互相成也者按上文賓三飯以湆醬注云每飯歠湆以殽擩醬是正饌稻粱是其加此云卒食會飯三飲不以醬湆鄭意以庶羞黍稷是其正庶羞是其加互相成而已言相成者既非互文直取饌食互相成而已云後言湆者前文賓三飯以湆醬先言湆後言醬是先用湆此後言湆或容前三飯後用湆也故作文有先後也挩手興北面坐取粱與醬以降西面坐奠于階西示親徹也不以出者非所當得又以己得侑幣疏注示親至侑幣○釋曰云不以出者非所當得又以己得侑幣者云不以出決士昏禮賓取脯出以授從者彼是己所當得此非直己得侑幣下文有司卷

三牲之俎歸于賓館是己所當得鄭不言三牲而言侑幣者據已得者而言之東面再拜稽首卒食拜也不北面者異於辭疏東面再拜稽首○注卒食至於辭○釋曰云卒食拜也不北面者按上文賓受侑幣出入門左沒霤北面再拜稽首其時辭欲退公留之卒食故決之以其待公留故北面此卒食禮終故東面為意有異故面位不同是以鄭云不北面者異於辭也公降再拜荅之也不辭之使升堂明禮有終介逆出賓出公逆于大門內再拜賓不顧初來揖讓而退不顧退禮略也示難進易退之義擯者以賓不顧告公公乃還也疏介逆至不顧○注初來至還也○釋曰云擯者以賓不顧告公公乃還也者知擯者告公者按經公送于大門內公不見賓矣而云賓不顧明知擯者告公公還入宴寢也此擯者告賓不顧即論語云賓退必復命曰賓不顧矣但彼據聘享訖此據食禮訖事雖不同復命云賓不顧矣即不異有司卷三牲之俎歸于賓館卷猶收也無遺之辭也三牲之俎正饌尤尊盡以歸賓尊之至歸之俎者賓于篚。它時有所釋故疏有司至賓館○注卷猶至釋故○釋曰云歸俎者賓于篚者此食禮無肵俎而言卷三牲之俎不言用俎唯云賓于篚按士虞禮亦無肵俎尸舉牲體皆盛於篚吉凶雖不同無肵俎是一故知同用篚也云它時有所釋故者解三牲之俎言卷案特牲及士虞尸卒食取俎歸於尸三个是有所釋此無所釋故稱卷也彼注云釋猶遺也遺者君子不盡人之歡不竭人之忠也魚腊不與以三牲之俎無所釋故也禮之有餘為施惠不言腸胃膚者在魚腊下不與可知也古文與作豫

儀禮疏卷第二十五

儀禮注疏卷二十五校勘記　阮元撰盧宣旬摘錄

公食大夫禮第九

此篇據小聘大夫者　通解楊氏篇下俱有據字毛本無

上介出請入告

問所以來事　毛本以下有爲字嚴本集釋要義俱無爲字張氏曰注曰問所以來事按釋文云以爲于僞反今本于以字下脫一爲字從釋文盧文弨云疏云賓使上介出請大夫所爲來之事無以字釋文或本是所爲誤作以爲也

賓朝服

入于次者俟辦　陳本通解要義同毛本辦作辨下同

甸人陳鼎七○鼏若束若編　鼏聶氏作冪注同

案少牢羹定　毛本牢作窂○按牢字是

甸人築坅坎　陳本同毛本坅作埳○按坅五錦反宜從陳本

詩云白茅苞之　云陳本作曰苞要義作苞毛本作包○按作苞是也

設洗如饗

故鄉前如之毛本鄉誤作饗

公於賓壹食再饗要義同毛本壹作一按聘禮作壹

凡宰夫之具

言謂酒漿仍在堂浦鏜云言疑嫌字誤

及廟門

問卿云陳監通解要義同毛本卿作鄉○按卿字是

燕輕於食饗通解要義同毛本輕作禮○按輕字是

小臣東堂下

宰尊官在小臣之下者在上陳閩通解俱有反字

內官之士

及大夫二牲浦鏜云七誤二

公當楣北鄉

賓不敢俟成拜也通解要義同毛本俟作候○按作俟與後注文合

解經至再拜者賓降也陳閩要義同毛本也作矣○按者字衍文

賓栗階升唐石經無賓字集釋校云此承上賓西階東北面荅拜不必更言賓當從石經去之○按上有公降一等擯者釋辭則此賓字不宜刪燕禮公有命節疏引亦有賓字石經非也

栗寔栗也嚴本通解同毛本寔作實按寔與述注合

士舉鼎去冪於外次冪唐石經嚴本俱作冪釋文毛本作鼏○入陳鼎于碑南面西上南字唐石經嚴本集釋通解敖氏俱不重徐本楊氏毛本俱重敖氏曰碑下脫一南字

論鼎入已載之事浦鏜云七誤已

云去冪於外次入者毛本冪作鼏

士喪士虞皆入乃去冪者士喪士虞陳本作士喪禮禮字下空一字閩本作士喪禮云

雍人以俎入

皆合執二俎以相從監本通解同毛本從下有入字

或可士禮又異於大夫監本同毛本可作云

大夫長盥洗東南○南面匕瞿中溶云石本原刻南面下有西上二字後磨改刪去

魚腊飪

以饗禮用體薦體薦則腥矣要義同毛本體薦二字不重出

載體進奏

則此亦用右胖肩臑臂肫骼脊脅可知骼閩本作胳

魚七

乾魚近腴近陳閩葛本通解楊氏俱誤作進釋文爲近字作音

腸胃七

既夕盛葬奠通解同毛本葬作陳○按葬是

倫膚七

謂精理滑脃者脃徐陳閩監葛本集釋通解俱作脆釋文毛本嚴本俱作脃按說文脃从肉从絶省作脆非也

釋曰倫膚毛本倫誤作論

亦止三鼎而已陳閩通解要義同毛本亦作一○按亦字是

卒盥

揖讓皆壹徐本集釋通解楊氏同毛本壹作一

公立于序內

是亦親監饌故也毛本通解亦作示

宰夫自東房

謂之鬻毛本之作爲

卽今之蔓菁也菁陳閩俱作青

士設俎于豆南

不言縪錯張氏曰釋文云不縪中無言字從釋文○按疏有言字

但尊故也毛本但作組

膚以爲特

直豕與腸胃東也也通解作北

宰夫設鉶四于豆西鉶釋文作鈃

注鉶菜和羹之器陳閩監本同毛本菜下有至字無和羹字按毛本亦因欲均齊字數而改

宰夫右執觶

引燕禮者禮下要義有記字

不同之而引燕禮記者按同字疑誤或是引字

此必轉寫者誤通解要義同毛本轉作傳者下有之字張淳作傳無之字

宰夫東面坐

簋蓋有六蓋要義作會

謂之卻合卻合二字要義倒下同

三牲之肺不離

刌之也徐本集釋通解同毛本刌作扎下並同

壹猶稍也古文壹作一古上今本有一圈不知何故通解亦無按此節經注據士冠疏則經當云一以授賓注當云古文一作壹今本與賈說不合當由後人妄改然諸本皆然其誤久矣

刲之毛本通解刲下有離字

絕末而祭之通解同毛本末作未

祭飲酒于上豆之間

以正在饌之內正在毛本作在正○此本倒

賓受兼壹祭之通解同毛本壹作一

士羞庶羞

或有司徹云毛本通解無或字

先者反之

釋曰反之者此段疏五十五字今本俱誤作注通解載此疏於下節注下

先者一人升

以其黍稷西近北有稻閩本通解同毛本近作之○按近字是

是稻粱與庶羞俱是加毛本通解無粱字

而在黍稷正饌之西監本同毛本而作俱

是下不與正豆併也浦鏜云誤衍下字

下文賓左擁簠粱通解同毛本簠作簋○按簋盛黍稷簠盛稻粱下經簋字舊本俱作簠

旁四列

胾謂切肉通解同毛本謂作爲

炙南醓

肉則謂鮨爲膾張氏曰注曰肉則謂鮨爲膾按監本毛本肉作內膾徐陳俱作會張淳通解楊敖俱作膾

然則膾用鮨膾徐本作鱠誤集釋上句作鱠此句作膾

衆人騰羞者

授先者一人一人二字監本誤作經在下節首

贊者負東房

復告庶羞具者復徐本作隨集釋通解楊敖俱作復

自此盡兼壹祭之毛本壹作一

賓坐席末

祭稻粱不於豆祭嚴本楊氏同與述注合毛本於作以陳本重以字

祭加宜於加加宜二字徐本倒陳本無宜字集釋通解楊氏俱同毛本

而此云加者 毛本此云作云此按此本與要義俱倒

贊者北面坐

壹壹受之 集釋壹壹作一一下兼一作兼壹

決上三牲之脯祭之 盧文弨改脯爲胏

賓北面自閑坐左擁簠粱 左監本誤作右擁誤作擭毛本簠作簋唐石經嚴本集釋通解敖氏俱作簠與前先者一人升節所引合徐本楊氏俱與毛本同石經考文提要曰曲禮執食興辭注引公食禮正作左擁簠粱

賓三飯以湆醬

以肴擩醬 肴徐陳通解楊氏俱作肴下同毛本作殽按殽者相雜錯也俗借爲肴饌字閩葛於此作殽於下不言其殽又作肴可見其無定也後不悉校

主人延客食胾 客陳閩俱作之食毛本作有通解要義俱作食○按作有與曲禮異

大夫士與客燕食 要義同毛本通解大上有彼字按彼字當有

注云皆食黍也 浦鏜云脫一食字

故下宰夫進漿 毛本漿作醬○按漿是也

賓挩手 挩唐石經初从木後改

宰夫設其豐于稻西

云酒在東豐在西者 要義同毛本通解無豐在西三字按無者非

公受宰夫束帛以侑

按大射禮 大閩本作上按射亦當作聘

公凡受於序端 盧文弨改作公受几於序端案公凡受三字當作一逗言公凡有所受必於序端也觀疏下文自明

賓降筵北面

北面於階上 嚴本敖氏同徐本集釋通解楊氏毛本於下有西字張氏曰疏云西階上從疏

賓降辭幣

栗階升聽命 栗陳閩通解俱作東〇按東字非也鄭於彼注云栗階趨君命尚疾不連步

退西楹西

三逡遁也 毛本遁作巡〇按聘禮注作遁

賓降

將復食毛本食誤作入

賓升

已食會飯三漱漿也八字閩本夾行細書

以其稻粱無會要義無以其稻粱四字

不以醬湆

後言湆者湆嚴本楊氏同毛本無者湆二字

鄭意以庶羞黍稷是其正要義同毛本無庶羞二字

云後言湆者湆或時後用者字毛本無者湆二字要義删存云後言湆者五

挩手與

云不以出者非所當得又以己得侑幣者下十一字諸本俱脫

東面再拜稽首

入門左沒霤毛本通解入上有更字

有司卷三牲之俎

宅時有所釋故　毛本宅作他釋文作宅云本又作他

云宅時有所釋故者　宅要義作宅與釋文合毛本作他

儀禮注疏卷二十五校勘記